出使专对

近代中外关系与交涉文书

复旦大学历史学系
复旦大学中外现代化进程研究中心
／编

近代中国研究集刊　●　第十三辑

上海古籍出版社

《近代中国研究集刊》

13

复旦大学历史学系
复旦大学中外现代化进程研究中心　编

编委会
（按姓氏笔画排列）

王立诚　朱荫贵　吴景平　张济顺　张晖明
陈思和　林尚立　金光耀　金冲及　姜义华
顾云深　章　清　熊月之　戴鞍钢

执行编辑　戴海斌
助理编辑　邹子澄　牛澎涛

目　录

编者的话 …………………………………………………… 1

·专题论文·

战争如何被感知？
　　——第二次鸦片战争时期信息的收集、传递与扩散
　　　………………………………………… 殷　晴　　1
名不正？晚清驻外副使设置的翻译问题 …………… 李佳奇　37
晚清驻英公使馆与国际法的运用：以双语照会为
　　中心的考察 ……………………………… 皇甫峥峥　65
鼖鼓或鸣：袁保龄因应朝变法侵之举措 …………… 孙海鹏　96
管窥19世纪晚期中西外交秩序的差异：以1888年
　　德尼的《清韩论》为例 ………………………… 王元崇　132
凤凌及其所著《四国游纪》 ………………… 赵中亚　174
摒挡须仗舌辩
　　——蔡钧与晚清地方对外交涉 ………… 张晓川　187
"张之洞电稿"的编纂、出版与流传
　　——以许同莘辑《庚辛史料》为中心 …… 戴海斌　219
"满洲问题"与1905年中日会议东三省事宜谈判 …… 薛轶群　273

晚清政府参与万国公会的历程 ················ 刘　洋　288
条约研究会与北洋修约外交 ················ 吴文浩　325
有关民国前期欧美在华势力的日籍述略 ··········· 李少军　343

·书评·

晚清外交官的"外交写作"
　　——评《远西旅人》 ··············· 李子归　373
解码西方以自识
　　——评皇甫峥峥《远西旅人：晚清外交与
　　信息秩序》 ·················· 郑彬彬　384
携"世界"以归故国
　　——评皇甫峥峥《远西旅人：晚清外交与
　　信息秩序》 ·················· 郑泽民　397

·史料整理·

《亚东时报》所载山根立庵"馆说" ·········· 戴海斌　411

·会议综述·

"钩沉与拓展：近代中外交涉史料丛刊"学术工作坊
　　纪要 ····················· 王艺朝　491
"出使专对：近代中外关系与交涉文书"学术工作坊
　　纪要 ············· 郑西迅　邹子澄　陈文睿　董洪杉
　　　　　　　　　　　王守顶　王艺朝　牛澎涛　511

编 者 的 话

子曰:"诵《诗》三百,授之以政,不达;使于四方,不能专对;虽多,亦奚以为?"(《论语·子路》)此处讲古代使节出使,遇到问题要随机应变,合宜地使用思想资源和交涉语言进行外事活动。近代中国是一个"变"的时代,中外关系则是最大变量之一,外交事务或更广义的交涉、交往活动对于理解"近代"意义重大,而相关交涉文书的文本样貌及所承载的历史信息也呈现更加多元、复杂的面相。在厘清交涉文书概念、分类和基本形态的基础上,将其放回时代之中,结合制度运行、信息传播、日常政治统治、中外交往实践等因素,研讨传统惯性与近代转型诸问题,尚有许多值得着手的研究工作。如何创辟蹊径、推陈出新,以多元化的学术视野观照中外关系史研究,如何将中外关系研究主题与更广义的近代史研究结合,也都是值得学术界进一步思考和讨论的话题。

"交涉"一词,古已有之,主要为两造之间产生关系之用语,用以表示牵涉、相关和联系等,继而渐有交往协商的意思。道光年间的鸦片战争,深深改变了中外格局,战后出现的通商口岸和条约体制,致使华洋杂处、中外相联之势不可逆转。故而道咸之际,与"外夷"及"夷人"的交涉开始增多。在《天津条约》规定不准使用"夷"字称呼外人之前一年,上谕中就已出现"中国与外国交涉事件"之谓,则近百年间,"交涉"之对象,由"外藩"而"外夷",再到"外国",其中变化自不难体悟。列强获得直接在北京驻使的权力,负责与之对接的总理衙门成立,中外国家外交与地方洋务交涉进入常态化阶段。这是当日朝廷和官员施政新增的重要内容。因为不仅数量上"中外交涉事件甚多","各国交涉事件甚繁",而且一旦处置不当,将造成"枝节丛生,不可收拾"的局面,所以不得不"倍加慎重",且因"办理中外交涉事件,关系重大",不能"稍有漏泄",消息传递须"格外严密"。如此种种,可见从同治年间开始,"中外交涉"之称逐渐流行且常见,"中外交涉"之事亦成为清廷为政之一大重心。

在传统中国,政、学之间联系紧密,既新增"交涉"之政,则必有"交涉"之学兴。且西来的"交涉之学"一入中文世界,则与史学、政教及公法学牵连缠绕,不可区分。中国传统学问依托于书籍,近代以来西学的传入亦延续了这一方式,西学书目往往又是新学门径之书。在以新学或东西学为名的书目中,都有"交涉"的一席之地。除了"中外交涉"事宜和"交涉之学"外,还有一个表述值得注意,即关于时间的"中外交涉以来"。曾国藩曾在处理天津教案时上奏称"中外交涉以来二十余年",这是以道光末年计。中法战争时,龙湛霖也提及"中外交涉以来二十余年",又大概是指自总理衙门成立始。薛福成曾以叶名琛被掳为"中外交涉以来一大案",时间上便早于第二次鸦片战争。世纪之交的1899年,《申报》上曾有文章开篇即言"中外交涉以来五十余年",则又与曾国藩所述比较接近。以上还是有一定年份指示的,其他但言"中外交涉以来"者更不计其数。不过尽管字面上比较模糊,但这恰恰可能说明"中外交涉以来"作为一个巨变或者引出议论的时间点,大约是时人共同的认识。即道咸年间,两次鸦片战争及其后的条约框架,使得中国进入了一个不得不面对"中外交涉"的时代。[①]

[①] 以上两段参考"近代中外交涉史料丛刊"(复旦大学中外现代化进程研究中心主编,上海古籍出版社2020年版)之"总序"(张晓川执笔)。

"交涉"既然作为一个时代的特征,且历史上"中外交涉"事务和"交涉"学又如上所述涵纳甚广,则可以想见其留下的相关资料亦不在少数。不过,需要认识到的是,限于体裁、内容等因,往往有遗珠之憾,很多重要的稿钞、刻印本,仍深藏于各地档案馆、图书馆乃至民间,被束之高阁,且有不少大部头影印丛书又让人无处寻觅或望而生畏,继续推进近代中外交涉相关资料的整理、研究工作实在是有必要的。六七年前,由一些相关领域的年轻学者发起,复旦大学中外现代化进程研究中心牵头、出资,上海古籍出版社将"近代中外交涉史料丛刊"纳入出版规划,计划以十种左右为一辑,陆续推出,我们相信这将是一个长期而有意义的历程。

2016年在复旦大学召开了"近代中国的旅行写作、空间生产与知识转型"学术研讨会,2017年在四川师范大学举办了"绝域辀轩:近代中外交涉与交流"学术研讨会,进一步讨论了相关问题。2020年7月,"近代中外交涉史料丛刊"第一辑十种刊行,获第二十三届华东地区古籍优秀图书奖一等奖。2021年11月、2024年6月,由复旦大学中外现代化进程研究中心与复旦大学历史学系联合主办的"钩沉与拓展:近代中外交涉史料丛刊"学术工作坊、"出使专对:近代中外关系与交涉文书"学术工作坊相继召开,在拓展和推进近代中外关系史研究议题的同时,也进一步扩大充实了"丛刊"整体团队,有力推动了后续各辑的筹备工作。2024年10月,第二辑十种接续出版。

特别值得一提的是,"丛刊"发起参与的整理者多为国内外活跃在研究第一线的高校青年学者,大家都认为应该本着整理一本、深入研究一本的态度,在工作特色上表现为整理与研究相结合,每一种资料均附有问题意识明确、论述严谨的研究性导言,这也成为"丛刊"的一大特色。这一辑"近代中国研究集刊"大致以"丛刊"前两辑"导言"与相关会议论文为基础,又邀约了一些新的、有实力的国内外作者，共收入"专题论文"十二篇、"书评"三篇、"史料整理"一篇、"会议综述"两篇，自信尚可以反映最近研究进展与动态。

近世中外交往日繁，至五口通商条约体制建立，中国有所谓近代外交。缘于清朝外交体制的特殊性，1860年代以降，政府内部"总署外交"和"地方洋务体制"仍然长期并存，相应产生的交涉文书存在复杂样态，其文书性质与文书效力也有别于西方议会制国家的"外交文书"。① 另不可忽略是，在传统宗藩体系内，晚清中国与朝鲜等属国交往中产生的诰命、敕谕、表文、奏文一类文书仍由礼部经办，而19世纪开始通行的外交电报和公文，则是近代国际环境、机构制度、通信技术条件下出现的新式文书。总括而言，晚清交涉文书体量庞大，形态复杂，研究取径上，除了照顾基本的文书分类，尤应考量清代外交体制的特定背景因素，不宜过分追求"大而全"，择其要者研究，争取重点突破。② 交涉文书在以往研究中基本上作为史料简单应用，较少被当作一个整体，置于晚清中外交往的时代背景和制度语境下加以审视，对其产生、编辑、整理、刊印、流转和阅读，以及史料化和档案化的整个过程鲜有注意。即便作为史料文字运用，亦不能注意到当时文书制度性及作为外交辞令的一面，导致相应的研究高度及准确性有限。

1970年代，日本学者坂野正高在其执笔的《近代中国研究入门》（东京大学出版会，1974年）"外交史研究"一篇中批评"只知

---

① 对于中国外交文书研究有开拓之功的日本著名学者坂野正高，在定义"外交文书（diplomatic documents）"概念时，参照的主要对象即以英国为代表的议会民主制国家。参看坂野正高《近代中国政治外交史 ヴァスコ・ダ・ガマから五四運動まで》，东京大学出版会1973年版，第1章。

② 如清朝自身系统内的"国书与照会""地方交涉文书""驻外使领馆文书""中外会谈记录文书""中韩宗藩交涉文书"，以及作为对手方的英、法、美、日等国外交公文体系与晚清外交文书的关系研究，都是较有价值且具可行性的研究子方向。

道在事物表面搬来弄去的外交史"的研究现状,犀利指出:"搞外交史的不外乎两种人,要么只看现象,不管本质(Substanz)的蠢材,要么是玩赏外交档案而乐此不疲的笨蛋。"①在他看来,对枯燥无味的外交交涉进行表面观察而不追究现象背后本质的研究只是一种"浮浅之举",这一判断当然有其针对学界时弊的考量,即反对"将对外交交涉过程的观察、思考强行塞进多半是先验性的框架(指国际法、国际政治学、国际关系论、条约体系论等前提性框架——引者按)之内,并以此具体呈现、验证该框架的有效性"。到了21世纪,新版《近代中国研究入门》(东京大学出版会,2012年)推出时,同样执笔"外交史研究"的冈本隆司重提"外交档案"的话头,认为近年"外交史"研究之所以起步,实际上正是人们承认了外交档案对于历史研究的重要性,有更多人"赏玩外交档案而乐此不疲",其强调有志研究外交史者"首先必须吃透外交档案,故而有必要熟悉外交档案的内容结构、形式、体例","觉得外交档案有趣的人,应该在发现真正课题前彻底地'赏玩'下去,千万不要只在某类'档案'上'搬来弄去'一番就停手"。②此处反坂野之意而用之的所谓"赏玩"态度,即一种看待与处理史料的新眼光,要将交涉文书整体放回时代之中,重建晚清档案文书制度,在晚清中外交涉和外交近代化的大背景下,探究交涉文书制度如何形成,其流转、保存、归档状况又是如何,以及该制度在晚清的沿革变化及其具体实践与制度之间的异同,并与西方国家外交文书制度有所比较。笔者以为,目前可加措意并具体展开的问题,包括文书与各衙门关系,文书与外交程式,文书的草拟、流转与阅看制度,文书

---

① 坂野正高、田中正俊、卫藤沈吉编:《近代中国研究入门》,东京大学出版会1974年版,第432页。
② 冈本隆司、吉泽诚一郎编,袁广泉、袁广伟译:《近代中国研究入门》,当代世界出版社2022年版,第103—109页。

的保存与档案化,近代外交情报网络与外交文书,近代通信技术与外交文书,保密制度与外交文书,等等。①

收入本刊的论文在与"交涉"相关的机构、人物、事件、文献等方面皆不乏研究创获,而于"制度"与"文本"两端,尤为着力。自1876年驻外公使馆开始设立,其后它便成为清政府与各国外交部之间重要的通信渠道。皇甫峥峥《晚清驻英公使馆与国际法的运用:以双语照会为中心的考察》一文,以晚清驻英公使馆为例,重点考察收藏于英国国家档案馆 FO 17 档案号下的"双语照会",揭示作为清政府官僚系统一部分的驻英公使馆因其"特殊的地理位置和用人政策",得以在外较灵活地履行外交职能,包括外交谈判、搜集整合情报、管辖及保护华民、照料政府派出的海军学员,等等,在此基础上,对使馆利用国际法代表"中国国家"作出了初步的分析与评估。

"电报"是因近代交通技术条件变化而出现的一种新式体裁的公文类型,不仅传播迅捷,而且内容简明质实,深契"事多文少"之旨。张之洞幕僚许同莘所编《庚辛史料》,主要汇辑庚子事变时期官方电报,为《张文襄公全集》之副产品,亦为广义的"张之洞电稿"之一部。戴海斌《"张之洞电稿"的编纂、出版与流传——以许同莘辑〈庚辛史料〉为中心》一文,梳理了许氏生平行迹与其编纂《张文襄公全书》《张文襄公年谱》的主要历程,尤其详考"张之洞电稿"的来源、编纂出版与流传情况,结合义和团运动前后具体的政治外交史语境,对《庚辛史料》的内容与史料价值加以述评,也对近代"电报"的特殊性质与实际功用有所分析。

傅斯年尝检讨"史料"问题,认为"本国的记载之对外国的记

---

① 参见戴海斌《清史与近代史研究的"彼此系连"与"交互映发"》,《清史研究》2024年第4期。

载,也是互有短长",他特别强调外国方面的记载,好处在于"无所用其讳","本国每每忽略最习见同时确实最紧要的事,而外国人则最可以少此错误",而且"本国人虽然能见其精细,然而外国人每每能见其纲领"。① 此处提示域外史料的价值,至今不失其适用性。19世纪晚期,中国与法国、英国、美国、日本等国围绕中朝关系的性质,展开了一系列外交谈判,朝鲜也陆续与美国等西方国家签署了双边条约,此后在西方国际法的影响之下,中国与西方各国以及日本之间围绕中朝关系的谈判到了一个新阶段,中国派驻朝鲜的西方人员也加入这一外交大潮之中。王元崇《管窥19世纪晚期中西外交秩序的差异:以1888年德尼的〈清韩论〉为例》一文,注意到担任朝鲜王国顾问的美国人欧文·尼克尔森·德尼(Owen Nickerson Denny)其人其书,德尼1888年于汉城(即首尔)和上海刊行的英文小书《清韩论》(China and Korea)阐发了对于中朝两国关系的看法,并造成较大国际影响,构成当时东北亚外交舞台上的重要一幕,《清韩论》这一文本也成为"对当时中西外交秩序的差异做一管窥"的极好样本。

从民国成立到中日全面战争爆发前,日本强化对华扩张,与欧美抗衡,促使其政、军、商、学等多方考察、调查、研究欧美在华势力,竭力搜集相关信息,积累大量资料,并将其中有些编印成书,其他作为文书档案保存。李少军《有关民国前期欧美在华势力的日籍述略》一文,对涉及这一特殊主题的域外文献加以全面盘点,指出此类"日籍"记录民国前期欧美在华势力所享权利及其地盘,反映它们在华经贸活动及相应地位,叙述包括欧美在华教会及其关联设施、在华欧美报刊和通讯社等在内的"文化事业",内容具体

---

① 傅斯年:《史料论略(史学方法导论)》,《史料论略及其他》,辽宁教育出版社1997年版,第28—29页。

细致,"从一个侧面反映当时欧美、日在华力量对比及其变化,也显现出日本在对华扩张问题上与欧美比长较短以判断自身强弱、仿效欧美取得优势之方的特点"。

钟叔河先生编选的《走向世界丛书》,从20世纪80年代刊行以来,嘉惠几代知识人,启发和推动了大量后续研究,至今影响不衰。围绕清政府初次派遣驻外公使以及郭嵩焘、曾纪泽、薛福成、刘锡鸿、陈兰彬、张德彝等人物,先行研究已经做了不少工作,但相对零散,日记利用也偏同质化,尤其是人物研究重言论轻行事,对其观念、思想的考察仍是主流。研究者似乎也欠缺对于作为"史料"的日记性质的敏感,通行刊本经常拿来就用,对日记文本的形成及版本流变少有究心。近年来,国内外一些新的研究取得突破与进展,主要表现在以下两个方面:(一)将出使日记放回晚清外交的具体历史语境中,据日记信息,直接讨论外交官的观念、行动及其如何作用于清朝外交体制与对外关系;(二)特别重视日记文本的"制作"过程,通过版本调查、稿/刊本比勘,发现其异同,进而揭示日记作者思想的变迁轨迹、编纂刊行的时代背景及其被阅读与接受的情况。①

1894年甲午战争爆发前夕,海军衙门选派两名章京随新任大清驻英、法、义、比四国公使龚照瑗到欧洲考察,其中一人为蒙古人凤凌,其人后将在欧洲考察的经历整理成篇,提交给总理衙门,即《四国游纪》。赵中亚《凤凌及其所著〈四国游纪〉》一文,通过对比凤凌的《四国游纪》与吴宗濂的《随轺笔记四种》,发现前者是凤凌与吴宗濂等人合作的产物,但作为考察日记的《四国游纪》又不同于利玛窦、徐光启所开启的中外合作翻译的译著,在该书中也有凤凌自己的观察与思考,并提示"《四国游纪》中亦包含丰富的中外

---

① 参详戴海斌《"出使日记"中的晚清外交》,《读书》2016年第12期。

技术交流、贸易合作史料,可补官方材料之不足"。

蔡钧属于晚清时期较能了解西方情况、熟悉国际外交的"能吏"。他长期在广东、两江、福建等地办理地方外交事务,因此得到多次保举和晋升,还曾随使美国、西班牙、秘鲁三国,在神机营、同文馆办差,并出任上海道和驻日公使,根据自己的交涉经历,撰有《外交辩难》一书,用以记录其参与办理之事。张晓川《摒挡须仗舌辩——蔡钧与晚清地方对外交涉》一文,通过对《外交辩难》文本的精细分析,指出"此书展现了蔡钧本人的外交实践和地方一般外交的细节,不过在撰写过程中他也使用了不少叙事策略,以达到突显自己的宣传效果"。在中外交往频繁的大背景下,蔡钧以地方中下级官员的身份,参与到各种外交活动中,并博得了能办洋务交涉之名,实际上又与晚清外交的"摒挡"理路有着密不可分的联系。

袁保龄出任北洋海防旅顺口营务处工程局总办,时在光绪八年(1882)至光绪十五年(1889)之间,适逢朝鲜壬午兵变、甲申政变次第发生,中法战争也恰于此时爆发,加速建设旅顺口海防工程,全力备警以完成拱卫京师之终极战略任务,同时因应朝变法侵等不虞事件,免生衅端成为此时袁保龄的核心要务。孙海鹏《鼛鼓或鸣:袁保龄因应朝变法侵之举措》一文,主要据《袁保龄公牍》重建其人海防筹议与海防工程实践的相关史实,表彰其人始终不渝地贯彻将旅顺口建设成为北洋水师"老营"的努力,指出"袁保龄是晚清以来唯一的一位将自己的海防思想与海防建设实践紧密结合在一起的官员","袁保龄既充当了海防战略规划者,又充当了海防工程建设者,他的海防思想中的危机意识、责权意识、体系意识、预见意识、因应意识仍然值得当代借鉴"。

关于条文制度与政治外交史研究,学界越来越趋向于一种共识,即制度是"活"的,不再拘泥于静态的、一成不变的制度规章,转而投向动态的、灵活多变的实施方式和功能效用，并力图借此将制度与文化、社会群体乃至思想活动联系起来加以考察。① 对于近代交涉文书再研究，刚好给了我们检视具有"成文性"典章制度一个机会，揭示文书制度中"显性"与"隐性"因素，进而理解近代内政与外交联动的内蕴。按照交涉文书的一般分类，国书、照会、条约、章程、督抚奏折、电报、公函、领事报告等正式外交公文，为目前研究凭借资料之大宗，谈判笔记、会议记录、问答节略、笔谈资料等交涉场合的会谈记录文书，则较少为人注意，利用程度亦显不足。而恰恰后一类文书较多展现出晚清中外交往的一般交涉和日常状态，也更能反映外交行为的博弈特征，呈现双方或多方的折冲樽俎、讨价还价，具有更强烈的"现场性"。易言之，两类文书正可以对应于一般外交事件的"过程（外交博弈）"与"结果（外交决策）"，若合而观之，可以更加立体、多元地呈现外交活动面相，相关交涉人物流露出的思想观念及其渊源、形成、表达乃至于影响实践层面，均有研究考察价值，堪为近代中国所谓"走向世界的挫折"进一解。

　　1905 年日俄战争结束后，日本与中国谈判并签订《中日会议东三省事宜条约》，自俄国继承的辽东半岛租借权、长春至大连的铁路及相关特权正式获得清政府的承认。由于中日双方都对谈判过程与会议节录高度保密，外界难以获知详情，以致对该条约不免存在片面认识。薛轶群《"满洲问题"与 1905 年中日会议东三省事宜谈判》一文，通过分析完整记录会谈情形的《谈判笔记》，揭示双方争论最为激烈的是撤兵、护路兵及铁路等问题，虽然中国在直接关系主权的撤兵、护路兵问题上收效甚微，但在铁路及其他相关

---

① 邓小南：《走向"活"的制度史——以宋朝信息渠道研究为例》，阎步克等：《多面的制度：跨学科视野下的制度研究》，生活·读书·新知三联书店 2021 年版。

权益方面对日本恣意解释、谋求大幅扩张的企图进行了较大程度的抵制。《中日会议东三省事宜条约》对"满洲问题"产生深远的影响,双方达成的会议节录并不等同于日本宣传的"秘密协定书",由此衍生的"满洲悬案"是日本单方面对条约的肆意曲解,并无法律效力。

晚清政府参与万国公会的历程,是近代中国走向世界、进入国际大家庭的一个重要面相。刘洋《晚清政府参与万国公会的历程》一文,借助《晚清国际会议档案》和台湾近史所藏外交档案,对清政府参与万国公会的基本史事进行了整体与个案相结合的综合分析。指出无论是参与万国公会的数量、种类,或是派员方式,相较于总理衙门时期,外务部时期都发生了明确变化,不过,受近代中国自身历史局限的制约,特别是列强在万国公会占据主导地位,清政府并未实现通过参与万国公会进入国际大家庭,进而成为被列强平等对待的"文明"国家一员的目标。清季时人在认识到万国公会弱肉强食本质的同时,却又不得不顺应这一潮流积极参与其间并维护国家利益,这一矛盾状态,恰是近代中国进入以西方为中心的国际大家庭复杂曲折历程的真实写照。

民国北京政府末期推动与列强的修约外交,取得了相当的成就,这与以顾维钧为首的条约研究会的努力谋划密切相关。吴文浩《条约研究会与北洋修约外交》一文在对现存于中国台北"国史馆"的条约研究会档案进行系统整理基础上,细致爬梳条约研究会的职责、人员、经费等问题,指出该会继承清末以来的外交专业化发展趋势,网罗了大批专业外交官,致力于研究到期修约相关问题,在北京政府处于总统和国会均不复存在的混乱状态下,承担了外交决策的重责大任,"成为当时实质上主持'修约外交'的外交决策机制",而条约研究会存世档案具有丰富的史料价值,对于北洋时期外交制度史、近现代中外条约关系、近代中国外交思想史的研究均多裨益。

美国著名的未来学家阿尔温·托夫勒(Alvin Toffler)在《权力的转移》一书中指出:"谁掌握了知识和信息,谁就掌握了支配他人的权力。"中外交涉与战争的各个时期,都同步进行着一场具有近代特征的情报战,在看不到硝烟的隐秘阵地中,围绕信息情报的各方激烈角逐,往往决定了谁能最后成为赢得胜利者。中外交涉又与语言问题息息相关,往往存在双语、转译现象,交涉文书流传阅读过程中,也时有"误读"发生。翻译史近时成为学界热点,新的研究不断证明"翻译是外交的一个重要组成部分","翻译在塑造所要传递的信息时所具有的重要性以及这在谈判中所发挥的作用",[①]人们对于"翻译"过程本身有了更加辩证的理解,越来越意识到,"无论是忠实或不忠实、准确或不准确的翻译,它们都必然存在,且有力地左右外交进程"。[②] 本书的作者也从不同方向出发,处理"信息"与"翻译"的相关议题。

清政府在第二次鸦片战争期间的信息处理,延续了第一次鸦片战争以来的信息收集、传递和发布模式,也暴露了既有模式的缺陷。殷晴《战争如何被感知?——第二次鸦片战争时期信息的收集、传递与扩散》一文,考察了第二次鸦片战争的各个阶段中,有关谈判和战斗的信息如何被收集,如何在清政府内部传递,又如何向政府外部扩散,以此分析清朝信息传播机制的特点,并尝试理解时人如何感知这场堪称中国近代史转折点的战争。当时清政府在一个"封闭的信息回路"中产生的涉外信息共享和发布模式,既导致错误信息难以被及时发现,也引起了清朝官员的混乱和不安,还引

---

① [美]沈艾娣著,赵妍杰译:《翻译的危险:清代中国与大英帝国之间两位译者的非凡人生》,"中译本序",民主与建设出版社2024年版,第xxi页。
② 王宏志:《龙与狮的对话:翻译与马戛尔尼访华使团》,东方出版中心2023年版,第522页。

发了英国人的不满。至战争后期,吴煦等活跃在上海的官员开始有效利用英文报刊来收集外国信息,以此为契机,收集和翻译外报在战后成为洋务官员们的固定工作。

清廷于19世纪70年代仿照欧洲外交制度派遣驻外公使,此举是中国打破朝贡体系、向近代外交转型的重要一步。由于未重视"副使"一词在中外交涉文书中的多义性,清廷派遣驻外副使之举长期被简单视作盲目延续朝贡旧例。李佳奇《名不正?晚清驻外副使设置的翻译问题》一文,考察促成首任驻外使臣任命的李鸿章、沈葆桢、威妥玛(Thomas Wade)、赫德(Robert Hart)等中外人物及各自的贡献,进而从翻译史研究的视角对比中外交涉文书中"副使"的不同含义,重审"副使"一词的多义性与其在外交文书中的使用情况,进而揭示晚清驻外副使职位设置的实践与知识依据,反思翻译问题在中国外交转型过程中的影响。

2018年,美国斯基德莫尔学院(Skidmore College)历史系副教授皇甫峥峥(Jenny Huangfu Day)于剑桥大学出版社出版专著《远西旅人:晚清外交与信息秩序》(*Qing Travelers to the Far West: Diplomacy and the Information Order of Late Imperial China*),通过考察出使欧美的六位使臣的书写模式,深入探讨了晚清中国人对西方的认识,进而揭示从1860年代初到1895年间清朝如何逐步重建与西方列强交涉所需的"外交信息体系"。[①] 该书突破传统学科界限,结合外交史、文学史、思想史与信息史,详细解读晚清外交官如何书写"西方",并分析这一过程中信息秩序的演变,其新颖的研究视角和多元的研究手法引起国内学界关注。李子归、郑彬彬、郑泽民三位年轻学者分别撰写书评,就书中诸多议题展开进一步

---

① 此书目前已有中译本,参见皇甫峥峥著、汪林峰译、李文杰校《远西旅人:晚清外交与信息秩序》,上海人民出版社2024年版。

讨论，颇能体现国内外交史领域新生一代的思想活力。

《亚东时报》是晚清时期日本人在上海创办的一份中文刊物，宗旨在于倡导中日携手，"敦二国之交"，"通两国心志"，树"兴亚之大计"。它的存在时间不长，约不超过两年，但恰处于戊戌变法至庚子事变发生前这一段清朝政治最为复杂变动的时期，主笔山根立庵所作"馆说"文章，皆紧扣时事，乃为有所为而发，与清朝政治外交史脉络紧密交织，具有较高的史料价值。戴海斌整理《〈亚东时报〉所载山根立庵"馆说"》，收录相关文章20篇，可补《立庵遗稿》之阙文，并提供晚清史及中日关系史研究参考的新资料。

本刊附录在复旦大学举办的"钩沉与拓展：近代中外交涉史料丛刊"学术工作坊（2021年11月）、"出使专对：近代中外关系与交涉文书"学术工作坊（2024年6月）的会议纪要两篇，不敢言"借一斑以窥全豹，以一目尽传精神"，但借由会议现场传达的前沿消息，或可帮助读者了解近代中外关系史研究的一些动态。

本刊也是国家社科基金重大项目"晚清外交文书研究"（23&ZD247）、教育部人文社科重点基地重大项目"全球性与本土性的互动：近代中国与世界（22JJD770024）"的阶段性成果。

编者谨识
2024年10月16日

·专题论文·

战争如何被感知？
——第二次鸦片战争时期信息的收集、传递与扩散

摘要：本文考察了第二次鸦片战争的各个阶段中，有关谈判和战斗的信息如何被收集，如何在清政府内部传递，又如何向政府外部扩散，以此分析清朝信息传播机制的特点，并尝试理解时人如何感知这场堪称中国近代史转折点的战争。清政府在第二次鸦片战争期间的信息处理，延续了第一次鸦片战争以来的信息收集、传递和发布模式，也暴露了既有模式的缺陷。信息处理实际上分为"内政"和"外政"两部分，外政，尤其是涉及西洋各国的信息基本上一律被视为机密，主要以密奏——廷寄的形式流转于清廷核心决策层与负责官员这一狭小范围之内，形成了一个封闭的信息回路。这种涉外信息的共享和发布模式既导致错误信息难以被及时发现，也引起了清朝官员的混乱和不安，还引发了英国人的不满。战争后期，吴煦等活跃在上海的官员开始有效利用英文报刊来收集外国信息。以此为契机，收集和翻译外报在战后成为洋务官员们

的固定工作。

关键词：第二次鸦片战争，信息，传播，报刊

作者简介：殷晴，日本同志社大学全球地域文化学部助理教授

1860年（咸丰十年）8月，北京笼罩在紧张之中。英法联军节节北上，已逼近天津，四年前开始的第二次鸦片战争终于进入了最后阶段。

8月16日，在京任职的李慈铭听说联军已从天津附近的北塘登陆。在这一天的日记中，他写下了对异常事态的忧虑与缺乏可靠信息的愤懑：

> 比来军警日至，枢府深秘不泄，朝官无知其事者。（中略）以宰相备戎，事体郑重。而外间不知其所统何兵，所守何地，亦古来未有者也。①

信息不足导致的焦躁情绪在同时期的北京居民日记中多有所见。当时，了解国内局势的最主要手段是邸报，但其中却未刊登任何有关英法联军的消息。② 即便是曾位居体仁阁大学士的翁心存也难以得知朝廷的对策，只得在日记中感叹"惟见羽檄交驰，使车骆驿而已"。③

与此同时，上海的英文周报《北华捷报》（*North-China Herald*）

---

① 李慈铭：《越缦堂日记补》第9册庚集下，商务印书馆1936年影印版，第13页。
② 吴可读：《罔极编》，中国史学会主编：《第二次鸦片战争》第2册，上海人民出版社1978年版，第66页；夏燮：《中西纪事》，岳麓书社1988年版，第199页。
③ 翁心存撰，张剑整理：《翁心存日记》第4册，咸丰十年七月十六日，中华书局2011年版，第1541页。

却在持续追踪战争的最新进展。就在翁心存写下上述日记的同一天,《北华捷报》刊登了题为《大捷,占领大沽炮台》的新闻,报道了8月21日的大沽炮台之战以及英法公使的动向。① 该报还于9月3日特别增刊号外,提供了更为详细的战争报道。

由此可知,虽然第二次鸦片战争发生在中国,但在华西人却比绝大多数中国人掌握了更为详细和准确的信息。中西方的信息差不仅存在于民间,也存在于政府层面,对清廷的政策制定和国人的时局认识都产生了重大影响。第二次鸦片战争是如何被时人所感知的?这是本文的核心关切所在。

众所周知,第二次鸦片战争是中国近代史的转折点之一。1860年代后,清廷开始局部的体制改革,直接原因便是此次战争的失败。由于其重要的历史意义,第二次鸦片战争向来备受瞩目,坂野正高、黄宇和、茅海建等先学已经相当完整地还原出了中英双方的外交谈判和军事行动的具体过程。②

虽然研究成果丰硕,但有关战争期间信息传播状况的论述却为数不多。具体而言:外交谈判和战斗的最新消息如何被收集和处理?如何在政府内部传递?又如何向政府外部扩散?尝试回答

---

① "Gulf of Pecheli. Great Victory. Capitulation of the Taku Forts", *North-China Herald*, September 1, 1860.

② W. C. Costin, *Great Britain and China*, *1833 – 1860* (Oxford: Oxford University Press, 1937);矢野仁一:《アロー戦争と円明園》,中央公论社1990年版(初版为1939年);宫崎市定:《英仏連合軍の北京侵入事件—特に主戰論と和平論》,同《アジア史研究》第二,同朋舍1963年版,初版为1940年;Masataka Banno, *China and the West, 1858 – 1861: The Origins of the Tsungli Yamen*, Cambridge, Mass.: Harvard University Press, 1964;坂野正高:《近代中国外交史研究》,岩波书店1970年版;坂野正高:《近代中国政治外交史—ヴァスコ・ダ・ガマから五四運動まで》,东京大学出版会1973年版;J. Y. Wong, *Yeh Ming-ch'en: Viceroy of Liang Kuang* (*1852 – 1858*), Cambridge: Cambridge University Press, 1976; J. Y. Wong, *Deadly Dreams: Opium, Imperialism, and the Arrow War (1856 – 1860) in China*, Cambridge: Cambridge University Press, 1998;茅海建:《近代的尺度:两次鸦片战争军事与外交》,上海三联书店1998年版。

这些问题,不仅有助于理解清政府政治决策的实际情况,也是考察清朝信息传播机制时不可或缺的一环。

有关两次鸦片战争期间信息传播的研究多集中在文化交流史领域。第一次鸦片战争后出版的《海国图志》(50卷本1842年刊行,60卷本1847年刊行,100卷本1852年刊行)和《瀛寰志略》(1848年刊行),以及新教传教士在通商口岸出版的中文书刊,都是当时向中国乃至东亚介绍西洋信息的重要媒介,中日学界均有详细研究。① 然而,正如下文所述,这些信息在清朝的对外谈判和战争中并未得到有效利用。

政治史研究注意到了第一次鸦片战争期间广东和浙江官员蓄意隐瞒、歪曲战报的现象,指出前方的虚假信息是清廷决策失误的重要原因之一。② 这一分析视角给了本文极大启发,但虚假报告频发的制度性原因、第二次鸦片战争给既有的信息传播模式带来的变化等问题仍未得到充分探讨。此外,以往研究多着重分析前线官员的报告以及清廷中枢的决策过程,而较少关注中枢之外的清朝官员获取信息的情况,以及战争信息向政府外部的扩散。

有鉴于此,本文将首先分析第二次鸦片战争开战前,中英两国分别以何种形式、在多大程度上掌握了对方的信息。接下来将战争分为四个阶段,重点关注战争信息在政府内部的传递和向政府

---

① 熊月之:《西学东渐与晚清社会》(修订版),中国人民大学出版社2011年版,第118—223页;刘建辉:《魔都上海—日本知識人の「近代」体験》,讲谈社2006年版,第58—127页。
② 佐々木正哉:《鴉片戦争の研究——英軍の広州進攻からエリオットの全権罷免まで(二)》,《近代中国》第6卷,1979年;茅海建:《天朝的崩溃:鸦片战争再研究》,生活・读书・新知三联书店1995年版,第112—361页;村上衛:《海の近代中国——福建人の活動とイギリス・清朝》,名古屋大学出版会2013年版,第103—134页;茅海建:《近代的尺度》,第129—165页。

外部的扩散,尽可能细致地还原信息节节流转的动态。①

一、开战前的信息差

(一)英国:培养专家、通过报刊共享信息

第一次鸦片战争后,清朝与英国签订了《南京条约》及附属条约,两国由此进入"条约关系"时期。广州、厦门、福州、宁波和上海被开放为通商口岸,香港岛被割让。英国向五口派遣了领事,并任命香港总督兼任外交部驻华商务总监暨特使。

第一次鸦片战争期间,英国外交机构中缺乏中国问题专家,在谈判中不得不依靠新教传教士的中文能力和汉学知识。② 而战后的14年间,驻华使馆独自培养出了一批专业人才。其中,威妥玛(Thomas Francis Wade)、巴夏礼(Harry Smith Parkes)和李泰国

---

① 本文频繁使用的史料,除中国史学会主编的《第二次鸦片战争》外,主要为以下7种:① "中研院"近代史研究所编:《四国新档·英国档》,(台北)"中研院"近代史研究所1966年版;②《筹办夷务始末(咸丰朝)》,中华书局1979年版;③ 中国第一历史档案馆编:《咸丰同治两朝上谕档》,广西师范大学出版社1998年影印版;④ Great Britain, *Parliamentary Papers*, No. 33 (2571), *Correspondence Relative to the Earl of Elgin's Special Missions to China and Japan, 1857 – 1859* (London: Harrison and Sons, 1859); hereafter abbreviated as CESM. ⑤ Great Britain, *Parliamentary Papers*, No. 69 (2587), *China. Correspondence with Mr. Bruce, Her Majest's Envoy Extraordinary and Minister Plenipotentiary in China* (London: Harrison and Sons, 1860); hereafter abbreviated as CCMC. ⑥ Great Britain, *Parliamentary Papers*, No. 66 (2754), *Correspondence Respecting Affairs in China. 1859 – 1860* (London: Harrison and Sons, 1861); hereafter abbreviated as CRAC. ⑦ Great Britain, Foreign Office Archives, FO 17, General Correspondence: China. 除特殊情况外,本文的上谕与奏折均引自《咸丰同治两朝上谕档》和中国史学会主编的《第二次鸦片战争》。

② Uganda Sze Pui Kwan, "'A Requisite of Such Vital Importance': The Want of Chinese Interpreters in the First Anglo Chinese War 1839 – 1842", in Lawrence Wang Chi Wong (ed.), *Towards a History of Translating: In Celebration of the Fortieth Anniversary of the Research Centre for Translation*, Hong Kong: The Research Center for Translation, The Chinese University of Hong Kong, 2013.

(Horatio Nelson Lay)三人在情报收集和分析方面扮演了极其重要的角色。威妥玛参加过第一次鸦片战争,战后在香港担任翻译官的同时,也致力于为英国政府培养译员。巴夏礼和李泰国都在十多岁时来华,在中国学了汉语,第二次鸦片战争爆发时分别担任广州领事和上海总税务司。三人不仅可以将中文英译,还能用中文撰写文件,在中国的政商两界均有人脉。①

这些专家积累了有关中国的大量信息,除了汇报给英国当局,也将其中的一部分通过英文刊物提供给了在华西人。第一次鸦片战争前,英文报刊大多在广州刊行。1844年(道光二十四年)后,香港成为新的报业中心,新兴贸易港上海也从1850年(道光三十年)开始发行《北华捷报》。② 麦都思(Walter Henry Medhurst)、艾约瑟(Joseph Edkins)等熟悉中国事务的传教士,以及威妥玛等使馆成员的文章经常以投稿或转载的形式见诸报端。③

在英文信息圈中,"政府"与"民间"并非两个相互隔绝的封闭回路,而是藉由报刊彼此联通。中国问题专家的分析文章与报纸

---

① 葛松(Jack J. Gerson)著,中国海关史研究中心译,邝兆江校:《李泰国与中英关系》,厦门大学出版社1991年版;关诗珮:《翻译政治及汉学知识的生产:威妥玛与英国外交部的中国学生译员计划(1843—1870)》,(台北)"中研院"近代史研究所集刊》第81期,2013年;郑彬彬:《英驻华使领馆翻译官培养与远东情报网构建(1842—1884)》,《史学月刊》2022年第1期;Jonathan Spence, *To Change China: Western Advisers in China, 1620–1960*, Boston: Little, Brown, 1969.

② Frank H. H. King (editor) and Prescott Clarke, *A Research Guide to China-Coast Newspapers, 1822–1911*, Cambridge, Mass.: East Asian Research Center, Harvard University, 1965, pp. 15–31, 78–79.《北华捷报》由英国商人奚安门(Henry Shearman)于1850年8月创办,1859年被指定为英国高等领事法院和英国领事馆刊登各种公告的机关报(Official Organ of all Notifications)。该报有时遵照英国当局的指示报道外交事务,但也发表了一些反对当局的社论,还刊登美国等其他国家读者的来信。

③ 例如,《北华捷报》曾在1858—1859年期间刊登过三篇分析北京粮食供给的无署名文章。三篇文章实由威妥玛执笔,在刊登前曾被提交给英国政府。"Grain Supply of Peking", *North-China Herald*, July 31, 1858; 14 August 1858; "Supply of the Capital", *North-China Herald*, September 24, 1859; "Memorandum on the Grain Supply of Peking", January 6, 1860, enclosed in Bruce to Russell, January 6, 1860, CRAC, pp. 14–15.

编辑的评论、读者的来信、领事馆的官方公告共同构成了英文报刊的版面,既为在华西人提供了有关清朝政治和经济形势的最新消息,也向欧洲本土描绘着最新的中国图景。1840—1850年代,各报的共同论调是批评清政府阻碍对外贸易、歧视西方人,由此塑造出的反自由贸易、妄自尊大的"天朝"形象,不仅进一步加剧了在华西人对清政府的不满,也在一定程度上影响了英国政府的对华政策。①

(二) 清朝:缺乏专家、有限范围内的信息共享

第二次鸦片战争前,清朝中央政府没有专门的外事机构,与西洋各国的往来主要由通商口岸的地方官负责。总管五口通商事务的两广总督(兼任管理各国通商事务钦差大臣)与英国驻华商务总监暨特使平级往来,各种日常事务则由管辖各口岸的道台与派驻当地的领事协商进行。

在上述制度框架下,道台在对外交涉中拥有极大的权力和自由,身为上司的督抚并不一定总能把握实际情况。但道台无权直接上奏,交涉过程需藉由督抚向清廷汇报,而本就缺乏第一手信息的督抚又往往会在奏折中进一步歪曲或隐瞒事实。特别是1850年咸丰帝即位后,对外强硬派在清廷中枢占据主导地位,如实报告愈发困难。② 其结果就是,清廷中积累的涉外信息越来越偏离各

---

① King and Clarke, *A Research Guide to China-Coast Newspapers, 1822 - 1911*, pp. 1 - 14, 49 - 63, 79 - 81; Paul A. Van Dyke, *The Canton Trade: Life and Enterprise on the China Coast, 1700 - 1845*, Hong Kong: Hong Kong University Press, 2005, pp. 107 - 108, 174;吴义雄:《在华英文报刊与近代早期的中西关系》,社会科学文献出版社2012年版。

② 19世纪40—50年代上海道台(苏松太道)在对外交涉中的作用,参见以下研究: Leung Yuen-sang, *The Shanghai Taotai: Linkage Man in the Changing Society, 1843 - 1890*, Honolulu: University of Hawaii Press, 1990, pp. 37 - 66。歪曲事实的问题也见诸内政领域,但在事关对外交涉的奏折中尤为显著。关于这一现象,坂野正高有非常精彩的论述,见坂野正高《近代中国外交史研究》,第57—138页。关于咸丰帝即位后清廷的排外倾向,参见茅海建《苦命天子:咸丰皇帝奕詝》,上海人民出版社1995年版,第35—51页。

口岸的实际情况。

与英国外交当局通过报刊与民间社会共享信息的做法不同,清政府几乎从不公开涉及西洋事务的信息。《南京条约》及其附属条约从未被公布,此后的种种谈判、汇报谈判过程的奏折鲜少刊诸邸报,谈判的结果通常也不会以明发上谕的形式公布。① 与此形成对照的是,有关太平天国和捻军的上谕、奏折,即便是汇报战败的"负面"信息,也在邸报上连续出现。② 这意味着,在涉及西洋事务时,清廷并非将信息分为"正面""负面"而有意隐瞒后者,而是一律避免所有信息的公开。

涉外信息不仅不向民众公开,在清政府内部的共享范围也极其有限。1859年(咸丰九年),刚刚被任命为"钦差大臣办理各国事务"的两江总督何桂清在奏折中如此描述各地官员的信息掌握情况:

> 自道光年间英夷犯顺以至五口通商,一切皆系密奏,并不互相关会,亦无卷据可考。甚有同官一处而不知其详者,以致歧途百出,枝节横生。该夷即借为口实,肇衅要求,实为办理夷务一大弊。③

有关西洋事务的政策讨论,基本上均以密奏—廷寄的形式,在

---

① 每天的邸报都有诸多版本,无法一一排查。不过,翻阅道光、咸丰两朝的《筹办夷务始末》,可以发现大部分有关对外交涉的上谕和奏折都是廷寄和密奏。考虑到邸报只刊载明发上谕和不涉及机密的奏折,可以推测与西洋有关的公文很少出现在邸报上。此外,笔者查阅了收录有1852—1889年间抄本邸报的《邸抄》(北京图书馆出版社2004年影印本),确认咸丰年间的邸报中甚少出现涉及与西洋交涉的上谕和奏折。

② 《邸抄》中收录有大量此类上谕和奏折。翁心存、李慈铭等人也常在日记中提及通过邸报获知太平天国和捻军的相关信息。

③ 中国史学会主编:《第二次鸦片战争》第4册,第18页,何桂清奏,咸丰九年一月二十日。

清廷中枢(皇帝、军机大臣及几位亲王)和少数几位主管官员的小范围内进行。其他相关部门只能获知中央政府的最终决定,而无法掌握谈判过程的具体信息,各部门之间也几乎没有交流。

在此情况下,民间获取西洋信息的途径主要有两条:其一是传教士刊刻的书刊,1811—1860年间共出版了137种;其二是中国士人编撰的书籍,代表作即是前文提及的《海国图志》和《瀛寰志略》。在当时的东亚地区,这些书刊是了解西方的宝贵信息来源,以吉田松阴为代表的许多幕末志士都曾热心阅读,但在清朝的士人之间却反响冷淡。① 此外,传教士出版的中文书刊旨在介绍西方的历史地理和科学技术,读者即便阅读了这些书籍,也很难想象西人正在同时期出版的英文报刊中对清朝政府大发牢骚,甚至公然讨论再次发动战争的可能性。

综上所述,第二次鸦片战争前,中英两国的差距不仅体现在军事实力上,也存在于信息领域。② 英国拥有训练有素、精通汉语的人才,并通过实地观察和文献研究不断掌握最新的一手信息。相比之下,清朝没有培养通晓英语的官员,也没有熟悉西洋事务的专家。③ 涉外信息基本上只在通商口岸的主管官员和清廷中枢间流转,且真伪混杂。

第一次鸦片战争爆发时,英国便在信息积累上占据了优势。④ 16年后依然如此。

---

① 熊月之:《西学东渐与晚清社会》(修订版),第74、122—123、129—132、135、141—144、160—165、189—207、217—218页;刘建辉:《魔都上海》,第58—127页。
② 关于两次鸦片战争期间英国海军的发展,参见横井勝彦《アジアの海の大英帝国——19世纪海洋支配の構図》,同文館1988年版。
③ 曾在僧格林沁营中协理军务的郭嵩焘甚至在1859年的奏折中评价当时的情况为"始终无一人通知夷情,无悉其语言文字者"。"中研院"近代史研究所编:《四国新档·英国档》,第855页,郭嵩焘奏,咸丰九年一月二十四日受理。
④ 黄イェレム:《宣教師と中国をめぐる「知」の構築——アヘン戦争以前のプロテスタント》,东京大学出版会2023年版。

二、亚罗号事件后的信息处理

1856年(咸丰六年)10月8日,广州水师以抓捕海盗为由搜查了自称英国船籍的商船亚罗号,并扣留了大部分船员(均为华人),此即"亚罗号事件"。第一次鸦片战争后一直对贸易和外交的发展感到不满的英国人,在这次事件中找到了再次发动战争的口实。广州领事巴夏礼和香港总督包令(John Bowring)一再强硬抗议,两广总督叶名琛也坚不让步,谈判最终破裂。从10月22日到12月,英军持续炮轰珠江炮台和广州城。

1857年2月后,除了6月在珠江上发生过一次武装冲突外,广州的局势一直平稳。但战争准备其实正在步步推进。3月,英国正式决定开战。7月,全权大使额尔金(James Bruce, 8th Earl of Elgin)抵达香港。11月,因镇压印度民族起义而延误的远征军在香港集结完毕,法国也以传教士在广西被杀害为由宣布参战。12月12日,英法联军向叶名琛发出最后通牒,遭到拒绝。12月28日,联军发起进攻,次日占领广州城。[①]

(一) 广东当局的形势判断

本节的关注点是:1857年12月,广州是在几乎不设防的状态下遭到了联军的进攻。也就是说,同年2月以来,叶名琛没有调集军队,没有积极组织团练,也没有向中央政府寻求支援。[②] 缘何

[①] 事发当天,亚罗号的香港牌照已经过期。包令明知此事,却对广东当局故意隐瞒,信息的不对称对谈判产生了重大影响。J. Y. Wong, *Deadly Dreams*, pp. 43–66.

[②] J. Y. Wong, *Yeh Ming-ch'en*, pp. 172–173, 184–187; Frederic Wakeman Jr., *Strangers at the Gate: Social Disorder in South China, 1839–1861*, Berkeley: University of California Press, 1966, pp. 159–163.

如此?

  一种可能性是,由于广东及周边省份叛乱不断,可调集的军队数量有限。然而,1854 年天地会围攻广州时,叶名琛集结了 15 000 兵力(包括八旗、绿营和乡勇),又从周边地区调集了约 5 000 名士兵,中央政府也从广西、福建、湖南和江西征调了约 7 000 人的支援部队。① 由此可见,叶名琛决定不在广州城投入兵力,并不单纯是因为人员不足,而是基于他的形势判断。

  直到 1857 年 12 月 28 日广州城沦陷,叶名琛对形势的判断都是:英国无力开战。7—8 月,广州流传着英国人在印度吃了败仗的谣言,叶名琛信以为真。11 月,英国舰队抵达香港,人们又纷纷传言英军将要攻打广州,大行商伍崇曜也向叶名琛汇报了这一消息。然而,叶名琛认定英国人只是在虚张声势。12 月 12 日最后通牒发出后,联军战舰陆续驶入珠江,"英法两国旗帜布满河面"。② 兵临城下之际,叶名琛却于 27 日提交了一份约 6 000 字的奏折,称英国在印度遭遇惨败,英女王命额尔金与清朝议和,法国无意支持英国。③ 同一天,他还信心十足地向下属讲述了同样内容,④可见奏折中所写并非蓄意捏造,而是他相信果真如此。

  那么,叶名琛为何会对这些与事实不符的消息坚信不疑呢?曾在 1849—1850 年间担任广东按察使的祁宿藻的一封书信为我们提供了重要线索。1851 年,祁宿藻被调往湖南,赴任前在北京受到了咸丰帝的召见。在给叶名琛的信中,他详细记录了与皇帝

---

① J. Y. Wong, *Yeh Ming-ch'en*, pp. 97 - 99.
② 华廷杰:《触藩始末》,中国史学会编:《第二次鸦片战争》第 1 册,第 178—179 页。华廷杰时任南海知县。
③ 中国史学会编:《第二次鸦片战争》第 3 册,第 118—129 页,叶名琛奏,咸丰七年十一月十二日。
④ 华廷杰:《触藩始末》,中国史学会编:《第二次鸦片战争》第 1 册,第 179 页。

的对话。

　　咸丰帝：你可知道他们（两广总督徐广缙、广东巡抚叶名琛与洋人在往来照会中）写了什么？

　　祁宿藻：徐、叶二人办理夷务极重保密，所有照会均私下协商。臣与藩司、道台虽同驻一城，事前亦无从知晓。（中略）从前夷务往往未经办理便先遭泄密，今则督抚身侧之人亦难探知，夷人更无从措手。而彼等消息，吾人则已备悉矣。

　　咸丰帝：何以备悉？

　　祁宿藻：夷人有一物，名曰"新闻纸"，政务皆详载其上，可为吾人购得。夷人事事须赖吾国人翻译，徐、叶遂令受雇于夷人者逐月私通消息。故夷人一切，皆为吾人所知。

　　咸丰帝：受雇于夷人者，为何愿与吾人通信？

　　祁宿藻：只须每月予以赏金数百元即可。一处消息不足，他处亦有消息送来。各处消息一致，则可信矣。

　　咸丰帝：新闻纸由夷字写成？亦或汉字？

　　祁宿藻：已译成汉文。[①]

　　"一处消息不足，他处亦有消息送来"，说明广东当局雇佣的

---

① 英军占领广州后没收了大量存放在两广总督衙署的文件，此信即为其中之一。这些被扣押的文件有些被归还清朝，有些则现存于英国国家档案馆（FO 682 与 FO 931）。其中，FO 931 所藏部分以影印形式收录于刘志伟、陈玉环主编《叶名琛档案》，广东人民出版社 2012 年版，但其中未包括祁宿藻的这封信件。上述引文乃是由威妥玛的英译重译回中文。"Report of Conversation between the Emperor Hien Fung and Ki Shuhtsau, ex-Judge of Kwang-tung, in 1851", enclosed in Elgin to Clarendon, March 30, 1858, *CESM*, p. 235. 关于这些文件的英译过程以及给中英谈判带来的影响，参见 James L. Hevia, *English Lessons: The Pedagogy of Imperialism in Nineteenth-Century China*, Durham: Duke University Press, 2003, pp. 57–61。

密探不止一人。祁宿藻任职广东时,叶名琛尚为广东巡抚。他在1852年升任两广总督后亦自信宣称:"从前林文忠公好用探报而反为探报所误,偏听故也。我则合数十处报单互证,然后得其端绪。"①英国人在两广总督衙门缴获的大量探报也证明他所言非虚。② 1857年,一名广东通事因被怀疑是叶名琛的密探而被港英当局逮捕。③ 结合祁宿藻的叙述,可以推测叶名琛雇用的密探大多是在英国使馆和洋行工作的中国人。

根据祁宿藻的叙述,密探提供的信息中,"新闻纸"尤其受到重视,这一点在叶名琛升任两广总督后也没有改变。例如,1854年7月,叶名琛在上奏中汇报了克里米亚战争期间的英俄关系,自称"连日密购得新闻纸数张,始知颠末"。④ 1857年广州城陷落前,他还在向下属夸耀自己的情报搜集能力,称"十年前一切新闻纸我全收起"。⑤

正如祁宿藻所说,密探给了广东当局极大信心。然而,叶名琛的知识储备使他并没有足够能力去核实信息的真伪。最典型的例子就是他对"新闻纸"的认知。在前述1857年12月27日的奏折中,叶名琛写道:

> 近日英国新闻纸愈加密秘。编列号数,封锁在箧,非当议

---

① 华廷杰:《触蕃始末》,中国史学会编:《第二次鸦片战争》第1册,第179页。
② J. Y. Wong, *Yeh Ming-ch'en*, pp. 176-177.
③ FO 17/277, Elgin to Clarendon, December 9, 1857; Laurence Oliphant, *Narrative of the Earl of Elgin's Mission to China and Japan in the Years 1857, '58, '59*, Edinburgh: W. Blackwood and Sons, 1859, Vol. 1, p. 97.
④ "中研院"近代史研究所编:《四国新档·英国档》,第184—185页,叶名琛奏,咸丰四年六月二十六日受理。这封奏折中包含了英国使者觐见"俄罗斯国主"时行"免冠跪拜"礼、英军出征当日"哭声振野"等虚假信息。
⑤ 华廷杰:《触蕃始末》,中国史学会编:《第二次鸦片战争》第1册,第179页。

事之朝,各夷官皆不能取阅,外间更无从购览。①

这条消息可能也来自密探。在涉外信息皆属机密的清朝,这种描述可能很符合叶名琛对"新闻纸"的想象。由此可以推测,连"新闻纸"究竟为何这种最基本知识都未能掌握的叶名琛,恐怕很难对各路探报做出全面的分析和准确的判断。

英国人从两广总督衙门缴获的探报显示,密探们提供的消息五花八门,其中既有对额尔金外貌的详细描述,也包括很多可能对决策产生重大影响的误报,比如英国在印度遭遇惨败。② 英国外交当局似乎早就意识到了密探的存在,但就笔者管见所及,并没有证据表明他们故意放出了假情报。③ 在给英国外交部的一份备忘录中,威妥玛将清朝密探提供虚假信息的原因归结为他们只说叶名琛想听的话,以及低下的情报收集能力。④ 当时在香港发行的英文报纸一直持续报道印度民族起义和英法联军的集结情况,因此,即使英国当局故意向密探们散布了假消息,广东当局也完全可以通过对比报纸的公开报道来验证探报的真伪。

祁宿藻的叙述中还有一点值得注意,那就是涉及对外交涉的事务仅由督抚二人协商,藩臬两司和道台们均无法参与。叶名琛升任两广总督后,信息共享的范围进一步缩小,广东巡抚也常常被屏蔽在外,几乎所有决策都由叶名琛一人制定。⑤ 前引何桂清奏

---

① 中国史学会编:《第二次鸦片战争》第3册,第118—129页,叶名琛奏,咸丰七年十一月十二日。
② FO 17/277, Elgin to Clarendon, December 9, 1857; J. Y. Wong, *Yeh Ming-ch'en*, pp. 176–177.
③ FO 17/277, confidential, Elgin to Clarendon, December 9, 1857.
④ Wade to Elgin, March 10, 1858, enclosed in Elgin to Clarendon, March 18, 1858, *CESM*, pp. 226–227.
⑤ 华廷杰:《触番始末》,中国史学会编:《第二次鸦片战争》第1册,第164—170、177—180页。

折所说的"甚有同官一处而不知其详者",可谓广东的真实写照。广州城陷后,叶名琛被追究责任,罪名之一即是未将英法投递之照会"会商办理,即照会中情节亦秘不宣示"。① 不过,考虑到祁宿藻回答咸丰帝询问时的语气,以及他将问答内容告诉了叶名琛本人,可以推测叶名琛不与他人协商的做法此前并未引起过不满,反而被视为严防泄密的良策。

综上所述,叶名琛的形势判断主要基于密探提供的消息,探报中多有不实之处,叶名琛本人也缺乏信息的取舍和甄别能力。在制定对策时不与他人协商,等于切断了发现、纠正问题的可能性。以叶名琛为首的广东当局在信息收集和分析上的缺陷,可以说是广州城未经抵抗便被联军轻易攻占的重要原因之一。

(二) 清朝中枢的信息渠道

叶名琛被密探所误,而北京的朝廷亦被叶名琛所误。从"亚罗号事件"爆发到广州沦陷,叶名琛一共提交了 8 份谈及英法两国的奏折,其中不仅有来自密探的误报,也有许多他自己编造的谎言。例如,在 1856 年 11 月 24 日的奏折中,他谎称与英军交战,大获全胜,英军指挥官西摩尔(Edward Hobart Seymour)阵亡。关于 1857 年 6 月发生在珠江的军事冲突,他一字未提清军的溃败,反而谎称"三次接仗获胜"。② 清廷未向广州派遣援军,不断递送误报和谎报的叶名琛应承担主要责任。

但是,中央政府完全没有可能通过其他渠道了解到真实情

---

① 中国第一历史档案馆编:《咸丰同治两朝上谕档》第 7 册,第 454 页,咸丰七年十二月十三日。

② 叶名琛的所有上奏中,目前可以确认全文的只有咸丰七年十一月十二日提交的奏折和奏片,收录于中国史学会编《第二次鸦片战争》第 3 册,第 118—129 页。茅海建根据上谕档和军机处随手登记档推测出了其余七份奏折的主要内容。参见茅海建《近代的尺度》,第 148—151、163—165 页。

况吗？

　　第一个可能的渠道是上海的英文报纸。1856年11月1日，《北华捷报》首次报道了"亚罗号事件"，宣称这是对英国人的侮辱。11月15日报道了英军炮轰广州城，称赞"这是一个伟大而激动人心的消息，为本社区注入了活力"。此后，该报一直持续关注广东和香港的事态发展，多次发表呼吁对华开战的论说和读者来信。1857年11月21日，《北华捷报》刊出了集结在中国海域的英国舰队名单，详细标注了每艘舰船搭载火炮的数量。编者充满期待地写道："风暴正在迅速聚集，很快就会席卷广州城。"

　　也就是说，《北华捷报》上刊登出的一系列消息——1856年末广州城遭到炮击、主要炮台陷落、在华英国人渴望战争、英国已做好开战准备——明显与叶名琛的报告完全相反。然而，没有迹象表明这些信息被汇报给了清廷。

　　第二个渠道是广东以外地方官员的报告。1856年12月，两江总督和江苏巡抚联名上奏，援引包令的照会和上海道台收集的信息，称广州主炮台已经失陷。① 这份奏折于12月24日送达北京，但已经收到叶名琛"捷报"的咸丰帝却不以为然，训诫二人勿为英人所惑。② 收到朱批后，两人上奏附和咸丰帝，批评包令的照会是"夸大其词"，此后再未报告广东的情况。③

　　由此可知，清廷中枢从一开始就封闭了广东以外的信息渠道，

---

　　① 中国史学会编：《第二次鸦片战争》第3册，第94—95页，怡良、赵德辙奏，咸丰六年十一月十八日。
　　② 中国第一历史档案馆编：《咸丰同治两朝上谕档》第6册，第336页，咸丰六年十一月二十七日。
　　③ 中国史学会编：《第二次鸦片战争》第3册，第97—98页，怡良、赵德辙奏，咸丰六年十二月二十七日。除此之外，还有其他奏折也报告了1856年10—11月的广州炮击，但均未受到清廷的重视。中国史学会编：《第二次鸦片战争》第3册，第92—94页，韩锦云奏，咸丰六年十一月十八日；第100—101页，王发桂奏，咸丰七年一月二十一日。

所做决定完全依赖于叶名琛一人的报告。1858年1月9日,《北华捷报》报道了联军占领广州城。16天后,咸丰帝才通过广州将军的奏折得知了这一消息,大为震惊。而此时,被联军俘获的叶名琛已经在英国军舰上被关押了22天。①

三、谈判信息的传播

占领广州后,英法联军会同美国和俄国代表前往上海,要求重新修订鸦片战争以来签订的一系列条约,被清廷拒绝。英法代表认为必须进一步向清廷施压,遂于1858年4月率舰队抵达大沽,在此地与清朝代表展开谈判。一个月后,谈判破裂,联军于5月占领大沽炮台,挺进天津。清廷最终任命内阁大学士桂良与吏部尚书花沙纳为钦差大臣,从6月初开始在天津重启谈判。同月底,清朝分别与四国签订条约,合称《天津条约》。

上述期间,清朝收集信息的主要方式是与四国代表的谈判,关于谈判过程已有详尽研究。② 因此,本节聚焦于信息在政府内部的传递和向政府外部的扩散,并考察政府内部的信息共享对政策决定的影响。

(一) 清廷的信息发布

首先,清廷通过何种方式、在多大程度上把谈判的相关信息通知给了政府官员和一般民众? 正式的通知手段主要有三种。

第一种是明发上谕。7月3日,咸丰帝以廷寄形式正式批准

---

① *North-China Herald*, January 9, 1858;中国史学会编:《第二次鸦片战争》第3册,第132页,穆克德讷奏,咸丰七年十一月二十三日。
② Masataka Banno, *China and the West*, 1858–1861, pp. 18–42;茅海建:《近代的尺度》,第174—188页。

中英、中法《天津条约》的签署。在此之前,从未有明发上谕提及谈判正在进行。1月27日,清廷下发了革职叶名琛的明发上谕,其中提到"夷人窜入省城",但并未说明"夷人"具体来自哪些国家、怀有何种目的。① 此后又连发数道人事调动的明发上谕,②让人感觉大沽至天津一带正在发生与"夷务"相关的异常事态,但没有明确提及大沽炮台陷落和清朝与四国代表的谈判。

第二种通知手段是廷寄,接受者基本上仅限于各阶段谈判的负责人。具体而言,上海阶段为两江总督,大沽阶段为直隶总督,天津阶段则是两位钦差大臣以及负责首都防卫的僧格林沁。此外,5月22日的廷寄通知新任两广总督黄宗汉大沽炮台已被攻陷,命他中止攻击英法联军的计划。③ 每道廷寄都根据当时的谈判情况给出了具体指示,但对此前的谈判过程却少有解释。例如,2月在上海谈判时,英国代表通过两江总督向清廷提出了18项要求,当大沽谈判期间这些要求被再次提起时,直隶总督却对前情一无所知。④ 就笔者管见所及,与"夷务"没有直接关联的督抚们只接到了一次廷寄通知。6月11日,清廷以"夷船来至天津,京师办理防堵,需用较繁"为由,命四川、山东、山西、河南、陕西五省督抚迅速筹拨京饷。⑤

第三种通知手段是廷臣会议。根据坂野正高的考证,《中英天

---

① 中国第一历史档案馆编:《咸丰同治两朝上谕档》第7册,第454页,咸丰七年十二月十三日。
② 中国第一历史档案馆编:《咸丰同治两朝上谕档》第8册,169—170页,咸丰八年四月十六日;第185页,四月二十一日;第189页,四月二十三日;第217页,五月七日。
③ 同上书,第154页,咸丰八年四月十日。
④ 中国史学会编:《第二次鸦片战争》第3册,第264页,谭廷襄等奏,咸丰八年三月十九日。
⑤ 中国第一历史档案馆编:《咸丰同治两朝上谕档》第8册,第202页,咸丰八年五月一日。

津条约》签订前共召开过两次。第一次为 6 月 2 日,会议决定组织"巡防处"维护北京的治安,任命僧格林沁为钦差大臣,负责京师防务,并决定派遣曾作为清朝全权代表签署《南京条约》的耆英前往天津。① 会议的具体经过不详,时任户部尚书的翁心存在日记中写道:"津门消息人言籍籍,问之枢廷,亦不甚分晓,殆秘不告人也。"② 由此可以推测,此次会议的重点是京师防务,而不是讨论谈判策略。第二次会议召开于 6 月 23 日,亦即《中英天津条约》签订三天前,军机大臣、王大臣、九卿、科道等 100 多人列席。会议讨论了应该议和还是开战,最终主和派占据了上风。③

这样看来,清廷并不希望一般公众得知战争的发生,即便是在政府内部,也一直尽可能地把谈判相关信息的发布控制在最小范围内。然而,信息还是通过非官方渠道扩散开来。

(二) 非正式信息的扩散

英法使团带领舰队在大沽和天津附近停留了近 3 个月,许多当地民众都亲眼目睹。④ 种种见闻口耳相传,自不难想象。

更为内部的消息则主要通过信件在政界传播。以在上海担任财政幕僚的吴煦为例,他的个人档案中保存有 11 封来自大沽和天津的来信。信件均在谈判期间发出,提供了包括具体会谈场景在

---

① Masataka Banno, *China and the West*, *1858 – 1861*, pp. 282 – 283 (footnote 169).
② 翁心存撰:《翁心存日记》第 3 册,咸丰八年四月廿一日,第 1318 页。
③ Masataka Banno, *China and the West*, *1858 – 1861*, p. 82. 根据李文杰《辨色视朝:晚清的朝会、文书与政治决策》(上海人民出版社 2020 年版,第 333—335 页),廷臣会议原本被称为"大学士九卿会议",参加者为六部、都察院、通政司、大理寺官员。但在召集 6 月 23 日的这次会议时,咸丰帝首次使用了"大学士六部九卿会议"的称呼,导致与会者人数超出以往。会议决定以耆英未经咸丰帝批准擅离天津为由,命其自尽。
④ 关于外国人的到来给地域社会带来的影响,参见吉泽诚一郎《天津の近代——清末都市における政治文化と社会统合》,名古屋大学出版会 2002 年版,第 50—54 页。

内的大量一手信息。① 又比如,四川布政使祥奎从北京友人的来信中得知了大沽炮台陷落的消息,又把这封信展示给了四川总督王庆云。②

既是政治中心又接近谈判现场的北京,各路消息尤其混杂。翁心存一面在日记中频频感叹缺乏可靠的官方信息,一面又记录下了不少传闻,基本把握了大致的谈判过程。③

然而,即使是官场内部的消息也存在许多不实之处,有关李泰国的信息即是典型一例。谈判期间,威妥玛和李泰国分别担任额尔金的汉文正使(Chinese Secretary)和汉文副使(Assistant Interpreter),李泰国因中文流利、态度蛮横而尤为引人注意。④ 在吴煦收到的信件中,李泰国被描述为"实系广东潮州人,犯法逃去从夷者"。⑤ 同时代的文献《中西纪事》记载他"实广东应州人,世效汉奸于外洋"。⑥ 恭亲王奕䜣在奏折中称其为"广东民人,世为通使,市井无赖之徒",建议若他再有无礼之举,应"立即拿下,或当场正法,或解京治罪"。⑦

恭亲王的上述奏折表明,包括传闻在内的非正式信息也可能

---

① 太平天国历史博物馆编:《吴煦档案选编》第5辑,江苏人民出版社1984年版,第277—288页。
② 王庆云撰,中国社科院近代史所《近代史资料》编译室点校:《荆花馆日记》下册,咸丰八年五月十三日,商务印书馆2015年版,第965页。王庆云在日记中称带来信件的人为"文澜",此人即是布政使祥奎。
③ 翁心存撰:《翁心存日记》第3册,第1303—1324页。
④ 参见张志勇《李泰国与第二次鸦片战争》,《北方论丛》2015年第4期。
⑤ 太平天国历史博物馆编:《吴煦档案选编》第5辑,第285页。
⑥ 夏燮:《中西纪事》,第183页。关于《中西纪事》的成书与流传过程,参见邹子澄《一则"海氛"纪事的辑印史:〈偷头记〉在近代中国的流传与寓意改造(1863—1957)》,(台北)"中研院"近代史研究所集刊》第121期,2023年9月,第19—24页。
⑦ "中研院"近代史研究所编:《四国新档·英国档》,第580页,奕䜣奏,咸丰八年五月十三日受理。

成为政策讨论的素材。此处再举一例。6月4日,桂良等人首次会见额尔金。6日,报告会面经过的密折送达北京。① 6月12日,主战派代表人物、湖广道御史尹耕云上奏力陈备战的必要性,奏折开头便引用了桂良等人的密奏。然而,他的引用与密折原文多有出入。例如,密折称额尔金"带领夷兵二百余人"参会,尹耕云则称"带兵三百余名"。此外,尹耕云的奏折中还写到一些密折中完全没有提及的细节,如额尔金中断会面时"怒立中堂",随行英军"作乐举枪,挥刀而去"。② 如果尹耕云正式阅览过桂良等人的密折,上述引用方式显然十分反常。更合理的推测是,他并未亲眼见过密折,而只是听闻了大致内容。这意味着,清廷中枢发生了信息的泄露。

另一例基于非正式信息的政策讨论是针对外国公使驻京问题的集体上奏。英国提出的所有条款中,咸丰帝最为看重外国公使常驻北京一项,一直坚不让步。然而,在英国的不断施压下,桂良等人终于在6月19日上奏,恳请接受此项要求。③ 奏折于次日送达北京,立即成为"市井闲谈、士大夫清议"的话题。④ 23日,至少有6份反对公使驻京的奏折被呈递御前。⑤ 正是因为这次集体上奏,清廷才不得不召开了前文提到的第二次廷臣会议。在这些奏折中,以吏部尚书周祖培为首的24名团防处成员的联名上奏尤为引人注目。奏折开头如此写道:

---

① "中研院"近代史研究所编:《四国新档·英国档》,第511页,桂良等奏,咸丰八年四月二十五日受理。
② 同上书,第543页,尹耕云奏,咸丰八年五月二日受理。
③ "中研院"近代史研究所编:《第二次鸦片战争》第3册,第416—418页,桂良等奏,咸丰八年五月九日。
④ "中研院"近代史研究所编:《四国新档·英国档》,第566—567页,桂良等奏,咸丰八年五月十日受理;第583页,钱宝清奏,咸丰八年五月十三日受理。
⑤ 同上书,第579—588页。

窃臣等奉命办理团防,原为杜绝奸萌、肃清地面,夷务机密,未敢与闻。惟本月初十日,外间纷纷传言"抚局已成,各国夷使不日到京,相度地方,建立夷馆,常川往来,该夷使等一切体制与大学士平行"等语。虽虚实未能悬断,而众口汹汹,群情俱骇,不得不详度利害,为我皇上剀切陈之。①

"众口汹汹,群情俱骇",意味着桂良等人6月19日的上奏已广为人知。通常,这种情况只有在奏折被刊诸邸报,或是被明发上谕提及时才会发生。然而,没有迹象表明这份奏折曾被以这两种形式公布。"虚实未能悬断"一文也暗示周祖培等人并未亲自阅读过奏折原文,而是得自传闻。由此可以推测,公使驻京条款的流传也是信息泄露的结果,泄密者很可能就是持反对意见的中枢官员。

综上所述,清廷中枢虽然尽可能回避公开发布与谈判有关的信息,但也没有完全实现"密室政治"。泄密和基于非正式信息的政策讨论已经成为政界的默认做法。虽然能够参与最终决定的只有咸丰帝、军机大臣和少数几位亲王,但朝廷无法禁止其他官员们的上奏。当大臣们的建言超越了个人主张,而是以代言"众口""群情"为名目,以联名上奏的形式提出时,咸丰帝也就不得不召开廷臣会议,以此展示广开言路的姿态。由此可以说,没有进入核心决策层的诸多"外围"官员虽然无法直接参与政治决策,但对政策的方向性施加了间接影响。然而,中央政府不公布谈判的背景和进展,核心决策层以外的官员们便只能依赖私人渠道获得各种非正式信息,所获信息的数量和质量取决于个人的人脉和信息收

---

① 蒋廷黻编:《筹办夷务始末补遗(咸丰朝)》第1册,北京大学出版社1988年版,第679页,周祖培等奏,咸丰八年五月十三日。这份奏折也收录于《筹办夷务始末(咸丰朝)》和《四国新档·英国档》,但上奏者均被简记为"周祖培等"。

集能力。官员之间存在的巨大的信息差,始终贯穿于围绕《天津条约》的讨论之中。

四、《天津条约》缔结后的信息扩散

《天津条约》签订后,中英代表转移至上海,进一步磋商税则等具体的贸易问题。经过1个月的谈判,《中英通商协定》于1858年11月8日在上海缔结。

不过,清廷真正在意的并不是今后的贸易发展,而是刚刚签订的《中英天津条约》。对于这个条约,中英双方的认知有着根本不同。在上海的英国人将条约视为巨大成功,满足地表示"我们已经没有更多要求",乐观宣称"可以说中国现在真正开放了"。① 然而,在咸丰帝看来,签订条约不过是面对军事胁迫时的权宜之计。联军一离开天津,他便命令谈判代表们废除整个条约,或至少取消包括公使驻京在内的四项条款。②

本节的关注点是:清廷如何向官员和民众解释《天津条约》的缔结?清朝官员和英、法等国对此又作何反应?

(一) 两广总督的密探

英法联军撤出天津后,咸丰帝多次发布人事任免的明发上谕,以惩处责任人的形式间接承认了大沽炮台的陷落,③但没有提及

---

① *North-China Herald*, July 17, 1858.
② 茅海建:《近代的尺度》,第188—198页;Masataka Banno, *China and the West, 1858-1861*, pp. 27-28, 93-107.
③ 中国第一历史档案馆编:《咸丰同治两朝上谕档》第8册,第258页,咸丰八年五月三十日;第262页,六月二日;第267—268页,六月六日;第283页,六月十四日;第284页,六月十六日;第291页,六月二十一日;第304—305页,六月二十八日;第327—328页,七月十三日。

《天津条约》的签订。签署条约一事在政界迅速传开,[1]但只有直接参与谈判的官员和核心决策层的少数几人才知道具体条款以及在上海的谈判进展。一心想要废约的咸丰帝,自然不希望公开条约的内容。

然而,对于一些官员来说,能否把握《天津条约》的内容以及谈判的走向,对个人的仕途至关重要。叶名琛的继任者、新任两广总督黄宗汉即是其中之一。当时他驻扎在广东惠州,暗中支持广州士绅们领导的抵抗运动。[2] 在7月5日和16日的廷寄中,朝廷通知黄宗汉:《天津条约》已经签订,分别赔款给英、法两国白银400万两和200万两;将用粤海关的收入支付赔款;联军将继续占领广州,直到赔款全部付清;现在正在上海谈判贸易问题。[3] 廷寄没有提及赔款以外的条约内容和上海谈判的进展。为了获得更详细的信息,黄宗汉把自己的密探派到了上海。

密探名叫俞增光,官衔为县丞。[4] 他大约从1858年9月开始滞留上海,在11月底至12月初之间撰写了给黄宗汉的探报。探报先被送到了黄宗汉所在的惠州,后来不知为何又被寄到了广州。1859年1月初,英法联军在攻占广州的抵抗运动根据地石井时发现了这份探报,立即将其寄到上海。[5] 1月23日,额尔金把它推到了桂良等四位清朝代表的面前。[6]

探报内容"纤悉毕备",令四人"不胜发指",具体包括以下五

---

[1] 郭嵩焘撰,梁小进主编:《郭嵩焘全集》第8册,岳麓书社2012年版,第144页;Bruce to Malmesbury, May 31, 1859, *CCMC*, p. 7.

[2] Frederic Wakeman Jr., *Strangers at the Gate*, pp. 164-173.

[3] 中国第一历史档案馆编:《咸丰同治两朝上谕档》第8册,第254页,咸丰八年五月二十五日;第267页,六月六日。

[4] 太平天国历史博物馆编:《吴煦档案选编》第5辑,第4页。

[5] Consul Parkes to Elgin, January 15, 1859, enclosed in Elgin to Malmesbury, January 22, 1859, *CESM*, p. 475.

[6] 太平天国历史博物馆编:《吴煦档案选编》第5辑,第4页。

点:(1)咸丰帝最初打算全面废除《中英天津条约》;(2)经过桂良等人的反复劝说,咸丰帝同意放弃全面废约,转而要求取消四项内容,即①外国公使驻京,②长江沿岸开设通商口岸,③允许外国人在中国内地游历和经商,④英法联军占领广州,直至赔款还清;(3)英国代表将于1859年4—5月间前往北京换约;(4)将制定新税率,并批准鸦片贸易合法化;(5)英国要求罢免黄宗汉,取缔广州的团练组织。记录准确无误,细致到了会谈内容和桂良等人具奏的日期。①

桂良等人其实早就意识到咸丰帝最看重的是公使驻京,因此在谈判时一直聚焦于这一点,对长江开埠等三项并未努力争取,②这份探报却完全暴露了咸丰帝的真实意图。桂良在上奏时谈及此事,直呼:"所有应办四事、如何设法之处均载其中,尽被该夷窥破,如何措手?"③然而,黄宗汉和余增光事后似乎均未受到处罚。④

(二)《天津条约》的被迫公开

另一位关注《天津条约》的官员是黄宗汉的继任者王庆云。由于英国一再要求解职黄宗汉,清廷于1859年5月将其调任为四川总督,前任川督王庆云则接任两广总督。⑤

---

① "Précis of a Letter found at Shek-tsing", enclosed in Elgin to Malmesbury, January 22, 1859, *CESM*, pp. 475 – 477; "Translation of a Paper forwarded to the Earl of Elgin in Mr. Parkes Despatch of January 15, 1859", enclosed in Bruce to Malmesbury, July 13, 1859, *CCMC*, pp. 25 – 28.
② 茅海建:《近代的尺度》,第195页。
③ 中国史学会编:《第二次鸦片战争》第3册,第597页,桂良等奏,咸丰八年十二月二十二日。
④ 桂良等人本想追究俞增光的责任,但谈判代表之一的军机章京段承实主张俞不过是遵循上官指示,不必惩处。太平天国历史博物馆编:《吴煦档案选编》第5辑,第4页。
⑤ 中国第一历史档案馆编:《咸丰同治两朝上谕档》第9册,第160页,咸丰九年四月二日。

王庆云于 5 月收到了正式的任命通知,但未被告知《天津条约》的内容。① 7 月底,一位法国传教士在四川散发《中英天津条约》的汉译本时遭到逮捕,尚未离川的王庆云这才第一次看到了条约全文。② 在日记中,他表达了对朝廷封锁消息的困惑和不满。

> 月前酉阳州报获唏夷丁成贤在彼刊布条约五十六款。虽不出自英夷,而其事已传播西南矣。今乃以此密而不宣,可谓亲远而疏近。此款难辨真伪,如何据以拟议?古人或议战,或议守,或议和,必身亲其事,经营数年而后定。若闭塞耳目、使人聋瞽,而贸然莅其事而谋之,其不偾事者鲜矣。③

虽然清廷将《天津条约》的内容列为机密,但在华西人却在定约之后不久便将其公之于众了。《北华捷报》于 1858 年 7 月 13 日刊登出了条约的第 1—11、26—29、53—56 条的摘要,比王庆云从法国传教士处获悉条约内容早了整整一年。8 月 28 日和 11 月 13 日,又分别刊登出了《中英天津条约》和《中英通商协定》的全文。

值得注意的是,《北华捷报》并没有得到条约的正式英文版本,而是获得了汉文版,刊登出的英文版本是编者根据汉文版自行英译的。报道中并未透露两份汉文版的来源,清朝和英国的官方文件中也没有提及此事。由于英国外交当局对《北华捷报》有一定影响力,④因此可以推测,即使英方没有故意泄露文件,至少也是默许了报社的发布行为。

---

① 王庆云撰:《荆花馆日记》下册,咸丰九年四月二十日,第 1034 页。
② 同上书,咸丰九年六月二十三日,第 1045 页。
③ 同上书,咸丰九年六月二十六日,第 1046 页。
④ FO 17/315, confidential, Bruce to Russell, November 22, 1859.

此外,西人还曾把条约全文随同历书一同散发。① 两江总督何桂清在 1859 年 2 月的奏折中汇报称,当时上海一带"各处传抄,皆从夷馆中得来"。② 西人如此希望条约内容在中国广为人知,或许是希望制造条约已被公布的既成事实,由此敦促清政府履行条约。

1859 年 4 月,英国公使卜鲁斯(Sir Frederick William Adolphus Bruce)带着经过维多利亚女王批准的条约原件抵达香港,准备按计划在北京交换批准书。但咸丰帝却要求把换约地点从北京改为上海。桂良等人认为,若能让英国人相信清朝的确有履行条约的诚意,或许他们会同意更改换约地点,而展示诚意的手段之一即是刊刻发行《中英天津条约》的全文。这也意味着,清廷此前拒绝公布条约的做法,被英国人视为缺乏诚意的体现。4 月底,桂良等人来不及等到咸丰帝的许可便在上海刊行了《中英天津条约》。③

然而,卜鲁斯始终坚持在北京换约。6 月,他与法国公使率领舰队北上。25 日,英法舰队企图清除设置在海河河口的障碍物,强行突入大沽,遭到清军炮击,两位公使无功而返。此即第二次大沽之战。

事发之后,卜鲁斯立刻在返回上海的军舰上撰写了说明冲突经过的报告书,④抵达上海后又写了一份更详细的汇报。在第二份报告中,他再三强调清廷从一开始就无意遵守条约,并附上了一

---

① 太平天国历史博物馆编:《吴煦档案选编》第 5 辑,第 34 页;夏燮:《中西纪事》,第 202 页。
② 中国史学会主编:《第二次鸦片战争》第 4 册,第 18 页,何桂清奏,咸丰九年一月二十日。
③ 中国史学会主编:《第二次鸦片战争》第 4 册,第 51 页,桂良等奏,咸丰九年三月二十一日;太平天国历史博物馆编:《吴煦档案选编》第 5 辑,第 30、34、36 页。
④ Bruce to Malmesbury, July 5, 1859, *CCMC*, pp. 16 – 19.

份重要证据——前述俞增光的探报。①

由此可知,清廷在《天津条约》缔结后拒绝发布相关信息的做法,不仅引起了本国官员的混乱和不满,也加剧了西方人对中国的不信任,并导致英国掌握了信息发布的主动权。清朝官员为弥补信息不足而派出的密探,最终却为英国送上了不利于清朝的证据。

五、备战期间的信息收集与战后的条约公开

第二次大沽之战后,清朝与英法再次回到敌对关系。咸丰帝先是在1859年8月1日发给何桂清(当时的官衔为两江总督兼办理各国事务钦差大臣)的廷寄中下令废除《中英天津条约》和《中法天津条约》,又在8月9日以明发上谕的形式明确提及了第二次大沽之战的爆发,将原因归咎于英、法两国。② 而英国和法国则要求清朝全面履行《天津条约》、向两国道歉、追加赔款。为了确保这些要求的实现,两国决定再度向中国派遣远征军。

清廷预见到了英、法的报复,因此试图在远征军到达中国之前尽可能地收集敌方信息。何桂清等负责官员尝试通过正式访问和派遣非正式联络员的方式开启和谈,并借机收集信息,但均遭到卜

---

① 英国驻华外交代表两次向外交部汇报了余增光的报告。第一次是在该报告被送达上海后不久,以节译形式提交。额尔金根据这份报告判断,主战论者在清廷仍占据优势,同时评价桂良等实际负责谈判的官员"行事公正"。第二次则是以全文英译的形式提交,一同寄出的还有卜鲁斯的报告和威妥玛的备忘录。二人均强调清朝在上海谈判的真正目的不是讨论税则,而是修改《中英天津条约》。"Précis of a Letter found at Shek-tsing", enclosed in Elgin to Malmesbury, January 22, 1859, CESM, pp. 475 – 477; "Translation of a Paper forwarded to the Earl of Elgin in Mr. Parkes Despatch of January 15, 1859", enclosed in Bruce to Malmesbury, July 13, 1859, CCMC, pp. 25 – 28.

② 中国第一历史档案馆编:《咸丰同治两朝上谕档》第9册,第349页,咸丰九年七月三日;第367页,咸丰九年七月十一日。

鲁斯的拒绝。①

在此情况下,英文报刊成为清朝的重要信息来源。

(一) 清朝官员对英文报刊的利用

负责管理英文报刊翻译事务的是刚刚升任上海道台不久的吴煦。翻译工作从 1859 年 7 月开始,至 1860 年 8 月英法联军从北塘登陆,至少有 28 份译文被送到了吴煦手中。②

吴煦向上司何桂清提交的第一份译文是《北华捷报》1859 年 7 月 9 日对第二次大沽之战的报道。文章由"愤怒号"(H. M. S. Fury)船长的简短报告和两名英国军人的叙述构成,公布了英法联军的伤亡人数(英军 464 人,法军 14 人)。③ 何桂清在 7 月 15 日的奏折中引用了这组数据,并附上了译文的摘要。④ 这是第二次大沽之战后,唯一一份明确提到联军伤亡数字的奏折。

清朝官员通过英文报刊收集信息的行动引起了英国人的警觉。11 月 16 日,英国政府决定向中国派遣远征军的消息被轮船带到了上海。⑤ 11 月 19 日,《北华捷报》报道了这一消息,同时

---

① FO 17/335, Bruce to Russell, January 6, 1860; FO 17/335, secret and confidential, Bruce to Russell, January 21, 1860; FO 17/336, Bruce to Russell, February 6, 1860; FO 17/336, Bruce to Russell, March 6, 1860; FO 17/337, secret and confidential, Bruce to Russell, April 7, 1860; FO 17/337, Bruce to Russell, May 30, 1860; FO 17/338, Bruce to Russell, June 12, 1860. 关于英国外交当局的非正式联络员,参见坂野正高《近代中国外交史研究》,第 139—214 页。

② 太平天国历史博物馆编:《吴煦档案选编》第 5 辑,第 60、61、63、306—353 页。

③ 同上书,第 310—316 页。据英国海军报告,英军共伤亡 434 人。D. Bonner-Smith and E. W. R. Lumby (eds.), *The Second China War, 1856 – 1860*, Westport, Conn.: Hyperion Press, 1981, p.397.

④ 中国史学会主编:《第二次鸦片战争》第 4 册,第 167—169 页,何桂清奏,咸丰九年六月十六日。

⑤ 英国内阁于 1859 年 9 月 16 日批准向中国派遣远征军,11 月 16 日抵达上海的轮船带来了这一消息。*North-China Herald*, November 19, 1859; W. C. Costin, *Great Britain and China, 1833 – 1860*, p.299.

宣言：

> 至于这次战役的计划，就让他们从结果中去了解吧。届时叩头典礼将被废除，咸丰皇帝将乞求和平。我们不会向他们透露任何信息。我们相信，我们的竞争对手（笔者注：即香港的英文报刊）也会谨慎行事，因为清朝官员能够获得本报和其他报刊上所有关于他们的文章的译文。①

从此之后，直到联军部队从北塘登陆，《北华捷报》上所有关于联军动向的文章都转载自在英美发行的报刊，没有任何原创报道。卜鲁斯在给英国外交部的信件中也提醒道：

> 我请求阁下在发表中国线人的言论时慎之又慎。这是因为英文报纸在被翻译成中文，以供中国当局所用。他们很容易追查到信息的出处，这将给那些有可能成为我们宝贵助手的人带来致命危险。②

尽管英国加以防范，清朝还是从英文报刊上获得了不少关于联军的信息，其中价值最大的是附在何桂清1860年3月13日奏折中的译文汇编，主要内容如下：（1）英、法两国分别派遣了2万人和1万人；（2）有人建议放弃天津、占领南京，因为大沽附近有大片沼泽，难以进行大规模登陆；（3）也有人不赞成进攻南京，指出北塘附近有一处地方水深足够，从那里能够轻易登陆，之后可以从后方袭击大沽炮台，炮台失陷后便可占领天津，继而进军北京，

---

① *North-China Herald*, November 19, 1859.
② FO 17/335, secret and confidential, Bruce to Russell, January 21, 1860.

大获全胜。①

以上三点中,(1)的信息来源或许是在香港发行的英文报纸,但无法确定具体为哪家报社;(2)和(3)则是刊登在《泰晤士报》(*The Times*)上的读者来信,《北华捷报》亦有转载。(2)的作者不详,(3)的作者则是曾在1857—1859年间担任额尔金秘书、亲自到访过大沽和天津的俄理范(Laurence Oliphant)。他没有陪同额尔金参加第二次中国远征,因此投稿中提到的北塘登陆计划并非官方意见,而只是他的个人见解。②

何桂清提交的译文中并没有提及俄理范的姓名和背景,有可能译者根本就不知道他是何许人也。不过,何桂清此前就曾从其他渠道探听到联军可能从北塘登陆,③这份译文又提供了一份旁证。对比英、法两国实际派遣的人数(英军20 499人,法军7 620人),可以说上述译文的信息相当准确。④ 虽然还有不少翻译上的小错,也缺乏对背景知识的理解,但叶名琛希望通过英文报纸收集敌人信息的计划,至此终于实现了。

何桂清的一系列上奏都被转发给了僧格林沁。僧格林沁认为

---

① 中国史学会主编:《第二次鸦片战争》第4册,第307—309页,何桂清奏,咸丰十年二月二十一日。《第二次鸦片战争》第4册第311—312页收录的报纸汉译本,并不是随何桂清的这份奏折一起提交的。1860年8月,英法联军在新河衙门发现了这份奏折的原件,连同作为附件的报纸译文一同翻译成了英文,提交给了英国外交部。"Translation of Papers found in Sin-ho by Mr. Parkes", on the 12th August, 1860, enclosed in Elgin to Russell, August 25, 1860, *CRAC*, pp. 118 - 119. 对比英文版本可知,何桂清于咸丰十年二月二十一日提交的这份奏折中附带的报纸汉译本,收录在了《筹办夷务始末(咸丰朝)》第5册,第1847—1848页。

② J. C., "The Third Chinese War. To the Editor of the Times", *The Times*, December 29, 1859, p. 9; L. O., "The Third Chinese War. To the Editor of the Times", *The Times*, December 31, 1859, p. 8; *North-China Herald*, March 10, 1860. 讨论此后仍在继续。1860年1月5日的《泰晤士报》上,L. O. 的署名变成了Laurence Oliphant。

③ 中国史学会主编:《第二次鸦片战争》第4册,第274页,何桂清奏,咸丰九年十一月十八日;第299页,何桂清奏,咸丰十年一月二十七日。

④ 茅海建:《近代的尺度》,第366—375页。

有关联军人数的信息或许可信,但坚信从沼泽环绕的北塘登陆十分困难,即使能够勉强登陆,也难以对抗埋伏在新河、塘沽等地的清军,因此判断没有必要在北塘驻军。①

此后的事态发展,与额理范的预测完全一致。1860年8月,英法联军从北塘登陆,攻陷大沽后占领了天津,9月时逼近通州。清廷对消息的封锁以及北京居民的不安,正如本文开头所述。9月18日,谈判破裂,约40名英、法人士被俘,其中包括英方代表巴夏礼和《泰晤士报》的随军记者。此后清军节节溃退,联军逼近北京城。9月22日,咸丰帝与军机大臣逃往热河。10月18日,联军火烧圆明园,以此报复清军屠杀战俘。10月24、25日,恭亲王奕䜣代表清朝,在北京城内分别与英、法签订了《北京条约》。②

(二)《天津条约》与《北京条约》的公开

本节的最后想要关注条约的公布问题。这是因为,《中英北京条约》共有九款,其中的第八款便是针对条约的公布:

> 戊午年(1858)原约在京互换之日,大清大皇帝允于即日降谕京外各省督抚大吏(high authorities),将此原约及续约各条发钞给阅,并令刊刻悬布通衢(print and publish),函使知悉。③

英国特意以明文规定的形式,要求清廷刊布《天津条约》和

---

① 茅海建:《近代的尺度》,第363—366页。
② James L. Hevia, *English Lessons*, pp. 45-48, 74-118.
③ "Convention between Her Majesty and the Emperor of China, signed in the English and Chinese Language, at Peking, October, 1860", Great Britain, *Parliamentary Papers*, No. 66 (2755), *Treaties between Her Majesty and the Emperor of China with Rules for Trade and Tariff of Duties*, London: Harrison and Sons, 1861, p. 21.

《北京条约》的全文,并通知全国。

全文公布条约不仅是《中英北京条约》的条款之一,也是英军撤兵的条件。1860年10月26日,额尔金照会奕䜣,称在咸丰帝下发刊布条约的明发上谕前,他不会从北京撤军。4天后,未得到咸丰帝回复的额尔金干脆自行起草了一份明发上谕,与催促的照会一并递交给了奕䜣。① 在给英军指挥官格兰特中将(Hope Grant)的公函中,额尔金对公布条约的重要性作了如下解释:

> 我认为,要执行《天津条约》,《北京条约》第八款规定的对条约的公布(publication),就和皇帝批准条约同样重要。如果在皇帝下令公布条约前就撤走军队,那么公布可能就永远不会实现了。②

在额尔金看来,皇帝以明发上谕的形式承认条约的缔结、将条约全文刊刻公布,是迫使清朝履行条约的必要程序。他之所以如此坚持,最重要的原因当然是清朝曾有过一次反悔行为。除此之外,或许也是不满于西方人的存在一直在明发上谕和邸报中遭到抹杀。③ 将条约内容公之于众,不仅是向清政府施压的手段,也是彰显英国人存在感的方式。

11月1日,咸丰帝的明发上谕送达北京,京城各处都贴出了

---

① 中国史学会主编:《第二次鸦片战争》第5册,第217—218页,奕䜣奏,咸丰十年九月十三日;第229—231页,奕䜣奏,咸丰十年九月十七日。

② FO 17/332, Elgin to Hope Grant, October 27, enclosed in Elgin to Russell, October 31, 1860, *CRAC*, p. 245.

③ 亚罗号事件后,《北华捷报》一直在关注邸报中有否提及英国。例如,1857年10月31日,该报译载了一份叶名琛汇报地区防卫的奏折,其中提到了英国。编者特意评论道:"我们的存在终于得到了承认。"

《中英天津条约》和《中英北京条约》的全文。① 11月9日,英军撤出北京,第二次鸦片战争就此结束。

结　论

本文考察了第二次鸦片战争的各个阶段中,有关谈判和战斗的信息如何被收集,如何在清政府内部传递,又如何向政府外部扩散。清政府在第二次鸦片战争期间的信息处理,延续了第一次鸦片战争以来的信息收集、传递和发布模式,也暴露了既有模式的缺陷。

虽然没有明文规定,但清政府的信息处理实际上分为"内政"和"外政"两部分。"内政"信息除了会在政府机构内部共享,其中的一部分还会通过邸报和明发上谕公之于众。与此相对,"外政",尤其是涉及西洋各国的信息则基本上一律被视为机密,主要以密奏—廷寄的形式流转于清廷核心决策层与负责官员这一狭小范围之内,形成了一个封闭的信息回路。这种涉外信息的共享和发布模式导致虚报与误报难以被及时发现,其结果就是错误的信息一直在封闭的回路中不断循环、积累。从"亚罗号事件"的发生到广州城沦陷,北京的清廷中枢被叶名琛的谎报和误报误导了一年以上,充分说明了此种模式的弊端。

从谈判开始到《天津条约》正式缔结,清廷始终没有向民众公开谈判的进展和结果,也没有向中枢以外的官员们提供有关条约的详细信息。另一方面,包括不实传闻在内的零散信息则通过非

---

①　中国史学会主编:《第二次鸦片战争》第5册,第234—236页,奕䜣奏,咸丰十年九月二十日;《第二次鸦片战争》第2册,第19、42、100、130页。The Prince of Kung to Elgin, enclosed in Elgin to Russell, November 13, 1860, CRAC, pp. 256–257; "The Peace with China", Illustrated London News, January 19, 1861.

正式渠道在政界扩散，并成为政策讨论的素材。清政府中一直存在的主战论，除了来自华夷意识的影响，也有因信息不足而导致的对联军实力的无知。

清廷中枢对信息的封锁不仅引起了翁心存、黄宗汉、王庆云等本国官员的混乱和不安，也引发了英国人的不满。清廷不以明发上谕的形式公布对外政策，不在邸报上刊登有关西洋事务的奏折，无异于抹杀了西方人在中国的存在。英国人竭力推动《天津条约》全文在中国的传播，在《中英北京条约》第八款中明文要求全文刊登条约内容，并将此款的履行列为撤军的条件，目的既在于以此强迫清朝履行条约，也是希望借此手段表明英国在中国的影响力不容忽视。

与清朝封闭的信息回路不同，英文世界的信息渠道是开放的。在华当局公布战争的进展，传教士、商人等民间人士的投稿和编辑的评论则成为政府的参考，而联通"政府"与"民间"的信息通道正是英文报刊。第二次鸦片战争给清朝的信息处理模式带来的重大变化，即以此次战争为契机，清朝终于开始有效利用英文报刊来收集外国信息。虽然林则徐早在第一次鸦片战争时便组织翻译外报，叶名琛也自认为掌握了"新闻纸"的奥义，但前者得到的译文大多文义不通、缺乏时效，[①]后者则更是对"新闻纸"为何物都缺乏正确理解。直到第二次鸦片战争后期，吴煦等活跃在上海的官员才真正实现了以英文报刊作为收集信息的手段。战后，从报刊上收集到的联军信息得到了验证，从此之后，收集和翻译外报便成了洋务官员们的固定工作。1862年，李鸿章被任命为署理江苏巡

---

① 参见苏精辑著《林则徐看见的世界：〈澳门新闻纸〉的原文与译文》，广西师范大学出版社2017年版。

抚,甫一上任便下令翻译英文报纸。① 1866 年的"丙寅洋扰"(法国武装入侵朝鲜)和 1874 年的"牡丹社事件"中,清政府都通过英文报纸追踪法国和日本的动向。②

从英文报纸上收集到的信息也逐渐改变了人们对信息本身的看法,一部分清朝官员慢慢认识到,涉外信息也可以(或应该)被公开。虽然中央政府直到新政开始才主动公开涉及外政的公文,但从 1860 年代起,在上海发行的中文报刊便陆续刊登总理衙门的奏折并评论清朝的对外政策。至甲午战争时期,中文报刊的积极报道已经使得战争信息的传播呈现出完全不同的景象。

---

① 顾廷龙、戴逸主编:《李鸿章全集》第 29 册,安徽教育出版社 2008 年版,第 84 页。
② Mary Clabaugh Wright, *The Last Stand of Chinese Conservatism: The T'ung-Chih Restoration, 1862-1874*, Stanford: Stanford University Press, 1957, pp. 240-241;朱玛珑:《外交情报与港际报业——以 1874 年台湾事件日·中两国轮船运兵消息为例》,(台北)《"中研院"近代史研究所集刊》第 93 期,2016 年 9 月;塩出浩之:《台湾出兵をめぐる東アジア公論空間》,塩出浩之編:《公論と交際の東アジア近代》,东京:东京大学出版会,2016 年;塩出浩之:《東アジアにおける新聞ネットワークの形成》,《日本歴史》871 号,2020 年 12 月。

名不正？晚清驻外副使设置的翻译问题

摘要：清廷于19世纪70年代仿照欧洲外交制度派遣驻外公使，此举是中国打破朝贡体系、向近代外交转型的重要一步。由于未重视"副使"一词在中外交涉文书中的多义性，清廷派遣驻外副使之举长期被简单视作盲目延续朝贡旧例。本文将考察促成首任驻外使臣任命的人物及各自的贡献，进而从翻译史研究的视角对比中外交涉文书中"副使"的不同含义。重审"副使"一词的多义性与其在外交文书中的使用情况，有助于揭示晚清驻外副使职位设置的实践与知识依据，反思翻译问题在中国外交转型过程中的影响。

关键词：副使，交涉文书，知识与实践，翻译问题

作者简介：李佳奇，武汉大学文学院特聘副研究员

引 言

自1860年《北京条约》准许外国使臣驻扎北京以来，[1]清廷已

---

[1] 中英1858年《天津条约》第三款有"大英钦差各等大员及各眷属可在京师，或长行居住，或能随时往来，总候奉本国谕旨遵行"，1860年续订的《北京条约》第二款提到此项有"仍照原约第三款明文，总候奉本国谕旨遵行"，详阅王铁崖编《中外旧约章汇编》第1册，生活·读书·新知三联书店1957年版，第96、144页。

无法在制度与名义上沿用旧有朝贡制处理同条约国家之间的关系。日、俄、美、英、法、荷六国驻京公使于 1873 年成功按新式外交礼仪觐见同治皇帝，此后清廷更是迫于内外局势变化，于 1874 年开始加紧派出驻英国正副使，驻美国、西班牙、秘鲁三国正副使以及驻日本正副使等。不过，清廷副使或不为驻扎国认可，或因职权不协等问题，影响使馆正常运作。① 鉴此，清廷未再派遣副使驻外。②

在中国近代交涉史中，清廷派遣驻外副使长期被视为"名不正"而"事不成"的历史教训。就此，同文馆总教习兼国际法教习丁韪良（William Alexander Parsons Martin，1827—1916）的说法影响最为深远，他在回忆录中提道："中国的惯例是成对派遣前往属国的使者，上述三个使团遵从了古老的习惯。每一例中，不平等的双方被迫搭档，势必造成无可忍受的摩擦。令副使（vice-minister）不快的是，外国宫廷通常把他当作秘书（a secretary）看待。在协约国列强中，中国已经不情愿地放弃了双人制。"③ 此外，他还提到中

---

① 关于驻英正、副使郭嵩焘、刘锡鸿之争是晚清外交史上的一桩公案。目前除了郭嵩焘、刘锡鸿、薛福成等人的日记与信件可资借鉴外，近年新发掘的史料尚有驻英参赞黎庶昌的底稿删节记录《郭刘两星使构衅始末》。该文或有助于从职权不协、旁人挑拨等角度来综合分析郭、刘两人由信友转为政敌的复杂过程。相关史料及研究详阅黎庶昌《西洋杂志》卷一，《遵义丛书》编委会编：《遵义丛书》第 99 册，上海古籍出版社、国家图书馆出版社 2018 年版，第 229—236 页；李佳奇：《从稿本到刊本：晚清黎庶昌〈西洋杂志〉编撰考》，《长江学术》2024 年第 3 期，第 61—65 页。

② 驻英副使经刘锡鸿请旨后撤销，驻扎日本副使、驻美日秘鲁三国副使两职至期满到任后停派，详阅奕訢等《总署奏请补发使英郭嵩焘等敕书折》（1877 年 4 月 30 日），王彦威纂辑，王亮编，王敬立校：《清季外交史料》第 1 册，书目文献出版社 1987 年版，第 181 页；经莉编：《总署奏底汇订》第 1 册，全国图书馆文献缩微复制中心 2003 年版，第 28—29、39 页；《出使日本大臣何如璋等任满请简员接办折》（1880 年 11—12 月），吴丰培、董盼霞、杜晓明编：《清同光间外交史料拾遗》第 11 册，全国图书馆文献缩微复制中心 1991 年版，第 17 页。

③ W. A. P. Martin, *A Cycle of Cathay or China, South and North with Personal Reminiscences*, New York: Caxton Press, 1896, p. 382; 丁韪良著，沈弘等译：《花甲记忆——一位美国传教士眼中的晚清帝国》，广西师范大学出版社 2004 年版，第 259 页。

国遴选使臣的原则:"中国人采用新习惯时,总是尽可能保留旧传统。他们的惯例是,不仅成对派遣公使,而且要从翰林中挑选。"① 然而,与丁韪良所称的选才标准不同,总理衙门其时已觉遣使外洋势难再缓,饬令大臣"不拘资格,各举所知",以储备候选使臣。② 可见,丁韪良的说法并不准确,他认为清廷无诚意仿照西洋外交制度,进而将副使职位的设置与废止解释为旧有朝贡体制与国际外交体制之间的一次冲突。

当然,丁韪良关于副使来源于朝贡旧制的解释并非无中生有,而是依据他阅读的刘锡鸿《英轺日记》。③ 刘锡鸿是晚清首任亦是唯一一任驻英副公使,他在这本公务日记中解释中西驻使的差异,认为"国朝遣使,皆正、副并行,所以相维制也。外洋于副使则谓之帮办,听驱遣于正使"。④ 他请旨裁省驻英副使职位时,也提到:"然臣查西洋通例,凡因事特遣之使不限人数,而驻扎公使则各国均只一人,并无副名目。"⑤ 或受到丁韪良、刘锡鸿两人说法的影响,学界往往将清廷派遣副使追溯至朝贡旧例,⑥而忽略考察"副

---

① W. A. P. Martin, *A Cycle of Cathay*, p. 384;丁韪良:《花甲记忆》,第260页。
② 《附　清单(二)》(无注明时间),顾廷龙、戴逸主编:《李鸿章全集》第6册,安徽教育出版社2008年版,第302页。
③ W. A. P. Martin, *A Cycle of Cathay*, pp. 381-382;丁韪良:《花甲记忆》,第258—259页。
④ 刘锡鸿:《英轺日记》,1877年2月15日,王锡祺辑:《小方壶斋舆地丛钞·补编、再补编》第十四册,杭州古籍书店1985年影印版,第172a页。
⑤ 刘锡鸿:《副使刘锡鸿奏辞驻英副使折》(1877年4月11日),王彦威纂辑,王亮编、王敬立校:《清季外交史料》第1册,第179页。
⑥ Immanuel C. Y. Hsu, *China's Entrance into the Family of Nations*, Cambridge, MA: Harvard University Press, 1968, p. 191; Owen H. H. Wong, *A New Profile in Sino-Western Diplomacy: The First Chinese Minister to Great Britain*, Hong Kong: Chung Hwa, 1987, pp. 130-131;王立诚:《近代外交制度史》,甘肃人民出版社1991年版,第128页;周海生:《清季使臣制度研究》,南开大学历史系博士学位论文,2007年,第218页;祖金玉:《走向世界的宝贵创获——驻外使节与晚清社会变革研究》,南开大学出版社2012年版,第8页;李文杰:《中国近代外交官群体的形成(1861—1911)》,生活·读书·三联书店2017年版,第64页。

使"一词在当时的多义性。

明末清初欧洲外交代表来华，多有副使相陪，直至 1815 年维也纳《关于外交人员等级的章程》(Règlement sur le rang entre les agents diplomatiques)统一外交职衔等级后，副使职位方不复存。① 已有研究指出，西方来华官员"参赞"在鸦片战争前后往往自译职衔为中文"副使"，以自抬身份地位。② 这一译法在《北京条约》签订之后，与新出现的译法"参赞"曾一度并存使用。帝师户部右侍郎翁同龢于 1876 年 10 月得知驻英国、日本两副使任命后，在日记中评论道："何（汝）〔如〕璋由编修授侍讲，刘锡（钧）〔鸿〕由部郎授五品京堂，皆出使外洋所谓参赞者也。连日召见，联翩超擢如此。"③翁同龢关注与支持清廷派遣驻外使臣与领事，④但也不能据其言而将清廷驻外副使简单等视为西洋参赞，因为清廷在后续出使章程亦明确设置参赞职位。翁同龢的反应提示，"副使"在清廷当时的文书中并不单一指的是传统的朝贡使，也可能是仿照西洋驻外制度而设的官职。至于是参赞还是其他驻外职衔，尚需回到相关文书逐一辨析。由于驻外副使的正式设置始于首任驻英使臣

---

① 严和平：《清季驻外使馆的建立》，私立东吴大学中国学术著作奖助委员会 1975 年版，第 242—243 页；Congrès de Vienne. Acte principal et traités additionnels. Edition complète, collationnée sur les documents officiels, Paris: Gerdés, 1847, pp. 131 - 132.

② 详见李文杰《中国近代外交官群体的形成（1861—1911）》，第 275—277 页。需注意的是，"参赞"职衔在 19 世纪国际法著作《外交指南》(Le Guide diplomatique)中记为"les conseillers et secrétaires d'ambassade ou de legation"，英国官方外交手册常用"secretary of embassy or legation"，详阅 M. F. H. Geffcken, Le Guide diplomatique, Leipzig: F. A. Brockhus, 1866, p. 75; Edward Hertslet, C. B., The Foreign Office List, Forming Complete British Diplomatic and Consular Handbook, London: Harrison, 1876, p. 9.

③ 翁方戈编，翁以钧校订：《翁同龢日记》第 3 卷，1876 年 10 月 4 日，中西书局 2012 年版，第 1270 页。

④ 翁同龢 1875 年 4 月 1 日摘录了各大臣回应总理衙门兴办海防事务的奏折，其中抄录了王凯泰"一派正副二员驻各国，一设中国领事驻各国调护华商"之策护华商，并评"此条实"。详阅翁方戈编、翁以钧校订《翁同龢日记》第 3 卷，1875 年 4 月 1 日，第 1152 页。

的任命,本文将考察促成这一任命的人物与其各自的作用,进而辨析中外文书中"副使"的含义。

一、特派与常驻:首任驻英使臣的派遣始末

派遣驻外使臣直接来源于清廷内部关于兴办海防事务的大讨论。总理衙门1874年上奏《海防亟宜切筹武备必求实际疏》,饬令有关大臣讨论提议。直隶总督兼北洋通商大臣李鸿章、福建巡抚王凯泰等大臣均上奏提到派遣使臣驻扎日本与泰西各国事宜。李鸿章因防患日本窥犯台湾,请派公使驻扎日本,并提到泰西各大邦"亦当特简大臣轮往兼驻"。① 王凯泰最早提议设置驻外副使职位,他认为应允许外洋通商各国请派中国公使领事,向英、法、俄、美、德及日本等国派驻正、副二员,任期两年。② 关于派遣使臣,总理衙门主要采纳了李鸿章的提议,于1875年5月30日饬令南北洋大臣及沈葆桢保奏出使人才,③6月17日先行拟定"主事陈兰

---

① 李鸿章:《筹办铁甲兼请遣使片》(1874年12月10日),顾廷龙、戴逸主编:《李鸿章全集》第6册,第171页;李鸿章:《直督李鸿章奏日使大久保抵琅峤约期撤兵并请遣使驻日本片》(1875年3月15日),王彦威纂辑,王亮编,王敬立校:《清季外交史料》第1册,第24页。

② "遣使外洋:夫通商各国,于都城设公使,于行省设领事,无非欲联中国之处,而知中国之情。乃有来而无往,犹面墙而思快睹,掩耳而欲速闻也。况彼曾请中国一体设官,又何必不从其请也?即分遣之举,初不过英、法、俄、美、德及日本数国,再他国尚可缓行。拟请每国饬派正副二员,不拘内外臣工,择精力强固、有智谋胆略者任之,假以崇衔,予以厚禄,驻扎彼国。实任者不开本缺,两年一换,专理和好事宜。"王凯泰:《王凯泰又奏》(无注明时间),宝鋆等修:《筹办夷务始末(同治朝)》卷九九,沈云龙主编:《近代中国史料丛刊》(62),(台北)文海出版社1971年影印版,第9186—9187页。

③ 《附 清单(二)》,顾廷龙、戴逸主编:《李鸿章全集》第6册,第302页;李文杰:《中国近代外交官群体的形成(1861—1911)》,第57—58页;中国第一历史档案馆编:《清代军机处随手登记档》第103册,1875年5月30日,国家图书馆出版社2013年版,第757页。

彬、员外郎李凤苞、编修何如璋、知县徐建寅、道员许钤身、典簿叶源溚、编修许景澄、主事区谔良、同知衔徐同善"共九名候补驻使名单，①以期应时所需处理中外交涉事宜。不过，这份初定方案未详及使臣的具体职务。

驻英国使臣的派遣因中英关于 1875 年云南马嘉里遇害一案的谈判而率先得以落实细化。英国驻华公使威妥玛（Thomas Francis Wade，1818—1895）1875 年 8 月在天津向中方提出需特派使臣往英国致歉。李鸿章 1875 年 8 月 9 日致总署的密函中复述了威妥玛的六项要求，其中关于特派使臣致歉记有："须速派钦差大员至英国，名曰通好，实则英国上下无不疑虑中国不肯认真和好；且谓滇案隐由朝廷授意，只要说明此层，不敢要求别事，亦不强令常驻。但须一、二品实任大员方有体面；若派三、四品以下官加以虚衔，我国以为轻视，必不见重。"②可知，威妥玛要求担任钦差大员必须为一、二品实任大臣，意使中方严肃处理该案，无意借此强令清廷使臣驻扎英国。

总理衙门欲将遣使致歉与遣使驻扎合为一事办理，③计划滇案了结后遣使驻英国。④ 由于谈判旋即面临决裂的风险，李鸿章 1875 年 8 月 24 日命许钤身进京递送公函，建议先满足威妥玛一二

---

① 朱寿朋编，张静庐等校点：《光绪朝东华录》第 1 册，1875 年 6 月 17 日，中华书局 1984 年版，第 85 页；中国第一历史档案馆编：《清代军机处随手登记档》第 104 册，1875 年 6 月 17 日，第 47 页。
② 李鸿章：《致总署 述威使要求六事》(1875 年 8 月 9 日)，顾廷龙、戴逸主编：《李鸿章全集》第 31 册，第 283 页。
③ 常任与特派合为一事办理，亦有国际法依据。《万国公法》介绍使臣时，提到"钦差有常任、特使之别，亦有常任兼特使之名者"。详阅惠顿编撰、丁韪良译《万国公法》卷三，京都崇实馆 1864 年版，第 3a 页。此外，箱田惠子指出，清廷从候选驻扎使臣名单中挑选出使英国副使，此举可窥知其遣使赴英亦有驻扎打算，而非单纯致歉。箱田惠子：《外交官の誕生： 近代中国の対外態勢の変容と在外公館》，名古屋：名古屋大学出版会，2012 年，第 30 页。
④ 李鸿章：《致总署 请酌允威使一二事》(1875 年 8 月 13 日)，顾廷龙、戴逸主编：《李鸿章全集》第 31 册，第 288 页。

事以缓和谈判分歧,其中包括派遣"一二品大员"致歉。① 恭亲王奕䜣1875年8月28日上奏请派驻英国公使中记有:"昨据李鸿章函称,遣使不妨先期允办,待使臣出京时滇案计亦就绪。臣等核其所见,洵属急脉缓受之策,相应请旨简派出使英国正使一员,此外尚须副使一员;拟即于臣等五月间所保九员开单请简一员,并赏给崇职,俾得随同前往,以修和好而固邦交。"② 从奏折可见,奕䜣关于遣使英国的决定主要依赖李鸿章的信函反馈。不过,奕䜣所引李鸿章"待使臣出京时滇案计亦就绪"之语,实出自李鸿章1875年8月13日信函中"或可先允酌派,俟派定有人,料理启行,当在滇案结后,亦无虑使臣到英,或被刁难至绕道印度"。③ 可知,就此遣使驻扎而论,总理衙门参考的是李鸿章8月13日提前办理选派驻扎使臣建议,奏请派遣出使英国正副使。④ 此请即日获上谕批准,选调原福建按察使郭嵩焘为候补侍郎出任英国钦使,并在原候选使臣名单中选中进京送函的许钤身为候补道出任副使。⑤ 李鸿章极力推动使臣驻扎东西洋,⑥但8月24日的信函仅提议满足威妥

---

① 李鸿章:《论滇案不宜决裂》(1875年8月24日),顾廷龙、戴逸主编:《李鸿章全集》第31册,第294页。
② 奕䜣等:《总署奏请派驻英国公使片》(1875年8月28日),王彦威纂辑,王亮编,王敬立校:《清季外交史料》第1册,第61页。
③ 李鸿章:《致总署 请酌允威使一二事》(1875年8月13日),顾廷龙、戴逸主编:《李鸿章全集》第31册,第288页。
④ 奕䜣等:《总署奏请派驻英国公使片》(1875年8月28日),王彦威纂辑,王亮编,王敬立校:《清季外交史料》第1册,第61页;中国第一历史档案馆编:《清代军机处随手登记档》第104册,1875年8月28日,第276—277页。
⑤ 奕䜣等:《总署奏请派驻英国公使片》(1875年8月28日),王彦威纂辑,王亮编,王敬立校:《清季外交史料》第1册,第61页;中国第一历史档案馆编:《清代军机处随手登记档》第104册,1875年8月28日,第275页。
⑥ 李鸿章1874年12月12日致总理衙门信已提到遣使东西洋,"东洋遣使一节,似属不可再缓,即西洋各大国亦宜派一使臣轮流兼驻,俾中外气脉稍通",详阅李鸿章《致总署 论善后事宜并教务匪务》(1874年12月12日),顾廷龙、戴逸主编:《李鸿章全集》第31册,第139页。

玛特派使臣赴英致歉。因此,他误以为郭嵩焘、许钤身仅特派赴伦敦暂住而非驻扎,并以为没必要加派副使。① 总税务司赫德或最终促成特派致歉与遣使驻扎合一。在中英后续谈判陷入僵局时,总理衙门派总税务司赫德代替李鸿章在上海与威妥玛商议,他于1876年7月11日建议"速派使臣赴英国理论",②7月16日提到:"派遣使臣至英国一节,总税务司已经累次向总理衙门陈说,平日各国皆派钦差驻扎他国,为照应本国交涉事体,遇有辩论之处,可将本国办法意思说明。现在云南重案虽派使臣,可望有益。但该使臣必自知所说之话俱系确切可靠,才能有济。若该使所说之话,日后威大臣呈出凭据,英国查明该使话内有不符之处,转致有损无益。"③可见,在中英谈判后期,关于派遣使臣驻扎决定主要由赫德推动,他向清廷反复陈说派遣驻扎使臣有助于向他国陈说本国的意见。赫德于1865年进呈《局外旁观论》时即向清廷建议派遣驻外使团,而后推动了斌椿考察使团与蒲安臣(Anson Burlingame, 1820—1870)外交使团的派遣。④ 总理衙门1875年8月28日确定派遣正、副使人选前后,赫德不仅提供驻英使团开销与成员职位的拟定情况,而且积极向总理衙门建议中国遣使应为永久性驻扎而非特派暂住。⑤ 赫德参与后续中英谈判或最终推动总理衙门特使致歉

---

① 李鸿章:《复郭意城内翰》(1875年12月31日),顾廷龙、戴逸主编:《李鸿章全集》第31册,第333页。

② 李鸿章:《致总署 复赫德条议并请速遣使》(1875年7月11日),顾廷龙、戴逸主编:《李鸿章全集》第31册,第435页。

③ 李鸿章:《附 赫德来信》(无注时间),顾廷龙、戴逸主编:《李鸿章全集》第7册,第125页。

④ 斌椿与蒲安臣为特派出使,非驻扎使团,且均未设置副使职位。宝鋆等修:《筹办夷务始末·同治朝》,第3671—3672、4902—4903页;郭嵩焘:《使英郭嵩焘奏国书并无充当公使文据请改正颁发折》(1877年4月11日),王彦威纂辑,王亮编,王敬立校:《清季外交史料》第1册,第178页。

⑤ 张志勇:《赫德与晚清中英外交》,上海书店出版社2012年版,第116—118页。

与驻扎英国合为一事办理,但他未参与此前驻英正副使的任命,且对副使许铃身的任命颇有不满。①

综上可知,总理衙门欲借处理马嘉理案落实原已筹办的使臣驻外方案,主张特派与驻扎合为一事办理。在中英谈判期间,英国正副使的任命仍由以恭亲王奕䜣为首的总理衙门主导。无论代表中方的李鸿章,还是代表英方的威妥玛,他们均未提议派遣驻英正副使。赫德的作用主要是在谈判后期促成特派致歉与遣使驻扎合一。

二、公使与参赞:英文世界对于驻英副使的认知

清廷1876年10月2日改派刘锡鸿充出使英国副使,英国报刊登载刘锡鸿的任职时将"出使英国副使"译为"second Minister-designate to England",职务为"Secretary of Legation",即为"公使馆参赞"。② 在华英报《北华捷报》(*North-China Herald*)则将之译为"junior envoy-designate to Great Britain""second envoy",③即"初级公使""二等公使"。在英文语境中,副使被理解为"初级公使"与"使馆参赞"这两种不同等级的职位,这种认知不一致主要由英国当时的外交体制无类似副使的职位所致。

---

① Chen Xiafei and Han Rongfang eds., *Archives of China's Imperial Maritime Customs: Confidential Correspondence between Robert Hart and James Duncan Campbell 1874-1907*, Vol. 1, Beijing: Foreign Language Press, 1990, p. 205.

② "England and China", *The Pall Mall Gazette*, October 17, 1876; "Official news from China", *The Huddersfield Daily Chronicle*, October 18, 1876; "England and China", *The Sheffield Daily Telegraph*, October 18, 1876; "Great Britain from China", *Glasgow Herald*, October 18, 1876.

③ "Peking", *The North China Herald and Supreme Court & Consular Gazette*, October 19, 1876; "Foreign", *Liverpool Mercury*, October 18, 1876.

从英国官方同期刊印的外交指导书《外交部名录》(The Foreign Office List)中获悉,①英国使团主要成员包括大使(Ambassador)、公使与驻使(Envoy and Minister)、代办(Chargés d'Affaire)、大使馆参赞(Secretary of Embassy)、公使馆参赞兼代办(Secretary of Legation and Chargés d'Affaire)、公使馆参赞(Secretary of Legation)、陆海军随员(Military and Naval Attaché)、二等参赞(Second Secretary)、三等参赞(Third Secretary)、随员(Attaché)等。② 从上述外交职位设置来看,增设副使的做法显得多余。因而,《北华捷报》一篇社论评总理衙门是依据一种"奇特臃肿的体系"而设立了由两名公使共同组成的外交使团。③

赫德是最终促成特派致歉与遣使驻扎合一办理的关键人物,或由于他的中介沟通,英国驻北京使馆1875年8月29日获知驻英公使任命时,将郭嵩焘、许钤身职位"出使英国钦差大臣"意译为"Envoys Extraordinary"即二等公使,④且明确知道清廷派遣使臣的首要目的是驻扎而非致歉。⑤ 驻英使团抵达伦敦后,于1877年

---

① 该书为英国外交部所编,旨在介绍英国大使、公使、领事以及其他国外成员的情况,包括遴选考核方式、等级法令、制服津贴等内容,此外还附有各类地图、外国驻英国的外交与领事代表目录。驻英使团抵英后,张德彝记英国外交部曾赠送该书以备参考:"前日外部送来各国公使一册,内开某国公使职衔,参赞、翻译、随员、医官、教师、学生、武弁各若干,自公使以下各员携带有无眷属,有者若干名口,皆依次开列名衔住址,下至男女仆役所司何役,原属何国,一并注明。故近日往拜各处,可以按图索骥也。"详见张德彝《稿本航海述奇汇编》第3册,北京图书馆出版社1997年版,第240页。
② Edward Hertslet, C. B., The Foreign Office List, Forming Complete British Diplomatic and Consular Handbook, London: Harrison, 1876, pp. 8-11.
③ "The Chinese Embassy", The North China Herald and Supreme Court & Consular Gazette, November 16, 1876.
④ 该份任命由梅辉立(William Frederick Mayers, 1831—1878)翻译,详阅 Correspondence Respecting the Attack on the Indian Expedition to Western China, and the Murder of Mr. Margary, London: Harrison and Sons, 1876, pp. 73-75。
⑤ Correspondence Respecting the Attack on the Indian Expedition to Western China, and the Murder of Mr. Margary, London: Harrison and Sons, 1877, p. 119.

1月22日函询英国外交部长德比伯爵爱德华·斯坦利(Edward Stanley, 15th Earl of Derby, 1826—1893)觐见英国女王的日期。中方附上了信函的英译,当中将"副使刘"翻译为"刘副公使阁下(his Excellency Liu, the Vice Envoy)"。① 据英国外交部档案可知,英方常用"中国大臣(Chinese minster)",备注两人身份,②而且沿用中方的翻译,用"中国公使(Chinese envoys)"来指称郭、刘二人。③ 然而,斯坦利1月23日接洽时,对副使的职位仍感到困惑:

> 接待中国使团:这是首次抵达欧洲的使团:它由两位公使(two envoys)组成,或者我们应该说,由一位使臣和使馆参赞(a minster and sec. of legation)构成,但我并不清楚他们级别相差多少。年长的那位看起来属于精明友善一类人,他很幽默且非常警觉;年轻的那位是个长相粗犷的普通人。他们还带了一名译员(an interpreter),但是他的英语不是特别清晰。幸运的是,我们自己有一位。这场小晤以相当正式、客气的方式进行。威妥玛以及旁思福(Pauncefote)、三达逊(Sanderson)与巴令坦(Barrington)也在场。他们穿着丝绸或绸缎,一种类似晨衣的长袍,头戴皮帽,脚穿极厚的木鞋。他

---

① 该信函笔迹工整,与马格里的笔迹反差甚大,或出自张德彝之手。"Koh Sungtao to Derby" (January 22, 1877), National Archive of the United Kingdom, Foreign Office Records, (F. O.) 17/768, p. 9. 信函中英文整理版亦见,皇甫峥峥整理:《晚清驻英使馆照会档案》第1册,上海古籍出版社2020年版,第2—3页。

② "Kuo Sung-tao and Liu Si-hung" (January 22, 1877), National Archive of the United Kingdom, Foreign Office Records, (F. O.) 17/768, p. 3.

③ "Foreign office" (January 22, 1877), National Archive of the United Kingdom, Foreign Office Records (F. O.) 17/768, pp. 1–2.

们穿着这种鞋,行走时哗啦作响。①

斯坦利记录了中英双方首次在伦敦接洽的场景,他其实拿捏不准中国正副使职位的区别。不容忽略的是,斯坦利不通汉文,他关于刘锡鸿职位的认知应源于在场译员的介绍。英方译员据郭嵩焘日记"翻译为禧在明、朽勒尔号雅芝,皆自中国归者"可知,②为禧在明(Walter Caine Hillier, 1849—1927)和有雅芝(Arthur Rotch Hewlett, 1838—1902)。③当日陪同两公使的译员也有两名,分别是马格里(Halliday Macartney, 1833—1906)与张德彝。据中英双方在2月7日觐见仪式上派出马格里与有雅芝负责传译可推知,④当日协助郭嵩焘与斯坦利会商的主要译员也应是这两位。

与张德彝相比,马格里熟稔西洋社交,但斯坦利的日记显示,中英双方最初交流时,马格里实难以胜任外交传译。马格里未参与马嘉理事件的谈判,他临时获得李鸿章推荐陪同出使。⑤

---

① John Vincent ed., *A Selection from the Diaries of Edward Henry Stanley, 15th Earl of Derby (1826 - 1893) between September 1869 and March 1878*, Frome & London, Bulter & Tanner Ltd., 1994, pp. 370 - 371;中文译名以郭嵩焘记录为准,参见梁小进主编《郭嵩焘全集》第10册,1876年1月23日,第91—92页。

② 梁小进主编:《郭嵩焘全集》第10册,1876年1月23日,第91页。

③ 有雅芝1876年12月任北京使馆一等翻译官,禧在明1875年曾任北京汉务参赞助理,关于两人在华经历,详见中国社会科学院近代史研究所翻译室编《近代来华外国人名辞典》,第205—207页;Edward Hertslet, C. B., Compiled, *The Foreign Office List, Forming Complete British Diplomatic and Consular Handbook*, London: Harrison, 1877, pp. 116 - 117。

④ 梁小进主编:《郭嵩焘全集》第10册,1876年2月7日,第98页。

⑤ 李鸿章1876年10月16日致信郭嵩焘商议携带出使译员,提到"马格里久寓金陵侯信,威使屡称其能,弟亦夙知其忠厚可用,去取悉听尊裁。荔秋以携带洋人为非宜,想因其狡黠者难于驾驭,又或自量无驾驭洋人之才力,公自命为何等耶。远适异国,问禁问俗,窃谓带一二土著亦无不宜,但须择其驯良者而遣之"。李鸿章:《复郭筠仙星使》(1876年10月16日),顾廷龙、戴逸主编:《李鸿章全集》第31册,第491页。

这位与刘锡鸿相处数月的职员并不知晓副使的具体职能,他同期在《图画报》(The Graphic)向英国公众介绍中国公使团时,也曾提到这种尴尬的处境:"目前驻英使团大体仿照了欧洲使馆的样式,唯一例外是,这位郭嵩焘大使由一位名叫刘锡鸿的'副使(assistant ambassador)'陪同,他的职能目前尚未清楚界定。"①除了坦言刘锡鸿的职能尚未界定之外,马格里在新闻中误将郭嵩焘、刘锡鸿二人的职衔译成"大使"。这些细节透露了驻英使团随员配备与外交知识储备等方面的不足,难免造成斯坦利的困惑。

郭嵩焘赴英未携带驻扎文凭,他携带的惋惜滇案的国书亦未列副使之名,②2月7日觐见英国维多利亚女王(Queen Victoria,1819—1901)时的面奏之辞是抵英后同英国外交部商议后拟定的。③ 面奏之辞英文将"大清国钦差大臣郭嵩焘、副使刘锡鸿"笼统翻译为"Kuo Sung-tao and Liu Si-hung, by Imperial Appointment Envoys of His Majesty the Emperor of China",④省略了二人的职位区别。不过,确凿无疑的是,维多利亚女王将二人等视为"公使",她的日记亦记录了这次会面:

---

① 该报道由马格里匿名向《图画报》投稿,详见 The Graphic, February 24, 1877; D. C. Boulger, The Life of Sir Halliday Macartney, London: John Lane the Bodley Head, 1908, pp. 282-283。
② 郭嵩焘:《国书并无充当公使文据请改正颁发疏》(1876年1月28日),梁小进主编:《郭嵩焘全集》第4册,第806—807页。郭嵩焘出国前携带惋惜马格里案的国书英文版原无记刘锡鸿之名,原国书英文版底稿或为英国驻北京使馆汉文参赞梅辉立所译,详见 Correspondence Respecting the Attack on the Indian Expedition to Western China, and the Murder of Mr. Margary, London: Harrison and Sons, 1877, pp. 90-91。
③ 刘锡鸿:《英轺日记》,1877年1月21日,第166b页。
④ 通使之词中文版见刘锡鸿《英轺日记》,1877年2月7日,第169b页;张德彝:《稿本航海述奇》第3册,1877年2月7日,第223页;英文版见"Chinese Envoys proposed address to the Queen" (January 22, 1877), National Archive of the United Kingdom, Foreign Office Records (F.O.) 17/768, p. 17。

德比勋爵随后引见了中国公使(envoys)与驻华大臣威妥玛。两位公使(envoys)举止得体，并作了鞠躬。他们衣着丝制长袍，身披马褂，他们的袖子及帽子均带毛皮。头等公使手捧信件，用中文宣读。随后使团中一名绅士翻译成英文。我回应了些客气话。他们就退下了。①

在伦敦拜见各国驻扎公使时，别国使馆对中国副使是按"公使"还是"参赞"行答拜礼仪亦抱有困惑，驻英使团则对外强调了刘锡鸿的公使地位。② 即便如此，刘锡鸿后续发现自己在英国既无公使之名，也无公使之实。他称，"刊刻各国公使名单，又只列臣名而不详其职守"，③并提到"凡行洋人文件皆单衔，事事无从与商榷"，因而请旨撤回副使一职。④ 此言不虚。查阅英国外交部档案即可知，中英方商榷事务的往来文件均单衔郭嵩焘之名。在向英国函告刘锡鸿转任柏林公使之事时，驻英使团将刘锡鸿的"副使"职位改译为"Assistant Minister"而不再是"Vice Envoy"。⑤ 与侧重"替代正职"的 vice 不同，assistant 偏重协助的意涵。副使翻译的细微变化似透露驻英使团此时实已转而认同副使作为协助的地位。

----

① *Queen Victoria's Journals*, Vol. 67, February 7, 1877。

② 郭嵩焘1877年12月10日记有："中国遣派使臣二员，不独各国无此章程，历考之万国旧例，亦无公使二员接待之仪，属查明英国接待副使礼仪，或同正使，或与参赞为例，以凭照办。马格理答以但有文凭，即应以公使仪待之，语尚得体。"梁小进主编：《郭嵩焘全集》第10册，1877年12月10日，第345页。

③ 刘锡鸿：《副使刘锡鸿奏辞驻英副使折》(1877年4月11日)，王彦威纂辑，王亮编，王敬立校：《清季外交史料》第1册，第179页。

④ 刘锡鸿：《英轺日记》，1877年2月15日，第172a页。

⑤ 该信字迹与此前1877年1月22日致斯坦利的信函相似，亦应出自张德彝之手。"Kuo Sung-tao to Derby"(November 10, 1877), National Archive of the United Kingdom, Foreign Office Records (F.O.) 17/768, p.147. 信函中英文整理版见皇甫峥峥整理《晚清驻英使馆照会档案》第1册，第35页。

或由于赫德的中介沟通,英国驻北京使馆 1875 年已获知清廷使臣的首要目的是驻扎而非致歉,并将正副使头衔均意译为"公使"。刘锡鸿 1876 年赴英后,在礼仪上一度被英国外交部视为"公使"接待,但是在实际的外交交涉中,英国外交部往往绕过刘锡鸿而直接与正使郭嵩焘交涉,刘锡鸿驻英后期实际上被视为公使的助手"参赞"。

三、替代与帮办:副使职位设置的外交实践来源

与英方将"副使"视为中国外交特例不同,清廷关于滇案的交涉文书已频频提到驻外副使。参与前期谈判的李鸿章在文书中记有副使格维纳(Thomas Grosvenor, 1842—1886)前往云南协助调查滇案,①副使梅辉立参与谈判等记录。② 对照英国外交部 1877 年名录可知:梅辉立此期间担任使馆汉务参赞(Chinese Secretary),1876 年 7 月 20 日起兼任使馆二等参赞;③格维纳的职位亦为二等参赞,任期始于 1871 年 5 月 1 日;④公使馆参赞职位则由傅磊斯(Hugh Fraser, 1837—1894)担任。⑤ 事实上,李鸿章亦清楚英方交

---

① 李鸿章:《复知府衔天津海防分府宋》(1875 年 4 月 30 日)、《致总署 议派员查勘滇案》(1875 年 5 月 1 日),顾廷龙、戴逸主编:《李鸿章全集》第 31 册,第 206、210 页。
② 李鸿章:《丁日昌请假回籍就医片》(1875 年 8 月 16 日),顾廷龙、戴逸主编:《李鸿章全集》第 6 册,第 346 页;李鸿章:《致湖广制台李》(1875 年 4 月 5 日)、《复郭筠轩廉访》(1875 年 8 月 21 日)、《复潘琴轩方伯》(1875 年 9 月 22 日),顾廷龙、戴逸主编:《李鸿章全集》第 31 册,第 186、292、313 页。
③ Edward Hertslet, C. B., Compiled, *The Foreign Office List*, pp. 18, 23, 147.
④ Ibid., pp. 18, 23, 108.
⑤ Ibid., pp. 18, 23, 98.

涉人员的官职，在更正式的场合，梅辉立被称为汉文正使，①格维纳被称为参赞，②傅磊斯亦被称作参赞。③可见，在李鸿章的涉外文书中，驻外副使非指专门的官职，而是在广义上指协助公使的参赞群体。

李鸿章1870年调任直隶总督兼北洋通商大臣，在处理滇案前主要着手处理与日本、秘鲁换约事。值得注意的是，李鸿章虽未参与驻英副使的任命，但他此前一度上奏建议派遣副使驻扎秘鲁，以保护华工免遭虐待。他1875年8月8日具奏请派使臣前往该国

---

① 李鸿章：《秘鲁商约定议折》(1874年6月26日)、《秘鲁换约事竣折》(1875年8月8日)，顾廷龙、戴逸主编：《李鸿章全集》第6册，第57、340页；李鸿章：《接赫德来信旨办理折》(1876年7月26日)、《上海铁路会议买断折》(1877年1月11日)，顾廷龙、戴逸主编：《李鸿章全集》第7册，第124、255页；李鸿章：《复秘鲁国钦差大臣葛尔西耶》(1874年4月30日)、《致总署　议派员查勘滇案》(1875年5月5日)、《复英国领事孟甘》(1875年4月30日)、《致总署　议派员查勘滇案》(1875年5月1日)、《致兼署云贵总督云南抚台岑》(1875年5月5日)、《致总署　论滇案》(1875年8月1日)，顾廷龙、戴逸主编：《李鸿章全集》第31册，第23、206、210、211、278页。

② 李鸿章：《附　复英使威妥玛节略》(1876年6月19日)、《附　赫德来信》(无注时间)、《请出示保护远人折》(1876年9月14日)，顾廷龙、戴逸主编：《李鸿章全集》第7册，第103、125、155页；李鸿章：《复英国领事孟甘》(1875年4月30日)、《致总署　议派员查勘滇案》(1875年5月1日)、《致兼署云贵总督云南抚台岑》(1875年5月1日)、《致兼署云贵总督云南抚台岑》(1875年5月4日)、《复兼署云贵制台云南抚台岑》(1875年5月11日)、《致云南藩台潘》(1875年5月11日)、《复江海关道冯》(1875年5月12日)、《复知府衔天津海防分府宋宝华》(1875年5月12日)、《译呈英国新闻纸载滇案始末》(1875年5月17日)、《复江苏苏松太道冯》(1875年5月22日)、《复湖北江汉关道李》(1875年5月31日)、《复知府用署天津海防厅宋》(1875年6月29日)、《复云南藩台潘琴轩》(1875年6月29日)、《复江海关道冯》(1875年7月8日)、《附　与英翻译正使梅辉立晤谈节略》(1875年7月31日)、《致总署　论滇案》(1875年8月1日)、《附　与英国威使晤谈节略》(1875年8月3日)、《致总署　论滇案》(1875年8月4日)、《附　与威使问答节略》(1875年8月10日)、《致总署　论滇案势迫》(1875年8月11日)、《附　与威使送来洋文节略》(1875年8月11日)、《致总署　请酌允威使一二事》(1875年8月13日)、《附　与英国威使晤谈节略》(1875年8月23日)、《附　偕与丁抚院同威公使晤谈节略》(1875年8月30日)，顾廷龙、戴逸主编：《李鸿章全集》第31册，第206、210、211、212、215、216、217、218、221、224、230、258、259、265、277、278、279、281、284、285、286、287、288、292、293、297页。

③ 李鸿章：《致总署　报威使赴沪》(1876年6月21日)，顾廷龙、戴逸主编：《李鸿章全集》第31册，第420页。

订立章程,提到:"合无仰恳天恩,迅派正使、副使前往秘鲁,按照条约等件,凡遇可以为华工保护除弊之处,随时商同该国妥立章程,是此日在水火十数万之华人将死而得生,既危而复安也。"①该奏亦收入北洋帮办大臣丁日昌的《白兰山馆政书》,底稿或由丁氏草拟。②丁日昌其时由李鸿章推荐,抱病同秘鲁副使爱勒谟尔(Juan Federico Elmore,生卒年不详)商议换约与保护华工事宜。③副使爱勒谟尔其时正任参赞。④丁日昌、李鸿章两人应是在与秘鲁驻华使臣交涉过程中,意识到驻外事务繁多,需仿照秘鲁设立驻外正副使。李鸿章在随后的信件认为副使的职能是"久驻替代"公使,⑤他所言"副使"应指的是参赞而非公使。

由于派遣驻英使臣更为紧迫,总理衙门至1875年12月才同李鸿章商议遣使秘鲁驻扎事,李鸿章1875年12月5日即复:"美、日、秘鲁遣使并驻一节,蒙允举办,此外使才洵不易得,容随时搜访上闻。"⑥奕䜣于1875年12月11日奏请陈兰彬担任出使美国、西班牙、秘鲁三国大臣,并任命容闳为副使,"帮办一切事宜"。⑦上

---

① 李鸿章:《请遣使赴秘鲁片》(1875年8月8日),顾廷龙、戴逸主编:《李鸿章全集》第6册,第342页。
② 丁日昌:《派正副使赴秘鲁保护华工片》(1875年),赵春晨编:《丁日昌集》上册,上海古籍出版社2010年版,第202页。
③ 孙淑彦:《丁日昌先生年谱》,黑龙江人民出版社2006年版,第264—265页。
④ 王杰、宾睦新编:《陈兰彬集》第3册,广东人民出版社2018年版,第142页。
⑤ 李鸿章:《复郭意城内翰》(1875年12月31日),顾廷龙、戴逸主编:《李鸿章全集》第31册,第333页。
⑥ 李鸿章:《致总署 汇复三事》(1875年12月5日),顾廷龙、戴逸主编:《李鸿章全集》第31册,第328页。
⑦ 需说明的是,任命奏折仅称容闳为出使钦差大臣,没有明确副使的职位,不过随后的奏折中数次提到容闳为副使。奕䜣等《总署奏请派员出使英日秘国保护华工折》(1875年12月11日)、陈兰彬、容闳《使美日秘陈兰彬等奏报抵美呈递国书折》(1878年12月8日)、奕䜣等《总署奏美国修约使臣来华请派大员与之商议片》(1880年9月4日),见王彦威纂辑、王亮编、王敬立校《清季外交史料》第1册,第77、273、410页。

谕亦即日批准任命。① 奕䜣这份上奏明确规定了副使的职能是帮办正使。并且,奏折不仅透露总理衙门选派容闳为副使是参考了李鸿章的评价,且关于遣使的决定亦主要受到李鸿章的影响,其中提到:"至李鸿章议复海防事宜折片所称,日本国及泰西各国应行遣使之处,一时尚未得人,应由臣等于择定人员后,再行奏明办理。"② 不过,李鸿章在遣使美国、秘鲁、古巴三国与英国两事发挥的作用实不相同,他1875年12月31日复信郭嵩焘之弟郭崑焘记有:

> 尊论泰西各国均宜及时遣使,与鄙见相符,曾与总署筹及,以使才难得,尚在迟回。昨又奉旨派陈荔秋京卿与容莼甫出使美国、秘鲁、古巴等处,专为办理华工事宜,即来示一人兼赴数国之意,其有正副者,为久驻替代计。至英国暂往,亦派两人,则莫测其用意所在矣。③

由此推知,奕䜣等大臣或采纳北洋通商大臣李鸿章奏派秘鲁正副使臣的提议,而在后续任命出使英国正、副使与出使美国、西班牙、秘鲁三国正副使。并且,在天津谈判的李鸿章因未直接参与北京有关英国正副使的任命提议,因此他对使英大臣兼有驻扎使命、副使的任命保有疑惑。可见,驻外副使职位最初应非仿照既有的朝贡体制而设置,而是清廷在处理现实中外交涉时,逐渐意识到需设置能替换与帮办公使的副使职位。

---

① 中国第一历史档案馆编:《清代军机处随手登记档》第104册,1875年12月11日,第610—611页。
② 奕䜣等:《总署奏请派员出使英日秘国保护华工折》(1875年12月11日),王彦威纂辑,王亮编,王敬立校:《清季外交史料》第1册,第77页。
③ 李鸿章:《复郭意城内翰》(1875年12月31日),顾廷龙、戴逸主编:《李鸿章全集》第31册,第333页。

四、撤销与改派：副使职位设置的国际法来源

清廷使团正式访驻英国前，英方公使威妥玛曾向总理衙门提议裁减公使人数。① 驻英公使郭嵩焘得知后，②于 1876 年 4 月 25 日亦请旨撤销副使职位：

> 伏查旧制，出使外藩，例派使臣二员，以虑中途或有病亡事故，可以接续宣达朝命。西洋各国驻扎公使，向只一员，其下有参赞、翻译等官，又分别一等参赞、二等参赞名目，无事可以参谋，有事可以更替。盖使臣与参赞等官体制差殊，用费亦迥异。所以不多派使臣，亦稍节省经费。此次开端办理，似应酌定章程，以归画一。欧洲各国并无中国人民来往贸易，事少费多，虚縻可惜。去秋奉旨遣派使臣二员，亦防有事更替。是臣以病求免出洋，尚属顺理成章，兼恐疾病衰颓，语言蹇讷，启外人轻视中国之心。③

由"伏查旧制"之语可知，郭嵩焘与刘锡鸿观点类似，他亦误以为副使职位是仿照本国朝贡体制而设。不过，郭嵩焘出使前已知晓驻外公使下有参赞可参谋与更替，因而请求撤销副使职位，并

---

① 赫德 1876 年 4 月 6 日记："谢隐庄说衙门已经写信给威妥玛，说他的建议很好——一个公使比二个好——他们正在为许钤身寻找另一个职位。" Hart's Journal, Vol. 23, 藏英国贝尔法斯特女王大学，该条目转引自张志勇《赫德与晚清中国驻英使馆》，第 116 页。

② 郭嵩焘 1876 年 4 月 9 日记："壬叔为述威妥玛照会总署：钦差不宜有二人。总署因答以许君另有差委。询问于何知之，曰：闻诸谢隐庄，隐庄闻诸赫乐斌。"见梁小进主编《郭嵩焘全集》第 10 册，1876 年 4 月 9 日，第 21 页。

③ 郭嵩焘：《因病恐难出洋呈请回籍调理疏》（1876 年 4 月 25 日），梁小进主编：《郭嵩焘全集》第 4 册，第 790 页。

提议由许钤身接替本人的正使职务。由于英方要求清廷使臣为"一、二品实任钦差大员",清廷若派品级较低的许钤身替代郭嵩焘出任公使,无疑会加剧中英之间的误解与矛盾。① 因此,清廷未同意郭嵩焘的请求,仅批准他休假一个月。② 此外,在重新决定副使任命之前,正副职权不协的矛盾已初现端倪。一度上奏增设副使的李鸿章于1876年9月25日已意识到"用两人不如一人,免致意见岐出"。③ 不过,李鸿章是从洋务交涉实践而非从西学的角度认识到增设副使背后的隐患。并且,他认为郭嵩焘之所以请辞使命,主要由于与副使许钤身相处不睦所致。

然而,清廷无意裁撤副使职位。总理衙门于1876年9月30日请奏将许钤身改派出使日本,④并提议增设驻日副使一名。⑤ 上谕当日旋即确定候选使者何如璋为出使日本副使。⑥ 并且,郭嵩

---

① 李鸿章与丁日昌论及郭嵩焘请旨告退,记有:"筠仙乞归,奉旨给假一月,无庸回籍。来函意决绝,少迟再申前请,唯出使难觅替人,成命未可反汗。筠公与仲韬水火已深,势难再留。而威酋又谓,非三品以上实缺大员不可,仲韬岂能胜此任,内议必煞费踌躇矣。"李鸿章:《复丁雨生中丞》(1876年5月6日),顾廷龙、戴逸主编:《李鸿章全集》第31册,第394页。

② 中国第一历史档案馆编:《清代军机处随手登记档》第105册,1876年4月25日,第252页。

③ 李鸿章复丁日昌信函提到:"筠仙经召对,温语慰劳,有慷慨西行之意,威使又催促起程,其与仲韬志趣不合,谅须移换。荔秋擢太常,更觉踊跃。日内晋京,趁西班牙新公使到后,妥议古巴华工章程,便可首涂。但容闳性情乖戾,亦难共事。总署拟商遣使德、俄、法、日本诸国,殊难其选。用两人不如一人,免致意见歧出,未知夹袋中有胜任者否。"李鸿章:《复丁雨生中丞》(1876年9月25日),顾廷龙、戴逸主编:《李鸿章全集》第31册,第481—482页。

④ 许钤身任命驻日公使前,总理衙门曾函询李鸿章关于许钤身改派日本是否允当,详阅孙学雷、刘家平主编《国家图书馆藏清代孤本外交档案》第14册,1876年9月30日,全国图书馆文献缩微复制中心2003年版,第5393—5394页。

⑤ 经莉编:《总署奏底汇订》第1册,第60—61页;《请派许钤身为出使日本大臣片》(1876年9月30日),吴丰培、董盼霞、杜晓明编:《清同光间外交史料拾遗》第11册,第1页;中国第一历史档案馆编:《清代军机处随手登记档》第105册,1876年9月30日,第734页。

⑥ 中国第一历史档案馆编:《清代军机处随手登记档》第105册,1876年9月30日,第733页;孙学雷、刘家平主编:《国家图书馆藏清代孤本外交档案》第14册,1876年9月30日,第5394页;中国第一历史档案馆编:《光绪朝上谕档》第2册,1876年9月30日,广西师范大学出版社1996年版,第288页。

焘1876年9月27日奏请总理衙门选派参赞襄助,①而总理衙门10月2日却请旨改派出使英国副使,并另片保奏刘锡鸿为备选使才。② 上谕即日任命刘锡鸿为副使。③ 可见,总理衙门未接受郭嵩焘请求裁撤副使的提议。值得注意的是,总理衙门1876年9月30日拟定的首份关于出使章程《出使外洋各员俸薪等第章程》当中详列了公使、领事、参赞、翻译等诸多职位,却唯独无副使一职。④

表1 《出使外洋各员俸薪等第章程》中所列各职位、等级与月俸

职　位	等　级	月俸（两）
钦差出使大臣	头等由一、二品充	1400
	二等由二、三品充	1200
	三等由三、四品充	1000；800
	署任	600

---

① 经莉编:《总署奏底汇订》第一册,第66、69页;《请派许钤身出使日本　郭嵩焘出使英国并请升阶升衔片》(1875年10月2日),吴丰培、董盼霞、杜晓明编:《清同光间外交史料拾遗》第11册,第3页。此外,李鸿章1876年10月10日复丁日昌信,提到"筠仙邀刘云生参赞,两君学识深邃,于洋务通商条理似未精详",见李鸿章《复丁雨生中丞》(1876年10月10日),顾廷龙、戴逸主编:《李鸿章全集》第31册,第488页。李鸿章1877年11月9日回复军机处关于李凤苞替代刘锡鸿任驻德国公使事,亦提到"刘锡鸿本与郭嵩焘交好,保荐参赞,乃自出京启程至英国后积不相能",见李鸿章《密陈李凤苞能胜出使之任折》(1877年11月9日),顾廷龙、戴逸主编:《李鸿章全集》第7册,第469页。
② 中国第一历史档案馆:《清代军机处随手登记档》第105册,1876年10月2日,第740页;经莉编:《总署奏底汇订》,第68页;《保奏吴嘉善　刘锡鸿堪备使才片》(1876年10月2日),吴丰培、董盼霞、杜晓明编:《清同光间外交史料拾遗》第11册,第8—9页;孙学雷、刘家平主编:《国家图书馆藏清代孤本外交档案》第14册,第5396页。
③ 中国第一历史档案馆:《清代军机处随手登记档》第105册,1876年10月2日,第740页;中国第一历史档案馆编:《光绪朝上谕档》第2册,1876年10月2日,广西师范大学出版社1996年版,第289页。
④ 朱寿朋编,张静庐等校点:《光绪朝东华录》第1册,1876年9月30日,第275—276页。

(续表)

职　位	等　级	月俸(两)
领事	总	600
	正	500
	副	400
	署	400
参赞	头等	500
	二等	400
	二等	300
翻译	头等	400
	二等	300
	三等	200
领事处翻译		300
随员、医官		200
武弁、供事、学生		100 以内

　　上谕当日即批准总理衙门拟定的出使章程。① 这份章程列驻外使团的俸薪等级,从中可窥见总理衙门设置的使团的职务等级。表格未出现"副使"职位的薪俸,反而出现了"署任"职位的薪俸。

―――――――
　　① 中国第一历史档案馆编:《清代军机处随手登记档》第 105 册,1876 年 9 月 30 日,第 733 页。

"署任"非首次出现在清廷的交涉文书之中。德国驻华公使李福斯(M. von Rehfues,生卒年不详)1873年4月因病返回德国,他的职务由和立本(Baron von Holleben, 1838—1913)代理。恭亲王奕䜣1873年6月8日奏禀和立本于5月5日照会总理衙门新任"德国署理使臣"事。① 其中提到,和立本属"署任"且未奉国书者,照此前与各国使臣所议节略,②和立本因故不能同其他国公使一同觐见中国皇帝,故照会转达庆贺。③ 据1874年版《中国指南》(The China Directory)可知,和立本的职衔是"署理使臣",外文原为Chargés d'affaires,即"代办",④职位处于公使之下、参赞之上。

"署任"在中英交涉文书亦曾出现。威妥玛1875年离开北京归国均曾照会总理衙门,使馆公务将交由参赞傅磊斯代理。⑤ 傅磊斯的中文职衔变更为"大英署理钦差驻扎中华便宜行事大臣""驻京署大臣",外文为Chargés d'affaires。⑥ (见图1)英国汉文参赞梅辉立所著《中国政府:中文头衔类别及解释手册与附录》(The Chinese Government: A Manual of Chinese Titles, Categorically Arranged and Explained, with an Appendix)记录了欧洲外交职衔的中译,其中亦

---

① 奕䜣等:《德国派和立本署理使臣》(1873年6月8日),谷长江、邹爱莲主编:《清宫恭王府档案总汇:奕䜣密档》第7册,国家图书馆出版社2008年版,第318—319页。
② 此处节略指《简明节略》,总理衙门1873年与各国公使关于该节略的交涉,详见王开玺《隔膜、冲突与趋同——晚清外交礼仪之争透析》,北京师范大学出版社1999年版,第296—305页。
③ 奕䜣等:《德国署理使臣和立本请转达庆贺之意》(1873年5月),谷长江、邹爱莲主编:《清宫恭王府档案总汇:奕䜣密档》第7册,第333—334页。
④ The China Directory for 1874, Hong Kong: China mail office, 1874, p. R1.
⑤ 《英国更换公使(二)》,"中研院"近代史研究所档案馆编:《外交档案目录汇编》第1册,"中研院"近代史研究所1991年版,第87页。
⑥ Chinese Secretary's Office, National Archive of the United Kingdom, Foreign Office Records (F. O.) 233/90, No. 17.

提到的"署钦差大臣"为 Chargés d'affaires 一职的中译。① （见图2）可推知，总理衙门并非对西洋驻扎使团职位无认知，其派遣帮办副使应参照署理使臣而设，故未接受提议撤销副使。

图1　汉务参赞处记"代办"中译

图2　欧洲外交职衔的中译

除了《出使外洋各员俸薪等第章程》之外，总理衙门于1876年10月28日颁布第二份出使章程《奏定出使章程》。② 该份章程保留了署任大臣的薪俸，又增设了副使的薪俸，位于三等出使大臣与署任大臣之间为700两。③ 以往研究认为总理衙门此前遗漏副使的薪俸规定，故在后续章程中补充。然而，总理衙门更换驻外使臣之际，仍不忘提名副使人选，遗漏规定副使薪俸的可能性甚小。本研究认为总理衙门后续保留署任大臣的薪俸并增设副使

---

① William Frederick Mayers, *The Chinese Government. A Manual of Chinese Titles, Categorically Arranged and Explained, with an Appendix*, Shanghai: American Presbyterian Mission Press, 1878, p. 133.
② 中国第一历史档案馆编：《清代军机处随手登记档》第106册，1876年10月28日，第37页。
③ 朱寿朋编，张静庐等校点：《光绪朝东华录》第1册，1876年10月28日，第296页。

薪俸的理据极可能源于同文馆1876年翻译的国际法参考书《星轺指掌》。

《星轺指掌》译自德国马顿斯(Charles de Maetens, 1790—1863)著、葛福根(Friedrich Heinrich Geffcken, 1830—1896)注的法文著作《外交指南》1866年版,①由同文馆联芳、庆常初译,贵荣、杜法孟润色,丁韪良校核。该书封面内页标记"光绪二年仲秋月""同文馆聚珍版"刊刻,即1876年9月至10月间由同文馆刊刻。该书底稿在1876年3月已开始流传,②其凡例记此书由"总理各国事务诸大臣批阅蒙命付梓",③可知其出版得令于总理衙门。其中,第三章介绍了使臣的等级,指出公使分为四等。现将公使四等列表如下,并辅以底本法文原版:

表2 《星轺指掌》以及底本所列使臣等级

等级	《星轺指掌》④	*Le Guide diplomatique*⑤
头等	安巴萨多尔、教皇使臣	les ambassadeurs et les nonces du pape
二等	特简公使与全权大臣	les Envoyés extraordinaires et ministres plénipotentiaires
三等	驻京大臣	les ministres-résidents

---

① 傅德元:《丁韪良与近代中西文化交流》,台大出版中心2013年版,第248—251页。
② 郭嵩焘1876年3月9日记"同文馆教习丁韪良见示《星轺指掌》译本,因相就一谈",详阅梁小进主编《郭嵩焘全集》第10册,1876年3月9日,第16页。
③ 马尔顿撰,葛福根注,联芳、庆常译,贵荣、杜法孟润,丁韪良校:《星轺指掌》卷一,同文馆聚珍1876年版,第4b页。
④ 同上书,第25b—28b页。
⑤ M. F. H. Geffcken, *Le Guide diplomatique*, pp. 55-61.

(续表)

等级	《星轺指掌》		Le Guide diplomatique
四等	办事大臣	实任	Chargés d'affaires	Chargé d'affaires ad hoc
		署理		Chargé d'affaires ad interim

当时流传甚广的《万国公法》仅提到四等公使"寄信凭于部臣,有因事特使者,有摄行钦差事者",①而《星轺指掌》述及四等公使的分类与职能。该书称四等公使分为"实任"与"署理"两类,依次可对应总理衙门《奏定出使章程》中"副使"与"署任"的职位。并且,出使章程中前三等公使,正好也对应了大使、公使与驻使三个职位。总理衙门1876年10月保留署任大臣职位并增设副使一职,应是借鉴《星轺指掌》将"四等公使"分为"实任"与"署理"两类。

在职能方面,该书解释"四等公使,其实任者名办事大臣,文凭系呈递总理各国事务大臣。至署理者因头、二等公使或暂行离任,或撤回本国,由该公使等妥派代理,声明于驻扎之国"。② 关于替代公使之职,该书于《论使臣升降调遣及署缺事宜》一节中指出"代办"与"参赞"的署缺礼节不同,"使臣若系专派暂署,任满时毋庸呈递调回国书。若以参赞暂署,则任满仍复参赞之职,无须文凭以供职,亦无须国书以解任"。③ 结合该外交手册可知,总理衙门最初据外交经验,在《出使外洋各员俸薪等第章程》中将"副使"定义为"署任大臣"即"临时代办",而后据《星轺指掌》,在《奏定出使章程》将"副使"的定位调整为"常任代办",故始终未撤销副使

---

① 惠顿编撰,丁韪良译:《万国公法》卷三,京都崇实馆1864年版,第4a页。
② 马尔顿撰,葛福根注,联芳、庆常译,贵荣、杜法孟润,丁韪良校:《星轺指掌》卷一,第28a页。
③ 同上书卷二,第57a页。

名目。然而,"代办"一职是在公使缺席的情况下才任命。总理衙门同时任命正副使,此举难免会招致误解,更何况是派遣副使至仅有署理代办的英国。①

结　　论

外交职衔的翻译涉及两国之间的交往方式,远非细枝末节的话题。着眼于翻译史研究可知,西方外交职衔如"大使""常驻使臣"在文书与条约中采用何种汉译,往往是中外政治力量角逐与协商的结果。② 在第二次鸦片战争之后,清廷迫于形势,于19世纪70年代已主动仿照新式外交制度派遣驻扎公使。不过,总理衙门从储蓄使才到派遣首批驻使极为仓促,其任命驻英副使人选后,未在奏折中详说其职能。前人多采用首任驻英副使刘锡鸿的说法,误认为总理衙门仿照朝贡旧制而设驻外副使,而忽略了副使一词在中外文书中的多义性。

本文的研究重心不在于对中外文书中关于"副使"的记录与翻译做全面的梳理,而是探究总理衙门设置副使这一决议背后的实践与知识依据,并将之与英方对副使的理解作一比较。驻外副使的设置始于总理衙门办理中英滇案交涉。以恭亲王奕䜣为首的总理衙门在谈判初期欲借滇案将特派致歉与遣使驻扎合一,故请旨任命驻扎正、副使,赫德在谈判后期最终促成了将两事合一办理。着眼于英方的外交文书可知,英国驻北京使馆或由于赫德的沟通,知晓清廷遣使的首要目的在于驻扎,将两位"出使英国钦差

---

① 《星轺指掌》注明"法、英两国除总领事官可兼公使外,并无办事大臣名目"。马尔顿撰,葛福根注,联芳、庆常译,贵荣、杜法孟润,丁韪良校:《星轺指掌》卷一,第28a页。

② 相关研究详见王宏志《"与天朝均敌":第一次鸦片战争前后英国派华最高官员职衔的翻译问题》,《翻译学研究集刊》2016年第20辑;屈文生、万立:《不平等与不对等:晚清中外旧约章翻译史研究》,商务印书馆2021年版,第165—180页。

大臣"意译为"二等公使"职衔。不过,英国外交部将副使的设置解读为清廷的外交特例,仅在礼节上给予刘锡鸿公使级别的款待。

然而,对比中方的交涉文书可知,清廷的"副使"并非指的是"二等公使"。总理衙门任命驻外使臣前,应参照了北洋通商大臣李鸿章奏请正副使驻扎秘鲁的提议。李鸿章与秘鲁使臣商议换约时,逐渐意识到办理驻外事务繁多,需仿照秘鲁设立驻外正副使,故他涉外文书中的"副使"指的是协助公使的参赞群体。总理衙门参考了李鸿章设置驻外副使的提议,但其将"副使"理解为"代办"。据首份出使章程可知,总理衙门或据自身的外交实践,而将"副使"理解为可署理公使职能的另一职位——"署理办事大臣"即"临时代办"。随后,总理衙门转而据国际法译作《星轺指掌》,在第二份出使章程将"副使"调整为"实任办事大臣"即"常任代办",故最初未听从威妥玛、郭嵩焘的建议废止副使职位。无论是李鸿章还是总理衙门大臣,他们之所以设立副使,主要看重其能起到署理公使职能的作用。然而,"代办"是在公使缺席的情况下起到署理作用,总理衙门同时任命正、副公使之举,不免造成本国使臣与英方外交人员的误解。随着副使职位的撤销,以"副使"指"代办"的特殊用法也随之消失。

综上可知,清廷派遣副使实源于其对西方外交职衔的误解,但此举仍体现出清廷仿照西洋外交体制而做的努力。因此,将清廷派遣副使单一理解为盲目延续朝贡体制似有不当。揭示"副使"一词在中外文书中的多重含义,或有助于正视与反思晚清近代外交转型过程中的翻译问题。

附记: 本文初稿先后在伦敦大学亚非学院主办的研究生中国研究年会(2019年)、复旦大学主办的"出使专对:近代中外关系与交涉文书"工作坊(2024年)上汇报,期间收获同行的反馈建议,谨此谢忱。

晚清驻英公使馆与国际法的运用：
以双语照会为中心的考察

摘要： 驻外公使馆从1876年设立之后，便成为清政府与各国外交部之间重要的通信渠道。公使馆作为清政府官僚系统的一部分，其特殊的地理位置和用人政策使其在外得以较灵活地履行外交职能，包括外交谈判、搜集整合情报、管辖及保护华民、照料政府派出的海军学员等等。公使也可以代表清政府，对于总理衙门和外国驻华使臣之间争执不下、无法解决的外交问题，向各国外交部提出交涉的请求。本文以晚清驻英公使馆为例，考察了收藏于英国国家档案馆FO 17档案号下的双语照会，对使馆如何利用国际法代表"中国国家"做出了初步的分析与评估。

关键词： 驻英公使馆，晚清外交，文书流转，国际法，照会，外交代表

作者简介： 皇甫峥峥，美国斯基德摩尔学院（Skidmore College）副教授

清朝在1876年正式派遣驻外使臣是一场意义重大的变革。在此以前，清政府与各国外部的交流，主要在中国的各国驻京公使与总理衙门之间进行，或由通商大臣、地方督抚主持，各国使馆的中文翻译官提供中外文之间的翻译工作。清朝的驻外使馆另辟了

新的外交地点和交换信息的渠道,即在各国首都,由中国驻外公使直接与外交大臣进行沟通。

驻英使馆自 1876 年底创建到 1905 年,一共发出了数千封中英文信件。在这 30 年间,主持使馆的钦差大臣有七位:郭嵩焘（1876—1878）、曾纪泽（1879—1886）、刘瑞芬（1886—1890）、薛福成（1890—1894）、龚照瑗（1894—1897）、罗丰禄（1897—1902）和张德彝（1902—1905）。这七位钦差大臣在维也纳公约体系里对应的称号为"公使",英文全称为 Envoy Extraordinary and Minister Plenipotentiary,简称为 Minister。使馆的照会,大多是以公使的名义写成,每年 20—60 封不等,长短不一,大部分为正式的照会（diplomatic notes）,少数为节略（memorandum）、半官方（semi-official or informal correspondence）与私人信函（private correspondence）。由于这些外交文书大多数没有抄送总理衙门形成档案,仅夹杂在英国外务部的国内档（FO 17）,以孤本形式存在,因此其对于晚清外交史研究的独特价值尚未得到充分关注。[1] 以晚清驻英使馆照会为中心进行研究,可以更加准确、客观地评估驻外使臣是如何在国际外交舞台上履行代表中国的职责,以及使馆外交职能在此 30 年间的演变。

驻英公使馆所处理的事件,虽然重要性和复杂性不一,但从职

---

[1] 众所周知,英国国家档案馆收藏了丰富的晚清外交档案,特别著名是保存在 FO 682,FO 931,FO 233 档案号下的,总理衙门、南北洋通商大臣、各省督抚、海关监督以及与之来往的英国外交官与英国外务部之间的文书。见 Immanuel Hsü, "Modern Chinese Diplomatic History: A Guide to Research", *The International History Review*, Vol. 1, No. 1 (1979), pp. 102 - 120; Dilip K. Basu, "Ch'ing Documents Abroad: From the Public Record Office in London", *Ch'ing-shih wen-t'i*, Vol. 2, No. 8 (1972), pp. 3 - 30; David Pong, "The Kwangtung Provincial Archives at the Public Record Office of London: A Progress Report", *The Journal of Asian Studies*, Vol. 28, No. 1 (1968), pp. 139 - 143;倪善道:《明清档案概论》,四川大学出版社 1990 年版,第 84—88 页。但这一批史料对于清朝驻外公使所承办的各项外交事宜往往语焉不详,即使偶尔收录驻外公使的照会,也难窥其全貌。

责上来说,基本上符合19世纪西方的外交惯例。在公使与其随员使用的外交手册《星轺指掌》中,主要提到了以下五项职责。[①] 第一,管辖、保护本国人民,使其不受欺压、虐待。同时也负责给海外华人与申请游历中国内地的英人颁发护照。如发现驻扎国或其殖民地添设与条约不符的法令,使馆有义务照会外部,请其暂停。第二,使馆定期采集信息,广征博引,随时向本国奏报外国事件。第三,出使大臣与外部商议公事,议定条约时须先面商,再交换文书,议妥之后行文至本国查阅画押,最后再递交给外部。《星轺指掌》中提到的第四项职能,即"当两国有不协之处,往往请友国从中调处",虽然在此期间使用的机会较少,但在1883—1885年间的中法冲突和1894年的"高升号事件"时,驻英公使也积极地发挥了请求第三国调解的作用。[②] 1885年英国发动第三次英缅战争,擒服缅甸国王之后,曾纪泽也曾试图利用国际法的第三方调解原则,向英外务部提出"请中国调停,用其所有之权势,以令缅甸王赔罪于英廷"。[③] 第五,"事关数国大局者,应由各国简派全权大臣,公同会议",则主要体现在清政府在1899年与1907年参与的两次海牙保合会(Hague Peace Conference),由于出席会议的分别是驻奥、俄公使杨儒与驻荷公使陆征祥,所以这批驻英照会里并没有涉及这方面的内容。[④]

[①] 查尔斯·马顿斯著,联芳、庆常译,傅德元点校:《星轺指掌》,中国政法大学出版社2006版,第73—90页。

[②] 关于驻英使馆与高升号的研究,见区春海《光绪年间中英"高升"轮索赔案述要》,《历史档案》2019年第2期;Douglas Howland, "The Sinking of S. S. Kowshin: International Law, Diplomacy, and the Sino-Japanese War", *Modern Asian Studies*, Vol. 42, No. 4 (2008), pp. 673–703.

[③] FO17/1034, p.39.

[④] 这一方面的主要论述,见唐启华《清末民初中国对"海牙保和会"的参与(1899—1917)》,(台北)《政大历史学报》第23期,第45—90页;林学忠:《从万国公法到公法外交:晚清国际法的传入、诠释与应用》,上海古籍出版社2009年版,第288—345页。

一、使馆文书的处理流程

清朝派遣驻外公使事属创举,准备的过程极为仓促,因此使馆与国内各部门的配合协调并未一步到位,再加上总理衙门与地方督抚的多元外交与西方的制度也大不相同,增加了使馆文书流转的复杂性。英国驻华公使威妥玛(Thomas Francis Wade)在1875年8月16日(光绪元年七月十六日)给总理衙门的照会中指出:

> 查本国办理公务,与中国办法颇见相异。在中国,各省督抚大臣等报达之件则上折奏闻,嗣或选派前往外国钦差大臣有报达之件,谅亦如是办法。在本国,则出使钦差大臣等虽品级最大者,均与总理各国事务丞相咨会往来,即由总理各国事务丞相转为入奏,将咨会原文代为进呈;遇事另由总理各国事务丞相会合各朝议大臣,同为核议,随后既有回文寄发,虽由总理各国事务丞相主稿,实系大君主参听股肱大臣定拟意见,即属国家定制。①

威妥玛指出总理衙门和各省督抚可以各自上奏,遇事缺乏信息整合、多方会商的机制,照此模式,他料到新设立的驻外公使与国内中枢的通信机制,也会和地方督抚如出一辙,即使臣可以不通过总理衙门就直接可以直接上奏。而英国的外交信息体制则不同:外务部实为信息整合的中枢,遇事须会合各部门,主持协调意见,并有代表一国之君定拟意见的最终决定权。相比之下,总理衙

---

① 王彦威、王亮编,李育民等点校:《清季外交史料》第1册,湖南师范大学出版社2015年版,第33—34页。

门只能算作与使馆、督抚平行的外交机构。① 总理衙门在回信中，强调"各国国体政令诚有相异，而断不能强同之处，然亦有相异之中，而仍见相同者"，以似是而非、答非所问的方式躲过了威妥玛所指的总理衙门在外交通信体制上的弱点：

> 中国各省督抚大臣及在京各部院衙门并本衙门，每有陈奏大皇帝事件，或系单衔具奏，或系联衔具奏，或系会同别衙门具奏，当日奉旨依议钦此。其不应发钞者，该衙门亦必将所奉谕旨并原折，行文各该处，钦遵办理，实与各国体制相仿。②

关于总理衙门与驻外使馆在体制上的平行关系与其弱点，许多学者已经注意到，在此不必重申。在以往研究的基础上，本文分析的着重点在使馆驻外使馆文书的双重性，即其跨越两种不同的外交制度与话语体系的信息处理机制。相比起总理衙门和地方督抚主持下的对外交涉来说，使馆能更为果断、自信地利用国际法与条约体系，为清政府伸张"中国国家"作为主权国应有的权利。

纵观这批文书的处理流程，大致总结出来一些不成文的规律：

第一，使馆可以根据上谕的指令接手外交任务，也可以根据总理衙门、通商大臣、各省督抚的咨文，从这些官员手中接受外交任务。郭嵩焘于 1877 年到任后立即处理的马嘉里事件的善后事宜，以及与英外务部对于《烟台条约》中有关洋药（即鸦片）缴税抽厘

---

① Immanuel Hsü, *China's Entrance into the Family of Nations*, *The Diplomatic Phase*, *1858-1880*, Cambridge, MA: Harvard University Press, 1960, pp. 193-194.

② 王彦威、王亮编，李育民等点校：《清季外交史料》第 1 册，第 2 卷，第 35—36 页。

的协商,都属于奉旨行使外交的性质。① 从总理衙门处接收交涉任务,始于1877年郭嵩焘办理的镇江太古趸船一案,总理衙门与英使威妥玛相持不下,经海关总税务司赫德(Robert Hart)的提议("此案在中国相持,不如告知出使大臣,在英国总理衙门剖辩,较有把握")之后,转交使馆与英外部交涉处理的。②

另外,使馆也可以根据地方督抚的咨文,将其与英领事之间因意见冲突而无法解决的案件,向英外部提出解决的请求。此类照会占比重较多的有两种:第一,当中、英民人刑事交涉案件中的原告方为英籍,或英方雇用的他国外籍人员,而英领事一再推托、不肯讯办之时。此两种案件的典型,可见于1878年5月郭嵩焘照会中福建莆田县怡记行雇工枪毙渔户二命一案,和1891年薛福成照会中镇江海关英员梅生(Charles Mason)代哥老会贩运炸药一案。③第二,从英殖民地引渡逃犯的案件。由于中英两国并未签有引渡条约,而《天津条约》中关于引渡的条文又过于简略,因此广东、福建官员遇到香港总督不肯交犯时,也会咨文请使臣与英外部直接交涉,比如1881—1885年间曾纪泽关于从香港引渡广东归善县13名逃犯的多次照会,履行的便是要求引渡的职责。④

除此之外,使馆也承办一些看起来较为琐碎,但与办理洋务及维持地方秩序息息相关的任务。例如,北洋水师学员在英国格林威治皇家海军学院的学习,派送军舰练习等等,往往是先由驻英使馆向英外部照会请求,再由英外部与英国海军部协商之后,答复公

---

① Jenny Huangfu Day, *Qing Travelers to the Far West: Diplomacy and the Information Order in Late Imperial China*, Cambridge: Cambridge University Press, 2018, chapter 4; Owen Hong-Hin Wong, *A New Profile in Sino-Western Diplomacy: The First Chinese Minister to Great Britain*, Hong Kong: Chung Hwa Book, 1987.
② 王彦威、王亮编,李育民等点校:《清季外交史料》第1册,第13卷,第249页。
③ FO 17/794, p. 73; FO 17/1146, pp. 346–350.
④ FO 17/1080, pp. 47–52.

使,公使再与随学生赴英的肄业监督进行协商办理。

第二,使臣可以根据自己对外交政策的理解,相机行事。这一类型比较有代表性的多来自郭嵩焘、曾纪泽、薛福成三者任期内。比如郭嵩焘于出使英国前,根据总理衙门的出使经费一折里"开总领事及正副领事名目"一条,即奏请设立领事官。郭在出国途中路经新加坡时,拜访胡璇泽,见其"为其地人民所推服",断定"新嘉坡领事非胡璇泽无可充承者"。到达伦敦后先照会英国外部,经过五个月的交涉,得到英政府正式的允许之后,才请旨办理的。① 又例如郭嵩焘于1877年6月15日向英外相德尔贝(Lord Derby)发送的关于喀什噶尔的照会,起因是由于他在使馆里"日见《新报》称:印度孟买来信,因阿密尔之请,派沙敖驻贵国驻扎大臣,前赴喀什噶尔",而随后在7月22日的信函里所回复的内容,代表也是自己的想法,并未事前收到总理衙门所托。正如他所说:"本大臣关于关外情形,本未能详知,又无携来中国案卷可以查考,略就所知一二,缕晰言之。"②

此类使臣自发性的交涉,如果没有事先与总理衙门、通商大臣、各督抚协调,有可能招致国内官员的抵制。在郭嵩焘、曾纪泽、薛福成的任期内,使馆提出的建设性意见较其余四位使臣为多,其成功与失败,往往取决于是否事先做好政治舆论上的铺垫,得到国内官员的支持。郭嵩焘于1877年8月24日,通过世爵夏弗司百里了解到英国禁烟会的活动后,立即请旨禁烟,并得到"着郭嵩焘与英国官员妥为筹商"的谕旨。总理衙门、南北洋通商大臣、各地督抚是在上谕发出之后才得知此事,对郭嵩焘此举不以为然。据李鸿章的观察:"各省筹复,寥寥数语,毫不着力。"他随后

---

① 王彦威、王亮编,李育民等点校:《清季外交史料》第1册,第11卷,第207页。
② FO 17/768, p. 83.

在给郭嵩焘的私信里，具体地指出原因："若先令中土禁种禁食，而外洋贩途日广，是为丛驱雀，非平恕之道，势亦有所不行。即如各口洋税，岁共千余万，洋药税居四分之一，加以内地捐厘约二三百万，若中外合禁，弃此数百万尚为有益民生；若我徒禁种禁食，而不禁外来，固非政体，亦损国计。"①

伦敦使馆的电报通信初始于郭嵩焘与曾纪泽任期交接时，之后电报便成为了使馆与总理衙门通讯传输的主要渠道之一。②1880—1881年间，曾纪泽在圣彼得堡协商《中俄伊犁条约》期间，与总理衙门随时保持着电报通讯。此后一切大事，都会先以电报方式向总理衙门请示，并同时以海运邮递的形式寄出比电报更加具体的详文。由此可知曾纪泽办理外交的成就与清政府逐渐利用电报通讯紧密相关。曾纪泽在马格里的密切配合下，将使馆的作用发挥至极致，尤其在中法战争的前期，使馆在外交方针政策上隐然有引导总理衙门和国内舆论走向的趋势。③

比起1880年之前以海运函件为信息载体的通信方式，此后使馆与总理衙门与各督抚的电信通讯，大大提高了使臣在外交上的作用，也增加了中国办理外交的灵活性，以及消息的准确度和及时性。

第三，使臣可以向总理衙门传达来自英外部的询问、请求、情报等，起到内外互通的作用，同时也可以代表总理衙门提出询问或

---

① 郭廷以编：《郭嵩焘先生年谱》（下），"中研院"近代史研究所1971年版，第637页。

② Jenny Huangfu Day, *Qing Travelers to the Far West*, pp. 166 - 177; Stephen Halsey, *Quest for Power: European Imperialism and the Making of Chinese Statecraft*, Cambridge, MA: Harvard University Press, 2015, chapter 7.

③ 关于马格里在中法战争里起到的作用，见トーマス・バレット《清朝在外公館における西洋人スタッフの外交活動に関する考察——清仏戦争時のハリデー・マカートニーの活動を中心に》，《东洋学报》第100偖第3号，第59—93页。

请求。比如曾纪泽于 1879 年 3 月 31 日接到英外部有关土耳其民人穆哈马德刊(Mohammad Khan)请求中国叶尔羌官员释放其妻女的照会,立即通过总理衙门将此请求转交陕甘总督左宗棠办理。但同时他也根据自己的判断,对于穆哈马德刊呈词有可疑者"不能不预言之",告知外相沙里斯伯(Lord Salisbury):"细阅呈词,各节不能遽然全信。"① 1881 年 10 月 10 日英外相格兰维尔(Lord Granville)告知曾纪泽,英国驻秘鲁公使查出当地民人拐带华民,售与秘鲁北省种户,英方已设法保护中国商民。曾纪泽接到情报后立即通知总理衙门,同时知会新任的秘鲁大使郑藻如派员到秘鲁查禁此事。②

使臣遇事的反应常常走在总署之前,他们的意见有时甚至可以左右总署大臣,并非总是处于被动。在马格里的指导下,薛福成任期内对于南洋设领、领事管理权限和中英缅甸划界谈判,均持一面交涉,一面以电信通报的方针,对于把握较大、对中国有利无损的事情,先争取伦敦外务部的同意,然后再向总理衙门取得同意。③

第四,使馆可以接收在外华民、华工、华商的申诉,或者风闻有侵犯华人利益的新闻,可以当即照会外部。典型的例子,有郭嵩焘在 1878 年 11 月接到加拿大维多利亚(Victoria)华人对于苛派华人税银的联名抗议,和刘瑞芬 1886 年 12 月 23 日接收中华会馆董事对于黄河清一案的申诉。值得注意的是,驻新加坡的领事官对华人及其产业有管辖与保护的职责,当其在履行职责,与英国殖民地政府看法不一时,常需要驻英使臣与外部协商解决。比如曾纪泽

---

① FO 17/821, p. 91.
② FO 17/869, p. 97.
③ 关于薛福成出使期间在外交通信方面的创新,见 Jenny Huangfu Day, *Qing Travelers to the Far West*, chapter 6.

在 1882 年 11 月 15 日"风闻有寓居新加坡之华人"被安南官处死一事,代其家人索要赔偿,最终获得安南国家赔偿洋银两万。①

纵观这 25 年使臣履行的各类职责,虽然比起列强驻华公使来说,办理交涉事宜的成效不甚明显,但其活动范围几乎涵盖了当时驻外使臣被赋予的所有权力职责,小至管理水师学员,大至划界条约,事无巨细,并非一味采取"重于观察少于谈判"的消极态度。②以往学者常持有这种观点,除了受"东方主义"(orientalism)的影响之外,主要源于以下一些原因:③使馆和总理衙门两者之间的平行性,以及总署、地方督抚和驻外使馆多元外交,使得驻外使馆的信息网络较为独立,使馆没有定期将档案全部抄送衙门的惯例,即使咨呈的内容也有所拣选,抄送与英外部来往文件的原稿,也因事而异。④

与此相关的是,使馆与英外部的通信以英文照会为主、中文照会为辅,这种信息处理文书的方式提高了中国在国际法上的地位。1886 年,也就是曾纪泽任内的最后一年,清公使在外交上的权利已是不争的事实,英国的外交界甚至公认伦敦的使馆办理外交比总理衙门还要强硬许多。⑤但使馆照会的具体内容和其反应的外交策略多不为国人所知,若单纯的以"从传统到现代的转型"作为框架来评价使馆的作用,常常容易简化历史事件的复杂性。比如曾纪泽和薛福成在越南、缅甸的问题上与法国、英国政府的交涉,

---

① FO 17/911, p. 108.
② 严和平:《清季驻外使馆的建立》,私立东吴大学中国学术著作奖助委员会 1975 年版,第 234—238 页。
③ 对于"东方主义"理论最经典的论述,见爱德华·萨义德著、王宇根译《东方学》,生活·读书·新知三联书店 1999 年版。
④ "中研院"近代史研究所藏的"总理各国事务衙门档案"中,存留有部分使馆抄送的档案。
⑤ Demetrius Charles Boulger, *The Life of Sir Halliday Macartney*, London: John Lane, 1908, p. 416.

均采用了在国际法的语境下重新叙述、审视朝贡体制的方式,来抗衡西方国家对于中国周边地区的殖民地化过程。①

同样,单单以使臣的出使日记来评价使馆的外交也是不够的。日记的内容偏重观察,少于外交,这和出使日记作为观察、纪录的文书种类的自身特点有关,而并非使臣外交活动的所有记录。②即使使馆内的人员,若非直接经手照会,也难以得知交涉事件内情。如张德彝在《五述奇》中写道,即使在使馆内部,外交信息的流通也受到公使与其亲信不同程度的垄断,并不是所有的随员都可以通过出使得到外交上的历练。

> 查各国换驻公使,原为查访风俗事体情形,以便保护人民,办理交涉事件。是不惟公使须通晓一切,而随员人等,尤当历练,随时见闻。故各国公使署,凡来往文件,无不置诸公案,听众观看,以便知晓各事情形,如何办法。余自乙丑冬随使外洋,于今五次矣,所知者惟一国之风俗民情,所有两国交涉事件,茫然不知。二十年来虚受国恩,每一思之,惭愧无地。③

总而言之,使馆照会与出使日记、总理衙门档案和使臣个人的文牍相辅相成,填补了晚清外交史料一块不小的空缺,对于我们研究清朝使臣如何积极运用国际法来争取中国应有的权利,有着不可替代的作用。

---

① Jenny Huangfu Day, *Qing Travelers to the Far West*, chapters 5–6.
② 有关于出使日记的主要论著,见尹德祥《东海与西海之间》,北京大学出版社2009年版;冈本隆司、箱田惠子、青山治世:《出使日记の时代—清末の中国と外交》,名古屋大学出版会2014年版;青山治世:《清末の出使日记とその外交史研究における利用に関する一考察》,《现代中国研究》第22号(2008年3月),第44页。
③ 张德彝:《五述奇》,岳麓书社2016年版,第68页。

二、英文为主、中文为辅的照会的形成过程

使馆人员之中,英文参赞马格里(Halliday Macartney)的重要性不可低估。马格里(1833—1906),字清臣,苏格兰人,原为英军军医,曾协助李鸿章办金陵机器局,1876年随郭嵩焘出使英国,在随后的近30年里辅佐七位使臣办理使馆几乎所有的大小事务。马格里与各任使臣的亲疏,与使馆的外交成效息息相关,从使馆建立至其退休(即1877—1905年),马格里与曾纪泽默契最深,其次为薛福成,再次为郭嵩焘,而与刘瑞芬、龚照瑗两人只能是勉强配合。在罗丰禄、张德彝任期内渐渐退出日常事务的管理,只是在个别较难处理的事件上提供顾问服务。

使馆的大部分照会采用了以英文为主、同文馆学生翻译的中文照会为辅的形式。每封英文照会相对应的中文翻译,虽由外部存录在案,用铅笔标上了接收的时间,用胶水黏在英文照会之后,但中文在交涉过程中作用不大,起到的主要是存档与使臣的备忘作用。更为重要的是在照会形成之前,使馆人员与英外部以口头沟通达成的共识。薛福成说:"欲与争辩,则平日之联络布置,尤不可不慎,譬之关弓者,必和其干,调其丝,引矢一发,彀力虽劲,不至孤折弦绝者,审故于先事也。"[①]在FO 17的档案与使臣的日记里,都常常有相应的会客记录。纵观这批照会的形成过程,使臣与外部间就敏感、棘手的外交事件,几乎都选择了先会面,再以备忘录或照会达成、巩固共识的方式。这些平日里的联络布置,特别是马格里与外部间试探性的访问,使得使馆与英外部即便是在1900年

---

① 薛福成:《出使公牍》,传经楼1897年版,第1—2页。

义和团与联军占领期间,也没有出现"孤折弦绝"的情况。

对于照会这一文书的特殊性、重要性和形成过程,薛福成也颇有心得。在《出使公牍》的前言中,他把洋文照会的重要性列于诸文书之首,认为照会为一切外交公牍之纲领:

> 大臣出使,有洋文照会者,盖以此国使臣告彼国外部大臣之辞,亦即两国相告之辞也。执笔者宜审机势,晰情伪,研条约,谙公法。得其款,则人为我诎;失其款,则我诎于人,是非与此明,利害于此形,强弱于此分,实握使事最要之纲领。使事既有端绪,然后述其梗概而奏之,而咨之劄之,意有未达,则再为书以引伸之,胥是物也。故凡治出使公牍者,必以洋文照会为兢兢,而诸体之公牍,皆由此生焉。①

而具体如何通过英文照会来争取中国的权利,薛福成认为,使臣对于时势的判断,对于国际法、条约的通晓,对于轻重缓急的判断也相当重要:

> 自我中国通使东西洋诸大邦,所以咨政俗、联邦交、保权利者,颇获无形之益。然使职难称之故,盖由中国风气初开,昔日达官不晓外务,动为西人所欺。西人狃于积习,辄以不敢施之西洋诸国者,施之中国。为使臣者,遂不能不与之争。争之稍缓,彼必漠视而不理,其病中于畏事。争之过亢,彼必借端以相尤,其迹疑于生事。迩来当事,愿生事者较少,而习畏事者较多,故失之刚者常少,而失之柔者常多。②

---

① 薛福成:《出使公牍》,第1页。
② 同上书,第1—2页。

使馆双语文书的形成方式,各位使臣的处理方式不尽相同。第一任使臣郭嵩焘任期内的前几封英文照会,似由使臣的中文稿逐字逐句翻译成英文,此后两三个月内,英文一跃成为书写照会的第一语言,英文照会的内容也比中文更加翔实具体。与之相对应,则是马格里在使馆外交逐渐趋于主导地位。郭嵩焘在光绪三年二月十二日(1877年3月26日)的日记中曾抱怨:

> 夏弗斯百里商禁鸦片烟一节,开示马格里应答之词,并告知德在初:或马格里言语稍有偏差,即行纠正。讵是日马格里编造无数言语,而所开示之词,竟无一语及之。德在初、凤夔九不独不能纠正,相距十日之久,隐秘不言,至是见新闻报乃始知之。①

马格里于使馆事务的垄断,郭嵩焘私下认为"使人茫然不解其心意之所属",但郭的下任曾纪泽却与马格里形成了默契,日记中几乎每日都有"清臣来一坐""与清臣久谈""携清臣外出"等语。"曾侯"(Marquis Tseng)与马格里的声音便逐渐融为一体,难以辨认谁的意见更占优势。同时马格里在伦敦 Regent's Park 的住宅,在给英外部的清单中也被列入办公的地点,与使馆在 49 Portland Pl. 同样享有免输房税的待遇。当英外部 1885 年准备取消此待遇之时,受到了曾纪泽的严词抗议,认为马格里既为中国使馆人员,便拥有使馆人员之免税权利。②

对比中英文照会的内容与写法,即可知使馆在外交上的"双面性"来自公使和马格里的配合。马格里虽非外交官出身,但使馆多

---

① 郭嵩焘:《伦敦与巴黎日记》,岳麓书社2008年版,第142页。
② FO 17/990, pp. 90 – 93.

年的历练,使其成为通晓国际法理论和实践的外交专家,在代表中国利益的同时,与英外部既有合作也有对立。1899 年,马格里在给好友的信中坦言:

> 有些人指责我在英国政府面前为中国虚张声势。在我看来,中国的弱势并不是秘密,如果我隐瞒了这个事实,把弱者装饰成强者,那么我的确做错了。但是我从未这样做过。我到伦敦以来,一直以来竭尽全力要帮助公使达到的目标,是让中国在外交上达到"文明国家"的标准,并且让英国以对待其他大国一样的尊重来对待中国。①

使馆的照会以马格里的英文照会为主,更加有利于将清朝呈现为与各国平等的"主权国家"。使馆发出的所有英文照会均运用了当时西方宫廷的一套话语体系,称外相为"My Lord",并以谦卑的"I have the honour to be, with the highest consideration, My Lord, Your Lordship's most humble obedient servant"作为结语,称英政府为"Her Majesty's Government",而相对应的清廷则为"The Imperial Government"或者"His Majesty's Government"。条约赋予中国的权利,和西方平等国家之间的外交体系是使馆最好的武器。在商订条约、设领、保护华人、引渡逃犯等等事务的照会中,使馆皆采取对条约字斟句酌、恪守万国公法的方针,对于中国在国际法上应有的一切权利,寸步不让。

中文照会多数是马格里所写英文照会的翻译。在罗丰禄上任之前,除了曾纪泽之外,使臣不谙英文,与马格里口头沟通之后,往往需要将其写成的英文照会辗转回译成中文一次,方能确认英文

---

① Demetrius Charles Boulger, *The Life of Sir Halliday Macartney*, p. 482.

的意思正确无误。回译形成的中文照会,薛福成有如下的体会:

> 中西文法截然不同,洋文照会,本用西洋文理,一经译为华文,已难尽依其旧,数人译之,往往意同而语不尽同。辄为斟酌字句,以畅译者之意。然读之仍觉艰涩诘屈,微有聱牙意象,此则洋文通病也。①

而薛福成在日记中,也提到因中西文法不同导致中文照会晦涩难懂:

> 十三日记　马参赞呈送英文照会稿,余属张听帆译汉文阅之,其立言颇中肯綮。惟中西文法往往不同者,中国文尚简明,而彼则必须烦复,且多前后倒置之句法,否则阅者转茫然不解。兹特录之,虽其文法已多经译者删润,亦稍见外洋公牍之体。②

由此可见,使馆发出的中文照会,由于其成文的目的在于作为英文的副本,读者仅限于使臣与使馆的工作人员,所以并没有经过文辞的修饰。

1894年薛福成卸任,接任的龚照瑗身体欠佳,缺少外交经验,其被选拔为使臣主要是因为李鸿章的关系,因此与总理衙门之间的隔阂较深,使馆的日常事务常由马格里包办。马格里在一封给英外部副部长Francis Bertie的密信里称刘瑞芬、龚照瑗两人为"某些督抚的傀儡","数次拖延执行来自总理衙门的指示,以便向自

---

① 薛福成:《出使英法义比四国日记》,岳麓书社1985年版,第575—576页。
② 同上书,第152—153页。

己的庇护人请示"。他坦言自己希望下届使臣可以是"有能力且为清帝国所信任的人"。① 由于龚照瑗对外交事务的疏忽,从这一时期起,双语照会的数量减少,多数的英文照会没有回译成中文,便直接送至英外部,使馆办理的外交事务骤减。而通晓英文的罗丰禄于1896年接任之后,代替了马格里处理使馆的绝大部分事务,也许因为自信英文娴熟,欲树立与前任数届公使形象上的反差,便没有恢复双语照会的传统。②

曾纪泽、薛福成两人在任期内与马格里的紧密合作成就显著,在处理中英之间的外交摩擦时,对于国际法的运用和外交语言的运作,比起总理衙门的章京来说,显得娴熟、精准、游刃有余。与之相反的是,在刘瑞芬、龚照瑗、罗丰禄的任期内,使馆的业绩平庸,起到的作用仅仅为在英外部和国内的各衙门之间搭建信息桥梁。从使馆照会中可以看到,刘瑞芬任期内,使臣的绝大部分时间用在北洋水师的培训规划上,相比前任曾纪泽的积极外交,刘、龚在外交政策上之消极避事,无疑与其身后的李鸿章的利益有关。当然,使臣及其随员在刘瑞芬、龚照瑗任下也并非无所事事,从信函的归类上来看,还是可以看出使臣与马格里各自的大致分工。就刘瑞芬任期下的几百封照会来说,超过半数的信函与北洋海军的进修、采购、雇用教习有关,这一类照会一般来说外交性极弱,文字也趋于模式化,从笔迹来看,此类信件主要是由使馆内的中文翻译官而非由马格里撰写的。

三、驻英使馆与中英引渡案件

提到驻英使馆在刑事上的责任,一般人都会联想到1896年孙

---

① FO 17/1286, pp. 230-231.
② 关于罗丰禄的外交水平与能力,见 Demetrius Charles Boulger, *The Life of Sir Halliday Macartney*, pp. 473-474。

中山在伦敦使馆被"绑架"事件。不为人知的是使馆在从 1880 年之后,在跨国逃犯的问题上,一直监督英国恪守条约,履行追捕和向中国遣返罪犯的职责,其引渡的大部分逃犯并非政治犯。而当普通引渡方式行不通时,西方国家也常用域外绑架(即 extraterritorial abduction)的方式,以欺诈、强行方式遣返逃犯,因此驻英使馆对于孙中山的拘留,并不能完全归结于"东方专制主义"。①

更值得注意的是,西方各国之间通行的引渡原则,在 19 世纪经历了巨大的变革。德国著名法理学家拉萨·奥本海(Lassa Oppenheim)在其国际法著作中提到,17 世纪,西方国家间的引渡主要是用于各种政治逃犯(political fugitives)和宗教异端分子(heretics),18 世纪才逐渐使用在一般性的"常规罪犯"身上。19 世纪上半叶,铁路、航运业的发展,使得跨国逃犯数量剧增,各国之间因此认识到签署引渡条约、加强国际间对于刑事案件合作的重要性。同时,在法国大革命与美国独立运动的自由民主思潮的影响下,各国逐渐将"政治犯"排除在可引渡罪行之外。② 并非所有的西方国家对于政治犯可引渡性的排除(political offence exception)都绝对服从,同时"政治犯"和"常规罪犯"(例如谋杀、纵火之类的暴力行为)之间的区分,也常常难以断定。执行引渡的最终决定权,并非是司法机构,而是行政机构,即一国的中央政府。

在这一历史背景下,驻英使馆对于引渡案件的交涉,便有了深刻的政治意义,其中比较棘手的类型之一,是有关在内地犯罪后逃往香港的罪犯的引渡问题。中英早在 1843 年签署的《五口通商附

---

① Sun Yat-sen, *Kidnapped in London: Being the Story of My Capture by, Detention at, and Release from, the Chinese Legation*, London: Simpkin, Marshall, Hamilton, Kent and Company, 1897, p. 97.

② Lassa Oppenheim, *International Law: A Treatise*, New York: Longmans, Green, and Co., 1905, Vol. 1, pp. 388 – 340.

粘善后条款》里,对于逃犯的引渡,有以下的协议:

> 倘有不法华民,因犯法逃在香港,或潜住英国官船、货船避匿者,一经英官查出,即应交与华官按法处治。倘华官或探闻在先,或查出形迹可疑,而英官尚未查出,则华官当为照会英官,以便访问严拿。若已经罪人供认,或查有证据知其人实系犯罪逃匿者,英官必即交出,断无异言。其英国水手、兵丁或别项英人,不论本国、属国、黑白之类,无论何故,倘有逃至中国地方藏匿者,华官亦必严行捉拿监禁,交给近地英官收办,均不可庇护隐匿,有乖和好。①

1858年中英签署的《天津条约》的第二十一款,重申了英方向中方引渡逃犯的义务。

> 第二十一款　一、中国民人因犯法逃在香港或潜往英国船中者,中国官照会英国官,访查严拿,查明实系罪犯交出。通商各口倘有中国犯罪民人潜匿英国船中房屋,一经中国官员照会领事官,即行交出,不得隐匿袒庇。②

值得注意的是,虽然两份条约都明确规定了英国政府向清政府引渡的义务,但对于何种行为属于"不法"、量刑的轻重、如何使犯人认供,以及引渡的具体过程,中西方法律差异颇大;对于"政治犯"的定义,及"政治犯"引渡与否的问题,也未提到。这些遗漏形成的原因,与其说是中英代表对引渡法的无知,不如说其反映的是

---

① 王铁崖编:《中外旧约章汇编》第一册,第36页。
② 同上书,第99页。

国际法自身发展变迁的过程,以及各地方在具体实践中的分歧。正如英国法理学家、曾任香港首席按察司的碧葛(Francis Taylor Piggott)在其引渡法的著作中写道:"引渡一个政治问题,因为与之相关的法律是由立法机关制定的成文法和条约组成的。"[1]《天津条约》中引渡一段的种种遗漏和语焉不详,恰恰为中英两国政府在香港与两广、福建一带,以治安为名打压各种游离于灰色地带的地下组织,扫清了法律障碍,提供了行政上的便利。

鸦片战争之后,香港政府为了维持社会稳定,采取了对清政府的引渡要求积极配合的方针。据港督包令(John Bowring)统计,1849—1857年间,香港政府向中国交出了234名逃犯。据香港政府蓝皮书统计,1849—1866年间,共有665逃犯在香港以"海盗"的名义受审,其中约400名被引渡回国。[2]《天津条约》签订以后,中英罪犯的引渡程序,主要有以下几个步骤:一、中国地方官经查访,确认逃犯在香港之后,禀报当地督抚,请其向广州领事官提交并附上相关证据;二、广州领事官照会香港当局,请求协拿犯人;三、香港司法机构检验证据,认为存在犯罪的相当理由之后,即由总督发出通缉令,逮捕犯罪嫌疑人,同时经广州领事官,通知督抚,派人押解犯人回国审讯。[3]至于中方的逮捕请求是否有政治动机,香港政府一般不予过问。从引渡案件来看,清政府与香港殖民地政府在治理社会、捉拿逃犯、维系地方稳定等方面,其根本利益是

---

[1] Francis Taylor Piggott, *Extradition: A Treatise on the Law Relating to Fugitive Offenders*, Hong Kong: Kelly and Walsh, 1910, p. 5.

[2] Ivan Lee, "British Extradition Practice in Early Colonial Hong Kong", *Law & History*, Vol. 6, No. 1 (2019), p. 97.

[3] Ordinance No. 2 of 1850, "An Ordinance to provide for the more effective carrying out of the Treaties between Great Britain and China in so far as relates to Chinese subjects within HK (20th March, 1850)", *The Ordinances of Hong Kong*, London: George E. Eyre and William Spottiswoode, 1866, pp. 70 – 71.

一致的。①

19世纪60年代中期,香港殖民地政府的引渡政策遭到香港本地和英国舆论的强烈谴责,这与清政府追缴太平天国余党有直接的关系。1865年的"森王"事件(英文中称为 Mo Wang case)成为改变引渡政策的导火索。森王侯裕田,本名侯管胜,漳州人,太平后期将领,在天京失陷后逃入香港,以经商名义向漳州太平余部运送军火粮饷。1865年,两广总督瑞麟、广东巡抚郭嵩焘将侯成功引渡回国,第二日被凌迟处死。

森王被处死的报道一出,西方舆论哗然。② 当初广东政府为了不打草惊蛇,假称要求引渡的是一名叫 Ho‐Yu‐Teen(即侯雨田)的海盗。香港总督将计就计,以海盗身份提交了侯裕田。依据当时国际上不引渡政治犯的惯例,香港媒体加倍谴责中国政府滥杀无辜,用刑手段残忍。香港政府迫于政治压力,不得不紧缩引渡政策,从此之后,"政治犯"不再属于引渡范围,并且香港政府要求中国督抚在请求引渡罪犯的同时,交付一份保证犯人不受酷刑(即凌迟)惩罚的文书。郭嵩焘虽然对于森王引渡成功之事颇为自得,可对其造成的政治影响也多有遗憾,以为"此后香港捕盗门径,永以杜塞矣"。③ 所幸从香港方面来说,拒绝与清政府合作引渡罪犯,对于本地的治安和司法亦多造成不便,非长久之计。于是,何种案件符合引渡的条件,港方如何接受清政府的引渡要求,如何确保犯人不会被施用酷刑等等问题,均需要多方权衡。

驻英使馆是在森王案之后,中英政府之间就引渡事件达成新共识的桥梁。公使可以根据上谕,从总理衙门或者地方督抚手中

---

① 关于香港早期的法律史,见 Christopher Munn, *Anglo-China: Chinese People and British Rule in Hong Kong, 1841–1880*, Richmond: Curzon Press, 2001。
② 罗尔纲:《太平天国史》,中华书局2000年版,第2216页。
③ 郭嵩焘撰,杨坚校补:《郭嵩焘奏稿》,岳麓书社1983年版,第368页。

接收较为棘手的重大引渡案件，当然也可以直接介入某些案件的办理。公使在引渡案件中的主要作用在于监督香港殖民政府根据条约按约履行引渡义务。

使馆处理的引渡案件中，比较棘手的有1881—1885年间的广东归善县十三人犯案，1884年黄金鞍、陈阿杰逃往香港一案，和1886年福建海盗张野、张阿知隐匿香港一案。另外也有中方接受英方引渡请求的案例，比如厦门地方官拿获1881年在槟榔屿行凶后逃往厦门的谢拱照，此案经过使馆的协调后，由新加坡总督在槟榔屿处提取卷宗，交付给闽浙总督在中国审理。另外还有马格里、罗丰禄等在1896—1898期间有关通缉孙中山、康有为、梁启超向英外部提出的是否可以使用引渡法的询问。由于绝大多数的口头询问没有形成正式的文书，在档案中只有一两封照会里提到。

从这些引渡的照会里可以看出，驻英公使对于国际法通行的引渡原则有较深的见解，其与英外部辩论的要点，在于香港政府是否可以在条约之外制造各种理由，以此拒绝向中国引渡犯人。在广东归善县案中，杨、白、毛、金等十三人在杀毙杨家三口之后，隐匿香港。香港法官(Hong Kong Magistrate)审案后，认为犯罪证据符合引渡条件，而香港总督则以十三人已入教，并获得天主教教主雷孟第的担保为理由，将犯人全部释放。曾纪泽与马格里在1884年12月8日与1885年6月13日的两次照会长文中，对于香港总督拒绝交犯的决定进行了精彩的辩驳。这两封照会体现了使馆人员对于国际刑法的深刻理解，也对香港殖民政府刑法体制中的不合理处进行了透彻的谴责。①

曾纪泽在辩论中引用的法律依据，不仅仅是中英1858年签署

---

① 1884年12月8日中文照会收录在FO 17/967, p.87，英文照会收录在FO 17/1079, pp.342–348；1885年6月13日的中文照会收录在FO 17/1000, p.67，英文照会收录在FO 17/1080, pp.39–48。

的《天津条约》和香港法例,也包括了英国不久之前即1870年和1873年与各国签署的《交犯条约》(Extradition Acts)。使馆与英外部对于此案甚为重视,双方多次咨询法律顾问,最终英国检查总长(Law Officers of the Crown)认为《交犯条约》只适用于"文明国家"之间,并不适用于香港与中国之间的引渡,以此拒绝了中方的要求,言外之意是中国并不符合文明国家的标准,不能在国际法上和西方国家平等视之。此决定反映的是19世纪西方国家对非西方文化和政治体制的普遍偏见与歧视,其结果导致广东地方官无法正常执法,民情怨愤,在一定程度上破坏了本地秩序。

曾纪泽在1884年12月8日的照会中,针对西方国家对于中国刑律的偏见,作了如下阐述:

> 所谓仁慈之道者,本乎人心之向善。而人心向善之说亦随时为转移,世间之事,固有今日视为无碍于仁慈之道,而明日视为有碍于仁慈之道者。观夫西洋教化最深之国,亦曾有刑律与中国刑律略同者,当行律之时,未曾谓为不合仁慈之道,直至近来各国视之,始以为当日刑律有碍于仁慈之道。至于大辟之刑,西洋各国仍谓不可缺少,将来如有一日西洋憎恶大辟之行,则其时视大辟之刑亦与现今之时视中国律内某条之刑无以少异。然而中国虽有各条刑律,究竟用之其难其慎,故于条约之外肯出保文,许不照本国之律以用刑也。①

曾纪泽认为,"仁慈之道"并不是一成不变的绝对理念,而是与时俱进,不断处于变化中的。西方各国也曾有与中国类似的刑律,只是在近年来才开始"以为当日刑律有碍于仁慈之道"。既然

---

① FO 17/967, p. 87.

香港法官经过审案，认为证据符合交犯的条件，并且中国政府已经作出了对提交的犯人"不照本国之律以用刑"的保证，而英国外务部也曾经同意交犯，最终却以一与案件无关的教主的"证词"，将犯人无罪释放。① 英国政府的做法无疑违背了法律的公正性。

曾纪泽、刘瑞芬两届公使在外交上的反差，可以从各自对待引渡逃犯的态度上看出。1884 年 8 月 16 日，曾纪泽在给英外务部长格兰维尔的照会中写道：

> 本爵大臣叠奉本国国家之谕，深愿与贵国妥定章程，似宜及早议办，以免日后交犯之事再有耽延。按现在香港应交之犯如此之难，而广东各处理刑官员见死者亲属禀诉催办，民情怨愤，竟致无从措手。中外交涉之事，亦因此有所未合也。②

之后双方共同拟出的《中英引渡条约》英文草案（Treaty between Her Majesty and the Emperor of China for the Mutual Surrender of Criminals），即为马格里受曾纪泽委托，与英外部就此达成共识的初步成果。从马格里与英外部协商的稿件中，可以得知此引渡条约是基于英国与西班牙 1878 年签署的引渡条约，经过双方多次修改达成的初步共识。③ 当曾纪泽于 1886 年回国之后，谈判即被搁置。1887 年 10 月 10 日，英外部询问刘瑞芬是否可以继续进行谈判，刘即回复"需向总理衙门询问，再行告知"，但实际上后续并没有任何行动，谈判因此作罢。④ 从现有的档案文件中，

---

① CO 129/224, p. 260.
② 此封照会的中文收录在 FO 17/967, p. 57；英文收录在 FO 17/1079, pp. 211 - 213。
③ FO 17/1630, pp. 1 - 124.
④ 此封照会的中文收录在 FO 17/1052, pp. 128；英文收录在 FO 17/1630, pp. 125 - 126。

很难判断刘瑞芬是否为此事请示了总理衙门。公使个人的意向、精力及其代表的国内利益,对其办理外交的积极程度有限制性作用。

四、义和团期间的使馆通讯

使馆在义和团运动期间的照会,从另外一个侧面体现了使臣在清廷外交危难时期起到的通信作用。1900年使馆主要的负责人是罗丰禄,这位海军出身并通晓多国语言的外交官,虽然有着多年使馆随员的经历,但因其并非正途出身,在清朝体制内的政治根基单薄,主要的支持者是李鸿章。马格里在接到罗丰禄任命的当天,即向总理衙门提交了辞呈,其原因便是因为罗丰禄精湛的英文与其外交能力,大大降低了马格里对于使馆的作用。在罗丰禄的强烈要求下,马格里收回辞呈,但从此之后对使馆一切事务"尽量只接受最低限度上的责任"。① 因此使馆在庚子拳乱里担当的外交重任,很大程度上反映了使馆自身的成熟化及其独立运行的能力。

值得注意的是,在义和团运动前后,使馆一直与英外部保持着多项事件的交涉和礼仪上的友善往来。比如就高升号事件邀请第三方仲裁的谈判,清政府请求英国在智利、厄瓜多尔等处的使馆代理保护华人的职责,以及代表总理衙门邀请各国公使出席光绪皇帝生日宴会等礼节性的照会。从使馆照会的视角来审视庚子拳乱,可以使我们看到公使与反对拳乱的地方督抚势力的结合,使其外交文书中所代表的"中国"与保守派所掌控的清廷有着相当的反差。相比各国驻京公使在庚子年对中国人妖魔化的形象构造,使馆照会中展现出中国政府理性的一面。正如戴海斌所说:"事变

---

① Demetrius Charles Boulger, *The Life of Sir Halliday Macartney*, p. 473.

前后,驻外公使的外交作用明显提升,可以说驻使有此绝大表现者前所未有。"正是因为使馆外交,中国在冲突中始终没有与各国政府决裂。驻外公使与国内各地势力的联合,使之"在政治立场上与北京政府保持一定距离,而更接近于开明的地方大员"。① 使馆传递的信息,在很大程度上也反映了这些地方督抚的立场。

庚子年间的使馆文书有以下三个特点:

第一,驻英公使在以往例行的照会模式上稍作变通,从1900年6月起开始直接翻译从地方大员处(即刘坤一、张之洞、李鸿章、盛宣怀等)接收的电报,送达英外部,而并不如以往传递总理衙门咨文的内容那样,用公使的语气写成照会的形式。如罗丰禄在1900年6月26日写给英首相沙里斯伯的照会里,开头即直截了当地说明下文便是湖广总督张之洞于6月23日清晨六时向他发出的电报。除了递交翻译之外,公使对电报的内容一般不作书面的评论,但经常出入英外部面谈。

这以后的一年多里,公使发给英外部的信件多半采取了直接翻译国内电报的形式,并且每封信都注明了中国发报与伦敦接报的具体时间,使得英外部较为及时地掌握了事态的变化。使馆直接翻译电报,而并不采用照会的格式,其原因之一是国内请求递交电报的地方督抚与英外部不在同一个外交级别上。一般来说,督抚的任何外交需要,应该是通过总理衙门,或者其下属道台与各国在中国地方的领事来进行。虽然督抚没有直接给英外部发送照会的特权,可是如果他们给驻外使馆发送的电报被公使直接作为友善的情报送达给英外部,则并不违背外交惯例。因此庚子、辛丑年间来自地方督抚的外交信件,收件人表面上是驻英公使,而实际上

---

① 戴海斌:《中国外交近代转型的节点:简论庚子事变前后若干外交问题(1900—1901)》,《社会科学战线》2011年第12期,第25页。

是直接翻译成英文之后,迅速递交给英外部的。这种特别的通信方式一直持续到《辛丑条约》签订之后。

第二,驻英使馆在翻译来自中国的电报、信件成英文时,通常会根据自己的立场,在不改变原文大意的基础上,对英文加以修辞润色,加重对拳乱的谴责,强调对各国损失的歉意,以助其立即停战的请求。比如上文提到的罗丰禄在6月26日传递的张之洞发来的电报里,我们可以看到中英文在感情色彩上有明显的差别:①

中　文	英　文
北方会匪违旨滋事,各国人口物业致遭损害,京内京外数百里华商华民财产焚毁亿万,至戕杀日本使馆随员。	The rebels in the northern provinces, called by the name of "Boxers", have, in defiance of the Imperial Decree, overrun and devastated a large tract of country in the vicinity of Peking, taking the lives of many persons, natives as well as foreigners of various nationalities, including a member of the Japanese Legation at Peking.
乃各官办理不善之故,实非朝廷意料所及。	The present lamentable state of affairs, which the Imperial Government deplore as a national calamity, is doubtless attributable to the culpable negligence of the provincial authorities who surely could never have foreseen the large proportions which the Boxer movement was fated to take, otherwise they would have suppressed it in the commencement.
今各省督抚并未奉有开战谕旨,可见朝廷并无失和之意。	The intentions of the Imperial Government are entirely pacific and in favour of friendly relations with the Treaty Powers. This is shewn by the absence of any instructions to the provincial authorities to take measures with a view to defence.

---

① 此照会的中文收录在 FO 17/1435, p. 85;英文收录在 FO 17/1435, pp. 82-84。

（续表）

中　文	英　文
若天津再有战事,则南方必将牵动,事机危迫,务祈迅饬施行。	The situation, then, being so critical, I would impress on you the necessity of your exerting yourself to the utmost in order to induce Great Britain to be forbearing, and not to press matters unduly in the North.
各省督府意见相同,亦即有电达各国外部矣。以上各节,请罗星使即刻转商外部。感祷。	The provincial authorities of the Central provinces all agree with me as to the extreme desirability of these recommendations being attended to, and join me in requesting you to bring to the notice of the Foreign Secretary all the considerations I have given expression to in this telegram.

上文对比可见,张之洞的电报原文语气尚属婉转,在中国政府的责任和朝廷对义和拳的态度问题上,以"各官办理不善"和"并无失和之意"含糊地一笔带过。而罗丰禄时使馆人员翻译的英文,更加强烈地表现了发电者对于拳乱毫无保留的憎恨、对于官员疏忽职责的愤慨,和对于中外关系恢复和平的渴望,使得使馆在感情上明显靠近了英国政府的立场。

第三,公馆与各国外部的及时通信,在一定程度上缓解了各国驻华领事、军队和中国政府的冲突,避免了各国在华军事力量无限制地扩大。例如湖广总督张之洞在6月19日通过罗丰禄发给英首相兼外相沙里斯伯的电报中写道,英国汉口领事宣称接到外部指令,表示英国政府已经准备对南方省份进行必要的军事保护。对此,张之洞有如下的表示:

The Viceroy tenders his grateful acknowledgements to Lord

Salisbury for his friendly offer, and will gladly avail himself of it in case of need. He, however, is persuaded that he and his Colleagues the Viceroy of Nanking, with whom he has been in communication on the subject, will be more than able to cope with the "Boxers", or any other elements of disorder who, contrary to his expectations, may attempt to disturb the peace and tranquility of the Yangtze provinces.

Both he and the Viceroy of Nanking have at their disposal very sufficient, well equipped and well disciplined Forces, on which they can implicitly depend; and these they will so dispose and employ as to give the fullest measure of protection to all residing with their respective jurisdictions, whether natives or foreigners and of whatever religion.

Under these circumstances, the Viceroy would deprecate any obstructive demonstration of British Naval force on the Yangtze, as being calculated rather to make difficulties for the Chinese Authorities, than to aid them in maintaining tranquility and good order in the riverine provinces.[①]

张之洞首先对英国政府的援助表示感谢，但同时表示自己与两江总督拥有的兵力和弹药足够应付义和团，并对中外人士给予必要的保护；也明确说明，英国军舰在长江流域不必要的军事示威，不仅于事无补，反而会"专门给中国政府添乱，使恢复长江流域的平静变得更加困难"。英首相沙里斯伯接受了使馆的请求，立即以电报的方式给英国海军高级军官发出训令，使其暂缓入江。

[①] FO 17/1435, p. 75.

通过使馆在 1900—1901 年给外部的过百封信件可以看到,使馆在递送何项诏令、何种电报方面有极大的决定权,偏向了地方开明派所代表的中国政府,对于各国在中国的教士、外交人员和贸易利益,不留余力地予以保护,而对于强硬派的言语,一致不予发送,甚至连宣战诏书也只字未提。当然,比起列强在中国的外交、军事力量而言,使馆起到的作用较弱,英国外务部也并非常常听从公使的请求,制约本国在中国的势力,战争最后不可避免地发生了。但总体来说,使馆作为各国外部与中国国内势力的主要连接点,使得中国在义和团事件之中,始终在国际上树立着一面独立的主权国家的旗帜,在慈禧太后和光绪皇帝逃亡西安、总理衙门束手无策之时,代表国家的是地方大员利用使馆提供的外交渠道,果断地向各国作出必要的担保、妥协。由此也可以看到,在义和团运动期间,使馆照会中的"中国国家",对应的不再是清王朝,而是地方上掌管经济、军事力量的督抚,及其属下的以汉人为主的官僚体系。"中国国家"与"清朝"概念上的分离,在此次外交危机中凸显出来。

结　　语

使馆双语照会的研究对于中国近代外交史研究的主要意义,主要可以用以下三点来总结:

第一,晚清外交的理论框架值得进一步探讨。使馆中、英员之间的合作,与使馆的双语照会,在很大程度上赋予其功能上独特的"双面性"。使馆在清朝官僚体系中的地位,与其和英国外务部之间形成的通信网络是相辅相成的,如果只看到公使的日记和给总理衙门的咨文,却没有同时看到使馆如何在国际上发挥作用,得到的结论是不完整的。当我们研究一些较有争议的事件,比如曾纪泽对于中法战争、缅甸进贡的外交方针,或者龚照瑗拘留孙中山事件,如果没有相应地参考使馆几十年来外交的具体背景,很容易以中国官员落后、保守、不通公法等过于简单、片面的概念来诠释。

第二,使馆的通信史,也是一个尚待重视的研究外交史的角度。在这个角度下探讨的问题,包括使馆如何建立其信息网络,整合来自不同角度的情报,在国际法的框架下诠释这些信息,与其如何在给总理衙门和国内官员的咨文中以中文惯有的形式表达这些信息,两者的表述有何微妙的不同等等。本文前半部分根据照会的来源,总结了使馆接手事务的几个不同的渠道,但照会里所反映的只是官方的信息体制,对于使馆收集来自小道信息、报馆、情报人员的各个方面,往往语焉不详。使馆、总理衙门、地方督抚、海关监督与列强驻华使臣之间的博弈,以及使馆的电报通信对于以往外交模式的冲击,也是值得进一步研究的课题。在许多重大的外交事件上,使馆是如何与国内、国外的多种势力,或配合,或竞争,来达成使中国拥有与西方平等地位之目的?

第三,使馆代表的"中国"在不同语境下的不同含义,以及这些含义是如何演变的,尚未得到很好的诠释。使馆的照会中,常用"清廷""中国""华廷""中国国家""China""The Imperial Government"等各种中英词汇来表达中国的政体,根据交涉事件的不同,含义也时有不同,它们有时对应的是国内具体的中央与地方势力,但更多的时候指的是中国作为与西方国家平等之国的抽象法律概念。换句话说,使馆的设立,在一定程度上意味着不论中国国内运行的是何种政体,谁与握权,在国际法上对应的中国的概念及其对应的权利与义务,并不需要随之改变。使馆在国内政治动荡期间,在其他国家的首都继续履行着代表中国国家的职责,其逐渐成熟的外交人员,与逐渐完善的外交信息体系,给予了中国从晚清到北洋时期必要的延续性。从这个角度来说,中国这一概念是如何在国土之外的法律空间被赋予意义的,也是值得研究的一个课题。

鼙鼓或鸣：袁保龄因应朝变法侵之举措

摘要：袁保龄出任北洋海防旅顺口营务处工程局总办期间，适逢朝鲜壬午兵变、甲申政变次第发生，中法战争恰于此时爆发，加速建设旅顺口海防工程，全力备警以完成拱卫京师之终极战略任务，同时因应朝变法侵等不虞事件，免生衅端，成为此时袁保龄的核心要务。

关键词：旅顺口海防，袁保龄，朝鲜壬午兵变，甲申政变，中法战争

作者简介：孙海鹏，大连图书馆馆员

清末先后发生过两次海防筹议，也被后来的研究者称之为"海防大讨论"。第一次是在日本侵略台湾之后。光绪元年（1875），光绪皇帝（1871—1908）在上谕中指出："海防关系紧要，既为目前当务之急，又属国家久远之图，若筑室道谋，仅以空言了事，则因循废弛，何时见诸施行？亟宜未雨绸缪，以为自强之计。惟事属创始，必须通盘筹画，计出万全，方能有利无害。"[①]李鸿章（1823—1901）、都兴阿（1810—1875）、李宗羲（1818—1884）、沈葆桢（1820—1879）、李鹤年（1827—1890）、李瀚章（1821—1899）、刘坤

[①] 《着李鸿章沈葆桢分别督办南北洋海防谕》，张侠等编：《清末海军史料》第1章，海洋出版社1982年版，第12页。

一(1830—1902)、王文韶(1830—1908)等重臣参与筹议。第二次是在中法战争爆发之后。马尾海战中南洋水师全军覆没,光绪十一年(1885),光绪皇帝发布上谕中有"船厂应如何增拓,炮台应如何安设,枪械应如何精选,均需破除常格,实力讲求。至于遴选将才,筹画经费,尤应谋之于预,庶临事确有把握"之语,①李鸿章、左宗棠(1812—1885)、穆图善(1823—1887)、彭玉麟(1816—1890)、曾国荃(1824—1890)、张之洞(1837—1909)、刘铭传(1836—1896)、吴大澂(1835—1902)等重臣参与筹议。两次海防筹议都是在国家安全受到外敌侵犯,国家利益受到强烈侵蚀之后所做出的及时而又带有太多无奈的应对。时间相隔十余年,光绪皇帝上谕中所反映出的理念、举措有所区别。从表面上看,第二次海防筹议似乎更为务实,实则两次海防筹议在本质上只是一个"唤醒"海防意识的过程,当时国家的财政实力、朝臣们对海防的认识程度、海防人才的培养与先进舰船的购买、修建现代炮台等问题均未得到根本解决。故此,从客观上讲,两次海防筹议虽然有效地推动了当时海防意识的觉醒,但是并没有从根本上扭转当时海防弱国的态势。

一、李鸿章定见经营旅顺口

李鸿章参与了两次筹议,从中可见其在清末海防筹议过程中所处的重要地位。作为清末海军的缔造者,将李鸿章称为"北洋海军之父,亦非为过",②因此,李鸿章的海防思想,尤其是对海防基地的选择、营建和水陆各军的配备问题是其重要组成部分。李鸿

---

① 《东华续录(光绪朝)》卷七〇,上海古籍出版社2008年版,第3页。
② 王家俭:《李鸿章与北洋舰队:近代中国创建海军的失败与教训》,生活·读书·新知三联书店2008年版,第124页。

章置身于两次海防筹议之时代,即1875—1885年之间的十余年,此一时期是李鸿章将自己的海防战略目标即"以陆为主,重点设防"总体规划并付诸实施的时期。一方面,李鸿章强调"我能自强,则彼族尚不致妄生觊觎。否则后患不可思议也",①另一方面,李鸿章认为"目前固须力保和局,即将来器精防固,亦不宜自我开衅。彼族或以万分无理相加,不得已一应之耳"。②将两方面合二为一,可以理解为备警以应变,由此亦不难看出李鸿章内心的矛盾与动荡不安。故此,在两次筹议海防过程中,李鸿章形成了"决胜海上不足臻以战为守之妙"的战略观点,③片面侧重于"海防",以防为首,以战为次,强调以陆防为主导、海防为震慑的策略。李鸿章并没有对"海权"的概念进行全方位认知,这无疑是导致后来清朝海军最终覆没的重要原因之一。

作为晚清海防战略思想的提出者,李鸿章的角色始终是"缔造者""指导者",而海防究竟如何从战略理论转化为战略实践,从"空谈"转化为"务实",从一段段长篇大论虚空文字转化为舰船、炮台、船坞、军械所、制造局等问题就显得万分紧迫,当然,最为关键的还是护卫京师的核心战略任务。北洋所在的防务范围极为辽阔,囊括渤海全部、黄海北部广大海域及其港口、北自鸭绿江口开始向南一直延续到青岛胶州湾地区,包括大连湾、旅顺口、营口、锦州、山海关、北塘、大沽口、烟台、威海卫、胶州湾等重要口岸。十年之间,经过反复讨论,朝臣各抒己见,委托洋员进行实地测量,并数次派遣北洋僚属赴各海口进行查勘,汇总各方意见,最终达成共

---

① 李鸿章:《李文忠公全集》卷三《朋僚函稿》,海南出版社1997年版,第2416页。
② 李鸿章:《李文忠公全集》卷三四《奏稿》,沈云龙主编:《近代中国史料丛刊续编》(692),(台北)文海出版社1984年版,第828页。
③ 李鸿章:《李文忠公全集》卷三五《奏稿》,沈云龙主编:《近代中国史料丛刊续编》(692),第1123页。

识,以天津为核心,以大沽、北塘为前沿,以山东半岛和辽东半岛互为犄角之势为天然屏障,在两半岛处各建立一座海防基地,再辅以一支以欧洲新式铁甲舰组成的水师,陆防则由淮军各大劲旅驻扎,港口配置大炮、鱼雷、水雷,形成环绕山东半岛、辽东半岛的战略防卫体系,从而形成京畿门户。山东半岛烟台、威海卫、胶州湾,辽东半岛旅顺口、大连湾甚至包括小平岛均进入李鸿章的视野。在辽南濒海一地选择最为恰当所在设为海防基地,这是李鸿章必须要尽快做出的决策。

  清廷两次海防筹议是以拱卫京师为防御核心战略目的,北洋开始选取利于水师舰船停泊的海防基地所在,辽东半岛大连湾和旅顺口两地均成为备选之地。自道光、咸丰年间开始,魏源(1794—1857)、郭嵩焘(1818—1891)、华世芳(1853—1904)等人均认为旅顺口地理位置重要,亟应早日筹备海防。李鸿章在给船政大臣黎兆棠(1826—1894)的信中两次提及"英厂碰快船月内启行,将来拟在旅顺口扎老营,非多得数船并成一小枝不足张海上声势",[①]"鄙意北洋各船到齐,聚扎旅顺口为老营,派人统率训练,稍壮声势。惟该口虽甚扼要得势,凡筑炮台,添陆军,建军械库、煤厂、船坞,至少须费百万以外,一时未易就绪"。[②]李鸿章给出了旅顺口海防基地的根本属性是北洋"老营"。李鸿章从多方面展开讨论,听取包括李凤苞(1834—1887)、薛福成(1838—1894)、马建忠(1845—1900)、许钤身(?—1890)、洋员汉纳根(Constantin von Haneken)(1854—1925)等人的诸多意见,参酌相关查勘数据,最终决定以旅顺口为北洋水师辽东半岛老营所在,开始兴工修建。

---

  ① 李鸿章:《复船政黎召民京卿》,顾廷龙、戴逸主编:《李鸿章全集》第33册,安徽教育出版社2008年版,第29页。
  ② 同上书,第51页。

经过两次海防筹议，在李鸿章主导下，最终形成了北洋海防体系中天津—大沽—北塘、山东半岛威海卫刘公岛、辽东半岛旅顺口所构成的三角状态，凭借天险，海陆军并重，陆地炮台与海上铁甲舰相互配合，海陆联防，最终完成了拱卫京师的战略布局。

李鸿章定见经营旅顺口的目的性极其明确，而且态度相当坚定，并不在乎中外各种议论，在李鸿章看来，从自然地理环境构成的角度，其他地域均无法与旅顺口相提并论。当然，李鸿章的综合考量范畴不仅仅局限于自然地理环境，他所关注的高度与视角远超过一般朝臣。同时，李鸿章在以最大的努力构建北洋防御体系，这一防御体系凭借水陆山川之天险，由静态的炮台、营垒、各种军工厂，佐以陆军各营，各海口内密布水雷，外加鱼雷营和由动态的在外洋水面巡航的水师构成，各基地之间以电报线相连接，而旅顺口海防基地只是该体系中的一枚关键棋子。

二、袁保龄其人

光绪八年（1882），曾任内阁中书的河南项城人袁保龄受李鸿章之命勘察北洋各海口。这位文职官员开始走进北洋近代海防建设领域并与旅顺口海防建设结下不解之缘。

袁保龄（1841—1889），字子久，一字陆龛，河南项城人。道光二十一年（1841）正月生。父袁甲三（1808—1863），字午桥，道光十五年（1835）进士，以漕运总督病卒于陈州，谥端敏。兄袁保恒（1826—1878），字小午，道光三十年（1850）进士，选庶吉士，授编修。光绪二年（1876），调刑部侍郎。次年，河南大旱，保恒受命襄办赈灾事务，因感染时疫遽卒于赈所，谥文成。

袁甲三有两子，袁保龄为其次子。咸丰八年（1858），与族兄袁保庆（1825—1873）皆中秀才，自此拜入李鸿藻（1820—1897）门下。同治元年(1862)中举,赴袁甲三军营历练。同治二年(1863)七月,袁甲三病逝,因父荫蒙恩赏内阁中书,居于陈州守孝。同治五年(1866),随兄袁保恒赴京补缺。是年九月到京,以举人特用,任内阁中书。光绪四年(1878),兄袁保恒奉命筹办豫省赈灾事宜,四月卒于赈所。其时袁保龄方补侍读,呈请开底缺,归河南办理赈务。尽出家财,益以称贷,毁家纾难,活人无数。照赈例给奖,以道员不论双单月即选,加三品衔。光绪五年(1879),《穆宗毅皇帝实录》全书成,得赏二品顶戴。凡在内阁任职13年,历官内阁中书、侍读,于天下要政博考远览,熟悉掌故。光绪七年(1881)六月,直隶总督李鸿章上《章洪钧金福曾袁保龄请留北洋差委片》,① 以"谙习戎机,博通经济,才具敏捷"疏调办理北洋海防营务诸差。七月,得上谕准其调赴直隶差委。

光绪八年(1882)六月,朝鲜发生"壬午兵变"。奉檄援护庆军统领吴长庆(1829—1884)率军东渡,复有所建议,又力请调宋庆(1820—1902)所统毅军为后盾,直隶总督张树声(1824—1884)韪其言。朝鲜事既定,疏请以道员留直隶补用。十一月,受命赴旅顺口督海防工,兼办水陆军防务。光绪九年(1883),与毅军统领宋庆、天津镇总兵丁汝昌(1836—1895)、津海关道周馥(1837—1921)、北洋沿海水陆营务处道刘含芳(1841—1898)、德员汉纳根等人察勘妥筹,次第兴作。自此,于旅顺口开山浚海,垒台设炮,工大费巨,艰苦卓绝。中法战争期间,兴筑炮台,自天津架设电报线缆至旅顺,联合水陆诸军备战。光绪十年(1884),朝议立海防衙门,大治水师,受李鸿章之命起草《建海防衙门议》,主张兼顾水陆,侧重联防。五月,李鸿章会同吴大澂、张之洞、张佩纶(1848—

---

① 李鸿章:《章洪钧金福曾袁保龄请留北洋差委片》,顾廷龙、戴逸主编:《李鸿章全集》第9册,第181页。

1903）等人乘坐北洋舰船出洋巡阅,至旅顺口察勘袁保龄监修炮台营垒、船澳船池、军械库屋等诸项工程。十一月,朝鲜发生"甲申政变",袁保龄于旅顺口审时度势,筹济策应。李鸿章奏派袁保龄从子世凯(1859—1916)驻朝鲜,总理交涉通商事务。光绪十一年(1885),旅顺口兴建海防工程次第竣工,凡军械库、陆军药库、水师药库、子弹库、煤库、粮库、官兵住房等库房工程,电报局、鱼雷营、水雷营、水陆弁兵医院等局营工程,旅顺口诸要塞黄金山、崂崔嘴、威远、蛮子营、母猪礁、馒头山等炮台工程渐次竣工,海防工程初具规模。是年八月,庆军移防至金州大连湾及旅顺口地区,自此,旅顺口陆军有毅军四营、庆军六营、护军两营等驻防。光绪十二年(1886)三月,与洋员善威(Ernst Samwev)就船坞施工用料、购置设备、工程进度等事发生争执。四月,总理海军事务大臣醇亲王奕譞(1840—1890)大阅水师,李鸿章等人陪同。醇亲王至旅顺口,登黄金山炮台,以海防布置合宜,袁保龄尤为得力奏闻,下部优叙。十月,受命与法商德威尼展开旅顺口船坞第二期工程谈判。是月下旬,与周馥在天津北洋行辕就法商包造旅顺口船坞二期工程之事签字画押,猝发中风,左体偏瘫。光绪十五年(1889)二月,张佩纶来访。七月,病卒于天津寓所。十月底,归葬陈州。李鸿章奏陈其经营旅防,保护朝鲜,以死勤事,请照军营积劳病故例优恤。诏从之,赐祭葬,赠内阁学士,荫一子如例。

在对旅顺口进行勘察之后,袁保龄认为旅顺口为"地扼渤海咽喉,得人而为之,可以屏蔽全辽,策应直北,使环海群邦不敢以片帆轻窥沽上"。[①] 袁保龄与马建中对旅顺口军事地位重要性的评价一致。自此,袁保龄总负其责,"驻工督率","开山浚海",达五年

[①] 袁保龄:《复李赓伯》,《阁学公集》卷二,宣统辛亥(1911)夏清芬阁编刊,第6页。

之久，工程浩大艰巨，困难重重。

　　光绪十年(1884)初夏，李鸿章派遣津海关道周馥率人将北洋沿海各要隘炮台、营垒绘图呈送，其在《遵呈海防图说折》中很坚定地表达了旅顺口具有重要战略意义的看法："中间以旅顺口为首冲，大沽、北塘及山海关内外为要冲，尤关系畿疆要害。"①并在此折中详细描绘了旅顺口海防水陆各军的布防情况。至光绪十二年(1886)，由袁保龄、刘含芳等人负责督建的旅顺口海防工程建设已经初具规模，水师舰船与陆防布置体系也渐趋完善。

三、袁保龄因应朝变法侵之举措

　　由于将海防建设和海军人才的重视提高到了前所未有的程度，尤其是对金州地区诸海口，包括大连湾、小平岛、旅顺口等地在内，李鸿章开始了北洋海防总体战略布局。光绪九年(1883)春，袁保龄致信张曜(1832—1891)，回忆前一年即光绪八年(1882)夏奉李鸿章之命勘察北洋各海口事："去夏周历北洋各口，还津而朝鲜变起。两月中，几废寝食。"②光绪八年(1882)三月下旬，李鸿章因丁母忧而开缺。旋即法越事紧急，美韩条约亦在仁川签订，清廷上下密切关注法军与朝鲜的一切动态。张佩纶、陈宝琛(1848—1935)等人上奏，建议由李鸿章、左宗棠等名臣督办法越之事。不久，曾国荃署两广总督，坐镇广州，严防法军入境。同年六月，朝鲜兵变事发，事态急迫，清廷命李鸿章即赴天津部署水陆各军，署理直隶总督张树声调广东水师提督吴长庆率领所部庆军自登州开拔乘船赴朝鲜靖乱。

---

① 李鸿章：《遵呈海防图说折》，顾廷龙、戴逸主编：《李鸿章全集》第10册，第532页。
② 袁保龄：《谢张朗斋》，《阁学公集》卷一，第43页。

这一年,对于大清王朝来说是外患频发的一年,北方是朝鲜问题,为日本所觊觎;南方则是法越问题,因应无方。以李鸿藻为首的"清流派"力主使用诸如张之洞、张佩纶、陈宝琛等文臣,推荐张曜、宋庆等袁甲三旧部诸将领。此时总理各国事务衙门大臣恭亲王奕䜣由于此前与慈禧太后存在政争,托病隐居不出。光绪八年十二月二十九日(1883年2月6日),抵达旅顺口任职已经两个月的袁保龄致信李鸿藻:"元公久病不出,吾师仔肩益重。"①"洋务派"的强劲支持者恭亲王的不出,对于李鸿藻来说朝堂局势就显得更为微妙。作为"高阳相国"李鸿藻的门下,袁保龄熟知其师心思,"丰润渐已向用,海滨为之起舞。枢府本根重地,天下安危所托。环顾中外,微南皮未易当之,固非一二人之私论也"。②"丰润"为张佩纶,"南皮"为张之洞,"张之洞、张佩纶、陈宝琛等,皆公所领导'清流'之健将,彼等一举一动,皆与公事先议之"。③这是对"吾师仔肩益重"一语"固非一二人之私论"的具体解释。在袁保龄心目之中,李鸿章是国之干才,名满天下,谤言也随之满天下。李鸿章与"清流派"之"北派"李鸿藻、徐桐,"南派"翁同龢、潘祖荫等人均不谐,其原因固然众多,而在袁保龄看来,李鸿章只要亲近贤达之人、远离宵小之辈即可。然而,李鸿章所面临的问题远没有袁保龄所理解的那样简单。办洋务、兴修海防、组建水师都需要巨款,从治国理政的理念分歧开始,从用钱之争发展到用人之争,最终演化成为用权之争,这成为"清流派"与"洋务派"矛盾的焦点所在。与此同时,李鸿章还要面对与署理直隶总督张树声之间的微妙关系。虽然此时袁保龄对朝鲜事件有所建议,且建议有其合理性,然而张树声并未采纳。光绪九年三月二十二日(1883年4月

---

① 袁保龄:《上高阳师相》,《阁学公集》卷一,第21页。
② 同上。
③ 李宗侗、刘凤翰:《李鸿藻年谱》,中华书局2014年版,第287页。

28日），袁保龄写给李鸿藻的信中谈及李鸿章："合肥志力宏阔，不减曩时，近更以亲贤远佞为务，用舍均颇精当。但众口铄之，文网牵之，若非朝廷笃眷元勋，无少间隔，恐日久亦稍稍倦矣。"[①]书札意味深长地说出了李鸿章此时的艰难处境，也道出了自身所要面对的种种困境。离开北京之后的袁保龄与李鸿藻、张佩纶、张之洞等人的联系是密切的，及至天津北洋幕府时期更是如此，一直延续到旅顺口营务处任职初期，袁保龄所充当的历史角色是多元化的，改变不了的是其对李鸿藻等"清流派"的认同与持续亲近，与此同时，还需要主动参与李鸿章等"洋务派"的海防大局筹划建设，此种多维度交往并不存在泾渭分明的界限问题，也不会产生深层次的矛盾或者演化为彼此龃龉，作为政争的一个嬗变过程，相对于弹风甚健而令人侧目的张佩纶来说，袁保龄无疑是擅于明哲保身的。

光绪七年十二月（1882年1月），朝鲜领选史金允植（1835—1922）率领使团至天津，在此期间写成《领选日记》，其中记载了正在天津因应朝鲜"壬午兵变"的袁保龄之事。

> 二十七日。阴。海关署有书来言：请今日九点钟到署与吴筱轩军门一谈。筱轩军门将奉旨带陆兵四千即赴仁川。筱轩军门在紫竹林上泰安兵轮船。筱轩本名家子，身历战场廿年，现官广东实缺提督，驻兵山东登州，满腹经济。（新）〔祈〕速一见，相约随往也。催饭即往，与主人笔谈良久。吴军门来会，年可六十内外，名长庆，号小轩，家在安徽合肥，现统六营兵驻山东登州府，韶颜笑容，有儒将之风，绝无赳赳之气。观笔谈纸毕，复举笔略论数处。余问：吴军门今晚当发否？兵船合为几只？兵丁共几人？主人曰：大兵船三只，丁军门先

---

① 袁保龄：《上高阳师相》，《阁学公集》卷一，第42页。

已带出,现有烟台、旅顺口等处及南洋调来之船十只,合十三只,陆兵四千,悉归吴小轩统辖。明日十点钟发船。今鱼允中先出,若执事又去,则此中无可与议贵国之事。愚意俟师船回信去就,亦不为晚,不必明日同发。余曰:如弟者,去留俱无益,惟看事机为之耳。少顷,刘芗林、袁子久(名保龄,官二品)、刘稼臣(名笃庆,官升用知府,安徽人)三人来会,共饭。袁子久出朝鲜人所寄书函,乃李载冕书信也,并送其小照,乃昨年贡使便带来也,不知何缘有声息。而子久闻吾国有事,出此书以示诸人,相与哄笑,不知为何语也。饭罢先起,约吴军门明日往别,即还东局。①

九点钟,往别周玉山,袁子久观察亦在座,言此次其从侄名世凯亦从军云。②

日暮,闻刘芗林、袁子久两观察来在别堂,送名片,即往见之。两公俱自天津来,袁子久为往旅顺口看炮台,驻至明春始还。刘芗林亦向旅顺口,数旬即还云。袁即慰廷之从叔,知余与慰廷最厚加殷勤焉。少顷,揖别还船,仍留宿。③

金允植的记载是在光绪八年(1882),具体时间分别是六月二十八日(8月11日)、七月初二日(8月15日)、十月初一(11月11日),三次见到了袁保龄。第一次和第二次见面的地点均在天津,此时吴长庆、丁汝昌等人受命即将从海路驰援朝鲜,平其兵变。袁保龄、刘含芳等人"奉檄援护",在此两个月时间内,废寝忘食,颇为辛劳,且有所建言,力荐以袁甲三、袁保恒旧部吴长庆之庆军、宋

---

① 复旦大学文史研究院、韩国成均馆大学东亚学术院大东文化研究院合编:《韩国汉文燕行文献选编》第 30 册,复旦大学出版社 2011 年版,第 313、314、315 页。
② 同上书,第 323 页。
③ 同上书,第 337、338 页。

庆之毅军担任辽东防务,并欲请命率部从军,为张树声所龃。而袁世凯此次正是在袁保龄、吴长庆等人的扶持之下与役朝鲜,正式登上历史舞台。第三次见面地点是在烟台,此时朝鲜突发事件接近尾声而进入外交谈判阶段,大院君李昰应(1821—1898)已经由吴长庆执送天津。金允植记录袁保龄在烟台的行踪,与袁保龄同一天(1882年11月11日)从烟台发出《暂借小轮应用并请饬坞赶造禀》中所记录的时间是一致的。

> 窃职道等于九月二十八日叩辞,敬聆钧训后,于二十九日带同在事员弁并邀同汉随员纳根等乘丰顺轮船,三十日卯刻开行。仰蒙宪台福庇,波平浪静,驶抵烟台。现经换坐超勇快船,定于初二日卯刻开行赴旅,一切情形容俟到旅后续禀。①

此时,袁保龄即将迎来一个前所未有的历史时期,"是年冬,赴奉天旅顺口督海防工,兼办水陆军防务",②即全面接手旅顺口海防建设工程。在写给袁保永、袁保纯的家书中,袁保龄不无得意地表达了自己此刻宏图初展的心境:"初三早九点钟至旅顺,停泊口内。沿途微风不动,波如镜平。初次泛海,仰荷神庥,差以自慰。轮船不遇风,行大洋中,鼓轮破浪,亦真人生一壮游也。"并计划在两天之后"开轮周历小平岛、搭连湾、威海卫各海口,周览形势"。③在此之前,袁保龄曾经受李鸿章委派,"奉檄履勘沿海,通筹形势",认为旅顺口"跨金州半岛,突出大洋,水深不冻,山列屏障。口门五十余丈,口内两澳。四山围拱,形胜天然,诚海军之要区也。于此浚浅滩,展口门,创建船坞,分筑炮台,广造库厂。设外防于大

---

① 袁保龄:《暂借小轮应用并请饬坞赶造禀》,《阁学公集》卷一,第1页。
② 袁保龄:《国史列传》,《阁学公集》卷首,第9页。
③ 《致六、九弟》,丁振铎编辑:《项城袁氏家集》卷六,第3页。

连湾,屯坚壁于南关岭,与威海各岛,遥为声援。远驭朝鲜,近蔽辽沈,实足握东亚海权,匪第北洋要塞也"。① 其赞同李鸿章所确定的在旅顺口营建海防基地的方略,虽然是以旅顺口一地自然地理条件作为重要考量,但是袁保龄比较清楚水陆联防的重要意义,且不囿于朝变法侵之一时,也不局限于旅顺口、威海卫两地北洋海防要塞,其将眼光拓展至东亚地区,尤其是袁保龄对"海权"的认知虽然并不十分明确,却也难能可贵,不能说是卓识,而远见尚是具备的。所以袁保龄在初到旅顺口不久写给李鸿藻的书札中说:

> 保龄于九秋之末,航海过烟台,十月初至旅顺。此地形势,负山面海,可战可守,若经营巩固,则北洋水师方有归宿,与登州附近各岛为犄角之势,以固津沽而卫畿辅,固不特辽沈屏蔽。通筹应办各工,由筑坝而浚澳,而船坞,而大小炮台以及疏瀹海口,建库储械,布设水雷,联外防于大连湾,屯坚垒于南关岭,用帑当在三百万,每岁举五十万为之六七年,或略有可观。其最要者,须为本地人谋生计,养之教之,助其事,畜之资,鼓其忠义之气,民足胜兵,大费斯节,客军久戍,夫岂远图。此邦民情土俗,类山东登莱而贫瘠独甚。前月上疏合肥相国,乞以闲款设义学,添种桑柘,资民纺织,且勖旗兵练枪箭,择尤加赏,不识迂阔之说得行否。②

袁保龄在写给多位友朋的书札中均有过类似表述,不难看出其勃勃雄心。其核心内容可视之为在兴办旅顺口海防诸项工程同时,侧重于水陆联防,并将此时尚是大海荒山、人烟稀少的旅顺口

---

① 袁保龄:《国史列传》,《阁学公集》卷首,第9页。
② 袁保龄:《上高阳师相》,《阁学公集》卷一,第21页。

视为新生城市,开始投入大量帑银及人力物力,聘请洋员为顾问,浚海开山,购炮练兵,"至是规划建筑"。这可以理解为袁保龄对旅顺口一地包括海防建设、民生建设等内容在内的总体建设规划,此后,袁保龄也一直按照这一规划设想,在中外僚员及毅军、庆军、护军等驻兵配合下展开了前所未有的大规模海防工程建设。

袁保龄自光绪八年十月初三日(1882年11月13日)清晨抵达旅顺口,至光绪十二年九月二十二日(1886年10月19日)在天津节署突然发病,旋留养于天津,前后总计五年时间。在此期间,"旅顺建港的诸多重大工程,皆于其手中先后完成。由于工大事繁,不论在人事、经费与工程技术等方面,均曾遭遇到无数的困难,卒赖其赤忱、定见与魄力,始得一一克服"。① 王家俭对任职旅顺口营务处工程局期间的袁保龄的这一评价颇客观公允。这一时期袁保龄在清廷因应中法危机和朝鲜"壬午兵变""甲申政变"过程中起到了重要的枢纽作用。

袁保龄任职旅顺口期间正值中法危机,并由此引发朝鲜"壬午兵变""甲申政变"等一系列突发政治事件。可以这样理解,袁保龄所监修的一切工程实质上是为了战略防御,亦即御"敌",这个"敌"并非是假想情况下的虚拟目标,从海防的角度而言,防御的目标近为日本,远为觊觎中国的西方列强。李鸿章强调"我能自强,则彼族尚不致妄生觊觎。否则后患不可思议也",② 另一方面,李鸿章认为"目前固须力保和局,即将来器精防固,亦不宜自我开衅。彼族或以万分无理相加,不得已一应之耳"。③ 由此不难看出李鸿章内心的矛盾焦灼与动荡不安。故此,在两次筹议海防过程

---

① 王家俭:《李鸿章与北洋舰队:近代中国创建海军的失败与教训》,第238页。
② 李鸿章:《李文忠公全集》卷三《朋僚函稿》,第2416页。
③ 李鸿章:《李文忠公全集》卷二四《奏稿》,沈云龙主编:《近代中国史料丛刊续编》(692),第828页。

中,李鸿章形成了"决胜海上不足臻以战为守之妙"的战略观点,[①]片面侧重于"海防",以防为首,以战为次,强调以陆防为主导、海防为震慑的策略。袁保龄是这一战略主导思想的执行者之一。

章梫(1861—1949)在《国史列传》中比较详尽地叙述了袁保龄如何因应中法危机和朝鲜"壬午兵变""甲申政变"的过程:

> 法越构衅,法人声言北犯。旅顺口仅成黄金山炮台一座,保龄跋山涉海,测地鸠工,不数月而东西两岸七台成。又设备战土台无数,分置克虏伯大炮。添置防营,环营数十丈植梅花桩阱,沿岸伏旱雷,海口伏水雷,以防敌兵暗袭。其时,津沽陆路二千里未设电线,急请兴建,联络防军,节节布置,声势具壮。法舰遂未敢北窥。[②]
>
> 是年十一月,韩乱。党附日本者,乘沽口封冻,驻韩防军皆属北洋,电线未通,意欲断其接应,谋为不轨。韩逆首金玉均等戕害大臣,迫胁国王伪请日兵入卫,举国震动。保龄从子世凯,驻兵朝鲜,迎护韩王,驰报保龄,急电北洋,由旅顺分筹接应,立集水陆军轰冰渡洋,驻马山口,以厚兵力。密禀力陈法氛图南,警报方恶,宜款法以纾兵力,调南北洋各舰合力救韩。规定久计:"赦李昰应以坚韩民内向。韩刑政失当,中国力尽保藩之义,须越俎代谋,若虚与委蛇,终为越续。"语极切挚。李鸿章据以入告,朝命吴大澂、续昌驰往查办乱党,由北洋设备接济。日使井上馨后我军三日始至,慑于声势,复与韩定约,实保龄在旅顺筹济策应之力。

---

① 李鸿章:《李文忠公全集》卷三五《奏稿》,沈云龙主编:《近代中国史料丛刊续编》(692),第1123页。
② 袁保龄:《国史列传》,《阁学公集》卷首,第9、10页。

日本鉴于壬午、甲申中国防军两次赴机迅速，诡议互相撤兵，遂有天津之约。朝鲜君臣亦坚请赦昰应，旋即释归。而外侮内患，逆党纷持，无兵力以镇之，卒未能悉如保龄初议。保龄以韩势日危，乃请于边门置重防，西连旅顺，东接珲春，举张曜督治之，遥顾朝鲜。庶金、旅防军首尾相应。请添汉城至边门电线，通军报，资控制。李鸿章皆用其策，陈奏施行。寻李鸿章奏派保龄从子世凯驻朝鲜，总理交涉通商事务。因言："自古交邻，视乎强弱，兵事与使事相维持，未可专恃笔舌。日俄争先图韩，英德实阴忌之。宜联与国以拒敌，厚边备以图战。北洋兵轮时巡仁川、大同各口，弭患无形。韩王被闵妃党蛊惑，媚外甚力，非速清君侧实行改革，莫挽危局。"李鸿章以为然，卒以牵于时势未行也。①

概括上述叙述，围绕时局突变所产生的矛盾焦点，袁保龄认为在预警法舰北上的大前提条件下，此时旅顺口暂时不以船坞修造为重点，并非停工，而是将主要精力转置于炮台修造，以解决旅顺口缺少炮台的现状，进而与威海卫、烟台、大沽、营口等炮台及北洋水师、各陆防驻军实施有效协同作战，预防法军舰船北上，侵扰天津，进而威胁京师。袁保龄直接向李鸿章进言，"谓当急炮台而缓船坞。相意亦以为然"。② 围绕着因应法舰北上，一边协调中外，调度人力物资，抢工修筑炮台，铺设电报线路，操练炮台炮手，布置水雷，一边有序推进船坞工程，作为主其事者的袁保龄所承担的诸多压力不言而喻。另外，袁保龄在天津时期适逢朝鲜"壬午兵变"，襄助李鸿章处理其事。至旅顺口之后，又接续处理此事尾声

---

① 袁保龄：《国史列传》，《阁学公集》卷首，第11、12页。
② 袁保龄：《致章晴笙太史》，《阁学公集》卷二，第6页。

部分,如光绪十一年八月二十三日(1885年9月19日)向李鸿章呈报《陈报李昰应过旅开行禀》,其中涉及袁世凯、王永胜(1833—1886)等人送大院君李昰应归国的路线、船只准备、兵员配备、着装等具体细节。当光绪十年(1884)朝鲜"甲申政变"发生之时,袁保龄适在旅顺口,其在《致本局白君》信函中说:"二十二日即闻朝鲜之变,迄今五十余日矣。龄未尝解衣睡,境况可想。"①朝鲜之变令袁保龄十分紧张忧虑。此前,袁保龄曾致函钱应溥(1824—1902):"数旬以来,军书电信,转馈饷械,无一不以此地为枢纽,几无暇日。"②从信函中得知,在清廷处理朝鲜之变亦即"甲申政变"过程中,旅顺成为军事枢纽,作为旅顺口营务处工程局总办的袁保龄自然成为枢纽中的核心人物。朝鲜事发之初,吴兆友(1829—1887)、袁世凯等人通过艇船多次往返于朝鲜马山与旅顺口之间投送禀牍,利用旅顺口电报局即时向李鸿章汇报情况,袁保龄对事件初期过程相当清楚,李鸿章对此番朝事却"总将信将疑,不肯大举动",③直至醇亲王、张之万(1811—1897)等人过问之后方才有所举动,袁保龄随即开始在旅顺口展开一系列因应举措。

《阁学公集》中收录了袁保龄在此期间数量众多的公牍,涉及防务布置、艇船调遣、炮台建设和维护、军火购置存储以及与朝鲜有关的信息情报等内容,诸如《通筹旅防全局工程禀》《拨船接递文报并派员在烟随事照料禀》《请饬拨轮船以便工程禀》《估办军库各工程禀》《回旅周视情形及请建住屋禀》《海口进船炮台试炮禀》《会勘炮台地势公商办法禀附章程清折》《库屋粗成请发军火存储禀》《具报水雷营到旅及分配各事禀》《请咨豫抚发给毅军炮弹禀》《雷营应用物件请分别拨购禀附清折》《布置旅防并请饬拨

---

① 袁保龄:《致本局白君》,《阁学公集》卷三,第51页。
② 袁保龄:《致吏部钱》,《阁学公集》卷三,第51页。
③ 袁保龄:《致凯侄》,丁振铎编辑:《项城袁氏家集》卷六,第27页。

各件应用禀》《东西岸布置防御情形禀》《陈报演炮情形并分赴金州烟威阅操禀》《布置炮台侦探敌情禀》《朝防军火不多请宽给枪子禀》《陈报驻朝防军及旅顺防务情形禀》《具报朝防未撤并请毅军驻扎地点禀》《报告朝鲜赍奏官过旅禀》《遵筹庆军移旅分扎情形禀》《陈报防军操练及工次工作情形禀》《具报庆军自朝移旅驻扎情形禀》《陈报李昰应过旅开行禀》《代呈袁丞禀件并朝民情形禀》《陈报回防后各项工作情形禀》《遵覆奉部驳查赴朝出力人员禀》等。在此期间,也有少数洋人到访旅顺,袁保龄均小心因应,以防节外生枝,突发变故。如《厂澳工程购料及外人游览禀》《陈报日民法领来旅观览禀》中详细汇报洋人在时局敏感时刻突然到访之情形。

光绪九年(1883)九月初二,英国茄士渡兵船至旅顺口。4天后,英国运煤商船亦至。袁保龄在《厂澳工程购料及外人游览禀》中专门述及应对此种情形之办法,其目的仍旧在于"似既可慎固封守,亦不至轻启衅端"。

本月初二日巳刻,有英国茄士渡兵船来旅。进口时,职道适在坝催工,即派管驾利顺船之郭把总荣兴赴该船查询,据称,向在牛庄坐港,现由牛庄来此,欲一谒见。下午,该船主、大副等同来职局,犒以茶酒,亦极欢欣,婉言愿至炮台一看。职道因既系该兵船四品官,未便过拂远人之意,即与订次日巳刻准其前往。届时由袁哨官雨春带同翻译学生等与之晤谈,亦颇恭顺。初三日酉初刻,起碇赴烟台而去。本日又有来为丁提督送存煤之英商船,随船前来之东海关洋人亦来请看炮台,职道未允所请。伏思旅顺为水师口岸,本非通商口岸可比,且炮台一切均未布置妥帖,拟请宪台饬下北洋三口各关道等知照各领事,凡各兵船愿来游历者,仿内地游历之式,给与执照文牍，以便有所考验。又闻，向来各国海防有事之时，无论何国兵船驶近海口，可由守口炮台挂旗令其停轮，以便遣询明确，再定进止，此项旗式未能详其形制。可否并恳饬下津海关周道、军械所张道等向在津各洋兵官考订明晰，即由军械所制就，早日发交旅顺炮台，由王镇督同守台员弁临时悬挂，似既可慎固封守，亦不至轻启衅端。①

同年九月十一日，日本人东靖民(1854—1917)、木村九郎持游历护照至旅顺口，停留时间超过一天。此时，袁保龄并不知道东靖民的真实身份与特殊任务，也并未多加注意，这无疑是袁保龄的失误之处。九月二十九日，法国兵船至旅顺口黄金山外停泊，法国领事官法兰亭(Frandin, 1851—?)至旅顺口参观炮台，受到了袁保龄礼遇。

九月十一日，有日本人东靖民、木村九郎二名，由营口陆行至旅，执领事班迪诺发给游历护照，盖有山海关道印信。即日赴各处观览后，次日赴金州。去讫。本日辰刻，据利顺船郭把总荣兴来报，有法国大兵船一只抛泊黄金山下。职道即遣镇海船管驾汪思孝前赴该船询查，并告以未便驶入港内。据探称，船名的利夏，方署领事官法兰亭乘坐，由烟台来此。未初刻，法领事与船主白姓带兵官二人来职局会晤。法兰亭欲至黄金山炮台一看，职道婉言阻止，而渠意甚坚，再四陈说不已。职道思此时尚未定明规条，若遽有参差，徒多形迹，不如示以宽大，一面飞告王镇率汉随员、袁哨官等将炮台妥为布置。未正刻，该领事、船主等四人至山周历，阅看四面形势。

---

① 袁保龄：《厂澳工程购料及外人游览禀》，《阁学公集》卷二，第27页。

彼时，职道先行通知毅军及护军营各垒遍挂旗帜，尚称齐整。该领事等邀请赴伊船阅看，职道与制造局王道、军械所张道、护军营王镇及牛倅昶晒等于申正刻前往。该船升炮十三响，即饬镇海船以十三炮答礼。周视该船大炮、鱼雷皆系旧式，首尾二十七丈，吃水二丈一尺，置炮三层，大小十四尊，兵三百六十人。据称明早开赴山海关海面一游，即回烟台。①

据此，袁保龄对突如其来的洋人参观者是保有一定戒心的，而此种戒心的敏感度并不高，更多的是在外交礼仪层面的顾虑，亦即朝廷颜面才是首位的，而不是在备警层面的考量，这显示出包括袁保龄等人在内的北洋一众中层官员应对外交事宜的不足之处。然而，袁保龄热心于与海防工程、武器装备有关的西洋图书资料的搜集，与来访洋员或是驻工洋员就工程问题往还切磋。诸如《呈送节译外国书籍清折禀》《转陈洋员筹计澳坞各工情形禀》《请将洋员舒尔次留工差遣禀》《陈报与洋商订购各器名目禀附清折》等公牍，均涉以上内容。《阁学公集》书札部分也收录了袁保龄在此期间写给周馥、吴元炳（1823—1886）、吴大澂、黄仕林（1831—1899）、方正祥、吴兆友、丁汝昌、张光前（？—1905）、刘铭传、张謇（1853—1926）、宋庆、章洪钧（1846—1888）等人的书札，其主要内容是围绕着如何因应中法危机与"甲申政变"展开的。

在处理朝鲜"甲申政变"过程中，袁保龄描述自己的状态为"数旬以来，军书电信，转馈饷械，无一不以此地为枢纽，几无暇日"。② 如果将核心语汇的重点放置在"枢纽"一词的探讨上，袁保龄在此期间的经历对保障清廷顺利解决"甲申政变"起到相应作

---

① 袁保龄：《陈报日民法领来旅观览禀》，《阁学公集》卷二，第40页。
② 袁保龄：《致吏部钱》，《阁学公集》卷三，第51页。

用,具体表现在以下两个方面。首先是协调驻朝鲜庆军的指挥调度问题。庆军三营回撤金州之后不久,吴长庆即病逝于金州防次。此时驻留朝鲜的庆军尚有三营,由防营提督吴兆有、同知袁世凯、总兵张光前等人指挥。清廷之所以能够快速平息"甲申政变",赖于有庆军驻朝,在平息事件过程中,袁世凯的表现极为突出,其对局势判断准确,办事果断干练,处事冷静的风格为其日后发展奠定了重要基础。袁世凯的表现可以追溯到袁保龄数年之间对其的精心培养,从诸多方面打通关节,铺设捷径,《袁氏家书》中对此有着比较详尽的记录。在袁保龄看来,袁世凯留驻朝鲜利弊皆存,而谨小慎微是唯一可行之法。对外要结交朝鲜政要,密切留意朝鲜诸要臣动向问题,更要注意驻朝日军及日本外交使节的一举一动,"但恐他年终有一斗"。① 对内要处理好与驻朝鲜清军之间复杂多变的人际关系,尤其是要袁世凯回避与吴兆有之间的矛盾。袁保龄叮嘱袁世凯"汝在津千万勿谭孝亭一字短处,此事关人福泽度量,非谨防是非也","不欲汝再与庆军有丝毫交涉,盖孝某闻汝出,唯恐汝夺其兵柄者"。② "孝某"是指吴兆有之字孝亭。其次是对北洋艇船的协调问题。袁保龄信函中有"旨饬各船随帅驶回,并非专出相意,前事自当悉化烟云,尤愿麾下一切慎之又慎,密之又密也",③从字面上可以理解为北洋在朝鲜各艇船一并返回,一艘不留,都要"随帅驶回"。但是袁保龄并不同意这一做法,所以说"并非专出相意"。光绪十年九月初六日(1884年10月24日),李鸿章给丁汝昌发出电报:"本日奉旨,调南北洋快碰船会齐,进探台湾消息,务速带超武、扬威两船来津,面商一切,勿得迟误。旅顺暂

---

① 《致凯侄》,丁振铎编辑:《项城袁氏家集》卷六,第17页。
② 同上书,第16、18页。
③ 袁保龄:《致北洋水师丁统领》,《阁学公集》卷三,第52页。

可无事,告知宋、袁、刘、王诸君,照常备御。鸿。"①电文很清楚地表达出李鸿章的意见,实则调"超武、扬威两船来津"就是李鸿章的意见。李鸿章认为此时要全力以赴援救台湾,旅顺口暂时无警,但是需要宋庆、袁保龄、刘含芳、王永胜等人严密防守,以免措手不及。此时,袁保龄在给尚在朝鲜的袁世凯的信函中说:

> 韩事未定,超、扬自难遽离。禹廷到旅,谓已有函与汝,调两快船回,以免操务生疏,且冰排久伤,铁皮船薄,大非所宜各语。我答以韩事难料,此两船关系甚重。设同时调回,变生意外,咎将谁执?禹又说或更一船来亦可。我告以此大事须请帅作主,禹亦首肯。惟韩事究竟若何,此间难以悬揣,汝自行酌度。如果尚松,即速派快船以应禹廷号令,一面详细禀帅。两船只可轮换内渡,不能同时归来。如情事急,即详密上帅一禀,说明原委。请两船皆留,亦未始不可。②

信中说丁汝昌曾经就奉旨调回超武、扬威两船事宜致函袁世凯,书札内容不见于山东画报出版社出版的孙建军所整理的《丁汝昌集》,内中详细情况不得而知。而袁保龄所提出的理由也是充分的,所以在袁世凯方面只能从有利于驻朝鲜清军通联的角度出发,尽量保证船只的正常使用。袁保龄在处理朝鲜"甲申政变"善后之事过程中,遇事反应迅速,考量周全,深谋远虑,以越法之事为前车之鉴,举全力协调军政、外交,调和人事关系与军事物资使用等问题,举重若轻,心思缜密。虽在旅顺口一隅,仍能得到李鸿章信

---

① 李鸿章:《寄山海关叶镇飞递旅顺丁提督》,顾廷龙、戴逸主编:《李鸿章全集》第21册,第329页。
② 《致凯侄》,丁振铎编辑:《项城袁氏家集》卷六,第25页。

任,参与处理军机要事。至于家事亦有所顾及,能够在军事、外交、人事等大事之中历练从侄袁世凯,悉心调教,倾力相辅,使之稳健成长,逐渐掌控军权,营造内外声势,使其平稳走向历史前台。

上海图书馆历史文献研究所编《历史文献》第十二辑中收录有郑村声《朝鲜密电钞存甲申十月》一文,①此文共收入与朝鲜甲申政变有关联的往来密电228通,按照密电发出时间排序。这批文献应为上海图书馆藏"盛宣怀档案"中的一部分,其中由袁保龄具名,与丁汝昌、宋庆、刘含芳等共同发给李鸿章的密电14通,这些密电均发自旅顺口,另外涉及旅顺口及袁保龄的密电尚有9通。《朝鲜密电钞存(甲申十月)》首次披露了袁保龄在朝鲜甲申政变期间于旅顺口所起到的"筹济策应之力",诸多细节补充了《阁学公集》中公牍、书札以及《袁氏家书》中部分内容的相关信息。

光绪十年十月十七日(1884年12月4日),朝鲜甲申政变发生,袁保龄时在旅顺口。五天之后,即十月二十二日(12月9日),泰安轮自朝鲜马山返回,巳时抵达旅顺口,即在上午9点至11点之间,袁保龄与丁汝昌、刘含芳、宋庆等人第一时间得知此事。就此向天津发出第一通密电,随后接连发出多通密电,收件人均为李鸿章。

旅顺寄督中堂钧鉴:
　　〔巳〕刻泰安到旅。朝鲜有乱变,我兵亦与倭接仗,细情另电。汝昌、含芳、保龄禀。十月二十二日。
旅顺寄督中堂钧鉴:
　　廿二巳刻泰安来,得吴兆有、袁世凯、张光前上中堂禀云:

---

① 郑村声:《朝鲜密电钞存(甲申十月)》,上海图书馆历史文献研究所编:《历史文献》(十二),上海古籍出版社2008年版,第385—443页。

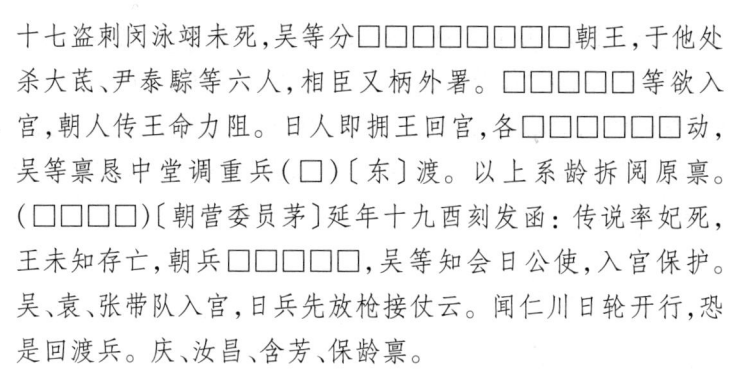

鼙鼓或鸣：袁保龄因应朝变法侵之举措　　119

十七盗刺闵泳翊未死,吴等分□□□□□□□朝王,于他处杀大芘、尹泰骏等六人,相臣又柄外署。□□□□等欲入宫,朝人传王命力阻。日人即拥王回宫,各□□□□□动,吴等禀恳中堂调重兵(□)〔东〕渡。以上系龄拆阅原禀。(□□□□)〔朝营委员茅〕延年十九酉刻发函:传说率妃死,王未知存亡,朝兵□□□□□,吴等知会日公使,入宫保护。吴、袁、张带队入宫,日兵先放枪接仗云。闻仁川日轮开行,恐是回渡兵。庆、汝昌、含芳、保龄禀。

榆□□唤不应,报迟焦愤。庆等又禀。十月二十二日。①

十月二十二日(12月4日),袁保龄等连续向李鸿章发出两通密电。泰安轮所带回的密禀是吴兆有、袁世凯、张光前三人联署呈报给李鸿章的,由于事情紧急,袁保龄"拆阅原禀",得知了朝鲜具体情况及日人动向,通过电报向李鸿章汇报,因山海关电报线路不明原因而暂时不通,令袁保龄、宋庆等人焦急不安。当天夜晚,泰安轮自旅顺口出发,携带吴、袁、张等人密禀赴天津。二十三日(12月5日),袁保龄向李鸿章发出第三通密电:

旅顺寄督中堂钧鉴：
　　昨呈(□)〔养〕电,昨夜遣泰安行,今晚□□□□。(□)〔日〕兵在朝不甚多,恐我将士激义愤,杀戮太过,他日□□□□。吴、袁等蓄威持重,现不得确音,可否用利运张商□□□□。保龄禀。十月二十三日。②

---

① 郑村声:《朝鲜密电钞存(甲申十月)》,上海图书馆历史文献研究所编:《历史文献》(十二),第385、386页。
② 同上书,第386页。

袁保龄顾虑所在是清军如果在朝开始杀戮，局势则容易失控，为方便信息往来，需要安排利运等轮船往返马山与旅顺口之间传送情报，然后由旅顺口通过电报迅速向天津通禀。袁保龄在二十三日(5日)写给庆军将领黄仕林的密札中涉及朝鲜突发政变之事：

> 昨早，泰安自马山浦开轮至旅，忽闻十七日闵泳翊被刺受伤，十八日倭人入朝王宫，十九日朝兵与倭兵相杀，孝亭军门及凯侄均带队入宫保护，倭兵先放枪，遂与我兵接仗各情节。当即商之禹廷、香林两兄，遣泰安赍原禀，闯冰入沽递送，今日当可到。究未知沽口尚能进否？孤军远戍，枝节横生，增人忧患。虑目下各处防务正紧，是以未敢即电台端，恐道路传闻，人心摇惑。特密函启知，尚乞秘弗遽宣为祝，海镜事具详两胰，同呈冰案。朝事急需派船前往，而海镜在登、烟未回，令人焦盼。禹廷兄昨会弟衔，禀留利运为梭织探信之用，尚未知帅意何如。普济必须待利运同行乃能赴沪也。密启飞布。①

在同一天中，袁保龄向李鸿章通禀朝鲜突发之事，又向统领庆军的黄仕林告知此事，意在提高旅顺口防务的警戒程度，毕竟庆军曾经有过驻防朝鲜的经验。"遣泰安赍原禀，闯冰入沽递送，今日当可到。究未知沽口尚能进否"，可知泰安轮急行，其时大沽已经开始封冻，未知泰安轮能否冒险闯冰进口。就在袁保龄向黄仕林发出密札的同时，还向在朝鲜平壤的吴兆友发出了书札：

---

① 袁保龄：《致黄松亭统领》，《阁学公集》卷三，第41页。

泰安船二十二午前到旅，披阅台端上中堂禀，知日高生衅各节。即时撮禀内大意，先行发电禀闻。二十二夜十点钟，遣泰安赴沽闰冰送进原禀，计至迟今日早间，各禀函当可到津。顷奉中堂二十三夜发电云，派利运往探十九接仗后情形若何。日兵既先入宫，我军应停住，勿与争斗，若彼挫折众多，恐难中止。已电属黎纯斋劝息，但日兵藉端寻衅，必续调队，望传谕吴、袁等坚壁自守，以待调停。拟调南北洋七船东驶，属禹廷整备前往。等因。龄窃窥中堂之意，大抵此时日兵在朝止数百人。麾下统三营百练劲旅，穷极兵力未尝不可将日兵大加惩创。第日人此次构难，谋定后动，不旬日内，渠必有大队续来。我今日战事太得意，则彼以水陆大军断我马山饷路，三营日久何以支持？必致成台湾坐困局面，此兵事之难也。法难虽未平，中华万无两处动兵之力，势必急法事而缓朝兵。倘今日与彼战争杀伤太多，他日必致两不相下。我增兵则不能，撤兵则不可，久留三营则不支，无论是战是和，无法结此场面，将贻朝廷忧患而累中堂为难著急，此大局之难也。龄手上禀请调大队七八船，合南、北洋全力，数日内到马山，与相意不谋适合。伏恳台端坚守营垒，以待大军，此数日内任凭日人如何欺凌，不再轻与战斗。所谓不战而屈人之兵，此为最要之著，并祈将连日战和情形飞速示复，交利运船带回，愈速愈妙，望眼欲穿矣。该船言定在马山浦止候四日，便须开回，不能再候。柳营粮饷、军火足用与否，即乞示知。舍侄世凯阅历尚浅，伏乞随事指教之。海镜候此函到，即遣东行。[①]

此通书札中有"二十二夜十点钟，遣泰安赴沽闰冰送进原禀，

---

① 袁保龄：《致吴孝亭军门》，《阁学公集》卷三，第42页。

计至迟今日早间,各禀函当可到津"之语,在《朝鲜密电钞(甲申十月)》中收录有一通大沽炮台副将罗荣光(1833—1900)从大沽口发给李鸿章的电报,因"沽口虽尚未冻合,而满河大块游冰随潮流涌",拟让泰安轮安排小舢板划进大沽口,另外则"拣派水勇穿大皮(义)〔衣〕由南滩踏冰设法迎取"之后星夜递呈。① 袁保龄此通书札中还有"顷奉中堂二十三夜发电云,派利运往探""已电属黎纯斋劝息"等语。二十三日(5日),李鸿章在白天发往日本一通密电,入夜则发往旅顺口一通密电。发往日本的密电是给时驻日本的黎庶昌(1837—1897),李鸿章转述泰安轮传来的朝鲜消息之后,"此乱似由日人播弄并为主持。尊处所闻同否",希望黎庶昌多方打探日方动向。入夜,李鸿章向旅顺口发出密电:

> 昨回电午后均到,利运即令往探。十九接仗后,若□□形,日兵既先入宫,我军应停住,勿与争斗,若彼挫衅,恐难中止。□已电属黎莼斋劝息,但日人藉端寻衅,必续调队。望催谕吴、袁等坚垒自守,以待调停。拟奏调南、北洋七船东驶,属雨亭整备前(□)〔往〕。鸿。廿三夜。②

李鸿章于是日夜间发往旅顺口的这通密电实则为清廷因应朝鲜突发事件定下了基调,即减少与日方军队摩擦,不要将事件扩大化,以免枝节丛生而无法收拾。指示在旅顺口的袁保龄等人迅速传信给在朝鲜的吴兆友、袁世凯等人等待外交"调停",并嘱示丁汝昌做好率舰入朝驰援的准备,外交调停与派兵舰驰援并重,意在尽快解决朝鲜问题。自此,李鸿章坐镇天津,袁保龄等人在旅顺口

---

① 郑村声:《朝鲜密电钞存(甲申十月)》,上海图书馆历史文献研究所编:《历史文献》(十二),第386、387页。
② 同上书,第387页。

为后援,部署水陆各军联防,调动泰安、海镜、利运等轮船往返旅顺口与马山之间传输情报,做好战事准备,清廷因应朝鲜事宜的大幕正式拉开。

袁保龄在十月二十六日(12月13日)单独向李鸿章发出了一通密电:

旅顺寄督中堂钧鉴:(尤)〔宥〕 减 密
　　此次与壬午朝事迥殊,倭有成算,须稳慎进。马山距朝京百八十里,原扎兵已调助族原,一路皆空,步步荆棘。水师未可跬步离船,似宜请清帅带一两营,海镜、泰安足渡到后登岸,滚营而前,水陆乃通求。倘虑难速,或派金阪方正祥一营与丁偕行。方与吴、袁洽,人奋勇。顷来电云:整备愿前驱。气颇壮,似可用。若全无陆兵往,恐非宜。乞钧裁。烟添煤、粮事,遵会丁移方知,须密禀。误减为加,愧悉,今后更正。龄禀。十月二十六日。

袁保龄从任职内阁时期即开始关注朝鲜,又经历朝鲜两次突发事件,其至交吴长庆率庆军远戍朝鲜,回防之后又驻兵于金州大连湾、南关岭、旅顺口等地,子侄辈中袁世凯、袁世廉、袁世勋等人也从军于朝,所以对朝事并不陌生,也积累有相应经验。袁保龄在此密电中将此次事件与两年前的"壬午兵变"相提并论,提出"稳慎"的建议,并建言入朝使节吴大澂带一两营军队入朝,以防突变,这无疑是有多方面考量的。从朝鲜"甲申政变"开始,至光绪十一年(1885)三月事件落下帷幕,袁保龄从旅顺口所发出的密电为数不少,事关外交与战事,袁保龄不敢有任何造次与耽搁,每有来自朝鲜函牍,即刻向李鸿章转发,为枢府决策提供必要参考。又在深思熟虑之后,提出己见,对内协调庆军、毅军、护军等驻防陆军关系,做好布防与演练,同时还要筹备入朝驰援各军各舰船物资供应,特别是武器装备的供给问题,海防工程亦并未因此而停滞,相反却日夜施工,其焦灼紧张情况可想而知。《袁氏家书》中收录有16通书札,均为写给彼时正在朝鲜的袁世凯,其中涉及不可为外人所道之事颇多,与袁保龄公牍、书札相对读,撷拾这些文献,庶几可以还原袁保龄在因应朝鲜甲申政变发生过程中的大量细节。

光绪十一年(1885)春,袁保龄致信张谐之(1836—1904),在此书札中,袁保龄不无感慨地回顾了两年之中所经历的重要事件:

海氛变幻莫测,两年中丧师失地,我武不扬,当轴又举棋不定,铸错至今,可胜忾叹。旅顺一隅为北洋师船所萃,寇既凭陵马江,更欲合中国水师而尽歼之,其谋至狡且毒。龄世受重恩,义当以身许国。去春徂今,一年有余,居津上者,合计仅一两月耳。终岁在此联络各军,激扬忠义,誓当效死勿去,士气人心颇为感奋。盱衡时局,非不可为,第患本源未清,风气未变,中外文武、大小诸臣请托情面,苟且敷衍者多,实心实力不避嫌征者少。中兴旧将大半年力日衰,志气日惰,黄金横带,无复远图,长此不改,而欲摧寇克敌、鞭箠四夷,是犹航绝港而蕲至海。嗟乎,岂可得哉!法遣巴德诺来津议约,合肥全权锡席卿、邓铁香来会议,现均至津,恐暗中不免吃亏处多。若此后尚能提振精神,君臣上下痛哭流涕,为勾践图吴之计,庶几十数年后,尚可策桑榆之效。倘因循下去,其患将不可思议。日本以蕞尔小邦,其兵舰、陆师均不出我上。客冬朝鲜变起,龄力请赦李昰应,从军往,以维朝民忠义之志。和法以后,悉集战舰,并力图倭。合肥颇嘉之,而内意重在榘敦,徒存绕朝之策,今则伊藤腾其辅颊,饱其欲壑,从此东藩非我有矣。凯侄在朝鲜提孤军,当强寇,差喜不玷家声,而倭奴衔其得朝民也,憾之刺骨,百计排陷之。家嫂方病,思子促归,已抵乡里。弟拟令杜门奉亲,读有用书,为他日计。而合肥极爱其才,必欲促之使出,行藏尚未甚定。弟于两年中晨夕经营,增炮台之旧者,厚蔽以土,又度地以建新者,计高低大小将近十台。今夏粗可成,浚淤筑澳,以为铁舰地步。海滨土松软,工作烦难万状。岁暮可希略成,而心力摧殚,须鬓有霜。法事既和,拟看合肥志力如何,果将大举图水师,计久大,则不敢不犯艰险以报知己。①

这通书札可视之为袁保龄在因应中法危机和朝鲜"壬午兵变""甲申政变"过程中的内心独白,他分析了国内政治状况,对"同光中兴"之后的人才、政事、外交等问题表现出担忧之情,又总结了处理中法、中朝以及中日关系的关键所在。袁保龄在信札中四次提及李鸿章,于公于私,李鸿章存在的意义无可替代。在此期间,旅顺口海防工程已经初具规模,十余处炮台渐次竣工并投入使用,陆军驻防各营垒已经全部建成,将领士兵尚有声势,使李鸿章颇为满意:"闰五月初一日驶抵金州之旅顺口,察勘新筑炮台营垒,全仿洋式,坚致曲折,颇据形胜。道员袁保龄督挖船澳船池,修建军械库屋,工程已及大半。操演水雷、旱雷均渐熟习。该处扼东、奉渤海之要冲,与登州及大沽口遥遥相对,现有提督宋庆等陆军与丁汝昌水师互相掎角,布置已稍就绪。设遇海上有事,冀可凭险固守,牵制敌船,使不遽深入。"②在危机发生之时,袁保龄因其职业身份和所处的战略地理位置,被一次又一次地卷入历史的漩涡之中。就袁保龄个人来说,其两年中所经历的无疑是宏大历史中的

---

① 袁保龄:《复卢龙张公和大令》,《阁学公集》卷四,第2、3页。
② 李鸿章:《出海巡洋情形片》,顾廷龙、戴逸主编:《李鸿章全集》第10册,第480页。

紧张时刻,而从袁保龄的叙述角度来看,又是碎片化的,带有琐细微小的历史叙述特点。无论如何,袁保龄还是用自己的记录呈现出了并不完善的,也终究不可能完善的个人经历,此种呈现,可视为袁保龄留给后人足够广域的讨论空间。即便如此,袁保龄及其施工团队,包括为数众多的洋员在内的海防建设先行者们却开始隐入历史的幕后。这些筚路蓝缕以启山林的规划者、建设者们,还有数以万计的夫工、士兵,这些曾经参与过旅顺口海防建设,并创造了那段被书写了的历史的人们,其所作所为、所思所感渐渐被忘却。袁保龄在一通家书中留下了一幅若隐若现的自画像:"所历艰苦,实为四十年所未有,亦聊足忏除少年逸乐罪过。方来之始,万事瓦裂,今则公帑节省数万金,海防军容渐如荼火,差可自慰,而面黑肤瘦,形容憔悴,须发已渐渐白矣。"①袁保龄是善于用文字塑造自我形象的人,其在公牍、书札中并不惜墨如金,而是时常渲染,其个体形象愈加清晰,则隐没在其身后的旅顺口海防营务处工程局本身的历史愈加模糊,这两者本来不可分割,但由于袁保龄的有意突出自我,致使后者呈现出略显脱节的特点,对于营务处工程局的性质、机构组成、体制设置、运作机制和相应规章制度的研究尚是一片空白。袁保龄是一位"中等人物"式的人物,②具有显赫的家庭出身,却没有考中进士;能够独当一面,却未能成为一方都抚;游走于"清流派"门墙,却任职于"洋务派"系统之中;旧学有所积淀,思想却在新旧之间;掌管新式工程,却不通新学;做不成达官显贵,又与一介草民相去甚远,在袁保龄身上看到了各种顺风顺水的早年经历,也裹挟着后期无尽的遗憾。正因为如此,袁保龄有所悠游且自为得意,有所焦灼也展望中兴,在衰世之中,如履薄冰般书写

---

① 袁保龄:《致张筱石姊丈》,《阁学公集》卷四,第 17 页。
② 戴海斌:《流水集》,浙江古籍出版社 2021 年版,第 218 页。

盛世文章。袁保龄在这张肖像画的背后，遗留下了一片和海防梦想有关联的冰冷建筑。从光绪八年（1882）开始的包括海门工程、库房工程、电报局、鱼雷营、水雷营、水陆弁兵医院、炮台工程、澳坞坝岸工程等数项大工程在内的旅顺口海防工程体系建设，总耗资将近200万两白银。仅炮台工程一项，包括了黄金山炮台、崂津嘴炮台、老虎尾炮台、威远炮台、蛮子营炮台、母猪礁炮台、馒头山炮台等13座炮台环绕在旅顺口周边高山之巅，70余门各口径大炮拱卫着李鸿章精心设计的北洋水师"老营"旅顺口，就累计花费白银30余万两。这所有的遗产带着袁保龄及其施工团队的梦想，风雨飘摇中，一场帝国中兴的梦想，幻灭于光绪二十年（1894）的甲午之役。

结语：鼙鼓或鸣

《阁学公集》卷二《书札》中收录有袁保龄《致绳盦》（"绳盦"为张佩纶别署）的一通书札：

> 海防、事权归一乃克有济。公与合肥、高阳支危局，探本源在此一举。合肥欲会中外之通，亦老于世变之言。朝右以为何若？下走与参末议，辄就狂瞽为篇，已交卷而未誊录。敢将初稿秘呈，乞良友与吾师共教之，勿遭外人知。此间同心者章琴生、周玉山耳。他人颇河汉之，亦不值一哂。合肥志力未颓而夹辅亦赖众贤，倘得若章、周者数辈布满北洋，当可日起有功。①

---

① 袁保龄：《致绳盦》，《阁学公集》卷二《书札》，第43页。

书札中"合肥"为李鸿章,"高阳"为李鸿藻,"章琴生"为章洪钧,"周玉山"为周馥,书札"敢将初稿秘呈,乞良友与吾师共教之,勿遗外人知"之语中所说"初稿",则是指袁保龄一生之中关键的一篇海防奏议《建海防衙门议》。此文是受李鸿章之命起草的,时间约在1883年末至1884年初之间,其时,袁保龄正在旅顺口营务处工程局任总办。《建海防衙门议》可视为李鸿章、袁保龄为应对即将来临的第二次海防筹议所做的前期文本准备工作之一。

晚清两次海防筹议的时间为同治十三年(1874)至光绪十一年(1885)之间的11年。袁保龄出任旅顺口营务处工程局总办的时间为光绪八年(1882)至光绪十五年(1889),后三年因病休养,不再问事。将两个时间段叠加,袁保龄作为北洋属吏直接参与了从光绪八年(1882)至光绪十一年(1885)之间的海防筹议与海防工程实践。光绪十二年(1886)底,袁保龄因病不能任事,直至光绪十五年(1889)病逝,近三年时间,正是北洋旅顺口海防建设工程验收并投入使用之时,北洋水师亦在此时成军,拱卫京师的海防战略布局已经初成规模,备警海上侵犯之敌的作用开始显现。

和周馥、刘含芳、丁汝昌等人一样,作为李鸿章北洋海防建设构想的执行者之一,袁保龄始终不渝地贯彻着将旅顺口一地建设成为北洋水师"老营"的设想。李鸿章先后八次赴旅顺口考察,对此地的重要性有十分明确的认识:"窃维渤海大势,京师以天津为门户,于津以旅顺、烟台为锁钥。"[①]袁保龄对此的认知是异常清晰且敏感的,其研究海防工程的施工细节,尽力使旅顺口机械修配、军事配套设施尽快完善——一如天津大沽,审察内外形式,调拨更多的水陆防军,建立一系列的规章制度,规范管理军火库、机械库、

---

① 李鸿章:《出洋巡阅折》,顾廷龙、戴逸主编:《李鸿章全集》第10册,第468页。

水雷营、鱼雷营和驻军，筹备应对随时发生的战事，以期达到李鸿章的战略构想，并能迅捷投入实战。袁保龄始终强调水师、水雷、鱼雷、炮台、陆军协同作战，互收攻守之益，这一考量是在御敌于洋面与防守于陆地的多角度设计，实际上当时旅顺口海防设施的完备程度与陆防驻军能力，尚不足以实现李鸿章、袁保龄的战略构想。

不可否认，袁保龄是晚清以来唯一一位将自己的海防思想与海防建设实践紧密结合在一起的官员。袁保龄始终强调海陆并重、能战能守的海防战略思想，并以一座旅顺口军港实现了自己全部的海防战略构想。袁保龄既充当了海防战略规划者，又充当了海防工程建设者，他的海防思想中的危机意识、责权意识、体系意识、预见意识、因应意识仍然值得当代借鉴。

袁保龄身处的时代，始终贯穿着一条隐约可见的主线，这就是如何自强以抵御外侮。与此有关的讨论、争辩以及著述如过江之鲫，却鲜有能补时局之衰颓者，往往在庙堂之争和江湖之辩中消耗了大量的人力与时间，却依旧没有寻找出一条行之有效的思路，仅仅依赖于一二枢臣大员，或者数位能臣名将，绝难以挽救死灰般的帝国沉沦，办理洋务者与守旧派之间不能相容，咸同之际汉人官僚体系飞速崛起并且完善，遭遇到了必然的猜忌与打压，一味依靠祖宗典章挽救衰败却只能作为空谈。此时，袁保龄在自觉与不自觉中，纠缠于各种复杂多变的局面之中，并不能真正寻找出自强的道路，其只能在旅顺口一隅，按照既定的海防设想，用白银堆砌出朝廷上下一时间的意气风发。袁保龄从朝廷中枢所在的内阁，再到偏远地方所在的旅顺口，从文化地理的角度来看，是一个与中央渐行渐远的过程。然而，在旅顺口的袁保龄却距离世界更近，其眼界呈现出了渐次拓宽之势，从旅顺口一地出发，放眼包括朝鲜、日本、俄国在内的东北亚地区，更为辽阔的认知是在新式武器引进过程中、与洋员和洋商频繁交往中的间接远望和想象。作为边疆的旅顺口和世界——全球化的旅顺口，成为袁保龄的一种自觉行为，从其文字中的自我想象出发，逐渐扩大至周边，例如朝鲜、日本、俄国，或者更为遥远的法国、德国，然后是面对现实世界的复杂多变格局。在衰世之中，也在变局之中，从内心深处而言，袁保龄从政的历史，包括其海防施工过程在内的历史叙述和书写，都仅仅是其个人的表达。由此，或者扩大这一表达范围，包括与袁保龄有相似经历及视野的人们，是在无尽哀伤惨痛中重建一种属于清帝国的尊严。袁保龄或许是在重新检视已然失去的那个辉煌帝国的幻影记忆，是遗憾，也是自信，或者说是补救，以及成仁取义的价值观追求。这一点对袁保龄而言，即便是虚无缥缈的，无功而返的，也是很有人生意义的高尚举措。袁保龄一直在尝试一种可能——来自国家的诉求，来自袁甲三、袁保恒家族荣光的延续和期许。这种尝试是其未曾经历过的，或者可将之视为袁保龄自我想象中的某种可能性，在憧憬中实现蓝图，却又不得不顾及现实中的各种无奈、不解乃至残酷。袁保龄及其团队施工的时空过程如果作为画面展示，就会成为具有启迪性的预言，袁保龄的个人命运，施工团队的群体诉求，在帝国巨大背景之下向死而生的表达，这三者之间的微妙关系缠绕在一起，袁保龄用文字记录的是表现层面的，作为呈现层面的还原过程却需要更多的讨论。从呈现层面分析，袁保龄的人生经历集中体现在旅顺口一地，其施工伦理、因应态度，是在李鸿章等人驾驭之下的具体实施过程，可视之为一个被操纵和压制的"中等人物"形象。在这一形象中，仰视袁保龄的上司，平视袁保龄的左右同僚，俯视袁保龄僚属及众多无名劳作者们，庶几可重现并重建其生存的历史环境。身处中朝危机、中法危机之中的梦想者们清醒地意识到危机的存在，如何长久因应，并未作为一个问题被提出，而仅作为解决眼前问题的堵塞或者疏通方案而已。大局观下的担当作为一种表态被颂扬，或者成为公牍、书札中的自我表白——以留待后世臧否,更多的则是观望或者堕落性的虚与委蛇,例如官场的推诿、绿营习气的存在等现象。"同光中兴"的光环之下,是四处危机的浮现,从某种意义上说,中兴是危机的梦想结局,危机则是中兴的噩梦开端,当危机在不久之后如期到来之时,例如光绪二十年(1894)及其以后的纷繁复杂事件,如一场早已预料到的狂风暴雨席卷倾泻而来,王朝的梦想者们再一次开始设想,在拒绝改变自我立场的前提下,围绕着某一利益而形成的派系集团,掌控着暂时胜利者的优先话语权,重复以往图以自强的经验与既得利益,期待"中兴"之梦往复不绝。但是,这正如袁保龄在写给钱应溥的书札中所说:"时政极有振刷气象,第恐文法太密,吏议太苛,庸庸者得以周旋无过,而豪杰之士终不获一有展布。天下事阽危至此,若非得奇才异能相与共治,吾恐十余年后,老臣宿将志气益衰,专靠一般精妙绝伦之小楷试帖未足当此四方强敌也。"[①]反思袁保龄在同治末年至光绪初年这一时期的事功,建设海防之雄心壮志与畏忌朝野参劾之胆战心惊间存在着无法调和的矛盾,此矛盾导致一系列海防建设举措举步维艰,袁保龄似乎逐渐从"清流派"的阵营中悄声游离出来,却又无法完全脱离自己的政治主张与名山事业间的纠葛。袁保龄很清楚终究会有一战,鼙鼓或鸣自海上,这也是李鸿章早已预料到的,更是他定见经营旅顺口海防工程的主要原因之一。李鸿章及其幕僚们,包括袁保龄等人在内,都十分清楚海上决战终将来临,只是时间早晚问题而已,换言之,只是朝廷在面对持久以来的外来寻衅者越海而至的时候如何抉择的问题。故此,袁保龄在因应朝变法侵过程中虽倾其全力筹济策应,却难以掩盖内心深处忧愤惶恐之情,其平生功业的历史写照或许正在于此。

---

① 袁保龄:《致葆慎斋》,《阁学公集》卷二《书札》,第3页。

管窥 19 世纪晚期中西外交秩序的差异：
以 1888 年德尼的《清韩论》为例

  摘要：19 世纪晚期，中国与法国、英国、美国、日本等国围绕中朝关系的性质，展开了一系列外交谈判，朝鲜也陆续与美国等西方国家签署了双边条约。此后在西方国际法的影响之下，中国与西方各国以及日本之间围绕中朝关系的谈判到了一个新阶段，中国派驻朝鲜的西方人员也加入到了这一外交大潮之中，担任朝鲜王国顾问的美国人欧文·尼克尔森·德尼即是其中之一。1888 年，德尼在中朝两国刊行了英文小书《清韩论》，阐发了他对中朝两国关系的看法，造成了较大的影响，是当时东北亚外交舞台上的重要一幕。本文通过对德尼《清韩论》的考察，来对当时中西外交秩序的差异做一管窥。

  关键词：德尼，清韩论，中朝关系，宗藩关系，国际法

  作者简介：王元崇，美国特拉华大学（University of Delaware）历史系副教授

前　　言

  随着第二次鸦片战争在 19 世纪 60 年代初的结束，中国与欧美国家之间的商贸和外交范围均大为增加，中国与周边的朝鲜、越

南、琉球等国家之间延续了几百年之久的宗藩关系,也开始遭受欧美外交秩序的冲击。中西两种体系之间的这种差异,引发了一系列的外事纠纷,最终使得中国在越南与法国进行了战争,随后又在朝鲜与日本进入了战争,导致东亚和东南亚地缘政治格局发生了剧烈变化,成为19世纪世界历史舞台上非常重要的一环,而且很多变化都与这一地区在20世纪形成的新的国家关系息息相关。在19世纪晚期中国所面对的一系列外交冲击之中,中国与朝鲜之间的关系的性质一度成为重中之重,更是中国与法国、美国、日本等国家进行一系列外交谈判的关键问题。在过去的几十年中,中外学界已经就此展开了很多讨论,取得了丰硕的学术成果。本文以美国人欧文·尼克尔森·德尼(Owen Nickerson Denny, 1838—1900)在1888年于汉城(即首尔)和上海刊行的英文小书 China and Korea 为例,通过这一具体的文本个案的产生及其影响,来对当时中西外交秩序的差异作一管窥。德尼一书的书名中译字面意思是《中国与朝鲜》,但学界素照当时日本外务省方面的翻译,称其为《清韩论》。

1880年代是朝鲜与美国等西方国家频繁签订条约的一个时代,美、英、日、俄等国的公使纷纷入驻汉城;中国与朝鲜之间也在1882年签订了第一个类似西式条约的贸易章程,并派遣商务委员互相驻扎彼此国家。为了应对新的局面,朝鲜也模仿中国的总理各国事务衙门在1881年成立了统理机务衙门(1883年改称"统理交涉通商事务衙门"),并且在中国的襄助之下,于1882年与美国签约之后开始着手组建新式海关。国际外交一时大开,朝鲜内外的各种冲击也接踵而至。该国先后发生了两次大的动荡,即1882年的军乱("壬午军乱")和1884年的政变("甲申政变"),清政府也首次在入关以后派兵进入朝鲜半岛平乱,日本更趁机出兵并通过与中国谈判而获得了日后与中国同等出兵半岛的权力。1885

年和 1886 年,朝鲜国王又围绕究竟是否要联合俄国势力进入半岛以遏制其他国家,接连发生了两次密约事件,造成了包括中、俄、英、美、日等国在内的多方势力的矛盾。期间,英国又在 1885 年占领了朝鲜南部小岛巨文岛的港口,引发了中国的居间调停和多国间的角力。1887 年,围绕朝鲜根据与欧美的条约而遣使欧美国家究竟应该如何办理之事,朝鲜方面与中国驻朝代表袁世凯之间又发生了严重冲突,李鸿章、北京朝廷和美国等国家的驻朝代表也纷纷卷入其中,而且德尼也于同年和李鸿章在天津举行过一场重要会谈。此后不久的 1888 年初,时年 50 岁的德尼,基于他在朝鲜汉城担任朝鲜国王外务顾问两年时间的经历,在汉城和上海印行了一份英文的《清韩论》,阐发了他对中朝的宗藩关系、朝鲜的属国地位、中国驻朝代表袁世凯、朝鲜新开商埠等方面的看法,但其关心的核心问题是中朝关系究竟应该如何定位,宗旨是以欧美国际法的理念去否定两国之间宗藩关系的合法性。对于朝鲜而言,1880 年代是风起云涌的岁月,内政外交均显得异常波诡云谲,而驻扎中、朝、日的欧美国家的外交代表也从欧美国际法和中朝传统框架的角度,纷纷加入对中朝关系的观察与评论。对朝鲜而言,这是 1392 年立国以降数百年间未有之大变局,而其所面对的冲击要远远大于咸同年间的清代中国。就是在这种风雷激荡的大背景下,德尼以朝鲜国王现任外务顾问的身份发表了他的小册子,他对中朝关系的看法进一步激起了各方不同的反应,值得我们予以特别的关注。

一、晚清时代围绕中朝关系发生的外交斗争

1637 年 2 月,清政权与朝鲜王国正式建立起了宗藩关系,在

这个关系体系中清政权取代了当时尚且在北京的明朝政权，成为朝鲜之"上国"。1644年夏清政权入关之后，与朝鲜的宗藩关系在双边"事大字小"的原则下得以继续发展，一直到1895年被中日《马关条约》正式终结为止，总共延续了258年。清朝与朝鲜的宗藩关系及运作规则，本质上是沿袭明朝与朝鲜之间的关系，又与元代中国与高丽王朝的关系有着密切的联系。在这个宗藩体系内，清代中国与朝鲜的关系是十分清楚的，前者是"上国""中朝""天朝"，后者是"下国""小国""远邦"，用词不一，皆与"内诸夏而外夷狄"之传统政治文化意识紧密相连。在实际运作中，朝鲜作为朝贡国家年年遣使北京朝贡，而北京亦并不干涉其内政，凡事皆由其自主。在清代崛起以及与朝鲜奠定宗藩关系之同一历史时期，欧洲也进入了以"三十年战争"后所形成的威斯特伐利亚主权体系（Westphalian sovereignty）为主的国际法秩序时期，根据这一体系，所有国家无论幅员大小和势力强弱，其主权都是平等的。欧洲的这种跨国关系制度，同中国与朝鲜、越南、琉球等国家之间的宗藩关系制度正好相反。第一次鸦片战争后，随着欧洲殖民势力开始广泛深入中华大地的时候，这两种国际秩序的冲突也逐渐显现出来，而朝鲜是这种冲突最为剧烈的地方，最终也成为对中国外交和政治命运影响最大的地方之一。

自1850年代末英、法、美等西方国家同朝鲜开始接触以来，朝鲜的国际地位及其同中国的关系性质，一直是一个无法解释却又实际存在并发生影响力的问题。北京于第二次鸦片战争后成立的主管对欧美国家外交事务的总理各国事务衙门（即"总理衙门"或"总署"），一方面宣称朝鲜是中国的属国，这使得美、英、法、日等试图接近朝鲜的国家不得不首先和清朝商谈朝鲜地位，但另一方面又宣称朝鲜是"自主之国"，内政外交向由其自主，这又使得英、法、美等国的公使陷入混沌之中，无法准确解释北京的对朝政策以及中朝关系的性质。北京的态度,在中朝两国看来,是一种渊源有自而又带有强烈的历史合法性的表述,而在西方国家看来,这种表述并没有厘清朝鲜主权以及中朝关系。例如,1866 年美国商船"谢尔曼将军号"(General Sherman)在平壤附近船毁人亡之后,鉴于"朝鲜是中国的正式藩属国",美国驻华公使蒲安臣(Anson Burlingame)迅速将这一事件知会了恭亲王,但恭亲王"当即否认中国对朝鲜负有任何责任,且声明两国之间只不过是一种礼仪上的关系而已"。[①] 1871 年 3 月 28 日,总理衙门曾经照会正在准备前往朝鲜进行接触的美国驻华公使镂斐迪(Frederick Low)说:"朝鲜虽系属国,一切政教禁令,皆由该国主持,中国向不过问。"[②] 镂斐迪在同年 4 月 3 日致国务卿的报告中,将这层朝鲜自主之意译为:"朝鲜虽被认为和视作一个属国,但该国之政教禁令则系完全独立。"[③] 在率领美军远征了朝鲜并回到北京之后,镂斐迪于 1871 年 11 月 22 日致函总署,认为中朝之间自明代便建立起来的宗藩关系实际上"有名无实"。[④] 虽然很快便遭到了恭亲王等人的批驳,镂斐迪并没有因此改变立场。[⑤] 1873 年访华的日本大使副岛种臣曾经通过与镂斐迪的会谈,按照同样的逻辑认定了朝鲜在"清国主权之外",开始了日本就否定朝鲜系中国属国的外交政策一事上与美国等西方国家的政策进行的合流。[⑥]

---

① Mr. Burlingame to Mr. Seward, Dec. 15, 1866 (China. No. 124), *Diplomatic Correspondence*, 1868, p. 426.
② 《清季中日韩关系史料》第 2 卷,(台北)"中研院"近代史研究所,1972 年,第 167 页。
③ Mr. Low to Mr. Fish, No. 29, April 3, 1871, in *Foreign Relations of the United States, 1871 - 1872*, Washington, D. C. : Government Printing Office, 1872, p. 111.
④ Enclosure 4 dated November 22, 1871, in Jules Davids (ed.), *American Diplomatic and Public Papers: The United States and China, 1861 - 1893*, Wilmington, Del. : Scholarly Resources Inc. , 1979, Vol. 9, p. 184.
⑤ 《筹办夷务始末(同治朝)》第 9 册,中华书局 2008 年版,第 3395—3396 页。
⑥ 岛善高编:《副岛種臣全集》第 2 册,慧文社 2004 年版,第 165—166、456 页。

1876年2月26日，日本迫使朝鲜在江华岛同意签署《修好条规》，即通常所谓的《江华岛条约》。此条约只有朝鲜方面的汉文本和日本方面的日文本两种文字的正本，汉文本的第一条曰："朝鲜国自主之邦，保有与日本国平等之权。嗣后两国欲表和亲之实，彼此互用同等礼仪接待，毫不得有侵越猜嫌之事。从前所有阻塞交情为患之诸例规，悉行革除，务必开扩宽裕弘通之法，以期两国安宁于永远。"①与之对等的日文本的第一条曰："朝鮮國ハ自主ノ邦ニシテ、日本國ト平等ノ權ヲ保有セリ。嗣後兩國和親ノ實ヲ表セント欲スルニハ、彼此互ニ同等ノ禮義ヲ以テ相接待シ、毫モ侵越猜嫌スル事アルヘカラス、先ツ從前交情阻塞ノ患ヲ爲セシ諸例規ヲ悉ク革除シ、務メテ寛裕弘通ノ法ヲ開擴シ、以テ雙方トモ安寧ヲ永遠ニ期スヘシ。"②历来解析者大都取此条款之第一句，认为这一句既然明确规定了朝鲜国享有同日本国"同等之权"即"平等ノ權"，而日本已经在近代国际条约体系中作为一个主权国家而存在，故而这一"平等之权"的"权"就顺理成章地被解读成了"主权"。时至今日，学界的主流观点仍旧认为朝日《江华岛条约》的第一款在国际法上赋予了朝鲜以同日本平等的主权身份，这一条约也进而被认为是日本试图撬离中朝宗藩关系以及向大陆进军的第一步。但是，恰恰是在这一点上，朝鲜的"主权"很大程度上是因条约第一款的英文翻译而从文本的角度被衍生式地刻意制造出来的。

最早从官方角度进行这一阐释的，应当是条约签订不久之后日本方面翻译的英文译本。1876年3月24日，也就是日方正式公布《江华岛条约》的第三天，日本外务省即向英、美等国驻日公使

① 《清季中日韩关系史料》第1卷，第313—314页。
② 《日本外交文书》第9卷，日本国际协会1940年版，第115页。标点系引者所加。

公布了英文译本。根据英国驻日公使巴夏礼(Harry Parkes)25日向英国外相德比伯爵(Earl of Derby)的报告,日方将《江华岛条约》第一条款的第一句译为:"Chōsen, being an independent State, enjoys the same sovereign rights as does Japan."[1]此条译文按照字面回译白话中文的话,当系"朝鲜是一个独立国家,和日本一样享有主权"。汉文本和日文本中的"平等之权""平等ノ權"的"权",便被明确译成了英文的"主权"(sovereign rights)。在"自主之邦"("自主ノ邦")一词被译为"independent state"之后,其所界定的独立国家所享有的"主权"色彩就愈发明显了。

《江华岛条约》第一条款的英文翻译,剔除了汉文本和日文本两种正本中所表述的一些只有中、朝、日等亚洲国家自身能够互相理解的宗藩话语的语境,特别是"自主"一词所带有的模糊性以及第一款之内日本所达到的经年追求的"同等礼仪"背后的历史语境。日本于明治维新之后,废除了德川幕府时期对马岛宗氏家族代理朝廷同朝鲜外交的权力,将此一权力收归中央,但在其试图同朝鲜建立外交关系的过程中,围绕包括文书格式在内的礼仪问题,双方产生了很大分歧,朝鲜拒绝接受日本的文书。1876年的《江华岛条约》,其实赋予了日本经年追求的朝鲜对之以"同等礼仪"相待的权利。这一目标,很大程度上是中华宗藩秩序之内的一种内在的博弈,而朝鲜也恰是抱着一种"怀柔"的态度同日本进行谈判的。该条译文使用英文语言本身的简洁明晰,对朝鲜国的"主权"进行了清晰的国际法上的界定,这才造成了西方国家根据等同原则对朝鲜的"主权"产生了认可。从这一角度上看,这是一个由于条约文本的英文翻译而制造出来的"主权",与朝鲜自身拥有主

---

[1] No. 13 inclosure, *Sir. H. Parks to the Earl of Derby, March 25, 1876*, in *Correspondence respecting the Treaty between Japan and Corea*, London: Harrison and Sons, 1876, p. 9.

权是两个不同的问题。从1876年之后,无论是外交文书,抑或学者个人的研究,都认为《江华岛条约》界定了朝鲜的"主权"。① 尽管有些学者对该文本的翻译甚至对该条约是否可以归结为"近代条约"提出了异议,但迄今为止认为《江华岛条约》是第一个界定了朝鲜主权理念的条约的意见,在学界仍旧十分流行。②

《江华岛条约》对朝鲜享有同日本平等的"主权"的界定,既没能解决中日两国就朝鲜地位问题所展开的交涉,③也未能打消西方各国在此问题上的顾虑。清朝明显在朝鲜问题上仍旧发挥着举足轻重的作用,而且朝鲜每年仍旧严格按照宗藩惯例向北京派遣

---

① The Treaties, Regulations, etc., between Corea and Other Powers, 1876 – 1889, Shanghai: Statistical Department of the Inspectorate General of Customs of China, 1891, p. 1; Hosea Ballou Morse, The International Relations of the Chinese Empire, Taipei: World Book Co., 1960, Vol. 1, p. 9; Tyler Dennett, Americans in Eastern Asia: A Critical Study of United States' Policy in the Far East in the Nineteenth Century, New York: Barnes & Noble, Inc., 1963, p. 447; Martina Deuchler, Confucian Gentlemen and Barbarian Envoys: The Opening of Korea, 1875 – 1885, Seattle: University of Washington Press, 1977, p. 47; Key-Hiuk Kim, The Last Phase of the East Asian World Order: Korea, Japan, and the Chinese Empire, 1860 – 1882, Berkeley: University of California Press 1980, pp. 252 – 253; Kirk W. Larsen, Tradition, Treaties, and Trade: Qing Imperialism and Chosŏn Korea, 1850 – 1910, Cambridge, Mass.: Harvard University Asia Center, 2008, p. 63; Yuanchong Wang, Remaking the Chinese Empire: Manchu-Korean Relations, 1616 – 1911, Ithaca, NY: Cornell University Press, 2018, pp. 134 – 143.

② 有关的质疑参见Hsü Shuhsi, China and Her Political Entity: A Study of China's Foreign Relations with Reference to Korea, Manchuria and Mongolia, New York: Oxford University Press, 1926, pp. 109 – 110。该书作者意识到了条约文辞翻译的问题,遂将第一句改译为"Chao-hsien, being an autonomous state, shall enjoy the rights of equality with Japan"。另参见Key-Hiuk Kim, The Last Phase of the East Asian World Order, p. 252。该作者将英文本中的"independent"换成了"autonomous",并且将"sovereign"一词删除,也表明其意识到了英文翻译中存在衍生意思的问题。美国学者Bruce Cumings认为《江华岛条约》的近代意义是被贴附上去的,"该条约成了西方帝国主义体系的'习惯法'之一部",参见Bruce Cumings, Korea's Place in the Sun: A Modern History, New York: W. W. Norton & Company, 2005, p. 102。就有关中日在光绪初年就朝鲜国际地位问题展开的系列辩论的具体情境的探讨,参见王元崇《属国名分辩——1876年中日交涉朝鲜地位问题再研究》,《问学:思勉青年学术集刊》第二辑(2020年)。

③ 陆奥宗光著,伊舍石译,谷长青校:《蹇蹇录》,商务印书馆1963年版,第14页。

贡使,两国宗藩关系之下的礼仪交往依旧在北京的实际政治生活中年年上演。一直到1882年朝美条约签订之后,朝鲜明确享有国际法层面上的独立主权的事实,才得到欧美国家的进一步认可。朝美立约谈判期间,朝鲜当时因无官员通晓外交谈判事务,委托清朝通过李鸿章全程代为谈判,而李鸿章等人试图利用这一机会将中朝宗藩关系嵌入朝美条约的第一款,而且也得到了在天津与闻谈判进展的朝鲜领选使金允植的支持。后因美方代表薛斐尔(Robert Wilson Shufeldt, 1822—1895)坚决反对,这一关系并未载入正式条约,但朝鲜国王在李鸿章和马建忠等人的建议之下,在条约签订之前另发一份照会给美国代表转呈美国总统,声明朝鲜系中国属国,但内治外交素来自主。①

对朝鲜于条约正本之外另发照会的做法,美方非常重视,并试图在中朝两国之间推行一种实用主义外交策略。1883年3月,在美国首任驻朝鲜特简全权公使福特(Lucius H. Foote)赴朝之前,美国国务卿弗莱德里克·弗里林海森(Fredrick T. Frelinghuysen)曾特别指示他说:

> 谈判是在两个独立的主权国家之间所进行的……就我们来看,朝鲜是一个独立的主权国家(an independent sovereign power),拥有其所有所应具有的权利、利益、职责和义务。不过就朝鲜同中国的关系而言,除非发生了什么危害了美国权益的行为,我们并不打算介入。……您应当记住,在所有美朝交涉之中,朝鲜国王是一国之君,而美国只与主权国家进行交涉。另外,驻华的美国代表们,则将按照中国政府安排给在中

---

① 有关清朝在1882年朝美条约谈判之中所发挥的至关重要的作用,参见冈本隆司《属国と自主のあいだ—近代清韓関係と東アジアの命運》,名古屋大学出版会2004年版,第35—69页;王元崇:《清末朝鲜领选使研究》,《明清论丛》2008年第八辑。

国的朝鲜代表们的职位,去对待那里的朝鲜代表。①

美国这种外交实用主义的推行,实质上为英、法、意、俄等后续签约国家所效仿,这些国家一方面在外交上将朝鲜作为完全独立自主的主权国家对待,另一方面又默认朝鲜作为清朝的一个藩属国而同中国之间存在着等级上的差别。在这种实用主义的影响下,一直到1894年中日战争爆发之前,包括日本在内,并没有哪个国家站出来公开否定过中朝之间的宗藩关系。

二、1882 年以后中朝关系的变迁与德尼的登场

1882年(壬午年)朝美条约签订后不久,汉城的军营发生了反对日本方面指导的新式部队"别技军"的骚乱,国王被围困在宫内,王妃闵氏仓皇逃到地方上躲藏起来,国王生父大院君重新摄政,宣布他的政敌闵妃已死,而日本使馆受到攻击,代理公使花房义质狼狈奔至仁川并逃回日本,此即"壬午兵变"。中国当时没有常时驻朝代表,不了解具体发生了什么,后来经过驻扎日本的使臣才了解到事件的大体经过。正在天津带领朝鲜学生学习制造的领选使金允植,坚持认为是大院君发动的政变,国王危在旦夕。当时北洋大臣李鸿章回籍丁母忧,署理北洋大臣张树声等认为情况紧急,和北京朝廷一起都相信了金允植等人的说法,李鸿章亦无不同的意见,随后本着救外藩国王于危亡的字小之义,派兵东渡戡乱。

---

① Fredrick T. Frelinghuysen to Lucius H. Foote, No. 3, *Washington*, March 17, 1883, in George McAfee McCune and John A. Harrison (eds.), *Korean-American Relations: Documents Pertaining to the Far Eastern Diplomacy of the United States*, Berkeley: University of California Press, 1951, Vol. 1, pp. 25 - 26.

袁世凯时年27岁,就是在这个时期随军东渡朝鲜的。中国部队很快平定了骚乱,解救了国王,也找到了闵妃,并将大院君诱捕后移送天津,后移到保定看守。

应朝方的要求,中朝两国于同年9月按照西方条约的样式,签订了《中朝商民水陆贸易章程》,允许两国商人到彼此开放的口岸经商,两国互派商务委员驻扎于汉城和天津,等等。1883年,中国商务委员陈树棠同朝鲜方面协调,在仁川设立了"华商租界"。此后中国商人开始大批进入仁川口,设栈商贸,很快超过了早就进入仁川的日本商人的势力。[①] 同一年,美、英等国的公使入驻汉城,形成了以美国公使为核心的公使团。为了应对复杂的外交和通商情况,朝鲜早在1881年1月20日(高宗十七年、光绪六年十二月二十一日)就仿照中国的总理各国事务衙门,建立了"统理机务衙门",下设十二司,包括事大司、交邻司、军务司、边政司、通商司、军物司、机械司、船舰司、机沿司、语学司、典选司、理用司。统理机务衙门简称"统理衙门",是朝鲜最早设立的具有近代欧美外交意义的外交机构。1883年1月12日(高宗十九年、光绪八年十二月四日),统理机务衙门改称"统理交涉通商事务衙门",形式上更像朝鲜的外务部。1894年6月朝鲜推行甲午改革以后,该衙门改为"外务衙门",次年又改称"外部"。

在朝美立约以后,北京开始指导朝鲜在仁川等通商口岸设立新型的西式海关,从系统上附属中国海关,所以朝鲜海关系统的最高行政官员是位于北京的总税务司,这是当时基于朝鲜无人通晓

[①] 有关清朝设立仁川租界的最近研究,参见贺江枫《朝鲜半岛的中国租界——以1884至1894年仁川华商租界为个案研究》,《史林》2012年第1期。随后,中国在釜山、元山也建立了租界,而外国商民亦在这些通商口岸享有治外法权。有关在朝华商情形的研究,可参见杨昭全、孙玉梅《朝鲜华侨史》(中国华侨出版公司1991年版)。近来韩国学者姜抮亚对粤商同顺泰号做了精细的个案研究,参见姜抮亚《东亚华侨资本和近代朝鲜:广帮巨商同顺泰号研究》(广东人民出版社2018年版)。

西式海关运营的情况以及中朝宗藩关系的结果,与之前1882年朝美谈判缔约的时候由李鸿章出面是一样的情形。在朝鲜海关建立以后,李鸿章推荐德国驻天津领事馆前副领事穆麟德(P. G. von Möllendorff, 1847—1901)前往朝鲜负责海关事宜,并担任国王的外交顾问。穆麟德曾经在中国海关税务司系统工作,熟悉海关业务,李鸿章派遣作为德国人的穆麟德前往朝鲜,而非派遣任何中国官员前往,也是深思熟虑之举。穆麟德1883年初抵达汉城后,很快得到高宗国王的信任,于1月5日被任命为协办交涉通商事务,8月28日被任命为朝鲜总税务司。

穆麟德是位颇有素养的东方学者,精通汉语与满语,到朝鲜之后不久也学习了不少朝鲜语。与穆麟德一起前往汉城的,是上文提到的中国首任驻朝鲜商务委员陈树棠,陈树棠曾经在美国旧金山做过外务,他以"委办朝鲜商务委员"的职名前往驻扎汉城,并派驻属下分驻仁川、釜山、元山三口岸,以类似于领事的"理事"为名出面负责中国商民事务,组建中国在朝鲜通商口岸的外交系统。陈树棠的职衔与日本、美国等驻扎汉城的公使(minister)并不相同,行事颇多掣肘,他也倍感苦恼,后来陈树棠在与美国驻朝领事福德(Lucius H. Foote)以及李鸿章商定后,将他的职名改为"总办朝鲜各口交涉通商事务",但依然有很多不便。陈树棠构建起的这一套中国驻朝新式外交系统,与传统的中朝朝廷之间的宗藩交流完全不同,而且这一套系统在行政方面是隶属于北洋大臣系统的,并不与负责朝鲜宗藩朝贡事务的北京礼部发生任何关系,官员任命也不是旗人出身。自1637年清韩宗藩关系建立以后,直到1890年最后一次赴朝敕使为止,清代所有的赴朝敕使都是旗人出身,从未有过汉人出身的敕使。① 这一系统也不直接与北京的总理衙门

---

① Yuanchong Wang, *Remaking the Chinese Empire*, p. 62.

发生往来，凡事都是直接汇报给北洋大臣，再由北洋大臣转呈北京方面。在宗藩体系内，朝鲜国王在职衔上与直隶总督是平级的，所以朝鲜国王与李鸿章之间从1882年以后可以直接交流，这也是北洋大臣方面能够及时获取朝鲜动态的一个交流上的渠道。

1884年（甲申年）12月4日，朝鲜的"开化党"人又在日本支持下发动政变，占领王宫，挟持了国王，并杀掉了李祖渊、闵泳穆等几名倾向"事大"的亲华一派的大臣，开化党人宣布废除对清朝贡等改革内容，此即"甲申政变"。清军统帅吴兆有率领副将袁世凯和张光前迅速出兵平乱，三日后就击败了开化党人和同样抵达汉城的日本部队。1885年4月李鸿章与日本代表伊藤博文在天津签订了一个有关朝鲜的善后条约，即《中日天津会议专条》，包括三款内容：两国均从朝鲜撤兵；两国都不派人到朝鲜教练军队；如果朝鲜出现重大变乱，两国派兵之时要互相知照。通过这个条约，日本获得了与中国一样的派兵入朝的权力，这为九年以后的1894年朝鲜东学党起事之时日军也迅速出兵朝鲜之举奠定了法理上的基础。到1885年11月，在李鸿章的推荐之下，北京任命了已经在朝鲜崭露头角的年轻的袁世凯为"钦差驻扎朝鲜总理交涉通商事宜"，袁世凯由原先的五品衔同知，被赏三品衔，以知府分发，补后以道员升用，这就是袁世凯获得"升用道候补知府"衔的由来，所以当时很多人称袁氏为"袁道""袁总理"。为了钳制闵妃一派，中国决定释放大院君归国，所以袁世凯东渡的时候，也护送了大院君东归故里，重新步入朝鲜政坛。自此之后，一直到1894年甲午战争爆发，中朝之间的交际，就中国方面的实际操作而言，开始进入了以袁世凯和李鸿章为核心决策者的时期。袁世凯履职之时只有27岁，是当时中朝官场上掌握如此大权力的最为年轻的一员干将，而朝鲜也成为袁世凯一生事业的发迹之处。

"甲申政变"之后，中国开始调适挑战日增的对朝政策。此间有赴朝鲜办差的马建常等人，建议李鸿章将朝鲜收入中国版图，但李氏认为这并不是可行的建议。朝鲜国力孱弱，无力自保，派遣人员在中国学习近代军事技术的举动，也未取得任何自强的效果。1885 年春，英国为了遏制俄国在东亚的扩张，派遣海军占领朝鲜南端的小岛巨文岛的港口（英文称为 Port Hamilton 即汉密尔顿港口）。中国很快以"上国"身份出面，利用国际法，替朝鲜在英、俄等国之间往来交涉，平息了这场外交风波，然而英国海军一直到 1887 年 2 月才最后撤出巨文岛。在汉城目睹时艰的穆麟德，试图援引俄国势力进入朝鲜，也就是所谓的"第一次韩俄密约"事件。事情泄露之后，穆麟德被李鸿章通过国王召回，不久前往宁波海关担任税务司。此后，李氏将穆麟德原先的职位一分为二，即外务顾问和总税务司，于是出现了两个空缺。在李鸿章非常信任且常年担任他外务顾问的天津海关税务司德璀琳（Gustav von Detring，1842—1913）的引荐之下，李鸿章对国王举荐了在中国海关系统工作的美国人墨贤理（Henry F. Merrill，1853—1935）出任朝鲜海关总税务司，并推荐美国驻上海前领事德尼出任外务顾问。

德尼全名是欧文·尼克尔森·德尼（Owen Nickerson Denny，1838—1900），生于俄亥俄州（Ohio），1852 年举家迁往俄勒冈州（Oregon）。俄勒冈州是在德尼出生十年之后的 1848 年才变为从属于美国联邦政府的"俄勒冈领土州"（Oregon Territory），1859 年 2 月 14 日正式成为美国的第 33 个州份，即俄勒冈州。换言之，德尼的这个家乡州在这一期间成为美国"西进运动"的一部分。德尼后来成为了一名律师，在俄勒冈州任职。1870 年被选举为波特兰（Portland）警察法庭的法官，因办事出色，1877 年被美国总统海斯（Rutherford B. Hayes，1877—1881 年出任第 19 任总统）任命为美国驻中国天津领事，同年 9 月抵达天津。当时李鸿章已是直隶总督兼北洋大臣的身份,一年中大部分时间都驻扎天津,冬天才回到保定,所以李氏在天津与欧美各国领事有大量的日常接触,德璀琳就是在这种情况下充当了李鸿章多年的顾问,德尼也就在这个时候通过德璀琳认识了李鸿章。1880年3月,德尼南下出任美国驻上海总领事,一直到1884年8月为止。1885年5月,穆麟德在朝鲜的位置出缺,李鸿章在德璀琳的举荐之下邀请德尼前往任职,德尼很快接受了担任朝鲜国王外务顾问的职位。

1886年初德尼抵达汉城,4月8日被国王任命为"协办内务府事兼管外衙门掌交司堂上",真正的作用是充当国王的顾问。德尼后来在小册子上印刷的职位有两个,一个是"Advisor to the King",另一个是"Director of Foreign Affairs",前者是国王顾问,后者的意思则是"外务局长"(或者日本方面翻译的"外衙门总务局长"),但"外务局长"并非当时的正式名称。德尼之入朝,悉数仰赖李鸿章之信任,但德尼显然没有将自己划为李鸿章一派或者中国某派之政治势力,亦没有在朝鲜党争中加入某一派系,而是试图脱离中方的掌控,以一名独立的外务顾问的身份和朝鲜国王直接交流。德尼的悲剧也正在这个地方,就是他自己不懂朝鲜语,也不懂汉语和满语,只有仰赖翻译同国王交流,相比于穆麟德,这是一个很大的缺陷,这也造成了他对很多朝鲜对华传统非常隔膜,只能流于表面观察和臆测。

这一期间,朝鲜沿袭与美国签约的路数,先后于1882年6月6日与英国、1883年11月26日与德国、1884年6月26日与意大利、1884年7月7日与俄国、1886年6月4日与法国签订了条约,所以在德尼上任后不久,欧美在朝鲜的条约外交体系很快罗织了起来。就在德尼上任前几个月,袁世凯刚刚以"钦差驻扎朝鲜总理交涉通商事宜"的名号开始驻扎汉城。在中国保定被羁押三年之久的大院君,也刚刚在李鸿章等人的支持下回到朝鲜政坛,目的是从政治上遏制亲日的一派。袁上任之时，朝鲜国王已经在西方主权国家的概念影响下游移于本国独立与大清属国之间，而德尼上任以后也极力支持朝鲜为独立自主之国的观点。袁世凯的目标，则是确保中朝宗藩体制和朝鲜的中国属国地位，这在他上任之前的奏折中都可以看得出来。

袁上任伊始的1885年12月，为了对外国公使同行表明身份，在官衔的英文译名上颇费了一番脑筋。根据美方的记载，袁氏拒绝使用与公使对应的"Minister"一词，因为这个词会暗示中国承认朝鲜为一独立之国。袁派遣了一个"在美国受过教育的年轻随从"，至美国公使馆拜见公使福久（George C. Foulk），希望福久能够出谋划策。福久建议将袁的职衔翻译为"Charge of Diplomatic and Commercial Intercourse"，但被这位年轻的随从否定了。随后，这位随从建议了"Resident"一词，全称翻译为"His Imperial Chinese Majesty's Resident, Seoul"。这之后，福久同英国署理总领事贝德禄（E. C. Baber）以及日本临时代理公使高平小五郎，就袁氏官名的英译问题进行了会谈。日方可以读懂汉文，因此对英译文兴趣不大，贝德禄建议使用"Resident Commissioner"一词，而福久倾向于使用中国随从提供的"His Imperial Chinese Majesty's Resident"。① 袁世凯最终采用的就是后一个译法，且印在他的名片之上，简写为"H. I. C. M. Resident"。袁氏在汉城的驻扎地也被外交同行称作是中国的"公馆"，对应的英文是"legation"，但是袁世凯方面的正式翻译则是"His Imperial Chinese Majesty's Residency"，简称"H. I. C. M. Residency"，意思是"皇帝钦差驻地"，这也引起了德尼的反感，这种情绪在他的小册子里流露出来。

---

① George C. Foulk to T. F. Bayard, No. 255, Confidential, November 25, 1885, in *Korean-American Relations*, pp. 137–139.

这一期间袁世凯身边的这位年轻随从,应该正是在美国哥伦比亚大学官费留学而中途被北京悉数召回的留美幼童之一唐绍仪(1862—1938)。唐氏1882年跟随穆麟德前往朝鲜襄助海关事务,经历了1884年12月的甲申变乱,并在清军平乱的过程中结识了袁世凯,而1859年出生的袁世凯不过比唐绍仪大3岁,两个同龄人从此成为挚友。甲午年间袁世凯撤回中国后,正是唐绍仪将一干公文送到英公馆,并且将袁的大印携回中土的;甲午战后,也是唐氏出任首任驻朝总领事。与袁世凯一样,唐绍仪一生的事业亦是从朝鲜起家的。

袁世凯及其提供"Resident"译法的唐绍仪,都是年轻人,外事阅历不足,可能没有意识到这一个词语在当时的英文语境中所具有的一个强国对某国实行"非直接性统治"(indirect rule)并逐步将其变为保护国(protectorate)或者殖民地(colony)的殖民主义色彩。例如,大英帝国早在1764年就在印度的土邦(princely state)中安插一位英国的"resident"或者"political agent"(政治代表),通过对土邦领袖提供政治咨询的方式在实际控制了土邦。这一制度在印度一直持续到东印度公司解散的1858年,随后这些土邦转入英国政府的直接殖民统治之下。[①]法国在北非的突尼斯亦推行了类似的驻扎监督大臣的政策。1881年春,法国政府同突尼斯的贝伊(bey)穆罕默德三世·阿勒·萨迪克(Muhammad III al-Sadiq)签订了《巴尔杜条约》(the Treaty of Bardo),法国驻突尼斯的总领事(consul general)随后宣布自己为"resident minister"(监督大臣),其正式名号为"the French resident and delegate [to the bey] for external affairs"(襄赞贝伊外务之法国监督与代表),启动了法国将

---

① Michael H. Fisher, "Indirect Rule in the British Empire: The Foundations of the Residency System in India (1764 - 1858)", *Modern Asian Studies*, Vol. 18, Issue 3 (1984), pp. 393 - 428.

突尼斯变为其保护国的进程。①在这种环境下,袁世凯自称是中国皇帝驻扎朝鲜的"resident",难免让西方公使心生疑窦。最后,美、英公使都视袁世凯为中国的"总领事",或者"具有外交职能的总领事"。②

然而,袁世凯并不是中国驻朝鲜的总领事,但是他的"总理"一职因为是北京"钦命"的,因此赋予了他很多高出总领事职权范围的权力。袁对他与众不同的权力了解得很透彻,为了确保属国体制,他常常携中国在宗藩体系内的"上国"地位与权威参与朝鲜事务,导致了他不仅与国王和支持自主的朝鲜官员之间产生了诸多矛盾,而且同美、英、德、俄、日等国公使之间也龃龉不断。德尼作为国王顾问,也身陷所有的争论之中,对袁世凯持有极大的敌意,甚至将袁氏视为朝鲜一切祸乱之源。1886年夏,国王通过闵泳翊秘密沟通俄国的所谓"第二次朝俄密约"东窗事发,密约自然没有成功,并且迅速引发了袁世凯和李鸿章方面的强烈反应。袁世凯对李鸿章亦有废除国王并以国王的侄子取而代之的建议,但中方实际上并没有在这方面采取什么动作,而是与俄国达成了协议,约定即便有所谓密约之事亦不算数。这次密约事件,使德尼对袁世凯的看法进一步恶化。

在这个过程中,1886年6月29日,德尼在将一份俄国方面的文件转发给李鸿章的时候,曾表示:"只要我还在这里任职,我就会尽我所能增进朝鲜权益,同时增进中国权益,为此我热切希望能得

---

① Mary Dewhurst Lewis, *Divided Rule: Sovereignty and Empire in French Tunisia, 1881–1938*, Berkeley: University of California Press, 2014, pp. 24–26.
② Dinsmore to Frelinghuysen, No. 20, May 27, 1887; Heard to Blaine, No. 29, confidential, Jul. 10, 1890, in Spencer J. Palmer, ed., *Korean-American Relations Documents Pertaining to the Far Eastern Diplomacy of the United States*, Berkeley: University of California Press, 1963, pp. 11, 21.

到您睿智而慷慨之忠告。"① 次年，朝鲜试图派遣使臣驻扎欧洲和美国，又引发了袁世凯和中方的强烈反应，中国最终同意了朝鲜按照朝美条约的对等原则派遣使臣朴定阳以全权的名义前往华盛顿，但为朴定阳制定了三个原则，旨在从外交礼仪方面钳制朴定阳，以期在西方国家亦一体彰显朝鲜的中国属国地位。抵达美国后，朴定阳在随团的美国秘书安连（Horace N. Allen, 1858—1932）的影响下，未遵守这些原则，而美国也视朴为同中国驻美公使张荫桓平等的外交官，视朝鲜为与美国平等的主权国家。② 此事在袁世凯的极力干涉之下，朴氏被召回国，而作为使臣试图前往欧美的赵臣熙也在逗留香港之后直接返国，未克使任。此事对德尼影响非常之大，他试图从国际法中寻找相关的法律依据，希冀证明朝鲜是可以遣使的独立主权国家，而非中国的附属国家。在他看来，朝鲜是中国的朝贡国（tributary state），但不是依附国（vassal），试图从国际法上区分二者，然而德尼从来没有理解或者不愿意直面的问题，就是在中朝的语境之内，这两者原本就没有什么分别，亦不能绳之以他所青睐的欧美国际法原则。这一点，穆麟德在对德尼的小册子的批评中也阐释得十分清楚。

三、1887 年德尼与李鸿章的谈判

1887 年 10 月 7 日，德尼在天津与李鸿章举行了一次会谈，谈

---

① 原文系："So long as I remain here I shall do all I can to advance the interests of Corea, which will at the same time advance the interests of China, and to this end I earnestly beg the aid of your wise and generous advice."参见德尼致李鸿章书信，1886 年 6 月 29 日，Robert R. Swartout, Jr. ed., *An American Adviser in Late Yi Korea: The Letters of Owen Nickerson Denny*, Tuscaloosa, AL: University of Alabama Press, 1984, p. 37.

② Horace N. Allen, *Things Korea: A Collection of Sketches and Anecdotes Missionary and Diplomatic*, New York: Fleming H. Revell Company, 1908, pp. 163 - 164.

到了朝鲜的独立国地位、在平壤开埠通商、撤换袁世凯等内容,这几项内容也是后来他写作小册子的主要讨论对象。① 德尼因为前往平壤一带考察过,对那里的自然矿产资源情况印象深刻,所以十分热衷于建议国王在平壤开埠通商,以推动朝鲜进出口贸易。对于这一切建议,德尼自然是希望能够得到李鸿章的支持,无奈事实证明,李鸿章虽然也批评袁世凯,但是并没有将其撤回,而且以平壤开埠会妨碍中国牛庄商埠为由反对在平壤开辟新的商埠,但是他完全赞成在元山开埠。因为这场会谈的重要性,以下全文附录笔者的译文:

德尼先生说:

最近,中国驻朝鲜委员(译者注:指驻朝总理交涉通商事务袁世凯)以皇帝陛下的名义,反对朝鲜派遣代表驻扎欧洲和美国,并以中堂大人的名义反对在平壤或其附近开设一个通商口岸,理由就是这些方面事前都没有咨询中国的意见。驻朝委员在这两件和过去两个月中性质更为严重的其他事情上

---

① 这一备忘录的原文保存在美国档案馆(National Archives of the United States),是美国驻朝公使丹士谟(Hugh A. Dinsmore)1887 年 11 月 11 日致美国国务卿贝亚德(Thomas Francis Bayard)的信的附件,参见 General Records of the Department of State, 1763 - 2002, Despatches from Diplomatic Officers, 1789 - 1906, Despatches from U. S. Ministers to Korea, 1883 - 1905, in FM134, Roll 4. RG: 59。原文并非是李鸿章与德尼的直接对话记录,而是德尼事后的转述,但揆诸德尼的位置以及其与李鸿章的关系,其所述对话内容当符合事实无疑。该备忘录原文是英文草书(cursive script),辨认需时,而日本学者冈本隆司在其校对译注的《清韩论》中整理收录了打印版并附有日文翻译。参见冈本隆司校订、译注《清韓論》,成文社 2010 年版。冈本的英文整理版除了个别地方偶有遗漏外,是一份整理得很精致的本子,为后来者提供了极大的研究便利。笔者对照美国档案馆所收藏的档案原文和冈本氏的整理版,将德尼会谈记录的汉文翻译录于本文。英文原本中所有的"His Excellency"(阁下、总督)、"Chung Tang"(中堂)和"the Viceroy"(总督)皆指直隶总督兼北洋大臣李鸿章,笔者在译文中将"His Excellency"译为"大人"或"中堂大人",以期明晰语境;原文中的"His Majesty"指朝鲜国王;原文中的"China's Commissioner"指驻扎汉城的袁世凯。

的动作，不仅扰乱了朝鲜特别是汉城的和平，而且看上去是如此的非同寻常和毫无保障，以致于国王和他的政府不得不认为它们既没有得到中堂大人的首肯，也没有获得北京政府的认可。就遣使外国和在平壤开埠通商而言，结论是基于以下几点：

第一，国王相信中堂和中堂的政府现在是而且一直是国王陛下的国家的笃实的朋友，中堂与北京不会允许阻挠朝鲜和平、良好秩序的行动，或者是阻碍在贸易发展或矿产资源方面能够改善朝鲜环境的行动。

当国王决定他的国家与西方国家建立条约关系的时候，就请求作为朝鲜最能干和最好的朋友的大人出面，大人在与西方人签订条约方面拥有最广泛的和最成熟的经验，这样国王陛下的利益才能在接下去的谈判中得以维护。

第一个得到中堂首肯的条约是与美国签订的，这个条约涉及很多方面，其中包括签约国互相派遣公使和领事驻扎彼此国家、开放通商口岸等内容。后来与其他国家签订的条约基本遵循了与美国所签条约的模样，至少现在就条约内容而言，可以想见都通过中堂大人得到了北京政府的允准。

在这种情况下，我们没有办法想象中国或者其他任何条约国家现在能够阻挡那些条约款项或者任何条约中的内容的实施，这些实施对象包括任命公使、开放港口、收税、签约国的公民和臣民的个人和财产方面的权益。一个自然无法反驳或者否定的事实是，如果朝鲜政府试图这样去做的话，那一定会造成严重后果，然后接下去就是一个与朝鲜正式签约的条约国家如果阻止这些协议加以实施的话，其政府要承担多大程度的责任呢？如果中国能够合法地阻止这些条约中任何一款内容的实施，那她就可以阻止所有条款的实行，而且如果是这样的话,她当然有权利和权力在本初的时候就阻止朝鲜与条约国家的合作。但是,这样的反对看上去从未出现或者从来没有想到,或许是由于良好和有利的理由,即这样的款项不仅包括在了已经签署了的有关友谊和商务的条约之中,而且它们就是这些条约本身的核心所在。惠顿谈到国际法的时候说过:"虽然接受与派遣公使并非法律义务,然长久以来在这方面的国际共识已经赋予了条约签署国以施行此种惯例之义务的力量,故而在未获诸国认同之前无从置之不理甚或抛弃之。"法律之生命在于其合理性,而上述这条规范的合理性就在于外交代表乃是世界政治与商业经济之一部分,而且至今没有更好的设计用来处理国际事务,或者维系友好关系,或者推进国家间的商业交流。

于是,我们有信心认为,除非有一个更好的制度,否则诸国不会允许这个互相遣使的制度被取代。而且,根据可资引用的国际法权威的看法,一个拥有缔约权力的国家不仅拥有实施条款内容的权利,而且拥有最大程度地动用其权力去实施条款的义务。自我抵达朝鲜以来,我一直在建议其政府精心推动与其他国家签订的条约的内容和义务,特别是那些与中国相关的内容,而且只要中国对朝鲜是友好和公正的,就应该以最好的信念去看待与朝贡有关的传统关系和那些不管从什么方面看都与附属特征有关的地方。

在朝鲜任命其赴欧洲和美国的公使之后,中国委员致信朝鲜外署,问询为何遣使之事没有商询于他以及他的政府。外署回复说,朝鲜政府只是基于条约之上做了其有权力做的事情,故无商询他人之必要。而且,在朝鲜派遣赴日办理公使(指1887年赴日办理公使闵泳骏)之时中国并未反对,则如今亦不必纠结于其会反对。委员回复说,这两者不能相提并论,因为赴日的只是办理公使,而赴欧美的是全权代表。这是一个没有什么效力或自尊的回复,而且不应该来自一个大国的代表,因为没有人比中堂大人更清楚那些有关外交交流的法律在办理公使、全权代表和大使之间并没有什么区别,所不同的只是薪水和官方礼节而已,就其职权而言,他们皆系一国所遣之最高外交代表。

就在平壤或者朝鲜其他一个地方开放一个通商口岸而言,如果也必须首先征得中国首肯的话,那么在朝鲜谈判贷款、偿还债务和放弃条约中任何义务之前,也都应该得到中国的允许。在德尼前往朝鲜赴任之前与总督的交流之中,中堂大人提到了很多事情,其中说中国有义务保护和帮助朝鲜。中堂希望德尼先生在其权职范围内尽其所能,不仅使朝鲜政府避免进入复杂局面,而且以所有切实之手段去刺激和鼓励其贸易以及发展朝鲜的国内资源。德尼先生虽然尽力去这样做了,但还是遗憾地说他的努力并未得到这位中国代表的支持或鼓励,而且恰恰相反,看上去对德尼先生而言,他(指李鸿章)一直是反对一切存在将朝鲜政府和人民置于一个更为独立地位的倾向的措施,他所着眼的第一是他的个人野心,第二是他认为的中国利益,而不是着眼于朝鲜政府的和平繁荣和良好秩序,或者签约国家的那些在汉城的公民和臣民的和平与安全。一个增加人民福祉的最稳健的渠道就是发展对外贸易,为了发展外贸,就有必要通过提供设施去鼓励生产者和消费者,这些设施可以将购买者带到距离生产区域最近的地方。就此而言,平壤是该国一个大地区的中心,农业和矿产资源丰富,德尼先生在考察平壤归来后就建议国王在平壤或其附近开辟一个通商口岸,以期促进贸易和海关税收。国王相信中堂大人是希望朝鲜贸易繁荣和政府安宁的,但是怀疑中国驻朝委员如何看待这件事,尤其是国王已经将此事告知了墨贤理,墨贤理是中国任命的朝鲜海关总税务司,墨贤理也强烈建议开辟通商口岸,只要他担任海关总税务司,他在类似事件上的忠告就是举足轻重的。最后,如果中国委员没有像其他的政府代表那样被加以商询,或者没有像他自己认为的那样被充分商询的话,那是因为他在过去两年中的不友好和咄咄逼人的行为。他乘轿进宫,几乎到达直通国王面前的那道宫门才下轿,一起前去的还有苦力、随从和骑兵,这些随员有时候也很无礼,所有这些都滥用和践踏了长期存在和神圣的宫廷传统。他通过中国陆军和海军、中堂和北京政府的报复,以及一切压迫手段去威胁国王和王室,并且阴谋推翻国王,将一名敌人(译者注:指国王生父、兴宣大院君李昰应)置于王位之上,并且谋划有可能会造成流血和暗杀的骚乱。他的这些行为破坏了国王及国王的政府对这位委员的信任,无论是有关他对朝鲜的真实、诚心还是良好的动机。在过去的两个月内,这位委员谋划着以最为可怕和卑鄙的手段废除国王,对此国王十分紧张,希望朝鲜与中国在过去的友好关系能够持续下去而不被搅乱。在德尼先生的谦虚的判断中,如果双方关系不会断开而且现存的友好感觉不至于变为仇恨的话,那么中国应该改变对朝政策并更换驻朝委员,而且越快越好。

对德尼先生备忘录中的第一段,总督中堂大人回复如下:"国王可以继续仰赖与中国政府以及总督个人之友谊。只要国王对中国皇帝忠心,中国政府与总督个人都会在将来继续热切维系长久存在的信心与友好关系,总督和中国政府的行为不会去打断这些方面。"

就任命驻外公使之第二部分,总督说:"朝鲜与西国签约之时,国王皆以亲笔信知照签约国首脑,声明朝鲜乃中国属邦,因此朝鲜在得到中国允准之前,无权任命和派遣驻外公使,而且朝鲜只能派遣办理公使,不能像对欧美那样派遣全权使臣,因为这些公使在外交礼仪方面会根据其任命资历被予以与其职衔相等之优待,也就有可能出现一名朝鲜公使的优待胜过中国公使之情况,那是中国政府不能同意的。若朝鲜希望任命公使,则该国要首先征求中国政府之允准,而且不得给予他们以高于办理公使的职衔。"

德尼先生回复说,朝鲜国王并没有承认与中国的此种关系,否则依附的或朝贡的关系都将中国干涉朝鲜主权权利之事合理化。而且,根据国际法,一个主权国家通常被定义为"任何国家和人民,无论其内部组织形式如何,实行独立于外国的自治"。朝鲜一直以自己的方式管理其内部和外部事务,不受其他国家的命令或干涉。但是,当国王认为与西国建立条约关系需要商询之时,国王陛下满怀着对总督的友谊及其杰出经验的信任,将这一政策提交给了中堂大人,中堂大人不仅批准了这一政策,而且作为国王的朋友监督了第一个条约的谈判,这个条约进行得悄无声息,因为朝鲜从其义务出发要求中国允许其实行条约之内容。在这种事实情况之下,即便是国王真的发了亲笔信并且承认了对中国的依附关系,这一事情本身也不能够破坏掉朝鲜的主权。的确,难以理解中国最近的有关两国之间是依附关系的声明究竟是建立在何种基础之上,然而可以确定的是,此种声明不是建立在政府或者国际协约或者任何协议之上的。然而,朝鲜是中国的一个长久而忠实的朝贡国,但是这种关系不能以任何方式影响到朝鲜的主权,因此朝鲜每年献给中国皇帝的贡物不能影响朝鲜国王的主权,正如以前欧洲主要的海洋强国缴给巴巴里诸国的贡物并未损害那些欧洲国家的主权和独立一样。

惠顿在国际法上使用了一个更为强烈的案例,他说:"一个具体国家的主权并不会被这个国家对其他国家之命令的偶然性的服从而损害,也不会被其他国家对其国务会议所施加的惯性影响而损害。"

现在中国与朝鲜之间存在着朝贡关系,朝鲜试图以最良好的信念维系之,但是朝鲜的主权权利不应该被削弱,她要尽其所能保存主权。对德尼先生而言,如果中国期待与朝鲜建立这样的关系的话,从亲笔信中可以得出来的一系列推论将会破坏该国的主权。而且,无论是朝鲜还是中国公使在官方和社会礼节方面获得优待,中国都不仅会面临一个很困难的任务,而且如果她成功如此行事的时候,一个新的篇章就要加入国际法学之中,而这个新篇章的原则是诸如格劳秀斯、瓦特尔和惠顿等国际法名儒无法理解的。

就有关在平壤开辟一个通商口岸的部分,总督说:"平壤地近中国牛庄,开埠在彼,势必严重影响中国贸易,是以无从允同。"

德尼先生回答说:"牛庄之距平壤有数百英里,无从影响其贸易,相反会大大增加和促进与朝鲜之合法贸易,这才是最关键的问题,因为每个国家都有权利通过开埠、扩大航海以及增进其岁入、艺术、农业和商业的途径,去增加其财富、人口及国力,这一权利是无从否认的,而且被世界上所有的文明之邦所认可。"鉴于这些原因,德尼先生要求国王在平壤开埠。总督说德尼先生不应该如此建议国王,因为它触犯了中国利益。德尼先生回答说,只要他还在朝鲜为国王服务,他就将继续提供这个他认为是有利于朝鲜政府利益的建议,当他回到汉城的时候,他将再度要求在平壤开埠。除了上述提到的原因之外,平壤开埠还能够阻止进出大同江的大量走私。总督说他不会同意在平壤开埠,但是不会阻止在拉扎列夫港口(译者注:"拉扎列夫"或 Port Lazareff 或者 Port Lazarev 是俄国对元山港的称谓)开埠,并且要求德尼先生以此建议国王。德尼先生回答说,元山距离元山港(译者注:Gensan 是日本对元山港的称谓)大约只有十五英里,所以他没有理由做这样的建议。朝鲜发展贸易和内部资源触犯中国利益这一点,相比于真实情况,更多的带有一种想象的色彩,如果朝鲜因此被阻止发展贸易和内部资源的话,那就自然会造成一种印象,即中国对朝鲜的友谊和良好意愿的声明就不是真心实意的了。另外,贸易优势是中朝通商章程中有关商务部分的目标,如果中国通过在开埠路上设置障碍去阻止这些优势的话,其他国家就此也会有话说的。但是,不论他们说还是不说,这样对邻国的内部的和主权的事务进行非法的和不公平的干涉只能在强权即公理的基础上才能说得通。鉴于总督在德尼前往朝鲜之前给予他的保证,即做的所有事情都必须首先为朝鲜政府及其人民的利益着想,德尼先生对总督刚刚说的话感到失望,并且只有仰赖总督大人头上的北京政府做出相关的改变。总督回答说,因为朝鲜政府在重大事情上没有遵照他的建议,他已经将上述问题都提交给了北京政府去解决。

就最后一部分,总督说虽然他并不相信中国委员阴谋造成骚乱和屠杀,但是总督对最近废除国王的阴谋知道得一清二楚。他认为那是坏人闵泳翊策划的,中国委员如此愚蠢地被闵氏拉进了阴谋之中,他也已经因其愚蠢而遭到北京政府的严厉训斥。如果国王希望摆脱这些麻烦,他就不能听像闵泳翊这种坏人的话了。如此等等。

德尼先生回复说,他在朝鲜的经历使得他认为闵泳翊王子是最为能干和最为忠心的臣下之一。在他看来,相比于中堂相信他自己的处理朝鲜事务的委员的汇报而言,国王有更好的理由去相信闵氏的判断和善意。就驻朝委员的愚蠢而言,往好的方面说,他就是如此愚蠢;往坏的方面说,他是聪明得过头了。总督仍旧坚称,委员是一个愚蠢的家伙,而且正因为如此,所有的责备都落到了闵泳翊头上,是闵氏策划了这场废除国王的阴谋并且将委员引诱到了里面去。德尼先生回复说,既然中堂承认了委员参与了这个反对国王的阴谋,而且这个阴谋涉及一场可能危及在汉城的所有外国人以及很多本国人民的生命的骚乱,或许要以大量的流血事件收场,而且是很愚蠢的,为了两国更好的利益考虑,中国有必要更换其驻朝委员,因为国王将不再会信任他了,除非中国继续坚持保留一位已经阴谋推翻国王而且试图破坏所有国王尊严行为的外交代表,以此来削弱国王在臣民眼中的权威。

总督说,不管是国王还是德尼先生都没有要求撤回驻朝委员的权力。德尼先生说就国王的权力而言,国王或许不仅可以要求委员的撤回以期获得适当的行为,而且那样的先例和万国公法也会保障国王,如果国王有权采取措施,因为委员已经犯下的反对国王及其政府的罪行而将其逮捕和递送离境。尽管如此,德尼先生相信国王从来没有要求过中国召回其委员。

去年9月份,德尼先生前往天津,将驻朝委员的阴谋诡计都在总督面前和盘托出,并希望就朝鲜问题在中国与俄国之间达成一项友好的理解。总督要求德尼先生回到朝鲜以后向国王保证会达到中俄友善。然后,总督说对于驻汉城委员这样一个重要的职位而言,现在的委员是一个太过年轻的人,会被撤回。实际上,这个职位也被提供给了两名官员,即当时的天津海关道(译者注:周馥)和现任芝罘东海关道道台(译者

注:盛宣怀),但是这两名官员都推辞了。现在,在经历这一切之后,中国政府知道现任驻朝委员搞阴谋诡计的性格,以及他不胜任这个职位,但如果仍旧支持他的话,那就只能得出一个结论,即中国希望获取朝鲜。但是在文明之邦看来,如此做是毫无藉口的,这样将驻朝委员保留在彼,希冀其能达到这样的目的。然而,在这种情况下,中国就不得不承担更多的政府应该承担的责任,因为如果出现这种情况的话,诸外国代表及其人民就要被牺牲掉,而中国政府势必背负责任。

总督回复说他并不担心会爆发这种情况。另外,总督说中国政府不会屈从任何人的命令而更换驻朝委员。

德尼先生并没有试图对中堂大人或其政府的对朝政策发号施令,但是鉴于双方之间的长久友谊,以及总督代表国王邀请德尼先生以其有关东方政治事宜的经历和知识去担任国王顾问,德尼先生已经第二次拜访了天津,以便在中堂大人面前将他所理解的情况全盘陈述出来,这是为了朝鲜与中国的利益,也是为了所有有关方面的利益。

这次会谈在李鸿章方面并未留下什么记录,但却能够客观地反映出当时德尼所关心的围绕中朝关系正在发生的一系列事务以及德尼对朝鲜本国发展的态度。然而,李鸿章的反应,也使得德尼认清了李氏对朝政策的现实,于是回到汉城后就开始起草小册子,试图以公开的舆论手段,推动他的计划。1888年2月3日,德尼在汉城写完了这本题为 China and Korea 的小册子。

四、德尼《清韩论》的出台及其影响

1888年2月3日德尼草就了《清韩论》,先在汉城印刷发行,并且赠送了一本给日本代理公使近藤真锄，近藤在7月16日将内容发回了东京外务省。这个汉城版本一共有30页。① 当时日本方面也抄录有英文草书版以及日文翻译本。同时，德尼也将一份副本邮寄给了他在美国俄勒冈州的参议员朋友约翰·米歇尔（John H. Mitchell），而米歇尔于同年8月31日在对国会特别是外交事务委员会的陈述中特别陈述了朝鲜问题，认为："中国帝国政府已经开始通过其主要官员和代表尤其是在汉城的代表，使朝鲜臣服并彻底合并朝鲜。"并且强调朝鲜与中国保持的"是一种纯粹的属国（tributary state）关系，而且在这种关系中，朝鲜的主权（sovereignty）和独立（independence）并未被消除或破坏，朝鲜不是一种不享有任何主权权力（the prerogatives of sovereignty）的依附国或从属国的政府（dependent or vassal government）"。该次国会记录也一并附上了德尼的小册子，内容与汉城本一致，也是30页的版本。②

德尼的小册子开始流传以后，中国和日本的外文报纸都纷纷作了报道。在天津的英文报纸《中国时报》（Chinese Times）于1888年9月22日号上发表了长篇反驳文章，而主持这份报纸的恰是天津海关总税务司德璀琳。如前所述，德璀琳是李鸿章所信任的顾问，也正是在德璀琳的介绍下，德尼才在李鸿章的引荐之下去朝鲜担任了顾问的职位。所以《中国时报》上的这份反驳文章可以说恰恰与德尼的声音相反，是主张维系李鸿章和袁世凯一侧的做法的。

同时，时任宁波海关税务司的前朝鲜国王顾问穆麟德也写了一篇回复，主要从学术的角度批评了德尼氏的种种论调不符合史实，并且尖锐地指出德尼氏对相关的国际法并不是很熟悉。例如，

---

① 《6 China and Korea 5》，《朝鮮政府顧問「デニー」ノ清韓論》，アジア歴史資料センター、外務省外交史料館蔵，レファレンスコード：B03030400900。
② *Congressional Record*, Washington, D. C.: Government Printing Office, 1888, Vol. 19. 9, pp. 8136-8140.

德尼在他的小册子的第 15 页上说："朝鲜希望成为中国的朋友与盟友,但从不同意成为中国的自愿的奴隶。"穆麟德反击说："我不得不问问他(指德尼),中国究竟在哪个方面试图把朝鲜变为一个奴隶了呢?"对于德尼声称的"这个新篇章的原则是诸如格劳秀斯、瓦特尔和惠顿等国际法名儒无法理解的",穆麟德反击说："我可以向他保证,卡尔沃(Calvo)、哈勒克(Halleck)和海夫特(Heffter)可以理解。"(后三者是 19 世纪的国际法学家)穆麟德在回复的最后警告说,在当前大国吞并小国的时代,德尼所为并非对朝鲜有利,对于实力软弱之朝鲜而言,一旦独立,势必被别国所吞并。穆麟德的这番警告,足为 1905 年日本将朝鲜变为其保护国以及 1910 年完全吞并朝鲜的事实所印证,这是朝鲜的悲哀,也是德尼的悲哀,当然也是中国的悲哀。穆麟德氏的这篇回复,对于我们理解当时代的不同声音至关重要。

应该是在 1888 年年末,德尼的小册子又由上海的别发洋行(Kelly & Walsh Limited Printers)出版,但是德尼对一些内容进行了扩充,主要是针对《中国时报》等的批评和《北华捷报》的采访等等。全书总计 47 页,正文从第 3 页开始至第 47 页结束,总计 45 页。就德尼所关心的三大方面而言,即朝鲜独立国身份和派遣驻外使节、平壤开埠通商、撤回袁世凯,汉城版和上海版是完全一致的,差别在于一些细节的扩充或删改,包括一些词汇的使用,以及一些用斜体表示出来的强调语句的差异,总体而言,扩充后的本子更为具体,标点符号和行文也更为清晰。1890 年,日本东京的两轮堂出版了德尼小册子的日文译本,仍以《清韩论》为名,这次出版的原文就是本着扩充后的上海英文版本的,且有一个有关汉城教案谣言的附录。①

---

① オーウェン・N・デニー著,天野高之助訳:《清韓論》,两轮堂 1890 年版。

截至目前,虽然德尼这本小册子是研究晚清中朝关系史和东亚关系史的人都不会错过的一章内容,但是真正翔实地对其进行考察的则为数甚少,笔者在此重点提及三部相关作品。第一是美国学者小罗伯特·思瓦陶特(Robert R. Swartout, Jr.)于1984年编辑出版的有关德尼的资料集《一位在李氏朝鲜晚期的美国顾问:欧文·尼克尔森·德尼书信集》(An American Adviser in Late Yi Korea: The Letters of Owen Nickerson Denny),[①]其中在第三章《有关〈中国与朝鲜〉的争论》("The Controversy over China and Korea")收录有德尼与此书有关的书信,另有"附录B:《清韩论》的完整本"(Appendix B: The Complete Text of China and Korea)。思瓦陶特也在附录A中罗列了5份与德尼有关的英文报道,包括天津的 Chinese Times(《中国时报》)和上海的 North-China Herald(《北华捷报》)之中的报道。在思瓦陶特出版此资料集之前的1981年,韩国国史编纂委员会出版了一本叫做《德尼文书》的资料集,全书是英文资料汇编,实际上是正在整理德尼文书的思瓦陶特在国史编纂委员会支持之下所做的一种提前的内部出版,并非公开发行,这本资料集也包含思瓦陶特1980年秋所做的序言(与1984年的序言一致),核心资料与1984年的资料集是完全一致的,只是后者包含了参考目录等详细信息。[②] 第二是韩国学者申福龙在1987年译注的《清韩论》,还包括有德尼书信集的韩文翻译。[③] 第三是日本学者冈本隆司2004年的专著《属国与自主之间:近代清韩关系与东亚之命运》,[④]其中专设一章考察德尼的这本小册子(参见第七章《德尼与〈清韩论〉》,第226—259页)。2010年,冈本氏又专门出

---

① Robert R. Swartout, Jr. ed., An American Adviser in Late Yi Korea.
② 韩国国史编纂委员会:《德尼文书》(데니文書),首尔时事文化社1981年版。
③ 申福龙译注:《清韩论》,首尔平民社1987年版。
④ 冈本隆司:《属国と自主のあいだ——近代清韓関係と東アジアの命運》。

版了其校对和翻译的《清韩论》,其中对德尼氏小册子的版本作了最为精细的描述。① 上述三名学者所本的都是1888年的汉城版。

就德尼这本小册子的名称 China and Korea 的中文译名,需要作一些说明。自德尼的文本1888年2月诞生以来,日本方面素将其翻译为《清韩论》,从1888年日本外务省的日文翻译,到1890年东京两轮堂的日文翻译,再到2010年冈本氏之新译,皆踵其名,这是因为当时明治日本称呼中国为"清国"以及传统上称呼朝鲜王国为"韩",所以所谓"清韩论"系日本视角的翻译和解读,而且标题本身并没有"论"字。韩国学界也一贯以"清韩论"名之,例如1980年金源模和1987年申福龙在翻译的时候都以《清韩论》为译名。实际上,从1888年的中国与朝鲜方面而言,将德尼之作称为"中国与朝鲜"更为准确和贴切,或者沿袭日本"清韩论"的路数,称之为"中朝论"才更符合历史情景。德尼在草拟汉城本的时候,对1637年清政权与朝鲜之间的"丁丑约条"并不熟悉(此约条指1637年2月皇太极与朝鲜国王仁祖李倧所达成的十项协定,岁在丁丑,被称为"丁丑约条"),或者是根本不知道这个约条的存在,所以他在评论了朝日《江华岛条约》第一款内容之后,说:"Independently of the treaties which have been made with Korea, the historical relations of this country with China, under the present Dynasty at least for the past two hundred years of its reign, do not admit the existence of any such conditions toward each other as suzerain and vassal."(见1888年汉城本第13页;意思是:"在朝鲜已经缔结的条约之外,这个国家与中国的历史关系,在当前王朝统治下,至少在过去二百年,也不承认存在任何彼此间是宗主国和藩属国关系的条件。")换言之,德尼此时只是知道清朝统治中国已

---

① 冈本隆司校订、译注:《清韓論》。

经二百余年,看上去对清政权与朝鲜之间藩属关系建立的历史并不了解。

待汉城本流通后,天津的《中国时报》在1888年9月份发表了长篇文章,论述清朝与朝鲜建立宗藩关系的历史,文章是对魏源《圣武记》中一部分的翻译,其中包括了1637年"丁丑约条"的主要内容,而前任国王顾问暨当时的宁波海关税务司穆麟德也发表了对德尼小册子的长篇批评,里面也提到了"丁丑约条"明白界定了朝鲜对中国之附属关系,足以推翻德尼的种种宣称,即便是从德尼看重的国际法角度来看也是成立的。于是,德尼意识到了这个约条的存在及对他论点的致命性打击,在上海出版的修改本中删除了"under the present Dynasty at least for the past two hundred years of its reign"这句话,并且做了很多增补,试图来否定"丁丑约条"的合法性,且顽固和错误地认为这个条约的签订是在1636年而不是1637年。他在修改后的上海本中说:

> Independently of the treaties which have been made with Korea, the historical relations of that country with China do not admit the existence of any such conditions toward each other as suzerain and vassal. Tributary treaties Korea has signed, but none of vassalage. It has been suggested that Korea signed a treaty in 1636 wherein vassalage was acknowledged. This however is a mistake, as that treaty was also a tributary one, and even then it was in no sense a treaty with China. It was a treaty of capitulation made with a Chinese subject, a Manchu Prince, who was in open rebellion against the Chinese Government and against whom Korea fought on the side of the last Chinese Emperor of the Ming Dynasty, as in 1636 the Mings were still

Emperors of China, and no treaty of vassalage was ever signed with them. It was not until 1644, eight years later, that the Manchus ascended the throne at Peking, since which time no vassalage treaty has been signed or agreed to by Korea.[①]

这段话翻译为中文后的意思是：

在朝鲜已经缔结的条约之外，这个国家与中国的历史关系，不承认任何彼此之间是宗主国和藩属国关系的条件的存在。朝鲜已经签署过朝贡条约，但没有一个是有关附属地位的。有人说1636年朝鲜与中国签订了一个条约，确定了其附属地位。但是，这是一个错误的说法，因为那个条约也是一个朝贡条约，而且在当时甚至不是一个同中国签的条约。那个条约是朝鲜与中国的一个臣民也就是一位满洲王子所签的，那位王子正在造中国政府的反，而朝鲜则站在明朝的中国皇帝一侧去镇压之。在1636年的时候，明朝人仍旧在做中国的皇帝，而朝鲜没有与中国签订有关附属地位的条约。一直到八年以后的1644年，满洲人才在北京登基，从那个时候开始朝鲜也没有与之签订有关附属地位的条约，或者承认此种附属地位。

德尼在这里所提到的"满洲王子"是指清太宗皇太极，所谓的条约指"丁丑约条"。德尼在这里的逻辑很清楚：满洲人与朝鲜人签订这个条约的时候，满洲人正在造明朝人的反，而中国仍旧在明朝统治下，所以满洲的政权不能被看作是中国，这样的话这个所谓

---

① O. N. Denny, *China and Korea*, Shanghai: Kelly & Walsh, 1888, pp. 21–22.

的建立藩属关系的条约也就不是中国与朝鲜签订的,而是中国的叛乱者或者说一个叛乱的满洲王子逼迫朝鲜国王签订的,因此对于中国与朝鲜而言条约也就是无效的。这个逻辑的本质是以釜底抽薪的手段,否定1637年的清政权是"中国"。德尼的这种逻辑是他不了解中朝历史和文化的明证,因为"丁丑约条"确立了清政权与朝鲜之间的宗藩关系,而且规定了要在礼仪交往等一切方面延续明国旧例。德尼在12月份《北华捷报》的采访中也就此谈了自己的看法,逻辑和语言都与他在小册子的上海版中增加的上述内容基本一致,核心是否定1637年的清政权是"中国"。从这个联系来看,上海版小册子应该是在1888年12月初之前已经定下来了。在这个语境中,如果将他的小册子名称中的"China"翻译为"清"的话,实际上是对他本人逻辑的大幅度缩小和矛盾,只有翻译为"中国"才能符合他的逻辑。另外,《中国时报》和穆麟德的评论等,也都提及清代之前的中国政权与朝鲜半岛上政权之关系,远逾清代中国与当时的朝鲜王国在历史中的时段,所以"清韩论"之名并不能恰当地应对当年针对此事讨论的历史维度。有鉴于此,正如德尼当年坚持要使用"Korea"而非"Corea"一样,今日我们不应也不宜再称其书名为《清韩论》,而应当称其《中国与朝鲜》或《中朝论》。然而,因为《清韩论》的译名已经成为学界的一种共识和惯例,所以笔者依然采用了《清韩论》的名字。

《清韩论》的核心包括三大部分:第一,论证朝鲜乃是国际法意义上的独立国家,即便是对中国朝贡,也不能否定该国是独立国家,因此朝鲜在国际法方面拥有完全自主的对外遣使的主权;第二,朝鲜拥有对内开埠和管理矿产资源的权力,所以平壤开埠应该是朝鲜的内部事务;第三,指责袁世凯作为中国代表一直在对朝鲜的事务横加干涉和破坏,并且参与了废除国王的阴谋诡计。德尼试图否定中朝之间的宗藩关系,并且认为中国当前推行的乃是逐步吞并朝鲜的政策。当时大家对朝鲜的英文译名普遍是"Corea",或者根据发音拼写为"Chosen"之类,但是美国驻朝公使馆至少在1887年德尼写作他的小册子的时候已经使用"Korea"代替"Corea"一词,但也继续写作"Corea",因人而异。德尼也认为应该写为"Korea",不能写为"Corea",以表明其不同,也与独立于中国有关系,所以他的小册子的英文名字叫做 China and Korea,而不是 China and Corea,这是我们要了解的术语学上的历史背景之一。现在英文中 Korea 是唯一规范的译名,然而从 Corea 到 Korea,在近代东亚历史上是跟中朝关系问题混杂在一起的。

德尼身为律师,非常重视从法学的角度阐释他的观点,他援引最多的是美国国际法专家惠顿(Henry Wheaton,1785—1848)出版的《国际法精要》(Elements of International Law)。该书 1836 年首次出版后,在欧美连续再版,后来经过美国在华传教士丁韪良(William Alexander Parsons Martin,1827—1916)等人的介绍,总理衙门组织翻译其中的一部分,命名为《万国公法》,于 1864 年初在北京出版,这就是中国第一部国际法的出现。但是,德尼对中朝关系的了解只是皮毛,这本小册子很多章节所述的故事,皆与历史事实不相符合,有的是他自己毫无事实根据的臆测,有的则是刻意的歪曲。在这方面,可以说德尼充分暴露了上文已经提到的他对朝鲜和中国文化的隔阂,因为他一来不懂中文,二来不能说朝鲜文,与国王的交流都要通过翻译进行,这使得他甚至常常怀疑自己的意思究竟有没有被准确传达给国王。[①] 另一方面,他的小册子充分暴露了当时汉城的多方国际势力角力中的巨大矛盾,特别是中朝之间的关系在面临以欧美国际法为基准的外交体系的时候,该如何调适数百年的传统,或者说如何将不同于欧美的传统以欧美

---

① Robert R. Swartout, Jr. ed., *An American Adviser in Late Yi Korea*, p. 12.

外交官能够理解的路数清晰而恰当地表达出来。可惜的是,驻朝代表袁世凯与德尼、国王和其他欧美外交官之间的矛盾与日俱增,袁世凯携传统上国之势而在礼节上的优待,例如乘轿子深入王宫等等,都引发了其他势力对以袁世凯为代表的中国势力的憎恶,在情感上造成了诸多隔阂。在这种情况下,德尼小册子的影响是不可忽视的。

在这个时期,对于中朝之间的宗藩关系,特别是朝鲜的国家地位问题,驻中、韩、日的欧美外交官甚感迷惑,因为他们所熟悉的欧洲国际法不能很好地解释中国与朝鲜之间的关系,特别是朝鲜的属国地位。中国至少在法国第一次远征朝鲜的 1866 年,就正式声明朝鲜系中国属邦,而内政、外交向来自主。在袁世凯和德尼纷纷入朝的时候,也是中法越南战争结束的时候,中国丢失了属国越南,中越关系与中朝关系事属一类,因此中越之间的宗藩关系也引发了很多人的兴趣。1885 年在烟台(芝罘)的美国商人托马斯·佛古森(Thomas Tierney Fergusson, 1818—1891)印行了一个小册子,题名《中国在安南的主权和国际法》(*Sovereignty of China over Annam, and International Law*),只有区区 12 页内容,仅是一篇文章而已,论述了中国对越南的主权问题及其与国际法之关系。在法国之前,中国的属国琉球王国也在 1879 年沦为日本的殖民地,而同期的日本外务省也雇佣美国、法国等国家的法学专家提供国际法方面的咨询,并在对华、对朝的交流中付诸实施。德尼在 1887 年起草中朝关系的小册子去讨论中朝关系的时候,也是清代中国传统宗藩体系在渐次崩溃的最后时期,更是很多活跃于东亚世界的西方外交官和学者们从西方国际法的概念上渐次瓦解传统秩序的法理基础的时候。

1887 年 12 月,时任美国驻北京公使馆秘书的柔克义(William Woodville Rockhill, 1854—1914),也就是日后美国对华"门户开放"政策的主要起草人,在美国东方学会上发表了题为《朝鲜与中国的关系》("Korea in Its Relations with China")的论文,引经据典地讨论了中朝之间关系的特殊性,但并没有很好地解决当时欧美外交官们在中朝关系上的疑惑。① 柔克义的参与至少可以表明当时和他一样的外交官群体对此事的关心程度,而作为汉学家们的外交官在实际上也并不能够比不懂汉文和朝鲜文的德尼将这种关系解释得更为清晰。德尼在 1888 年 12 月初接受上海《北华捷报》(North-China Herald)采访的时候,表示自己是为了中国和朝鲜的友善和融洽着想,不过他的小册子显然是背道而驰的,这也是李鸿章一系对他非常失望的原因之一。在朝鲜方面看,德尼是深得朝鲜国王一系信任的,国王对他增进朝鲜福祉的努力也一直是肯定的。

　　1880 年代是朝鲜历史上和中朝关系史上一个剧烈转折时期,德尼本人及其小册子,是这股大潮之中一股不能忽视的力量。对于一手将德尼推到国际政治舞台上去的中国方面而言,德尼小册子的出台是一种大不幸,而问题或许恰好在于究竟是什么逼迫德尼写了这样的一本小册子。或许,正如德尼在接受《北华捷报》采访的时候表示的那样,他是被迫下笔的,也就是在倍感绝望的情境中不得不为之的,这一点与在他之前担任国王外交顾问的穆麟德有某种异曲同工之处,虽然穆麟德很快奋起反击了德尼小册子中的诸多说法。究其实质,德尼的这种绝望,恰是中西外交体系冲突的结果。

　　德尼的小册子出版以后,中国方面通过天津的《中国时报》(Chinese Times)作了反驳,李鸿章等试图促使国王解雇德尼,但是

---

① William Woodville Rockhill, "Korea in Its Relations with China", *Journal of the American Oriental Society*, Vol. 13 (1889), pp. 1 – 33.

国王并不同意,于是中国方面在1888年12月允诺德尼,只要他离开朝鲜,中国就会召回袁世凯,并且会继续给德尼丰厚的薪水,即每年两千两,德尼表示如果国王同意的话他就会答应这个条件。德尼及其夫人的确在1889年初离开了朝鲜,但是不久后因为中国并未召回袁世凯,德尼重新回到了汉城,并且得到了国王两年时间的新任命。两年以后,国王迫于压力未予续约,德尼的朝鲜之路遂告结束,于1891年1月离开朝鲜,同年7月份回到了美国波特兰市,直到他1900年去世为止。[①]

1890年夏,朝鲜的赵太妃去世,按照中朝之间的宗藩仪规,国王对北京朝廷告讣后,北京要派赐祭钦使前往汉城吊祭,而国王在德尼等人的劝说之下,试图阻止北京遣使前往汉城,但是经过一番交流以后,北京仍旧决定遣使,派遣正使续昌、副使崇礼前往吊祭,但是针对朝鲜提出的困难也进行了折衷,将原本陆路前往的传统改为乘北洋军舰由海路抵达仁川后再至汉城,此系有清一代唯一一次海路敕使赴朝之行,也是1895年中朝宗藩关系结束之前中国最后一次赴朝钦使之行。[②] 这次赐祭使行,因为之前几年欧美公使围绕中朝宗藩关系性质而提出的种种疑难,特别是德尼《清韩论》小册子的影响,中国方面也希望利用这次机会表明中朝之间的宗藩关系是如何扎实,而不是徒有虚名。在此之前的一次赴朝敕使,是1878年刑部左侍郎继格等赴朝鲜吊祭朝鲜哲仁大妃的时候,所以在1882年朝美立约和此后欧美各国公使陆续入驻汉城以来,这些公使们尚未看到中朝之间的宗藩礼仪交往。所以,正如李鸿章在1893年为赐祭副使崇礼后来出版的《奉使朝鲜日记》所写

[①] Robert R. Swartout, Jr. ed., *An American Adviser in Late Yi Korea*, pp. 10–11, 166.

[②] 有关这次使行的情形,参见王元崇《礼仪、体制与主权:1890年清朝赴朝鲜赐祭使行研究》,《中国边疆学》第8辑(2017年)。

的序中所说的那样:"两侍郎……持节下临,虔奉诏书,敬举典章,海外列邦环视耸听。盖自各国通商之后,始见中朝使命之至也。"①此次使行在朝鲜王宫之内,一切都遵照传统礼仪,而两位钦使也没有与国王交流现实政治,这也是一种传统。

　　副使崇礼在使行之后刊印了《奉使朝鲜日记》一书,李鸿章作序,书中详细描述了赴朝日程和在朝鲜王宫内所施行的礼仪以及回朝复命等内容。同时,这次赐祭使行中的某位幕僚(所谓"随节幕府"者)回国后写了一本《使韩纪略》,记载了出使情形。② 袁世凯于 1892 年将该书连同其题为 Notes on the Imperial Chinese Mission to Corea, 1890 的英文译本,一同散发给了驻扎汉城的外国公使,藉此宣明清朝在朝鲜的"上国"地位以及中朝之间的宗藩关系。这份英文翻译件与《使韩纪略》内容一致,与崇礼的《奉使朝鲜日记》中的内容也无太大差别,可以说是有着密切联系的。英文译本显然是针对欧美各国公使的,目标就是消解他们对中朝关系的疑虑和误解,当然也是压制德尼的小册子带来的影响。

结　　语

　　19 世纪晚期中西和中日之间围绕中朝关系的性质曾经展开了一系列的外交谈判,几乎每一个类似的外交谈判都集中凸显了中西秩序的差异,特别是外国外交官从国际法的角度出发对中朝关系中朝鲜国际地位的界定,以及中国从中朝宗藩关系长久历史传统的角度出发对两国关系的阐述之间的根本差别。这种差别贯穿于中国与日本有关琉球问题的争论、中国与法国有关越南问题

---

① 崇礼:《奉使朝鲜日记》,光绪十九年刻本,第 2 页。
② 《中韩交涉·钦使奉命前来赐祭朝鲜国王母妃卷》,(台北)"中研院"近代史研究所档案馆藏,总理衙门档案,01-41-016-08。

的争论,以及中国与英、美、日等国围绕朝鲜地位的争论。德尼前往朝鲜工作,本身是李鸿章对外政策的一部分,按照李鸿章的规划,德尼在朝鲜的第一要务是维系中朝关系的稳定以及中国在两国关系中一直以来具有的上国地位,然而德尼在实际中的行为并不受李氏操控,律师出身的他按照对国际法的理解,开始对朝鲜的主权地位问题以及中朝关系的性质问题产生了浓厚的兴趣,并最终通过《清韩论》进行了集中表达。因此,《清韩论》这本小书本身就是当时代中西外交秩序差异的具体体现。

凤凌及其所著《四国游纪》

摘要：晚清时期凤凌两次出洋，第一次主要是考察英、法、义、比四国的军事工业及军事设施，相关记录整理成篇即《四国游纪》。通过对比凤凌的《四国游纪》与吴宗濂的《随轺笔记四种》，不难发现前者是凤凌与吴宗濂等人合作的产物，但又不同于利玛窦、徐光启所开启的中外合作翻译的译著，在该书中也有凤凌自己的观察与思考。另外值得注意的是，《四国游纪》中亦包含丰富的中外技术交流、贸易合作史料，可补官方材料之不足。

关键词：凤凌，吴宗濂，《四国游纪》，文本生成

作者简介：赵中亚，山西大学中国社会史研究中心讲师

1894年甲午战争爆发前夕，海军衙门选派两名章京随新任大清驻英、法、义、比四国公使龚照瑗到欧洲考察，其中一人为蒙古人凤凌。凤凌后将其在欧洲考察的经历整理出来，提交给总理衙门，即《四国游纪》。大约同期，凤凌还完成了一部经过"精选"的日记体著作——《游馀仪志》。虽然有人盛赞凤凌之日记，"骎骎与李氏（李凤苞）、徐氏（徐建寅）、薛氏（薛福成）、马氏（马建忠）相颉颃，即置之郭侍郎（郭嵩焘）、曾惠敏诸公间，而亦无愧色"，[①] 但凤

---

① 周文治：《游馀仪志序》，凤凌撰，杨向群校点：《游馀仪志》，岳麓书社2016年版，第6页。

凌及其著作长期以来仍少为人所关注。

目前涉及凤凌的研究大致可分为两类：

一是作为研究1896年孙中山伦敦蒙难事件的史料。最早者为罗家伦的《中山先生伦敦蒙难史料考订》，①文中多次提到凤凌的《游馀仅志》、吴宗濂的《随轺笔记四种》。美国学者史扶邻的《孙中山与中国革命的起源》谈到孙中山在伦敦蒙难的情况时，也提到凤凌的日记，不过是转引前述罗家伦的研究；②英国学者福特曾将凤凌日记里1895—1896年间有关大清驻英使馆的部分译成英文；③华人学者黄宇和的研究也利用到凤凌的《游馀仅志》。④

另一类则是将凤凌著作归入蒙古族文学的部分，不仅涉及《游馀仅志》，也提到《四国游纪》，但多是简单的介绍与评述。如云峰认为凤凌"为蒙汉文学以至中西文化交流做出了贡献"；⑤荣苏赫、赵永铣则盛赞凤凌为"蒙古族作家汉文创作中描写西方社会的开先河者，也是中国近代史上睁开眼睛看世界的先驱者之一"。⑥再后始有学者较为深入地讨论到凤凌著作的内容及特色，如敖丽晶对比分析凤凌的《游馀仅志》与薛福成的《出使英法义比四国日记》，认为《游馀仅志》可补充当时的同类文献，在蒙古族文学史上

---

① 罗家伦：《中山先生伦敦蒙难史料考订》，京华印书馆1935年版。
② Harold Z. Schiffrin, *Sun Yat-Sen and the Origins of the Chinese Revolution*, Berkeley: University of California Press, 1970;史扶邻著，丘权政、符致兴译：《孙中山与中国革命的起源》，中国社会科学出版社1981年版。
③ Joseph Francis Ford, An Account of England 1895 – 1896, by Fung-ling, Naval Attache at the Imperial Chinese Legation in London, *China Society Occasional Papers*, No. 22, London, 1983.
④ 黄宇和：《孙逸仙伦敦蒙难真相》，上海书店2004年版。
⑤ 云峰：《蒙汉文学关系史》第3卷，新疆人民出版社1997年版，第311页。
⑥ 荣苏赫、赵永铣：《蒙古族文学史》第3卷，内蒙古人民出版社2000年版，第601页。

占有重要地位;①在整理《游馀仅志》的过程中,杨向群对凤凌的个人生平以及《游馀仅志》的内容也作了较为深入的研究;②杨晓敏则对凤凌《四国游纪》(1902年石印本)中所塑造出的异国形象进行了研究,指出该书为中国人提供了非常珍贵且有价值的参考资料,在中外文学、文化交流史上具有重要意义。③ 张黎源则指出凤凌的《四国游纪》是难得的通过中国人之眼观察西方军备的文献。④

综上可知,目前对凤凌仍缺乏较为深入的研究,其生平仍有待挖掘,其在欧洲的考察报告《四国游纪》也少为人关注。本文将从凤凌的生平入手,着力探讨《四国游纪》的文本生成过程及其价值。

一、凤凌生平之若干考证

凤凌的后人将其生年定为1850年,⑤或为误记。据《清代官员履历档案全编》所录凤凌之生平信息:1875年由贡监生捐兵部笔帖式。曾两次出洋:一次是1893年由海军衙门考取游历章京,第二年随同出使大臣龚照瑗游历英国、法国、意大利、比利时四国,至1897年游历三年差满。另一次是1899年,经出使法国大臣裕庚奏调出洋,充三等参赞官。1900年报捐花翎同知,分省试用。1902年驻法三年差满,经出使大臣裕庚保奏免补本班,以道员仍分省补用,加二品衔。1903年经吏部签湖北,成为候补道员,时年

---

① 敖丽晶:《简论〈游馀仅志〉的文献学价值》,内蒙古师范大学中文系硕士学位论文,2009年。
② 杨向群、宋德华:《叙论:甲午战争前后游欧的深观细察》,凤凌撰,杨向群校点:《游馀仅志》。
③ 杨晓敏:《〈凤凌四国游记〉中的西方形象》,《内蒙古师范大学学报》(哲学社会科学版)2013年第5期。
④ 张黎源:《泰恩河上的黄龙旗》,生活·读书·新知三联书店2020年版,第455页。
⑤ 柏功扬:《晚清民国外交遗事》,同心出版社2007年版,第56页。

48岁。①而据1905年湖北藩署所刊印的《湖北简明官册》,凤凌"时年五十岁",②由此可知凤凌之生年当在1855年。

其后人又称凤凌在1900—1906年间身在欧洲,且有许多外交活动,直到去世前不久才回到国内,③仿佛得到重用,显然也与事实不符。如前所述,《清代官员履历档案全编》中所记凤凌出洋时段分别为1894—1897年及1899—1902年;在为1929年出版的《游馀仅志》所作的跋文中,其子彬熙亦称凤凌有"两次海外之游",④两相对照,说明凤凌1903年已回到国内。1903年6月8日(农历五月十三)凤凌抵达湖北,为候补道,1904年得到张之洞的考评如下:"年力精强,才具明稳,堪以繁缺留省补用。"⑤直到1905年,凤凌仍未得到实缺,在其身前有五人更具优先候补道台的资格。⑥可知,自1875年起至1907年三十余年间,凤凌两次报捐,两次出洋,但并未得到重用。

由于史料之匮乏,学界对凤凌的了解仍很有限,且相关研究更多关注的是其首次出洋时所撰之《游馀仅志》。《游馀仅志》是凤凌日记的节选本,涉及赴欧途中经历、见闻以及使馆日常,也涉及对各国军事、工业的考察等方面,记录简略且篇幅有限;《四国游纪》则是凤凌按海军衙门的要求完成的考察记录,但很少涉及其日常生活、交际应酬,主要是对英、比、意四国军事设施、军工、民用产业的观察。相较而言,《四国游纪》更为详实,并且不仅有出版刊

---

① 秦国经:《清代官员履历档案全编》第7册,华东师范大学出版社1997年版,第249—250页。
② 《湖北简明官册·(补用)道员》,湖北藩署1905年排印本。
③ 柏功扬:《晚清民国外交遗事》,第47—53页。
④ 彬熙:《跋》,凤凌撰、杨向群校点:《游馀仅志》,第89页。
⑤ 《各该员试看期满甄别留省补用片》(光绪三十年七月),赵德馨主编:《张之洞全集》第4册,武汉出版社2008年版,第196页。
⑥ 《湖北简明官册·(补用)道员》。

行,还有稿本存世,很值得深入研究。

二、《四国游纪》文本生成之研究

在哈佛大学燕京图书馆所藏《四国游纪》红格稿本序言里,凤凌自述这部游纪体著述的由来,即从大清海军衙门接受使命,在对欧洲四国的军事设施、军工、民用产业考察后,整理成书,"各该国照准应游之各海口、兵房、炮台、船澳及各军火制造厂埠、水陆武备学堂,均经先后往游,次第考察。当其时则默记铅题,回署后则逐事考求,详加绎述,于各要隘形胜、水陆军情、船炮制造,随所见闻,据实纂记",①最后署名是"海军游历章京凤凌"。

以往研究多据此认定《四国游纪》的作者为凤凌,但《四国游纪》实际上并非凤凌独立完成,时任大清驻法国公使馆翻译官吴宗濂在其中也扮演了重要角色。1897年即凤凌首次任满回国的那年,杭州经世报馆刊行《随轺笔记续集》,主要讲述凤、吴二人在比利时、意大利的考察,其正文首页标记有"嘉定吴宗濂挹清译纂,蒙古凤凌瑞臣编辑"的字样。1902年石印本《四国游纪》刊行,出版机构不详,其出版是否与吴宗濂或他人有关,亦不得而知,但序言交待吴宗濂、凤凌在《四国游纪》成书过程中的角色:"候选道二等翻译官吴宗濂谨译,海军游历章京凤凌谨著。"②同年上海著易堂刊印的《随轺笔记四种》中,吴宗濂在第四卷《记游例言》中也强调了自己的贡献:"皆为海军衙门派往英、法、义、比之游历官代作,以呈译署。"③也有学者认为《四国游纪》是由吴宗濂代作而成,④但是

---

① 凤凌:《序》,《四国游纪》,哈佛大学燕京图书馆藏红格本。
② 《四国游纪序》,《四国游纪》,1902年石印本,国家图书馆藏。
③ 吴宗濂撰,许尚、穆易点校:《随轺笔记》,岳麓书社2016年版,第424页。
④ 苏精:《清季同文馆及其师生》,上海印刷厂1985年版,第206页。

未给出依据。

那么,《四国游纪》是由吴宗濂代作的么?这样的表述显然不够准确,因吴宗濂陪同凤凌考察的是法国、比利时、意大利三国,英国考察时的翻译则是曾广铨及邓廷铿,而英国部分在《四国游纪》中有六卷,篇幅占到全书的一半以上。鉴于仅有吴宗濂留下与《四国游纪》内容相近的《随轺笔记》,而曾广铨、邓廷铿没有留下记录,本文只能通凤凌、吴宗濂的两种文本进行比较分析,以还原《四国游纪》文本的生成过程及角色分工。

先来看1894年6月24日凤凌、吴宗濂在法国都隆开始考察的记载。

《四国游纪》红格本卷一,凤凌、吴宗濂考察法国都隆军港的部分:

> 二十四日抵都隆,在赤道北四十三度二十八杪,巴黎东三度三十五分三十七杪。天气熙和,无大寒燠(量以法国百度之寒暑表,通趾不过在十四度左右,英国一百三十度表则在七十度光景耳)。后即赴格朗客寓(格朗者,译言大也),部署稍定,即致函于水师府尹,述明游历缘由,并请订期会晤。旋接来信,订于翌晨十点钟接见。府尹姓维业,由水师学堂出身,历在戎行效力,卓著才猷,叠邀迁擢:一千八百九十年升授水师总兵,旋由海部派驻都隆,总管水师兵船制造工程、沿海炮台及船坞事宜。是官法文称泼来飞迈利低姆,上三字译言府尹,下四字译谓近海者,欲求语义泽成,姑称水师府尹。食俸每年二万零八方四十二生,公费一万五千零四十八方,出门稽查费三千八百八十方二十生,出海巡阅费二万一千六百方,总计岁获法银六万零五百三十六方六十二生的。

《随轺笔记》卷四亦有类似记录:

  二十四日抵都隆后,即赴格朗客寓,格朗译言大也。因首层房价太昂,故住第二层楼。部署稍定,即作洋函一件,述明游历缘由,并请定期拜会,送呈水师府尹尹维业总戎。旋得回音,订于翌晨十点钟三十分接见。按:军门现年六十三岁,由水师学堂出身,历在戎行效力,卓著才猷,叠遭迁擢:光绪十六年(一千八百九十年)升授水师副提督,旋由海部大臣派驻都隆,总管水师船只制造工程,沿海台垒及船坞各事宜。是官法文称为"泼来飞麦利低姆",上三字译言府尹,下四字译言近海者,欲求语义浑成,姑称水师府尹。食俸每年二万零八方四十二生,公费一万五千零四十八方,出门稽查费三千八百八十方二十生,出海巡阅费二万一千六百方,总计岁获得六万零五百三十六方六十二生。(方即佛郎克,中国驻法使署报销册沿用方字,兹故仿照,以兹简便)

  由上可知,在描述同一事物时,《四国游纪》红格本与《随轺笔记四种》所关注的内容相近,甚至在行文方式及用语上也非常接近,如《随轺笔记四种》这句,"是官法文称'泼来飞迈利低姆',上三字译言府尹,下四字译谓近海者,欲求语义浑成,姑称水师府尹",在《四国游纪》中几乎照搬,仅是"浑成"误作"泽成"。这类记录中的差异较为常见,如7月2日参观反隆炮台的文字,《四国游纪》"约行二点半钟时始抵山巅,高于海面五百三十四迈当,厂名反隆",其中的"厂"字,在《随轺笔记四种》中写为"厥"字。同一段"大门之右有水柜、水管,柜在山穴,容水六万立方启罗,水存由积雨所汇归,而溜以沙屑,其洁可知",这里"溜"字亦为《随轺笔记四种》所用"滤"字之误写。此外,在记录舰船尺寸时,凤凌经常漏掉舰宽、排水深度等数据,应是吴宗濂翻译介绍的太快或是抄录粗心所致。

但《四国游纪》内的文辞有时较《随轺笔记》稍雅驯,或与吴宗濂早年在上海广方言馆学习法语,其传统文化修养较凤凌要弱所致。如在表达法国前总统去世这件事时,凤凌用的是"服制",而吴宗濂则用的是"丧期"。而在描述病人的着装时,《四国游纪》中记作"病人所穿之衣服,皆由院供给,宽舒洁净,更换有期",《随轺笔记四种》中记为"盖病人所穿之内外衣服,皆由院供给,宽舒绵洁,体适可知已"。

《四国游纪》与《随轺笔记四种》最明显的差异,体现在与当地官员交接应酬的记录上。在《四国游纪》中,这部分往往略而不记,或有误记。例如,1896 年 10 月 16—29 日凤凌、吴宗濂对比利时的考察,曾与比国外交部、法务部、内政部有过多次接触,对此《四国游纪》的记录失准处颇多。《四国游纪》将向比利时外交部递交国书的日子系在 10 月 16 日,而实际上,根据《随轺笔记四种》,则发生于 10 月 17 日,这一天比国外务部举行了欢迎凤凌、吴宗濂的宴会,比国法务部、内政部大臣都在座。就在这场宴会上,比国外交大臣问到凤凌的任职情况,据《随轺笔记》,凤凌的回答是"从未厕足兵船,惟在海军衙门为主稿,盖中国海军衙门所司之事,无非稽核、报销、准驳、升转而已,故皆以文员充之",《四国游纪》对此完全略过。而在宴会聚谈中,比国外交副大臣与吴宗濂聊过很多内容,如陈季同、罗丰禄乃至中国驻四国公使龚照瑗的健康状况;宴会结束后,外务部大臣夫人还向吴宗濂询问中国的婚礼、女子缠足等习俗,并谈到欧洲女性束腰的情况。18 日,在接受比国王储接见时,凤凌被问到是否会用法文或英文,在得到否定的答案后,谈话就仅发生在王储与吴宗濂之间。显然凤凌无法真正参与到与当地官员的对话中,以致于凤凌将 18 日王储所说的一些话误记在外交大臣名下。① 凤凌对涉外交际应酬的省略与误记,应是与《四国游纪》鲜明的考察报告属性有关,但与外方接触过程尴尬的境遇可能也是原因。

就此可推知《四国游纪》的形成过程:身为翻译人员的吴宗濂等,是与各国官员的直接接触者,也是考察信息的获取者与转述者,而凤凌除现场个人观察、体验外,更多要取自吴宗濂等人的翻译与介绍。通过吴宗濂等人在考察过程中的现场翻译,凤凌记录下来形成文本底稿,惟有如此,才能解释《四国游纪》与《随轺笔记》相关部分文字表述极为相近的情况。而正因吴宗濂在四国考察中确实扮演了极为重要的角色,于是1897年杭州经世报馆所刊《随轺纪游续编》铅印本、1902年《四国游纪》石印本中才会署有"吴宗濂译述"这样的文字。这种文本形成的过程,与明末利玛窦、徐光启所开启之口译、笔述相结合的文本生产方式极为相似,但因当场翻译、记录、合作的双方皆中国人,因之而少了切磋、打磨、润色等环节。

三、凤凌的观察与思考

晚清出使日记类著作对异国风俗、新鲜器物、科学技术乃至社会制度诸方面的关注较为常见,《四国游纪》对这些着墨不多,其关注的重点在各国军备、军事设施、军工及民用企业,并注意到相关产业技术发展的程度,也注意到工厂中的男女分工以及职工教育培训等方面。如前所述,《四国游纪》是凤凌与吴宗濂等人共同完成的产品,但也融入了凤凌本人的观察与思考。

在考察过程中,凤凌仍习惯于在中国传统中寻找资源,对西方

---

① 《四国游纪》卷一一;另见吴宗濂撰《随轺笔记》,第532—534页。

各国当时所取得的进步进行解读。

《四国游纪》卷七,在英国格林乌巴特里造机器厂时,凤凌以《大学》里的"格物"概念去理解英国科学技术的进步,认为并不出圣人"格物"之范畴,但显然更用心:"《大学》首言格物。格物者,在即物穷理而明其体用者也。乃大道常昭,虽及之海角天涯,终莫由出乎圣人之始教。纵云机心机事,罔弗宜民、宜人。以观英吉利制造之盛,凡器物、用物,无非用其机心以求臻乎其极,利益弥广,斯制造弥精,由是工商得专其利焉。"

《四国游纪》卷十,在观摩英国军队操练时,凤凌用到中国古代兵书《司马法》内的观点,以为与英国的情形相符:"国虽大,好战必亡;天下虽平,忘战必危。英其念诸。"凤凌等还从中国士人通过诗文以求得科举进身的情况,比照西方军械的进步,探求其原因,"翻新出奇,因时制宜,皆赖次为进身干禄之阶",进而建议中国"采西国适用之军械一二端,建厂仿造,重大之件兼用机器,仍须多用人工,一俟久而得法,艺精技熟,果有人于一枪一炮之中能变新法,或出奇式者,试之果利,而后予以武官,懋以厚赏,俾人人思奋,自无不竭虑耽精一其心于制造之中,安知中国制造不能蒸蒸日上哉"。显然,在鼓励创新的问题上,凤凌的思考仍较为粗浅。

在考察过程中,凤凌也力图纠正直到19世纪末中国士人中仍存在的关于西方的一些错误认知。如在《四国游纪》卷九中,凤凌在参观英人会操之后感慨:"曩闻西人直胫,诚不可信矣。"不过他仍认为英军的操练,"技虽精熟而举动未免太笨,未若中国单刀花枪之灵巧可观也",亦可见凤凌的认知仍有局限。

作为海军衙门的文职人员,凤凌缺乏军事、技术制造方面相关的知识储备,也缺乏实践经验,但他的考察并非应付了事,而是敢于尝试新兴事物,并积极向接待方请教。如卷十中在参观英国马克辛炮厂时,凤凌拿起新式的马克辛炮(全自动机关枪)进行射击,亲身体验该枪强大的威力,"当即坐于铁柱皮鞍之上,以一手搬动移炮之柄,而炮随手转,再用大指按炮之簧,如弹丸脱手,复按不动,弹尽烘出,势若飞煌,须臾连发二百五十余弹,更无烟气,亦无火药气味"。完成操作过后,凤凌对马克辛机关枪的炮架产生了兴趣,他认为以中式小推车代替马拉的炮车,携带起来会更为便捷。"马克辛一炮实属快利,若仿式精制,一炮足以敌百枪。惟炮车须用马驾,炮架必待人移,使若改用中国二把手小车式,换用双轮,俾得稳重,中置炮,旁置弹匣,只须一人推挽,停车立能开放,且车行亦不费周折,当视炮车炮架尤为便捷"。

再如卷十一在比利时爱斯达尔军枪厂,凤凌注意到该厂所生产的枪柄较轻,于是询问所用木料,得知是葡萄木。又如卷十二中,在意大利拿波利官船坞,凤凌发现铁甲船上的新式鱼雷筒座,而"诘其妙",得到答复:"此式炮座,可以对准来船一直竟去,其力则甚猛而有准,不似旧式雷座出筒时势极高,然后沉于水面始能直前,力既缓而无准。至汽机锅炉,式虽稍异,而规矩法门实出一辙,但云新奇灵妙处全在一能增速率耳。"

在《四国游纪》中,还记录不少中西文化交流以及军工贸易相关的事项。《四国游纪》卷一,在法国拉扇恩商船厂,凤凌记下船主所说的一段话,涉及该厂与福州船政局的人员及物资往来:"伊厂与中国素有交谊,福建船政局总监工魏太守翰曾在本厂习艺。又曾代制船料一副,运往闽厂云云。"而在卷十一中,在比利时廓格立钢铁厂,凤凌也详细记录了该厂与中国之间所发生的事情,如1891年该厂接受湖广总督张之洞派来的二十名学生在厂学习,并受张之洞聘请筹划湖北铁政局;该厂在张之洞转任两江总督后,仍为其谋划过镇江至南京的铁路,后因刘坤一回任而取消,该厂也因之蒙受一定损失。这些在其他文献中并未见记录。

从《四国游纪》还可了解到,当时各国对凤凌等中国考察者多很热情,且有不切实际的期望。《四国游纪》卷十一,为表达欢迎之意,比利时对凤凌等人的招待规格很高,外交大臣、法务大臣、内务大臣乃至王储都有接见。比利时官方希望借此推动中比间的商业、军火贸易,并欢迎中国人到比利时设立丝、茶厂以及银行,"公等至此,余等深幸。所有官商厂埠,请随意游观,且本国制造虽不及英、德之盛,而工精料实,尚堪自信。凡一切军火,倘蒙惠顾,比厂自当工料加细,价值从廉,及织造各机器无不备美。本国安法尔司海口商务日隆,贸易之华人往来甚夥,今虽拟添派领事,而大利仍未获于中国。倘能于此埠开建丝、茶商厂,但有交涉,华、比各商觌面商办,不假手于英人,庶免从中夺我利权,则大利自归于中国。公等回华,当以此意禀明政府为幸"。

《四国游纪》卷十二,在意大利考察时,凤凌等人的食宿、参观等所有费用都是意方承担,"凌等自到罗马,自游厂日起,凡游各厂车店等费皆海部预备,辞让则至意不肯"。而在考察较为新式的烧煤渣船时,意国官员也有明显的示好举动:"义国政府愿与中国格外联交,故肯开诚相示,然尚详谆谆嘱托慎勿泄于其邻邦也。据称:中国如欲采用,彼国固肯派员到华教导,即中国派员赴义学习亦无不可,事属简易,数月当可学成。但愿中国政府知我义国制造不逊于他邦,堪与英、德相颉顽,但求倘有应需制造,照顾义国商厂,义国非徒获利,实足显制造之精,而交谊自当弥笃矣。"在意大利恩盎萨度船厂,厂主"特令熔成熟钢三桶,浇铜板一方,长约二丈,宽其及半,中作阳纹龙式一条,夭矫玲珑,酷肖中国旗记,两旁作义大利旗式者二,盖藉此所以示敬于中国也"。

各国对凤凌等人的接待都很热情周到,比利时皇储、外交部长、法务部长出席招待宴会,意大利承担参观、食宿的费用等等,无非希望得到与中国进行通商贸易的机会,扩大对华贸易,增加对华相关技术设备的出口,但他们显然高估了凤凌等人对清廷的影响力。

综上可知,《四国游纪》是考察晚清域外游历文本生成过程的很好材料,且包含极为丰富、重要的史料,不仅介绍了西方各国的军备情况、军事设施、工企业、工技术以及军工厂的各种制度,还保存了若干其他文献未载的中外科学技术交流、贸易往来的记录,值得研究者对其进行更为深入系统的研究。

最后需要说明的是,本书的整理工作是以哈佛大学燕京图书馆所藏之红格稿(抄)本为底本。该书共十三卷,十三册,分装为四函,每页9行,每行22字。其中四卷涉及法国的考察情况,六卷讲英国,一卷比利时,一卷意大利,最后一卷为法国官制。该书稿中有"燕京大学图书馆""哈佛燕京图书馆"两枚藏书印,可知该书最先藏在北平燕京大学图书馆,后流入美国哈佛大学的燕京图书馆,流转过程的具体细节不详。1902年《四国游纪》还出过石印本,共四册,不分卷,并按照考察对象分为二十四节,书中每页17行,每行31字。《四国游纪》石印本中载有红格本中明确交代不能刊行的一些插图,两种版本在文字上差异并不大。在整理过程中,考虑到吴宗濂在《四国游纪》文本生成过程中确实扮演了较为重要的角色,且其所著之《随轺笔记》在内容、语句乃至文字上常有与《四国游纪》高度重合的情况,故也将该文本拿来与《四国游纪》进行比对,这种做法或不合文本校勘的常例,但从中确实校出凤凌错记乃至略去的一些情况,故而整理者选择了这种方式。因整理者自身学养有限,错误在所难免,敬请方家不吝指正。①

---

① 赵中亚:《前言》,凤凌撰,赵中亚整理:《四国游纪》,上海古籍出版社2020年版。

摒挡须仗舌辩
——蔡钧与晚清地方对外交涉

摘要：蔡钧，约1850年出生，原籍江西上犹，寄籍顺天大兴，早年在广东出仕，此后长期在广东、两江、福建等地办理地方外交事务，并因此得到多次保举和晋升。此外，他曾随使海外，在神机营、同文馆办差，并出任过上海道和驻日公使。1907年被勒令回籍，交地方官严管，次年去世。蔡钧在当时属于能了解西方情况，熟悉外交者。数十年相关事务处理中积累的经验，也使得其形成了较为独特的外事风格和手段，即在平日多与联络亲善的感情基础，以公法、条约为依托的理论准备和实际谈判中的话术、技巧，再加之以勇于任事和不惧周旋的脾性，蔡钧在一般地方外交事务中较能游刃有余，积极争取到了一定的利权。根据自己的交涉经历，蔡钧撰写了《外交辩难》一书，用以记录其参与办理之事。此书展现了蔡钧本人的外交实践和地方一般外交的细节，不过在撰写过程中他也使用了不少叙事策略，以达到突显自己的宣传效果。在中外交往频繁的大背景下，蔡钧以地方中下级官员的身份，参与到各种外交活动中，并博得了能办洋务交涉之名，实际上又与晚清外交的"摒挡"理路有着密不可分的联系。

关键词：蔡钧，地方外交，《外交辩难》，"摒挡"理路

作者简介：张晓川，湖南大学岳麓书院副教授

蔡钧在晚清史上,不是显山露水的重要人物,但他又与近代史上一些重要事件或者宏大叙事有所联系,故而也非籍籍无名之辈。正因为如此,如今学术界既有研究所展现出的蔡钧,相对而言是片段式的,主要集中在三个方面。从时间先后顺序来说,首先是光绪初年,蔡钧作为参赞随郑藻如出使美国、西班牙、秘鲁三国,并实际主持驻西公使馆工作之出使时期。更为学者们重视的是根据这段经历,蔡钧编写了两本与出使相关的著作《出洋琐记》和《出使须知》。权赫秀从韩国藏本的角度出发,对两书作了基本的分析,当然,主要是介绍内容与作序者王韬的相关认识等,对于蔡钧本人的基本情况,仍旧是模糊处理,甚至有一些错误。① 另外,《走向世界丛书续编》在 2016 年出版,将两书合为一册,正文前有署名"穆易"者撰写的叙论,主要也是对两书内容梗概的复述。② 其次是 19 世纪末,蔡钧在两江尤其是上海道任上参与的一些重大事件,相关研究有所提及,比如戊戌政变期间在沪布置对康有为的抓捕,第二次四明公所事件,以及一些其他华洋纠纷等等。③ 第三则是 20 世

---

① 权赫秀:《研究近代中国对外关系史的一部珍贵史料——蔡钧著〈出使须知〉之韩国藏本评介》,《韩国学论文集》2003 年第 2 期;权赫秀:《晚清中国与西班牙关系的一部罕见史料——蔡钧著〈出洋琐记〉韩国藏本及其内容评介》,《社会科学研究》2012 年第 3 期;蔡明纯:《晚清海外旅行"须知"的问世与近代中国旅行文化:以袁祖志〈出洋须知〉与蔡钧〈出使须知〉为中心》,(台北)《台湾史学杂志》第 22 期,2017 年 6 月。

② 穆易:《叙论:与西班牙外事交往的早期记录》,蔡钧:《出洋琐记》,岳麓书社 2016 年版。此文作者应该就是编辑杨云辉,见杨云辉《与西班牙外事交往的早期记录》,《书屋》2017 年第 11 期。

③ 葛夫平:《第二次四明公所案与上海法租界的扩界》,《历史研究》2017 年第 1 期;周松青:《大东惠通银行股份案始末》,上海中山学社编:《近代中国》(第十辑),上海社会科学院出版社 2000 年版。孔祥吉、村田雄二郎:《解读早期中日交涉的原始记载——中岛雄〈往复文书目录〉研究述略(下)》用了不少篇幅叙述蔡钧被劾私自买米事,并认为蔡钧实有其罪而被包庇,载《福建论坛》(人文社会科学版)2009 年第 5 期。聂成威:《晚清戊戌年前后的上海政局——以蔡钧上海道台任免为切入点的考察》,《珞珈史苑》2020 年。

纪初,蔡钧担任出使日本大臣,在任职期间,参与中日外交和留日学生事务等。特别是1902年成城学校入学风波,一般与留日学生的其他活动一起,被纳入广义的"辛亥革命史"的范畴而受到学界重视。事件的矛盾双方,蔡钧和学生也多被视作是保守/革命的旧新对立势力的代表。① 蔡钧成为这样"片段式呈现"的历史人物,一方面自然是因为其一生只是一些重大事件的参与者,可供呈现的"亮点"有限,不足贯通,另一方面则是后来的研究者考究不深,未能得其生平大概。

一、生平概况

关于蔡钧生平,最显含糊的恰恰是最基础的信息:籍贯和生卒年月。在不少以近代史或近代人物命名的工具书中,"蔡钧"条目中基本上都说其是浙江仁和人,而生卒年则全然不详。权赫秀与杨云辉根据《出洋琐记》《出使须知》中蔡钧的自称"燕山下士"等,判定其为"燕山籍""燕山出身"或"燕山人"。② 其实,燕山根本不是清代地名,只是古雅的旧时称谓,故而燕山人或燕山籍的说法并不合适。光绪十年(1884),即中法战争时期,蔡钧曾经上"敬呈管见"折,因其无上奏资格,需要代递。在代奏的呈文中他对自己的基本情况有一叙述,其乃直隶顺天府大兴县人,原籍江西南安府上犹县。③ 因大兴县在宋代隶属燕山府,固有"燕山"之雅称。

---

① 刘珊珊:《清末成城学校入学风潮述论》,《徐州师范大学学报》(哲学社会科学版)2009年第2期。
② 权赫秀:《研究近代中国对外关系史的一部珍贵史料——蔡钧著〈出使须知〉之韩国藏本评介》,第72页;穆易:《叙论:与西班牙外事交往的早期记录》,蔡钧:《出洋琐记》,第18页。
③ 蔡钧:《为敬陈管见折恳请代奏事呈文》(光绪十年),中国第一历史档案馆藏,军机处录副,03-5680-108。

不过,光绪三十三年(1907),蔡钧被查办之时,有传闻说他就是江西人,为了"出仕"所以"托籍于顺天大兴"而已。① 在差不多同时,蔡钧自撰了一份类似罢官后的辩解书,其中又提到其家族在"京师寄籍已历四世,亲戚故旧咸在一城"。② 另外,在上述代奏呈文中,蔡钧自述"年三十五岁",按照当日国人习惯,光绪十年(1884)称三十五岁,则大概出生于道光三十年(1850)。关于蔡钧的晚境和去世时间,可以从一份公文中得到精确的信息。光绪三十四年(1908)五月,护理江西巡抚沈瑜庆附片奏称:

> 前内阁侍读学士蔡钧,奉谕旨交原籍地方官严加管束。光绪三十三年十月十三日到籍,当经出具印、甘各结,详咨在案。兹于三十四年四月初八日,因病身故。③

如此则蔡钧身故的日期和原因非常明确,乃是在光绪三十四年(1908)四月初八日,因病去世,时年五十九岁。

蔡钧青少年生活和早年接受教育的情况,并不很清楚。从现有材料来看,他为顺天监生出身,④这恐怕是通过手段捐纳而来

---

① 《纪查办蔡钧之历史》,《顺天时报》1907年9月26日,第7版。
② 蔡钧:《誓天纪实》。该件藏国家图书馆,撰写时间为光绪丁未(1907),形制类似奏折,无页码。工具书中,蔡钧籍贯"浙江仁和"的错误判断应该是与人重名所致,清代前期有一位蔡钧即浙江萧山人,曾编撰过《诗法指南》,见江庆柏《清代人物生卒年表》,人民文学出版社2005年版,第808页。梁浩伟借助新披露的第一历史档案馆藏民政部档案,指出蔡钧家族本籍江西德化,后迁上犹,自曾祖开始寄籍顺天大兴,不过这当得自蔡本人自述,结合其在广东成长经历,所谓寄籍顺天估计不无抬高身价或捐纳便利之嫌。梁浩伟:《蔡钧与洋务》,华中师范大学历史文化学院硕士学位论文,2021年,第10页。
③ 沈瑜庆:《奏报奉旨交籍管束前内阁侍读学士蔡钧病故日期事》(光绪三十四年五月十八日),中国第一历史档案馆藏,朱批奏折,04-01-26-0093-135。
④ 《奏稿照登》,《申报》1890年5月2日,第4版。

的。蔡钧很有可能是从小在广东长大的,①至迟在同治末年,已经在广东开始崭露头角,有事迹可寻了。首先是王韬在光绪十一年(1885)为蔡钧两本著作写跋语时,开门见山第一句话即是"蔡太守和甫,十余年前旧交也"。②王韬于同治元年出奔香港常驻,两人的相识应该在粤港地区,既然光绪十一年说是十余年前相交,则自然可上溯至同治末年。第二,蔡钧本人曾经回忆起在广州经历的一场龙卷风:"同治十二年八月十三日下午,省河白鹅潭发蛟,是日西关住户倒塌者数千家,毙者不下二万人……本道乘舆西关拜客,稍迟数步亦被倒房相压。"③第三,王韬跋文提及蔡钧在广东"创设药局",曾邀自己参与,且蔡乃是"典质"家产以成之,可见"勇于为善"。④此事,蔡钧自己也曾提起过,即"施医舍药,确系本道素来嗜好……借贷倡一医院于南关大巷口,名曰寿世堂,迄今念有四年矣"。⑤此番话说于光绪二十四年(1898),则蔡钧来到广东,起码应在光绪元年以前。

同治末年,蔡钧不过是个二十出头的青年。按照他在《出使须知》中的说法是"筮仕粤东,需次穗垣,应官听鼓者亦既有年",即在粤东踏上仕途,之后被调到省城为官。在广州,他逐渐得到上峰的青睐,即"蒙上司称之曰能",进而屡屡交付不易处理的复杂任

---

① 吕海寰:《奏为前出使日本大臣蔡钧通习西语有守有为恳请召见破格任用事》(光绪三十三年四月二十五日),中国第一历史档案馆藏,军机处录副,03-5482-075。
② 《王韬跋》,《出洋琐记》,第97页。
③ 蔡钧:《外交辩难》卷四,光绪乙巳(1905)铅活字本,第5页。根据一份珠三角风灾记录年表,同治十二年八月十三日广州的确遭遇飓风,见赵绍祺、杨智维修编《珠江三角洲堤围水利与农业发展史》,广东人民出版社2011年版,第458页。不过依照蔡钧的描述,更像光绪四年(1878)三月初九日的情况,即"申刻,白鹅潭猝起烈风,覆舟数百艘,溺毙人口无算,城西民舍倾塌一千五百余家",以及"午间,天际有黑气如龙下垂于广州城外之白鹅潭",见《番禺县志》(宣统)卷四二,民国二十年重印本,第3页;卷四四,第7页。不知是否蔡钧将两次风灾的情况记混了。
④ 《王韬跋》,《出洋琐记》,第97页。
⑤ 蔡钧:《外交辩难》卷四,第5页。

务。正是在这段仕宦生涯中,其开始被委派办理中外交涉事宜,并且展现出一定的手段和能力,办事"未尝辱命"。① 蔡钧所说的"上司",应该是光绪初年的两广总督刘坤一。光绪三年(1877)正月,蔡钧即受时为两广总督兼粤海关监督的刘坤一委派,前往连接香港的汲水门,总办税务。他到任后发现,经常有船只挂着英国国旗,拒绝中国海关方面的盘查,强行闯关进行走私活动,中方人员亦无可奈何。蔡钧旋即往晤香港总督轩尼诗(John Pope Hennessy),要求港方提醒船户必须接受盘查,此次交涉收到了良好的效果。② 同年十一月,又因港澳六处厘厂添收杂税,③英方要求裁撤之。蔡钧又受刘坤一和粤海关监督俊启委派,前往香港与轩尼诗谈判,以停收影响香港地区食品供应的牛羊肉税收为妥协,保留了六厂。④ 蔡钧在此时的对外活动中已经取得了一些声望,也获得了西人的认可,曾因办事认真而收到"金表、银笔"的馈赠。此外,在内部事务方面,他还因持平公正,成功解决了高明沙田和新会钓台的宗族矛盾,阻止了可能发生的大械斗。⑤ 因此在次年,一份分发人员验看名单上,便出现了"通判蔡钧、顺天、广东"的字样。⑥

蔡钧在粤的"廉明敏干"和善于与西人交涉,为广东香山人郑

---

① 蔡钧:《出使须知》,《出洋琐记》,第69页。
② 蔡钧:《外交辩难》卷一,第1—2页。
③ 同治十年所设收厘金之厂,六厂分别位于新安县靠近香港之汲水门、长洲、佛头洲、九龙和香山县靠近澳门之小马溜洲、前山。参见长有《奏为九龙拱北两关常税仍归粤关开销免其报解事》(光绪十五年十月二十五日),中国第一历史档案馆藏,朱批奏折,03-6370-031。
④ 蔡钧:《外交辩难》卷一,第2—3页。
⑤ 《客官过境》,《申报》1881年7月2日,第2版。
⑥ 《分发人员验看名单》,《申报》1878年11月5日,第4版。蔡钧本人当然早已在广东,此处只是吏部确认蔡钧可以"通判"一职继续分发广东听委而已。此名单亦可证明蔡钧官方籍贯为顺天府。

藻如所知,于是奏调其随同出使美、西、秘,并常驻西班牙。① 在马德里期间,蔡钧学习了西班牙语,且"酬应日国部院官绅",相处比较融洽。② 有时,他出席活动及与西班牙各方人士谈话的消息,也会传回国内,报道盛赞"蔡君谦以持已,和以接物,而于西国各土音,多所通晓,彼此会晤,靡处言语不达,情谊弗洽也"。③ 无奈其自陈由于身体原因,咳血久病未愈,故而再三禀请回国,终获准。据说当日西班牙方面还颇多不舍:

> 日都部院爵绅一闻是耗,咸惜其去,拟发公函请留驻西都调摄,挽留至再至三,君皆婉言辞之。启程时,送行者车马络绎不绝于道,部院爵绅咸至轮车握手执别,皆叹君何来之迟而去之速也。君既登程,犹纷纷登诸日报,冀其再来。④

蔡钧回国后,与西班牙贵族、官员仍有联系,"时相致信"云云。⑤ 蔡钧于光绪十年(1884)三月十一日抵达香港,四月到达广州,⑥随即为署理两江总督曾国荃奏调。蔡钧似乎回国后身体即

---

① 《委任得人》,《申报》1884年7月5日,第11版。当日驻外公使有身兼数国者,尤以美日秘公使职责分散在三洲,故常自驻一国,以某得力随员常驻其他国家。当时译西班牙为日斯巴尼亚,故称其为"日国"。
② 《出使须知自序》,《出洋琐记》,第66页。
③ 《立言得体》,《申报》1883年11月11日,第2、3版。
④ 《委任得人》,《申报》1884年7月5日,第11版。
⑤ 蔡钧:《外交辩难》卷四,第12页。关于蔡钧的出使生涯,前引权赫秀、杨云辉文已述,不赘。
⑥ 蔡钧《出洋琐记》,第40、41页。关于蔡钧的随同出使和提前回国,时人别有另一种说法,即:"蔡钧原籍江西,与总理衙门参撤之章京张赓(扬)〔飏〕认为同乡,由张赓(扬)〔飏〕嘱荐郑藻如派充出使随员。因其在日斯巴呢亚国署理参赞时,与洋人屡邀茶会,踪迹太密,情谊太亲,恐其别生事端,遂托言该员不服水土,咨送回华。"参见延茂《奏为请饬总理衙门委员蔡钧交出自著刊布〈出洋琐记〉等书事》(光绪十一年十一月二十六日),中国第一历史档案馆藏,军机处录副,03-5684-058。

康复了,也不再提及咳血之事,迅即赶赴南京,向曾国荃大谈洋务、交涉等,并进呈了《出洋琐记》《出使须知》二书,请其作序。① 曾国荃此时署理两江,接替左宗棠布置东南防务,以备法国的战争威胁,故对蔡钧的到来也很感得力,便委派其办理"金陵机器制造营防支应局"事务。② 同年闰五月中旬,随着中法关系的进一步紧张,京畿防务吃紧,清廷急调江宁将军善庆"乘坐轮船迅速来京"。③ 善庆进京前,因得知蔡钧曾出使海外,对洋务颇有见地,故而向曾国荃请求将蔡钧携至京师,随同自己在神机营办事。④ 光绪十一年(1885)七月初四日,"广东候补通判"蔡钧又根据太后懿旨"交[总]理各国事务衙门差遣委用"。⑤ 进入总署后,蔡钧被任命为同文馆帮提调,负责监督统筹同文馆各项事宜:

> 蔡和甫司马于七月中入署,谒见庆邸及各堂官后,初拟派为管股。司马以才力不逮,再三固辞,乃派为同文馆帮提调。盖同文馆学生向由总帮办为提调,无如总帮办公事纷繁,势恐难以兼顾照料周密。庆邸以蔡钧娴熟洋务,故有是谕。司马自补帮提调后,即入总署住宿,诚以此职有督课之责,所任非轻。以司马才干既优,阅历又深,必能处之裕如。若他日命以出洋,或专任以交涉事件,当必益能自见所长耳。

十一年九月间,郑藻如的继任者张荫桓曾经想调蔡钧再次出

---

① 曾国荃:《出使须知序》,《出洋琐记》,第63、64页。
② 《委任得人》,《申报》1884年7月5日,第11版。
③ 《京报全录》,《申报》1884年8月26日,第9版。
④ 蔡钧:《出洋琐记》,第41页。
⑤ 奕劻等:《奏请候补通判蔡钧发交南洋差委事》(光绪十二年二月十五日),中国第一历史档案馆藏,军机处录副,03-5206-056。

洋,随同他出使美、西、秘,如若成行,职位当在"参赞、领事之列"。① 不过不久后传来消息,醇亲王因蔡钧"精明干练,熟悉洋务",所以欲将其"特派在海部行走",即进入筹备中的海军衙门,故再次出使"美、日、秘之行,已作罢论"。②

然而,尚未调入海军衙门,光绪十二年(1886)初,总署大臣奏陈,军机大臣奉旨,仍将蔡钧"发交南洋大臣两江总督曾国荃差遣委用,俾资历练"。③ 接旨后的蔡钧次月即回到南京,继续在曾国荃手下办理洋务事宜,似乎并未太受影响,依旧如鱼得水,官衔节节高升,回南京后不久即报捐了知府,次年末加捐道员,光绪十五年(1889)又得曾国荃奏请,以候补道分发江苏补用。④ 另一方面,蔡钧擅长地方洋务和对外交涉的能力,同样让善庆念念不忘,光绪十四年(1888)出任福州将军的他也奏调蔡钧"来闽办理通商事务"。未几,善庆殁于任,其继任者希元等见曾国荃保奏蔡钧以道员在江苏补用,亦上奏要求:

> 曾国荃为南洋钦差大臣,闽省属在南洋,曾国荃本不分畛域,此数年中该员蔡钧往来江苏、福建,办理两地通商事务,均无贻误。嗣后闽省如有华洋交涉难结事件,容臣等电知两江总督仍饬该员赴闽办理,俾资襄助。⑤

---

① 《出使多才》,《申报》1885年10月10日,第2版。
② 《因材器使》,《申报》1885年10月26日,第2版。
③ 奕劻等:《奏请候补通判蔡钧发交南洋差委事》(光绪十二年二月十五日),中国第一历史档案馆藏,军机处录副,03-5206-056。其实这次发回南洋和蔡钧被人弹劾有关,另详。
④ 曾国荃:《奏为候选道员蔡钧谙习地方洋务请旨分发江苏补用事》(光绪十五年十一月二十六日),中国第一历史档案馆藏,军机处录副,03-5256-046。
⑤ 希元等:《奏为华洋交涉难结事容臣电知两江总督仍饬补用道员蔡钧赴闽办理请旨事》(光绪十六年四月二十日),中国第一历史档案馆藏,军机处录副,03-5265-019。

该片有如抢人,却也能充分说明蔡钧的处事能力与受重视程度,朱批"知道了"后,蔡钧仍然在苏、闽两省多地奔波,其状如下:

> 蔡和甫观察自旧腊从闽中至江宁小住行旌。现闻奉到卞颂帅电音催其速回闽中办理中外交涉事件,因福安、福宁两处民教不靖,颇有龃龉,须急为之料理也。观察略抱清恙,得信后即日就道,已由金陵驰抵上海,不日航海而南,力疾从公,弗辞况瘁,真可谓王事贤劳矣。闻前日京江一役,当事者先派和甫观察前往查办,因有闽中之行,故不及也。①

光绪十六年(1890),刘坤一接任两江总督,作为蔡钧的老上司,当然仍旧多有委重,亦在保举上多有照顾。先是在光绪十八年江苏候补班人员甄别考语中,评价蔡钧"才具优长,办事勤奋"。②次年,又专折特保蔡钧:

> 臣前在两广总督任内,即知该员才可有为,历试有效,此次承乏南洋,所委办理洋务人员,惟该道最为得力……臣既有所见,不敢壅于上闻,倘蒙天恩俯赐录用,或备出使之选,或仍交军机处存记,遇有洋务省份道员缺出,请旨简放,必能殚竭血忱,力图报称,仰副圣主加意人才,维持时局之至意。③

该折奉朱批"着照所请",表示认可,故而当日有传闻蔡钧又

---

① 《秣陵春语》,《申报》1889年3月2日,第2版。
② 刘坤一:《奏为补用道蔡钧等期满甄别事》(光绪十八年五月二十九日奉朱批),中国第一历史档案馆藏,军机处录副,03-5292-086。
③ 刘坤一:《奏为特保江苏候补道蔡钧办理洋务得力请录用等事》(光绪十九年五月二十四日),中国第一历史档案馆藏,朱批奏折,04-01-12-0559-026。

将奉旨出洋,担任驻德、俄等国大臣。① 不过终究没有成行,仍旧留在两江办理洋务等事。光绪二十年(1894),蔡钧曾短暂署理过常镇通海道。② 此后曾两次前往北京。③ 光绪二十三年(1897)八月,苏松太道刘麒祥因病出缺,刘坤一上奏:

> 查有江苏候补道蔡钧,才识明干,体用兼资,曾署常镇通篆,措置裕如,中外翕服,历办要案,均能不激不随,动中窾要,实为监司中不可多得之员,委署斯缺,洵属人地相宜。

后蔡钧果然担任上海道,直到两年后,因上海租界扩展问题,被西方公使施压去职,由李光久取代,④在仕途和职事上有一阵短暂的空白。⑤ 随即己亥建储、庚子事变接踵而至,华洋交涉更形棘手,蔡钧亦参与到东南互保之局及具体的交涉事件中。⑥ 光绪二十七年(1901)五月十九日,西安行在发出上谕:"前江苏苏松太道蔡钧,着以四品京堂候补,充出使日本国大臣。"⑦年底,又补授内阁侍读学士。⑧ 在日本,由于发生了成城学校之风波,蔡钧几乎成

---

① 《简在帝心》,《申报》1893年9月26日,第2版。
② 《莺迁志喜》,《申报》1894年2月27日,第2版。
③ 一次是乙未年(1895),一次是丁酉年(1897)为护送俄国特使吴克托穆进京。分别见绰哈布、桂祥《外交辩难序》,《外交辩难》;以及蔡钧《誓天纪实》。
④ 《上海公共租界史稿》,上海人民出版社1980年版,第473页。
⑤ 蔡钧的《外交辩难》中记录刘坤一曾对他说过这样一段话:"尔开缺沪道时,我忿极,急欲将尔保送引见,尔不愿意,嗣欲奏保,尔仍见拒。"故而蔡钧当时的状态,应该是没有新缺。
⑥ 戴海斌:《"东南互保"之另面——1900年英军登陆上海事件考释》,《史林》2010年第4期;蔡钧:《外交辩难》卷四。
⑦ 《奉旨蔡钧着以四品京堂候补充出使日本国大臣事》(光绪二十七年五月十九日),中国第一历史档案馆藏,电报,1-01-12-027-0349。
⑧ 蔡钧:《奏为奉旨补授内阁侍读学士谢恩事》(光绪二十八年正月二十一日),中国第一历史档案馆藏,军机处录副,03-5414-005。

为众矢之的,并未期满即于二十九年(1903)九月回国,①回到本职当差,自谓"僾值内阁,职务清简"。② 光绪三十一年(1905)初,蔡钧以回籍修缮祖坟为由,上奏要求请假三月,到期后又请求续假两个月。③ 假满之后,他又称病要求开缺,获得了批准。④ 此后,蔡钧应该在北京居住,不过他显然并不甘于就此致仕,继续各种活动。光绪三十三年(1907)四月,吕海寰还曾上奏折保荐其当"破格任用"之。⑤ 数月后,蔡钧即被勒令回籍,交地方官严加管束,直至去世。⑥

二、蔡氏外交风格与手段

从蔡钧的生平可以看到,他长期在地方从事"洋务"工作,其中最为主要和为人看重的,仍然是他初出茅庐时,即较为擅长的对外交涉。从前述不少疆臣对于蔡钧的保举和考语,自不难看出其地方交涉工作所得到的肯定。若说这些或许是国内的官样文章,未必反映全部实情,那么另参以西人对于蔡钧的评价,恐怕较能补全其形象。

《法兰克福报》的记者高德满(Paul Goldmann)曾经用一整篇文字来记述他眼中的上海道蔡钧,在他看来,这位"上海的掌权

---

① 蔡钧:《为呈递告辞国书并定期回国事》(光绪二十九年九月初八日),中国第一历史档案馆藏,电报,2-04-12-029-0749。
② 蔡钧:《自序》,《外交辩难》,第6页。
③ 诚勋:《奏为内阁侍读学士蔡钧回籍修墓工程未完代请续假两个月事》(光绪三十一年七月二十九日),中国第一历史档案馆藏,朱批奏折,04-01-13-0411-031。
④ 周馥:《奏为代奏内阁侍读学士蔡钧假满抵上海病势增剧请准开去底缺事》(光绪三十一年),中国第一历史档案馆藏,朱批奏折,04-01-12-0642-174。
⑤ 吕海寰:《奏为前出使日本大臣蔡钧通习西语有守有为恳请召见破格任用事》(光绪三十三年四月二十五日),中国第一历史档案馆藏,军机处录副,03-5482-075。
⑥ 关于蔡钧被勒令回籍的原因有多种说法,另详。

者"首先是"有着现代观念的人",这恐怕来源于其在欧洲的外交官经历。蔡钧总是口称自己是"外国人的真正朋友",而且表现出非常西化的生活方式和交往礼仪。在出任上海道后,蔡钧只有在需要办公时才会在华界的道台衙门出现,其他时间都住在位于静安寺路63号的宅邸中。根据高满德的形容,这是一幢具有"瑞士风格"的"乡村别墅"。别墅中待客的前厅,虽然主要是中式家具,但是如钟表和灯具等不少器物以及陈设布置方式是西式的。一旦进入了"道台的私人住所",让欧洲来客感到非常吃惊的是这里"没有一样中国的东西",接下来出场的侍者端出了完全西方式的点心、酒类和烟招待客人,不仅使来宾惊呼:如果还"怀疑他不是所有中国官员中最现代之人的话,那可真是严重地丧失理智了"。除了陈设和饮食,蔡道台见西方人的礼仪并非"摇晃自己手"的中国式作揖,而是握手。在双方的交谈中,虽然有翻译居间,但是从德国人的叙述当中能明显感到,蔡钧是具有一定的外语基础的,不仅能听懂一些,还能时不时冒出几句来。即便是和没什么实际权力的记者会谈,主题也不是随意寒暄,而都是现代化和外交的话题。

尽管如此,具有欧洲生活方式和自称洋人之友的蔡钧,绝非一般想象中崇洋媚外、惟洋是从者:

> 然而,可以看得出来,道台作为外国人的朋友,其情份也是有限的,一旦他们(外国人)要求从道台那儿得到什么,道台就不再是他们的朋友了。蔡先生的欧洲观念主要引出了这样一种结果,即他非常清楚,每次对欧洲人要求的满足,将会给他们带去多大的价值。因此,他谨慎提防,绝不轻易松口让步。这位具有进步思想的官员是所有北京政府派往上海的代表中最为固执的,欧洲列强与他的前任们打交道,比跟这个"外国人的朋友"容易得多,其前任们都是些很典型的中国官员。

从这段不乏"微词"的评价中,可以发现蔡钧对于在华西人,尤其是西方外交官来说,是一个比所有前任都难对付的角色。他不会轻易答应西人提出的要求,作出让步,甚至"对于在租界管理中只具有一点点发言权是很生气的",更是可以想见其意欲参与到本非职责范围内的租界管理中。实际上德国记者口中的"固执",则恰恰是蔡钧维护国家利益的明证,而这种"固执"又非如不明世情、不知洋务者的"顽固",而是以手中的权力和心中的外交策略周旋列强。①

　　当然,蔡钧开缺上海道也正是由于他的"固执"。光绪二十四年(1898),上海领事团以租界面积有限,而所居外国人人数激增为由,向蔡钧提出租界扩展计划。蔡钧随后回信拒绝就此相商,"以为最好维持现状"。他的理由有二:首先是上海本来面积不大,外国人有所增加,中国人也"增五倍有余",且外人亦有居住租界以外者,故"足见外侨人口之多寡,固无于租界面积之大小也"。其次,华界地方的现代化建设也在紧锣密鼓地进行,设警察、建街道、添加照明设施,凡此种种,将"按时推广"。② 不久,上海发生了第二次四明公所事件,事件前后蔡钧自谓一方面"迭商法领缓

---

① 王维江、吕澍辑译:《另眼相看:晚清德语文献中的上海》,上海辞书出版社2009年版,第175—181页。记者高德满的意思十分清楚,蔡钧在生活、交往模式上的西化与观念思想上的现代化都是值得肯定的,不知何以译者还会做出如下判断:"这位上海道台的海外经历只是一块镀金的招牌,他掌握的欧洲知识,不过局限于西式住宅、家具比中式舒服,他的外交水平,不过体现在用法文写邀请函、给外国人端上正宗的咖啡而已,而一旦涉及真正的交涉,他马上就露出马脚,显得傲慢而无知。"王维江:《德语文献里的晚清中国》,编辑组编:《史林挥麈——纪念方诗铭先生学术论文集》,上海古籍出版社2015年版,第325页。对于蔡钧在地方外交实践中的交涉理念策略与水平,下文将详述。另外,蔡钧的西式住宅风格可能是一贯的,并非在上海方如此,孙宝瑄与蔡钧之子相识,曾访其家,见"廊宇颇深,有欧式屋,颇可居",见中华书局编辑部编、童杨校订《孙宝瑄日记》下,中华书局2015年版,光绪三十四年十一月十日,第1357页。

② S. M. C.'s *Annual Report*, 1898, p. 282. 转引自上海市地方志办公室、上海市历史博物馆编《民国上海市通志稿》(一),上海古籍出版社2012年版,第332—333页。

办",一方面"嘱宁董传谕宁众,无论如何,静候商办",并"连日与各领调停"。① 该年末至次年初,多国驻沪领事皆与蔡钧就拓展租界事进行磋商,无奈"蔡道态度不妥协",谈判"毫无进展",势同"搁浅",据说英、美、德等国领事皆称"不能与该道妥商",故而在"北京公使团压迫下",蔡钧被开缺。② 其强硬立场和"固执",可见一斑。

蔡钧所处理的地方交涉事务中,四明公所事件和上海租界拓展谈判,已属牵涉较广、影响较大者。他二十余年所办各种华洋交涉和谈判,大多并不那么赫赫有名,不过这恰恰可能是晚清地方对外交涉的常态。关于晚清地方外交,现有研究较多将其放在与中央政府外交相对的位置。故而从层级上说,比较关注于南北洋通商大臣与各省督抚将军;从具体实践层面来说,又多喜沿革地方交涉制度与条理事件门类。③ 影响较小的地方交涉事件与较低层级

---

① 《上海蔡道来电》(戊戌六月初一、戊戌六月初二),虞和平主编:《近代史所藏清代名人稿本抄本》第二辑《张之洞档》第14册,大象出版社2014年版,第528、532页。值得注意的是,蔡钧在给张之洞的电报中,将不能坚拒法人的原因归咎于沈敦和,恐怕未必是确情,起码沈并不能左右局势。《外交辩难》中亦有此情节,而但称"某观察",恐为蔡钧习用的叙事策略,下详。关于第二次四明公所中法交涉及蔡钧在其中的作用,详见葛夫平前引文,文中称:"有学者认为上海道蔡钧在四明公所案交涉中态度软弱,这些都不符合历史事实。"参见葛夫平《第二次四明公所案与上海法租界的扩界》,第68页。又可见傅亮《刘坤一与第二次四明公所事件》,上海中山学社编:《近代中国》(第24辑),上海社会科学院出版社2015年版,第255—267页。

② 上海市地方志办公室、上海市历史博物馆编:《民国上海市通志稿》(一),第333—334页;《江督刘坤一致总署沪道蔡钧既奉旨开缺应催李光久速赴任电》(光绪二十四年二月初一日),《清季外交史料》,国家图书馆出版社2015年版,第2539页。

③ 相关研究可以参阅郭卫东《论晚清时代的地方外交》,《广东社会科学》2017年第4期;李育民:《晚清"人臣无外交"的异变及其趋向》,《史学月刊》2019年第7期。这两篇都是立足于中央政府外交与地方外交权力和制度上的演变。赵宏林:《晚清地方外交研究》,湖南师范大学历史文化学院博士学位论文,2010年;张晓玮:《晚清广东地方的对外交涉》,暨南大学历史学系硕士学位论文,2007年;黄建太:《从洋务局的流变看晚清中外交涉》,河北师范大学历史文化学院硕士学位论文,2010年。这三篇学位论文或从总体,或以地方、机构为主题讨论晚清地方外交,涵盖面较广,未能也不可能反映地方上交涉的细节。

的相关个人,面目往往不太清晰,在资料留存、整理和研究等方面,皆稍欠关注。这些事件和个人虽然相对于总体历史进程而言,影响的确不大,略显"鸡毛蒜皮",但这些可能才是地方交涉的日常图景,故而恐怕不能因其无大影响而完全忽略。

具体到地方交涉实践来说,蔡钧之所以受各地疆吏青睐,实在有其独到之处。他自谓早在广东办理洋务交涉时,即能将看似"无可挽回"之事办妥,做到"焕然而冰释",主要是因为了解了"西人之性,固戆而直",所以想解决问题无非"喻之以理,晓之以情"二端而已。① 在出使游历欧陆、美洲之后,蔡钧发现在"执公法""循和约"的基础上,更需要善于联络,敢于交涉:

> 即遇龃龉之事,排难解纷,平争息怨,亦赖言语之间有以转移之,此辞令之不可少也。至于诘驳问难,执我法度,使就范围,则必于平时足以取信于彼然后可。

其中的关键点,就在于"平时足以取信于彼"。② 与蔡钧惺惺相惜的王韬在讨论对外交涉的情理问题时,也强调了平时用情的重要性:

> 窃尝论之,办理交涉之事,不外乎情与理而已。理仅执持于当时,情必交结于平日,非由平日往来酬酢,其情两相沆瀣,则临时又乌望其言之入哉。③

---

① 蔡钧:《时务摭言》卷一,光绪丁酉六先书局本,第10—11页。此卷即蔡钧一系列"敬陈管见"条陈奏疏,前半与岳麓书社整理本《出洋琐记》所附相同,此处引用者为后半部分,为岳麓本所无。
② 蔡钧:《敬陈管见四条》,《出洋琐记》,第54、55、60页。
③ 王韬:《外交辩难序》,《外交辩难》,第5页。

蔡钧非常强调平时功夫,甚至搬出了孔夫子作为理据,他说中外之间的交涉别无他法,关键就在于消除"隔膜",且须通西语、懂西情者亲力亲为,不使领事馆中的小人有搬弄是非的机会:

> 不出孔圣人垂训,"忠信笃敬,厚往薄来"八字之法而已。以前交涉日多者,"隔膜"二字害之,闲时少与之交往耳。且往往小事交涉,多半由领事署中之文案或翻译播弄而成。①

这里提到的"忠信笃敬,厚往薄来"之法,前四字与曾国藩所说的中外交涉原则相合,即所谓"夷务本难措置,然根本不外孔子忠、信、笃、敬四字",②后四字则是强调要在平时交往中大方一点。这其实已经说明蔡钧心目中,西方人和中国人在交际与办事模式上并没有太大的区别:

> 既办外交,平日不与联情,遇事彼此未见信。譬如我国平素毫无交情,商办一事,必得多费唇舌,若有交谊,免强亦可推情,同一理也。

他自称尤其重视这一点,寻常多与外人交际联络感情,虽然破费金钱也在所不惜,就是因为一旦发生事情,往日的交情都可以用上,实际是费小钱,省大钱:

> 钧办外交念余年,往往与西人酬应,虽费用三五百金,遇事竟可省三五万金,屡见功效。所以办外交不疏财、无胆识,

---

① 蔡钧:《外交辩难》卷四,第 11 页。
② 曾国藩:《复李鸿章》(同治元年三月二十四日),《曾国藩全集》第 25 册,岳麓书社 2011 年版,第 169 页。

万难称职也。①

蔡钧自述曾与刘坤一月旦外交人才，认为办外交所需注意者有四，分别是胆识、舍得花钱笼络感情、外语水平和酬答应对能力，他以为曾纪泽可算是中国"第一外交人才"，但在舍得花钱这方面尚有缺陷：

> 钧常谓办外交者，长于四端，便无遗憾。第一胆识，第二疏财，第三方言，第四肆应，此八字皆行，庶几乎可办外交。然以使才如曾惠敏，可谓中国第一外交人才。其胆识、方言、肆应，亦皆首屈一指，惜欠疏财二字，尚有缺点。②

蔡钧自述的这些具体场景、言行未必尽是实录，不过既然多番强调，当为其所认可的重要外交理念，或是本人自觉比较得意处，当无疑义。蔡钧在履任苏松太道之初，"即定茶会之期，开跳舞之会，厚往薄来，怀柔交至"，甚至被人嫉视，认为这些举动不过徒耗金钱。③ 他还展开"国庆外交"，借慈禧太后寿辰之机，"假沪北洋务局，恭设华筵，邀请各国领事及翻译随员等官，与夫各国中之富商硕士"，共聚一堂以进亲和。④ 对此，有一篇题为《论交涉之机视乎应酬》的文章，将蔡钧作为善于花钱举办外事活动，并收到良好效果的正面典型：

> 首开茶会，并仿西国跳舞之戏，遍延各领事、教士及中西

---

① 蔡钧：《外交辩难》卷四，第12页。
② 同上书，第21页。
③ 《权宪口碑》，《申报》1899年4月26日，第1版。
④ 《普天同庆》，《申报》1897年11月5日，第3版。

绅商，与夫报馆经理、主笔人等，作竟夕之欢。是役也，共(縻)〔靡〕金七千有奇，其数可谓巨矣。西人士啧啧称赏，目为创举，至有撰颂词纪于书册者，倾倒之诚概可想见……每晤西国官商，咸推重观察无异词。嗣后交涉之事，益征接洽，裨益大局，诚非浅鲜。由是观之，宴会交际之虚文，在使臣所关綦重，而在地方官亦不轻也。①

除了花钱宴请以及仿办西式交际活动之外，蔡钧所谓"疏财"应该也包括善送礼，甚至还常惠及对方的家人。在福建处理交涉事件时，蔡钧与英国驻福州领事费笠士交情不错，在费卸任之时，蔡还将"厚礼"送至费太太处。② 在后来的驻日本公使任内，蔡钧给日本贵族近卫笃麿一家送礼，更可谓考虑周到备至：

兹特遣庖丁粗制肴馔四盘、点心两盘，另制西式点心两盘，外锦纱一端，即希代陈于尊夫人前。不腆之微，聊以将意云尔。又另赠少爷、小姐折箑扇四柄，藉以奉扬仁风，务乞笑纳，勿以菲而见却。③

---

① 《论交涉之机视乎应酬》，金匮阙铸补斋辑：《皇朝新政文编》，沈云龙主编：《近代中国史料丛刊》(292)，(台北)文海出版社1987年版，第456页。此文原始出处不详，从文理辞气判断，有蔡钧授意或自撰的可能。另蔡钧自己也对此类活动颇为得意，详细记录了茶会带来的赞誉："钧上年九月履任，十月初十日适逢皇太后万寿，是晚邀请茶会。各国西人到者男女千人，虽香港、汉口西商亦来赴会。盖西人好奇，因中国始创茶会，故皆以赴会为荣。当初拟请茶会时，担文律师为钧曰：'闻贵道请茶会，开中国风气，我西人闻知非常欣喜。'是晚，工部局董事为钧曰：'闻贵道开此风气，且布置华丽周密，即欧美最讲究之大茶会，亦不过如是。请此茶会，尤胜中国连捷胜仗，使各国人见之，亦知中国尚有人在也。"见蔡钧《外交辩难》卷四，第9—10页。
② 蔡钧：《外交辩难》卷二，第2页。
③ 蔡钧书信(1902年6月6日)，李廷江编著：《近代中日关系源流——晚清中国名人致近卫笃麿书简》，社会科学文献出版社2011年版，第472页。蔡钧曾经自谓"于利之一事，视之最轻"，故而在赈灾、医疗等方面也时有"疏财"之举，并非仅与外人酬应，另详。

既然重视日常功夫，做到"交结于平日"，而且能投其所好，作为"外国人的朋友"，遇事交涉则相对有一融洽的氛围。蔡钧与西人谈判，"交情"是出现频率很高的词汇，多次强调情谊最深，大打情感牌，以获得交涉的最佳结果。有了"情"面基础之后，亦需注重说"理"。蔡钧在晚清乃至地方交涉官员中，是以知西情、懂洋务著名的。他早知只要国力足够的话，"条约尚可背，公法亦可废"，①但是在自身国力不济的情况下，就一定要"执公法"，"循和约"。西人虽强虽狡，但或可以公法、条约"与之周旋"，要使其心悦诚服，则"非秉公法以折之"不可。②故而，能懂公法、条约，并在对外交涉中合理使用，便是最大的"理"。对于中西法律不同引起的交涉复杂化，蔡钧亦有所考虑，他以为解决办法必须是延请洋律师为我所用，方可在司法交涉层面以夷制夷，"压服"西人。③此外，蔡钧对西政西教较为了解，也能将这些知识转化为与西人的"理论"。比如在芜湖教案的交涉中，蔡钧一方面宣称自己之前所到欧洲各国，议会皆能公正议事，若知外交官及教士在华迹近勒索，必不能答应，另一方面又要求传教士对"天主"发誓，索赔金额并无虚报。姑且不论结局如何，但好歹在"说理"一层尽力而为。在交涉之余的闲聊中，蔡钧还大谈自己环游地球一周的海外经历，更是在德国籍传教士面前展示其不凡的经历和人脉，即自己不仅认识德国首相俾斯麦和皇子，而且还"曾握谈两次"，交情不浅。④这恐怕就是平日之"情"、辩论之"理"外，蔡钧的第三种武器，即谈话之"术"。在《外交辩难》所述谈判过程中，蔡钧亦经常使用谈话

---

① 蔡钧：《外交辩难》卷一，第3页。
② 蔡钧：《敬陈管见四条》《续陈管见》，《出洋琐记》，第54、55、59页。
③ 蔡钧：《敬陈管见四条》，《出洋琐记》，第53页。当然这一建议完全实现，要到十多年后蔡钧履任上海道时。见《委派南洋律法正副官员片》（光绪二十三年十二月二十日），《刘坤一遗集》，中华书局1959年版，第1012—1013页。
④ 蔡钧：《外交辩难》卷一，第19—20页。

之"术",以气势、履历、人脉乃至辩论条理上与对方斗智。此处即以中国、西班牙之间的叶畴遗产案为例,稍析蔡钧在中外交涉中"理""术"的运用。①

叶畴,福建人,本名林登铁,后卖入叶家,常年在菲律宾(当日为西班牙殖民地)做生意,在菲娶妻、妾各一,有子女三人。叶畴生意失败后,携所剩资产约三万多银元回国,后病逝。西班牙驻厦门领事濮义剌将遗款收缴,欲带回菲律宾,叶氏族人叶燕满即状告要求分得遗产,濮与地方官交涉未果,蔡钧奉命来办此案。两人甫一见面,濮义剌即明扬暗抑地来了个下马威,称本来可以看在蔡钧情面上妥协办理的案子,但因其来迟已经上报西班牙驻华公使,故而碍难通融。蔡钧亦不示弱,表示与公使认识,且公使非常公正,只要照章办理,无所谓来早来迟。他也明扬实抑地送出高帽子,说本来佩服濮领事公正,不知此案何以如此偏执。接下来蔡钧将领事与地方官交涉无果之咎归于濮氏,抬出"西律"和"万国公律",讲解只要两国不失和,总需协同商处各类事件,濮义剌不见地方官是"知法犯法,罪加一等"。一通指摘之后,蔡钧即以天晚为由告辞。在此后的数次辩论中,蔡钧一方面坚持叶畴是中国籍,且银钱资产带回中国,濮义剌将之扣留乃是"置公法、西律于度外",并暗讽领事乃是见钱眼开。另一方面,在谈判中使用各种手段:其一,时时宣扬自己办理外交十多年,又有游历各国经历,每事照章办理,问题皆迎刃而解,以此突显对手之不讲理为十余年所未见,导致简单的案子迁延甚久;其二,常常在谈判中摆出撒手不管的姿态,或顾左右而言他,一会畅谈外国风景,一会抚琴娱乐,或以事务繁多,不可能在当地久留,若濮义剌继续偏执则届期径行不顾,以此施加压

---

① 之所以选择此案,盖因首先西班牙在当日西方国家之中,列强属性稍弱,并没有太多实力可以威压中国;其次遗产案本身较小,牵涉利益较少,不属重要交涉事件,由于此二者,可能可以更多地展现辩论中,"理""术"的使用及其效果。

力,又或爽约不赴晚宴以此表达不满;其三,在遗产金额分配谈判时"得寸进尺",从本来可能分文不得,或得四分之一,力争到一半,又以化零为整之由,将分得的一万九千余元提至两万;最后,还顺便惩戒了当地挟洋自重、招摇生事的通事买办。濮义刺在谈判中屡屡示弱,称蔡钧熟悉西方法律,又擅长说理辩论,且利益上斤斤计较,态度上咄咄逼人,自己招架不住,只能看在情面上予以退让。蔡钧亦借此标榜自己外交熟手,不图名利,以及"情理不洽,虽上宪许之,我仍可以坚拒"等端。①

三、《外交辩难》及其叙述策略

叶畴遗产案虽由两国官员出面协商,但从法律角度视之,则为国际私法案件,并未牵涉到国家层面,故其在近代史上毫不知名。蔡钧二十余年外交生涯中所处理者大多与之类似,不是什么重大事件,有些甚至较难找到相关记述,皆寂寂无名,或淹于历史尘埃中。幸而他有心作《外交辩难》一种,保存了相关记录,使得后世的研究者得窥当日中外交涉更为寻常而又细致的面貌。

现在所见的《外交辩难》有两个版本:其一是光绪二十年(1894)出版的《中外交涉辩论记略》,其二为光绪三十一年(1905)出版的《外交辩难》。②《中外交涉辩论记略》,光绪二十年(1894)上海铅活字印本,一册,不分卷。封面题名《辩论记略》,题者为王韬("遁叟"),旁有"甲午秋刊"字样。内版心亦题"辩论记略"四字,卷端则为"中外交涉辩论记略"。正文前只有一篇王韬的序言,写于"光绪甲午夏六月初澣",即1894年刊印前夕,没有跋和其

---

① 事见蔡钧《外交辩难》卷一,第4—13页。
② 《中外交涉辩论记略》藏国家图书馆,《外交辩难》藏上海图书馆。关于蔡著在这两个时间点刊印问世的用意,下详。

他信息。之后便是正文,起首是书名和"燕山蔡钧和甫著"。全书以具体经手事件为题,共九个章节,每一章节有小标题,分别是《杜截私船闯关之弊》(1877)、《辩明不撤六厂》(1877)、《会商厦门日国濮领事与地方官争夺人民叶燕满巨款一案》(1888)、①《办理福州美商波不律轮船平潭触礁一案》(约1888)、②《办理芜湖教案》(1891)、《办理建宁大洲地方乡民拆毁医馆凌辱教士一案》(1892)、③《奉委赴镇江会同黄道商办黄如雨一案》(1892)④、《致

---

① 《会商厦门日国濮领事与地方官争夺人民叶燕满巨款一案》第一句从"初七日"开始,毫无年月信息。在《外交辩难》中,此章第一句为"己丑十月初七日",则似当为光绪十五年(1889)秋之事。不过,经查濮领事为濮义剌(Don F. Gomez de Bonilla),曾两次任西班牙驻厦门领事,分别是1888年4月至1889年6月,以及1891年。见故宫博物院明清档案部、福建师范大学历史系合编《清季中外使领年表》,中华书局1985年版,第164页。又据蔡钧《誓天纪实》言:"忽迭奉杨督昌濬电召,遂赴闽。会卞督宝第甫任事,……并厦门日国争财产一案。"可知此次交涉发生在闽浙总督易人之际,杨昌濬和卞宝第的交接在光绪十四年(1888)九月,则可判断此案在1888年秋。见杨昌濬《奏为恭报微臣交卸督篆日期仰祈圣鉴事》(光绪十四年九月初十日),中国第一历史档案馆编:《光绪朝朱批奏折》第5辑,中华书局1995年版,第813页。

② 《办理福州美商波不律轮船平潭触礁一案》中几乎没有提示年月的相关信息,按照《中外交涉辩论记略》的一般习惯,事件以时间排序,大致可得此案在前后案,即1888—1891之间。另1888年春,曾有"美国公司轮船,名'三柏波罗',于本月初三日在横滨装搭客、银洋、货物,开往香港。至初八日天将明时,行至福建海面,触于礁石",疑似此次交涉之缘起。见《轮船触礁》,《申报》1888年4月22日,第2版。

③ 《办理建宁大洲地方乡民拆毁医馆凌辱教士一案》第一句为:"五月十一日……"无年份信息。根据西方人的记录,建宁教案发生在1892年5月11日,见中国第一历史档案馆、福建师范大学历史系合编《清末教案》第5册,中华书局2000年版,第357—359页。其中提及的"本城首要士绅乔治沛(Chio Chie-Puoi)"即为蔡钧提到的朱紫佩。另查方志中亦记载光绪十八年(1892)六月,因私建教堂引发教案,并提及"朱绅紫佩"和"瓯宁县马辰管"即本章节出现的"朱紫佩"和"马大令"。见《(民国)建瓯县志》,(台北)成文出版社1967年版,第243页。不过本章节又提到蔡钧前往交涉时,正是"费领事"和"胡领事"卸任交接之时,此即英国驻福州领事费笠士(George Phillips)和威妥玛(Thomas Watters),两人交接当在1893年10月,见故宫博物院明清档案部、福建师范大学历史系合编《清季中外使领年表》,第96页。故而怀疑本章节蔡钧叙述或有错乱之处。

④ 《奉委赴镇江会同黄道商办黄如雨一案》在《中外交涉辩论记略》中以"十一月朔日"开头,并未述及年份,但《外交辩难》中有"光绪壬辰十一月朔日",故当为1892年。

驻镇美领事函录存》《办理栖霞紫金两山教士避暑节略》(1893—1894)。① 正文结束,书末则有"辩论记略终"五字。

《外交辩难》为光绪三十一年(1905)铅活字印本,全书分为四卷,共两册。封面为蔡钧("闽石山人")自题的"外交辩难"四字,旁有"乙巳仲冬重梓"字样,版心亦书"外交辩难"。正文之前共有五篇序言和一篇自序,五篇序言分别是吕海寰、奎俊、绰哈布、桂祥和王韬所写。其中前四篇应该是专门为《外交辩难》所作,而王韬的序言则即前述为《中外交涉辩论记略》所作者。自序中,蔡钧简单回顾了自己的为官经历和苦心建言时务却为人嫉恨之事,并宣称既然"吾言其殆终不行",所以刊刻不过是"敝帚自珍",以之"示子孙"而已。自序之后,是蔡钧"述辑"的《英法各国通商始末考》一篇,这些内容都是《中外交涉辩论记略》所无者。

通过正文的比对可以发现,《外交辩难》一、二卷,即《中外交涉辩论记略》全书内容,篇目完全一致,文字稍有出入,皆无关紧要者。三、四两卷所记之事,皆为《中外交涉辩论记略》刊刻后发生。卷三比较特殊,整卷集中于一事,即蔡钧参与的信隆租船案(1897),而且文字都是该案庭审记录和文书。该卷首先是《译录会审信隆租船案担律师为被告申辩各词》一章,篇幅较大,基本是法庭辩论之记录,当然不止是中方延请的律师担文(William Venn Drummond)辩词,还有原告律师威金生(H. P. Wilkinson)和英国总领事韩能(Nicholas John Hannen)及各证人的口述等。此后是三份司法判决文书,分别是《大清钦差南洋大臣委办信隆控案承审官前署常镇通海道蔡堂谕》《"武宁"轮船管轮向信隆行控追薪资断偿英刑司堂判》和《香港英臬司判语》。卷四形式则与前两卷类

---

① 《致驻镇美领事函录存》《办理栖霞紫金两山教士避暑节略》两部分内容当为一事。文中时间线索很清晰,南京传教士要求避暑之事,牵涉前后两年。

似,基本上是一章叙一事,分别是《告驻沪英美法领事整顿租界巡捕无礼事》(1897)、《记禁米出口过严遭谤事(附创建吴淞验疫医院)》(1898)、《婉辞法总领事荐用法人为中国捕头》(1898)、《译录光绪二十四年闰三月初十日字林报论修筑马路事》(1898)、《记德国亨利亲王过沪以欧洲各国款待藩王世子例不用黄轿疆臣亦不出境远迎》(1898)、《记力拒法人要索四明公所冢地功败垂成致扩充公共租界事》(1898)、《记力拒各国扩充宝山县租界为人泄言事》(1899)、《庚子事变力请江督保全南洋事略》(1900)、《记坚阻印兵至沪登岸不果事》(1900)。

当然,如前文所及,《外交辩难》所书究不可全当实录,其原因大致有二:首先是此前已经提到,作者所记毕竟是事后追述,有记忆不准确之处,也有可能将两事混一者;其次,蔡钧写作刊行此书,用意大抵不是自序中所谓"敝帚自珍",然在行文中,他实际上使用了一些叙事策略,以达到自我突显的宣传目的。[①] 为了避免作笼统的"诛心之论",此处试以几个案例,就其大者,分类说明之。蔡钧所使用的第一类叙述策略可谓掐头去尾,夸大自己的功劳,即每章节并不将来龙去脉写清,而是单述自己参与的部分,呈现出一种自为第一功臣的态势。最为明显者乃是《庚子事变力请江督保全南洋事略》一章,似乎整个"东南互保"都出自蔡钧的建议一般。当然,作为"辩论记略",这样的写法本身似乎没有问题,而且相对而言,"掐头"虽然忽略了此前谈判的进展,但终究是因处理无果所以才有作者的参与。相较之下,"去尾"的问题可能就比较大了,因为读者阅读之后,或以为事件在蔡钧斡旋之下已经得到妥善解决,而事实可能并非如此。一个明显的例子就是芜湖教案。《办

[①] 蔡钧本人非常注意自我宣传,此为阅读其文字所需注意者,而且1894、1905两个年份,分别是在甲午战起求进和事务清简、仕途不顺之时,另详。

理芜湖教案》一章结尾处,双方谈到待总领事批复,即可定合同签字结案,此后便是喝酒闲谈。最后告别时,蔡钧表示因为福建有要事需要办理,不能久待,不过教案只要按所议去办,数日可了结。双方告别后,文字便戛然而止,给人一种"事毕拂袖去"的潇洒姿态。① 然而芜湖教案并未由此结案,根据刘坤一的疏奏,芜湖教案发生后,的确委派蔡钧与芜湖道彭禄前往查探、谈判赔偿问题,但其结果是"与教士商议未结",最后由上海道聂缉椝与法国总领事会谈后方才结案。②

第二类策略则是塑造自己尽心尽力使用各种方法,争取到比较良好的结果,却因自己人因妒从中作梗,导致功败垂成的形象。比较典型的例子为四明公所案、租界拓展案和庚子阻止英军登陆之事。蔡钧在《记力拒法人要索四明公所冢地功败垂成致扩充公共租界事》一章中,将力拒法人的功败垂成和公共租界的扩充案联系在一起。根据他的说法,两事之所以牵连,原因在于"某观察"(沈敦和)之所为。因为本来各国领事已经被说动,愿意集体向法国施压,不意沈敦和受命来沪后,与德国总领事暗通款曲,私自以扩充租界为条件,去换取四明义冢的保留。③ 因为沈敦和自己是宁波人,受命与江苏布政使聂缉椝来沪后,以同乡利益为重,为保四明公所之产而不及其余,似乎颇合情理。但实际上,四明公所一案交涉,蔡钧自有处理不当之处,即便是一直以来都力挺他的刘坤一,都对其大为光火:

> 至四明公所一案,固属客强主弱,亦由蔡道失于思患预防。闻该道与法领事商议颇久,既不早检出光绪四年议据,折

---

① 蔡钧:《外交辩难》卷一,第20—21页。
② 刘坤一:《办结芜湖教案折》,《刘坤一遗集》,第703页。
③ 蔡钧:《外交辩难》卷四,第16—17页。

以是非，又不央英、美诸领事居间，怵以利害。甬人数十万扰乱商埠，英、美所深虑，应无不乐于排解；乃一味以柔道相与，以致彼族凶焰益张，毙我人命数十名之多，犹复藉此案展租界。办理不善，实难辞咎，仅予严饬，犹从宽耳。①

另外，前引《张之洞档》中蔡钧电报称，沈敦和禀请刘坤一以南市、徐家汇、浦东三地易四明义冢，并有"西人昨日密告，宁众再坚持三五日，更不容法人索寸土"。这份电报乃六月初二发出，"昨日"当为六月初一。② 然而《外交辩难》中的说辞，却又是沈敦和五月三十日即与西人密议，导致原本定于当天下午两点半的各国领事集体施压法国行动流产，亦其记述不合之处。③ 在随后的《记力拒各国扩充宝山县租界为人泄言事》《记坚阻印兵至沪登岸不果事》两章中，蔡钧故技重施，打造出自己勉力支撑，但为人泄密破坏，致使交涉失败的形象。据其所述，前者是在刘坤一总督府中做翻译的广东人某同知，因受贿泄露刘坤一与蔡钧的交谈密告西人，导致未能阻止租界拓展。后者则是一余姓同知煽动上海道余联沅，以蔡钧能迅速解决问题，而他们谈判半月无果，则"面子太下不去"为由，暗中施加破坏。在此章的最末，蔡钧还浩叹：

---

① 刘坤一：《复林穉眉》（光绪二十四年），《刘坤一遗集》，第2539页。前文已多次述及，刘坤一颇为欣赏和信赖蔡钧，故而此信或更能反映问题，虽然不知刘坤一所谓"闻该道……"的信息来源，但大概能知刘的不满之处有两点：第一，蔡钧和法国领事纠缠太久，不果断；第二，没有借助英美等势力。从蔡钧的行事和性格来看，此案很有可能他自信托大，以为能与法人成议，却不知法方实际上是以此为借口，目的在扩大租界。
② 《上海蔡道来电》（光绪二十四年六月初二日），《张之洞档》第14册，第531—533页。
③ 蔡钧：《外交辩难》卷四，第17页。按道理来说，如有各国领事施压事，蔡钧在当日电报中理应汇报。另外，关于法方本来目的即是扩界，以及英法之间关于扩界的矛盾和妥协，见葛夫平前引文，说明即便沈敦和有所举动，也根本无足轻重。

>　　以前所办交涉之事,类此功败垂成者数次。往往吾国官场,因顾面子,竟置大局于不问,使任事者足为寒心。故钧任外交念余年,不畏西人之狡,深畏同寅之忌也。①

这也是全书的最后一段话,似乎是作者对自己地方外交生涯的总结,即本来能凭一己之力挽回不少利权,然皆为同寅所败坏。蔡钧这些文字有张大己功的一面,也不是全然撒谎,叙事颇有策略,不明就里者却很可能偏听偏信。

余论:"摒挡"理路下的地方交涉

　　蔡钧的一生,或者说其官宦生涯的大多数时间,并没有实缺,而是一路在地方候补听委当差。其中又尤以在两江时间最久,长达十余年,除了短暂的镇、沪两道任期之外,基本都在办理地方洋

---

① 蔡钧:《外交辩难》卷四,第 21—23、32—34 页。四明公所事件以及法租界、公共租界的扩张等事,连成一气,根本不是蔡钧所能阻止的。庚子阻止英军登陆一事,详见戴海斌《"东南互保"之另面——1900 年英军登陆上海事件考释》。蔡钧的确是在余联沅交涉未果之后,为刘坤一派去与西摩尔谈英军登陆事,刘曾因此告知盛宣怀:"此事已由晋珊驳阻,彼未就范,若再由晋珊与商,设彼仍不允,益使晋珊为难,以后办理交涉долж更难顺手。现已电嘱和甫姑再商阻,望将此事始末详告和甫,成否难必,姑尽人事而已。"刘坤一的意思非常明白,对此事能否谈成不太抱有希望,之所以让蔡钧(和甫)替代余联沅(晋珊)的目的是在保护余联沅,方便其日后与西人继续交涉。两天后,蔡钧与西摩尔谈判完毕,告知盛宣怀,结果尚算不错,即英军"只五百人上岸"云云。见盛宣怀《愚斋存稿》,沈云龙主编:《近代中国史料丛刊》(123),(台北)文海出版社 1975 年版,第 909、911 页。刘坤一接受了这一人数,并致电驻英公使罗丰禄,但最后英军却有数千人登陆。此事有两种可能,一种是蔡钧的确把登陆人数谈低了,一种是他回报含糊其辞,将第一批登陆五百人,说成是总人数。在此处较为倾向相信第一种,因为蔡钧谈判的次日,上海英国代总领事致电伦敦时说,领事团公议结果是不要撤走已到吴淞口的两千英军。如果是英方欲擒故纵的话,没必要对本国政府也来这一套。对此索尔兹伯理的回电,也含糊说到"在中国当局的同意下"登陆,没有指明人数,所谓"同意"自然包括人数问题。当然因此时两宫西狩,中外重心皆移于彼。胡滨译,丁名楠、余绳武校:《英国蓝皮书有关义和团运动资料选译》,中华书局 1980 年版,第 181、182 页。

务交涉。尽管可能出于自我宣传的目的,同时又有不少夸张、修饰之辞,但是他留下的相关文字记录,还是展现出了晚清地方外交的一些细节。关于晚清的地方外交,此前的研究者们已经有所重视,只是相对而言,他们所重视的"地方",更多地会强调其与"中央"外交不同这一层面,尤其喜以传统的"人臣无外交"为起点,探讨近代外交思想、体制之变迁以及外交权力在央、地关系这一维度的分合。实际上,晚清中外交涉所展现出的层次可能更为丰富,即便在中央层面上,尚有帝后、军机处、总理衙门以及枢译大臣之间的不同考虑,不可简单地以中央概括之,地方层面更是如此。正由于学者们的专注点在与"中央"之相对,故而地方外交之研究,实际上或为南北洋大臣外交研究,或为各省督抚将军外交研究。加之本身材料相对缺乏,对于更低层次的地方外交关注不够,甚至忽视了这一层次。

晚清时期,洋务或交涉事务,无论对于中央还是地方,均为其所不能避免之大宗。然而各省督抚一级的封疆大吏往往并不出现于交涉的第一线,并且时常对此类事务避之唯恐不及。刘坤一在光绪初年总督两广,尚是年富力强、勇于任事之时,已觉洋务交涉乃是"无日不与周旋",他就把问题归结为"此间并无关道摒挡,纤细皆问督署"。① 故而光绪四年,在广州设立"洋务公所",选派一些"熟悉洋务人员,专办交涉事件"。② 刘坤一设立专门洋务交涉机构,委员办理,其意正在"摒挡",当然此处并非拒之千里之外的意思,而在于有人先行周旋,一来省却事事"皆问"之苦,二来避免直来直去,办事更有余地。其实这倒是从中央到地方一以贯之的做法。庚申之变以降,清廷已渐深知西人船坚炮利,中外连成一气

---

① 刘坤一:《致军机处》,《刘坤一遗集》,第 1815 页。
② 刘坤一:《新设洋务公所委员会办片》,《刘坤一遗集》,第 481 页。

而呈人强我弱之势。另一方面,上至皇帝内廷下至疆吏,大多不喜与西人直接来往,却又常常避无可避。因此专设总理衙门以为内廷之"摒挡",又以南北洋通商大臣为总署之"摒挡",通商大臣或时以各省督抚为"摒挡",督抚则只能转而以关道、局所委员为"摒挡"。

蔡钧对此早有体认或准备,在甲申年间的条陈中他已经提到了洋务关键在于南北洋,而两江之上海尤为重中之重,其能否应付裕如要看关道和委员是否得人,似乎预示了自己此后的仕宦轨迹:

> 今就列国通商,分为南北洋,各有专司:析津为畿辅之锁钥,广州为海洋之门户,两者所系,实为最重。窃以为上海当南北之要冲,天下阛阓之盛,推为重镇,而洋务之枢纽即在于此。第一在苏松太道员有折冲应变之才,其次则在会审衙门之委员。①

或许正因早有此思虑,蔡钧往后的实践亦较为顺手。盖"摒挡"之举虽大体皆为避免与西人接触,但不可一味目之以懒政敷衍。在不同人处,有不同的作用,有积极的"摒挡",能收减压、转圜、立威之效;有消极的"摒挡",确为逃避者的绝佳手段。蔡钧在这两方面都做得不错,是为"摒挡"高手,自然也因此得到上司的青睐。在黄如雨案中,蔡钧以总督已有明确批谕及其身体欠佳等为由,面驳英领事贾礼士(William Carles)同赴江宁的提议,即"无贵领事与督宪面议之理,向来无此办法"。贾领事受挫后又提到径行照会总督,亦被蔡钧拦下,以约章规定,"非十分紧要公事,似不宜照会督宪为是"。一来确属有理有节,维护了朝廷体面;二来为

---

① 蔡钧:《续陈管见》,《出洋琐记》,第59页。

事件定下基调,即"须在镇议妥",控制了事态,有助于问题的解决。① 在德国亨利亲王访华时,因其欲赴吴淞防营参观操练,德方希望江苏巡抚奎俊陪同,奎俊"颇苦之"。又是蔡钧出面致函德方,故意说虽有谣言称军队野操或伤秧苗,但中方自会对乡民加以补偿,请安心前来云云。德国人自然能体会其中之意,将大规模的观操改为亲王私下看望德国教官的活动,并声言亲王不忍伤农,且"欲不惊动地方官"。此时,为奎俊"摒挡"的目的已成,蔡钧又送上"体恤我民""虚怀若谷""谦和友好"等高帽,宾主一通外交辞令而散。奎俊以为此事"万不想到竟能就范",自然高兴,赞扬蔡钧"善于转圜",于是蔡钧又趁机大谈一通自己"从事外交念余年,遇重大之事,以数言遂释者,指不胜屈"。②

　　如前多次述及,蔡钧写下此类文字,不乏自我吹嘘的成分,却也有其自鸣得意的资本。在晚清中外交涉频仍的大背景下,官场自上而下秉持"摒挡"理路,为蔡钧这样的人物铺就了一条别样的仕途。他并非正途出身,早早在地方历练,广东交涉和随使海外让其具有了应付西人的自信和手段。这些使得蔡钧能在出身不佳的情况下,让上峰对其另眼相看,在"道班"尤众的两江官场脱颖而出,即便其按照则例,职位晋升空间有限,但起码有着不错的差使,甚至成为两江、闽浙争相奏调、保举的红人。同时,蔡钧的《外交辩难》及其他相关文字,也颇能反映晚清地方交涉的一些细节,有还原历史现场之功。当研究者的目光从利益攸关、列强不惜以军力国力为恃相逼的大事,下移至可能更为日常、数量更多的地方一般交涉时,所见的景象或许与前者有较大之不同。中外遇有日常地方交涉纠纷,即使是国强势大之英国,亦不可能每次以降旗回国、

---

① 蔡钧:《外交辩难》卷二,第11—12页。
② 蔡钧:《外交辩难》卷四,第10页。

出动军舰为要挟,如西班牙等国则更无论矣。况且西方领事级别的外交官及传教士、商人虽有国家为后盾,但在中国口岸人生地不熟,究属孤立少援状态,遇事尚需地方官的配合和保护。改用一句描述外交的流行语,即交涉利益足够大时,实力就是外交;交涉事件较小时,外交就是实力。如蔡钧这样拥有情、理、术三大法宝者,在面对西人的一般地方交涉时,至少可以做到不落下风,时常还能争取到谈判的大体胜利。蔡钧曾不无得意地提到被西人称为"状师"或"律师",乃正是因其不仅熟悉"西律",对"西国事例知之甚深",且"法术多端"而能言善辩,甚至敢于摆出"咄咄可畏"之态。① 这显然与此前人们对于近代外交的一般认识有所不同,列强外交官并非每每能仗势欺人,得寸进尺,中国方面也不尽是颟顸慵懒、软弱无能。② 就此角度出发,展现"摒挡"理路下的近代外交,进一步重新审视晚清中外地方交涉细节,还原其历史场景,这恐怕便是深描蔡钧生平及其地方外交生涯所带来的意义。

---

① 蔡钧:《外交辩难》卷一,第7、9、20页。
② 在地方上,蔡钧可能是一个例子,从更高级别上来说,在一般交涉中,李鸿章也有这样的情况,能以年龄、资格乃至换衣服等小事震慑西人,获得谈判中一定的主动权,类似记述较多,不赘。

"张之洞电稿"的编纂、出版与流传
——以许同莘辑《庚辛史料》为中心

摘要: 许同莘辑《庚辛史料》主要汇辑庚子事变时期官方电报,为许编《张文襄公全集》之副产品,亦为广义的"张之洞电稿"之一部。许氏为张之洞相关文献的保存与整理做出过巨大贡献,而对于"电稿"这一新式体裁的公文类型也有丰富的编纂出版经验,对其特殊性质与功用不乏独到理解。本文拟考察其人生平及编纂《张文襄公全书》《张文襄公年谱》的主要历程,特别是有关"张之洞电稿"来源、编纂出版与流传的情况,然后在此基础上,对《庚辛史料》的内容与史料价值予以述评。

关键词: 许同莘,《庚辛史料》,张之洞电稿,《张文襄公全书》,《张文襄公年谱》

作者简介: 戴海斌,复旦大学历史学系教授

《庚辛史料》,许同莘辑,连载于《河北月刊》1935—1936年第3卷第1—8、10—12期,第4卷第2、4、6、11期。据辑录者"题记"交代:

> 庚子拳匪之变,私家记载,不下数十种,或事后追述,或得之传闻,难资依据。曩岁编张文襄全集,就往来电报,辑录成

编,虽电码译文间有脱误,然语语征实,可为信史,爰付印行,备他日修史者采焉。已见李文忠、张文襄全书者不重出。许同莘记。①

由是可知,此种"史料"主要汇辑庚子事变时期官方电报,也可以说是许同莘编纂《张文襄公全集[书]》的一个副产品。关于许同莘其人其事,世人所知不多,他对于近代史料与史料学实大有关系,尤其对于作为晚清史料一大渊薮的张之洞文献的保存与整理,堪谓第一功臣。而《庚辛史料》原即广义的"张之洞电稿"的一部分,要理解其性质与位置,有必要追溯"张之洞电稿"这一宗巨型史料的来源、编纂与流传的情况。本文拟对上述问题有所考察,在此基础上,再对《庚辛史料》的内容与史料价值略作述评。

一、许同莘其人

许同莘(1879—1951),②字溯伊(叔伊),江苏无锡人,庚子、辛丑并科举人,出使意大利公使许珏之侄,张之洞部下名幕张曾畴之外甥,同邑人称许其"濡染家学,才藻冠时",并谓"早岁入张文襄公幕府,参与机宜文字;旋官译曹,君出入内外,明于当世之务。又习闻名公巨卿之议论,郎曹、幕职之选,君实兼之"。③ 按,许同莘入张之洞幕府之缘起,可追溯至光绪二十五年(1899),其初至湖广督署"学习办事"。据许氏自述:

---

① 许同莘辑:《庚辛史料》,《河北月刊》第3卷第1期,1935年,第1页。
② 按许同莘"生光绪五年己卯(1879)十一月二十三日酉时"(《歙县迁锡许氏宗谱》),1951年病卒于无锡老宅。此处生卒年考订,均据钱志伟《许同莘先生事略补证》,《秘书》2018年第4期。
③ 杨寿楠:《杨序》,许同莘:《公牍学史》,档案出版社1989年版,第1页。

岁己亥,同莘始游武昌,从会稽施先生治法家言于督署。是时距曾(国藩)、胡(林翼)诸公之殁三四十年,幕中诸先生时时诵其文章,道其轶事,而督部张文襄公视草严(原文如此),掾吏兢兢,无或敢一字苟者。既而服官京曹,伯父静山先生屡以言事诣阙下。伯父尝受知阎文介公(阎敬铭)、丁文诚公(丁宝桢),从容语当日事,深宵侍坐,不知其倦也。①

许同莘初至武昌,多得助于其舅父张曾畴的关系。张曾畴(1867—1911),字望屹,别号潜园,江苏无锡人,精于书法,②而擅长文牍,甲午后以诸生入张之洞幕府,为缮校文案委员,此后佐幕多年,深受倚重,时人言其"为人精敏强记,恬静寡营,张督部雅重其才,深加倚任,先后从事十有七年",③"职视秘书,最为文襄所信重,而奉职之勤、治事之敏、守口之慎、律身之严,同人咸推敬焉"。④ 辛亥年(1911),以候补知府管理汉阳车站货捐局榷务,事变爆发之际,在汉口投江死难。⑤ 许同莘在其身后为撰"事略",并编有《张潜园书广雅相国奏议》,所影印手书奏议、往来公牍、朋僚

---

① 许同莘:《自序一》,《公牍学史》,第3页。按引文小括号内容,系笔者所注,下均同。
② 熟悉湖北旧闻的刘成禺言:"无锡张曾畴擅苏体字,为之洞代笔,几乱真,赵凤昌以通达政事文章名,之洞倚之如左右手。"参见氏著《世载堂杂忆》,辽宁教育出版社1997年版,第54页。
③ 杨寿枢等:《张潜园先生事实·同乡官呈清史馆文》,许同莘编:《张潜园书广雅相国奏议》,沈云龙主编:《近代中国史料丛刊续编》(2),(台北)文海出版社1973年版,第7—8页。
④ 汪凤瀛:《张望屹先生辛亥殉国记》,许同莘编:《张潜园书广雅相国奏议》,沈云龙主编:《近代中国史料丛刊续编》(2),第10页。
⑤ 张曾畴在《清史稿》有小传,参看《清史稿》卷四九六,中华书局1977年版,第45册,第9092页。

函稿,均由张曾畴代张之洞草拟或抄缮。①

伯父许珏与许同莘关系亲近,经常通信,给予的教诲、训诫也颇多。许珏(1843—1916),字静山,晚号复庵,光绪八年(1882)举人,曾入山西学使朱酉山、四川总督丁宝桢幕,十一年(1885)由阎敬铭荐,随张荫桓出使美、日、秘三国,后以参赞相继随薛福成、杨儒出使欧美诸国,甲午后一度入张之洞幕府,旋因故辞去,②二十八年(1902),派充出使意大利公使。《复庵遗集》节抄《谕从子同莘》家书约三十通,起自甲午(1894),迄至丙辰(1916),前后逾二十年,凡"看书""做人""应酬""处世"诸端无不涉及,以身说法,言之谆谆。③许同莘甫入湖广督署,许珏即去函叮嘱:"连接来信,悉到鄂后已进督署学习,甚慰,但能处处留心,自然识见日长。"④此后经历庚辛之变,家书中除指点时务,又常教以在剧烈的新旧纷争中"相时而动、择地而蹈"之守身要义:"侄欲留心时事,须认真体认,切勿学矮子观场,凡事非胸有确见,第扣盘扪烛,侈口妄谈,未有不贻祸大局者。""鄂中新说盛行,风气日坏,吾侄天资甚高,

---

① 许同莘称其舅父在武昌幕府奉职勤谨:"张公雅重其才,自吏治军务,以至交涉事宜,事无大小,咸令参预。""光绪丁未,张公入相,以先生随行,居京师两年,……先生受知最深。"又以工书,模仿幕主笔体形神兼备,几能乱真,"壬辰(1892)、癸巳(1893)以后,凡墨迹署张公款者,皆出先生手笔,江汉之间得片纸只字,竞相摩仿,谓之'帅体'"。文末署"甥许同莘敬述"。参见许同莘《清诰授资政大夫湖北补用道望岹张先生事略》,许同莘编:《张潜园书广雅相国奏议》,第14—15、18页。

② 关于许珏在张幕离合的情形,有记载称:"会中日衅起,公感愤时事,……张文襄公督两江,闻公名,致之幕下。丙申(1896),文襄回湖广任,公亦入鄂。一日,文襄下教曰:凡四品官以下官,均应虽班侍立。公即拂衣而去。戊戌(1898),至山西,参中丞胡公聘之幕,兼办课吏馆。"参见刘嘉斌《清诰授资政大夫钦差出使义国大臣广东特用道许公行状》,陶世凤编:《复庵先生集》卷一〇,沈云龙主编:《近代中国史料丛刊》(23),(台北)文海出版社1968年版,第503—504页。

③ 许珏撰,许同范等编:《复庵遗集》下册《家书节钞》,北京朝华出版社2018年版,第916—930页。并参见陶世凤编《复庵先生集》卷一〇,沈云龙主编:《近代中国史料丛刊》(23),第439—452页。

④ 许珏:《谕从子同莘》"庚子"条,《复庵遗集》下册,第917页。

必已灼见其非,务望刻苦凝静,闇然自修,力屏时下浮嚣习,至嘱。侄年力正富,已登贤书,但能循序渐进,前程自远,勿存见小欲速之心。"①

前文所言"会稽施先生",此前研究多误为江南名幕、浙江会稽人施炳燮,因其人精研外交文书,许同莘曾向之请教"洋务之要"。② 实则,施炳燮长期奉职两江幕府,与此时的许同莘并无交集,且其擅长的交涉业务,也与文中所谓"法家言"非一事,不可混同。此处"施先生"当为另一位"绍兴师爷"施煃(?—1931)。笔者检到许同莘为其所作"行状",可从中窥知施煃大概履历,以及当时张之洞幕府的一些内情:

> 先生姓施氏,讳煃,字仲鲁,号悔盦。世为会稽望族,……早岁居襄阳,肄业鹿门书院,两世宦游湖北,例得占籍,遂以给古文辞入武昌府学,光绪丁酉举乡试第六人。先生少承家学,即究心当世利弊,姊婿章鹤汀先生治刑名钱谷,声江汉间,先生从问业于湖广幕府逾一年。张文襄督湖广,先生为幕府子弟,未之奇也。又五年,文襄移督两江,先生为幕僚治牍,辄如文襄所欲言,既而他去,文襄怪幕僚治事不如前,询之得其故,亟撒先生授幕职,自是从文襄者八年。是时海内多故,而江楚

---

① 许珏:《谕从子同莘》"辛丑""甲辰"条,《复庵遗集》下册,第918—920页。

② 施炳燮,字理卿,浙江会稽县(今绍兴)人,由监生随办南洋洋务,1894年加捐县丞,指分江苏省试用。1896、1900年于江南水师学堂奖叙案内,经奏保以知县补用,后升道员,署理湖北交涉使。参见秦国经主编《清代官员履历档案全编》第8册,华东师范大学出版社1997年版,第595—596页。施炳燮久居两江总督刘坤一幕府,以擅长洋务知名。许同莘记:"会稽施理卿先生在幕府数十年,南洋交涉之事,一手擘画,不习洋文,而条约章程,研究独为透澈。余尝问洋务之要。……刘忠诚以庚子保护东南,辛丑参预和议,壬寅癸卯会议商约,其文笔议论,推勘入微,六通四辟,大率先生稿也。我经江海,仅见此人。"又《公牍学史》中《辞命》一章,专讲"外交辞令",多借重施氏之论。参见许同莘《公牍学史》,第238—239页。

东南重镇,文襄所规画率国家大计,庚子、辛丑间,外患益亟,幕府治事,昧旦而起,宵分而不休,文襄宏奖人才,方闻硕学之士,云集幕下,吏事则凌仲桓、诸肖鞠、杨葆初、劳筱濂诸先生,洋务则辜鸿铭、梁崧生(梁敦彦)诸先生,而汪荃台(汪凤瀛)先生兼之,至论庶事综练,明律意而通于经术者,则必推先生。文襄亦曰施某人中杰也,积劳以知县荐。……壬寅,文襄再督两江,受代入觐,于是先生留江苏,权知六合县事。……①

由此可知,施煃约自张之洞暂署两江总督的甲午年(1894)入幕,至壬寅年(1902)离去,"从文襄者八年"。他出生于师爷世家,在张幕中长于经理庶务,以"明律意而通于经术"见称。据许同莘所述,"早岁从先生游,先生不凡才视之","先生博览群书,务其大义,治法律,旁逮河渠、食货、兵备、外交,研几极深,见诸实用",②这正可与上引"从会稽施先生治法家言于督署"一言相印证,这也是后来成为法政留学生并一度从事"修律之业"的许同莘最初涉猎"传统律学"的一个起点。

光绪二十八年(1902),清廷补行庚子、辛丑恩正并科乡试,许同莘赴江宁试,中式举人。③三十年(1904),中选江苏赴日游学公费考试,入日本法政大学速成科第二班学习,至三十二年(1906)

---

① 许同莘:《故六合县知县会稽施先生行状》,《河南博物馆馆刊》第7、8期,1937年,第9页。按施煃之父施山,即长年游幕,"佐治湖北者二十年,卒于襄阳",故施煃"入籍江夏,而先垄在会稽",其卒于"辛未(1931)十二月十八日"。
② 施煃生前对许同莘即有"吾身后以传状属汝"之语。参见许同莘《故六合县知县会稽施先生行状》,《河南博物馆馆刊》第7、8期,第11页。
③ 《许同莘日记》(中国历史研究院图书文献馆藏,甲622—11)记载了他参加江南乡试的过程。参看韩策《科举改制与最后的进士》,社会科学文献出版社2017年版,第133页。

夏,正式卒业。①归国后,复入湖广总督张之洞幕府,担任文案委员。许珏来函道贺,并为鼓励:"知荷南皮宫保委办文案,从此阅历渐深,蔚成大器,将来从政临民,自有把握,欣慰之至。"②"侄以少年为名公卿赏拔,笔墨之外,兼能于操履致慎,在幕府为得士,在家庭为亢宗,良可欣幸。"③次年(1907)七月,张之洞奉旨补授军机大臣;八月,北上赴京,许同莘亦被指定随行。

入京以后,直至宣统元年(1909)八月张之洞病逝,许同莘一直没有脱离张之洞幕府。许同莘从弟,即许珏之子许同莱在其所撰《张文襄年谱编纂始末》一文中提到:"自光绪己亥(1899)至壬寅(1902),为学习办事时期。自丙午(1906)至己酉(1909),为任职幕僚时期。"④则许同莘在张之洞幕中前后两段,长达八年。在京阶段,他曾奉法部调,入修订法律馆办事,又在宪政编查馆、贵胄学堂、外务部秘书股等处兼差,日常事务相当繁忙,"而主业则在法律馆",从事新民律的习惯调查和新刑律的校订参核工作。有论者指出,许同莘身处清末民初过渡时代,"经历跨越幕职、郎曹两面,传统律学和东来法学兼而习之,议论介于中西、新旧之间",要探究其略显独特的法学理路,"不能不从其幕主张之洞处入手"。⑤ 许同莘本人曾为张之洞"调停新旧"之说辩护:

---

① 《法政大学速成科第二班卒业试验成绩》,日本法政大学大学史资料委员会编:《清国留学生法政速成科纪事》,广西师范大学出版社2015年版,第148页。按许同莘留日阶段有日记存世,有关其学习法政及从事"修律之业"的情况,可参看李欣荣《清季许同莘的学法、修律与法学理路》,《中山大学学报》(社会科学版)2017年第3期。
② 许珏:《谕从子同莘》"丙午"条,《复庵遗集》下册,第921页。
③ 许珏:《谕从子同莘》"丁未"条,《复庵遗集》下册,第921—922页。
④ 许同莱:《张文襄年谱编纂始末》,《东方杂志》第40卷第7号,1944年,第49页。
⑤ 李欣荣:《清季许同莘的学法、修律与法学理路》,《中山大学学报》(社会科学版)2017年第3期,第99页。

世人论张文襄,以调停新旧为病,此未知当时实事也。文襄所调停者,孝钦母子之间,亦不始于戊戌以后。自光绪之初,论为大行立嗣,论中官殴禁军,皆揆度事理,措词委婉。至其论学论政,则直抒己见,不为苟同。故言经学则斥《公羊》,言洋务则非弭兵,言时政则采外国之长,而必以不背中国礼教为主。自谓作按部就班之事,期铢积寸累之功,固未尝为调停说也。①

再,时人揭示张之洞"晚年提倡新学,兼用出洋学生"的一面外,兼有"奖新学而喜旧文"的另一面。② 作为"洋学生"之一的许同莘,也注意到幕主"及其晚年,怵中国旧学之日荒,文字之日敝,则兢兢于保存国粹。以为不读经史,不习文辞,则以后入仕途者,将求其称职而不可得"。③

对许同莘有很大影响的许珏,诉诸"新学"的反感和排斥,较张之洞更有过之。他在驻意公使任上来函,即忧心"近来内地风气日坏,报馆猖狂,学堂鼓噪,大非佳象",谆嘱侄子"须亲近正经人,新学一派,敬而远之可也"。④ 对于东瀛游学,亦"向不以为然"。⑤ 在他看来,此举不仅"有损无益",甚而"时局若此,将来必受日本留学生之累,厝火积薪,良可忧虑",故一度有劝回许同莘的打算。⑥ 新政改革时期,许珏与张之洞在一些政治见解上趋近。《谕从子同莘》"丙午"(1906)条谓:"来函述香帅不主立宪之说,足见

---

① 许同莘:《公牍学史》,第229页。
② 陈伯弢:《襄碧日[笔]记》,转见黄濬《花随人圣庵摭忆》,上海古籍书店1983年版,第334、345页。
③ 许同莘:《公牍学史》,第229—230页。
④ 许珏:《谕从子同莘》"癸卯"条,《复庵遗集》下册,第921页。
⑤ 许珏:《谕同莱》(甲辰),陶世凤编:《复庵先生集》卷一〇,第434—435页。
⑥ 许珏:《与二弟》(甲辰)、《谕同蔺》(丙午),陶世凤编:《复庵先生集》卷一〇,第400、425页。

老成谋国,不同时彦,未知能将此中流弊剀切上陈否。"并不满于京官改制之"头绪纷繁",以为"目前可言之事尚多",拟"封事上达,一罄其愚"。①"丁未"(1907)条复言:"我到京后倏已十月,年节又蒙恩赏……惟是今日政府用人宗旨,与朝廷恩典两不相涉,久留京师亦无可藉手……去岁曾拟一封事,请停改外官制,后读鄂省与考察政治馆电,指示详尽,为之心折,因亦未上。"②其时,许珏已卸任公使,回国述职。许同莘随张之洞北上入都,据言"服官京曹,伯父静山先生屡以言事诣阙下",二人就时局世务有更多直接交流与共鸣。

宣统元年(1909)八月,张之洞在京病逝,许同莘受其家属委托,负责主持张氏著述的整理工作,经十余年的努力,始刊《张文襄公四稿》和《广雅堂集》等七种,继编成《张文襄公年谱》(详后)。辛亥革命后,许同莘进入北京政府外交部,1913年任外交部总务厅文书科佥事,次年升文书科长,据《北京政府外交部职官年表》,其任此职一直到1920年,后改通商司第六、第四科长,1928年6月北洋政府垮台,外交部解散,遂离职。③ 在北洋外交部供职期间,他的一项主要业绩是与同事汪毅生、张承棨合作编纂了清代历朝对外条约集,包括《康熙雍正乾隆条约》(4卷)、《道光条约》(8卷)、《同治条约》(23卷)、《光绪条约》(102卷)、《宣统条约》(19卷)。④ 许同莘对外交文书的重视,其来有自,早年从施炳燮学,后者正以研究近代条约"独为透澈"见长。⑤ 他逐渐形成"外交辞令

---

① 许珏:《谕从子同莘》"丙午"条,《复庵遗集》下册,第921页。
② 许珏:《谕从子同莘》"丁未"条,《复庵遗集》下册,第921—922页。
③ 参见钱志伟《许同莘先生事略补证》,《秘书》2018年第4期,第21—23页。
④ 许同莘、汪毅、张承棨编:《康熙雍正乾隆条约》《道光条约》《同治条约》《光绪条约》《宣统条约》,沈云龙主编:《近代中国史料丛刊续编》(8),(台北)文海出版社1976年版。按另有一种《咸丰条约》,署"汪毅生、张承棨编纂"。
⑤ 许同莘尝向其咨询"洋务之要",施炳燮答曰:"条约须于无字处着眼,凡条约所未载者,一步不可放松。条约有明文者,只可就本文解释,一字不可滑过,一字不可迁就。"又曰:"一国立约,与各国利益均沾,故办一国交涉,目光须注于各国全局。"参见许同莘《公牍学史》,第238—239页。

自昔所尚,今日尤要"的认识,后来成书的《公牍学史》专门附有"辞命"二卷。北京政府外交总长孙宝琦为《光绪条约》作"序",回顾"我国编辑国际条约而列于官书者"的历史,以光绪八年(1882)总理衙门排印之《中俄约章会要》为开端,但这一工作时断时续,不成系统,一直到民国初年,"(外交)部员于从公之暇,殚力搜集,荟萃刊印,其体例稍稍完备"。他介绍说:

> 我国国际事类之重要,而订约又最繁多者,厥维光绪一朝,佥事许同莘、汪毅生、张承棨诸君,近复搜求文书,补纂遗佚,而成《光绪条约》一书,共得百有二卷,视旧刊之新编,条约增数十,分年有表,分国有表,厘定原约之名称,附列订约之奏牍,以供外交官稽考之资,与夫学士大夫研精之助,其用力可谓勤矣。抑余更有进者,我国与各国订约,汉、洋文并重,而解释约文,恒以洋文为主,旧约中有因迻译舛误而滋疑虑者,故洋文约稿亟应同时校印,以成全璧,庶可以餍读约者之心,而于国际亦多裨益,是尤余所深望者也。①

许同莘等编各朝条约集,前均有"凡例",列"分年表""分国表""条约检查一览表",方便阅者检索,条约、章程本文后多附有关约章订立过程的大臣折件及所奉谕旨,可资参考,"以期阅者洞悉立约之原委"。各朝汇编卷帙不一,其中以《光绪条约》最为庞大,总计达 102 卷。据编者交代,"洋、汉约文,本宜并列,惟校对洋文须极精详,故先将汉文付印,作为暂行之本,再板时当再分国汇编,添配洋文"。② 就当时条件来看,这套条约集搜罗丰富,编校也

---

① 许同莘、汪毅、张承棨编:《光绪条约》,孙宝琦序(民国三年九月),第 3—4 页。
② 同上书,"凡例",第 13 页。

较精详，为研究清代外交提供了系统的第一手资料，后来多次翻印，影响颇广。① 另外，许同莘与曹汝霖、刘孚淦等合编有《外交部藏书目录》七卷，以外交部图书处名义印行。② 据说，他尚有计划再进一步，在上述工作基础上写一部《外交全史》，但"因故未能实现"。③

1918年6月，时任外交总长的陆征祥主持编成《许文肃公（景澄）遗集》，由外交部印刷所刊行，许同莘作为"部中同志"，也是主要编纂人员之一。陆征祥述此书缘起，"会唐君蔚芝（文治）以前刊公奏疏、函牍见赠，受而读之，如获拱璧。亟与部中同志许君同莘、孙君昌烜、张君承棨、方君元熙增而辑之，合为《遗稿》十二卷，重付排印"。④ 1922年，许同莘汇辑张曾畴手书，成《张潜园书广雅相国奏议（附函电）》付梓，邓楫序曰："先生既殁之十有一年，其甥许孝廉溯伊谋所以不朽者，撰著经乱丧失不可得，可得者惟书，书之大且精者又不可以梓，梓其所写文襄奏议、函电十数通亦仅矣。"⑤ 同年，许珏之子许同范等人纂辑《复庵遗集》二十四卷，许同莘义不容辞，亦力任"参校之役"。⑥

---

① 惜今人在回顾"民国时期的中外条约研究"时，仅提及许同莘等辑《光绪条约》一种，对此条约集的编纂背景、成书规模及影响，未能深论。参见李育民、李传斌、刘利民《近代中外条约研究综述》，湖南人民出版社2011年版，第13页。

② 此为外交部公藏书目，分四部及丛书各一卷，卷六为图部，卷七为附录，每书著录书名、卷数、册数、撰者、刊年、版本，以清末刊本居多数，后又续出《外交部藏书目录二编》，均收入本社古籍影印室编《明清以来公藏书目汇刊》第8册，国家图书馆出版社2008年版。

③ 参见王金玉《许同莘与公牍学》，《郑州大学学报》（哲学社会科学版）1995年第1期，第21页。

④ 许同莘编：《许文肃公（景澄）遗集》，沈云龙主编：《近代中国史料丛刊》（19），（台北）文海出版社1968年版，第7页。

⑤ 许同莘编：《张潜园书广雅相国奏议》，"邓楫序"，第5页。

⑥ 按《复庵遗集》为民国十一年（1922）无锡许氏铅印本，许同莘跋作于"壬戌（1922）四月"。其后许珏门人陶世凤编纂《复庵先生集》十卷，系据遗集扩充而成，版记"丙寅（1926）秋七月无锡许氏用聚珍版印"，收入《近代中国史料丛刊》第23辑影印。

北洋政府结束后，许同莘一度出关，在哈尔滨地方政府任事，①后任河北省政府主任秘书，1936年左右离职。②抗日战争期间，任过河南省政府主任秘书，③后又入川，④因缺少直接材料，难究其详。比较清楚的是，河北时期，他的主要精力用于公牍学研

---

①　据与许同莘有交的金毓黻言："民国后出关，佐张文襄之孙忠荪（厚璟）于哈尔滨，与余数通函问于沈阳。"见金毓黻撰《静晤室日记》第8册，1944年11月16日，辽沈书社1993年版，第5723页。再，笔者在"孔夫子旧书网"查到许同莘致王嵩儒信札两通，写作时间约在1930年代初，其一内称："再承询部况，甚感。侄在此月入二百元，近兼某处讲席，以钟点计算，可得七八十元，又鸎文月可得数十元，合计不足四百元。儿女累重，教育费多，京津两处开销，合之儿女学费，大约须四百元之谱。至编书一事，似以北京为便，即如年谱取材，必须向各图书馆及史成等处检阅邸钞、档册，方无谬误。侄前在滨江，即思属稿，终以查书不便而止。如承燕公厚意，月能津贴所需之半，便当将笔墨教习之事一概谢绝，专意为之，庶可观成有日。"（浏览地址：http://book.kongfz.com/1087/494744800/）按"燕卿"，张仁乐，字燕卿，张之洞第十一子，日本学习院文科毕业，"九一八"事变投日，任吉林省实业厅厅长、东北行政委员会吉林代表、伪满洲国实业部大臣、外交部大臣。据此信文意推断，当时许同莘正在天津，而此前一度去过滨江市（现哈尔滨市道外区），其编书、编谱工作，似多得到张仁乐的资助。王嵩儒（1862—?），原名双寿，字松如，汉军正红旗人。1924年前任湖北财政厅长、内务次长，农商次长等职，后任湖北督军署秘书长、西岸榷运局长等职。著有《三国志兵事钩元》。

②　钱志伟据《治牍须知》刊本附言，"此编为河北地方行政人员训练所讲习治事之文所作"，指出"该书由河北省政府印刷所于1934年3月刊行，则许同莘于1934年仍在河北省政府任职。离职时间当在1934年以后。更加具体的情况则不得而知"。（钱志伟：《许同莘先生事略补证》，《秘书》2018年第4期）据笔者检索，至1936年许同莘尚在《河北月刊》《河北第一博物院半月刊》连续发表文章，同年又开始于《河南政治》《河南博物馆馆刊》刊文，按此推论，其离开河北的时间或在当年。

③　有学者采集其在河南的口碑资料，"据同事者说，他是一个爱国知识分子"，并注："根据河南省政协马少元先生回忆。"参见王金玉《许同莘与公牍学》，《郑州大学学报》（哲学社会科学版）1995年，第1期，第22页。

④　1944年《张文襄公年谱》在重庆出版，许同莘"现尚游幕蜀中"。参见任楼《新书介绍：张文襄公年谱（许同莘编）》，《国立中央图书馆刊》复刊第1号，1947年，第48页。当年11月16日，金毓黻曾"诣李子墉花纱布管制局访许溯伊（同莘）"，其后又有赠诗。次年1月15日记："许溯伊先生自渝来书，并寄赠五古一章，醇雅真挚，真老手也。"其诗题作"静庵先生襄以文字相契，未识面也。避兵巴渝，忽承过访，并赋诗见赠，喜而有作"，来信曰："月前王君问山转示见赠之作，期许过当，愧不敢当。仆与先生前此虽觌面无因，而神交已久，高轩戾止，足音跫然，喜极而狂，不知所以。大作雄深雅健，他日传播辽东，足备诗家故实。奉答一首，聊志钦仰之私，别纸写呈，敬希教正。"见金毓黻撰《静晤室日记》第8册，1944年11月16日、1944年11月26日、1945年1月15日，第5723、5726、5767页。

究,先后写成《治牍要旨》《治牍须知》《公牍铨义》《牍髓》等,最后完成传世之作《公牍学史》(商务印书馆1947年版)。后世对于许同莘其人的关注和了解,其实也多聚焦于这一部系统研究我国数千年公牍演进及其规律的"很有价值的文书档案学论著"。① 许同莘与公牍学结缘,与在张之洞幕府的职事历练,以及爬梳纂辑张之洞遗文的经验密不可分,用他自己的话说,《公牍学史》即"取向所闻于父师及览观所得者,条举而详说之"。他曾回忆,"光绪季年,同莘始入幕下,文襄每具草凡有关典制者,辄属遍检群书",②张之洞殁后,授命编纂《张文襄公全书》,也启发了"公牍学"研究的最初构想:

> 己酉(1909)冬,始辑文襄遗书,发箧而尽读之,得具知治事之要。尝以为前人论诗文以逮制义、楹联,皆有撰述,而公牍无之,欲裒所闻见为一书,曰《公牍丛话》,多事卒卒未能也。③

---

① 许同莘:《公牍学史》,"点校后记",第380页。相关研究可参看王金玉《许同莘与公牍学》,《郑州大学学报》(哲学社会科学版)1995年第1期;史玉峤:《论〈公牍学史〉的价值》,《档案学通讯》2002年第2期;何金龙:《许同莘与〈公牍学史〉》,《档案管理》2006年第3期;侯迎华:《公文发展史的开山之作——论许同莘〈公牍学史〉》,《郑州大学学报》(哲学社会科学版)2008年第5期;孙婷婷:《许同莘的文档实践及其思想研究》,《档案学通讯》2016年第5期;马立伟《以文本为基础的〈公牍学史〉研究》,《档案学研究》2017年第5期;何庄、孙敏:《许同莘〈公牍学史〉对传统学术思想的继承和创新》,《山西档案》2017年第6期;钱志伟:《许同莘及其公牍思想研究》,安徽师范大学硕士学位论文,2018年。

② 许同莘注意到张之洞"所定学堂章程,于文辞最为注重",并引《学务纲要》语:"必能为中国各体文辞,然后能通经史古书,传述圣人精理。文学既废,则无人能操笔为文,将来入官以后,奏议公牍,书札记事,将令何人为之? 行文既不能达旨,焉能畀以要职重任?"许深以为然,认为"至今日而其言验矣"。参看许同莘《公牍学史》,第229—230页。

③ 许同莘:《自序一》,《公牍学史》,第3页。

及至 1930 年代,国民政府掀起行政效率运动,倡导文书档案改革,许同莘发表一系列公牍学著述,既是他多年积累的产出,也迎合了时代需要。1933—1935 年,约稍早于《庚辛史料》见刊,《河北月刊》上也连载了《公牍诠义》《公牍诠义补》,分述指、导源、流变、观通、酌雅、通俗、法后、去忍、养耻、博趣、余论、辞命等十二篇,实为 1947 年商务版《公牍学史》之滥觞。①

许同莘一生勤于撰述,留下文字不少,惜身后萧条,缺少整理。许同莱言"余兄平日好谱学之书,所收近代名人年谱甚夥",②除张之洞年谱外,他还纂有《歙县迁锡许氏宗谱》《无锡华氏谱略》《河朔氏族谱略》等很有分量的家族谱,③以及研讨"谱学"的一些理论性著述。④ 他性喜游山访古,自谓"名山如名人,游名山,如读史,山之面目,未易识也,无已则就读书所得以实吾游所见闻,或亦来者之助乎",故多有"游记"作品发表。⑤ 1930 年代初,与许同莘有交往的金毓黻,便对其游记文字称道不置,赞许《石步山人游记》

---

① 许同莘:《公牍诠义》,《河北月刊》1933 年第 1 卷第 1—12 期、1934 年第 2 卷第 1—12 期;《公牍诠义补》,《河北月刊》1935 年第 3 卷第 8—10 期。再,《公牍铨义》《治牍要旨》《治牍须知》在 1930 年代均由河北月刊社发行,河北省政府印刷所印刷,出过单行本。

② 许同莱:《张文襄年谱编纂始末》,《东方杂志》第 40 卷第 7 号,1944 年,第 50 页。

③ 许同莘重视"谱学",亦受家学影响,其先祖于康熙年间由安徽歙县迁无锡,伯父许珏尤重视家谱传承,家书嘱其致力于此:"慎重谱系,原为敬宗收族而设,今吾族自廷元公一派各房子孙多贫乏不能自存,失教失养责在吾家。"参见许珏《谕从子同莘》,"癸卯"条,《复庵遗集》下册,第 919 页。

④ 参见许同莘《原谱上》,《河北第一博物院半月刊》1935 年第 80 期;许同莘:《原谱下》,《河北第一博物院半月刊》1935 年 84 期;许同莘:《谱例商榷》,《东方杂志》第 42 卷第 16 期,1946 年,第 27—39 页。

⑤ 许同莘:《石步山人游记》(民国简素堂排印本),沈云龙主编:《近代中国史料丛刊》(87),(台北)文海出版社 1973 年版,第 1 页。另见许同莘《武清一日游》《正定记游》,《河北月刊》第 1 卷第 6 期,1933 年;许同莘:《盘山游记》,《河北月刊》第 2 卷第 8 期,1934 年;许同莘:《嵩洛游记》,《河南政治》第 6 卷第 4—6 期,1936 年;许同莘:《吉敦铁路游记》,《旅行杂志》第 5 卷 5 期,1931 年;许同莘:《豫游杂忆》,《旅行杂志》第 19 卷第 4 期,1945 年。

"词笔渊雅,如读道元《水经注》,披阅之际,爱不忍释",又谓"溯伊能文章,昨以《游吉敦路记》见示,中间考证古事之处精博可喜,渊源所自,弥深景仰"。① 此外,有关日本法政学、中日关系、晚清政治、古代文化、中西交通史以及华北、东北地方文史的文章,数量亦不少,散见于《法政杂志》(东京)、《交通丛报》、《东方杂志》、《河北月刊》、《河北第一博物院半月刊》、《河南政治》、《河南博物馆馆刊》、《旅游杂志》等期刊,值得进一步挖掘研究。

二、许同莘与《张文襄公全书》《张文襄公年谱》

宣统元年八月廿一日(1909年10月4日),张之洞在北京白米斜街寓所病逝,随后灵柩归葬故里南皮县双庙村。与此同时,由张之洞故吏朋僚发议,整理遗著也被提上了议事日程。据许同莘作于"庚申(1920)五月"的"编辑张文襄公全书叙例",此事缘起如下:

> 宣统元年冬,文襄张公之丧既归南皮,梁节庵先生及公之子君立京卿兄弟,谋辑遗文行世,设广雅书局于地安门内。同莘曩者辱公知己之感,又习闻公居官治事之要,谊不敢辞。而闽县王君司直(孝绳)受公知深,见闻尤真切,因相与商榷体例,质正于先生及师傅陈公弢庵。发箧中遗稿,可盈一室。时旧僚在局者犹四五人。②

---

① 金毓黻撰:《静晤室日记》第4册,1930年7月9日、1930年7月13日,第2460、2461页。
② 许同莘:《编辑〈张文襄公全书〉叙例》(庚申五月),苑书义、孙华峰、李秉新主编:《张之洞全集》第1册,第2页。

可知，编辑遗集事由张之洞之子张权（字君立）[①]以及幕僚梁鼎芬（字节庵）[②]率先主张，在地安门内择地设立广雅书局，聘请王孝绳（字司直）、许同莘等故吏，分工着手整理工作。张之洞生前至交、原内阁学士兼礼部侍郎陈宝琛（号弢庵），时已开复，亦在都，曾就"体例"问题多予指导。[③] 复按《许宝蘅日记》，也记录了发起编辑遗文、谋设"广雅书局"的一幕，而且提供了更多细节，本年九月廿七日（11月9日）条记：

> 到油漆作，赴履初、司直、望屺之约，因议为张文襄刊集事，有梁节庵廉访、陈叔伊、陈仁先、许溯伊五人，尚有曾刚甫、伍叔保二君未到。节庵议文襄电稿最多，拟分类刊刻，以事相从。又议定油漆作之宅，题名为广雅书局，余意均不以为然。私家著稿体例最多，昔人刊刻奏疏公牍，皆以年月日为次序，至于时政始末自有国史，不能以臣子奏疏为断，况文襄所经营

[①] 张权（1859—1930），字君立，号圣可，晚号可园、柳卿、孙卿，行二。光绪辛卯科（1891）举人，戊戌科（1898）进士，历任驻美公使馆参赞兼留美学生监督，礼部郎中，外务部丞参上行走。按原文"公之子君立京卿兄弟"，河北版《张之洞全集》点断为君立、京卿两人。查张之洞子嗣中并无字或号为"京卿"者，张之洞逝后，张权曾被清廷"著以四品京堂候补"（许同莘编：《张文襄公年谱》，上海商务印书馆1946年版，第224页），故称"京卿"无误。

[②] 闻张之洞逝世，梁鼎芬时由武昌"北上，亲送葬至南皮"［吴天任：《梁节庵先生年谱》，（台北）艺文印书馆1979年版，第256页］。陈宝琛记其事："己酉秋，节庵以文襄之丧至都。九日，召集广化寺仁先斋中。"时并有作《九日节庵招集广化寺同陈仁先曾寿、潘吾刚清荫、伍叔葆铨萃、江霞君孔殷，感和节庵，并怀伯严江南》，参看陈宝琛撰，刘永翔、许全胜校点《沧趣楼诗文集》上册，上海古籍出版社2006年版，第121、229页。

[③] 《张文襄公全书》成书后，曾呈政于陈宝琛，许同莘记："全书八种，都一百五十八卷。每一种编写讫，送太傅陈公鉴阅。奏议、公牍两种，初辑本凡一百余卷，汪荃台太守（凤瀛）谓卷帙多，则读者少，流传不广，公文字自不敌于天壤，不必求多，太傅意亦谓然，故最后写定，几减其半。"许同莘：《编辑〈张文襄公全书〉叙例》，苑书义、孙华峰、李秉新主编：《张之洞全集》第1册，第9页。又，《张文襄公年谱》亦经陈宝琛"审定义例，阅定前三卷文字"。许同莘编：《张文襄公年谱》，"凡例"，第1页。

之事业,如法越之战、中日之战、戊戌之变政、庚子之拳祸,皆非文襄一人所能为力,则文襄之奏疏,亦不能括尽当时事故,若欲以此归美于文襄,亦殊非征实之义。至于广雅书局四字亦不妥,为文襄刻集,究非与国家修书比,万无因事标名之理,况此四字既与广东官书局犯复,且近于市招,似不如名为张宅为妥。五时散。①

许宝蘅时充宪政编查馆科员,以前年(1907)考取军机章京时,为张之洞所赏识,且多与其幕府人员往还,对张之洞晚年事情所知颇深。② 按"油漆作",即地安门大街路西油漆作胡同,近白米斜街张之洞故居。"履初",董方刚(许宝蘅二姐之子③);"司直",王孝绳;"望屺",张曾畴。当天讨论遗集事,还有梁鼎芬、陈衍(字叔伊)、陈曾寿(字仁先)、许同莘在场,曾习经(曾刚甫)、伍体萃(字叔(葆)〔保〕)约而未到。除拟设广雅书局外,梁鼎芬特别提到张之洞遗文中"电稿最多",并有分类刊刻的计划,而许宝蘅对此二事"均不以为然",态度有所保留。从此记录看,关于"刊集事"的发起,主要由梁鼎芬出面,代表张之洞族人召集朋僚,可留意的是,最初与议人员中,王孝绳、陈衍、伍体萃均福建侯官人,与陈宝琛关系较密。

---

① 许恪儒整理:《许宝蘅日记》第1册,1909年11月9日,中华书局2010年版,第268页。
② 据己酉(1909)八月许宝蘅自述:"余于南皮颇无缘,在鄂多年未尝一谒,中间在江宁、在京皆未谒见,洎至南皮入都亦仅照例投刺,至前年考军机时南皮见余卷大赏识,谓人曰:'写作俱佳,数小时中能作箴铭体尤难。'及传到班后,仅于直庐中旅见,未曾私谒。前奉母讳后,南皮与司直(王孝绳)谈及余,又大赞美……因电召寄云及余,欲以铁路事相委,而余自汉北来,初在百日假内,继因左楼病以至于殁,迄未出门,今余事已毕,而公又骑箕去矣,虽未受其恩惠,实有知己之感。"参见许恪儒整理《许宝蘅日记》第1册,第263页。
③ 许恪儒整理:《许宝蘅日记》第5册,附录四,第2106页。

广雅书局设立后，许同莘所言"旧僚在局者"，不过四五人，而"未二年，诸共事者散之四方，书局亦撤"，时逢辛亥国变，最佳合作者王孝绳也"羁愁以卒"。在此情况下，有能力、有毅力主持完成此项工作的人，惟余许同莘一人。至1920年（民国九年，庚申），《张文襄公全书》稿成，他总结"编辑叙例"，自表心迹：

> 深惧（遗稿）放失，无以副公后嗣郑重传播之意，乃发愤自任。其散佚者，自枢垣史馆、京曹省署，下逮私家记录、坊刻丛残，展转借抄，时有所获，于是十年有七月矣。以类厘次，为奏议五十卷、公牍二十八卷、电牍六十六卷、书札六卷、骈体文二卷、散体文二卷、杂著四卷、金石文四卷。虑世变之未已，而人事之不可测也，归全稿于京卿，并质之贤人长德，非敢谓定本也。①

同文又言："奏议、公牍、函、电四种卷帙既多，录副不易，京卿乔梓属先以聚珍版印行。"据此可知，许同莘手订之《张文襄公全书》，成奏议、公牍、电牍、书札、骈体文、散体文、杂著、金石文，共计八种，而至此时，全稿均交呈张之洞后裔，以为前度托付的交代。鉴于奏议、公牍、书札（函）、电牍四种体量过巨，不易多储副本，为防散佚，故先行付梓，由铅活字排版（聚珍版）印刷，是即"张文襄公四稿"，含《张文襄公奏稿》（1918）、《张文襄公电稿》（1920）、《张文襄公牍稿》（1920）和《张文襄公函稿》（1920）。"四稿"付印之际，有吴县张泽嘉、徐鼎、会稽徐乃谦分任校对，"相助之力为多"；张之洞弟子陈庆龢商榷义例，折衷取舍，"裨益尤巨"，以上各

---

① 许同莘：《编辑〈张文襄公全书〉叙例》（庚申五月），苑书义、孙华峰、李秉新主编：《张之洞全集》第1册，第2页。

方扶助之力,许同莘均载入"叙例",以为"念时事之变迁,感群贤之风义,斯役幸而就绪,实非始愿所及,并记于此,以见公忠诚感人,身殁之后,犹有人乐为尽力若是。而京卿兄弟委任不疑,终始如一,皆可敬也"。① 其后二年,《广雅堂骈体文》(1921)、《广雅堂散体文》(1921)、《广雅堂杂著》(1922)三种相继刊行,合称《广雅堂集》。以上总计 7 种 159 卷 77 册,奠定了张之洞著述整理的基本体例,也是后来多个版本的《张文襄公全集》《张之洞全集》的核心材料。

"张文襄公四稿"终底于成,多赖许同莘不忘初衷,持之以恒。在编辑过程,困难重重,他尝向赵凤昌坦言:

> 侄频年以来,忧患纷乘,读书未终,辄便掩卷,即此一事,亦经无数波折,然无论如何艰苦,期于必成。自王司直先生即世,所辑电报付托无人,不得不由侄兼任,现在编辑校对,皆以一身,兼之节缩衣食,以供钞胥之费。犹忆初谒文襄时,谆谆以有恒为勖,今兹所为,亦实做有恒二字,期不负文襄而已。②

民国学人金毓黻初读《张文襄公全集》,便特别注意到许同莘所撰"叙例",对其工作之精审、勤谨印象深刻,并嘉许他能恪尽职责,不负旧主:

> 阅《张文襄公全集》,叙例为许君溯伊所撰也。搜罗既备,撰次亦有法,文襄遗稿之存者,无不尽入编中。又能精于

---

① 许同莘:《编辑〈张文襄公全书〉叙例》(庚申五月),苑书义、孙华峰、李秉新主编:《张之洞全集》第 1 册,第 10 页。
② 《许溯伊致赵竹君》,国家图书馆善本部编:《赵凤昌藏札》第 1 册,国家图书馆出版社 2009 年版,第 250—251 页。

去取,条例秩然,此真难能而可贵也。往者,曾文正公卒后,得一王安定而遗集就理,而精气遂不可磨灭。而溯伊之于文襄,亦然!文襄九原有知,为之瞑目矣。①

后世论者总结张之洞文献的整理历程,也认为许同莘"以十余年时间,广泛收集资料、精心编辑、仔细校勘的成果,在繁杂混乱的大批存稿中,去粗取精,编辑成有体系的著述,奠定了张之洞全集的基础,筚路蓝缕的开创之功不可没"。②

继《张文襄公全书》之后,许同莘又有《张文襄公年谱》之作。据其自述,"此书草创于辛酉(1921)以前",也就是说在《全书》编成印行以前,已着手修撰《年谱》。他又说:"既辑遗书而刊印之,遂及斯谱,自草创迄于写定,历十五年,为卷十,其体例斟酌于前人之作而加详焉。"③1944年11月16日,与许同莘早有文字之交的金毓黻在重庆第一次与之晤面,日记记:

午前诣李子坝花纱布管制局访许溯伊(同莘)……晤溯

---

① 金毓黻撰:《静晤室日记》第4册,1933年11月26日,第2904页。在其他场合,金也屡有言及许同莘为故主"编校遗集刊之"的功绩,如谓:"〔陈〕诵洛往受知于严范孙,曾为辑其佚事,为笔记一册,又编其遗诗三卷刊之,闻尚有文集、日记若干卷未付印。往者许溯伊(同莘)出张文襄门下,文襄卒后,许为编校遗集刊之,而诵洛之于严公,亦犹溯伊之于文襄也。"见金毓黻撰《静晤室日记》第6册,1938年10月12日,第4228页。
② 秦进才:《张之洞全集的整理历程》,《文史精华》第1期,1999年,第60页。按,"金石文"一种,至民国二十二年(1933)方编就,由南皮张氏刊行《广雅堂论金石札》。许同莘有跋文,署"时癸酉十一月也,同莘谨记"。参见许同莘《〈广雅堂论金石札〉跋》,苑书义、孙华峰、李秉新主编:《张之洞全集》第12册,第10778页。
③ 许同莘编:《张文襄公年谱》,"序",第1页。按,此处"十五年",指年谱最终"写定"而言,初稿之成应远早于此时,许同莘未急于付梓,曾誊写油印若干份,请人补正。如黄濬至少在1936年前,已见到许编《张文襄公年谱》初稿,当时记载"拔可(李宣龚)出示无锡许君溯伊所为张文襄公年谱初稿数叶,属为审校"云云。(黄濬撰:《花随人圣庵摭忆》,《中央时事周报》第5卷第1期,1936年,第40页)

伊,留在其寓午餐。溯伊无锡人,长于文笔,兼究考证。早入张文襄幕府治公牍,民国后出关,佐张文襄之孙忠荪(厚琭)于哈尔滨,与余数通函问于沈阳,且承其撰著见赠,实未得一面也。今日握手相见,如平生欢。……文襄遗集由溯伊手编付刊,近又为文襄撰年谱,其于文襄可谓极尽后死之责矣。①

金毓黻在会面之际,已见许撰张之洞年谱,稍后赠诗,故有"展读文襄谱,老眼为之明"等句。② 又,1945年初,许同莘的儿子、西南联大历史系学生许寿谔(又名许师谦,后任北京大学历史系主任)在昆明面谒时任西南联大总务长、历史系教授郑天挺,"衔父命,以所著《张文襄公年谱》为赠",后者对此著作亦多褒扬,专致许同莘一函,表达谢意:"往岁读《张文襄公书奏稿》,即心仪先生,恨不得一亲风采。其后得《南皮幕府秘录》,其事多不能尽悉,复与孟心史先生相叹息,以为必如先生或赵椿年先生者,谱南皮之生平,庶几可以昭示后来,为读史者助。去夏友人自渝寄来《张文襄公年谱》,开卷得先生名,为之狂喜。昨寿谔来,衔先生命以《年谱》一卷见贻,远承不弃,弥增倾慕。"③

今人所见许编《张文襄公年谱》版本,多为民国三十三年(1944)五月商务印书馆重庆初版,④以及三十五、三十六年(1946、1947)在上海的两次重版。据笔者调查,尚有更早的民国二十八年

---

① 金毓黻撰:《静晤室日记》第8册,1944年11月16日,第5723页。
② 金毓黻撰:《静晤室日记》第8册,1944年11月26日,第5727页。
③ 俞国林点校:《郑天挺西南联大日记》下册,1945年1月25日、28日,中华书局2018年版,第987—988、989—990页。"孟心史",孟森;赵椿年,常州人,光绪二十四年(1898)进士工书,能诗,晚年辑题跋所搜集的汉魏诸碑,次刊印《覃研斋石鼓》十种、《考释》一卷、《覃研斋诗存》三卷、《一沤集》等。
④ 《张文襄公年谱》在重庆出版,除商务印书馆内迁的原因外,应与许同莘当时"游幕蜀中"有关,此版一时流传不广,战胜复员后,即再版于上海。

（1939）武汉铅印本，[1]张之洞幼子张仁蠡作有"后记"，述其缘由：

> 许君溯伊曾佐先文襄公鄂幕，先公殁，君为编辑遗书，既竟，复纂年谱十卷，历时十余载，凡五易其稿，而始写定，尝以手稿油印，投赠好友，未广流传。传谱中于先公立身、教士、政事、文章诸大端，排比编次，详赡有法，搜罗撰述，剧费苦心。惟四十六岁以前稍病疏略，是盖与先公遗书之详于抚晋以后者，同为简编未备，故老凋零，旧闻轶事，缀拾难周也，君自序固尝言之矣。仁蠡比岁每诣溯伊，必承其出手稿相示，殷勤道其所欲损益及待咨访者，以为不如是不足以竟夙志，其致力之勤，盖如此。惜仁蠡于先公为季子，童稚之年即违色笑，而诸姊兄又多先后早世，于先公行事鲜所知闻，不能于其书有所献替商量，宁非憾事？……今春南来鄂渚主武汉市政，固先公故治也。二三耆旧及先公门生故吏争相踵门，以先公旧事遗闻见询，仁蠡惧未能尽道其详，乃思藉年谱以代答问，用昭征信。……爰检溯伊之稿略加校雠，亟付剞劂，以分饷是邦直贤人君子。[2]

是记署"中华民国二十八年十二月"，张仁蠡时为汪伪武汉特别市政府市长，在武汉将许同莘此前"投赠好友"之油印本付梓。

---

[1] 许同莘编：《张文襄公年谱》（民国二十八年铅印本），收入北京图书馆编《北京图书馆藏珍本年谱》第173—174册，北京图书馆出版社1999年版。按是版为十卷，有许同莘序、总目、张仁蠡后记，无凡例，内页版心下镌"舍利函斋印于汉上"字样。

[2] 许同莘编：《张文襄公年谱》，北京图书馆编：《北京图书馆藏珍本年谱》第174册，第163—164页。按张仁蠡（1900—1951），字范卿，张之洞第十三子。早年毕业于北京大学，在河北大城、武清、丰润等县任县长10年。华北事变后投日，任伪冀东防共自治政府民政厅厅长。1939年4月，出任伪武汉特别市政府市长。1943年转任伪天津特别市市长。新中国建立后于1951年被判死刑，在北京处决。参见武汉地方志编纂委员会编《武汉市志·人物志》，武汉大学出版社1999年版，第65—66页。

书前许氏自序,交代此编"自草创迄于写定,凡五易其稿",并述为其所"景慕"之张文襄公作谱,无论出于公义私谊,均属责无旁贷:"考其身世、叙次其文章事业,以寄低回想往之思,虽未必合于古人,而论者有取焉。况亲炙其人,得见其行事,而怵于著书之难,不及其时,荟萃考订,以成一编,是便私图负知己,而非公义所宜出也。"①后出之商务版,文字、体例一仍前版,全书共十卷,以张之洞生平事业之段落为分卷准则,②大字提纲,小字附注,③其事不能纯以年月区别者,则附入各卷之末。许同莘自谓"此书网罗事实,兼备国史取材,所采自遗稿外,凡档册、邸钞、官书、方志及同时诸公奏议、诗文、日记之属,观览所及,咸有采撷,其得之口述者,必确凿可信,然后著之"。④ 当时书评家推介其书,评价不俗:"读其序例,知寝馈于斯者十五年之久矣。搜罗之富,去取之严,编纂之审,可以晚清史视之。"又赞赏作者不负旧主、始终其事的专注精神:"编者之辛苦可见矣。呜呼! 年谱之纂,有益于人,无利于己,非忠心敬仰者,谁为操觚。非文襄何足当许氏之椽笔哉。""若许君者,可谓文襄之身后知己。"⑤胡钧重编同名年谱,以及后世陆续新出的若干种张之洞年谱,固然可自标榜后出转精,但究其实质,仍多有

---

① 许同莘编:《张文襄公年谱》,北京图书馆编:《北京图书馆藏珍本年谱》第173册,第631—632页。此序文字与商务版略有异同,篇幅亦过之。

② 各卷内容为:卷一,自始生至四十五岁以前,大事为试士浙、川,视学鄂、蜀;卷二,抚晋;卷三,督两广,规画甲申中法战役两粤防务;卷四,督湖广,筹开矿厂;卷五,甲午之役,调督两江措置江防;卷六,回湖广任,至戊戌闰三月奉旨入京陛见;卷七,行抵上海,因沙市有华洋交涉案,奉旨即日折回本任,迄江督刘忠诚出缺,奉旨署理;卷八,署江督至回湖广任;卷九,回湖广任至授大学士军机大臣;卷十,内调入直至薨逝。

③ 按武汉版附注为小字双行,商务版付印之际,因"排字不便",改小字附注为单行,"暂照正文字体而以括弧别之"。

④ 许同莘编:《张文襄公年谱》,"凡例",第1页。

⑤ 任楼:《新书介绍:张文襄公年谱(许同莘编)》,《国立中央图书馆馆刊》复刊第1号,1947年,第48—49页;《图书介绍:张文襄公年谱(许同莘编)》,《图书季刊》新5卷第4期,1944年,第88—89页。

取材于是书者,且"不免有掠美之嫌"。①

那么,《张文襄公全书》与《张文襄公年谱》究竟是如何编成呢? 许同莱曾经"为兄参预编书之事",亲睹两种著作成书的经过情形,对许同莘从事"文襄文字之役"的甘苦"知之最审"。他在《年谱》出版后言道:

> 予兄溯伊,早岁即入南皮张文襄幕府。……自文襄逝世,讫于其后十五六年,则搜集文襄遗稿,编次奏议、函电、公牍、文集、杂著之属,用力最勤。又其后则撰为年谱,以结编书之局,历十年而始成。书成后,随时增损改定,以讫今日,为之付梓。计前后尽力于文襄文字之役者,凡三十余年。自来幕僚

---

① 当世著述姑不论,即就胡钧重编同名年谱言之。该书于民国二十八年(1939)十二月由北平天华印书馆刊行,约与武汉版许编张谱同时问世。据张仁蠡为许谱所作"后记":"去年胡钧千之在旧京亦尝发愤为先公编年谱,而于许君之书初未寓目,经仁蠡出是编,供其为考订抉择之助。近已观成,颇闻其书多所增广,因待梓,未得卒读。"(许同莘编:《张文襄公年谱》,北京图书馆编:《北京图书馆藏珍本年谱》第 174 册,第163—164 页)则胡钧从张仁蠡处得见许稿,取为蓝本,加以改订,且在一年后即成重编本六卷,公开刊行,而流传尚较许谱为广。胡谱凡例表示"不敢没许君之劳,故名重编",但一则言,改许稿十卷为六卷系"以救其失",再则言"兹编成稿距许君辑谱已二十余年,其间耳目所及佚文遗事足徵者,补辑之"(胡钧:《清张文襄公之洞年谱》,台湾商务印书馆 1978 年影印版,第 3 页),对许稿似大有改进,实则未然。许同莘本出版后,有人细校两书异同,即指出:"盖(胡钧)于同莘之稿不无微词,而吴廷燮之后序,则直称同门胡千之先生病旧稿未尽善,重为编定之语。在未见许谱之时,必以胡谱为尽善尽美矣。乃胜利以还,许谱亦再版沪上,不胫而走。校读之下,知许谱之善,远胜胡氏,非可以道里计也。胡氏既乏新增之材,而字句亦少改动。光绪六年,王大臣续上会议折,附注陈弢庵语,胡氏全用许氏原文,彼按亦按,非有所见。许云按抱冰堂弟子记,言疏论俄约事,凡数十上,考军机处月折,公折片言俄事者凡十九件,本集已备录之。胡氏仅改本集一句为许同莘编辑遗书已备录其文云云,不免有掠美之嫌。"同文所作批评,对今日编谱之业亦不乏启示意义:"编纂年谱之业,非仓卒可办之事,初必对于谱主一生行事,师友往还,熟悉如数家珍;然后搜罗遗闻佚事,立辨时日,分别入谱。从事编纂之人,往往以所得之材料为不足,日盼增益,冀其无遗,与所谓重编之人,心理不同。一则不事耕耘,遽有收获,一挥稿就,指日书成,其著作之捷径也欤?"参看任楼《新书介绍:张文襄公年谱(许同莘编)》,《国立中央图书馆馆刊》复刊第 1 号,1947 年,第 48—49 页。

之对于府主，其用力之艰，历时之久，鲜有能及此者。①

众所周知，张之洞任清廷大吏凡四十余年，辗转北京、山西、广东、江南、湖北多地，"前席陈言，封章论事，枢机慎密，不得备闻，而遗草满簏，犹数百册"，②身后留存文稿不仅庞杂，各类型文档的保存状况也千差万别。张曾畴曾言："自癸巳（1893）以后，奏稿批牍，函稿杂文，均检点齐全，分订成册，毫无遗漏，前则口取手捡，尤为整齐精密。"③此处主要就奏议、公牍而言，至于书札、电稿，情况则大不一样。许同莘自言初编张集时，"发箧中遗稿，可盈一室"，欲一一厘定年月、分类整理，殊非易事。许同莘记录下当时的工作场景：

> 文襄遗稿，合手迹及幕僚所拟，以及各处来电，凡数十箱。余兄编辑全集之时，寓居北京东城之什方院，以东厢房三楹专储稿本。室中以木板为长几，逐次发箧，陈列几上，先排比月日，必使一无舛错，月日既已不误，则稿之重复与否，一览而

---

① 许同莘：《张文襄年谱编纂始末》，《东方杂志》第40卷第7号，1944年，第49页。
② 许同莘：《〈张文襄公奏稿〉例言》（庚申四月），苑书义、孙华峰、李秉新主编：《张之洞全集》第12册，第10772页。
③ 按此段文字出自《张文襄公辞世日记》，收于国图藏《赵凤昌藏札》稿本第17册，原未署作者。据孔祥吉先生考订，此文出于张曾畴手笔，系"一篇有关张之洞辞世前数十日经历及其嗣后遭际的文字"。参看孔祥吉《出于淤泥而不染的张之洞——读稿本〈张文襄公辞世日记〉》，《清人日记研究》，广东人民出版社2008年版，第206—212页。张之洞任职湖广时期的公文书，张曾畴经手最多，相应保存也最出力。据许同莘所知，"太守张望屺先生（曾畴）居幕府最久，督楚公牍，皆其手订，其后复为补录"，"奏议公牍，……督楚者，则望屺先生所编为多"。参见《〈张文襄公公牍稿〉例言》（庚申八月），苑书义、孙华峰、李秉新主编：《张之洞全集》第12册，第10776页；许同莘：《编辑〈张文襄公全书〉叙例》（庚申五月），苑书义、孙华峰、李秉新主编：《张之洞全集》第1册，第9—10页。

知,乃去其重复者,又去其照例之件,不应采辑而毫无疑义者,于是精华毕露。稿本之中,有原本,有钞本。原本不可毁损,其尚未抄录副本者,则雇书手给资抄写,前后历两三年,所写不下数十万字,随写随校,则发见其中遗漏之处不可胜数,尤以函电为甚。盖奏折经当时幕府中人命书吏誊出一分,随手编次,所缺尚少;电报则当时视为秘密之件,多不发抄;书函则文襄手书者,并不留稿。若文襄早岁官京朝督学政时,则所上奏折,所发文牍,直无一件存留。而此等文字,在全集中不能一字不载,于是采访之劳,视排比已有之稿为尤难矣。①

由此不仅可知许同莘整理张之洞存稿的地点、工作方式,还可以归纳几个基本的整理原则:(1)按照形成时间先后,排比文件,去除重复和无意义的"照例之件"。(2)凡有原稿,而无录副者,皆雇人抄写,其中尤以"电报""书函"两类数量最多。关于电报的情况,详见后述,即"所缺尤多"的书札而言,就有宝熙、吴士鉴、许宝蘅、阎迺竹(阎敬铭子)、张志潜(张佩纶子)等人"先后录副见示"。②(3)有事可考,但无奏折、文牍保存者,必尽力采访,以求完整。张之洞向长于奏议,撰作颇夥,然"京朝奏议,向无存稿",也就是说早年京官时期成了一块例外的空白,许同莘针对"遗箧无

---

① 许同莱:《张文襄年谱编纂始末》,《东方杂志》第 40 卷第 7 号,1944 年,第 49—50 页。
② 许同莘:《编辑〈张文襄公全书〉叙例》(庚申五月),《张之洞全集》第 1 册,第 10 页。此处涉及问题很多,例如近刊《张佩纶家藏信札》(上海人民出版社 2016 年版)有一个"奇怪的问题",便是信札中独独少见与张之洞之间的往来书信,衡诸常理,绝不至此,而许同莘当初编辑之际,反而从丰润张家辑录若干张之洞来函,为"南皮集外书札",以广流布。(黄濬撰:《花随人圣庵摭忆》,第 303—306 页)关于张佩纶家藏张之洞来函流传问题的讨论,可参鸣《张佩纶是如何与张之洞断交的》,《文汇报·文汇学人》2017 年 2 月 17 日;裘陈江:《张佩纶家藏张之洞来信流传线索补证》,《文汇报·文汇学人》2017 年 3 月 31 日。

存稿者，就史馆月折、总署档案、邸钞官报，检抄增补……其数衔会奏，而确知非公主稿者，虽结衔在前，仍不编入，意在征实"。① 至于其他阶段，尚有若干先期归档、可资依赖的底本，如"督粤时，奏议公牍，原本为赵竹君大令（凤昌）所编；督楚者，则望坅先生（张曾畴）所编为多，其后开局京师，先生在湖广幕府续有抄补"，许同莘的工作是在此基础上继续访查，尽力增补。以公牍为例，"机要文牍原钞本尚多遗漏。始开局时，从山西抚署补钞，衡甫中丞（丁宝铨）委四员主其事，四人者皆公旧属，函寄衔名，约列入校勘姓氏内，惜此函已佚，不得而详。太守张望屺先生（张曾畴）居幕府最久，督楚公牍，皆所手订，其后复为补录。督江公牍，旧钞只十余通，樊山方伯（樊增祥）任宁藩时，同莘托向督署检钞，方伯许诺，未几而国变作矣。……至是编义例，太守汪荃台先生（汪凤瀛）指示綦详，陈公睦徵君（陈庆龢）亦多所商榷"。② 1928年，时在故宫博物院图书馆任职的许宝蘅："到大高殿，许文伯（同范）、叔伊（同莘）、江君（鄂城人）来访，仍商抄外交案卷事。"③许同莱也有文章，记其兄在京中多年奔走、多方访史的努力情景：

---

① 许同莘：《〈张文襄公奏稿〉例言》（庚申四月），苑书义、孙华峰、李秉新主编：《张之洞全集》第12册，第10772—10773页。

② 许同莘：《编辑〈张文襄公全书〉叙例》（庚申五月），苑书义、孙华峰、李秉新主编：《张之洞全集》第1册，第9—10页；《〈张文襄公公牍稿〉例言》（庚申八月），苑书义、孙华峰、李秉新主编：《张之洞全集》第12册，第10776页。另如"散体文""骈体文"类，也曾向易顺鼎索稿抄录，函称："襄在武昌，见家母舅张望屺先生钞有《文襄丛稿》二册，凡谢折、寿序、尺牍之属多在其中，记得内有《送奎乐山之官察哈尔统序》一首，嗣间此册送尊处阅看，迄未取回。项编广雅骈文，已得二十余首，独缺此篇，不揣冒昧，拟请公饬纪检出，发下一钞，钞毕即缴，决不迟误，可或迳由侄诣尊寓钞录，籍省周折，均无不可，统候卓裁示复。"王鹏编著：《花笺染翰：清与民国著名学人书札集锦》，西泠印社出版社2022年版，第335页。

③ 许恪儒整理：《许宝蘅日记》第三册，1928年3月8日，第1233页。按，许宝蘅自1927年11月始以国务院帮办兼任法制局局长的身份，又兼任故宫博物院图书馆的副馆长，主管掌故部。

> 北都为文献渊薮，内阁大库、军机处档案具存，中外交涉之案，则外交部所藏之总理衙门、外务部档册具存。若当时发抄之奏折，世称邸钞者，则有《谕折汇存》《阁钞汇编》之属，琉璃厂书肆，往往可见。余兄于档案则亲往检查，属人抄写，或托管理之人代为检查。其散在书肆者，每以星期日乘小车赴各处物色，薄暮归来，则怀挟累累，家人非笑之，全不介意，如是者六七年。常于无意中得极可宝贵之资料，所收书籍，亦以是时为多，固一生乐事也。①

据许同莘自己回忆，"同莘生晚，从文襄之日少，文襄既殁，辑遗书，始得遍观所为文字"，②此与前引"发箧而尽读之"一语意同；又说"不见于文字者，惟当日与文襄上下议论及朝夕于左右者知之"，则现有文字以外的"采访"，除了从"枢垣史馆、京曹省署"各处借阅誊录，在"私家记录、坊刻丛残"中搜查线索，还包括向"并时人物"直接叩问请教，主要对象有张之洞族裔及朋僚故吏如陈宝琛、梁鼎芬、赵凤昌、汪凤瀛、樊增祥、易顺鼎等人。许同莘固知征集口述资料终究是一件充满遗憾的工作，然聊胜于无，仍勉力为之，故谓"并时人物，先后物故。幸而得见其人，又皆忧伤憔悴，言之而不能尽记。……然及今不为，则他日虽有人焉，欲为之而愈不易。而数十年间朝章国故，且失坠不可考"。③

其实，末一种途径最能体现许同莘作为编者的特长。他的人际关系网络对于《全集》《年谱》的编纂大致有两方面意义：一是为体例商榷、材料去取、文字审订，提供内行人的意见。许同莘即

---

① 许同莱：《张文襄年谱编纂始末》，《东方杂志》第 40 卷第 7 号，1944 年，第 49—50 页。
② 许同莘编：《张文襄公年谱》，"序"，第 1 页。
③ 同上。

言:"编书之事,初患资料之少,继患资料之多,多则去取之间,折衷至当,良非易事。余兄于此,极费苦心,编成以后,送老辈阅看,叩其意见如何,所就正者非一人,亦非一事,即此一端,可见其非贸然从事也。"①二是有助于史料的扩充,尤其是《年谱》内容,多有"得之口述者"。许同莘交代说:"(年谱)以搜采綦难,屡作屡辍。及脱稿,则公凤昔交游与夫门生故吏,已多物化,犹幸弢庵陈公(陈宝琛)、竹君赵先生(赵凤昌)皆享有大年,得以就正。陈公并审定义例,阅定前三卷文字。赵先生多所指示而不欲著姓名。其诗文纪事,则得之云门樊先生(樊增祥)为多。早岁及晚年事实,则得之公子仁侃、公孙厚琬、从子枢、族孙宗芳为多。"②

三、"张之洞电稿"的来源、编纂与流传

《张文襄公电稿》于"戊午(民国七年,1918年)六月二十七日编迄",同年底正式刊行,封皮由张曾畴敬署,内封由陈宝琛题签,各卷终均有"戊戌许同莘编辑"字样。这是"四稿"之中最先面世的一种,也是许同莘整理的张之洞著述中卷帙最多、最具特色、最耗费心力的一种。他曾以亲身见闻,说明张之洞对于电稿的异常重视:

---

① 许同莱:《张文襄年谱编纂始末》,《东方杂志》第40卷第7号,1944年,第50页。

② 许同莘编:《张文襄公年谱》,"凡例",第1页。甘鹏云于民国"乙酉(1945)"记述:"忆在沪寓居时,曾于赵竹君丈(赵凤昌)处见许同莘所编文襄年谱油印本。竹君告余,许编于公在鄂督时事不详,寄请竹君补正者,十余年来遍觅不可得,实则文襄毕生政事经历所萃在鄂时也。"参见胡钧编《张文襄公年谱》,北京图书馆编:《北京图书馆藏珍本年谱》第174册,北京图书馆出版社1999年版,封面识语,第165页。再,中国历史研究院图书档案馆藏《张之洞年谱史料》9册(档号:甲622-3),内容包括许同莘编纂《张文襄公年谱》时所据原件或抄件,以及许本人的抄目、批注、年谱初稿如"许同莘编张之洞年谱大事草稿""许同莘编张之洞年谱大事草例"等。有关《张文襄公年谱》编纂内情,尚有进一步探讨的空间。

张文襄公电稿,始自督粤,讫于入相,先后二十三年,诸稿出自手书者十之八九,半生心血,具在于是。同莘曩以末学得奉教于幕下,窃见公端居深念,凡所规画,必穷究利弊,贯澈始终,一稿既成,反复涂改,务求事理之安而后已。庚辛之际,危疑震撼,焦心劳虑,绕室彷徨,手治文书,往往彻夜不寐,盖其尽瘁忘身如此。①

19世纪80年代初,清朝开始大规模架设电报线路,而不久即逢中法因越南问题发生冲突,为应对紧急态势,清政府进一步开放电奏,并利用电报加速地方之间信息传递。② 张之洞于重要公文书,向来亲力亲为。前在山西巡抚任上,苦于文案无人,"一切笔墨皆须己出,不惟章疏,即公牍亦须费心改定,甚至自创"。③ 1884年,转任两广总督后,他即开始大量使用电报,此后近三十年的大吏生涯中,几乎无一日无电稿,无一稿不经心,"出于手稿者十之八九"。④ 1889年,调署湖广总督,电报的重要性在其所用公牍中更加突出,如许同莘言:"迨移三楚,历十八年,世变纷乘,忧深虑远,见于文字者,具在电稿,而例行案牍则少简焉。"⑤ 据张继煦(1876—1956)亲身见闻:"公于重要文件,多亲自草,不假手于人。余在友人处见公庚子(1900)电稿涂乙殆遍,往往一字改易数次而

---

① 许同莘:《〈张文襄公电稿〉跋》(戊午六月二十七日),苑书义、孙华峰、李秉新主编:《张之洞全集》第12册,第10771页。
② 参看夏维奇《晚清电报建设与社会变迁——以有线电报为考察中心》,人民出版社2012年版,第324—335页。
③ 《致张幼樵》(光绪八年五月),苑书义、孙华峰、李秉新主编:《张之洞全集》第12册,第10143页。
④ 许同莱:《张文襄年谱编纂始末》,《东方杂志》第40卷第7号,1944年,第50页。
⑤ 许同莘:《编辑〈张文襄公全书〉叙例》,苑书义、孙华峰、李秉新主编:《张之洞全集》第1册,第5页。

后定。"①换用张之洞本人的话说:"洞不能常作书,兹因差便,手布数纸。惟有电语,尚可时相闻问。凡电报皆鄙人亲笔属稿,与手书无异也。无论致何处之电皆然,电奏千百言,更不待言。"②张之洞电稿跨越时段长,涉及面宽,内容信息量丰富,反映其本人的思想观念亦较深切著明,正因如此,成为研究中国近代史不可多得的珍贵史料。许同莘对电稿价值有充分认知:

> 公以一身系中国安危,读公文字,可以验世运之盈虚,考时政之得失,一也。立功、立德,非言不传,章奏、文移,每为体裁所限,惟电文初无程式,语质而事核,词约而理明,读公遗编,见公功德,二也。公历封疆三十年,除抚晋外(时山西无电线),无一日无电稿,无一稿不经心。按日寻绎,如日记,如年谱,忧乐之怀,顺逆之境,随处可见,三也。③

张之洞电稿因其记事系统、首尾完具的性质,在反映时政、世局以外,竟然还可有类同日记、年谱的功用。但电报形式特殊,在当时"多不发抄",原件常有失落风险,许同莘检点遗稿,即发现"其中遗漏之处不可胜数,尤以函电为甚"。他对于"电稿"这一类

---

① 张继煦:《张文襄公治鄂记·张文襄公轶事》,转引自秦进才《张之洞著述的编纂与流传》,苑书义、孙华峰、李秉新主编:《张之洞全集》第12册,第10795页。

② 张之洞:《致鹿滋轩》(光绪二十六年),苑书义、孙华峰、李秉新主编:《张之洞全集》第12册,第10231页。曾居张幕的陈衍也指出幕主有"亲笔属稿"的习惯:"奏议告教,不假手他人,月脱稿数万言,其要者,往往闭门谢客,终夜不寐,数易稿而后成。书札有发行数百里,追还易数字者。"(黄濬撰:《花随人圣庵摭忆》,第345页)对这一行事风格,一些论者解释为张之洞以书生入仕,故习惯"以对待著述的精神来对待奏议、电稿、公牍"。参看秦进才、戴藏云《张之洞著述编撰特点初探》,《河北师范大学学报》(哲学社会科学版)1998年第2期。

③ 许同莘:《〈张文襄公电稿〉例言》(戊午十二月),苑书义、孙华峰、李秉新主编:《张之洞全集》第12册,第10768页。

文献,始终全神贯注,搜求不遗余力,《张文襄公电稿》跋文叙编纂经过:

> 自公殁后,遗文未经流布,士夫皆思读之,公子君立京卿设书局,集旧日僚吏,属以编校。遭时多故,仅逾年而书局遂散。电稿一编,闽县王君孝绳实任辑录,著手方始,遽以病卒。同莘编奏议、公牍既竟,竭三载之力,始藏其事。初,公在武昌置写官十余人,录往还全稿,丁未(1907)入都,以稿自随。而督粤者犹阙,同莘求副本于粤、鄂,则辛亥之变已荡焉无存。会王法使秉恩藏副箧中,出以相示,其散佚者,又借抄方略馆、总署档册以补之,于是条理贯穿,首尾完具。中经世变,得不失落,可谓幸矣。全稿凡二百余册,今所编录不及其半。①

按照广雅书局初设时期的分工,"电稿"编纂主要由王孝绳负责,辛亥年(1911)王氏去世后,许同莘全盘接手,"三历寒暑,始克竣事,整齐贯串,几经易稿"。对于电稿的保存、补阙情况,他有所总结:"电牍自己丑(1889)以后最完,乙巳(1905)、丙戌(1906)间置掾吏十余人写之,其尤要者,或抄至数分。同莘编辑之时,稿件以六七万计,从弟同莱助其校理,与底本合勘,又检出应补抄者二千余件。而督粤者尤阙,展转求之粤、鄂,则辛亥之变荡焉无有,幸王雪岑廉访(秉恩)藏副箧中,出以相示,并就方略馆、总署档册勘对补其阙佚。于是条理贯穿,始末粗具。"②综合以上几种说法,可

---

① 许同莘:《〈张文襄公电稿〉跋》(戊午六月二十七日),苑书义、孙华峰、李秉新主编:《张之洞全集》第12册,第10771页。
② 许同莘:《编辑〈张文襄公全书〉叙例》(庚申五月),苑书义、孙华峰、李秉新主编:《张之洞全集》第1册,第10页。按原文标点作"而督粤者尤阙,展转求之粤。鄂则辛亥之变荡焉无有",误,径改。

知电稿的主要来源：(1) 1889年张之洞督鄂以后电稿基本保存完整，张本人在1907年北上之前，已命抄手按规定格式誊录副本，并携带到京；(2) 督粤时期电稿，原本已不存，①主要根据张之洞幕僚王秉恩所藏钞本录副，②缺漏不足者据军机处方略馆、总理衙门档册补充；(3) 其他又有陆续增补，如"光绪二十三年致各省电文，旧抄本缺一册，戊辰春得见幕府底本，依次录之，为补遗二卷"。③

张之洞电稿编成，全稿多达二百余册，在当时条件下，势必不可能悉数排版印行。许同莘经过慎重考虑，采取了"分为三编"的做法：

> 原稿浩博，辑录颇难，太简则失真，太多则寡要，意为取舍，尤恐于当日事情不合，审慎至再，略就事理轻重，分为三编。此六十六卷，为甲编，以待刊行。余为乙、丙两编，以备世守。丙编无关宏旨，如公牍之有例行文件。乙编稍要，而在全

---

① 按督粤时期电稿，在张之洞移督湖广后曾经整理，并交幕僚梁鼎芬"校阅"，然后有所散佚。《张文襄公电稿》编成后，梁鼎芬附识："其十一卷，督粤时所为。移督武昌后，曾以全分，命鼎芬校阅一过。……自是以后，在鄂、在江所发各电，有未先示鼎芬者，有已发后示鼎芬者。"参见《〈张文襄公电稿〉梁记》(戊午)，苑书义、孙华峰、李秉新主编：《张之洞全集》第12册，第10770—10771页。

② 另有知情者记载，可补充许同莘从王秉恩处访得督粤电稿副本的详情："文襄以光绪十年总督两广，其时沿江沿海各省，电线已通，军国机宜之事，以电报传递，文襄电稿，出于手稿者十之八九。然张氏藏稿独缺两广一任，总署电本仅有关涉外交之件。余兄积年求之，初不可得，托人访之广东都督公署，则革命以后，广东督抚两署案卷尽毁。后至沪上，见王雪岑先生，得其所藏副本，始得借抄入集。其稿盖先生在幕府中，留心故实，随时积存者。虽缺最初之稿数十件，然当时精力，全注于法越战事，以之与奏疏参校，大体已无遗漏。故年谱资料，半出其中。"参见许同莘《张文襄年谱编纂始末》，《东方杂志》第40卷第7号，1944年，第50页。

③ 许同莘：《编辑〈张文襄公全书〉叙例》(庚申五月)，苑书义、孙华峰、李秉新主编：《张之洞全集》第1册，第10页。另据王树枏《〈张文襄公全集〉凡例》交代："奏稿中原缺光绪十年各电稿，及光绪二十三年致各省电文旧抄本缺一册，遍觅弗获。及全集刊就，许君始于书肆中得之，延津之剑于是复合。……拟俟许君编公年谱告成，赓续补刊，特先识其概略，以代左券。"(《张之洞全集》第1册，第1—2页)则光绪二十三年电文抄本的发现，已在《张文襄公全集》刊行之后，故未及编入，后亦未补刊，今或已散佚。

稿为剩义。甲编所裁则要旨宏纲,靡不赅备。虽不敢谓一无挂漏,然参互考求,可什得八九矣。①

三编的区分,以"事理轻重"为标准,这当然包含许同莘的主观判断,从现在的史料观念出发,甲编所载固为"要旨宏纲",但绝不至于"靡不赅备",而意义稍微次要的"乙编",以及因循琐屑、视同"例行之件"的"丙编",也未必全无利用的价值。不过,无论如何,当时印行的《张文襄公电稿》即甲编66卷32册,收录了大量富含史料价值的电奏、电牍,为后人提供了极大便利。全编起自光绪十年(1884)闰五月三十日,迄至三十三年(1907)八月四日,收录张之洞致他人他处电文近4400件,附录他人他处来电1400余件,相较于原稿"不及其半",然已蔚为大观矣。梁鼎芬见此《张文襄公电稿》,赞曰:"封疆大臣忠于国家,奏稿行世者有致,电稿则未闻也。许君力勤矣,芬未见其比也。"②

电报是一种晚近才出现的、形式特殊的文书,相应有其专门的编辑体例,也即许同莘所谓"编次之法":

> 电稿为文书创格,编次之法,无例可征。书局初议仿纪事本末体,继虑事类太繁,议用编年体,然概以月日为断,又不见事之起讫。兹于编年之中纪寓事之意,如第一、二卷为筹战守,第三卷为争撤兵,第四卷为图补救,余卷仿此。其他杂事,排日附见。譬如黄河,千里自成一曲,而汇纳众流,沟浍不废,

---

① 许同莘:《〈张文襄公电稿〉例言》(戊午十二月),苑书义、孙华峰、李秉新主编:《张之洞全集》第12册,第10768页。
② 梁鼎芬:《〈张文襄公电稿〉梁记》(戊午),苑书义、孙华峰、李秉新主编:《张之洞全集》第12册,第10770—10771页。

大体如是，亦未易截然画分，正谬订讹，以俟大雅。①

电稿数量巨大，如何实现分类整理，采纪事本末体，抑或编年体，颇费斟酌。许同莘考量再三，最终决定将电文按年月日期先后排列，而各卷基本围绕一个主题，如上文举例，第一、二、三、四卷皆有关中法之役，而各有侧重，体现"编年之中寓纪事之意"。另有少量不涉主题的零散之件，则按日附入，亦如主流之外"不废沟浍"。电文内容庞杂，且多重复者，择别之际，则有一些更加细化的标准：一、"通问之辞，有泛应之语，有更端而旁及，有一义而重申，如斯之流，宜入别录"；二、"一稿数见，则录其一，而注云并致某处"；三、"若后稿视前稿加详，乙稿述甲稿大要，则存其详者、要者"；四、"有事近细微，而不容遗漏者，自应巨细兼赅，方见全神贯注"。总括言之，在大框架和准则之下，多有灵活处置，这也符合许同莘"因事起例，惟义所适"的自期。

张之洞电稿的编排，还贯彻了一个极具特色但非常实用的方法，即将他人他处来电附录于张之洞相应电稿之后，以便读者把握前后脉络，同时精心择录，适量而止。许同莘特别解释了这一做法的初衷：

> 一事之起，必有由来；一端之发，必有究竟。电文既略，若不与来电参观，则如隐谜、歇后，索然无味矣。第附录过多，又虑喧宾夺主。兹编所录，只就见存来稿与去电互相发明者删繁撮要，辞达而止，其有异同，亦不偏废。盖审病用药，方知良医之苦心；持柄内凿，亦见大匠之寡合。且事理本无穷尽，论事当抒己见，公每为僚属剀切言之。窃本斯指，以为准则，惟

---

① 许同莘：《〈张文襄公电稿〉例言》（戊午十二月），苑书义、孙华峰、李秉新主编：《张之洞全集》第12册，第10768—10769页。

来电大意,已见于去电本文者,则不重出,藉省繁复。①

对于来件的评估取舍,其实非常考验编者眼光。许同莘定下了两条标准:一、"有去电无关重要,而来电必宜辑入者,则两存之";二、"有去电字句无多,而前后来电叙述详尽,应连类及之者,则并存之"。他也说明如此去取的理由:"此为备掌故,彰殊勋,于理宜然,不嫌变例。""至并时僚友议论往还,深识远虑,往往足资考镜,间存一二,以概其余,则集思广益之义云尔。"

《张文襄公电稿》刊印时,在文本形式方面,如抬格、署名、日期、收发者官名、地名、电文结尾习语等等,有些遵循了张之洞本人"手定格式",也有相当部分按照统一原则做了删略与改动,而衍生抄本在书写格式、内容分类上同样各具特征。② 值得申说的是,一些貌似只是"形式"、无足轻重的问题,实际上对于我们有针对性地、有效地利用电稿,关系匪浅。例如许同莘提示发电所署日期时辰与电末韵目,会有彼此不符的异常情形,而其原因须从发电人"兴居无节"的特殊工作习惯去追究:"各电排比先后,一以时刻为准。惟公治文书,常至夜半,故电尾韵目,犹依本日,而发出已在次晨,韵、日不符以此。"③ 又例如电报署名有时故意隐匿或用代称,

---

① 许同莘:《〈张文襄公电稿〉例言》(戊午十二月),苑书义、孙华峰、李秉新主编:《张之洞全集》第 12 册,第 10769 页。
② 参看秦进才《张之洞著述版本举要》,苑书义、孙华峰、李秉新主编:《张之洞全集》第 12 册,10855—10857 页。
③ 张之洞为官,以起居无恒为世所知,甚乃见诸劾疏,有"兴居无节,号令不时,即其幕友亦群苦之"之言。[大理寺卿徐致祥奏(光绪二十九年),许同莘编:《张文襄公年谱》,第 78 页]陈衍《石遗室文集》卷一《书张广雅相国逸事》云:"公日凌晨兴,披阅文书,有事则迟明。余初见公,约迟明往,堂上然烛以待。寻常辰巳见客,午而罢,然后食,有事未而罢,或留客食,食必以酒,酒黄白具,肴果蔬并食,一饭一粥,微醺,进内解衣寝。入夜复兴,阅文书,见客,子而罢。有事,丑而罢,然后食,悉如日中,不解衣寝,或不进内,盖分一日若两日也。"参见黄濬撰《花随人圣庵摭忆》,第 344—345 页;徐凌霄、徐一士:《凌霄一士随笔》(二),山西古籍出版社 1997 年版,第 409—411 页。

而这类文字恰可能别具"深心",须特别留意:"至署名处有用'名心泐''名心叩'字样者,事后与人共见,固不妨改从一律。然当日自具深心,亦仍原文,以昭核实。"①再者,"有公不便径达,由椽属具名者,以原文必经公授意,或竟手自属稿,兹一例录入,仍低一字,别于正文","来电或加圈,亦公手笔",②这一类格式问题当然包含了值得探究的历史信息,但须检阅《电稿》原刊本才能抓取,在后出的横排点校诸版本中上述"形式"已不复存,相应信息自然也就流失了。这是我们现在利用《张之洞全集》时必须注意的。

1928年(民国十七年,戊辰),王树枏在许同莘工作的基础上增补编成《张文襄公全集》,由汉冶萍公司资助,北平文华斋雕版刻印,收录14种229卷,装印成20函120册。《张文襄公全集》不仅规模扩大,分类亦有改编,14种分别为《奏议》(72卷)、《电奏》(13卷)、《公牍》(36卷)、《电牍》(80卷)、《劝学篇》(2卷)、《輶轩语》(2卷)、《书目问答》(4卷)、《读经札记》(2卷)、《古文》(2卷)、《书札》(8卷)、《骈体文》(2卷)、《诗集》(4卷)、《抱冰堂弟子记》(1卷)、《家书》(1卷)。原"电稿"一分"电奏""电牍"两种,王树枏说明区分理由:"许君辑本内列电牍一门,并未分类,兹集分列电奏、电牍两门,盖以电奏例由枢臣代陈,仍属对扬体裁,故附诸奏稿之末。电牍多逾千字,少或数言,繁简虽殊,究系公牍性质,故列诸公牍之后,亦各从其类也。"③按《电奏》13卷,起自光绪十年(1884)闰五月三十日,迄至光绪三十三年(1907)八月初四日,共429件;《电牍》80卷,起自光绪十年(1884)六月初七日,迄

---

① 许同莘:《〈张文襄公电稿〉例言》(戊午十二月),苑书义、孙华峰、李秉新主编:《张之洞全集》第12册,第10770页。
② 同上书,第10769、10770页。
③ 王树枏:《〈张文襄公全集〉凡例》,苑书义、孙华峰、李秉新主编:《张之洞全集》第1册,第1页。

至宣统元年(1909)六月二十日,共 6 000 余件。① 1937 年(民国二十六年,丁丑),张之洞弟子甘鹏云在军人徐源泉的赞助下,利用王树枏编印《张文襄公全集》书版,加以修补,又招集张之洞门生故吏石荣暲、刘远驹、刘文嘉、孙培基、李钦、胡钧、龙骥等七人分头校勘,删去伪造的《家书》一卷,附录《张文襄公全集校勘记》,印行了 13 种 228 卷的楚天精庐版《张文襄公全集》。② 其中《电奏》《电牍》两部分,均一仍文华斋版本。

---

① 尚可补充的是,《张文襄公全集》编成后,许同莘仍未完全结束这方面的工作,一度拟刊"文襄公全集重编节本",重编之法则与王树枏略有别。笔者在"孔夫子旧书网"检到许同莘致王嵩儒信札,附"文襄公全集重编节本办法",颇有价值,兹转录如下:

奏稿五十卷。(此指同莘所编之本而言,王晋文所编者,将此五十卷分拆为七八十卷,其大体无甚出入,以下言卷数者仿此。)拟删节三分之一,末有谢折四卷,拟全删。惟王本于奏稿之起讫(如"奏为"至"仰祈圣鉴事",及"所有"至"缘由伏乞圣鉴"之类)皆删去,此却不可,仍以补入为宜,计此稿删本,可编为三十六卷。

公牍二十八卷。王本已有删节,兹拟删为八卷,内容、札可以多删,批牍则所删者较少。

函稿六卷。此却不可删,王本当添入数篇,可以补入,惟家书不必刻。

电稿六十六卷。此稿十之六七,皆文襄公亲笔,不宜多删。惟所附之各处来电,则可多删,拟编为五十卷。此稿初编时,因稿本不全,有缺漏处,王本亦未补入,其所缺之稿,近年已设法觅得。计应补入者,约有两三卷,此可包括于五十卷中。

骈文三卷,不删。

散文三卷,内朝考卷二篇,可删。王本补入一篇,仍应补入。

杂著四卷,不删。

金石文五卷,新增。

诗集无卷数,不能删。

弟子记一卷,不可删。

年谱,现拟之稿预计约有四五卷,如此稿成后,别为节本,则二卷即可。

以上约计一百十卷。

此外有《书目答问》《輶轩语》《劝学篇》《十六家诗钞》四种,拟不编入。

如照此办法,则全书一百一十卷,可分订为五十册(或四十六册),用小本印行,略如石印二十四史之式,大约每部工本须十五元左右,出售时定价从廉,可定为二十元(或稍加),如拟交书局(如商务印书馆之类)代印代销,则不须出资,尚可抽版税,每年结算,照书价收,可分之十五,但销售部数不能预定耳。(浏览地址:http://book.kongfz.com/1087/494744800/)

② 参见甘鹏云《校印张文襄公全集缘起》、徐源泉《张文襄公全集题记》,王树枏编:《张文襄公全集》(楚天精庐藏版,丁丑五月印行),沈云龙主编:《近代中国史料丛刊》(46),(台北)文海出版社 1963 年影印版,第 1—3 页。

前述许同莘对卷帙浩繁的张之洞电稿采取"分为三编"的整理方式,先行付梓的《张文襄公电稿》66卷即为"甲编",而甲、乙、丙三编原稿一并归交张之洞后裔收存,后经辗转流传,现在成为中国社科院近代史研究所档案馆藏"张之洞档案"的一部分。据茅海建先生调查,"'张之洞档案'的主体部分,是张之洞的幕僚许同莘编《张文襄公全集》时所据之原件或抄件,还留有许同莘的许多抄目和批注。上世纪50年代由张之洞曾孙张遵骝赠送给近代史研究所;另有一些是近代史所图书馆历年购置,收集而入藏的,总计492函,内有两千余册及数以千计的散页"。① 2017年,"张之洞档案"之大部编入《近代史所藏清代名人稿本抄本》第二辑"张之洞专辑",由大象出版社影印出版,共172册,951卷。② 所收辑以奏议与电稿为主,前者包括"张之洞督粤奏稿钞本""张之洞督楚照例奏稿原件""张之洞督粤奏折正本""张之洞署江督奏折正本""张之洞督楚奏折正本"等,后者包括"电稿目录""电奏稿""电稿""张之洞收各方来电""张之洞致各省及外洋电稿"等。其中第2册至53册前半为"电稿",起自光绪十年(1884)闰五月三十日,迄至宣统元年(1909)七月十三日,第53册后半至110册为"张之洞收各方来电",起自光绪十年(1884)七月初七日,迄至光绪三十四年(1908)九月初十日,部头均十分庞大,原"张文襄公电稿"的

---

① 茅海建:《戊戌变法的另面——"张之洞档案"阅读笔记》,上海古籍出版社2014年版,自序,第2页。

② 据编者说明:"本辑作为张之洞专辑,由于出版计划的改变,不能将近代史研究所图书馆收藏的张之洞档案全部收辑,所收辑的主要是张之洞的电报和奏稿,包括底稿、定稿、原件、抄件。与其他已版的张之洞文集相比,其独到价值所在,一是不仅最为广泛地包含了张之洞本人的奏折、附片和电报,而且包含了张之洞所收、所存的大量他人电报,既反映了相关事项的来龙去脉,也反映了张之洞的人脉关系。二是不仅以多种文本体现了档的生成过程和原始性,如用电报纸记录的包括密码和译文的电报原件,用折本书写的奏稿原件,而且保持了档的完整性,如奏折所包含的附件和清单,均一仍其旧,不像一般文集那样只收正折。"参见虞和平主编《近代史所藏清代名人稿本抄本》第二辑第1册,第2页。

乙、丙两编或已包含在内。

目前所知存世的张之洞电稿,除以社科院近代史所藏为大宗外,还散见于其他一些地方,例如国家图书馆藏《张文襄公电稿》抄本,108册,分装18函;①又如中国社会科学院经济研究所藏《张之洞电稿》抄本,收录从光绪十五年至三十一年张之洞与各处的来往电报,共计47册。另有"东方晓白"整理《张之洞(湖广总督府)往来电稿》,刊载于《近代史资料》第109号,内容不乏史料价值,惟史源并不清楚,尚待进一步调查。②

1998年河北人民出版社出版苑书义、孙华峰、李秉新主编之《张之洞全集》12册,2008年武汉出版社出版赵德馨主编之《张之洞全集》12册,均以1928年北平文华斋刊本《张文襄公全集》为底本。河北版《张之洞全集》分《奏议》(72卷)、《电奏》(13卷)、《公牍》(84卷)、《电牍》(100卷)、《劝学篇》(2卷)、《輶轩语》(2卷)、《书目答问》(4卷)、《读经札记》(2卷)、《古文》(2卷)、《书札》(8卷)、《论金石札》(2卷)、《骈体文》(2卷)、《诗集》(4卷)、《抱冰堂弟子记》(1卷)、《家书》(1卷),共15种299卷,其中《电牍》由80卷增至100卷。③武汉版《张之洞全集》依《奏议》《电奏》《公牍》《电牍》《书札》《家书》《劝学篇》《輶轩语》《书目问答》《读经札记》《论金石札》《古文》《骈体文》《诗集》《弟子记》等项排

---

① 此钞本已由全国图书馆文献缩微中心2005年影印出版,题名《张文襄公(未刊)电稿》,全40册,主要收录光绪九年至十四年(1883—1888)张之洞督粤时期电报。

② 东方晓白:《张之洞(湖广总督府)往来电稿》,《近代史资料》总109号,中国社会科学出版社2004年版,第1—24页。茅海建引责任编辑刘萍女士语,"这批信件属私人收藏,'东方晓白'是其笔名,且这批收藏中有价值者皆已发表",其曾试图联系收藏者,以能过目,但未获成功。参见茅海建《戊戌变法的另面——"张之洞档案"阅读笔记》,第2页注释3。

③ 据编者统计,河北版《张之洞全集》较《张文襄公全集》,"总计增加了400余万字,大致增加了一倍多"。秦进才:《张之洞全集的整理历程》,《文史精华》1999年第1期,第63页。惟增加的部分未作具体说明,在未对两者作充分比对之前,难知其详。

列,分为12册,不分卷次。据各册"编辑说明",其中第4册收录电奏,起自光绪十年(1884)闰五月,迄至光绪三十三年(1907)八月,共469件(不含附件),较《张文襄公全集》的444件,增补25件;第7—11册收录电牍,起自光绪十年(1884)六月,迄至宣统元年(1909)六月,共7358件(不含附件),较《张文襄公全集》的4060件,增补3298件,"其中除少量外,均录自抄本《张之洞电稿》(中国社会科学院经济研究所图书馆藏)"。① 该书的增补工作以"电牍"一门尤其显著,增补各件均在目录标题上方加圈,标明与王树枬《张文襄公全集》、河北版《张之洞全集》的异同,便于已熟悉以上二集的读者迅速确认新材料。惟其增补的部分,未包括社科院近代史研究所藏"张之洞档案"。再,据该书收录原则:"全书以张之洞著述为主,他人资料与张之洞有关者为辅。电牍中,仅有他人来电,而无相应张之洞电稿者不收。"②因此,其统计的《张文襄公全集》件数,均指原收录发电件而言,增补的社科院经济研究所藏《张之洞电稿》,也只是"发电"部分,而"来电"部分因非张之洞本人之作,限于体例,并未纳入。

四、《庚辛史料》的史料价值

许同莘辑《庚辛史料》,不连续揭载于《河北月刊》1935年第3

---

① 电奏、电牍数目,系笔者据各册"编辑说明"合并统计而得。又,编者"前言"指出:"本书收录文献共14 453件,比底本多7 802件,比河北版多3 473件。在当前阶段,它应当算是一种比较完备的本子。"(赵德馨主编:《张之洞全集》第1册,武汉出版社2008年版,前言,第1页)惟同一编者,在另外场合却又说:"本书收录文献共13 600件,比底本多6 900件,比河北版多2 600件。"(赵德馨:《求全·求真·求准——编辑〈张之洞全集〉的做法与体会》,《中南财经政法大学学报》2008年第4期,第132页)两种说法并不一致,未知孰是。

② 赵德馨主编:《张之洞全集》第1册,"编校说明",第2页。

卷第1期至1936年第4卷第11期。按《河北月刊》为民国时期河北省政府主办期刊，1935—1936年间河北省会曾迁转天津、保定两地，① 许同莘供职于省政府秘书处，故多向《河北月刊》社供稿。据他自己交代，"曩岁编张文襄全集，就往来电报，辑录成编"，《庚辛史料》即出于此，应为当时编成的"张文襄公电稿"的一部分。《庚辛史料》，顾名思义，主题集中于"庚子拳匪之变"，内容至少包含庚子（光绪二十六年，1900）、辛丑（光绪二十七年，1901）两年，当时应已成编，拟分卷刊载，然未刊毕，原因或与1936年后许同莘结束在河北省政府的工作，转往河南有关。目前可见《河北月刊》的连载版本，起自庚子五月初九日，迄至九月初三日，共528件，总计约7万字。据编辑体例，"已见李文忠、张文襄全书者不重出"，则这部分资料可与《张文襄公全集》及今刊《张之洞全集》互补，另外《近代史所藏清代名人稿本抄本》第二辑所录"电稿"与"张之洞收各方来电"，也可相互参照。②

据笔者整理统计，《庚辛史料》所录主要是庚子事变期间张之洞收各方来电，不录发电，而来电责任人总计近百人，涵盖范围相当广泛，除居于当时电报网络中心地位的大理寺少卿、总办电报局之盛宣怀外，大致包括以下几类：（1）将军、督抚、藩臬等地方大吏，如两广总督李鸿章（后改直隶总督）、两江总督刘坤一、闽浙总督许应骙、福州将军善联、直隶总督裕禄、布政使廷雍（后署直隶总督）、河南巡抚裕长、陕西巡抚端方、四川总督奎俊、成都将军绰哈布、云南总督丁振铎、山东巡抚袁世凯、江苏巡抚鹿传霖、护理江苏

---

① 民国肇建之后，设直隶省会于天津。1928年6月改直隶省为河北省，省会仍在天津，10月即迁北平。1930年10月，再迁天津。至1935年6月，天津改为直辖市，河北省会又迁保定。

② 相应时段电文，分见虞和平主编《近代史所藏清代名人稿本抄本》第二辑，第49—50册（卷三三四至三三九）、第79—82册（卷五三九至五五四）。

巡抚聂缉椝、安徽巡抚王之春、浙江巡抚刘树堂、布政使恽祖翼、广东巡抚德寿、湖南巡抚俞廉三、布政司锡良（后改山西巡抚）、布政使湍多布、署按察使夏献铭、江西巡抚松寿、广西巡抚黄槐森、贵州巡抚积诚、云南矿务督办唐炯；(2) 各海关道，如上海道余联沅、厦门道延年、江汉关道陈夔麟、重庆关道夏时；(3) 各地重要武官，如长江水师提督黄少春、贵州提督梅东益、云南提督冯子材、广东碣石镇总兵刘永福、前南韶连镇总兵方友升；(4) 京官，如许景澄（以吏部侍郎充总理衙门大臣）、袁昶（以太常寺卿充总理衙门大臣）；(5) 出使各国大臣，如驻日公使李盛铎、驻俄公使杨儒、驻英公使罗丰禄、驻美公使伍廷芳、驻法公使裕庚；(6) 各国领事及其他来华外国人，如日本驻沪代理总领事小田切万寿之助、法国驻沪总领事白藻泰（Georges G. S. Bezaure）、美国驻沪总领事古那（John Goodnow，一译古纳）、意大利驻香港领事伏比斯礼（Z. Volpicelli）、德国亨利亲王（Prinz Heinrich）；(7) 湖北省内各级文武官员，如荆州将军、湖北提督、安襄郧荆道、荆宜施道、施南府、德安府、黄冈县、宜都县、江陵县、巴东厘局委员；(8) 各地电局委员，如衢州电局、安徽电局、厦门电局、太原电局、赵城电局、牛杜电局；(9) 湖北驻各地侦探委员，如陈公恕、巢凤冈、曾磬、章师程、程云、张华燕、李兰皋，等等。

  以上各方来电，大多篇幅短小，且内容零散，头绪纷杂，初读者一时难免困惑。不过，如许同莘所指示，"一事之起，必有由来；一端之发，必有究竟。电文既略，若不与来电参观，则如隐谜、歇后，索然无味矣"。① 电报这一类史料，实有其特殊的性质与利用方式。而《庚辛史料》所涉时段恰值庚子事变的高潮时期，各电虽多

---

① 许同莘：《〈张文襄公电稿〉例言》（戊午十二月），苑书义、孙华峰、李秉新主编：《张之洞全集》第12册，第10769页。

属只言片语,却反映了不少重要时事及时人观念,如将此材料置放于合适的语境,不仅与先后电文相补充,而且与同时期其他文献相印证,往往可以显现较高的史料价值。此处兹举数例,略加说明。

　　光绪二十六年(1900)夏,义和团事起,全局震动。在华北中外业已冲突之际,南方也不复平静,外国兵舰以护侨为由源源不断驶入上海吴淞港。五月下旬,大沽炮台陷落的消息传来,中外间弥漫着一触即发的紧张气氛。当时在长江流域拥有最多利益并最具权势的英国,也表现出积极干预的姿态。一般认为,在驻沪总领事霍必澜(Pelham Laird Warren)的策动下,英国政府最先向两江总督刘坤一、湖广总督张之洞提出派军舰至南京、汉口等口岸城市,帮助维持秩序,但遭抵制,后者并达成"力任保护,稳住各国"的共识,以杜绝外人军事干预的企图。① 这一交涉也成为"东南互保"的前奏。不过,值得注意的是,作为前议始作俑者的霍必澜并不甘心就此罢手,他一面借口"沪上流氓欲劫制造局",示意"愿代保护";②一面又渲染列强海军攻取吴淞炮台的风险,试探"归英代筹"的可能性。据五月二十四日(6月20日)刘坤一致张之洞电:

　　　　沪道电,顷英领遣翻译来谈,德、倭注意吴淞,其兵舰由北而来,恐即夺台,英必与力争,吴淞顷刻将成战地。代中国筹,与其别国占去,不如归英代筹,其地仍可还中国。临时察看情形,如其不妙,宜向英舰求救等语。与今午面商之意,忽又翻变,名为代筹,实系窥伺长江。盖吴淞为长江门户,占吴淞即长江不能越其范围,居心叵测。但德、倭果否意在吴淞,殊难

---

① 张海鹏主编,马勇著:《中国近代通史》第四卷《从戊戌维新到义和团(1895—1900)》,江苏人民出版社2006年版,第468—482页。
② 《刘制台来电》(光绪二十六年五月二十三日申刻到),苑书义、孙华峰、李秉新主编:《张之洞全集》第10册,第7999页。

窥测。今英领既派员预告,似尚讲情,可否密与约定,如有意外之虞,许其帮同防守,聊示笼络云。已电令照办,情商婉阻。告以如德、倭夺台,尽力抵御。若危急,再求英助。一面密致班统领严备。又分电各出使大臣,请告各政府,长江教商,散处与公力任保护,毋调舰入江,致滋惊扰。未知有济否?坤。①

按,"沪道",即上海道余联沅。他在与霍必澜的交涉过程中,已意识到英国"窥伺长江"的用心,但出于"以夷制夷"的思路,仍不得不有所借重,故建议上司刘坤一与之"密约",必要时由两国军队共同防守炮台。这一意见受到重视,批复"如德、倭夺台,尽力抵御。若危急,再求英助",上海地方相应加强了军力部署,②约与同时,霍必澜的冒险行为也遭到其他国家领事的非议。余联沅续电证实:

各国领事均言无争吴淞意,皆英领一人播弄。③

再结合盛宣怀电报,可知他正是得到"英领事要我请其保护,是其伪术。若为所愚,各国必不服"的情报后,因势利导,向刘坤一、张之洞建议,"自吴淞以迄长江内地,公应饬沪道告知各国领事,自认保护,勿任干预"。④ 随后,在赵凤昌、何焜嗣等幕僚协助

---

① 《江督致鄂督电》(庚子五月二十四日亥刻发),《庚辛史料》,《河北月刊》第3卷第1期,1935年,第2页。
② 《余联沅致盛宣怀函》(光绪二十六年五月二十一日),王尔敏、吴伦霓合编:《清季外交因应函电资料》,(台北)"中研院"近代史研究所,1993年,第349页。
③ 《江督致鄂督电》(庚子五月二十五日午刻发),《庚辛史料》,《河北月刊》第3卷第1期,1935年,第2页。
④ 《寄刘岘帅电》(光绪二十六年五月二十四日),《愚斋存稿》卷三五,沈云龙主编:《近代中国史料丛刊续编》(13),(台北)文海出版社1975年影印版,第837页。

下,盛宣怀正式提出"上海租界准归各国保护,长江内地均归督抚保护"的中外互保办法,并得到刘、张的积极回应,长江流域局势迅速朝向"互保"轨道滑行。但就英国对华政而言,既有自我节制的一面,也不断暴露出诉诸单边行动的冲动。同年七月中旬,超过2 000名英军以"保护租界"为名登陆上海,中方尽管多方商阻,[①]最终也只能无奈接受:

> 西摩面交余道节略,谓三千兵港已行,难改,余不续调。霍必澜谓江浙如有匪动,官兵不足,洋兵即可助剿。武员喜事可想。但求土匪不起,即起即灭,方免枝节。[②]

这一事件不仅对"中外保护"局面造成冲击,而且激起一系列连锁反应,导致各国联合驻兵上海的结果,这也是我们不能忽视的

---

① 刘坤一致电驻英公使罗丰禄,令向英国政府商阻派兵:"英提西摩面商,调兵保沪租界,当嘱以勿多调,免地方疑虑。现闻调二千兵,十八到。法、美亦拟照办。商民甚惧,纷纷迁徙。我既力任保护,彼又有多舰在淞,安用如许陆兵,启各国猜忌。倘有意外,各商埠必糜烂,整复不易。军事一起,商务大坏,英尤受亏,两有所损,何如彼此安静,共保和平之局。闻西摩有立功长江意。祈婉讽外部,详告利害,立沮其谋,勿为武员所愚。切祷。"(《江督致鄂督电》(庚子七月十六日申刻发),《庚辛史料》,《河北月刊》第3卷第4期,1935年,第4—5页)随后,李鸿章、刘坤一、张之洞联衔致电各驻外公使,"请速商外部劝止"。参见《寄英罗使杨俄使美伍使日李使法裕使(粤江鄂会电)》(光绪二十六年七月十六日),《愚斋存稿》卷三九,第908页;《李鸿章等致罗丰禄电》(1900年8月10日),Ian Nish ed.,*British Documents on Foreign Affairs: Reports and Papers from the Foreign Office Confidential Print*, Part I, Series E, Vol. 24, (Frederick, MD: University Publications of America, 1989) p. 157.

② 《盛京堂致江鄂苏浙督抚电》(庚子七月十七日亥刻发),《庚辛史料》,《河北月刊》第3卷第4期,1935年,第5页。按,"西摩",英国海军中将西摩尔(Edward Hobart Seymour),时由津抵沪,为英军登陆上海作实地考察,并以"巡江"为名,赴南京面见刘坤一。其面交上海道余联沅节略十三条,参见[日]佐原笃介、浙西沤隐辑《拳匪纪事·各省防卫志》,沈云龙主编:《近代中国史料丛刊》(83),(台北)文海出版社1972年影印版,第526—527页。

"东南互保"之"另面"。①

七月二十二日（8月16日），通州城破，八国联军进逼北京。张之洞连夜拟电，与刘坤一联衔急致各国驻上海领事，要求联军"勿攻京城，勿惊两宫"，并以"南方保护之局"可能发生"激变"为要挟，限时24小时答复，语意决绝。② 限时答复之要求已具"最后通牒"的性质，由此引起上海领事团的恐慌。《庚辛史料》存录多通各国领事的回电，从"已飞电本国政府，并电天津领事"，"已照转敝国政府，暨在京统兵大员"等答语来看，可知其多例行公事，将该电照转本国政府或经天津转前线军事将领，但不保证能在规定时限内回复，如美国总领事古那（John Goodnow）就以"现在北方电线多处已为拳匪所毁，以致信息迟滞"作为托词。③ 各国领事中，尤其特别的是日本领事小田切万寿之助的表现，他在第一时间明确予以肯定性答复：

二十二日电悉。闻本国外部大臣告李木斋钦差，电达贵国政府，此次本国军队进京，专为救护使臣起见，并无他意，已

---

① 参详戴海斌《"东南互保"之另面——1900年英军登陆上海事件考释》，《史林》2010年第4期。
② 电文见《万急致上海英法俄德美日各国总领事》（庚子七月二十三日丑刻发），《张之洞电稿乙编》第十三函，中国历史研究院图书档案馆藏，档号：甲182-73。按，其事过程中还有一段插曲。该电虽然江、鄂联衔，实际上张之洞以事态紧迫，发电前并未知会刘坤一，只是次日晨才将电文示知。[《致江宁刘制台》（光绪二十六年七月二十三日辰刻发），苑书义、孙华峰、李秉新主编：《张之洞全集》第10册，第8217页]这引起刘的不快，复电表示："此后如有会敝衔之电，仍祈先行电示，以便商酌为荷。"[《江督致鄂督电》（庚子七月二十三日），《庚辛史料》，《河北月刊》1935年第3卷第5期]这是庚子时期二人之间发生的为数不多的"微嫌"之一。刘虽然对张先斩后奏略有微词，但对外仍采取自觉维护的姿态，解释说："香帅限时令促，无怪各领生疑，而其意实无他，不过欲速得回信。"（《刘岘帅来电》（光绪二十六年七月二十四日），《愚斋存稿》卷三九，第916页）
③ 《驻沪法总领事致江鄂督电》《驻沪美总领事致江鄂督电》（庚子七月二十三日未刻发、戌刻发），《庚辛史料》，《河北月刊》第3卷第5期，1935年，第3页。

经电饬统兵大员保护两宫,等因。足见本国政府顾念大局之意,幸勿见虑。切。①

前一电系张之洞一时情急之举,事后已生悔意,二十三日(8月17日)他据盛宣怀拟稿再致一电,②仍与刘坤一联衔发出,电内专述日本政府"保护两宫"之意,并向各领事保证"东南保护之约,各督抚必当尽力自任"。③ 同时,单衔致电日领小田切,表示:"贵国政府已饬统兵大员保护两宫,闻之万分感慰。昨电请两日速复,不过系臣民盼望恳切之忱,但恐有人误会,指为恫喝,致启猜疑,殊于大局有关。顷又电致各总领事,申明并无他意。务望阁下速与上海各国总领事代为解释,勿启猜疑,免致牵动东南大局,至为感祷。"④张之洞拜托日本人居中调解,为补救前电做足功夫。至二十七日(8月21日),联军入京、宫廷西逃的消息已经证实,小田切来电称:

各国领事接二十二日电,即电外部请示回复。翌再接电,尊意明白,想必不致于另生枝节。两宫在京,议事容易,顷闻西迁,事局不知如何收拾,鄙人实为贵国叹之,并为亚洲大局悲之。⑤

---

① 《驻沪日本总领事致鄂督电》(庚子七月二十三日午刻发),《庚辛史料》,《河北月刊》第3卷第5期,1935年,第2页。另参看《上海在勤小田切総領事代理ヨリ青木外務大臣宛・皇后及皇太后ノ安全ヲ懇請スル劉張両総督連署電報ノ件》,明治三十三年八月十六日,外务省编纂:《日本外交文書》第三十三卷别册二《北清事变中》,日本国际联合协会1957年版,第276页。

② 《寄刘岘帅张香帅》(光绪二十六年七月二十三日),《愚斋存稿》卷三九,第915页。

③ 《致上海英、法、俄、德、美、日本各国总领事》(光绪二十六年七月二十三日亥刻发),苑书义、孙华峰、李秉新主编:《张之洞全集》第10册,第8232页。

④ 《张香帅来电(兼致刘岘帅)》(光绪二十六年七月二十三日),《愚斋存稿》卷三九,总第914—915页。

⑤ 《驻沪日本总领事致鄂督电》(庚子七月二十七日未刻发),《庚辛史料》,《河北月刊》第3卷第6期,1935年,第3页。

庚子事变时期，日本政府一面与西方各国协调，大量对华派兵，一面与张之洞等清朝大吏密切联系，刻意以"同洲休戚"的姿态区别于欧美列强。为安抚东南督抚对于日本在华北增兵的疑虑，小田切曾专程前赴上海道衙署，向中方作出解释："一为保护使馆，弹压匪徒；二为便于调停，缘西例派兵多者，可多发议论，实顾大局，并无他意。……务电达宪听，以免误会。"①北京使馆区被围，上海已成为中外交涉的重心，素以勇于任事、擅长交际著称的小田切，在出兵外交、东南互保、停战斡旋、战后谈判诸方面均有突出表现，甚而凭藉与张之洞公私兼及的交情，径以"贵制军去留与东南局面大有关碍"为言。②《庚辛史料》辑录不少有关他与中方交涉的资料，不仅可以体现以小田切为代表的"领事外交"的特色，也反映了庚子前后张之洞对日交涉的主要管道及其效用。③

《庚辛史料》保存的一些来电，譬如各地电局、湖北派往各地侦探委员来电，其实也是构筑张之洞情报网络的基石。李宗侗曾以杨锐致张之洞函为例，谈及张之洞的"坐京"，功能类同后世"各省驻京办事处"，"其职务以向省中报告京中政府的动态为主"。④茅海建利用张之洞档案，详细爬梳了戊戌变法期间张氏与京、津、沪之间的往来密电，指出大量信息来自其门生、亲戚及清流党人，乃至专门雇用的情报委员。⑤与戊戌时期类似，庚子事变中张之洞收到的情报是一个很大的数字，我们今天能看到的也只是其中

---

① 《沪道致江鄂督抚电》(庚子七月初二日戌刻发)，《庚辛史料》，《河北月刊》第3卷第3期，1935年，第2页。
② 《日总领事电》(庚子闰八月二十五日申刻发)，《庚辛史料》，《河北月刊》第4卷第6期，1936年，第3页。
③ 参详戴海斌《庚子事变时期张之洞的对日交涉》，《历史研究》2010年第4期。
④ 李宗侗：《杨叔峤光绪戊戌致张文襄函跋》《杨锐致张文襄密函跋》，原载《大陆杂志》第19卷第5期、第22卷第4期，收入《李宗侗文史论集》，中华书局2011年版，第485—495页。
⑤ 茅海建：《戊戌变法的另面——"张之洞档案"阅读笔记》，第188—233页。

少数，但具有深度利用的价值。如孔祥吉曾提出新说，认为庚子年政局动荡之际，张之洞一面公开表示拥护两宫，而内心深处却存有"独立称王之念"，其中一条证据即"暗中默许自立军人物在他的管辖范围内大肆活动"，心存侥幸心理，直至八国联军攻占北京，获悉慈禧政权尚存，才放弃组织新政府的念头，下令镇压自立军。① 姑不论张之洞对唐才常自立军采取"若即若离、模棱两可"态度，本系心证，原可见仁见智，此处只据《庚辛史料》对一处关键史实作出订正。七月十五日（8月10日），秦力山在安徽境内率先起事，事发次日（8月11日）湖北就已得到消息，②此后一直处在"派兵防护"的严密监视状态，及起义被镇压，张之洞得知结果后大感"欣慰"。③ 不晚于七月二十四日（8月18日），张之洞已在其湘、鄂辖境内广泛布防，"设法掩捕"牵涉保皇会之"匪党"。④ 至二十七日（8月21日）晚，唐才常在汉口的起义机关被破获，自立军起义失败。此处不应忽略的是当时的信息传递条件。七月二十一日（8月15日）晨，宫廷由京出逃后，在很长一段时间内，南北隔阂，中枢消息完全中断，南方督抚只能通过间接途径追踪两宫行迹，而北来探报往往捕风捉影，虚实莫辨。张之洞决定镇压自立会之时，并未确悉慈禧政权安然与否。七月二十六日（8月20日），驻在京城外围的侦探委员巢凤冈最早发回有关宫廷出逃的消息：

---

① 孔祥吉：《张之洞在庚子年的帝王梦——以宇都宫太郎的日记为线索》，《学术月刊》2005年第8期。

② 《安庆电局致盛督办电》《盛京堂致江鄂督皖赣抚电》（庚子七月十六日午刻发、酉刻发），《庚辛史料》，《河北月刊》第3卷第4期，1935年，第4、5页。

③ 《致江宁刘制台、镇江黄提台、安庆王抚台》《致安庆王抚台》（光绪二十六年七月十七日亥刻发、二十四日巳刻发），苑书义、孙华峰、李秉新主编：《张之洞全集》第10册，第8217、8233页。

④ 《致长沙俞抚台》（光绪二十六年七月二十四日亥刻发），苑书义、孙华峰、李秉新主编：《张之洞全集》第10册，第8236页。

两宫二十日离都,团匪护驾,向道口已达五台山。庆邸留京,余随行。各军一败涂地。陈泽霖、张春发军溃。董、宋伤亡甚多。夏辛酉退扎南苑,亦难久持。接十四静海函称,尚有团匪横行。冈明日赴德。冈禀。①

关于两宫"离都"的确切时间,以及由"团匪护驾"逃亡五台山的说法,均不甚确实。事实上,要到由京逃出的荣禄、崇绮抵达保定,才证实"两宫廿一启行",将奔太原,保定电局将此信电沪,再由盛宣怀转发各省。现可查实,张之洞确知那拉氏一行离京逃往太原,不早于七月二十九日(8月23日),稍后由护理直督廷雍保定来电,进一步证实此信息。② 从简单的时序排比可知,孔先生所谓"杀害唐才常不迟不早,是在他刚刚获悉慈禧政权没有被摧毁的消息之后"的说法,不能成立。

再则,许景澄、袁昶为张之洞门生,位至高官,在京也经常与老师通消息,直至其遇害前,一直是湖北了解京师政治动态的重要信源。《张之洞全集》录有五月初九、十一、十二日,张之洞致许、袁,论"'辅清灭洋'旗号乃会匪故智","欲恃拳匪攻逐洋人真大误也",并托将此意见"婉商云门达当轴"。③《袁忠节公手札》收入庚子年袁昶致张之洞三通密札,分别作于五月十三、六月初二、二十

---

① 《巢委员电》(庚子七月二十六日午刻发),《庚辛史料》,《河北月刊》第3卷第6期,1935年,第2页。按,巢凤冈,江苏武进人,戊戌时期驻天津,已为张之洞提供相当多情报(参看茅海建《戊戌变法的另面——"张之洞档案"阅读笔记》,第214—218页),发此电时,驻山东德州,并"在京(师)、静(海)、济(南)三处设探"。参见《巢委员电》(庚子七月二十三日酉刻发),《庚辛史料》,《河北月刊》第3卷第6期,1935年,第3页。
② 《寄江鄂皖东督抚帅》(光绪二十六年七月二十九日),《愚斋存稿》卷三九,第921页;《廷藩台来电》,光绪二十六年八月初六日西刻到,苑书义、孙华峰、李秉新主编:《张之洞全集》第10册,第8245页。
③ 《致京许竹筼》《致京袁爽秋》(光绪二十六年五月初九日子刻发、十一日亥刻发、十二日亥刻发),苑书义、孙华峰、李秉新主编:《张之洞全集》第10册,第7965—7967页。"云门",樊增祥;"当轴",指大学士、军机大臣荣禄,樊时为其幕僚。

三日,亦多涉庚子政情。①《庚辛史料》存录六月二十八日(7月24日)许、袁致张之洞一电,内容如下:

> 卦电敬悉。荣相足疾已愈,董军尚屯郡中。团就抚,不甚受约束。现奉明谕,除战事外,被害洋人教士及损失物产查明核办。土匪乱民,督抚统兵大员相机剿办,等因。各使均尚存。闻现筹保护使出京,未悉办法。赫德不知消息。漾。②

此电文不见于他处,现存世《袁京卿日记》《许文肃公日记》分别迄于庚子六月二十二日、二十四日,许、袁同于七月初三日骈首弃市,所以这很可能是目前所存此二人生前最晚的文字。

另有署"八月初十日戌刻发"的《京朝官致江鄂督电》一通,文曰:

> 留守无人,事机危迫,公为国重臣,请设法挽回,并力劝合肥北来,以维大局。复。徐郙、李端遇、曾广銮、郭曾炘、张亨嘉、黄鋆隆、朱祖谋、高枬、杜本崇、柏锦林、刘福姚、郑沅、宋育仁、黄曾源、郑叔忱、汪诒书、王鹏运、陈璧、陈懋鼎、林开章、张嘉猷、于式枚、曾广镕、高树、陈秉崧、李希圣、乔树枏、王世祺、卓孝复、许柽蕃、傅嘉年、高向瀛、劳启捷同顿首。初一日。凯谨转。灰。

---

① 袁荣叟辑:《袁忠节公手札》,沈云龙主编:《近代中国史料丛刊》(58),(台北)文海出版社1970年影印版,第28—37页。
② 《许侍郎袁太常致张制府电》(庚子六月二十八日辰刻发),《庚辛史料》,《河北月刊》第3卷第4期,1935年,第1页。

按其背景,八国联军入京后,两宫皆逃,至钦命议和全权大臣庆亲王奕劻、李鸿章回京,中间将近一个月时间里,北京城实际处于"无主之国"的极端状态,当时留守诸臣为恢复秩序,打开交涉之门,各自为群,各行其是。此函于八月初一日缮写,由驿递交山东巡抚袁世凯,再用电报自济南转发各省,①其主要诉求是请刘坤一、张之洞敦促当时尚滞沪观望的全权大臣李鸿章迅速北上主持外交,平息乱象。②联名者总计33人,以南城汉族京官为主,以吏部尚书徐郙领衔。③此名单反映出当时留守京官的主体阵容,对于研究庚子事变后一时失去重心的清朝政局以及多种政治势力的互动,多有参考价值。

附加说明,许同莘撰《编辑〈张文襄公全书〉叙例》(1920)一文,不仅保存了张之洞"遗文"最初整理、编纂的相关故实,而且全面反映了其"尽力于文襄文字之役"的经验心得,对于录入张集的不同类型(文体)文献的性质、特征及价值——解说,平实可信,俱见功力,而就"编次之法"斟酌损益、精益求精,尤见其对"文体"的敏感,表现出醇厚的文史素养。此文非为"研究"而作,但许多内容与后起之史料学观念暗合,实为今人检阅、利用《张之洞全集》之前必读之文。《张文襄公电稿》于"戊午年"(1918)初刊之际,许

---

① 此电韵日为"灰",知袁世凯于八月初十日转发。
② 李鸿章本人于八月十一日接到此电报,并当日复电。(《东抚袁转电》《寄东抚袁飞递徐尚书等》,光绪二十六年八月十一日,顾廷龙、戴逸主编:《李鸿章全集》第27册,第260—261页)另,张之洞、刘坤一均有复电致京,参见华学澜《庚子日记》《高枬日记》,《庚子记事》,中华书局1978年版,第127、191—192页。
③ 在翰林院编修华学澜看来,此联名函实为"福建公函":"公函系郭春宇(郭曾炘)、陈玉苍(陈璧)、黄石荪(黄曾源)三人主稿,共闽人三十二人,而以徐颂老(徐郙)列首故云三十三人也。"(华学澜:《庚子日记》,《庚子记事》,第127页)有学者曾考订此33人籍贯,只有11人为闽人,余多隶湖南、四川、广西、浙江等南方省籍。(参见冯志阳《庚子救援研究》附录三"三十三名京官籍贯",北京师范大学出版社2018年版)则此群人在国变之际合作发声,除省籍关系外,当别有渊缘。

同莘所撰例言、跋文及梁鼎芬识语，与"叙例"内容可以相互参照。再者，许同莱撰《张文襄年谱编纂始末》(《东方杂志》第 40 卷第 7 号，1944 年)，以近戚兼助手视角记录了不少许同莘搜集、保存与整理张之洞文电稿的情况，颇有价值，亦可资参考。

"满洲问题"与1905年中日会议东三省事宜谈判

摘要：1905年日俄战争结束后，日本与中国谈判并签订《中日会议东三省事宜条约》，自俄国继承的辽东半岛租借权、长春至大连的铁路及相关特权正式获得清政府的承认。由于中日双方都对谈判过程与会议节录高度保密，外界难以获知详情，以致对该条约不免存在片面认识。通过分析完整记录会谈情形的《谈判笔记》可知，双方争论最为激烈的是撤兵、护路兵及铁路等问题。虽然中国在直接关系主权的撤兵、护路兵问题上收效甚微，但在铁路问题方面对日本的无理要求进行了较大程度的抵制。且在其他相关权益方面，也对日本恣意解释、谋求大幅扩张的企图进行了限制。《中日会议东三省事宜条约》对"满洲问题"产生了深远的影响，双方达成的会议节录并不等同于日本宣传的"秘密协定书"，由此衍生的"满洲悬案"是日本单方面对条约的肆意曲解，并无法律效力。

关键词：日俄战争，《中日会议东三省事宜条约》，谈判笔记，会议节录

作者简介：薛轶群，中国社会科学院近代史研究所副研究员

1904—1905年发生在中国东北地区的日俄战争,也有"第零次世界大战"之称,尽管清政府在这场战争中宣布"局外中立",但这场20世纪初的大战,无论是对中国的国内政治形势,还是对中、日、俄三国关系及列强在东亚的关系演变等国际层面,都产生了极为深远的影响。在美国总统西奥多·罗斯福的调停下,1905年9月5日,日本与俄国签订《朴茨茅斯条约》,规定辽东半岛的租借权、长春至大连的铁路及相关特权均转让给日本,但须取得清政府同意。1905年11月,日本全权大臣特派全权大使外相小村寿太郎、特派全权公使内田康哉与中国全权大臣军机大臣庆亲王奕劻、军机大臣外务部尚书瞿鸿禨、北洋大臣直隶总督袁世凯在北京举行会谈,最终签订《中日会议东三省事宜条约》正约三款及附约十二款,日本自俄国继承的权益正式得到清政府承认。

关于此次中日谈判的过程,日本外务省编纂的《日本外交文书》第38卷内辑有《満洲ニ関スル日清交渉談判筆記》(《关于东三省事宜的中日交涉谈判笔记》),完整地记录了双方的会谈情形,其底本则是日本外务省外交史料馆所藏档案。① 此外,作为记录会谈的概要,分别存有日文版的《満洲ニ関スル日清交渉会議録》与中文版的《中日全权大臣会议东三省事宜节录》。前者同样收录于《日本外交文书》第38卷,后者由王彦威、王亮父子整理,并收录于1930年代出版的《清季外交史料》。② 中文版的节录载有

---

① 外务省编纂:《日本外交文书》第38卷第1册,日本国际连合协会1958年版,第202—383页。外务省外交史料馆所藏档案编号为"戦前期外務省記録2.1.1「満州ニ関スル日清交渉談判筆記」","亚洲历史资料中心"(https://www.jacar.go.jp/)上该文件的典藏号为B06150027000。

② 外务省编纂:《日本外交文书》第38卷第1册,第164—202页;王彦威、王亮编,王敬立校:《清季外交史料》卷一九三至一九四,外交史料编纂处1932—1935年版。日本此后曾将会议录与谈判笔记合编为一册,作为日俄议和的相关史料出版。明治期外交资料研究会编:《満洲ニ関スル日清交渉会議録 満州ニ関スル日清交渉談判筆記》,《日露講和関係調書集》第9卷,クレス出版,1995年。

每次会谈的概要及双方讨论修改的条约草案,故受到国内学界的较多重视。日文版谈判笔记完整记录了21次谈判的全过程,[①]不仅包括双方全权大臣各自的具体发言,甚至还记录了相关人员的神情举止。据参加会谈的署理外务部右丞邹嘉来记载,会谈时其与杨士琦负责记录中文笔记,金邦平记录日文笔记,[②]但这两份笔记的所在目前已不可考。因此,从资料的完整性而言,日文版谈判笔记无疑具有重要的史料价值。本文拟在简要回顾研究史的基础上,考察中日东三省事宜谈判的背景,分析日文版谈判笔记中记载的会谈焦点,以期对该条约的性质及影响有一全面认识。

一、东三省事宜谈判的背景

关于1905年中日会议东三省事宜,吕思勉认为附约中的条款皆超出《朴茨茅斯条约》的规定,批评清政府全盘接受日本的要求,丧失诸多利权。[③] 王芸生主要利用会议节录以专章论述北京会谈的经过,也认为日本不仅继承了俄国的地位,还攫得许多额外利益。[④] 随着外交档案的不断公开,陆续有学者从谈判的准备过程、策略、影响分析谈判的成效,肯定中方谈判主要人物袁世凯的

[①] 1905年12月22日第二十二次会议为中日全权大臣签约仪式,谈判笔记未载。
[②] 邹嘉来撰,近代史研究所史料学研究室、郭黎鹏整理:《仪若日记(二)》,光绪三十一年十月二十一日,中国社会科学院近代史研究所《近代史资料》编辑部编:《近代史资料》第146号,2022年10月,第153页。
[③] 吕思勉:《日俄战争》,商务印书馆1928年版,第103页。
[④] 王芸生:《六十年来中国与日本》第4卷,大公报社1932年版,第251—344页。

外交努力，认为其挽回了部分利权。① 近年来，王刚关注 1900—1905 年间俄国出兵东北、战时日本侵犯主权利益、战后围绕东省善后事宜等各个时期中日的多重交涉，尤其运用中、日文资料详细论述了 1905 年北京会谈的过程和影响。② 李皓分析了从战事爆发到日俄议和期间清政府内部对战争善后筹议过程，认为这些讨论为应对战局发展和处理善后事务提供了重要参考，基本确定了战争善后的总体框架。③

对 1905 年北京会议的认识与评价的变化，部分原因是中日双方在谈判期间采取严格保密措施，对谈判内容秘而不宣。尽管坊间猜测纷纷，但会议形成的节录长期未予公开，导致外界无从得知谈判详情。实际上，1905 年 6 月传出日俄即将议和的消息后，清政府即要求各衙门官员密奏因应之策及将来东三省善后办法。为准备与日本的谈判，新任盛京将军赵尔巽还草拟有关收回主权的 18 条建议，同时派委员进京面呈议约大臣等枢要，为中方的主张提供了重要的事实依据。④

自 11 月 17 日开议以来，庆亲王奕劻因病只出席了第 1 次、第 16 次、第 17 次、第 18 次、第 22 次会谈，除去首尾两次礼节性的仪式外，实际只参加了三次会谈。从谈判笔记可知，中方主要的发言者为袁世凯。另据邹嘉来日记载，在收到日方的大纲十一款后，袁

---

① 李恩涵：《唐绍仪与晚清外交》，《"中研院"近代史研究所集刊》第 4 期（上），1973 年 5 月，第 86 页；张华腾：《袁世凯对东北问题的关注与东三省改制》，《中国边疆史地研究》2010 年第 2 期；吕慎华：《清季袁世凯外交策略研究》，（新北）花木兰文化出版社 2011 年版，第 275 页。
② 王刚：《清末中日关系研究：以日俄战争时期的中日交涉为中心》，知识产权出版社 2016 年版。
③ 李皓：《被"局外中立"遮蔽的历史：清政府日俄战争善后筹议》，《安徽史学》2021 年第 2 期。
④ 王刚：《清末中日关系研究》，第 137—142 页；李皓：《赵尔巽与清末奉天政局（1905—1907）》，中华书局 2019 年版，第 244—246 页。

世凯亲自起草了中方修正案,经与庆亲王、瞿鸿機商定后再与日方续议。① 因此,可将袁世凯视为实质的交涉负责人。第一次会议伊始,双方即约定所有事宜应严守秘密。会议期间袁世凯严密控制相关人员的出入,监视信函的往来,并对有关东三省问题的新闻电报实行审查,内外都处于戒备森严的状态。② 为免日、英等国通讯员擅发新闻电报影响谈判进程,袁世凯还向日方寻求协助,要求日本公使馆审查日文电报的拍发(详见第七次正式会议谈判笔记)。正是在相关信息受到严格管控的影响下,中国舆论界的关注点从前期担忧主权将失,转变为后期对谈判和平公正的乐观,并未充分认识到条约对中国东北主权的侵害。③ 会议结束后,虽然唐绍仪将此次会谈的特征概括为"三密——亲密、详密、秘密",④但从日本报纸的报道来看,谈判进展的缓慢超出了日方的预期,日本人员难掩焦虑之情,一时坊间甚至传言会谈或将不欢而散。⑤

翻查谈判笔记,可知会议进程大体可分为两个阶段:第一个阶段为11月17日第一次会议至11月29日第七次会议,双方就日

---

① 邹嘉来撰,近代史研究所史料学研究室、郭黎鹏整理:《仪若日记(二)》,《近代史资料》第146号,第153页。
② 《清国政府の検閲》,《東京朝日新聞》朝刊,1905年12月1日,第2页;《北京会議(四) 秘密の保たるる所以》,《東京朝日新聞》朝刊,1905年12月6日,第4页;《袁の電報検閲》,《東京朝日新聞》朝刊,1905年12月13日,第3页;《北京会議 始終秘密中止論》,《東京朝日新聞》朝刊,1905年12月31,第2页;《停止检查满约电信事》,《申报》1905年12月5日,第2版。
③ 曹庆琳:《中国舆论界对1905年〈中日会议东三省事宜条约〉谈判的反应》,《中国边疆学》第18辑,2024年4月。
④ 外务省编:《小村外交史(下)》,新闻月鉴社,1953年,第227页。
⑤ 《長時間の談判(行悩みの情形あり)》,《東京朝日新聞》朝刊,1905年12月11日,第3页;《北京会議 所謂行悩の疎通》,《東京朝日新聞》朝刊,1905年12月13日,第3页;《北京会議中止論》,《東京朝日新聞》朝刊,1905年12月16日,第3页;《北京会議 交渉進捗と休会》,《東京朝日新聞》朝刊,1905年12月19日,第5页;《北京会議 嚮後の豫想如何》,《東京朝日新聞》朝刊,1905年12月24日,第4页;《同上 依然不得要領》,《東京朝日新聞》朝刊,1905年12月26日,第4页。

本提出的大纲十一款展开讨论,除撤兵、铁路经营权等问题外大致达成协议;第二个阶段自11月30日第八次会议开始讨论中方的补充条款八款及日方的补充条款六款,直至12月18日第二十次会议议定所有问题(12月19日第二十一次会议商议条约表述及条款顺序,12月22日第二十二次会议正式签约)。其中,日本报纸披露的谈判陷入停滞时期多在进入第二阶段之后,双方主要围绕撤兵、护路兵及铁路等问题展开激烈争论。

二、东三省事宜谈判的焦点

(一) 关于撤兵与护路兵问题

中方于11月23日第二次会议时提出补充条款八款,其中第一款即言明:"中国政府为维持东方永远和平起见,应请日本国政府将现驻军队从速撤退,自日俄定约之日起除旅大借界外,按十二个月内一律全撤。至保护铁路兵队,应由中国政府查照中俄两次条约中国承认保护之责,并保护该铁路职事各人。所用兵队由中国政府特选精锐,分段驻扎巡护,按每华里驻兵五名,以期周密。"可知撤兵与护路兵两项是清政府最为重视的问题。

因俄国趁庚子事变出兵东北后并未依约撤兵,《朴茨茅斯条约》虽规定日俄两国于十八个月内完成撤兵,但日俄大军驻留东北始终充满未知因素,因此清政府希望将撤兵期限尽量缩短至一年内,力图在取得日本的同意后再与俄国商议。小村认为问题的关键在于俄国是否能切实履约如期撤兵,且日俄议和时已限定以十八个月为期,如中国先取得俄国同意,日本可相应就此协商。至于外国设护路兵事宜,袁世凯指出并无条约依据,应由中国自行保护,且日本方案中未提及撤去护路兵期限。但小村辩称日俄和约规定铁路沿线每公里驻兵十五人,碍难更改,而日本无意永久驻留,待中国可在东三省确保外国人生命财产安全时,愿与俄国同时撤去护路兵,坚持此事应与撤兵问题采取同一处置方法(详见第八次正式会议谈判笔记)。之后,袁世凯又拟定新提案,重申东三省铁路应由中国自行设法保护,日本护路兵未得中国允许应一概撤去,同时作出一定让步,同意日本可暂留专为保护南满铁路的巡捕队若干名,但不得干涉中国地方行政权,也不可擅出铁路界限,且最迟须在日本撤兵后十二个月内撤走。此外,袁世凯还强调十八个月的撤兵期限太过缓慢,要求日本尽速撤兵,并将与俄国商议缩短期限事项写入会议节录(详见第十三次正式会议谈判笔记)。

由于中方态度坚决,小村拟以全权之责,提议以吉长(吉林省城至长春段)铁路、新奉(新民屯至奉天段)铁路的经营权交换护路兵条款,承诺日俄两国军队撤退后,如俄国同意撤去护路兵,日本也将同时撤退(详见第十五次正式会议谈判笔记)。中方认为日本的提案未明确撤去护路兵期限,无法照允。双方一度僵持之后,中方再次让步,提出将护路兵撤退条件写入条约,并将限制护路兵条款载入会议节录。同时袁世凯坚持将中国认为护路兵问题仍未完全解决,保留抗议之意列入会议节录内,而在小村要求下,袁世凯最终同意删去抗议字样得以定案。中方尽管同意护路兵暂时驻留东三省,但也取得艰难进展,如列明撤退条件为俄国允撤,或中俄拟妥办法,或中国可切实保护东三省外国人安全之时;且限制护路兵在未撤之前不可干扰地方行政,也不可擅出铁路界限之外(详见第十七、十八、十九次正式会议谈判笔记)。至于撤兵期限问题,因此事牵涉俄国,日本为免贻有变更日俄和约的口实,推托无法单方面承诺,中国终未能实现既定目标。

(二)关于安奉、新奉、吉长铁路问题

铁路问题是中日谈判过程的另一个焦点所在,日本在第一次

会议提交的大纲第七款要求:"中国政府允将由安东县至奉天省城以及由奉天省城至新民屯所筑造之铁路,仍由日本国政府接续经营。由长春至旅顺口之铁路将来展造至吉林省城一事,中国政府应不驳阻。"其中,安奉(安东县至奉天省城段)铁路为战时日本为从朝鲜调运军队和物资私自敷设的军用窄轨铁路;新奉铁路同样是战时日本私自敷设的军用短途铁路,但为人力推车;吉长铁路则是尚未敷设的铁路。日本旨在通过谈判将战时非法攫取的利益正当化,借此进一步染指铁路沿线的权益。中国在第二次会议时就此提出修改意见:安奉铁路须于五年之内拆除,或由中国出价买回,在此期间专门用于运用各国工商贸易货物,也可运送中国官商货物及士兵、军需物资;新奉铁路由中国赎买改建,其余各处军用铁路一律拆除;吉长铁路由中国筹款自造,资金可向日本贷借,其他南满铁路支线应予拆除。

双方自第四次会议起正式商议铁路问题,小村认为安奉、新奉铁路在日本的东三省防御体系中作用极为关键,希望比照南满铁路,由日本经营管理。袁世凯指出东三省为中国领土,日军敷设两铁路时未与中国商议,自有权要求日本拆除。如俄国将来在其势力范围内采取同样举动,中、日均无法拒绝,因此应按中国的方案办理,但经营年限满期后可以酌情展延。双方围绕主权及军事问题,就安奉铁路的经营年限、改良方式、改良期限等反复辩驳。为打开僵局,袁世凯提出两个新方案:其一,铁路改良期限设为二年,改良办法由中日派员商定,日本经营期限自改良竣工之日起,以十五年为限,期满后中国出价买回,中国货物由该路转运,按照山海关内外铁路章程给价,运送中国士兵、饷械按照东省铁路章程办理;其二,中日合办安奉铁路公司,将现有铁路售予该公司,经营期限定为二十五年,期满后中国出价买回。小村倾向接受第一个方案,双方又就改良期限的计算方式、改良办法等展开商议才达成一致(详见第四、五、六次正式会议谈判笔记)。

关于新奉铁路,中国指出1898年借英款修建关内外铁路时,已订明不许他国敷设支线,且新民屯位于辽西中立地区,须由中国自行敷设。小村遂提出折衷办法:新奉铁路以辽河为界,奉天至辽河段由日本经营,辽河至新民屯段由中国经营,横跨辽河的铁桥由双方合资修建。但袁世凯以英国有优先承办关内外铁路支线权利,及奉天为清帝陵寝所在,北京至奉天的铁路必须由中国自造为由拒绝了该项提议(详见第六、七次正式会议谈判笔记)。

吉长铁路方面,小村表示日俄议和时日本以放弃长春至哈尔滨铁路的权利换得该铁路的敷设权,实将其视为南满铁路的延长线,希望按照安奉铁路办法一律办理。袁世凯则声称清政府已两度下旨由中国自行敷设该铁路,惟需借款时可先向日本商借(详见第七次正式会议谈判笔记)。

由于双方的立场存在明显分歧,进入第二个阶段后,为获取新奉、吉长铁路的经营权日本调整了策略。小村在第十五次会议上提交新方案,表示吉长铁路所有权归属中国,但敷设及经营权交由南满铁路公司办理;新奉铁路辽河以东路段比照安奉铁路办法办理,辽河搭桥事宜由中日合办。同时声明一旦中国接受此方案,作为交换条件日本可承诺日俄两国撤兵后,如俄国同意撤去护路兵,日本也将同时撤退,此外也将撤回渔业权的要求。但袁世凯始终坚持吉长铁路应由中国自行筹款建造,款项不足部分可借用日款,不超过工程总费用的半数。双方就聘用日本工程师、具体借款办法等多次商议后,才基本达成一致(详见第十五、十六、十七、十八、十九次正式会议谈判笔记)。

至于新奉铁路,中方不同意小村的提议,只是允以辽河以东路段可聘用两名日本人协助经理,而日方始终坚持比照吉长铁路办法办理,如中国不允则搁置另议(详见第十六、十九次正式会议谈判笔记)。最后,袁世凯予以一定让步,在提出的新方案中保留中国赎买改造的条款,同意辽河以东线路的建造款项向日本贷借半数,偿还期限为十八年,借款办法比照山海关内外铁路借款合同拟定,其余军用路轨一律拆除,同时要求日本交还占取的新奉间电信线。小村也不再坚持,只是提出其他军用路轨于撤兵时必然拆除,无需特别订明,而电信线事宜日前已商定将来随时协商,不必再列入会议节录。袁世凯坚持将军用铁路问题列入节录,但在得到小村回国后当从速催办电信线相关交涉的承诺后,同意删去相关条文(详见第二十次正式会议谈判笔记)。至此,铁路问题的交涉大体尘埃落定。

自11月17日双方开议,至12月22日正式签订《中日会议东三省事宜条约》,中日在36日内举行了22次正式会谈,且谈判时长多为两至三个多小时,讨论最激烈的第五次则近五个小时。相较于日俄朴次茅斯和谈在27日内举行了10次正式会谈,强度之大、交涉进展之困难可想而知。袁世凯虽然在会谈期间抱病在身,[1]但每次会议都长时间与日方争论条款细则,最终迫使日本作出让步,一定程度上挫败了日方欲在"南满"大幅扩张权益的企图。[2] 除上述撤兵、护路兵及铁路问题外,中日还就恢复东三省行政、设立通商口岸、东三省林木采伐权、内河行船权、渔业权、奉天

---

[1] 据为袁世凯诊治的日本医生透露,袁在天津时已有感冒症状,进京后一度暂有好转,但因政务繁忙过劳而致失眠。由于医生叮嘱须专心静养,故有数次不得已临时通知日方休会。《小村全権大使ヨリ桂臨時兼任外務大臣宛(電報)》(1905年12月6日),外務省编:《日本外交文書》第38卷第1册,第136页;《袁世凱の病気》,《読売新聞》,1905年12月10日;《北京会議 又復した休会》,《東京朝日新聞》朝刊,1905年12月20日,第4页。

[2] 据参加会谈的曹汝霖回忆,谈判结束后的欢送宴会上小村曾向其吐露:"此次我抱有绝大希望而来,故会议时竭力让步,我以为袁宫保必有远大见识眼光,对于中日会议后,本想与他作进一步讨论两国联合对抗俄国之事,不意袁宫保过于保守,会谈时咬文嚼字,斤斤计较,徒费光阴。"这从侧面反映了袁世凯坚持维护主权,甚至令谈判对手小村也感到难缠。见曹汝霖《一生之回忆》,中国大百科全书出版社2009年版,第49—50页。

省附属铁路矿产等诸多问题进行了商议。虽然在直接关系主权的撤兵、护路兵问题上收效甚微，但在铁路问题方面对日本的无理要求进行了较大程度的抵制。至于其他由俄国转让给日本的权益，日本最初拒绝按照中国拟增的九项补充条款商议细目，但在袁世凯的争取下，其提出的日本须遵照中俄借地、造路原约，遇事随时与中国妥商厘定的条款得以列入正约，对日本恣意解释继承权利进行了限制。考诸谈判笔记中所载双方活动及最终签订的正约、附约及会议节录，当可对具体条款的形成过程有一深入认识。

三、会议节录及其影响

然而，就《中日会议东三省事宜条约》的影响而言，围绕最终形成的会议节录，之后相继衍生出所谓"满铁"平行线问题及新法（新民屯至法库门段）铁路、大石桥支线、抚顺烟台煤矿、安奉铁路沿线煤矿、京奉铁路延长线等东三省"五悬案"的交涉，以及"二十一条"要求中的"南满洲"各矿开采权、吉长铁路经营权等问题，意义可谓十分重大。1932年1月14日，日本外务省公布所谓《秘密议定书》，其内容即为会议节录存记的十六款条文。① 此举是为应

---

① 日本公布的版本删去了会议节录内第十五款"日本国所留长春至旅大借地界内之护路兵队，虽已载在本约条款，但中国视为尚未完备，应将此意在会议节录内声明"一文，且日方版本的具体条款排列顺序与中方版本有所不同。《23. 満洲ニ関スル日清条約附属取極》，JACAR（アジア歴史資料センター）Ref. B02130940200，《満洲事変及上海事件関係公表集（情—96）》（外務省外交史料館）。此外，有关吉长铁路的条款内，日本公布的版本比《清季外交史料》中所载多出一段："中国政府在吉林地方准与别国人造路之权利，或与别国人合办造路，断无其事。"第十九次会议中日协商吉长铁路事宜时，小村曾提出希望在会议节录内附加"中国政府特自声明：在吉林省城一带地方不将筑造铁路之权允许他国人，并不与他国人合办筑造铁路"，袁世凯表示如此则意味主权受人所制，只同意将中国断无其事之意在会议节录内载明。从谈判笔记及下文小村在枢密院审议时所作说明来看，吉林地方不许他国造路，也不与他国合办铁路应也是双方达成的共识。

对国联调查团所作的资料准备工作,旨在强调中国不守信诺,将中日争端的起因归咎于中国,该议定书后由外相芳泽谦吉提交给国联调查团。① 与此同时,担任国联代表团中方顾问的顾维钧也召集众多研究中日关系和东北问题的专家,编制说帖以备国联调查团参考。4月27日,南京国民政府向国联代表团提交《关于平行线问题及所谓一九零五年议定书之说帖》,指出日本所谓《秘密议定书》只是自每次会议所载的临时谅解任意摘出,1905年北京会议签订的正约及附约内并未提及平行线问题,也无条文赋予日本阻止中国在东北建筑铁路的权利,因此该《秘密议定书》并无法律意义及效力。② 王芸生也附以专论《辟所谓〈秘密议定书〉》,从外交惯例和法理层面阐述会议节录并无法律效力,并比照日俄朴次茅斯会议录,认为两者形式与性质完全相同,驳斥了日方的主张。③ 以下就谈判当时中日双方的主要认知作一简要考察。

  首次会谈中,为记录会议纲领,中日双方决定每次用中、日文存记会议节录,并由两国全权委员署名,会议之事严守秘密。第二次会议时,小村提出不便公开事宜可作便宜处理,也可列入会议节录,袁世凯表示了同意。然而第十二次会议再次讨论日本议和大纲第一、第二款东三省内政改革事宜时,中方认为此两款有损中国主权,且有他国在各自势力范围内援引此例之虞,拒绝列入条约之中。小村提议可将其两款合并为一项声明存记会议节录内,袁世凯与其反复磋商文案表述时,曾言及"条约自当公布,会议节录虽

---

① 武向平:《满铁与国联调查团研究》,社会科学文献出版社2015年版,第100—101、108—109页。
② 顾维钧编:《参与国际联合会调查委员会中国代表处说帖》,沈云龙主编:《近代中国史料丛刊续编》(49),(台北)文海出版社1974年版,第28—31页;宋书强:《为中国发声:南京国民政府致国联调查团说帖研究》,《日本侵华南京大屠杀研究》2023年第1期。
③ 王芸生:《六十年来中国与日本》第4卷,第345—354页。

为秘密记录,但将来与条约一同保存,具有同等效力,惟如密约性质"。第十八次会议伊始,中方欲将吉长铁路自行筹款筑造的修正案写入会议节录时,庆亲王曾发言称"会议节录应与条约有同等效力",可知当时的中方全权大臣均认为会议节录与条约具有同样的约束力。

另一方面,日方全权大臣小村寿太郎回国后,为履行条约批准手续,于1906年1月6日接受枢密院审议时曾作如下说明:"新奉铁路虽于条约内未有载明,实则名义上由中国政府敷设,日本掌握实权,此乃会议节录承认之密约。吉长铁路亦如上述由中国政府敷设,实权操诸我手,此亦作为密约载明于会议节录。与其他铁路相关者亦有两个密约,其一为中国在吉林地方不允许日本以外的外国或外国人敷设铁路,亦不与日本以外的外国或外国人合办敷设铁路;其二为不敷设与旅顺长春段铁路的平行干线,也不敷设有损南满铁路利益的支线。"[1]当日明治天皇出席枢密院会议,听取小村说明后,议长山县有朋宣布表决,全场一致通过批准该条约。由此可知,日方全权大臣也有类似的认识,并在政府高层范围内形成共识。

须注意的是,会议节录的内容并不能单独脱离《中日会议东三省事宜》正约、附约,其条款正是对条约的解释和补充,及对条约内未涉及问题的初步谅解,这三部分内容构成了北京会议所涉议题的各个方面。综观谈判笔记中双方具体讨论的记载,可知对会议节录内容的斟酌并不亚于对条约条款的重视,如若相关条文对双方不具有约束力,显然无法回答一个疑问,即两国全权大臣为何要就此费尽精力反复辩驳。然而,会议节录的部分内容只涉及重要

---

[1] 《枢密院会議筆記　満洲ニ関スル日清条約》,JACAR(アジア歴史資料センター)Ref. A03033544200,《満洲ニ関スル日清条約御批准ノ件・会議筆記(1906年1月6日)》(国立公文书馆)。

问题的原则依据,如何就具体问题进行沟通、制定解决办法仍有待中日之间的进一步协商。如日本屡次提及的"满铁"平行线问题,袁世凯在第十一次会议讨论时曾强调中国作为地主,自有敷设铁路之权,即便节录第八款列明中国政府在未收回南满铁路之前,于该路附近不筑并行干路及有损于该路利益之支路,但有关"附近"的具体距离、"并行"的定义、"干路、支路"的解释等双方并未形成统一的结论,这也成为了日后中日交涉的一大悬案。①

至于日本1932年1月公布的所谓《秘密议定书》,不可否认其具有"秘密"的一面,但决非日本宣称的"议定书"。这一点不仅顾维钧、王芸生等即时给予了反驳,就连"满铁"调查部1930年代末期开始编纂交通史时也坦承:"所谓秘密议定书,并不具备议定书的形式,而是自北京会议的节录中摘录的秘密事项。"②而国联调查团历经半年多的调查后,于1932年10月公布报告书,其中第三章《一九三一年九月十八日以前中日关于满洲之争执》部分就《秘密议定书》的存在指出:"所谓一九零五年十一月至十二月间中国出席于北京会议之全权代表关于'并行铁路'之允诺,并未载于任何正式条约;惟一九零五年十一月四号北京会议第十一日之会议记录中载有此项所谓承诺。"认为真正的问题在于会议节录的性质,即"华方有无履行之义务,是否有正式条约之效力,且在适用上并不受时间及事态之限制",需要从国际法的观点进行阐释,"取决于公正法庭之判断"。报告书进而明确指出,"此段关于'并行铁道'彼此争辩之文字,实为中国全权代表之一种声明旨意之语,

---

① 兒嶋俊郎:《満鉄併行線禁止規定の存否と法的効力について:『満州交通史稿』における検討》,《長岡大学研究論叢》第11号,2013年7月。
② 川本久雄:《鉄道権益ニ関スル支那側ノ保障》,解学诗主编:《满洲交通史稿》第2卷,社会科学文献出版社2012年版,第600页。

是则毫无疑义者也",①这也体现出日本肆意曲解"并行线"表述,抗议中国在东北修筑铁路的行为是站不住脚的。

结　　语

1905年《中日会议东三省事宜条约》签订后,日本大肆在东北扩张利权,炮制"间岛问题"、东三省"五悬案"等问题,极力制造其在东北的"特殊地位",种种行径实际上已严重违反条约的相关规定。但在与清政府的交涉中,日本片面强调条约中对其有利的条款,不惜恃强凌弱以既成事实强行施压,对维护中方利益的条款则强词夺理,拒不承认,这些都导致条约的约束力丧失殆尽,随之而来的就是日本对中国东北地区的侵略日益加深。②

根据1905年中日双方的谈判记录整理而成的《1905年东三省事宜谈判笔记》(上海古籍出版社2024年版)是依据收录于《日本外交文书》第38卷的《满洲ニ関スル日清交涉谈判筆記》,并参照外务省外交史料馆所藏档案底本及中、日文版会议节录,对日文原文断句标点后进行全文翻译,同时对日文资料及《清季外交史料》中的若干舛误进行了更正。该书的整理出版,或对推动中国与日俄战争关系的研究有所裨益。

---

① 上海申报社编:《国联调查团报告书:附世界各国人士之意见》,上海申报社1932年版,第28—29页。
② 王刚:《清末中日关系研究》,第185—187页;李花子:《中日"间岛问题"和东三省"五案"的谈判详析》,《史学集刊》2016年第5期。

晚清政府参与万国公会的历程

摘要：晚清政府参与万国公会的历程，是近代中国走向世界、进入国际大家庭的一个重要面相。本文通过《晚清国际会议档案》和台湾近史所藏外交档案，对清政府参与万国公会的基本史事进行整体与个案相结合的综合分析。无论是参与万国公会的数量、种类，或是派员方式，相较于总理衙门时期，外务部时期都发生了明确变化。这一转变，与晚清时人关于万国公会认识的转变密切相关。受甲午—庚子以降内外危机与"世界大同"潮流影响，人们逐渐放下对万国公会的戒心，转而愈发重视通过参与万国公会进入国际大家庭，进而成为被列强平等对待的"文明"国家一员。不过，受近代中国自身历史局限的制约，特别是列强在万国公会占据主导地位，清政府并未实现这一目标。清季时人在认识到万国公会弱肉强食本质的同时，却又不得不顺应这一潮流积极参与其间并维护国家利益。这种矛盾状态，恰是近代中国进入以西方为中心的国际大家庭复杂曲折历程的真实写照。

关键词：万国公会，晚清政府，外交档案，国际大家庭

作者简介：刘洋，人民教育出版社历史编辑室高级编辑

学界对晚清政府参与万国公会的关注并不多，很大程度上源于相关史料的匮乏。由于历史原因，清政府外交档案流散于海峡

两岸,一部分收藏于中国第一历史档案馆,一部分收藏于台湾"中研院"近代史研究所档案馆。21世纪以来,随着相关档案的公布,我们能够通过对这些史料的挖掘,了解清政府参与万国公会这一不为人知的尘封史事,进而管窥晚清中国走向世界、进入国际大家庭的复杂曲折历程。

一、万国公会在近代的兴起

虽然有些学者把中国春秋战国时代的会盟体制,或者古希腊时期的城邦会议视作万国公会的雏形,但一般认为,以多个主权国家为基本单位组成的万国公会是近代西方国际社会外交实践的产物,其中,1648年召开的威斯特伐利亚和会是近代国际会议的起点。[1] 原因在于,这次和会签订的《威斯特伐利亚和约》破除了中世纪以来形成的以罗马教皇为中心的神权政治体制,确立了主权平等和独立的民族国家所组成的国际社会,从而奠定了欧洲国际关系新的基础。[2] 当然,不可否认的是,这种新的国际社会的形成并非一蹴而就,而是经历了漫长的发展过程,[3]但这次和会的重要意义在于,其开启了欧洲历史上"大国协调"与"多边外交"的传统,即以举办国际会议的方式解决各国之间的分歧和争端,并通过

---

[1] 例如,何茂春将春秋战国时期各诸侯国之间的盟会比作为古代"国际会议"。据其统计,单是"鲁史《春秋》记载的诸侯盟会就有450多次,可见整个春秋时代平均一年就有两次'国际会议'"。见何茂春《中国外交通史》,中国社会科学院出版社1996年版,第36页。关于西方国际会议的起源和发展情况,可以参考杨闯主编《外交学》,世界知识出版社2010年版,第331—412页。

[2] 王绳祖主编:《国际关系史》第1卷,世界知识出版社1995年版,第63页。

[3] 1648年的《威斯特伐利亚和约》往往被赋予一种国际法和国际关系史上的特殊内涵,成为主权国家体系诞生的标志。但是,越来越多的历史学家注意到,主权国家体系的建构是一个持续的历史过程。对于国际法和国际关系史这一普遍观点的解构,可以参考明石钦司《ウェストファリア条約——その実像と神話》,庆应义塾大学出版会2009年版。

国际条约把结果固定下来。同时,一些重要政治性万国公会的召开,往往伴随着一种新的国际体系的确立。例如,除 1648 年和会确立的威斯特伐利亚国际体系之外,1815 年拿破仑战争之后的维也纳和会确立了维也纳体系,1919 年第一次世界大战后巴黎和会与华盛顿会议确立了凡尔赛—华盛顿体系,以及 1945 年第二次世界大战后雅尔塔会议确立了雅尔塔体系等。①

除上述政治性万国公会外,自 19 世纪以来,越来越多的专业性万国公会活跃于国际舞台。对此,清末时人观察到:"至十九世纪时代,即有几许国际会议,起于世界平和暨世界公共利益之间,畀与几许之便利。如邮政、电报会议,著作权会议,特许专利会议,红十字会议,监狱会议,其他宗教学术等种种会议,各国各遣代表。以社会、学术、宗教、伦理,更或以财政、政治等旨趣而为国际会议者,不可胜数焉。"②一方面,受近代"学术分科"影响,这些专业性万国公会涉及领域非常广泛,包括法律、监狱、航船、邮政、电报、铁路、税则、财政、商务、科学、技术、农业、医学、卫生、教育、慈善、文化、艺术等。另一方面,所谓专业性并非意味其排斥政治性,相反,很多专业性万国公会有赖于政府在背后支持和推动才得以蓬勃发展。早期,这些公会更多活动于不同国家内部,由各国不同领域的民间团体发起和组织。进入 19 世纪,他们的活动对各国政府内政和外交产生越来越大的影响,于是受到国家的重视和政策扶持,不仅许多新成果多为政府采用,而且政府在公会举办过程中发挥出日益重要的作用。因此,有学者将这一过程概括为从民间交往到政府间会议。③

当一些国际会议定期举行之后,开始出现国际组织。例如,万国监狱大会(International Prison Congress)起源于英国监狱学者约

---

① 潘忠岐:《国际政治学理论解析》,上海人民出版社 2015 年版,第 169 页。
② 《论第二次平和会始末情形》,《外交报》1906 年第 16 期。
③ 梁西:《国际组织法(总论)》,武汉大学出版社 2001 年版,第 23—24 页。

翰·霍华德（John Howard，1726—1790）在18世纪中后期发起并迅速向欧陆和美国拓展的监狱改良运动。到19世纪40—50年代，各国监狱改良者们召开了三次国际性监狱会议（1846年德国法兰克福会议、1847年比利时布鲁塞尔会议和1858年德国法兰克福会议），但由于会议"标榜范围过广，议论多而成功少，于是该会议之信用，逐渐薄弱，该会之命运，因此以中绝"。[①] 1872年，在美国伊诺克·科布·瓦恩斯博士（Enoch Cobb Wines，1806—1879）的积极推动下，第1届万国监狱大会在英国伦敦顺利举行。到1885年第3届大会时，各国政府代表签署了《国际监狱委员会条例》（Regulations of the International Penitentiary Commission），成立了大会常设机构，并规定每五年召开一次会议，从此万国监狱大会成为制度化和标准化的国际组织。其如第12届大会秘书长托尔斯滕·塞林（Thorsten Sellin）所言："万国监狱大会作为一个政府间的组织最终是在1885年的罗马大会上成立的。"[②]此外，包括万国税则公会、万国邮政公会、万国铁路公会、万国行船公会、万国电报公会、万国无线电公会等以国际组织形式存在的万国公会在近代也经历了相似的发展过程。

这里有必要对Congress和Conference两种国际集会的概念加以说明。西方历史上经历了交替使用Congress和Conference的情况。例如拿破仑战争后的维也纳和会（1815）、克里米亚战争后的巴黎大会（1856）等，都使用Congress；而比利时叛乱后的伦敦会议（1830—1833）、一战结束后的巴黎和会（1919）等，都使用Conference。在19

[①] 孙雄：《监狱学》，商务印书馆2011年版（据商务印书馆1936年版排印），第233页。

[②] Thorsten Sellin, "The End of the International Penal and Penitentiary Commission and Establishment of the International Penal and Penitentiary Foundation", *The Journal of Criminal Law, Criminology, and Police Science*, Vol. 43 (1952), p. 221.

世纪,凡是国家元首参加的,或为缔结和约而召开的代表大会通常称为公会(Congress),而商讨次要问题的代表大会则称为会议(Conference)。但是,20世纪时,"公会"(Congress)这一名称几乎不再使用了。① 这是因为,自20世纪以来,Congress 和 Conference 的界限不再分明,而且随着君主国数量减少,前者使用的频次越来越少。因此,1900—1906年担任过英国驻华公使的萨道义(Ernest Satow)在《外交实践指南》指出:"从国际法的观点来看,大会(Congress)和会议(Conference)并没有基本上的区别。二者都是讨论和解决国际事务的全权代表会议,二者都包括决定政治问题和处理社会事务或经济事务的会议。"② 不过,在晚清时期的外交档案里,无论是 Congress 或是 Conference,它们大多翻译成"公会",有时也可以翻译成"会议",两者并行不悖。虽然20世纪初受日本影响,"万国"逐渐为"国际"所替代,③ 但本文仍沿用晚清时人的习惯用法,以"万国公会"统称当时各种国际集会。

万国公会能够在近代兴起有着多重原因。首先是常驻使馆的出现,为国家之间长期而稳定的沟通和交流创造了条件。从此,参加万国公会的代表可以从各驻在国或邻国就近参与,而非必须从本国出发。可以说,随着常驻使节的出现,这种国际集会成为17世纪后半叶以来所确立的现代外交史发展中最突出的特征。④ 其次是西方在18世纪后期和整个19世纪工业革命过程中创造出的技术手

---

① 苏联科学院法律研究所编,国际关系学院翻译组、北京大学国际法教研室译:《国际法》,世界知识出版社1959年版,第322页。
② 萨道义著,中国人民外交学会编译室译:《外交实践指南》,世界知识出版社1959年版,第349页。
③ 参考金观涛、刘青峰对"万国"和"国际"两词条的解释,见金观涛、刘青峰《观念史研究:中国现代重要政治术语的形成》,法律出版社2010年版,第555—557、559—560页。
④ R. T. B Langhorne, "The development of International conference, 1648 - 1830", *Studies in History and Politics*, Vol. 1, No. 2 (1981 - 1982), pp. 61 - 91.

段,特别是蒸汽轮船、蒸汽火车以及电报、无线电的发明和使用,为国际间频繁交流提供了物质条件。从此,地球的空间被折叠,距离不再成为制约人们集会的重要因素。最后,与西方在全球范围内的殖民扩张密切相关。西方列强不仅通过坚船利炮打开亚非拉国家的大门,而且将西方的那套国际规则强加给后者。无论是否主动,在改良刑罚和监狱,架设电报线,划定统一的邮政、航运和铁路标准,防止疫情传播蔓延等一系列新问题的万国公会,那些被西方国家视作"半文明"甚至"野蛮"国家的代表往往也有所参与。从此,万国公会不再局限于欧洲一隅,而是拓展至包括亚洲、非洲、美洲在内的各个地区,真正具有所谓的"国际性",世界也日益从分散发展成为一个整体。

总之,万国公会在近代从起源到发展,西方在其中发挥着主导性的关键作用。这一过程是全球化的重要表现,本质上是以西方为中心的国际秩序在世界范围内的扩散和确立。不过,广大殖民地半殖民地国家并非一开始就主动融入其中,近代中国参与万国公会的历程便是一个典型案例。据西方国际法学者统计,19世纪40年代,这种万国公会的召开大概只有10次;到90年代,则超过470次;发展到20世纪第一个10年,就已经接近1 000次。① 各种万国公会在19世纪下半叶的兴起,与近代中国从封闭走向开放处于同一时期。换言之,清政府与万国公会的互动过程,是近代中国走向世界、进入国际大家庭(Family of Nations)的重要面相。② 目

---

① Pitman B. Potter, *An Introduction to the Study of International Organization* (New York: The Century Co, 1922), p. 291.
② 按照徐中约的看法,"国际大家庭"一词喻指世界上的国际社会。其最初涵盖范围有限,仅指签订1648年《威斯特伐利亚和约》的西欧基督教国家。当处于不断扩张态势的西方国际大家庭来到东方以中国中心的国际大家庭时,两者发生碰撞,最终前者战胜了后者。见徐中约著、屈文生译《中国进入国际大家庭:1858—1880年间的外交》,商务印书馆2018年版,第8—9页。本文沿用徐中约的观点,具体而言,本文"国际大家庭"特指19世纪中后期至20世纪初期(即晚清时期)以西方为中心的国际社会。

前,学界仅限于对某些具体万国公会的个案研究,缺乏对清政府参与万国公会的整体把握与系统讨论。① 例如,清政府曾经和哪些万国公会往来? 其参会情形如何? 清政府的参会前后经历了怎样的变化? 参会代表有什么群体特征? 近代中国对于万国公会有什么样的认识? 清政府参与万国公会受到哪些因素的制约,其根源又在哪里? 等等。要弄清楚这些问题,还需借助有关档案,从而促进我们对近代中国与世界互动历程的理解。

二、档案所见清政府参会基本史事

清朝官方编纂的光绪朝《大清会典》记载了当时国际社会各类万国公会,"美国有赛奇会、医会、技艺会、棉花会、万国武会、传教会、驾驶公法会;法国有捕鱼会、牲畜会、邮政会、五金会;意国有养生会,瑞典国有文社会,比国有炫奇会、税则公会"等。② 清末在袁世凯的主持下,仿照英国蓝皮书和法国黄皮书体例编纂的《交涉要览》记载了光绪朝乙巳(1905)、丙午(1906)和丁未(1907)三年与各国交涉成案,其中邮电门、订约门、赛会门也提及相关年份清

---

① 具体万国公会的研究,例如海牙保和会有唐启华《"大国地位"的追求——二十世纪前半期中国对海牙保和会之参与(1899—1907)》,(台中)《兴大人文学报》第32期,2002年6月;红十字会,有周秋光《晚清中国红十字会述论》,《近代史研究》2000年第3期;万国公法会,有张建华《郭嵩焘与万国公法会》,《近代史研究》2003年第2期;万国禁烟大会,有张勇安《万国改良会与国际禁毒合作的缘起——以1909年上海"万国禁烟会"的召开为中心》,《学术月刊》2009年第8期;万国监狱大会,有刘洋《晚清中国与万国监狱大会》,《历史档案》2020年第4期;万国农业会,有尹新华《晚清中国与万国农业会》,《历史教学》2012年第4期;万国电报公会,有夏维奇《拒请与申入:近代中国与万国电报公会》,《复旦学报》2012年第6期;美国军医会,有徐鹤《清末中国军医参加美国军医大会考论》,《史学月刊》2019年第6期等。
② 《钦定大清会典·光绪朝》卷九九,"总理各国事务衙门"。

政府参与万国公会的一些情况。① 此外,《清季外交史料》《清实录》以及出使大臣的文集、日记等也零星可见一些万国公会的记载。不过,这些史料涉及的万国公会数量有限,或集中于某个年份,或集中于某次具体会议,难以看到近代中国参与万国公会的全局样貌。

目前可知,收录晚清政府参与万国公会的档案主要有两种。其一,中国第一历史档案馆编《晚清国际会议档案》。② 该档案主要选自清宫藏"外务部档",同时还从"邮传部档""军机处照会档""电报档""税务处档""农工商部档""顺天府档""会议政务处档""兵部—陆军部档""端方档""赵尔巽档"等十几个案卷中辑录相关内容,最终收录了清政府与145次国际会议交涉往来的相关档册。其二,台北"中研院"近史所藏01-27和02-20"赛会公会档"。③ 该所于1955—1956年三次接受台湾地区相关部门移交的晚清至民国时期的政府外交档案,经过专门整理和分类归档,分别形成总理衙门时期和外务部时期清政府参与万国公会、赛会的专档,并编号为01—27和02—20。此外还有一些散见于其

---

① 例如乙巳年有法国巴黎考求痨瘵公会、墨西哥京城万国地学会、义国密拉诺设渔业分会、义国密拉诺举行河船会议、义国罗马实用化学会、义国罗马农务公院会议、比利时黎业斯举行交友公会、比利时孟斯举行通商等会、比利时黎业斯万国商务会、比利时黎业斯举行电气医学会、马加国布大贝斯提京城举行兽医会、美国军医会等。丙午年有义国罗马邮政公会、义国密拉诺财政商务公会、义国密拉诺万国行船会、义国密拉诺级第四期万国公私接济会、义国罗马第六次万国化学会、德国柏林无线电会、比利时万国行船恒久会、比利时万国公立地理极地会、比利时万国人种学局、美属满尼拉城医学会、美国海陆军赛会、美国第十五次军医会、葡国黎息承围电务公会、和国海牙万国农务会等。丁未年有德国柏林卫生民学会、德国柏林万国玩耍排列馆会、美属非利宾万国驱疫会、丹国东方各国语言文字考稽古文研究会等。见北洋洋务局辑《光绪乙巳交涉要览》,光绪三十三年北洋官报局铅印本;《光绪丙午交涉要览》,光绪三十四年北洋官报局铅印本;《光绪丁未交涉要览》,宣统二年铅印本。

② 中国第一历史档案馆编:《晚清国际会议档案》(以下简称《晚清国际会议档案》),广陵书社2008年版。

③ 见台北"中研院"近史所档案馆网站http://archivesonline.mh.sinica.edu.tw。

他卷宗,如02—21"保和会档"等。不过,需注意的是,上述档案中由编者拟定的不同名目的国际会议或国际组织,实际上不少是同一万国公会。这是因为,晚清时间跨度较长,有些万国公会的名称表述前后并不一致,容易让人误解,以为这些是不同的公会,因此有必要予以厘清。这两种档案相互结合,再补充前述其他史料,基本上能够为我们呈现清政府参与万国公会的整体状态。

根据这些档案,清政府参与万国公会可以划分为两个阶段。首先是总理衙门时期,其基本情况如下:[①]

1878 年
8 月 2 日,瑞典斯德哥尔摩万国刑罚监牢会(第二届万国监狱大会)。未参加。
9 月 16 日,德国法兰克福第六次万国公法会。驻英使馆随员马建忠参加。

1881 年
1 月 1 日,美国华盛顿万国医病会(养生公会)。驻美大臣陈兰彬参加。

1882 年
9 月 4—9 日,瑞士日内瓦万国养生公会第四次会。未参加。

1884 年
4 月 2 日,法国巴黎万国电报公会。驻法使馆翻译官马格里、庆常参加。
具体时间未知,德国黎色万国邮政公会。参加(会外旁观,并未加入该组织)。

1885 年
5 月 15 日—?,意大利罗马养生防病公会。驻意大臣许景澄、使馆参赞陈季同参加。

---

① 表中信息包括:年份、具体日期(如档案没有,则写"未知")、公会名称、参会状态(包括参加、未参加和未知三种情况。在参加情况下,档案里有参会人员信息的则写上,没有则不写)。下同。

(续表)

1886年 10月3日,瑞士万国文社会议第二次会。参与情况未知。
1887年 7月8日—?,意大利米兰第二届万国铁路公会。未参加。 9月25日—10月2日,奥国维也纳第六届养生防病公会。未参加。 10月1—20日,美国芝加哥万国武会。参与情况未知。
1888年 3月15日,比利时布鲁塞尔万国海关税则公会。未参加。 9月下旬,比利时布鲁塞尔第二届万国海陆商务则例公会。未参加。
1889年 4月17日,美国华盛顿万国保护行海船只会议。出洋肄业学生贾凝禧、陈恩焘,洋员毕士璧参加。
1890年 6月15—24日,俄国圣彼得堡第四届万国监牢会。参加。
1891年 具体时间未知,英属札美格岛制造格物公会。参与情况未知。
1892年 8月20日,俄国莫斯科第四届万国铁路公会。驻俄大臣许景澄参加(正式加入该国际组织)。 9月,葡萄牙里斯本考稽东方博士会第十次会。未参加。 具体时间未知,美国华盛顿海务总会。船厂学生(未知)参加。
1893年 7月26日—?,美国华盛顿测候天气万国会。参加。 8月21—28日,美国芝加哥考究电气会。驻美使馆参赞彭光誉、赴美游历章京丰伸、寿廷参加。 10月10日—?,美国洛杉矶万国灌田会。未参加。 具体时间未知,美国芝加哥万国度支会。驻美使馆二等参赞官彭光誉参加。 具体时间未知,美国芝加哥集议训课童蒙会。驻美使馆二等参赞官彭光誉参加。 (当年在芝加哥举行的公会附设于1893年芝加哥博览会)

(续表)

1894 年 具体时间未知,比利时布鲁塞尔第一届万国化学会议。未参加。
1895 年 6 月,英国伦敦第五届万国铁路公会。参加。
1897 年 7 月 21—29 日,俄国莫斯科万国医生会。参加。 9 月 5—12 日,法国巴黎东学公会(考稽东方博士会第十一次会)。参与情况未知。 9 月 16—21 日,德国柏林第一届麻风病公会。参与情况未知。 12 月 1 日—?,比利时布鲁塞尔万国雍睦保护制造生业会。未参加。 具体时间未知。美国华盛顿第五届万国邮政公会。驻美大臣伍廷芳、副税务司赫承先参加(会外旁观,并未加入该组织)。
1898 年 6 月 1—3 日,美国堪萨斯第八届军医会。未参加。 7 月,比利时布鲁塞尔万国行船公会。参加(会外旁观,并未加入该组织)。 8 月 1 日,比利时列日城各国地质水学公会。驻英使馆三等参赞罗道忠尧参加。
1899 年 5 月 18—7 月 29 日,荷兰海牙第一次保和会。驻俄大臣杨儒,参赞官何彦升、胡惟德、翻译陆征祥、金楷理参加。 8 月 9—14 日,德国巴顿各国兽医会。参与情况未知。 具体时间未知,意大利罗马东语总会(考稽东方博士会第十二次会)。参与情况未知。
1900 年 8 月 1—5 日,法国巴黎裨益瞽者万国公会。参与情况未知。 8 月 10—17 日,法国巴黎管理卫生及考究民人等学万国公会。参与情况未知。 8 月 6—13 日,比利时布鲁塞尔监牢会。参与情况未知。 10 月 15 日,法国巴黎第六届万国铁路公会。参加。

纵观总理衙门时期清政府参与万国公会的历程可以发现：第一，虽然清政府1861年设立总理衙门和西方驻华公使打交道，但就目前档案所见，清政府与万国公会的交涉始自1876年对外派遣常驻使节之后。从此，清政府与世界的关系不再是"世界→中国"的单向传导，而是"中国↔世界"的双向互动。这说明驻外使馆在清政府走向以万国公会为媒介的国际大家庭过程中发挥的重要作用。第二，这一时期共涉及41例万国公会，其中有明确记载参加20次。大体上，清政府对于法律类万国公会保持较高警惕。例如，总理衙门担心万国监狱大会讨论的监狱、刑罚等政治内容会给中国造成不必要麻烦，于是以大会"会议政务"拒绝参加。① 对于电报、邮政类万国公会，则考虑到国内电报、邮政事业发展状况特别是中外之间存在的巨大差距，多以观察国而非会员国身份参与。对于卫生、税则、航船、铁路类万国公会，则出于实用主义原则持比较积极的态度。例如，清政府分别于1893年加入万国铁路公会、1894年加入万国税则公会两个国际组织，并承担相应会费。第三，这一时期的参会者以驻外使馆人员特别是参赞和翻译为主体，甚至有不少洋员，对于专业性万国公会则缺乏专业人员。一方面，在清政府实际参加的20次万国公会中，有专业人员参与的仅4次。另一方面，因人才匮乏，所以当清政府受邀参加专业性万国公会时往往无人可用。例如，1892年，总理衙门以"本国仍系无员可派"为由，婉拒葡萄牙里斯本考稽东方博士会第十次会议的邀请。② 此外，虽然清政府参加了当时非常重要的政治性万国公会——1899年第一次海牙保和会，但受次年庚子事变与八国联军

---

① 《总署奏议复郭嵩焘奏请派员赴万国刑罚监牢会片》（光绪三年九月二十五日），王彦威等编，李育民等点校：《清季外交史料》第2册，第218页。

② 《考稽东方博士会此次中国仍不入会由》（光绪十八年闰六月十九日），（台北）"中研院"近代史研究所档案馆藏总理衙门档案，01-27-008-01-006。

之役影响,"前项约本遗失无存",未能按时批准保和会公约。① 总之,整体而言,总理衙门时期清政府对于万国公会更多是被动因应下的有限参与。

其次是外务部时期,其基本情况如下:

1902 年
6月19日—7月5日,德国杜塞尔多夫万国航海公会。洋文参议官金楷理、三等参赞官陆长葆参加。
8月3—11日,德国汉堡东语士会第十三次会议。驻德大臣荫昌参加。
8月6—10日,比利时布鲁塞尔万国恤瞽公会。驻比使馆参赞刘玉麟参加。
8月26—30日,比利时奥斯登万国商务公会。驻比使馆参赞刘玉麟、翻译魏子京参加。
9月1日,比利时布鲁塞尔第二届讲求脏症会。参与情况未知。
9月1—6日,比利时万国病症医道公会第二次会。驻比使馆翻译魏子京参加。
9月1—7日,比利时安我斯疯人并代管疯人家事公会。驻比使馆翻译魏子京参加。

1903 年
4月2—9日,意大利罗马万国史学会。驻意大臣许钰、法文翻译官翟青松、意文翻译洋员毕梯蓬参加。
4月19日,意大利罗马博议农学会。驻意使馆随员许沐镕、翻译学生赵诒璹参加。
5月,比利时列日第四届万国保婴公会。驻比使馆参赞参加。
5月19—21日,美国色斯顿第十二届军医会。未参加。
9月2—11日,比利时布鲁塞尔万国保身公会。驻比使馆参赞衔随员祁师曾、翻译官徐家库参加。
具体时间未知,德国柏林化学会议。未参加。

1904 年
5月16—21日,美国圣路易斯万国修造马路会。未参加。

---

① 孙学雷等主编:《清代孤本外交档案》第38册,全国图书馆文献缩微复制中心2003年版,第15911页。

(续表)

6月28日—7月1日,美国圣路易斯万国学堂教法学问会。驻纽约正领事官夏偕复参加。
8月29日—9月3日,美国圣路易斯万国牙医会。驻美使馆二等参赞官周自齐、三等参赞官孙士颐参加。
9月8—20日,美国华盛顿第八届万国地理会。驻美大臣梁诚参加。
9月10—17日,美国圣路易斯万国电气会。参与情况未知。
9月26日—10月1日,美国圣路易斯万国精制饮食会。驻美使馆二等参赞官周自齐、三等参赞官孙士颐参加。
9月28—30日,美国圣路易斯万国律司会。驻美使馆二等参赞官周自齐、三等参赞官孙士颐参加。
10月10—15日,美国圣路易斯万国医馆会。未参加。
10月17—22日,美国圣路易斯万国书籍会。驻美使馆翻译官苏锐钊参加。
12月13日,荷兰海牙议免红十字会施医船税钞会。驻俄大臣胡惟德、钦差保和会专使大臣本任出使和国大臣陆征祥参加。
(该年在圣路易斯举行的公会附设于1904年圣路易斯博览会)

1905年
3月,法国署地阿尔日考求东瀛博学公会。同文馆学生唐在复参加。
5月28日,意大利罗马万国农业会。驻意大臣黄诰参加。
6月12—18日,奥国维也纳第二届考求花草学问总会。驻奥使馆参赞衔法文翻译程福庆、德文四等翻译薛锡成参加。
6月26日—7月1日,比利时列日万国考查矿物五金机器土产会。参加。
7月,美国华盛顿第七届万国铁路公会。未参加。
8月16—18日,比利时列日万国人品总会。参加。
8月20—22日,比利时列日聋瞽公会。参加。
8月,比利时列日万国交友会。参加。
8月,比利时列日保护罪满人犯会。参加。
9月3—5日,匈牙利布达佩斯各国兽医会。驻奥使馆参赞衔法文翻译官程福庆参加。
9月12—14日,比利时列日万国电气医学公会。参加。
9月24日,比利时蒙斯推广万国通商交涉筹事宜会议。驻比大臣杨兆鋆参加。
9月24—29日,意大利米兰万国行船公会第十次会议。驻意使馆参赞衔法文三等翻译官翟青松参加。

(续表)

9月26—28日,美国底特律第十四届军医会。北洋陆军正军医徐英扬、北洋海军正军医何根源、南洋陆军正军医钟文邦参加。
9月,比利时列日万国商务公会。驻比大臣杨兆鋆参加。
10月2—7日,法国巴黎考求劳瘵等症各国公会。驻法使馆随员夏循坦参加。
10月,法国巴黎万国牛乳会。驻法使馆随员李煜瀛参加。
(当年在列日举行的公会,是1905年比利时布鲁塞尔各类赛会之一)

1906年
4月7日—5月26日,意大利罗马万国邮政会。驻意大臣黄诰、副税务司赫承先参加。
4月25日,意大利罗马第六次万国化学研究会。驻意使馆随员凤恭宝、翻译官黄恩尧、学生陈鸿鑫参加。
5月23—27日,意大利米兰万国公私拯济会。驻意使馆参赞衔翻译官翟青松、翻译官黄恩尧参加。
6月11日,瑞士伯尔尼修改红十字公约会议。驻荷大臣陆征祥参加。
9月6—13日,墨西哥墨西哥城第十届万国地学会。驻墨使馆二等参赞兼总领事浙江补用道梁询参加。
9月11—14日,美国布法罗第十五届军医会。正医官陈世华、周桂生参加。
9月17—21日,意大利米兰商务教育会。驻意使馆随员兼商务委员凤恭宝参加。
9月24—28日,意大利米兰财政商务会。驻意使馆随员兼商务委员凤恭宝参加。
9月26—30日,意大利米兰万国护持疯痴会。未参加。
10月3日—11月13日,德国柏林万国无线电会议。驻德大臣杨晟、参赞衔福兰克、电学毕业生吴桂灵参加。
10月27日,意大利巴威亚万国谷米会。驻意使馆翻译官黄恩尧参加。
具体时间未知,罗马尼亚布加勒斯特万国煤油商务公会第三次会。未参加。
具体时间未知,意大利米兰商务学法万国总会。参与情况未知。
具体时间未知,比利时万国人种学公会。未参加。
具体时间未知,比利时万国考察地理极地会。未参加。

1907年
2月27日—3月2日,美属菲律宾马尼拉医学会。医科进士谢天保参加。

(续表)

5月21—25日,奥国维也纳第八届万国农务学会。驻奥使馆随员李殿璋参加。
6月10—14日,英国伦敦红十字会议。未参加。
6月15日—10月18日,荷兰海牙第二次保和会。保和会专使大臣陆征祥,驻荷大臣兼保和会副议员钱恂,军务议员丁士源,副议员张庆桐、赵诒璹,参赞施绍常、陈箓、王广圻参加。
8月5—9日,英国伦敦各国学堂卫生研究会。驻英代办大臣陈宜范参加。
8月19—23日,美国波士顿万国研究动物学会第七次会。驻美使馆二等参赞官容揆参加。
8月,美属菲律宾万国驱疫会。参与情况未知。
9月23—29日,德国柏林万国第十四次卫生民学会。驻德使馆三等参赞官冯祥光参加。
9月,荷兰医治疯人及心病会议。未参加。
10月15—18日,美国詹姆斯敦第十六届军医会。候选知府何守仁参加。
12月,意大利罗马万国卫生总会。未参加。

1908年
3月4—7日,美属菲律宾马尼拉医学会。医科举人郑豪参加。
3月10—17日,美国华盛顿万国研究卫护幼稚保姆会。进士颜惠庆参加。
5月29日,奥国布拉格万国商会公会。未参加。
5月31日—6月7日,俄国圣彼得堡万国行船公会第十一次会。驻俄使馆二等通译官郑延禧,学生陈瀚、范其光,驻比使馆翻译官刘锡昌参加。
5月,葡萄牙里斯本万国电报公会。电政局襄办周道万鹏、电政局主事吴桂灵、电报洋总管德连升参加。
6月8日,德国法兰克福第一届万国扶伤救生协会。参与情况未知。
8月3—8日,英国伦敦各国绘事总会。未参加。
8月15日后,丹麦哥本哈根万国东方各国语言文字考稽古今研究会。驻法帮办商务随员闽省自费生王继曾参加。
9月21日—10月12日,美国万国研究内伤医学会。参与情况未知。
9月21日—10月12日,美国华盛顿万国研究医治劳症会。参加。
9月25日,英国伦敦各国善德教育总会。参加。
9月,英国俄克司佛德万国考查宗教史学总会。参加。
10月1—4日,法国巴黎劝学公会。参与情况未知。
10月5—11日,法国巴黎调寒积冷实业万国公会。驻法使馆三等参赞官林桐宝、试署商务委员朱诵韩参加。

(续表)

10月6—9日,美国亚特兰大第十七届军医会。未参加。
10月11日,法国巴黎第一届万国道途公会。驻法使馆试署二等通译官吴克倬参加。
10月12—16日,意大利罗马万国保险会。参加。
10月14日,德国柏林万国保全文艺及美术权利公会。驻德使馆馆员沈瑞麟、水钧韶参加。
10月14—20日,西班牙萨尔廓斯城万国古时大会。参加。
具体时间未知,意大利米兰万国护持疯痴会。未参加。
具体时间未知,比利时万国博文学公会。参与情况未知。
具体时间未知,英国第九届万国地理研究会。参与情况未知。
具体时间未知,法国巴黎第二期万国建筑公会。参与情况未知。

1909年
2月10—13日,美属菲律宾马尼拉医学会。吕领属通译官唐虞年参加。
3月30日—4月3日,意大利拿波里整顿万国矇瞽谋生会。参加。
5月23日,意大利罗马百工人等有危险之事医生研究会。驻意使馆通译官赵诒璹参加。
5月24—29日,奥国维也纳音乐纪念会。驻奥使馆通译官胡德望参加。
5月,意大利米兰万国纺棉会。未参加。
6月6—12日,英国伦敦第七届万国实业化学研究会。留法学生吴匡时、留英学生俞同奎参加。
6月7—13日,奥国维也纳万国保险会。驻奥使馆通译官胡德望参加。
6月,匈牙利布达佩斯第四届考究牛奶国会。参与情况未知。
6月,法国巴黎万国殖民地农学公会筹备会议。参加。
7月1—3日,法国巴黎调查生人物化原因大会。参加。
8月16—19日,挪威白尔根第二届万国消除麻风病会。医科举人郑豪参加。
8月9—14日,美国华盛顿民立农务溉田会。驻波尔洞代理领事梅伯显参加。
8月23—28日,德国柏林第五届万国牙医会。参与情况未知。
9月,丹麦哥本哈根第五届万国试验建造材料公会。驻比使馆翻译官刘锡昌、随员王慕陶、学生张景尧、王明照、杨宝南,驻俄馆员章祖申、彬熙参加。
10月5—9日,美国华盛顿第十八届军医会。军医学堂监督唐文源、军医总局正军医官徐英扬参加。
具体时间未知,荷兰海牙万国兽医公会。参与情况未知。
具体时间未知,荷兰海牙倡议保存天然物产会。驻波尔洞代理领事梅伯显参加。

(续表)

1910年
3月，美属菲律宾东亚医会。参加。
4月30日—5月3日，比利时布鲁塞尔万国耕圃公会。参加。
5月9—11日，比利时万国交通社大会(社会公会)。参加。
5月14—22日，比利时布鲁塞尔第三次万国植物公会。参加。
6月20—23日，德国迪森德夫城万国矿物炼金工艺及地质会议。参与情况未知。
6月23日，荷兰海牙万国汇兑公会。驻荷使馆参赞王宠惠参加。
6月27日，法国巴黎归并分析食料总会。参加。
6月，比利时布鲁塞尔万国道路常年公会第二期会议。驻比大臣杨枢、驻比使馆一等书记官王慕陶参加。
7月3—16日，德国柏林第八届万国铁路公会。詹天佑、沙多参加。
8月5—12日，美国科罗拉多各国聋人大会。驻金山总领事黎荣耀、翻译官欧阳祺参加。
8月10—13日，比利时布鲁塞尔第三届万国青年体操会。参加。
8月14—20日，美国华盛顿第六届万国语言会。驻美使馆一等书记官伍常、三等通译官卢炳田参加。
8月15—20日，奥国斯第利亚省城郭拉慈城万国动物学会第八次会。比国游学生监督学部七品小京官高逸参加。
8月30—31日，比利时布鲁塞尔万国民人教育会。驻比留学生监督学部小京官高逸参加。
8月，瑞典斯德哥尔摩第十一届万国地学会。德国留学生金大明参加。
9月5—7日，奥国维也纳第二次万国猎务公会。驻奥使馆通译官胡德望参加。
9月5—8日，比利时布鲁塞尔万国研究维新事务会暨万国研究实业工艺公会第三次会。参加。
9月8—14日，墨西哥墨西哥城第十七届美洲访查会。驻美代理墨参赞谭培森参加。
9月9—12日，比利时布鲁塞尔万国专门高等学堂公会。参加。
9月13—18日，西班牙巴塞罗那第五届研究电质及矿质药品研究会。驻日(西)使馆二等通译官黄履和参加。
9月15—18日，比利时布鲁塞尔万国讲求小民卫生建造花园公会。驻比大臣杨枢参加。
9月19日—?，比利时布鲁塞尔万国商务税册公会。驻奥使馆参赞周传经、珲春关署副税务司贺伦德参加。

(续表)

9月20—22日,比利时布鲁塞尔万国股本公会。参加。
9年25—27日,意大利马切拉塔利玛窦名士三百年纪念会。参加。
10月1—15日,法国巴黎第二次万国研究毒疮会(万国瘫疽医科公会)。北洋官费医学生夏循垍参加。
10月2—8日,美国华盛顿第八届万国刑律及改良监狱会(第八届万国监狱大会)。京师高等检察厅检察长徐谦、奉天高等审判厅丞许世英、法政科举人分部员外郎沈其昌、法部学习主事罗文、法律馆纂修大理院刑科推事金绍城、法政科进士法律馆纂修大理院候补五品推事李方参加。
10月3—7日,德国柏林第四届调养精神病人会。参与情况未知。
10月6—11日,奥国维也纳寒术会。驻奥使馆通译官胡德望参加。
10月24日—?,比利时布鲁塞尔万国公会。参与情况未知。
10月31日—11月4日,美国里士满第十九届军医会。军医科监督游敬森参加。
10月5—8日,比利时布鲁塞尔第九届万国防范肺病会。参加。
具体时间未知,比利时第二次万国工艺特别防病公会。参加。
具体时间未知,比利时布鲁塞尔家庭教育会。参加。
具体时间未知,比利时布鲁塞尔万国乡里社会。未参加。
具体时间未知,比利时万国电气暨测内照相公会。参加。
具体时间未知,比利时布鲁塞尔热带农学会。参加。
具体时间未知,比利时布鲁塞尔讲求万国卫生饮食公会。参与情况未知。
具体时间未知,瑞典万国铁路研究会。工程师詹天佑参加。
具体时间未知,比利时布鲁塞尔集议国政科会。参加。
具体时间未知,法国巴黎蒙学讨论会。参与情况未知。

1911年
5月29日—6月3日,英国伦敦万国音乐研究会。未参加。
5月,意大利罗马打把会第六次会。未参加。
6月8—13日,英国埃西德城万国瞽目会第三次会。参与情况未知。
6月28日—7月11日,瑞典斯德哥尔摩万国研究牛奶会。参加。
8月12—18日,比利时布鲁塞尔万国育婴会第一次会。参加。
8月22—24日,意大利罗马万国聋哑教育会。驻意使馆通译官黄树年参加。
9月12—16日,奥国维也纳万国实业会。驻德留学生监督山东候补直隶州江国珍参加。
9月22日—?,意大利都朗万国丝业研究会。留法工科毕业生江南官费生钮孝贤、留法自费农学生徐球参加。

(续表)

> 9月26—29日,美国密尔沃基第二十届军医会。陆军第二镇正军医官黄毅、第五镇正军医官陆昌恩参加。
> 10月2—7日,德国德累斯顿第三届万国房舍卫生会。赛会委员周启濂参加。
> 10月2—10日,意大利罗马万国建筑学研究会。留法工科毕业生江南官费生钮孝贤、留法自费农学生徐球参加。
> 10月10日,法国巴黎万国卫生公会。医官林文庆、驻法三等通译官李世中参加。
> 10月16—20日,美国科罗拉多第六届万国遇旱益农会。参加。
> 12月,荷兰海牙万国禁烟会。外务部主事唐国安、陆军协参领军医学堂会办伍连德、外务部候补主事胡振平、署总税务司处襄办汉文书籍官葛枚士、度支部研究所评议员翰林院编修嵇芩孙、驻和参赞代办使事章祖申、驻德大臣梁诚参加。

可以发现,相较于总理衙门时期,外务部时期清政府参与万国公会的状态发生了明显转变。第一,不仅此一时期档案中万国公会的数量大幅增加,达160例,是前一时期的近4倍,而且清政府实际派员参加的万国公会次数也达到121例,参与率大幅提升。同时,较之于总理衙门时期仅参加过一些与卫生、邮政、电报、铁路、航船等事务有关的万国公会,外务部时期清政府参与万国公会的种类更加多元,拓展至包括司法改良、禁烟、慈善、教育、化学、农学、史学、建筑、地质等诸多领域。第二,就参会群体而言,除驻外使馆人员外,有更多的以归国留学生、国内新式学堂毕业生以及其他职能部门官员为代表的专业人员走上国际舞台。例如,就卫生防疫类万国公会而言,从1905年开始,清政府参加一年一届的美国军医会(the Meeting of the Association of Military Surgeons of the United States)的代表均毕业于天津总医院西医学堂。[①] 就监狱和

[①] 例如,徐英扬是西医学堂第五届毕业生、何根源是第六届毕业生、钟文邦是第四届毕业生、陈世华是第六届毕业生、周桂生是第六届毕业生、何守仁是第三届毕业生、唐文源是第四届毕业生、梁景昌是第六届毕业生、游敬森是第五届毕业生、黄毅是第七届毕业生、陆昌恩是第七届毕业生。见高时良等编《洋务运动时期教育》,陈元晖主编:《中国近代教育史资料汇编》,上海教育出版社2007年版,第585—586页。

司法改良类国际会议而言，清政府在总理衙门时期曾长期拒绝参加万国监狱大会，但 1910 年专门选派京师高等检察厅检察长徐谦、奉天高等审判厅厅丞许世英、法律馆纂修大理院刑科推事金绍城、法政科进士法律馆纂修大理院候补五品推事李方等法政专门人员参加第八届大会。同时，清政府更加注重华员而非洋员担任中国代表。例如，盛宣怀在考虑万国铁路公会的中国代表人选时，便强调："既派洋员，若不兼派华员，似亦有失国体，且明示以中国无人，启外人轻视之心。"①第三，就当时重要的政治类万国公会——海牙保和会而言，相较于 1899 年第一次保和会仅由驻使参会，清政府更加重视派遣专使参加 1907 年第二次保和会。这是因为在外务部看来："倘各国皆系专使，则中国驻使之地位，势难与之抗衡，征祥品秩较微，更不足以示重。……此次日本必派专员，中国相形见绌，倘列强误会，关系非轻。各国每于公会之顷，纷纷以此相询。恳特简位望相当之大员充赴会专员，仍以驻使会同办理，实于国体、会务两有裨益。"②最终，陆征祥被任为保和会专使大臣，并组成庞大的代表团一同参加。总之，无论是参会数量、种类，还是人员安排，清政府在外务部时期有更加积极主动地参与万国公会、融入国际大家庭的倾向。

三、晚清时人对万国公会的认识及其变化

（一）甲午—庚子以前

1876 年清政府派往英国的首任公使郭嵩焘，应该是近代最早

---

① 《为应于津榆等铁路每路派华洋各一人赴万国铁路公会》（光绪二十九年九月二十一日），《晚清国际会议档案》第 4 册，第 2112—2113 页。
② 《为遵旨议覆保和会事宜并请简派陆征祥为全权专使事》（光绪三十三年三月二十五日），《晚清国际会议档案》第 2 册，第 482—483 页。

直接接触到万国公会的中国人之一。当美国的瓦恩斯博士于19世纪70年代初致力于召集由世界主要国家参加讨论监狱和司法改革事宜的万国监狱大会时,借由该公会,郭嵩焘不仅注意到当时万国公会在国际社会兴起的潮流,而且给予了高度评价:"西洋考求政务,辄通各国言之,不分畛域。而其规模气象之阔大,又务胥天下而示之平。近年创立各会,孜孜考论。如所知者:会议刑罚监牢,本年聚会于瑞典斯德哥尔摩;会议信局章程,本年聚议于葡国立斯本。其会并创自近数年。岁一集议,数千里争往赴之。其议论并准刊刻,呈之各国政府与议绅会议。此西洋风气所以蒸蒸日上也。"①为此,郭嵩焘就是否参加1878年瑞典斯德哥尔摩第二届万国监狱大会询问国内意见。除作为洋务枢纽的总理衙门以该公会"会议政务"为由拒绝其请外,当时实际负责外交事务的北洋大臣李鸿章也告诉他:"瑞典刑罚监牢会即使往观,势难尽废数千年老例,咸与维新。"②这是因为,李鸿章深知改革国内狱政之难,认为参会对于中国狱政维新并无益处,所以让郭嵩焘打消念头。最终,郭氏未如愿参加。直到1900年在布鲁塞尔举行第六届大会时,总理衙门仍以"中西情形稍异,入会似无甚益"为由拒却。③

无独有偶,接替郭嵩焘的曾纪泽也遇到类似困境。1884年,当收到万国电报公会的邀请时,虽然曾纪泽对是否加入该国际组织保持谨慎,但仍以观察国的身份派遣参赞马格里、庆常前去旁听。曾纪泽之所以能够这么做,一个重要原因在于向清政府阐明

---

① 郭嵩焘:《伦敦与巴黎日记》,岳麓书社2008年版,第590页。
② 李鸿章:《复郭筠仙星使》(光绪三年十一月初四日),顾廷龙、戴逸主编:《李鸿章全集》第32册,第163页。
③ 《比京监牢会事已咨罗大臣届期派员赴会由》(光绪二十六年三月八日),(台北)"中研院"近代史研究所档案馆藏总理衙门档案,01-27-002-01-006。

参与该公会"无关国政",①从而为外交活动腾出空间。参会后,曾氏在对公会作进一步了解的基础上,认为"入会之国可得享受约中之权利,不入会之国不能独违约中之章程,似中国亦以入会为便"。② 为此,总理衙门询问李鸿章,李鸿章再转问负责总办电报事宜的盛宣怀。盛宣怀依据上海电报局总董以及洋参赞博来、洋总管博怡生会同考察的意见,不仅逐条批驳了曾纪泽所说的入会"五利",担心"若中国今即入会,未免过速。后来中国入会,果能得沾利益与否,须熟思审虑,方可定度。若遽许入会,恐西人又多一法以制中国,则将来权利尽归于彼也"。而且博来(H. Bobr)对曾纪泽不无挖苦,认为:"曾大臣之请劝入会,是勤于政务,专为敦睦外邦起见,于电务则有损无益。"③换言之,在这些专办电报的一线人员看来,曾纪泽申请入会只是从外交层面有利于敦睦外邦,于中国电政事业有损无益。最终,清政府采纳盛宣怀等人的意见,并未以会员国身份加入万国电报公会。

还例如,1885年5月15日开始在意大利罗马举行养生防病公会。该会宗旨在于"议出良法,如遇霍乱或别样传染等症,均能防制,使无蔓延变更之虞,又为设法减其株连生灵之害",邀请清政府派员参加。④ 驻德意公使许景澄一方面肯定了养生公会的积极意义:"查西国疫病,传染为害最重,迭经法、土、奥、美各国集商防治之策,迄无成议。每遇疫病,各国禁令不一,商民交累。此次义外

---

① 《各国电学比律公会无须订约画押因无关国政故未具牍辞却》(光绪十年闰五月十六日),(台北)"中研院"近代史研究所档案馆藏总理衙门档案,01-09-007-05-012。

② 《英外部请一律遵守各国电线条约请示应否照覆入会》(光绪十年闰五月十六日),(台北)"中研院"近代史研究所档案馆藏总理衙门档案,01-09-007-05-013。

③ 《附件:照录清折》(光绪十二年一月一日),(台北)"中研院"近代史研究所档案馆藏总理衙门档案,01-09-010-01-001。

④ 《义使照请派员赴罗马养生防病公会由》(光绪十一年三月二十日),(台北)"中研院"近代史研究所档案馆藏总理衙门档案,01-27-015-02-043。

部订请诸国派员赴会,自为爱民恤商起见。"但另一方面,他对中国是否参与表示须持之以慎:"中国治病之术,方书药品,与西法炼水、熏气迥不相同。至查禁行船、集资设局等事,苟为政体所关,中外尤多隔阂。惟所送告白已声明各国能否照行,听其自行酌夺一层,将来操纵在我,尚无窒碍。本大臣已将不能另派医员,于复义外部函中声叙缘由。一面委派署参赞官陈季同,于四月初三日前往罗马,随众赴会。援仿庆常赴法国海底电线会例,令其但采听众论,不必插议,期于联络之中寓持慎之意。"①

通过郭嵩焘、曾纪泽、许景澄等人的案例,可以看到,虽然这些对外交往比较开明的早期驻外使臣已经注意到参与和加入万国公会的重要性,但此时清政府或出于担忧公会讨论内容关涉中国内政,或出于中外现实之间的巨大差异,对万国公会处处谨慎。在不得不参与的情况下,更倾向于发挥参会所起到的"联络邦交"作用。同时,中国代表也较少在公会中有所展示。例如,1895年参加第五届华盛顿万国邮政公会时,总税务司赫德描述中国代表"在那里无事可做,只不过是发表一篇简短的讲话和露一下面"罢了。②

清政府这种谨小慎微的态度亦可通过与万国税则公会(Bureau international pour la publication des Tarils douaniers)的交涉看出。1888年1月26日,比利时署使米师丽照会总署,"望中国派员前至本国都京外部衙门",参加3月15日举行的万国海关税则公会,"倘中国入会之后不克始终,会办亦可随时撤出"。③ 不过,总署认

---

① 《咨呈总署义设养生公会遵饬派员赴会文》(光绪十一年五月十七日),许景澄撰:《许景澄集》第1册,浙江古籍出版社2015年版,第73页。
② 陈霞飞主编:《中国海关密档(1894—1899)》第6卷,中华书局1995年版,第614页。
③ 《本年四月比京开万国税则公会希望中国入会由》(光绪十三年十二月十四日),(台北)"中研院"近代史研究所档案馆藏总理衙门档案,01-27-014-01-001。

为:"现在中国商船前赴外洋各国贸易者无多,应俟以后商务畅行再拟入会,此时尚须从缓。"①其实,自鸦片战争以来,不仅不平等条约规定清政府须与外国协定关税,不能自主定订税则,而且海关逐渐为外国人控制。所以,清政府对于该公会格外谨慎,担心再次招致列强对中国税则的干涉。一直到1894年1月1日,总署在比使的不断追问下,不得不札行赫德,询问"此会究于中国商务、税务有无裨益"。② 10日,赫德回复:"入会各国并无庸派员前往,只须将现行则例等项咨送比国,由该局译刊英法德日意五国文字,布告入会各国。""不但长各国之学识,且又联各国之睦宜,其未入会之国,则反是也。"同时,入会"于华商与来华贸易之洋商均有裨益",且"入会之经费甚少,而各国之欣望良殷",极力主张中国入会。为打消清政府疑虑,赫德专门提醒,如果入会,须向各国提前言明"内地厘捐及落地税等项名目繁多,时有更改,与外国无涉,故俱不在此例"。③ 最终,在赫德积极引导下,清政府终于在1895年正式加入该公会,并每年分摊经费一千八百六十三佛郎,由总税司在罚款项下支销。④ 从上述案例亦可看出,包括博来、赫德等在内的洋员在清政府早期参与万国公会决策过程中发挥了重要作用。

---

① 《商务会事仍须从缓入会由》(光绪十四年四月二日),(台北)"中研院"近代史研究所档案馆藏总理衙门档案,01-27-004-01-045。
② 《万国税则会中国可否入会即申复由》(光绪十九年十一月二十五日),(台北)"中研院"近代史研究所档案馆藏总理衙门档案,01-27-014-01-009。
③ 《比税则会于华洋商人来往有益况各国公摊经费为数无多倘入此会祇将通商税则咨送译刊其内地厘捐等不在此例由》(光绪十九年十二月四日),(台北)"中研院"近代史研究所档案馆藏总理衙门档案,01-27-014-01-010。
④ 《申复中国入税则会实无妨碍至入会公费似可由总税司在罚款项下支销由》(光绪二十年二月七日),(台北)"中研院"近代史研究所档案馆藏总理衙门档案,01-27-014-01-015。

(二)甲午—庚子以后

甲午特别是庚子之后,中国逐渐放下对万国公会的戒心,参会热情大大提升。究其原因,与中国朝野对于万国公会认识的转变密切相关。例如,戊戌时期,支持维新变法的易鼐便提出加入万国公会,遵从万国公法的重要性,甚至主张不惜全盘西化:"若欲毅然自立于五洲之间,使敦槃之会以平等待我,则必改正朔、易服色,一切制度悉从泰西,入万国公会,遵万国公法。庶各国知我励精图治,斩然一新,一引我为友邦。是欲入万国公会,断自改正朔、易服色始。"在他看来,只有加入万国公会,"然后各国之要求我而无厌者,可据公法以拒之;我之要求各国而不允者,可据公法以争之;向之受欺于各国、损我利权者,并可据公法以易之。"①换言之,如果中国不得入于万国公会,那么就会被永远排斥在文明国家享有的万国公法体系之外。同年,张之洞在《劝学篇》外篇《非弭兵篇》中批评弭兵会之虚伪,表明中国人对万国公会的不信任:"不得与于万国公会,奚暇与我讲公法哉?知弭兵之为笑柄,悟公法之为訾言,舍求诸己而何以哉?"②一年后,何启、胡礼垣合撰《〈劝学篇〉书后》,在《〈非弭兵〉篇辩》一文反驳了张之洞的观点,认为:"'弭兵勿恃'则可,'弭兵为非'则不可。……'不得与于万国公会,奚暇与我讲公法'云云,则是明于责人,昧于责己。"然后分别从厘金、内河通商、会审衙门等方面说明中国自身存在的问题,并总结说:"凡此数者,皆于一国治法有未能明也。一国治法,犹未能明,万国公法如何能晓?此中国之所以不能与于万国公会,而外国不暇与中国讲公法也。不知自责,徒知责人,中国自振之基,何时可

---

① 易鼐:《中国宜以弱为强说》,《湘报》1898年第20号。
② 张之洞:《劝学篇》,《张之洞全集》第12册,武汉出版社2008年版,第191页。

望?"①在他们看来,即使弭兵会不足恃,也不能因此完全否定弭兵会。正是由于中国自身对公法不置可否,所以才被排除在享有万国公法的万国公会之外。

同时,美国传教士林乐知(Young John Allen,1836—1907)也不遗余力地宣扬参与万国公会的重要性。例如,1897年,林氏撰写《中国度支考跋》一文,强调中国只有入于万国公会,西方才会把中国视作平等的"与国":"中国与太西各国订约通商,久历年所。虽尚未得列于万国公会,执公法以与世周旋,而各国之视中国,往往休戚相关,无日不以兴利除弊,变法维新,望于中国。使在今日不失为东方声名文物之大国,即可望将来得联为西方一视同仁之与国。中东战后,西人期望之心,尤为迫切。"②1899年,林氏在《日本得入万国公会论》一文又以日本为例,通过日本对内修订完善司法监狱体系,对外积极参与万国公会,特别是参加1899年第一次海牙保和会,最终成功废除列强领事裁判权,成为被列强平等对待的文明国家的经验,再次强调中国参与万国公会的重要性:"今闻东偏一小国,已得列于万国公会,深冀大邦之君相,亦共知半权被削之为大辱,而学日本之善自振刷。"③1902年,林乐知又写成《闻英日联盟事感书》一文,强调日本加入万国公会后,使得列强不得不刮目相看,英国甚至愿与之结为盟国:"因日本为亚东入万国公会之第一国,兹复与欧洲最有名望之大国,订联盟之约,光宠岂待言喻。"④虽然林乐知这些话主要是说给中国人听,但在改良派和外国传教士的共同宣传下,人们开始对参与万国公会愈发

---

① 何启、胡礼垣著,郑大华点校:《新政真诠——何启、胡礼垣集》,辽宁人民出版社1994年版,第393—395页。
② 林乐知:《中国度支考跋》,《万国公报》1897年第104期。
③ 林乐知:《日本得入万国公会论》,《万国公报》1899年第126期。
④ 林乐知:《闻英日联盟事感书》,《万国公报》1902年第158期。

重视。

  这种认识的转变,与自甲午—庚子以后中国日益严重的危机息息相关。例如,1897年爆发胶州湾危机,在清政府看来,德国的强占行径有悖于公法和战例,并加以责备。但是德国人诡辩道:"本国以中国律法互异,不能厕万国公会之列,凡公法得享之权利,不能并论也。"①强调中国未入万国公会,不能享有万国公法所赋予的权利。1900年,更是因为庚子时期爆发的"仇洋排外"运动,中国被列强视作"野蛮"国家,被完全摒弃于万国公会之外。时人詹万云对此描述道:"西人之视中国也,不曰半教,即曰野蛮。……盖泰西万国,皆有公法,有公理,凡入会之国,彼此遇有交涉,即可据理与法以争,不至动成龃龉,而中国因不崇西教,故不能入万国公会,以致凡事皆逊人一筹,每年所失利益何可胜计。若崇西教,则西人必以平等相待,决无此虑矣。"②虽然作者重在宣扬尊崇西教有利于中国入万国公会,但侧面反映出,中国在国际上因长期被排斥于万国公会之外而遭受不平等待遇。李竹痴也指出:"向之称为东亚洲之望国,地球之大国者,今且削为半主之国摈于万国公会之外,不得享平等之权利矣。向自称为礼仪之邦,今且骂为不教之邦矣。向之视人为野蛮,今则人骂我为野蛮矣。"③换言之,因列强在华拥有领事裁判权,中国法庭无权审理外国人,所以,"半主权之国"的中国是不可能被拥有"完全主权"的西方国家平等对待。

  因此,参与万国公会,特别是那些有助于废除列强在华领事裁判权的万国公会,成为外务部时期清政府外交活动的重要目标。在时人看来,要收回领事裁判权,则非改良国内刑制与监狱不可,

---

  ① 尹彦鉌:《论刑律》,甘韩编:《皇朝经世文新编续集》,商绛雪斋书局石印本1902年版,第29页a。
  ② 詹万云:《崇西教以救亡论》(中),《申报》1902年3月18日,第4版。
  ③ 《仰光广智学会序例》,《知新报》1900年第124期,第28页。

否则"外人鄙我为野蛮,将不服我法权"。① 因此,清政府一改之前对于万国监狱大会的消极态度,专门选派"品秩稍崇、通晓新旧法律而夙有经验之员"参加 1910 在美国华盛顿举行的第八届万国监狱大会。② 会议期间,金绍城在美国塔夫脱总统的宴会上作为中国代表发言,向各国明确宣示中国改良监狱和裁撤各国在华领事裁判权的决心:"今我国于改良监狱已办有端绪,此次幸得躬逢盛会,与闻各国大方家之伟论,归国后自当力图扩充。顾监狱之事与司法相关联,司法不能独立,即监狱之改良不能无影响。前者英国商约曾声明'中国如改良刑法监狱,英国首先承认撤去领事裁判'。此次监狱协会开于美洲,而第九次即在英国。英与中国通商极广,贵国与中国感情至深,其他有条约各国无不重邦交敦睦谊,所望协力赞成。一俟我国新律实行、监狱改良之后,概将领事裁判撤去。"③ 在代表们看来,"万国公会虽非立法机关,而每次解决问题,各国多见诸实用"。因此在回国后,不仅撰写了详细记载第八届大会各项议案的报告书,而且提出一系列改良监狱和司法的建议,并提交资政院、宪政编查馆、修订法律馆、法部分别采择,以便施行。④

在外务部时期,也能看到时人对万国公会的认识受到所谓"世界大同"潮流的影响。例如,20 世纪初,康有为在《大同书》指出,大同始基之据乱世的特征之一,便是"各国政府握全权,开万国公会,各国各派议使公议"。⑤ 1907 年,驻法公使刘式训强调:"际此

---

① 《监狱改良两大纲》,《新民丛报》1906 年第 10 期,第 109 页。
② 《附件:为遴员赴美京刑律及改良监狱会事奏折》(宣统二年正月二十七日),《晚清国际会议档案》第 10 册,第 5420 页。
③ 金绍城:《十八国游历日记》,凤凰出版社 2015 年版,第 28 页。
④ 《附件:徐谦等具呈赴美万国监狱改良会报告书》(宣统二年十一月二十一日),《晚清国际会议档案》第 10 册,第 5518 页。
⑤ 康有为:《大同书》,中华书局 2012 年版,第 91 页。

大同世界,在我势难永远立异,自处公例之外。"主张中国应尽早加入万国电报公会。① 同年,负责修订新刑律的沈家本也指出:"方今各国政治日跻于大同,如保和会、红十字会、监狱协会等,俱以万国之名组织成之。近年我国亦有遣使入会之举。"②1909年,《大公报》一篇介绍世界教育公会的文章写道:"近代文化日趋大同,国家主义驯变为世界主义。举凡政治、实业、技艺,多各有万国联合之公会,专门教育其规制方法,亦大致从同。"③1910年,参加第八届万国监狱大会的代表徐谦、许世英更是大声疾呼:"方今世界立国之道,皆本于大同主义。举凡风俗、习惯、政教、法制,已渐趋同一之势。故创一公会也,一国和之,各国群起而趋附之。行一新法也,此国因之,他国必从而推广之。盖交通便利,国际频繁,风气所之,几如水之汇海、山之归岳而不可遏抑。"④此前,清政府总是藉口"中外不同",拒绝各种万国公会的邀请。用总理衙门的话说,即是"中国向遇各国此等公会,因中外情形各异,均未派员前往"。⑤ 然而庚子以后,"世界大同"潮流开始在时人的思想观念里占有越来越重要的位置,不仅强调万国公会起于世界大同主义,视其为世界大同的重要象征,而且呼吁人们应顺应这一潮流,积极参与和加入万国公会。

毫无疑问,这种"世界大同"是对当时全球一体化的反映。但

---

① 《中国如愿加入万国电报公会请商邮传部酌派专员赴会并附俄京改定之公约由》(光绪三十三年一月十八日),(台北)"中研院"近代史研究所档案馆藏总理衙门档案,01-27-005-01-035。
② 沈家本:《〈刑律草案〉告成分期缮具清单恭呈御览并敬陈修订大旨折》(光绪三十三年八月二十六日),李欣荣编:《中国近代思想家文库·沈家本卷》,中国人民大学出版社2014年版,第472页。
③ 《世界教育公会公启》,《大公报》1909年9月13日,第6版。
④ 《附件:徐谦等具呈赴美万国监狱改良会报告书》(宣统二年十一月二十一日),《晚清国际会议档案》第10册,第5525—5526页。
⑤ 《比京万国税则公会未便派员由》(光绪十四年一月六日),(台北)"中研院"近代史研究所档案馆藏总理衙门档案,01-27-014-01-002。

不应忽视的是,所谓"世界大同",在19世纪中后期至20世纪初期更多是一种"西方中心主义"式的"大同"。其建立在西方"文明论"的基础上,即把西方文明视作普世价值,要求其他国家遵守西方文明秩序,按照西方文明的标准进行改造。这在清政府收到的各种万国公会章程和邀请函中屡见不鲜。例如,1898年,意大利公使马迪纳以"所有地球开化之国无不特派委员前往"为由,要求中国派员参加罗马东语总会"似不可不照办"。① 1907年,美国公使柔克义以"凡天下万邦,均视瘟疫如仇敌,各文明国理宜并力拒绝"为由,②邀请清政府参加菲律宾万国驱疫会。1910年,布鲁塞尔第九届万国防范肺病会以"方今文明各国咸知此会关系之大",邀请清政府"协力襄助,共谋世界人民卫生之利益"。③ 同年举行的第八届万国监狱大会的宗旨同样是强调"务使人格日趋于高尚,世界日进于文明"。④ 为了不被视作"未开化国"或"不文明国",清政府不得不派员参加这些万国公会,表现出"善与人同"的"文明开化"倾向。其如时人总结:全地球不得列入万国公会者,"不能列于文明之邦"。⑤ 除前述参与的万国公会外,还如1905年在美国华盛顿举行第七届万国铁路公会,各国代表人数以认捐会费数核算。在时任督办铁路大臣盛宣怀看来,中国不仅要派员参加,"断不得自甘落后,有忝文明",而且就参会人数而言,盛宣怀强调

---

① 《罗马东语总会已定期开会附送章程已请中国派人前往照复由》(光绪二十四年十二月二十六日),(台北)"中研院"近代史研究所档案馆藏总理衙门档案,01-27-008-01-024。
② 《为菲律宾医学会议设万国驱疫会请核夺见复事》(光绪三十三年二月十四日),《晚清国际会议档案》第7册,第3989页。
③ 《咨送万国防范肺病会洋文章程会员名单并来函由》(宣统二年二月九日),(台北)"中研院"近代史研究所档案馆藏档案,02-20-009-02-046。
④ 《附件:为遴员赴美京刑律及改良监狱会事奏折》(宣统二年正月二十七日),《晚清国际会议档案》第10册,第5419页。
⑤ 尹彦铄:《论刑律》,甘韩编:《皇朝经世文新编续集》,第29页a。

此事"事关文明义务,似不宜惜此小费也",主张"凡中国已经开办铁路,如津榆、卢汉、粤汉、正太、沪宁等路,每路均派华员一人,洋员一人"参会。① 总之,与西方国家同入万国公会,成为时人心目中"文明开化"的象征。

另一方面,当面对不可逆转的"世界大同"潮流时,时人逐渐意识到需要因势利导来维护自身利益,特别是愈发注意发挥参与万国公会在现实中的重要作用。一方面,参会固然能起到联络邦交的效果。例如,出席1904年荷兰海牙议免红十字会施医船税钞会的驻俄公使胡惟德便指出:"各国又均以中国渐次预列各种会议,为与列邦联合之证,群相引重。"②另一方面,此一时期参与万国公会不再被视作是单纯的外交活动,而是同清政府推行新政与立宪改革等一系列内政活动息息相关。例如,1903年,外务部出于"中国现正谋求律学,自应派员入会,以期集思广益",于是派员参加次年在美国圣路易斯举行的专为"商议万国公法和海洋公法"的万国律司会。③ 1907年,农工商部出于"中国宜取法欧西,扩兴农学",支持派员参加奥国维也纳万国农务学会。④ 1910年,大理院考虑到"中国现正更定刑律,改良监狱,为环球各国所瞩目,派员入会,足以发抒己见,考证列邦。既为司法独立之取资,亦验法律完全之进步",派遣金绍城、李方参加第八届万国监狱大会。⑤

---

① 《为应于津榆等铁路每路派华洋各一人赴万国铁路公会》(光绪二十九年九月二十一日),《晚清国际会议档案》第4册,第2112—2113页。
② 《为遵旨复荷兰会议红十字施医船免税条约并业已画押事》(光绪三十年十一月二十一日),《晚清国际会议档案》第5册,第2547页。
③ 《美使照请派员赴万国律司会希届期派员赴会并希声复由》(光绪二十九年十一月四日),(台北)"中研院"近代史研究所档案馆藏总理衙门档案,01-27-002-01-009。
④ 《为业悉派员赴奥京农务会各节希俟会友论说全书印就即购寄送部事》(光绪三十三年六月十八日批文),《晚清国际会议档案》第6册,第3334页。
⑤ 《附件:为派员赴美京刑律及监狱改良会并调查一切事奏折》(宣统二年二月十一日),《晚清国际会议档案》第10册,第5426页。

1911年，驻英公使刘玉麟认为，"我国正在厘定乐章,乘次机会派员来研究万国音律,以资采择"，于是提请外务部派员参加英国伦敦万国音乐研究会。① 不过，这并不意味此一时期清政府参加万国公会完全没有联络邦交的考虑，而是这种本属于外交活动的参会行为往往与清政府的内政改革形成一种良性互动。换言之，外交与内政愈发融为一体，不可两分。通过积极参会推动内部革新与"文明化"进程，从而让清政府在国际社会更好展现新形象并维护权益。

四、参会之局限与时人之反思

毋庸置疑的是，清政府参与万国公会的历程无可避免地受历史局限的制约。就政治性万国公会而言，国家力量的衰弱无疑是其中的关键因素。就专业性万国公会而言，其本身大多是由西方国家民间团体发起，后来才逐渐转由政府主导，而中国则完全由政府负责，缺乏民间力量的参与。例如，万国监狱大会始由英国、美国等国民间监狱改良协会发起，而中国直到第八届万国监狱大会前夕，才成立了协助政府改良监狱事宜的监狱协会组织。② 这里着重从人才匮乏的角度，谈谈其对清政府参会的影响。

早在1885年，许景澄在参加罗马养生防病公会时，便注意到各国参与万国公会的人员一般分为两类：一类为"考究学问,与议者为专门之人"，一类为"讲求治理,与议者为出使之人"。"专门之人，应查核历次公会旧案，与近来精进学问、成效方术，比较以定

---

① 《本年五月伦敦开万国音乐研究会英政府照请派员来英研究由》（宣统三年二月二十六日），（台北）"中研院"近代史研究所档案馆藏总理衙门档案，01-27-007-01-031。
② 《监狱协会举定会长》，《申报》1910年8月10日，第4版。

留存增减。出使之人,应考核查禁防救各章程,与通商行船各章程比较、拟议、约稿,呈请各国国家核办"。① 换言之,前者注重从理论上推进学理之研究,后者注重从实践上落实政策之施行,两者缺一不可。但是,在清政府实际派员参加的141例万国公会中,明确得知有专业人员参与的万国公会只有35例,仅占参会总数的近四分之一。相较于其他国家,多"出使之人"而少"专门之人"的清政府,在参加各类万国公会时不免相形见绌,参会效果也大打折扣。各种专门议题的万国公会,本身与西方自近代以来分科设学培养人才的模式密不可分,对于与会人员的专业性要求极高。虽然清末已经开始废科举,兴办新式学堂,但人才的成长并非一蹴而就。例如,1905年参加奥国第二届考求花草学问总会的驻奥使馆参赞程福庆曾对此总结:"所惜我此时农务虽设学尚无成才,倘此后有农务毕业之员入会观摩,获益当匪浅鲜。"②这里的"虽设学尚无成才"不仅是针对农学一科,而是对整个晚清时期中国参与各万国公会人才匮乏的真实写照。

就清政府参与万国公会的重要目标——成为被列强接受的"文明国家"一员而言,可以说其并未实现。其中,最让晚清时人感受到"屈辱和愤怒"的是参加1907年举行的荷兰海牙第二次保和会。一方面,中国政府派遣保和会专使大臣陆征祥,驻荷大臣钱恂,洋员福士达,军务议员丁士源,副议员张庆桐、赵诒璹,参赞施绍常、陈箓、王广圻等人组成的庞大代表团参会。可以说,这是近代中国第一次就参加重要政治性万国公会派遣专门使团。另一方面,在第一次保和会结束后、第二次保和会开始前,就常设公断法院(Permanent Arbitration Court)公断议员的人数问题,中国政府按

---

① 《养生公会告白》,《许景澄集》第1册,浙江古籍出版社2015年版,第77页。
② 《为派法文翻译程福庆等赴奥京考究花草学问总会并呈报会中情形事》(光绪三十一年六月初十日),《晚清国际会议档案》第5册,第2516—2517页。

照头等国的标准缴纳会费,认摊25股,成为当时公断法院十个头等国之一。① 但在第二次保和会期间,意大利和美国提请另设新的公断法院,主张新法院常驻公断员额只有17名,其中原本的八个头等国英、美、德、法、俄、奥、意、日本可以独任,各占一个名额;剩下9个名额由其他国家共任,有十年、四年、二年、一年之别。原本是头等的中国,被列强"以法律不备为词",强行降至共任中仅四年的三等地位,甚至次于同样被头等除名,但仍有十年共任期居于二等地位的土耳其。② 为此,中国代表钱恂痛陈万国公会弱肉强食的本质:"至于万国捕获审判所一约,附列派员任期表,又指明英、德、法、美、义、奥、日、俄为八大国,其余皆目为小国可知矣。夫国无大小强弱焉耳,强弱之别,视其国之政教、法律、海陆军各大端之完缺如何。在会中列表比较,固无可遁饰,故无论何国,一预公会,即不啻自表其国之列于何等。而彼数大国者又不免恃其权力之大,借法律以制人而自便。"③1911年,时人朱全璨在社会讲演中更是强调:"虽有万国公会,人家也看你强弱下评议,不见高丽、台湾么?不见安南、印度么?国亡家灭,人作马牛。言到残酷灭种之惨,真令人哽咽,鼻酸啜泣,莫可如何之叹。"④受国力孱弱的制约,中国很难通过参与到以列强为中心的万国公会,真正以平等身份进入国际大家庭。

其实早在第二次保和会开始一年前,就已经有人对万国公会

---

① 公断法院十个头等国分别为德、奥、美、法、英、意、俄、土、日本和中国。见《咨报仲裁裁判所摊款由》(光绪三十四年三月二十五日),(台北)"中研院"近代史研究所档案馆藏档案,02-21-004-02-006。
② 《请奏定公断员常驻事会年限及早筹办法律由》(光绪三十三年七月十二日),(台北)"中研院"近代史研究所档案馆藏档案,02-21-002-03-033。
③ 钱恂:《奏报保和会会议情形折》(光绪三十三年),《近代中国对西方及列强认识资料汇编》第5辑第1分册,(台北)"中研院"近代史研究所1990年版,第374页。
④ 朱全璨:《大杨家讲演》(1911年3月13、14日),李日等编:《朱全璨社会教育讲演集》,人民出版社2014年版,第17页。

提出批评。例如,一篇刊登在清末《外交报》上的文章,作者首先对所谓的"万国公会"发起质疑:"天下者天下人之天下也。然今日则不啻为白种人所独有之天下,使有白种多数之国集为一会,即可名为万国公会;使其会中有多数之人主持一议,即可名为天下公议,而其独抱之主义,则不过以利己为全会之标准。故其所谓保全和平者,保全此数国之和平也,非保全他人之国之和平也。非惟不加保全,且将以人之不和平为己之和平也。所谓谋进幸福者,谋进此数国之幸福也,非谋进他人之国之幸福也。非惟不为谋进,且将以人之非幸福为己之幸福也。"在作者看来,万国公会徒有虚名,只不过是列强在国际舞台推行强权政治的工具。但另一方面,即使万国公会有这样或那样的缺点,作者也不得不承认入会胜于不入会:"犹忆西人当同治年间开万国公法会时,会遣使告我,其时朝臣无以为意者,惟郭筠先侍郎颇主入会,某邸诘之,则对曰:'入会则可不亡国。'朝议乃大哗,目为病狂,侍郎由是不能安于其位。由今观之,入会而可不亡国,侍郎所蕲未必然也,然入会则必胜于不入会矣。"最后,作者进一步指出:"今者形见势绌,又非昔时。即入会,亦将见拒,且无国力以盾其后,入会亦无所用之。为今之计,惟有速行豫备立宪,必使数年之内国会即成,而其他职官之制,理财之法亦不能不从速制定,以为立宪之基础,而尤要在使外国望我乎?宗旨已定,有可兴之机,而后其瓜分之念可以暂已。及其后,我国新政已立定,然后求升进于万国公会而不难。"①强调只有迅速推进预备立宪,增强国力,中国才能避免被瓜分的命运,真正以平等身份进入万国公会。

总之,时人在批判万国公会虚伪与弱肉强食本质的同时,却又不得不顺应"世界大同"的潮流参与其中,并希望藉由加入万国公

---

① 《论第十四次国际议会会议》,《外交报》1906年第29期。

会推进内部革新,树立"文明"新形象,从而维护国家权益。这种矛盾状态,恰是近代中国进入国际大家庭复杂且曲折历程的真实写照。就此而言,通过万国公会的视角,无疑能帮助我们进一步重审近代中国走向世界的复杂曲折历程。

条约研究会与北洋修约外交

摘要：民国北京政府末期推动与列强的修约外交，取得了相当的成就，这与以顾维钧为首的条约研究会的努力谋划是分不开的。条约研究会继承清末以来的外交专业化发展趋势，网罗了大批专业外交官，致力于研究到期修约相关问题，并分享乃至于承担了修约外交决策权。条约研究会的档案对于北洋时期外交制度史、近现代中外条约关系史、近代中国外交思想史的研究均有裨益。

关键词：条约研究会，顾维钧，修约外交

作者简介：吴文浩，武汉大学历史学院副教授

在近代以来的中国外交史上，民国北京政府时期的外交部因实际承担了外交决策的职责，具有特殊地位。近代中国中央政府层面主管外交的机构，始于1861年成立的总理衙门。不过总理衙门不是专职外交机构，与洋务相关的各类事宜多少都在其职权范围之内，权力范围很大，但又只是一临时性、协调性机构，对很多外交事务不享有决策权，遑论在很长时间内北洋大臣李鸿章才是中国主持对外交涉的主要官员。根据《辛丑条约》的规定，总理衙门于1901年改组为外务部，位居各部之首，且有了专职人员，但其他方面变化不大。民国北京政府成立后，陆征祥负责主持新设立的外交部，担任外交总长一职，对外交部与驻外使领的关系、地方外事权力等进

行了清理,基本实现了外交部组织的现代化。根据1912年《中华民国临时约法》规定,总统享有外交权,但要接受国会的监督,有关外交的命令须得到外交总长的副署才能生效。1924年《中华民国约法》的相关规定亦与《中华民国临时约法》相似。1914年《中华民国约法》、1924年《中华民国临时政府制》、1927年《军政府组织令》规定由国家元首(大总统、临时执政、大元帅)独掌外交权,但实行的时期都很短。在实际运作中,外交部掌握了外交决策的权力。这是因为袁世凯死后,皖系、直系、奉系相互之间及派系内部长期、频繁的斗争,使得北京政府更迭频繁,长期处于不稳定的状态,财政方面更是仰仗于列强控制的海关"关余",因此历届北京政府均需要得到列强的正式承认或者默认;而段祺瑞、曹锟、吴佩孚、张作霖等军事强人缺乏外交经验,虽然有自己的外交机构或代表与列强联系,但在实际掌握北京政府时,较少干涉外交事务,依靠由专业人士掌控的外交部与列强打交道。得益于这一不正常的政治状态,陆征祥与袁世凯的约定"外交部应归总长指挥,别人不得干涉"维持了下来,①外交部不仅具有人事上的独立性,还获得了外交决策权,致力于通过外交途径维护国家利益,收回国家主权。

民国北京政府外交部的组织除通商司、条约司、政务司等之外,还设立了一系列任务编组性的临时机构,如俄事委员会、条约研究会、和约研究会等。其中条约研究会更是在北京政府处于总统和国会均不复存在的混乱状态下,承担了外交决策的重大责任,"成为当时实质上主持'修约外交'的外交决策机制"。②

---

① 张宪文、张玉法主编,马振犊、唐启华、蒋耘:《中华民国专题史》第三卷《北京政府时期的政治与外交》,南京大学出版社2015年版,第86页。
② 唐启华:《北京政府末期"修约外交"决策机制刍议(1925—1928)》,中国社会科学院近代史研究所编:《中华民国史研究三十年(1972—2002)》上卷,社会科学文献出版社2002年版,第37页。

一、条约研究会的职责

自签订《南京条约》之后，清政府对条约的认知与观念，经历了从"要盟不信"到"以为信据"、从"怀柔远人"到"以求两益"、从"未便参阅"国际法到"奉为圭臬"、从"一劳永逸"的所谓"万年和约"到"预筹修约"的转变。① 20 世纪初年，清政府与英、美、日等国进行了修订商约的交涉，并注重改革内政，研究条约，以为修约创造条件。民国政府延续了清末以来的思路与政策，利用各种机会，订立平等新约，先后在巴黎和会与华盛顿会议上，公开向列强提出了取消不平等条约束缚、恢复中国国家完整主权的请求，然而未得到列强的切实、积极回应。"五卅惨案"前后，国内兴起了反对不平等条约的运动，如国共合作，提出废除不平等条约，使废约成为国民革命运动的重要旗帜。当时的北京政府虽然已经极度虚弱，但却以民意为后盾，在外交方面进行了出色的工作，于 1925 年 6 月 24 日向列强提出了修约照会，要求列强满足中方的修约要求。列强经过磋商，终于同意考虑中方的诉求，召集关税会议与调查治外法权委员会会议，以寻求解决关税与法权问题的办法。然而，中国仍然没能通过这两次多边外交途径实现目标，于是自 1926 年 2 月起，北京政府决定转而采取与各国分别进行双边交涉的路径，实行"到期修约"的方针，以国际法上情势变迁原则为依据，根据条约到期修订的先后顺序，分别向各国提出修约要求。当时与中国订立有不平等条约的有十余个国家，其中部分条约到期情况如下表：

---

① 李育民：《晚清时期条约关系观念的演变》，《历史研究》2013 年第 5 期。

表 1　中外旧约到期改订情况

国别	旧约缔结日期	旧约互换批准日期	旧约届满日期	修约依据条款	改订条约的时限要求
法国	1858 年 6 月 27 日	1860 年 10 月 25 日	1932 年 10 月 25 日	《天津条约》第 40 款	1932 年 10 月 25 日以后（仅法国有权提出）
比利时	1886 年 4 月 25 日	1896 年 8 月 7 日	1926 年 8 月 7 日	《越南条约》第 8 款、《越南边界通商章程》第 18 款	1926 年 2 月 8 日前
比利时	1865 年 11 月 2 日	1866 年 10 月 27 日	1926 年 10 月 27 日	《通商条约》第 46 款	1926 年 4 月 27 日前（仅比利时有权提出）
日本	1896 年 7 月 21 日	1896 年 10 月 20 日	1926 年 10 月 20 日	《通商行船条约》第 26 款	1926 年 10 月 21 日后的 6 个月内
西班牙	1864 年 10 月 10 日	1867 年 5 月 10 日	1927 年 5 月 10 日	《和好贸易条约》第 23 款	1926 年 11 月 10 日前
秘鲁	1874 年 6 月 26 日	1875 年 8 月 7 日	1935 年 8 月 7 日	《通商条约》第 18 款	1928 年 2 月 7 日前
葡萄牙	1887 年 12 月 1 日	1888 年 4 月 28 日	1928 年 4 月 28 日	《和好通商条约》第 46 款	1928 年 4 月 29 日后 6 个月内（仅限税率及通商条款）

（续表）

国别	旧约缔结日期	旧约互换批准日期	旧约届满日期	修约依据条款	改订条约的时限要求
意大利	1866年10月26日	1867年11月12日	1928年6月底	《通商条约》第26款	1928年7月1日后6个月内（仅限税率及通商条款）
丹麦	1863年7月13日	1864年7月29日	1928年6月底	《天津条约》第26款	1928年7月1日后6个月内（仅限税率及通商条款）
瑞典	1908年7月2日	1909年6月14日	1929年6月14日	《通商条约》第15条	1929年6月15日后6个月内
巴西	1881年10月3日	1882年6月3日	1932年6月3日	《和好通商条约》第16款	1931年12月3日前
美国	1903年10月8日	1904年1月13日	1934年1月13日	《通商行船续订条约》第17款	1934年1月12日前
英国	1902年9月5日	1903年7月28日	1933年7月28日	《续议通商行船条约》第15款	1934年7月29日后6个月内（仅限税则）
荷兰	1863年10月6日	1865年7月26日		《天津条约》"另款"	"凡各国税则届重修约年份，和国亦可与曾经换约各国一体办理，不必另立年限"

资料来源：《分割1》，《日支通商条约改订一件》（第二卷），アジア歴史資料センター，外務省外交史料館蔵，レファレンスコード：B07080001300；《中国与各国所订商约届满年份表》（1942年11月5日），(台北)"国史馆"藏档案，020-990600-0004。

因此,北京政府外交部自1926年底起,与比利时、西班牙、日本、法国等国分别就修订不平等旧约问题展开磋商,并废除了与比利时、西班牙的旧约,在近现代中外关系史上留下了浓墨重彩的一笔。

在到期修约的一系列行动背后,起到谋划、决策作用的是条约研究会。为了更好推动修约外交,时任北京政府国务院总理兼外交总长、摄行大总统职权的著名外交家顾维钧认为,取消不平等条约对中国主权的束缚,是中国举国一致的愿望与要求,"惟国民方面与政府主张虽属一致,而进行不必同途,在国民不妨极鼓吹之能事,而政府则必求事实之可行,与其以废约为名,或反引列强之协以谋我,不如从根本改订条约之事实,将旧约之有损国权者,逐一修改,尤为切实易行,泯去痕迹"。[①] 为了能实现"事实之可行",顾维钧决定设立条约研究会,"专为研究现行条约及筹议改订新约各事项,并将改定章程,以部令公布,用策进行"。[②] 条约研究会虽名为研究会,但由于主持其事者为北洋时期最杰出的外交家顾维钧,且顾氏在此期间长期担任外交总长,参会人员也囊括了这一时期北京政府大多数外交精英,又由条约司长钱泰担任事务主任,讨论所得即交外交部执行,故实际上分享甚至可以说承担了修约决策的重担。

1926年11月9日,条约研究会于外交部大楼开成立会议,除了因政局剧变,曾两次各休会一两个月外,大部分时间保持了一周一次会议的频率。

条约研究会处理的第一个重大问题,是如何应对废除中比旧约的后续事宜。1926年11月6日,北京政府以大总统令宣布废止

[①] 《顾维钧致吴佩孚密电稿》(1926年10月16日),胡震亚选辑:《吴佩孚与顾维钧往来函电(1923年8月—1927年4月)》,《民国档案》2009年第4期,第31页。

[②] 《条约研究会第一次会议》,《大公报》1926年11月10日,第2版。

中比旧约，并欲从速订立以平等及互相尊重领土主权为基础的新约。① 废止中比旧约在中国近代外交史上具有里程碑意义，"是中国政府第一次在面对另一缔约国公开、正式反对的情况下宣布彻底废除旧的不平等条约"，表明中国政府"决心行动起来"，彻底摆脱不平等条约的束缚。② 颜惠庆称赞北京政府"终止得正是时候"。③ 连正在领导北伐的蒋介石都称赞"顾博士做的对，废除这一条约只是即将来到的其他事件的先声"。④ 在发布大总统令的同一日，北京政府发表公开宣言，声明："自近百年来，中国受压迫而订立不平等条约，于中外人民之间造成歧异不同之待遇，至今日实为对于各国种种不满及轇轕之原因。"指出不平等条约不符合《国际联盟盟约》及洛迦诺会议的精神，宣布北京政府将努力改订现行各条约，订立平等新约。⑤ 这份宣言反复强调不平等条约的概念，"是中国在国家实践中首次使用不平等条约概念，在世界范围内也是破天荒的第一次"。⑥

比利时政府迅速做出回应，收回了有关与其他国家在法权问题上采取同一立场的声明，决定向海牙常设国际法院（Permanent Court of International Justice，当时中文亦常称之为国际法庭）提起诉讼，要求常设国际法院对条约第46条进行解释，还希望中国能

---

① 《抄送终止中比条约之大总统指令照会》（1926年11月6日），《外交公报》第64期，1926年10月，"条约"第41—43页；中国社会科学院近代史研究所译：《顾维钧回忆录》第一分册，中华书局2013年版，第340页。

② 中国社会科学院近代史研究所译：《顾维钧回忆录》第一分册，第340页。

③ 上海市档案馆译：《颜惠庆日记》第二卷（1921—1936），1926年11月6日，中国档案出版社1995年版，第382页。

④ 《蒋介石之内政外交谈》，《时报》1926年11月24日，第2版；《西报载粤蒋谈话》，《大公报》1926年11月30日，第6版。

⑤ 《中国政府宣言》（1926年11月6日），《外交公报》第64期，1926年10月，"条约"第41—43页。

⑥ 张建华：《晚清中国人的国际法知识与国家平等观念——中国不平等条约概念的起源研究》，北京大学历史学系博士学位论文，2003年，第118页。

一起向该法院提起公断请求;在该法院裁决结果出炉前,比利时坚持只有其本国有权提议修约,拒绝承认中国政府的废约权。① 面对这一情况,条约研究会在11月9日的成立大会上,就是否接受常设国际法院的判决,还是以该问题属于政治问题而非单纯法律问题,转而向国际联盟大会提出,进行讨论;在后续的会议中,还就是否应诉、过渡时期对待比利时侨民及利益的办法等问题,进行过多次讨论,讨论结果均交由外交部执行。

条约研究会还深入讨论了中日、中西、中法等条约涉及的诸多问题,揭示了北京政府修约所面临的困境。以中法修约问题的讨论为例,1927年3月10日,条约研究会第17次常会讨论条约司所拟《中法边界通商条约草案》。该草案第2条为通商口岸及法国领事待遇问题,刁作谦认为既然旧约作废,则中国有权禁止法国人及法属殖民地人到原通商口岸通商,如果法国要求继续通商的话,中国"自可要求取消该处领事裁判权,以为交换条件",顾维钧及钱泰认为法国在华治外法权系基于1858年中法《天津条约》,因此应暂时不在草案中提及法权问题。王宠惠基本赞成刁作谦的意见,而罗文干则认为将通商与法权问题联系起来,"事实上恐多阻碍,因滇粤桂三省人民借道越南前往国内其他各处,及国内其他各处人民借道越南前往滇粤桂三省者,无岁正不知凡几,若取积极办法,于我亦多不利",因此他和顾维钧都倾向于在与法国协商解决法权问题之前,维持该地区法国领事的待遇,不取消其治外法权。王宠惠与刁作谦还是倾向于在交涉中讨论治外法权在三省的存废

---

① 《附比华使备忘录译文》(1926年11月6日),《外交公报》第69期,1927年3月,"条约"第6页;《附比华使照会译文》(1926年11月10日),《外交公报》第69期,1927年3月,"条约"第6—7页;《王景岐致外交部》(1926年11月10日),王建朗总主编,张丽分卷主编:《中华民国时期外交文献汇编(1911—1949)》第三卷下册,中华书局2015年版,第962页。

问题,刁氏还以为"目下正在改订新约有机可乘之时,最好不妨设法一试,将领事裁判权予以取消,庶可藉此得国内一般舆论之好感",但罗文干及钱泰担心影响在越侨民利益,而且法国可能反过来要求内地杂居的权利。①

这次会议的讨论充分显现了中方在中法交涉中陷入困境的原因。越南华侨有六七十万人,享有部分与西方人不同的权利,如在诉讼上,因中、越习俗相近,故与越南人同等看待。在土地所有权、内河航行权、投标、渔业等方面,华侨亦与越南人享有同等权益。②华侨希望能继续维持原有权利,同时取消法属印度支那政府在税收等方面的歧视性待遇。如果贸然断绝与法属越南的关系,将严重冲击华侨利益。在中法交涉中,"最感困难者,为彼方实有所挟制而无恐,盖我若拒绝订约,于彼方毫无损失,反是我国侨民即首受影响"。尽管旧约中有关华侨待遇的规定并未在越南落实,但法国草案却只同意废除旧约,没有明确保障华侨利益,"在旧约既废、新约未成时期以内,华侨不将完全失其保障耶"。③

法国不担心谈判破裂后旧约作废,中方反而不敢贸然废约:"我若与法国取同一毅然决然之态度,则侨民、货物将两受影响,至于法国至多不过不能继续享有减税权利,盖此事彼实有恃无恐,而我则毫无对付之方也。……我若取毅然决然态度,则在印度支那之侨民、货物将两失其保障,法国对于我国旅居印度支那之侨民及运往该处之货物将更订立种种苛刻之条件。"废除中法《越南边界通商章程》对中国是弊多利少。同时顾维钧等人也担心云南省地

---

① 《条约研究会第十七次常会会议录》(1927年3月10日),(台北)"国史馆"藏档案,020－990600－0127。
② 《条约研究会第十九次常会会议录》(1927年3月24日),(台北)"国史馆"藏档案,020－990600－0129。
③ 《条约研究会第二十一次常会会议录》(1927年4月14日),(台北)"国史馆"藏档案,020－990600－0129。

方政府不会与北京政府采取同样的政策。王荫泰批评高唱废除旧约舆论的华侨,根本不了解废约后华侨将首当其冲:"中法条约我国所处地位正与中比条约比国所处地位成一正比例,去年比国态度初时非不异常强硬,然卒因本国侨民利害关系,终归屈服。"①如果无法达成中方所希望的新约,贸然取消旧约,"适所以害己利人",而中方唯一可以反制的手段,"不过取消边关减税办法,至多仅能使法人每年受数万元之损失已耳",因此中方宁愿一再延长旧约效力,以免"我国侨民将益失其依赖,于我殊为不利"。②

对于中国在中法修约交涉中的作为,唐启华有深刻分析:"中外旧约并非全属'不平等条约',废止旧约对中国不一定有利。中法修约与中比修约正好相反,北京可藉比国侨民在华利益对比利时施压,迫使比国让步;但华侨在印支利益巨大,北京政府全无筹码迫使法国让步。加以比利时兵力不强,法国则大可对华强硬,致使北京政府对待两国态度,差距颇大。"③条约研究会的讨论充分体现了这一点。北洋修约外交中的退让、妥协非可单纯归咎于弱国外交之软弱无能,实有对国家及民众利益的深切筹谋。

条约研究会还花费很多精力研究、讨论条约中的治外法权、关税协定权、内河航行权、最惠国待遇等具体特权。以治外法权问题为例,王宠惠与罗文干应顾维钧的要求,合作起草了一份有关治外法权的说帖,供条约研究会讨论。该说帖首先说明了废除治外法权的必要性,"外国领事裁判权行于国内,与国家不能相容",日本、暹罗、土耳其、阿富汗等国也先后废除了治外法权,"独我以亚

---

① 《条约研究会第二十八次常会会议录》(1927年7月19日),(台北)"国史馆"藏档案,020-990600-0131。
② 《条约研究会第三十一次常会会议录》(1927年8月26日),(台北)"国史馆"藏档案,020-990600-0131。
③ 唐启华:《被"废除不平等条约"遮蔽的北洋修约史(1912—1928)》,社会科学文献出版社2010年版,第429—430页。

洲最大之邦,依然有领事裁判权之存在,致贻半主权国之诮,可耻实甚",接着分析了交涉方法、让与的利益、解决步骤等问题。交涉方法有集体交涉或分别交涉两种,"与各国同时和议",如列强接受中国的要求,"可免分别交涉之烦",能较快地解决法权问题,但由于各国意见并不完全一致,"甲国认某项条件下可以放弃其领事裁判权,乙国或犹以为未足,互相牵制,交涉上不免发生困难";"分国单独交涉",是外交部对比、法、日等国采取的方针,"果能因应得宜,可免各国协以谋我之弊"。这两种方法均有成功的先例,前者如土耳其,后者如日本,"该二国交涉之方法不同,而结果均能达收回法权之目的,我国究以采用何种方法为宜,似应观察国际情形,随宜应付,免贻刻舟胶柱之讥"。在列强放弃治外法权的交换条件问题上,"于情于势",中国都需要在"关系国在中国各处得依照国(籍)〔际〕普通习惯及公平之标准,以享受居住与通商之自由及私法之权利"等问题上做出让步,主要的即土地所有权及内地杂居权。在土地所有权问题上,从一般原则而言,经济发达国家自可准许外人该项权利,对于经济落后国家,准许该项权利将使"土地尽入外人之手,喧宾夺主,为害不可胜言"。就实际情形而言,日本将趁机在中国东北及西北攫取大片土地,而且日本在废除治外法权时并未给予外国人土地所有权,所以"吾国此时不能允许外人享有似不待言"。内地杂居,一方面可以促进中国经济的发展,另一方面也可能会压迫较为孱弱的中国民族经济的发展,"欲获其利益而减少其弊害,则外人欲在内地杂居,在势虽难固拒",但应将内地杂居的区域限制在沿海、沿江及铁路沿线等交通便利的城镇,并同时要求废除租界、铁路附属地及使馆界,禁止外人在内河的航行权。解决法权问题的步骤方面,有三种方法:一是"分区逐渐收回",先收回外国人较多的通商繁盛地区的管辖权,然后逐渐收回内地的管辖权;二是"分事项逐渐收回",即不分地区,先收回某类案件管辖权,后收回其他种类案件的管辖权;三是"附条件收回",即"商定应履行之条件,俟该条件实施后即将领事裁判权及其他一切治外法权全部撤销,并无分区分期之限制",日本采取的就是这种做法,"除附期限外,于法院审判案件并不附他项条件,吾国似当仿照办理"。① 条约研究会对这份说帖进行了详细的讨论,确定了北京政府末期处理法权问题的基本政策。②

二、条约研究会的人员与经费

条约研究会由顾维钧自任会长,成员包括王宠惠副会长,罗文干、王荫泰、刁作谦、戴陈霖、刘崇杰、王继曾等会员,外交部条约司司长钱泰担任事务主任,后续还聘请了张东荪、严鹤龄、汤尔和、胡惟德等人担任顾问或高级顾问。自1926年11月18日,至1928年5月3日,条约研究会共举行了48次常会,基本均由顾维钧主持。

1927年4月7日,因与张作霖的安国军外交处在接收天津英租界及搜查苏联驻华大使馆问题上发生冲突,顾维钧内阁总辞,但被张作霖慰留。6月16日,顾维钧正式辞职,外交总长一职由次长王荫泰代理。北京政府随即改组成以张作霖为大元帅的军政府,由潘复任总理,王荫泰任外交总长,安国军外交处处长吴晋任外交次长。顾维钧虽留在北京,但未在军政府中任实职。条约研究会受此次政府大改组的冲击,自6月10日第27次会议后,休会一个半月,至7月29日才重新开会。条约研究会也就此改组,顾

---

① 《王宠惠罗文干函送领事裁判权说帖》(具体时间不详),(台北)"国史馆"藏档案,"领事裁判权问题(一)",020-990600-2325。
② 参见吴文浩《中外法权交涉中的内地开放问题(1919—1931)》,《近代史研究》2023年第5期。

维钧继续担任条约研究会会长,由王荫泰接替南下的王宠惠任副会长,并加入了吴晋、内务总长沈瑞麟、司法总长姚震等人。1927年底,因王荫泰坚辞外交总长一职,条约研究会再次休会近三个月,在确定由罗文干担任外交总长后才复会。在这期间,顾维钧的地位似乎受到冲击,北京政坛有以唐绍仪、孙宝琦、颜惠庆等人主持条约研究会的言论,[①]但终究还是由顾维钧继续主持其事。

条约研究会副会长王宠惠,是耶鲁大学法学博士,曾任民国南京临时政府外交总长,北京政府大理院院长、司法总长、国务总理等要职,还曾担任修订法律馆总裁、司法官惩戒委员会委员长、海牙国际法院候补法官,代表中国参加过华盛顿会议、调查治外法权委员会会议,是民国时期外交界、法律界的重要人物,对治外法权问题有较深入研究。

顾维钧之外,短暂主持过条约研究会的是王荫泰。王荫泰,毕业于德国柏林大学法科,曾任张作霖顾问、外交次长,后来担任外交总长。1927年8月26日第31次常会,至1927年10月14日第35次常会,因顾维钧辞职离京或为其他事务缠身,由王荫泰主持条约研究会的讨论。

罗文干,曾在牛津大学学习法律,担任过北京政府检察总长、修订法律馆副总裁、大理院副院长、司法次长、财政总长、司法总长等职,是北京政府末任外交总长,同样属于法律界重要人物,对治外法权问题有较深入研究。

沈瑞麟,清末举人,历任驻比利时使馆随员、驻德使馆二等参赞、驻奥匈公使,1922年后长期担任外交次长,后出任外交总长、内务总长。

姚震,曾留学日本,历任清政府大理院推事、安福国会议员、法

---

① 《颜惠庆日记》第二卷(1921—1936),1928年1月14日,第397页。

制院院长、司法部总长、大理院院长等职。

吴晋,曾留学法国,担任过巴黎和会中国代表团秘书、安国军总司令部外交处长、外交次长兼情报局局长等职。

以上诸人均属于北京政府的高级官员,外交系统中层参与条约研究会的则有刁作谦、戴陈霖、刘崇杰、王继曾、钱泰、严鹤龄等人,他们大都有过驻外公使或者参加华盛顿会议的经历。

刁作谦,剑桥大学法学博士,历任驻英使馆一等秘书、参赞,外交部秘书、参事,外交官典试委员、驻古巴公使等,华盛顿会议时任中国代表团秘书长。

戴陈霖,早年就学于上海广方言馆、北京同文馆,后历任驻法使馆翻译、二等书记官、驻西班牙及葡萄牙使馆代办、外交部参事、驻西班牙兼驻葡萄牙公使,及驻瑞典兼挪威、丹麦公使等职。

刘崇杰,毕业于早稻田大学,曾任驻日公使馆参赞、驻横滨领事、国务院参议、外交部参事、驻西班牙公使等职。

王继曾,毕业于巴黎政法大学,曾任外务部主事、外交部佥事、政务司司长、驻墨西哥公使等职。

钱泰,巴黎大学法学博士,历任北京政府战时国际事务委员会委员、外交部参事、华盛顿会议中国代表团专门委员等职,1921—1928年之后一直担任外交部条约司司长,深受顾维钧信任。

严鹤龄,哥伦比亚大学哲学博士,历任外交部秘书、参事、巴黎和会中国代表团专门委员、华盛顿会议中国代表团顾问、农商次长等职。

就求学及工作经历而言,参与条约研究会的人员均有较为丰富的外交经验或法律素养,能够在修约问题上发挥所长。此外,条约研究会在讨论某专项问题时,还会邀请相关人员参加,发表意见。

北洋末期政务费用依赖关余及以关税等作担保之债务。北京政府国务会议通过的条约研究会经费是每个月3 000元,但实际上是每个月由关余项下支付2 000元。1927年3月10日,外交部向国务会议提出追加条约研究会经费至8 000元,统由关税项下拨付,以满足条约研究会延聘人员、对外接洽等方面的开支。3月16日,国务会议决定由关余项下拨付7 000元,但财政部实际拨付者仍只有2 000元。7月19日,国务会议决定每月拨付3 500元,另外3 500元借给外交部支付使领馆经费。后来,因总税务司对增加拨付经费的截止时间有不同理解,致使条约研究会的经费收入一度出现问题。经费支出方面,很大一部分是支付给委员、顾问等人的车马费、津贴,大体是150元、300元不等。

从条约研究会的人员构成及经费支出情况,似可窥见顾维钧与所谓"外交系"其他人物的关系。

外交系并非一个具有明确组织、固定成员、共同利益与政治目标的政治派系,而是指巴黎和会之后,在北京政府内具有相当声望的一批出身于外交官的政府高官,主要包括颜惠庆、顾维钧、王宠惠、王正廷等人。

条约研究会公布的副会长为颜惠庆,但颜惠庆并未参与研究会的活动。在顾维钧准备组织条约研究会时,就向颜惠庆发出担任副会长的邀请,颜惠庆"借口自己要出国而婉辞了",[1]似是因颜惠庆当时对顾维钧颇有意见,因此即便北京政府公布颜惠庆为副会长,他也没有参加条约研究会的会议。

颜惠庆拒绝担任副会长后,顾维钧请王宠惠担任条约研究会副会长,王宠惠也确实提供了诸多重要意见。南京国民政府成立后,北京政府外交部官员投效南方者日众,其中最重要的人物就是王宠惠。王宠惠于1927年4月脱离了北京政府,南下出任南京国

---

[1] 《颜惠庆日记》第二卷(1921—1936),1926年10月19日,第378页。

民政府司法部部长,但是直到 1928 年 3 月,条约研究会仍在向王宠惠支付津贴。

王正廷不在条约研究会人员名单之中倒属正常,因他与顾维钧长期不睦,又与冯玉祥关系密切,在张作霖成为北京政府的实际掌控者之后,自然难以在北京政府立足,也就不可能加入条约研究会。

三、条约研究会档案的概况与价值

条约研究会档案现存于中国台北"国史馆",而非保存了较多北洋外交档案的台北"中研院"近代史研究所档案馆,或南京中国第二历史档案馆。这是因为南京国民政府取得全国政权后,继续推行改订新约,需要参考北洋政府的相关资料,故在接收北洋外交档案时,接收委员徐德懋"以条约研究会案卷,有关改订新约计划,将来国府与各国谈判修约时,亦须作为参考",故致电外交部长王正廷,请示是否一并接收该会档案。[①] 王正廷接纳了徐德懋的意见,该批档案被带往南京。随后几经波折,该批档案最终入藏"国史馆",以"前外交部条约研究会"档案的名称,被包括在国民政府档案中。

"国史馆"藏的这批档案共包括四部分,主体是"前外交部条约研究会会议录",共 11 卷,其中 020-990600-0126 卷是条约研究会成立大会至第 6 次常会的会议记录,020-990600-0127 卷是条约研究会第 7—12 次常会的会议记录,020-990600-0128 卷是条约研究会第 13—18 次常会的会议记录,020-990600-0129 卷是条约研究会第 19—23 次常会的会议记录,020-990600-0130

---

① 《条约研究会案卷接收问题》,《新闻报》1928 年 6 月 27 日,第 3 版。

卷是条约研究会第 24—27 次常会的会议记录,020 - 990600 - 0131 卷是条约研究会第 28—31 次常会的会议记录,020 - 990600 - 0132 卷是条约研究会第 32—35 次常会的会议记录,020 - 990600 - 0133 卷是条约研究会第 36—38 次常会的会议记录,020 - 990600 - 0134 卷是条约研究会第 39—42 次常会的会议记录,020 - 990600 - 0135 卷是条约研究会第 43—46 次常会的会议记录,020 - 990600 - 0136 卷是条约研究会第 47—48 次常会的会议记录。另外,020 - 990300 - 0026 卷是"前外交部条约研究会人员任用",收录了该会部分顾问、办事人员的聘用函;020 - 990200 - 0001 卷是"前外交部条约研究会经费",收录了该会月度经费的收入情况,以及支付给部分人员的津贴与夫马费的情况;020 - 990600 - 0137 卷是"前外交部条约研究会开会通知",收录了每次开会通知及会议讨论主题的情况。

笔者管见所及,条约研究会档案的学术价值至少包括以下几方面:

(1) 有助于学界加深对北洋时期外交制度史的研究。通常认为,北洋时期的外交部享有外交决策权,但同时北洋政府成立了诸多临时性的外交方面的委员会、研究会之类的组织,这些组织与外交部的关系呈现怎样的状态呢? 就条约研究会而言,时任外交总长的王荫泰曾声称,关于修约问题的政策与行动,皆取决于条约研究会,而非其个人决断,故条约研究会似可被列入北洋时期的外交决策机构。然而,在少数几次王荫泰缺席的情况下,主持会议的顾维钧也明确表示,当次会议只能交换意见,不便做出决定,则条约研究会似乎又是个偏向于无法独立做决策的机构,其与外交部的关系实态还有待探究。

(2) 有助于学界加深对近现代中外条约关系的研究。条约研究会讨论的范围既包括了如何应对中比、中西、中日、中法、中墨等旧约的修订工作，还涉及对关税、法权、航权、最惠国等问题的认识，特别是其中关于取消治外法权与开放内地等问题的讨论，揭示了中外条约关系对中国社会的深刻与复杂影响。

（3）有助于学界推进近代中国外交思想史的研究。条约研究会做出相关决策时反复讨论的诸问题，如对治外法权与开放内地关系，如对最惠国待遇条款的发展趋势，如对修约与华侨利益的筹谋，等等，均反映了当时的外交精英对相关问题的认识，为推动近代中国外交思想史这一相对薄弱领域的研究，提供了重要的材料。

有关民国前期欧美在华势力的日籍述略[①]

摘要：从民国成立到中日全面战争爆发前，日本强化对华扩张，与欧美抗衡，促使其政、军、商、学等多方考察、调查、研究欧美在华势力，竭力搜集相关信息，积累大量资料，并将其中有些编印成书，其他作为文书档案保存。这类日籍盘点民国前期欧美在华势力所享权利及其地盘，反映它们在华经贸活动及相应地位，叙述包括欧美在华教会及其关联设施、在华欧美报刊和通信社等在内的"文化事业"，内容具体细致，从一个侧面反映当时欧美日在华力量对比及其变化，也显现出日本在对华扩张问题上与欧美比长较短以判断自身强弱、仿效欧美取得优势之方的特点。

关键词：民国前期，欧美在华势力，日籍

作者简介：李少军，武汉大学历史学院教授

近代日本在对华扩张过程中一贯高度关注欧美在华势力，起初是将其作为仿效、参照对象，甲午战争后不断强化对手意识，与之或合作或角逐甚至争战。此间的日籍（包括档案）程度不同但

[①] 拙文系国家社会科学基金重大项目"1912年至1937年间日本驻华使领商务报告整理与研究"（20&ZD236）之阶段性成果。

很广泛地涉及欧美在华势力情况,对于近代中外关系研究颇具史料价值。笔者整理民国前期(1912—1937年)日本驻华使领商务报告等史料,得见一些有关当时欧美在华势力的日籍,在此作一汇报,求教大方。

一、有关民国前期欧美在华势力的日籍之由来

近代有关欧美在华势力的日籍,主要来自三个方面:一是包括驻外使领馆、间谍等在内的日本军政机构,二是各种涉华团体,三是积极厕身日本对华扩张的个人等。这类日籍的数量与内容,在民国前期,亦即日本进入大正期以后,明显多起来。

近代日本军政当局关注欧美在华势力,始于德川幕府末期,此后持续、多方刺探和搜集相关情报,获益甚大,在甲午战争前夕准确判断俄国在远东势力实情及俄、英对中日之争的底牌,即为显例。甲午战争后,日本面对围绕中国的复杂国际关系,依傍英美,先后充当八国联军要角、与沙俄在东北血拼获胜,不仅是基于其对华扩张的国策,也离不开其军政当局对欧美在华利害关系的深入观察与确切把握。民国初年,日本陆军将触角伸进长江中游,趁一战夺占胶州湾,强化对东北、华北的控制,海军在中国沿海及长江大幅提升了地位,而日本领事馆也在东北和华北、长江流域增多。此间日本对华经济扩张,无论是贸易航运,还是资本输出、设厂制造,膨胀之势令欧美惊叹,也使日本大大强化了与欧美比拼之心。由此,日本军政当局毫不放松对欧美在华势力的关注,还凭借更有利的条件,为进一步摸清欧美在华势力的底细下更多功夫。这就决定了民国前期日本军政当局在华机构及人员会加强对欧美势力的情报搜集与调查,同时保持将自身与欧美在华势力比照的一贯

做法,不断增添新的资料。

当时日本军方的机密文件现已无法全面了解,但可得见的在华海陆军发出的情报、报告,与欧美势力相关的内容不少,且不限于军事,也涉及欧美在华所享利权、染指的资源、租借地等的制度与设施、彼此利害关系等。[1] 从19世纪70年代开始充当日本政府搜集中国社会信息主要角色的驻华使领,在民国前期,发回本国的报告数量不断增长:就商务方面说,甲午战争后持续发行的领事商务报告专刊《通商汇纂》,在1913年4月改版为容量更大的《通商公报》,且从1925年1月起又代之以《日刊海外商报》;领事商务报告专书在1912年以前还不多,之后迅速增加。[2] 再从日本外务省编纂的《日本外交文书》来看,进入大正期(1912—1926年)以后,来自驻华使领的文书之多,也是明治时期远不能比的。此外,日本外务省政务局、亚洲局(1927年分出文化事业部)、情报部等,以及农商务省、铁道省等其他政府机构的涉华出版物,在大正期也都增多了。还应特别注意的是,作为近代日本重要工商之区、与中国经贸关系密切的大阪市,当局受到工商业者促动、接受其捐款,于1922年6月设立主要面向中国的调查机构,并在上海设分支机构,派通信嘱托员驻汉口、大连、哈尔滨、香港等地,让大阪市役所的产业部将来自各方的相关资料编纂出版,成为对日本社会提供中国经贸等信息的重镇。[3] 日本政府这些机构的上述资料,有不

---

[1] 如1914—1922年占据胶州湾的日本"青岛守备军",围绕德国势力与胶州湾租借地乃至于山东省的关系,搜集编印了大量资料;在天津的"中国驻屯军",也长期关注欧美势力在华北的动向;1912—1922年间驻扎汉口的日军"华中派遣队"紧盯德国等国在长江流域获取矿物资源,并搜集他国多方面的资料。

[2] 满铁庶务部调查课1928年编印的《日本に於ける支那研究機関》所列外务省通商局的主要涉华出版物,截止1911年12月有3种,其后到1925年有23种。见该书第41页。

[3] 参见满铁庶务部调查课编印《日本に於ける支那研究機関》,第83—84页。

少直接或间接涉及当时欧美在华势力。

在近代日本,东洋协会、东亚同文会、黑龙会等是有名的对华扩张团体,为日本在华与别国争锋,很早就搜集积累资料、进行研究,在明治后期分别开始出版相关书刊。而从更长的时段看,这类书刊在明治期的数量,远不及大正期以后的。日俄战争以后作为日本国策企业成立的满铁,以附属机构相当迅速地展开对中国社会及欧美在华势力的调查和研究,其在清末的相关出版物,所涉空间范围还基本限于东北、蒙古,而进一步扩展到中国关内,大致上是在民国时期。

至于满铁之外的其他在华日商,成为与欧美在华势力相关资料的重要来源,从总体上看也是在民国前期。日商从19世纪60年代陆续来到中国通商口岸,甲午战争后人数日增,但直到清末,除了岸田吟香等个别人及一些政商大贾在华具有一定的搜集情报、影响当局的能力之外,大多还是自求商利且彼此联系相对松散,他们组成有一定规模和能量的商会,是在民初前后。如上海是近代来华日商最早落脚之地,且就在中国一地的日侨人数而言,也一直最多,但直到1892年,日商才在驻上海总领事推动下成立联谊团体。① 甲午战争后,上海有过"日本人俱乐部""实业俱乐部",1906年4月又成立了"日本人协会",但所办事务主要是日侨教育、民团、慈善、墓地等。② 1911年11月,面对辛亥革命浪潮高涨的形势,在上海有实力的日本工商业者成立了"上海日本人实业协会","期于各相关业务之圆满发展","讲求共同一致之利害关系",并得到了驻上海总领事的"相当援助"。③ 至此,在上海的日商才算有了

---

① 《在上海本邦人会合》,载日本大藏省印刷局编《官报》1892年4月20日,第226页。
② 《上海日本人協會二関スル報告》(1907年4月23日驻上海总领事永泷久吉致外务大臣林董)所附《日本人協會報告》,日本アジア歴史資料センター网页编号:B03041037400。以下注释中,同类史料只列编号。
③ 《上海日本人実業協會二関スル件》(1912年5月1日驻上海总领事有吉明致外务大臣内田康哉),B10074117200。

正式商会。① 天津的日商于1902年成立"商谈会",而作为商会的"天津日本人商业会议所"到1908年9月才成立。② 在汉口的日商,清末也只有联谊组织,且三井洋行、横滨正金银行分行等大户还不在其中,作为商会的"汉口日本人实业协会"直到1914年9月才成立,有实力的日商也都加入其中。③ 在中国其他地方,日本商会组织出现,也都是在清末民初。这些商会服务于日商的共同利益,得到他们的资金支持与所在地日本领事馆补贴,与同在一地的欧美商界人士也多有联系,④将搜集和对本国官商提供各种经贸信息乃至编纂出版这类书刊作为重要工作,故十分注意并记录在经贸事务中与日本有直接、间接关系的欧美势力情况,并以其刊物和其他出版物披露出来。这些商会通过实地调查所得的相关信息,往往以原始性与具体性见长。⑤

　　日本自进入大正期到发动全面侵华战争之前,为维护既得权

---

① 该协会在1919年4月改名为"上海日本商业会议所"。见《上海日本人実業協会改称ニ関スル件》(1919年5月9日驻上海总领事有吉明致外务大臣内田康哉),B10074315300。1928年又改名为"上海日本商工会议所"。

② 日本商业会议所联合会:《日本商業會議所之過去及現在》,(东京)日清印刷株式會社,第615页。

③ 《漢口日本人実業協会成立ニ関シ報告ノ件》(1914年9月29日驻汉口总领事濑川浅之进致外务大臣加藤高明),B10074117300。该协会在1920年5月下旬更名为"汉口日本商业会议所",1928年7月下旬又更名为"汉口日本商工会议所"。见《漢口日本商業會議所名義変更ニ関スル件》(1928年7月24日代理驻汉口总领事原田忠一郎致外务大臣田中义一),B08061555300。

④ 从现有资料看,上海、天津、汉口等地,在晚清都有各国联合商会(General Chamber of Commerce),一战爆发后解散,战后恢复(改名为Committer of Foreign Chambers of Commerce),而日商至少在一战后,充当了这种商会的重要成员。参见《外国商業会議所漢口委員成立報告ノ件》(1922年9月18日驻汉口总领事濑川浅之进致外务大臣内田康哉),B10074336700。《上海各國聯合商業會議所年会模様報告ノ件》(1925年3月25日驻上海总领事矢田七太郎致外务大臣币原喜重郎),B10074315300。

⑤ 日本学者饭岛涉撰有《戦前期日本人商業会議所(中国)及び国内主要商業会議所中国関係出版物目録(稿)》(载《参考書誌研究》第42号、1992年11月),所列近代在华日本各商会出版之书,除个别外,出版时间都在民国时期;而日本东京、横滨、京都、大阪、神户、长崎的商会及日本商工会议所的涉华之书,也只有个别的出版于清末。

益,在对华问题上与欧美共进退而彼此又有矛盾争夺,且后者越来越占主导地位。此间,日本从不缺少为对华扩张效力之人,他们与本国军政当局、扩张团体有这样那样的联系,身份各异,明里暗里的行动既沿袭先前的路数,也着眼于膨胀起来的日本之新需要,多方了解欧美在华势力状况(包括其享有的各种权益、各自占据的地盘及其渊源、现实中的动向等),并作有一定深度的探究,有的人还以相关著述在本国产生较大影响。

如佐原笃介,1893年毕业于庆应义塾,1900年来到上海,日俄战争前后多与欧美之人过从并获取情报,后来还加入了英美新闻记者协会。① 他长年从事对华研究,设有佐原研究室。一战爆发后,面对美国在华与日本"形同对立之两种势力",认为"在对华问题上考虑对美关系,现下有极深的意义"。② 于是,他的研究室编写《中国与美国之关系》,叙述近代美国对华政策、举措及其由来,美国对华传教及其他涉华文教活动在中国产生的影响,以及中美经济关系状况。

又如今井嘉幸,1904年毕业于东京大学德法科,1909年受聘为北洋法政学堂教授,民初活动于北洋势力、革命党与云南地方实力派之间。一战爆发不久,他即出版《各国在中国的竞争》一书,概述列强在华权益及相互争夺状况。③ 此外,他因久居设有不少外国租界的天津,围绕欧美势力在华所享权益收集了大量资料,并"踏查外权侵入之实势",撰《中国的外国裁判权与外国行政地域》,探究欧美在华领事裁判权的由来及其运用、外国在租界行使

---

① "对华功劳者传记编纂会"编:《对支回顾録》下,(东京)"对华功劳者传记编纂会"1936年版,第861页。

② 上海佐原研究室编:《支那と米国との関係》所载白岩龙平之《序》,(东京)东方时论社1918年版。

③ 今井嘉幸:《支那に於ける列国の競争》,(东京)富山房1914年版。

行政司法权情况，1915年又出版《中国国际法论》，以此成为日本研究近代欧美在华政治特权的权威学者。①

再如斋藤良卫，1909年7月毕业于东京大学政治学科，②民初曾任驻福州领事，1925年升任外务省通商局长，后还做过满铁的理事。③此人"自进入外务省之后主要从事涉华事务"，公余"从外交方面、经济方面研究"中国问题，"尽其所能收集材料"，不几年就编撰了逾千页的《中国经济条约论》第1卷《通商口岸之性质》，被上司认为"资料极为丰富"，大有助于关注对华问题之人参考，而在1922年力荐印行。其后，斋藤良卫又探讨在华"外国人之权利义务""外国人之企业与投资权""治外法权""领事馆职务制度"，④在1937年11月，将《外国人对华经济活动之法的根据》6卷交外务省通商局印行，以供当局处理"七七事变"后有关问题"参考"。⑤斋藤良卫一直以欧美势力对华关系为主要研究对象，还撰有《中国国际关系概观》（涉及近代欧美日在华势力的形成及一战后的变化等）、⑥《近世东洋外交史序说》（实为从中俄订立《尼布楚条约》到20世纪初的中西关系史，是斋藤良卫为弥补日本文官高

---

① "对华功劳者传记编纂会"编：《统对支回顾录》下卷，（东京）大日本教化图书株式会社1941年版，第750—752页。今井嘉幸：《支那国际法论》第1卷之《序》，（东京）丸善株式会社1915年版。

② 《卒業証書授与》，日本大藏省印刷局编：《官报》1909年7月13日，第276—279页。

③ 《福州金融市况》（驻福州领事斋藤良卫，1916年5月14日），日本大藏省印刷局编：《官报》1916年5月17日，第419页。《总领事斋藤良卫》，《官报》1925年10月14日，第360页。《斎藤良衛願ニ依リ南満洲鉄道株式会社理事ヲ免ス》，《官报》1930年7月3日，第67页。

④ 日本外务省条约局长山川端夫之《序》及斋藤良卫之前言，见《支那経済条約論》第一卷《開市場ノ性質》，日本外务省1922年11月印。

⑤ 见斋藤良卫《外国人ノ对支经济活动ノ法の根拠》第1卷之《自序》，日本外务省通商局1937年11月印。

⑥ 斋藤良卫：《支那国際関係概観》，（东京）国际联盟协会1924年版。

等考试外交科考生的参考书之缺而作)①、《最近中国国际关系》(论说中国国民革命后至"九一八事变"前之涉华国际关系)。②

又如植田捷雄,1928年3月毕业于东京大学政治学科,1930年任教于上海东亚同文书院,研究近代中国外交,认为"中国外交要而言之就是门户开放与势力范围的斗争史",所撰《中国外交史论》围绕这两个方面,回溯相关历史过程,探究列强在华势力范围的由来及其具体内涵。③ 此人感觉欧美在经历了中国反帝运动后,对华"最为顾念的问题之一是'租界问题'",故又出版了《中国租界论》,探讨外国在华设立租界的起源,回顾一战爆发后中国收回租界的经过,论析租界与所在通商口岸的关系,介绍有关租界的各种"法理分类",考察租界行政、司法、战时关系及上海租界、北京公使馆区域、甲午战争后俄日在东北所踞铁路的附属地等问题。④ 他的研究后来还延伸到近代外国在华"政治、经济势力最为集中,洵为对华扩张基地"的租借地问题,只是相关专著出版已到1943年。⑤

二、有关民国前期欧美在华势力的
日籍之大致内涵⑥

(一)欧美在华势力所享权利及其地盘

一战爆发后,日本夺占胶州湾,其军政当局在1915年11月令

---

① 斋藤良卫:《近世東洋外交史序説》之《自序》,(东京)岩松堂书店1927年版。
② 斋藤良卫:《最近支那国際関係》,国际联盟协会1931年版。
③ 植田捷雄:《支那外交史論》之《自序》,(东京)岩松堂书店1933年版。
④ 同上书。一直到日本挑起太平洋战争前,随着日本与英美在华矛盾逐步激化,该书重印、再版、出增补版共有5次。此人在1939年在同一书店出版了《在支列国権益概説》,除了势力范围、租界之外,还涉及近代列强在华领事裁判权、军队及军舰权利、内河航行权,与海关、借款、铁路、矿山、通信相关权利、宗教特权,英国对香港的殖民统治等。
⑤ 植田捷雄:《支那租界論》之《自序》,(东京)日光书院1943年版。
⑥ 此间与欧美在华势力相关的外交、军事、边疆等问题,也有不少日籍涉及,但因涉及面广且甚复杂,加之其中不少今难得见,拙文暂不置论。

驻华机构调查德国在山东乃至其他地方所享利权;[①]到1917年2月,又将此种调查的对象扩展到欧美其他国家。[②] 这意味着日本要对欧美势力在华享有的权利作全面盘点。

1916年11月,日本参谋本部编印了《德奥国在华利权调查》,其中德国部分,涉及租借地、借款、铁道、矿山、内河航行权、通信、应聘者、传教权及传教士、兵器供给、投资银行、在华投资公司、自来水与电车和电灯、驻屯兵力;奥地利部分,则叙述其利权概况、借款。[③] 同时,日本参谋本部还分别编印了《英国在华利权调查》(涉及租借地、不割让地、特别势力范围、借款、铁道、矿山开采权、航行权、通信权、应聘者、兵器供给、传教权与传教士人数、投资银行、投资公司、在华驻屯兵力)、[④]《美国在华利权》(涉及租借地、对华借款、铁道、矿山、航行权、通信权、应聘者、传教权与传教士、兵器供给、投资银行、投资公司、驻屯兵力)、[⑤]《俄法比意在华利权调查》(俄国部分涉及特别势力范围、借款、铁道、矿山、航行权、通信权、伐木权、驻屯兵力;法国部分涉及广州湾租借地、不割让地、借款、铁道、矿山、航行权、投资银行、投资公司、驻屯兵力;比利时部分,

---

① 《山东省ニ関スル独逸及各国ノ利権等調査方ノ件》(1915年11月5日外务大臣石井菊太郎致代理日本驻华公使及驻天津总领事、驻济南、芝罘领事),日本陆军省对"青岛守备军"也有同样命令。《独墺二国力山東省以外ニ於テ有スル利権等調査方ノ件》(1915年11月5日外务大臣石井菊太郎致驻华领),B04011213900。其后日本驻华使领馆的回复,收于《支那ニ於ケル各国ノ利権調査》各卷,现存日本外务省外交史料馆。

② 《支那ニ於ケル列国ノ利権等ニ関スル調査ノ件》(1917年2月2日外务大臣本野一郎致驻华公使及各领事),B04011214400。

③ 《独墺国ノ对支利権調査》,B04011215000。此调查报告,存于日本外交史料馆,没有列出编印者,与封面写有"参谋本部"的对他国在华利权的调查报告对照,相当近似。

④ 《英国ノ对支利権調査》(封面有"参谋本部"字样),1916年11月编印。B04011215100。

⑤ 《米国ノ对支利権調査》(封面有"参谋本部"字样),1916年11月编印。B04011215100。

涉及借款、铁道、矿山、投资银行、投资公司；意大利部分，涉及借款、矿山、驻屯兵力）。① 1921年，日本外务省亚洲局第二课又进行各国在华优先权调查，分别涉及英、美、法、俄、比、日与中国多地铁道、矿山、企业等的关系，还收集了相关协定、合同文本。②

为了全面摸清欧美势力在华条约权利，日本当局还多方搜集近代中西条约的文本。其外务省条约局在分别编印的中英、中法、中美、中俄关系条约集之后，在1924年汇编出版了《英美法俄各国及中国间之条约》，此书囊括了1689—1924年间中国与四国的条约、协定及换文等，还包含这些国家同别国之间的涉华条约、协定及换文等，所有汉文本皆译为日文，并有西文本。1926年，该局又出版了《日英美法俄以外各国及中国间条约》汇编，收进近代中国与奥匈、比利时、巴西、智利、刚果、丹麦、德国、意大利、墨西哥、荷兰、挪威、波斯、秘鲁、葡萄牙、西班牙、瑞典、瑞士之间的条约、协约、议定书、宣言、决议、备忘录、章程、协定、规则及换文等，汉文本亦皆译为日文，并有西文本。③ 在这样的背景下，前述之今井嘉幸、斋藤良卫以个人之力，收集与欧美在华权利相关的各种资料，并进行整理研究，深得当局欣赏，分别获得东京大学博士学位，在日本社会产生影响。

日本在一战前后，与欧美在华争夺的欲望大增，通过借款、投资向中国政治、经济、军事多方面伸手，操控中国矿山铁路的举措

---

① 《露佛白伊ノ对支利権調査》（封面有"参谋本部"字样），1916年11月编印。B04011215100。1924年10月，日本外务省还编印过《支那ニ於ケル佛国ノ特殊利権（未定稿）》，附录包括法国在滇、粤、桂获得利权之由来与相关文书、铁道利权、华府条约及决议中所列与法国在华利权直接相关的内容、法国与日本英国在华关系。B04011215300。

② 日本外务省亚洲局第二课：《支那ニ於ケル各国優先権調査》（1921年9月），B04011215200。

③ 见日本外务省条约局编《英、米、佛、露ノ各国及支那国間ノ条約》（1924年3月）、《日、英、米、佛、露以外ノ各国及支那国間ノ条約》（1926年6月）。

也加大了力度。而与此相联系，欧美势力自清末以来对华借款、投资、染指铁路矿山的状况，也成为相关日籍的重要题目。

日本农商务省临时产业调查局在1917年6月编印《各国在华利权竞争》，称美国提出门户开放、机会均等后列强并未停止在华角逐，这突出表现在它们对华借款、争夺铁路利权等方面，而日本在华获取利权，则聚焦于路矿问题。① 8月，该局又编印了《各国在华投资企业状况》，分别叙述了外国对华投资机构（包括英、美、德、法、俄、比、荷、日的相关银行和其他企业，对华借款的外国银行团）、投资状况（涉及英、法、俄、德、奥、比、丹、美、日等在清末民初对中国中央、地方政府与民间的各种贷款）、企业状况（涉及英、美、德、法、俄、日从清末到民初开办的各种企业及其生产运营情况）。② 9月，日本理财局国库课编印《中国外债一览表》，内有外债种别一览表、外债国别一览表，后者涉及中国截至1916年对日、英、法、俄、比、美、奥、丹等国的债务，并有对各国债务比较表。③ 1918年6月，横滨正金银行调查课又编印《中国政府各外债一览表》，涉及中国中央、地方政府的外债，与中国铁路相关的外债余额，中国中央政府与电报电话相关的外债。④ 1920年底，横滨正金银行借款课又编印《中国中央政府借款一览表》，胪列日、英、法、美、俄、比及国际银行团的政治实业借款、铁道借款。⑤ 1929年，满铁调查机构又将晚清民初中国政府对外借款情况尤其是相关合同

---

① 日本农商务省临时产业调查局：《支那ニ於ケル列國ノ利權競爭》（由该局嘱托吉田虎雄撰写），1917年6月印。
② 日本农商务省临时产业调查局第四部：《支那ニ於ケル列国投资企业状况》（1917年8月），B04010855200。
③ 日本理财局国库课：《支那外债一览表》（1917年9月），B04010855200。
④ 横滨正金银行调查课编：《支那政府諸外債一覽表》（1918年6月），B04010855300。
⑤ 横滨正金银行借款课编：《支那中央政府借款一覽表》（1920年底），B04010855300。

文本等汇编印行。① 直到中日全面战争爆发，欧美凭借雄厚的金融资本对华借款投资，都被日本视为其强项，作为估量其在华经济势力的重点问题。②

清末民初，列强在华借控制铁路获取权益、拓展地盘，而日本在东北南部取得优势地位及夺占胶州湾之后，围绕南满、胶济铁路实行的举措，也表明铁路控制权的归属对其非同小可。由此，日本特别关注欧美势力与中国一些铁路的利害关系，也就势所必然。其铁道省之下属机构在外务省编印上述中西条约集之时，于1926年9月编印《中国铁道关系条约汇纂》，以涉及中国铁路的中外、外国之间的条约为主，旁及反映缔约国相互关系的条约，时段是1689—1924年。此书分为中国与各国间条约、与中国相关之各国相互间条约两编：第一编包括中国分别与日、俄、英、法、美、德、比、葡、意订立的条约，中国分别与英美、英法、俄法、英德、英法德美、英美法、各国订立的条约；第二编包括与中国铁路相关的日俄、日英、日美、日法、英俄、英法、英德、俄法、日俄法德、英法德美所订条约及各国相互间的条约。③ 此书显示了清末以后欧美日染指乃至于操控中国铁路所取得的进展，及当时它们彼此因铁路而来的利害关系。日本对欧美与中国铁路关系的关注，可以追溯到这种关系萌生之时，而在民国前期，相关调查仍反复进行，如日本铁道省下属机构在1912、1923、1930和1937年，先后4次编印有关中

---

① 满铁庶务部调查课：《支那の对外政治借款》，（大连）南满洲铁道株式会社1929年印。

② 参见伊藤文吉《支那に於ける列强の経済的関係》（东京：内外出版株式会社，1923年）关于近代中国与欧美各国关系的叙述与分析，原胜《支那に於ける列强の工作と其の经济势力》[（东京）学艺社1936年版] 中对英、美、法在华经济势力的分析，及对清末以后列强对华借款团活动历程的回顾。

③ 日本铁道省运输局：《支那鉄道関係条約彙纂》，（东京）凸版印刷株式会社1926年9月版。

国铁路的专书,都程度不同地涉及铁路与欧美的关系。① 朝鲜银行调查室在1914年也做过调查,称其时中国铁路"大部分由外国直接经营,或靠外国贷款铺成、正在铺设",在其编印的中国铁路"概览"中,叙述英、法、俄、德、日与铁路相关的借款及"经营"等情况。② 与此同时,还有居华数年的日本人,竭力调查搜集欧美与铁路相关的利权情况,写书叙述"铁道范围政策之由来、列强利权之角逐,以迄于由此造成之未来形势",获赞于日本的"中国通",由权势人物支持出版。③

自甲午战争后,日本政府与海陆军、财阀与其他大型企业、涉华团体等,分别对中国矿山展开调查,在民国前期,基于调查结果的报告、专书、志书等出版印行不少,满铁的地质调查所创办于1909年的中国矿业专刊也年年发行,这些日籍都涉及欧美与中国矿山的关系。此间,在涉华调查方面不算突出的日本银行调查局,也"根据内外各种资料",于1917年6月编印了《中国的矿山》一书,"集录以往发现的矿产地与矿产情况概要",指出"现在重要矿山几乎都与外国有关系",并扼要叙述这些矿山与欧美日关系。④ 日本围绕中国矿山的调查是反复进行的,其外务省的举措可谓显例。1917年8月,该省编印了《中国著名矿山一览表》(有"与外国关系"栏目);1919年6月又令驻华使领馆加以补充,迅速报告新的重要情况。⑤ 到1922年,该省亚洲局将驻华使领等报告的新情

---

① 参见日本铁道省运输局《支那之铁道》"凡例",1937年3月。
② 朝鲜银行调查课:《支那二於ケル铁道並外人所有鉱山概覧》,1915年2月印。
③ 见山本修平《支那に於ける铁道利権と列强》中根岸佶《序》,《自序》,(东京)博物馆1917年版。
④ 日本银行调查局:《支那ノ鉱山》,1917年10月。
⑤ 《支那二於ケル著名鉱山一覧表二於ケル件》(1919年8月5日外务大臣内田康哉致驻华使领),B04011106100。

况作为补充,编印了五百多页的《中国矿山一览表》,[1]其中反映出欧美在操控中国矿山问题上较之日本越来越相形见绌的趋势。

近代中国的租界与租借地被相关外国视为该国地盘,[2]而中国对德宣战后收回德、奥在华租界,尤其是在国民革命中在汉口等地收回英租界,则猛烈冲击了欧美日在华势力。日本当时在华租界最多,认为这一潮流"对日本及日本人的利害关系影响决不为小",[3]与英、美等联手抵制、打压,同时主要围绕在上海的租界及中方在收回租界之地所设特别区等,加大了收集资料和研究力度。这个过程从1917年就开始了,当时日、英等国在华势力并不乐见德、奥租界被中国收回,而要求改为公共租界,在被拒绝之后抵制中方恢复主权,如在汉口原德租界内的日、英等国工商户在领事团支持下,拒绝向地方政府纳税数年之久;同时,紧盯中方设特别区的举措,收集不少相关资料。"五卅运动"之后,国民革命浪潮兴起,在上海公共租界有很大利益的日本势力,称颂英人计划"远大"、经营"坚实",使公共租界"在租界中最大且最进步",要加以维护。为此,驻上海总领事馆等支持山崎九市搜集公共租界几乎所有的章程、规则,翻译汇编为《上海公共租界法规全书》,于1926年4月出版,而时任总领事矢田七太郎则称该书"有广为推荐于世

---

[1] 日本外务省亚洲局:《支那鉱山問題資料第一 支那鉱山一覧表》(其一)(其二),1922年3月印。民国前期,日军搜集的有关中国矿山的资料、情报不少,而欧美与中国矿山关系的内容则是其重要组成部分。参见日本"青岛守备军司令部"1919年编印的《支那鉱山表》、日本参谋本部1916年编印的《湖南省の鉱山》。

[2] 清末民初日本驻中国关内一些领事馆关于所涉区域社会经济情况的报告,以及东亚同文会出版的《支那省別全誌》,都对外国在华租界做过专门介绍,惟详略不一。

[3] 满铁调查部编印《支那における外国租界回收問題》[(大连)东亚印刷株式会社1930年2月印],根据收集的各方资料,分别叙述了中国收回汉口、天津德租界、奥地利租界以及两地俄租界,在国民革命中收回汉口、九江英租界及天津比利时租界、镇江英租界的情况。引文见该书第67页。

之价值"。① 几乎在同时,满铁庶务部调查课出版了《上海外国租界行政概论》,涉及公共租界与法租界的行政权、行政关系以及"战事关系"等,编者承认租界制度是"不平等条约之根干",但又说关系到"列强存立之休戚"。② 1930 年,日本外务省条约局第二课又面向中国关内各租界及曾设租界的特别行政区、其他原租界区等,依据相关领事报告,汇集租界章程、特别区章程、与行政组织及外国人土地权相关的主要法规、惯例等,编印了《租界的行政组织与土地制度》一书。③ 此后,植田捷雄也开始对外国在华租界及租借地进行研究。

(二) 欧美势力在华经贸活动及相应地位

一战期间,在华列强经济势力中,日本的地位大幅上升,与欧美分庭抗礼。战后,英国等重整旗鼓,战败的德国也迅速返华恢复经贸活动,日本由此强化了与欧美的对手之争,对欧美在华经贸活动也加大了观察乃至于监视的力度。此间,日本在华开设领事馆的密度增大,涉华团体机构数量增多、活动范围扩展,在华日商组织性加强,提升了输出信息的能力,也使日本的观察与监视更有条件、更为便利。

所谓观察,在相关日籍中,最大量地反映于日本驻华使领(尤其是领事)定期发出的商务(主要是贸易)报告之中。就日本领事的贸易报告而言,一直到"九一八事变"前,从内容构成到呈报的

---

① 山崎九市编译:《上海共同租界法规全书》之《はしがき》与矢田七太郎《序》,(上海)日本堂书店 1926 年版。
② 满铁庶务部调查课:《上海外国居留地行政概论》,(大连)东亚印刷株式会社 1926 年 6 月印,第 4 页。
③ 日本外务省条约局第二课编:《租界ニ於ケル行政組織並土地制度》,1930 年印。

时间都比较固定,虽然并不直接聚焦于欧美国家,但因所涉区域对外经贸关系必定涉及这些国家,故报告会列出它们各自的进出口贸易额、海关纳税额、进出船舶数和吨数,以及进出口货物的品种、数量、价额等,对与日本有竞争关系的别国货物,还会比较价格、销量,分析彼此优劣和市场反应。另外,往往还会将近年进出口贸易及相关货物的数量、价额列表对比,指出影响贸易起伏的因素。这些报告通常以贸易为主题,但又不限于贸易,对所涉时间内欧美企业值得注意的状况也会提及。由于日本政府对体裁、内容结构、数量统计、时段等有统一要求,因而驻中国多地的领事馆基本上是按同一模式撰写这类报告的。而将日本各领事馆历年的贸易报告汇聚起来,就足以呈现此间欧美对华贸易的基本轮廓,以及它们与中国多地市场的关系、对中国物产的需求状况。①

值得注意的是,清末民初,日本农商务省也曾按年编印有关中国对外贸易的报告,其内容是东北、华北、华中、华南地区的进出口贸易,及中国对外主要进出口货物、与各国贸易之消长、进出船舶、金银输出输入状况等。这些报告较之日本驻华领事的贸易报告,视角更宏观一些,资料主要来自中国海关报告,内容可与领事报告互补。② 此外,大阪市役所产业部从1925年起逐年编印中国贸易年报,并逐渐拓宽涉及面(纳入交通、金融、华侨等方面情况),所述贸易涵盖内外,并将日本与别国对华进出口贸易等分别列表,颇便于对比日本与欧美对华贸易状况,为当时日本国内同类出版物不易企及。③

---

① 民国前期日本驻华领事的商务报告,特别是贸易报告,多载于日本外务省通商局出版的《通商彙纂》《通商公报》《日刊海外商报》《海外经济事情》等刊物上,当然也有一些是单另出版的。

② 现在所见日本农商务省商务局的这类报告,是1909—1923年的。

③ 笔者现在所见大阪市役所产业部编《支那贸易年报》,是1924—1936年及1939年各年的。

在中国国内，满铁调查机构在一战结束前每年调查东北输出、输入贸易，1919年起更进一步将调查范围扩展到华北，每年编印《中国北方贸易年报》。此外，东北沈阳等地及关内上海、天津、汉口、青岛、济南等地的日本商会分别有会刊，很具体地介绍以所在地为主的地方经贸状况，也都程度不同地涉及欧美的经贸活动。①

至于对欧美在华经贸活动的监视，则主要通过一些专书（多为专题报告）反映出来。最典型的，莫过于日本驻东北、蒙古各领事及军方、满铁机构等围绕沙俄及十月革命后苏俄在东北的经贸活动，特别是与中东铁路相关动态所作的种种报告。日本久有独占"满蒙"之念，故在日俄战争后，就开始将其他涉足东北的欧美势力作为监视对象。从1927年12月下旬起，由满铁临时经济调查委员会牵头，日本的"关东厅"及在东北的领事馆、警察机构，在营口、沈阳、长春、大连、哈尔滨、齐齐哈尔、满洲里所设其他机构及一些铁路运输管理部门，朝鲜银行哈尔滨分行及日本各商会等协同，共用8个月时间，调查了欧美国家与苏联在东北南部（以大连、沈阳、长春、吉林、安东为主）、北部（以哈尔滨及蒙古地区为中心）的"势力"，而编印的报告则涉及它们在贸易、航运、铁路运输、烟草、榨油、面粉、酿造、制材业及金融等业中的活动。②

在华北、长江流域与华南地区，欧美势力总体而言远比在东北雄厚，与日本扩张的矛盾更为突出，故日本也有监视的欲望。日本军方很早就将所谓"各国在华势力"作为在华搜集情报的一个方面，其参谋本部在清末民初每年制作《列国在华势力一览表》，"列国"包括日、英、德、法、俄、美、奥、意、比、西、荷、葡，而"势力"的内

---

① 参见饭岛涉、塚濑进《戦前期在外日本人商業会議所（中国）定期刊行物目録（稿）》，载《近代中国研究汇报》第14号，1992年。
② 南満洲鉄道株式会社临时经济调查委员会：《満洲に於ける外商の勢力》，（大连）东亚印刷株式会社1929年印。

涵,则为租借地、不割让地、开放口岸、领事馆、债权额、铁路铺设权、矿山开采及投资权、森林采伐权、海关管理权、在华驻军与军舰、在华人数、在华商店数、进出船舶数、在中国沿海内河之航运、邮递通信设施、在华金融机构、在华受聘人数等。这种资料还交日本外务省等方面订正、补充。① 一战爆发后,日本夺取胶州湾德国租借地及胶济铁路,同时毫不放松对在中国其他地方的欧美势力的监视:外务省在1914年6月编印了《日英两国在长江流域利害比较调查书》;②日军华中派遣队与驻长江口岸的日本领事馆联手"调查"英美势力,涉及甲午战争后的英美对华借款、一战前英美武官在华受聘情况、近五年英美对中国军队出售武器弹药概况、英美开采矿山利权与通信设施、英美所办工业、一战前英美主要进出口货物数额与他国之比较等;③1917年3月,日本外务大臣又令驻上海总领事对日英两国在长江流域利害关系再作"调查",驻广州、云南领事迅速"调查"法国与广东、广西、云南的利害关系;④4月向驻华各领事馆转发青岛"军政长官"照会,令按其要求调查德、奥在华势力。⑤ 满铁在一战期间也积极参与对欧美在华势力

---

① 目前见到的是藏于日本外交史料馆的日本参谋本部1909年、1911年制《清国ニ於ケル列国勢力一覧表》、1914年制《支那ニ於ケル列国勢力一覧表》,以及日本外务省1910年3月根据其记录列出的一览表需订正各点,B03030416700。
② 《揚子江流域ニ於ケル日英両国利害関係調查ノ件》(1917年3月28日外务大臣本野一郎致驻上海总领事有吉明),B03030416800。
③ 《英米国勢力調查写送付ノ件》(1914年12月24日代理驻南京领事高桥新治致外务大臣加藤高明)所附日军华中派遣队参谋小泽寅吉之《英米国勢力調查方ノ件依頼》,B03030416700。
④ 《揚子江流域ニ於ケル日英両国利害関係調查ノ件》(1917年3月28日外务大臣本野一郎致驻上海总领事有吉明)、《広東広西両省ニ於ケル佛国ノ利害関係調查ノ件》(1917年3月28日外务大臣本野一郎致驻广州总领事太田喜平)、《雲南省ニ於ケル佛国ノ利害関係調查ノ件》(1917年3月28日外务大臣本野一郎致驻云南领事堀義貴),B03030416800。
⑤ 《支那ニ於ケル独墺人ノ勢力調查方ニ関シ青島軍政長官ヨリ照会ノ件》(1917年4月20日外务大臣本野一郎致各驻华领事馆及分館),B03030416800。

的监视,其总务部调查课于1918年6月编印《欧洲战争与各国在长江流域的贸易》,着眼于维护一战爆发后迅速膨胀的日本工业在华主要市场和原料来源,比较欧美日各自在长江流域进出口贸易中占比,强调美国对华贸易的发展成为日本的巨大障碍。① 此外,基于同样的意识,佐原笃介研究室也在同年出版《中国与美国的关系》,对美国势力在华扩展历程做了涉及面更广、更为纵深的叙述。

一战之后,日本对欧美在华势力的监视并未停止,其参谋本部在1927、1928年编印了在华南、东北、华北、华中、华南地方的列国势力概要("中国驻屯军"司令部在1931年又编印了一份在华北地方的列国势力概要),内容与以往所编《列国在华势力一览表》有明显的连续性,只是"列国"变为以日、英、美、法为主,而对他国则略述。②

美国在华势力在一战后进一步增强,成为日本监视的重点对象。满铁社长室调查课在1922年接连编印《美国在华企业》《美国对华通商政策》,前者叙述美国在华各金融机构及在上海、汉口、天津、北京、济南、青岛、烟台等地的工商企业,以上海为中心的海运业及在汉口的航运业等的情况,着重说明英美烟公司、美孚、慎昌洋行、美国国际企业公司的经营活动;后者介绍一战后美国对华经济举措、与涉华公司相关法案、美国贸易金融公司以及分别设在美中两国的研究中国的机构等。③ 在1928、1929年,日本外务省又

---

① 满铁总务部调查课:《欧洲戦争卜揚子江流域ニ於ケル列国ノ貿易》,(大连)小林又七支店1918年6月印。
② 日本参谋本部编:《南支那地方ニ於ケル列国勢力ノ概要》,1927年7月印,1929年6月根据来自台湾的报告修改;《北支那地方ニ於ケル列国勢力ノ概要》,1928年4月印;《中支那地方に於ける列国勢力の概要》,1928年5月印;《満蒙ニ於ケル列国(除日本)勢力ノ概要》,1928年6月印;日本"中国驻屯军"司令部编:《北支那地方ニ於ケル列国勢力ノ概要》,1931年6月印。
③ 满铁社长室调查课:《支那に於ける米国の企業》《米国の対支通商政策》(均由在大连的小林又七支店1922年6月印)。

令驻中国(包括香港)及他国领事馆"调查"美国在华经贸活动,以及美国有关对华经贸的政策,在美国及其他国家的相关团体、人物等。日本驻华各领事馆的报告由通商局汇编为《美国对华经济发展》二册。① 1931年,与满铁关系密切的东亚经济调查局编撰出版《美国对华经济政策》,回顾美国提出门户开放政策、在清末与对华借款团的关系及在一战中的涉华活动,论述其在一战后对华的积极政策、投资,认为美国与其他国家在对华经济政策上的根本矛盾决不会消失。②

英、法在一战后,在日本眼中已不能与美国同日而语,但上述日本参谋本部编印的概要证明,它们的在华势力还在其监视的主要对象之列。1929年4月,日本外务大臣田中义一称:"英国对华贸易在上年比前年增加6成多,尤其是棉布激增约2倍……证明英国货在恢复东洋市场……不能不认为对我之对华经济影响相当大。"令驻中、英、美、加的使领馆报告英国对华贸易、金融、海运、投资及各种企业的实际情况,及英国政府有关对华经贸的政策、英国民间对在华经济发展的态度、在华英人对涉华企业的态度,并将上述各方面与日本比较。其后,日本驻上海商务官及驻九江、满洲里、广州、牛庄、沈阳、云南、烟台、长沙、汕头、齐齐哈尔、汉口、吉林领事,还有驻英国利物浦的领事都报告了情况,③驻上海商务官横竹平太郎的长篇报告还以《英国之对华经济发展》为题,由外务省通商局在1931年6月刊印。对于法国在华势力,日本似无对美、

---

① 日本外务省通商局:《米国の对支经济发展》(一),1928年11月印;(二),1929年3月印。
② 东亚经济调查局:《米国の对支经济政策》,(东京)凸版印刷株式会社1931年版。
③ 《英国ノ对支经济发展ニ関スル件》(1929年4月27日外务大臣田中义一致驻中、英、美、加部分使领)。此件与相关驻外使领回复报告收于日本外交史料馆藏"各国ノ对中国经济发展策关系雑件/英国ノ部"第1、2卷,E-1-1-0-1_3_001。

英那般兴师动众的举措,但如前述,日本军方的监视不曾停止,在经贸方面,只要法国有使日本敏感之举,哪怕是传言(如到东北一些地方投资之类),日方必有记录。① 日本外务省调查部在1938年10月编印的《法国在华经济势力一览表》,涉及1936年在华法侨人数、金融及投资机构、借款、贸易、交通与通信、工矿业、文化投资;通商局在1940年编印的《法国在华经济势力全貌》,框架与前面的一览表相近,但内容大为充实,较为全面地反映了法国在华势力之经贸等活动的情况。

战后德国在华恢复经贸活动,也一直是日本高度关注的问题,因为德国在华与日本很快重开竞争。1927年,日本驻吉林、哈尔滨的领事报告德国商家重返,为图恢复而"异常努力",其货物在东北北部市场来势很猛。② 1928年9月,日本外务省令驻华各领事"查报"德国在华经贸活动,③而驻汉口、广州、哈尔滨、烟台、苏州、九江、厦门、汕头、天津、杭州、济南、青岛、南京、上海、福州、安东、辽阳、牛庄、沈阳、铁岭、长春、吉林以及香港的领事都有回复报告,反映德国在无条约特权多有困难的情况下在华重开经贸活动的历程,认为其进展很快,并就原因提出看法。④ 1938年与1940年,日本外务省通商局针对德、美、法都编印了《在华经济势力一览表》《在华经济势力全貌》,这也从一个侧面反映出日本对德国在

---

① 如日本外务省通商局第二课《満洲国ニ於ケル欧米人ノ活動》(1933年1月10日)、驻哈尔滨总领事馆《北満ニ於ケル諸外国ノ経済的活動》(1934年1月),都提及法国企业经营及投资情况。

② 《吉林地方ニ於ケル独逸商人ノ活躍ニ関スル件》(1927年4月19日驻吉林总领事川越茂致外务大臣币原喜重郎)、《当地方ニ於ケル独逸商人ノ活動振ニ関スル件》(1927年7月13日驻哈尔滨总领事天羽英二致外务大臣田中义一),B08061089700。

③ 《漢口ニ於ケル独逸ノ経済ノ活動ニ関スル件》(1928年11月5日驻汉口总领事桑岛主计致外务大臣田中义一),B08060506300。

④ 这些报告收于日本外交史料馆藏"各国ノ対外経済発展策関係雑件/独国ノ部"第1—3卷,E-1-1-0-4_1_001、002、003。

当时欧美在华经济势力中地位的估量。

(三) 欧美在华"文化事业"

日本很早就关注欧美在华教会及其关联设施,而在一战爆发后,这也成为日本清点欧美在华势力的一个方面,且最终被日本官方归结为欧美在华的"文化事业"。

对欧美在华教会及其关联设施,日本起初是通过欧美相关记述间接得知;甲午战争前,有来华日人开始将相关直接见闻形诸文字,但十分粗浅;①日俄战争结束后,日本驻华各领事奉命调查报告所涉区域情况,包括欧美势力现状,但都侧重于外国租界与租借地、欧美各国在贸易中的地位、涉足工商金融业及邮政电信业情况等,而对欧美教会及其关联设施的叙述,则相当简略。② 依据东亚同文书院学生在清末民初的调查报告编纂、从 1916 年开始出版的《中国省别全志》,所述欧美在华教会及相关设施,与上述日本领事报告差别不大。而日军参谋本部直到 1914 年编制《各国在华势力一览表》,也没有将欧美在华教会及其关联设施列为一个方面。③ 当然,在一战爆发前,也有日本人对欧美在华教会的现状关注度很高,并从事调查。如清末多年活动于长江中游地区、为日本在华获得布教权叫喊声调甚高的水野梅晓,就是一个突出例子。他在 1911 年 5 月向日本外务省报告该年度欧美宗教势力在湖北、湖南、江西的现状,涉及欧美教会在三省省会及多县的分布,传教

---

① 如日谍曾根俊虎编、日本海军军务局 1882 年印《清国各港便览》,叙述中国各通商口岸情况,有"宗教及人情风俗"一项(见该书之第七号),言及"西教"的影响,但都点到为止,且认为"西教"总体上影响不大。

② 参见日本外务省通商局编纂、1907 年印《清国事情》第 1、2 辑所收日本驻中国多地领事的报告。

③ 日本参谋本部:《支那ニ於ケル列国势力一览表》(1914 年 1 月制表),B03030416700。

方法,所拥有的资金、土地、建筑、设备及开办教会学校、医院等情,强调以美国为代表的新教教会较之于以法国为代表的旧教教会更有活力,占有优势。① 1915 年 6 月,此人又出一书,回顾欧美在华传教历程,认为欧美在华教会在清末民初已摆脱以往的"困境",得到本国政府有力支持,密切了与中国官绅的关系,在中国内地以迄于边陲各地进行"旺盛"的活动,到处有教堂、学校和医院等,而相比之下,日本在租界之外还"不被承认布教自由,更何谈拥有尺土之权利",要求对此问题"予以充分明快的解决"。② 此外,日本外务系统在 1907 年调查过包括其他各国在内的各方在华经营的医院、医学校、工业学校及理化学校、农工业试验所等之名称及所在地,1908 年调查过外国人在北京经营的学校,1908、1909 年编印过《外国人在清国之教育事业》(不完整),1911 年调查过外国人在日本驻南京领事馆所涉区域办学、在长沙及沙市经营医院情况,1913、1914 年调查过中国各地之中外医院、医学校及药房名称及所在地,1914 年调查过上海教育机构(包括外国人所经营的);外国教会在华开办大学的情况,也由日本驻相关地方的领事随时报告。③ 这些情况都表明:一战前,日本已开始搜集欧美在华教会及其关联设施的相关信息。尽管如此,其官方那时还没有用欧美在华"文化事业"来表述,更未以这种说法指代欧美在华势力之一翼。

1915 年 5 月 5 日,作为日本清点欧美在华势力举措的一个方

---

① 水野梅晓:《江西省基督教ノ现状》《湖北省基督教ノ现状》《湖南省基督教ノ现状》(1911 年 5 月 18 日)(时限均为 1911 年度),B03050609800、B03050609900、B03050610000。

② 参见水野梅晓《支那における欧米の伝道政策》,(东京)佛教徒有志大会 1915 年版,第 93—94、101、105—106 页。

③ 《支那二於テ外国ノ经营二係ル公益的施设二关シ调查方ノ件》之附件(1915 年 5 月 5 日),B11090026500。

面,外务大臣加藤高明传令驻华使领,要求尽量详细查报其职务所涉范围内"外国在中国经营的公益设施",亦即"外国政府及外国人(含日本人)经营的教会及传教所、医院、学校、感化及救济机关、农工业试验所及其他公益设施"。对要查报的各项,此令作了如下统一规定:

一、名称(原文及汉文)与所在地。
二、设立时间、目的及情况。
三、设立者、出资者、主管者、经营者等主要相关者。
四、组织(比如学校之层级、分科、修业年限等)、规模(如管事者及信徒、学生、被收容者等的人数、开办费及维持费之概数等)以及经营方法。
五、与中方的关系(如中国官府所给予的援助、特权、便益,中方的出资及业务人员之有无)。
六、事业之实绩及中国官民的反应,对中国官民的感化、势力等。
七、属于个人经营的,与本国政府是何关系。
八、其他可供参考的事项。①

此后在近两年时间里,日本驻华使领陆续上呈了调查报告,而外务省通商局则据此编印了篇幅达753页的《关于外国人在中国之公益设施的调查报告》,其中包括"东北之部""华北之部""长江流域""华南之部"四个部分:"东北之部"收载驻哈尔滨、沈阳总领事馆(及其驻新民府分馆)、驻延吉总领事馆(及其驻局子街、头道

---

① 《支那ニ於テ外国ノ経営ニ係ル公益ノ施設ニ関シ調査方ノ件》(1915年5月5日外务大臣加藤高明致驻华使领),B11090026500。

街、珲春分馆),驻齐齐哈尔、长春、吉林、铁岭、辽阳、安东、牛庄领事馆的报告,叙述了它们所涉区域内英、法、日、俄、丹等国开办的学校、幼儿园、医院、教堂及寺院、其他宗教慈善机构、试验农场等情况;"华北之部"收载日本驻华公使馆,驻天津总领事馆,驻济南、芝罘领事馆的报告,介绍英、美、法、意、德、瑞、日等国在它们所涉区域内所设教会团体及学校与幼儿园、医院与施药所、养老院与孤儿院等慈善机构、博物馆、工艺所等;"长江流域"部分收载日本驻上海、汉口总领事馆,驻重庆、沙市、长沙、九江、杭州、苏州、南京领事馆的报告,言及它们所涉区域内美、英、法、德、意、瑞(典)、挪等的教会(传教士)传教活动、外国所办学校、医院、各种救济机构、图书馆、博物馆、试验所,日本人经营的"公益设施"等情况;"华南之部"收载日本驻广州总领事馆及驻福州、厦门、汕头领事馆的报告,介绍它们所涉区域(包括作为驻广州总领事馆所涉云南)内美、英、法、日等的教会、寺院及其传教活动、教育设施、医院、慈善机构、报刊发行等情况。由此可见,此书实为近代日本外务系统围绕欧美在华教会及其关联设施,第一次在中国广阔地域内组织调查的报告汇编。[①] 该书涵盖调查对象的用语,与加藤高明的训令一致,称之为外国在华"公益设施",而没有说"文化事业"。

其后在 1921 年,日本外务省通商局又基于驻延吉、齐齐哈尔、哈尔滨、吉林、长春、铁岭、沈阳、辽阳、安东、牛庄、郑家屯、赤峰、北京、天津、芝罘、济南、上海、苏州、九江、杭州、南京、汉口、长沙、沙市、宜昌、重庆、成都、福州、厦门、汕头、广州、云南领事的报告,编印了《欧美人在中国的建筑物调查(欧美人在中国的发展)》一书,该书将在各地的外国教会及其开办经营的学校、医院、教堂、寺院

[①] 日本外务省通商局编纂:《支那ニ於ケル外国人ニ係ル公益的施設ニ関スル調查報告》,1917 年 4 月印。

等情况作为重要组成部分,但编纂者明言其目的是"通过欧美人在华所经营的业务及其建筑来观察其活动,为从经济途径发展的日本人提供参考",可见主要着眼于"经济",故"文化事业"的说法仍未出现。

在日本外务省通商局印行上面两书之前,满铁总务部交涉局依据1915年出版的 Educational Directory of China 及 Directory of China and Mania,加上所搜集的教会学校规章、实地调查结果以及一些传闻,编译了《外国人在中国经营的教育设施》一书,内有上、下、附篇三部分:上篇概述欧美教会在华开办各类学校及教育机构等情况;下篇分别介绍在中国多地的教会学校,涉及安徽(安庆、怀远、庐州、宁国、芜湖)、江苏(上海、镇江、徐州、江阴、如皋、苏州、常州、松江、扬州、南京)、福建(厦门及鼓浪屿、长乐、福州、平潭、兴化、古田、永定、邵武、汀州、延平、永春)、浙江(杭州、湖州、嘉兴、金华、宁波、台州、温州、严州)、河南(怀庆、开封、卫辉、郾城)、湖南(长沙、常德、郴州、辰州、湘潭、桃源、津市、益阳、岳州、永定)、湖北(汉口、汉阳、宜昌、广济、老河口、滠口、大冶、德安、皂市、武昌)、甘肃(兰州、泾州)、江西(湖口、九江、牯岭)、广西(南宁、梧州)、广东(广州、河水、海角、嘉应、琼州、连平、陆丰、北海、韶州、小榄、汕头、东莞、五经富、阳江等地)、山西(洪洞、大谷、太原)、山东(安家庄、芝罘、黄县、沂州、莱州、临清、潘家庄、平度、泰安、登州、济南、青州、济宁、邹平、威海卫、潍县)、陕西(西安)、四川(成都、重庆、绵州、巴州、叙州、遂宁、德阳、潼川、雅州)、云南(昭通、大理、云南)、直隶(昌黎、肖张、天津、通州、北京)等地情况;附篇主要叙述香港教育状况。就中国各地的教会学校而言,此书可补充上述外务省通商局编纂的两书,只是"文化事业"的提法,仍没有出现。

值得注意的是,1917年8月,日本银行临时调查委员会编制了一份《列强对华势力概览》,涉及日、英、德、法、俄、美,而所言"势力"的内涵,与此前军方所制一览表有所不同,即增加了上述各国在华传教(包括传教权、传教士人数、教会学校与其学生数量)、办报刊的内容,但也没有用"文化事业"来涵盖。①

笔者依据所见史料推断,日本人用"文化事业"一语涵盖欧美在华传教及其关联设施,似以1921年出版的山口昇编《欧美人在中国的文化事业》为先。山口昇在上海、青岛做过海关官员,与佐原研究室关系密切,编写此书得到了佐原笃介提供的各种资料和指导,虽自言不是基督教徒,但所出之书几乎都与基督教相关。从《欧美人在中国的文化事业》的内容看,未见于前述日籍的主要是中国人的教会、基督教在海外华侨中的传布,该书所述基督教旧新两派在华传布历程、在华英美德新教教会情况、外国在东北传教及其相关活动、欧美教会在中国多地开办学校与医院、其他公益设施(慈善救济机构、出版机构、图书馆、博物馆等),也更为细致。但论该书最大的特点,是在它超出情况述说,以"文化事业"来涵盖欧美教会在华活动与设施,表示了肯定态度,且明言欧美在这方面是"着先鞭者",值得正在世界范围内遭受抵制的日本充分研究,日本也要树立"一大文化政策"。② 此书篇幅有1 371页之多,是靠日华实业协会资助才得以面世,而该协会也很直白地道出了资助缘由,说通过此书"可知晓欧美人耗费长久时间、付出巨大牺牲,才逐渐筑起今日之地盘;可明了根基要多深厚、枝叶要多繁茂才会有好结果。以往日本在华,经济上有了长足发展……但在精神方面,

---

① 日本银行临时调查委员会:《列强对支势力概览》(1917年8月编制),日本国立公文书馆藏,A09050025600。
② 佐原研究室山口昇编:《欧米人の支那に於ける文化事业》之《绪言》,(上海)日本堂1921年版。

遗憾之处甚多",今后须特别注意"通过文化事业寻求精神上的融合"。①

山口昇的书出版后不久,日本政府于1923年4月公布了《对华文化事业特别会计法》,决定以所得庚子赔款和胶济铁路及相关公有财产赎金本利及沿线矿山赎金为资源,每年最多支出250万日元作为"对华文化事业"基金;继而在这年5月,又设立对华文化事务局(次年12月改为外务省文化事业部)。② 此事本身并非拙文讨论的问题,但笔者认为,与上述山口昇及日本实业协会的主张当有联系。就在这一年,主持满铁的教育研究所、读山口昇之书"所得甚多"的饭河道雄,再撰《外国人在中国的文化事业论》,表面上述论欧美在华传教、在此过程中教会与本国政府关系、教会办教育过程中本国政府所起作用、与教会有关的医疗及救济机构设施、西人在华开办报刊及在此问题上与本国政府关系等,实际是为推行日本的"对华文化事业"向政府提供借鉴,而直言他个人主张的"附录",则毫不遮掩地将所谓"对华文化事业"与配合日本殖民联系起来。③

1923年以后,日本以军政当局为代表,对文书与出版物中涉及欧美在华教会及相关文教、医疗、慈善机构等总体情况,一般都以其在华"文化事业"蔽之。如日本外务省文化事业部在1925年1月编印《欧美人在中国的主要文化事业解说》,同年12月以外务省名义印行《欧美人在中国的文化事业》,内容同为欧美教会在华开办学校、医疗设施、图书馆、博物馆、感化院等设施、公益性特殊

---

① 见山口昇编《欧米人の支那に於ける文化事业》之日华实业协会《序》。
② 日本外务省文化事业部编印:《对支文化事业部ノ沿革及现状》(1924年12月),B03041496600。
③ 饭河道雄:《支那に於ける外人の文化事业论》,(大连)东亚印刷株式会社支店1923年版。

团体等情况,而书名则都冠以"文化事业"。① 1927、1928年日本参谋本部先后编印的华南、华北、华中、东北的"各国势力概要",也都有内涵相同的"文化事业"(个别称"布教权等")之项。②

就历史过程看,一战后在日本逐步固定下来的欧美在华"文化事业"一语,确乎直接对应于这些国家在华教会及其关联设施,但此语并不能道尽日本眼中的欧美在华文化势力,前述日本银行临时调查委员会与日军参谋本部有关外国在华势力的调查,都列出属文化范围但却非外国教会关联设施的外国在华报刊,就说明了这一点。实际上,日本政府为具体掌握在华之中外报刊情况而实施的步骤,相对于盘点在华外国教会及其关联设施要早得多。1908年10月,日本外务大臣小村寿太郎令驻华领事查报其驻地"发行的主要报纸(包括中文、西文)之主义、持有者、主笔、系统(属于何种性质)及势力等",对这些报纸的报道、论说中涉及日本而可参考的内容,要报送剪报。③ 现存日本相关档案表明,从那以后,日本驻华使领每年都调查并呈报在华中外报刊情况,并形成制度,直到挑起全面侵华战争,从未间断。1929年9月,日本外务省情报部还综合驻华使领调查报告,编印了《在华中外通信社的组织及活动》,其中用两编分别叙述路透社、美联社、合众社、塔斯社及日本联合社、电通社在华的活动,以及上海、南京、北京、天津、青岛、济南、汉口、广州、香港、沈阳、哈尔滨、吉林、长春、安东的外国

---

① 参见日本外务省文化事业部《欧米人ノ支那ニ於ケル主ナル文化事業解説》,1925年1月印;日本外务省《欧米人ノ支那ニ於ケル文化事業》,1925年12月印。
② 参见日本参谋本部编印《南支那地方ニ於ケル列国勢力ノ概要》,1927年7月印;《北支那地方ニ於ケル列国勢力ノ概要》,1928年4月印;《中支那地方ニ於ケル列国勢力ノ概要》,1928年5月印;《満蒙ニ於ケル列国(除日本)勢力ノ概要》,1928年6月印。日本防卫研究所藏,C13010331500。
③ 《新聞紙ニ関スル報告及切抜送付方訓令ノ件》(1908年10月8日外务大臣小村寿太郎致驻长沙等14地领事馆),B03040835300。

记者情况,强调:无论是国外消息传入中国,还是中国消息传往国外,都还是外国人支配,尤其是路透社,垄断了内外消息之提供。①

综上所述,有关民国前期欧美在华势力的日籍的确为数甚多,涉及欧美在华势力之政治、军事、经济、文化等方面,其信息来源广泛,内容具体细致,且随时间推移常有更新补充,即使现下读来,也足以令人惊异。而离开当时日本推进对华扩张的强烈欲望、为此愈来愈难以遏止的与欧美争夺之势,对这种现象的根源也就完全不能解释。此外,日本在对华扩张中极为注意与欧美比长较短,借以判断自身强弱,并将欧美获得优势之方作为仿效对象,在这些日籍中也有不少体现。这些日籍对于近代中外关系研究来说,史料价值毋庸置疑,因为可从一个侧面展现民国前期欧美日在华力量对比及其变化,尤其对至今还甚少被言及的一战后德国在华经济势力,提供了作为其对手的不少实时记述。

---

① 日本外务省情报部:《支那に於ける内外通信社の組織及活動》,1929年9月印,B02130916300。

· 书评 ·

晚清外交官的"外交写作"
——评《远西旅人》

作者简介：李子归，中山大学历史学系博士后

晚清政府在19世纪的内忧外患之下，不情愿地进入"国际大家庭"。这国际大家庭并不是一个想当然耳的抽象概念，其成员是以威斯特伐利亚和约为基础的西欧基督教诸国。成员国之间互相派驻公使是这一秩序的一大标志。清政府加入这样的大家庭，也就意味着要承认各国平等往来，并且要放弃朝贡体系，放弃天朝上国的世界秩序想象。这对清政府而言是一个艰难的转变。在这样的历史背景中，第一批代表晚清政府出访的公使团成员，会如何参与这场转变？这批走出中国的晚清官员如何看待西方工业和科技的领先，如何看待西方社会中的道德和秩序，如何理解有别于清廷的政治制度？更重要的是，他们该如何向仍然身处传统观念中的晚清朝廷、同僚和更广大的士人阶层转述他们的所见所闻？

皇甫博士的专著尝试跟随1866—1894年间出访西欧的六位外交官的步伐，通过他们的写作来看这段时间清政府的外交实践

和观念转变。他们的外交写作(diplomatic writing,包括日志、公文、电文等)为朝廷、同僚和更广大的读者提供了理解西方世界的框架,而他们的表达方式也被自己的身份、所受教育和当时的意识形态所塑造。本书正文分别介绍了斌椿、志刚、张德彝、郭嵩焘、曾纪泽和薛福成六位外交人员的出访经历及外交写作。根据外交官员的个人经历和后世评价,作者为各章主角分别冠上"旅人"(斌椿)、"大使"(志刚)、"学生"(张德彝)、"学者"(郭嵩焘)、"外交家"(曾纪泽)和"战略家"(薛福成)的称呼,不仅体现了他们出访时的角色,也反映了近30年间晚清外交人员在职能上的变迁。这令本书有别于政治史或制度史相对宏大的叙事,得以从人的角度出发,贴近现实处境,呈现出一种更加复杂和细腻的文化史视角。

本书的第一位"旅人"斌椿在1866年随团出使时已62岁高龄,他是清廷第一位出使欧洲的官员,汉军旗出身,通过科举入仕。他接受总理衙门委派,携同文馆学生随海关总税务司赫德回英参观访问。总理衙门对此次非正式使团明没有明确的使命要求,但仍命斌椿每日记录所见之"山河形狀,风俗文化"。因此,斌椿的外交写作主要包括散文笔记和诗文两类。前者在使团返回后提交给总理衙门,并于1868年以《乘槎笔记》为题,通过家刻及坊刻出版;他在出使期间及归程途中创作的大量诗作则被收录在《海国胜游草》和《天外归帆草》两本集子中:这构成了第一章的主要史料。由于斌椿是首位出访欧洲的清朝官员,他的日志受到中外多方关注。斌椿应如何在不冒犯外国读者的同时,维系天朝上国的想象?斌椿的笔记在小心翼翼权衡下达至完美的政治正确:他多着墨于英国的风光、建筑、精巧机械,而避谈当地的政治制度及文化。但是在他的诗作中,使团到访的西欧国家则仍然被视为朝贡国。为何如此?作者认为,斌椿在外交活动中用作诗的形式来应酬,是一种中国对待朝贡国的外交实践的延续。作者用詹姆斯·凯瑞

（James Carey）的"传播仪式观（ritual view of communication）"来分析。凯瑞认为，传播是信息的传递（communication as the transmission of information），也是社会关系和共同信念的维系（communication as maintenance of social relationships and shared beliefs）。斌椿利用诗作这种在朝贡体系对外交往中常用的文体，将欧洲君主迂回地等同于藩属国主，隐晦地维系了以中国为天朝上国的世界观。这样的写作当然无法满足收集国外战略信息以服务本国的目的。

本书第二章的主角是随蒲安臣使团出使欧美的满人官员志刚。1867年美国驻华公使蒲安臣在任满之后，接受清政府的聘请，代表中国出访欧美。该使团是为即将到来的中英《天津条约》修约之期，向各条约国争取宽容条件的一次游说。蒲安臣使团相比此前的斌椿使团，目的更加明确，使团的外交实践也有了进一步提高。使团在清政府欧美员工的协助下能够进行准确的中英文翻译，也认识到应当为海外华人社群利益发声。

本次出使虽然达到了总理衙门的期望，但是并没有遵从避免参与正式活动的命令，而是在出访期间进行了大量的参观和宫廷社交活动，志刚的私人笔记记载了这些活动。志刚的私人笔记并未提交给总理衙门，而是在1877年，经过满人武官恒龄之子宜垕编辑整理，以《初使泰西记》为名坊刻出版。这份笔记揭示出使团更丰富的日程。使团参观美国各类工厂时，志刚对机械和物理学表现出浓厚的兴趣，志刚如何看待西方科技和工业的进步？作者指出，志刚深受陆王心学的影响，认为复杂的机械装置应当基于简单易懂的自然法则，他以人类身体类比蒸汽机的运行机制，将冶炼水银的方法追溯至古老的中国道教。作者指出志刚通过设立观念对等物，来将自己的观察赋予意义，将西学通过类比内化为中学，与王阳明心学的认知论相符。志刚对基督教的看法则受到太平天国战争的影响，认为基督教无论对中西都是一种祸害。作者认为笔记中记录的与英、法传教士的三次辩论,更像是志刚为了表达忠于自己政治职能而进行的文学表演。1890年出版的另一个版本的坊刻《初使泰西纪要》则在宜垕版基础上进行了增删,尤其是加入了许多欧美宫廷和外交仪式的细节及志刚不合时宜的个人感情流露,甚至记录了使团参观剑桥天文台的经历。作者认为这些细节与原文紧密联系,更像是修复了在1877版中被宜垕父子删去的内容。这些内容揭示了使团遵从外国仪式,对中国社会中的一些现实问题表达批评。

斌椿和志刚的经历揭示了为何获得有关西方的知识如此困难。作者指出,晚清朝廷缺乏系统性的机制来将公使的见闻转化为外交事务上有益的知识。因此很多情况下中国的"无知"并不是缺乏信息或者固执地反对了解外国,而是在高度的政治警觉之下,刻意的漠视("a manufactured indifference exercised with a heightened political consciousness")。

第三章的主角是张德彝。他的历次随使笔记呈现出的不仅有外交写作文体和功能的转变,还有公使馆职能和人事任用方面的变迁。张德彝所受的儒学训练相当有限,他15岁入同文馆学习,甚至会把"修齐治平"的顺序搞错。张德彝在同文馆学生时期的外交写作,关注普通人生活的细节(游戏、玩具等),因此呈现出一种迥异于斌椿、志刚或其他同僚的世界主义者的胸襟。他的这种世界主义精神,基于一种对人类共性的信任,超越了文化和政治分歧。

张德彝一生先后八次随团出使西欧。早期出使期间对普通人的细致观察,令他意识到所谓"西方",并不是一个单一的文化整体,中国和西方存在着无数流动着的文化边界。① 张德彝随崇厚

---

① 张德彝在1866年随斌椿使团出访,撰有《航海述奇》;1867年随蒲安臣使团出访,撰有《欧美环游记/再述奇》;1870年随崇厚使团赴法国为天津教案道歉,撰有《随使法国记/三述奇》;1876年随郭嵩焘赴英设立常驻公使馆,撰有《随使英俄记/四述奇》,他也是曾纪泽公使馆的随行人员。

使团赴法道歉时恰逢普法战争，因此他目睹了战后巴黎街头的满目疮痍，也成了第一个记录巴黎公社的中国人。在他的《随使法国记》中，张德彝采用了异于当时报纸报道及巴黎公社社员自己所采用的语言和意识形态，以一种"天命"观的理解框架，将巴黎公社看作反叛王朝的贫苦农民，对之报以同情。

1876年常设公使馆建立之后，晚清政府逐渐形成一些将外交实践和知识制度化的做法。另一方面是将外交写作从个人表达变成了一种外交信息的辑录与存档。1883年张德彝的笔记《四述奇》经同文馆出版，成为清廷外交实践实用知识的一部分。此外清廷还建立起了从同文馆学生中吸收基层外交人才的机制。但这种任用外交人才的制度缺陷在于，公使馆并不隶属于外交部即总理衙门，而是与之并列，因此朝廷指派的公使、领事等高阶外交官往往缺乏外交知识和历练，对待外交活动的态度非常保守。在保守的高阶官僚眼中，组织、解释和传达外交活动中搜集到的信息，仍然需要传统儒学的可靠框架。

晚清中国的第一个常设驻外公使馆由首任驻英公使，也是本书第四位主角郭嵩焘主持建立。1870年代中期的琉球事件和马嘉理事件，令清政府认识到建立驻外公使馆的迫切性。郭嵩焘在这样的环境下成为了第一任中国驻外公使。清政府对设立驻外公使缺乏制度性支持，公使要自己组织幕僚，摸索公使馆的职能和各项制度，还要受到严格的经费限制。通过公使馆往来公函也可见到，机构日常运行方面缺乏协调机制的弊端。由于公使馆不隶属于总理衙门，因此郭嵩焘可以先和英国外交部交涉，再向清廷汇报，而后告知总理衙门，这样的奏报顺序不仅不利于外交，更时常将总理衙门置于尴尬的境地。此外，郭嵩焘缺乏情报安全意识，时常在个人社交中向国外官员透露中国高层政治信息。

郭嵩焘每月上报总理衙门的第一批日记在1877年以《使西纪

程》为题由总理衙门出版。他驻外期间长居伦敦,一面倒地暴露在英国的影响之下。在《使西纪程》中,郭嵩焘几乎完全折服于以英国为代表的西方文明。作者指出,郭嵩焘的日记高度肯定殖民主义的仁德和国际法的公义,而忽略了其背后的暴力手段(brute instrumentality)。郭嵩焘将三代作为文明和制度的理想型,认为秦灭周之后,中国逐渐变得无道,因此逐渐被有道的西方国家超越,面临威胁。在他的眼中,英国似乎更加接近儒家的"道"。《使西纪程》的英国中心视角,不仅引起了朝内激烈的抨击,还引起了荷兰公使的抗议,书版因此遭到毁禁。而没有载入该书的日记,则透露了更多他对西方政治制度和中国未来的更深刻的思考。不同于张德彝,郭嵩焘是一位饱读诗书的儒家士大夫,在出使英国之前,就已经对清朝的未来感到悲观,认为只有彻底的社会改革才能挽救中国于衰落。作者指出,郭嵩焘渴求的实际是经历太平天国兵燹之后中国缺乏的文明和秩序。他反对独裁和集权统治,认为西方的民主制度为大众提供了表达意见的渠道,但也忧虑因此带来的社会动荡。回国之后他潜心在湖南推动改革"风俗人心"的礼仪。作者指出郭嵩焘的思想框架受黄宗羲、王夫之等晚明学者的影响,他对西方文明的折服,并非抛弃儒学传统,而正是基于这种思想框架下对"道"的隐喻的理解。

第五章的主人公是全书唯一被作者称为"外交家"的曾纪泽。曾纪泽经李鸿章和郭嵩焘推荐而成为外交官,在1878年被任命为驻英法公使。在他任驻外公使的时代,外交工作变得更加专业、高效:一方面,他从同文馆选任经验丰富的外交人才,他组织了可靠的公使馆幕僚;另一方面,总理衙门和公使出于自我审查和信息安全的考虑,不再以公使日记的形式向清廷汇报日常工作和见闻,而代之以电报消息。虽然1870年上海租界就已经通过电报线路与伦敦相连,但是1884年电报线才将总理衙门、南北洋大臣与各驻外公使馆相连。曾纪泽在出使之前与李鸿章交换密电码本,并设计了缩略表达的方法以节约电报费。他也改革了外交公文的呈送流程:先草拟外交文书,再将梗概电传总理衙门,等收到总理衙门电报回复后,便立刻将文书发给所驻国外交部,而文件细节则会以邮件发回北京。为了应付公使馆誊抄大量文书以供内部传阅的需要,他在1879年购买了复写机(Eugenio Zuccato's Papyrograph),并亲自试验调制所需的耗材以节省花费。曾纪泽个人高超的外交能力和对技术的运用推动了驻外使馆的制度化,极大提高了公使馆的工作效率,使得公使馆成为一支解决外交危机的重要力量。在中俄谈判(1880—1881)和中法战争(1884—1885)中,公使馆收集到的信息和据此作出的决策都发挥了重要作用。

曾纪泽如何调和中国和西方国家在国际秩序上的不同观念?他写给国内官员的信尽量沿用传统观念。他将中国的处境比作战国时期,因而自强的终极目的不是加入国际大家庭,而是保护王朝的权威。他与英、法交流时,则会使用欧洲的观念来解释中国传统礼仪和体制。例如他指出公法不外乎"情""理",国际法基于刑法,如果两国刑法有别,则会造成观念分歧,朝贡体制符合情理,是将国际法囊括在其中。作者认为这种外交实践类似"跨语际实践"(translingual practice),①即将一种语言中词句的含义从另一种语言的环境中创造出来(meanings of from the guest language were "invented within the local environments of the [host language]"),而使两国的观念"可通约"(commensurable)。此外,曾纪泽拥有高超的语言能力,成为清朝的对外发言人。他离任前发表在 *Asiatic Quarterly Review* 上的著名文章《中国:沉睡与觉醒》,驳斥了当时

---

① 刘禾著,宋伟杰等译:《跨语际实践:文学、民族文化与被译介的现代性(中国,1900—1937)》,三联书店2014年版。

流行的认为中国行将就木的观点，曾认为中国只是沉睡在过往的荣耀至上，且已经为沉睡付出代价，他预言中国将会和平地站起来（rise），不会对世界造成威胁，并且表达了改善不平等条约和保护海外华侨的愿景。曾纪泽在西方媒体上的发言并不是奉清廷的命令，当时国内官员也很少知道他的文章，而他的文章在海外引发了广泛的讨论。作者指出，曾纪泽外交成就的原因，除了卓越的个人能力之外，还有公使馆与中央政府缺乏整合带来的空间。公使馆行政相对独立，因此善用迅捷的传播工具，能够便宜行事，免于国内过渡干涉。

　　本书的最后一位主角是薛福成。薛福成曾任江苏书局的编辑和宁绍台道台。他在1890—1894年担任驻英、法、意、比四国公使，但在任满回国的船上不幸染疾去世。他文采斐然，有很高的声誉。薛福成在外交实践上的贡献之一，在于他将自己的外交写作从类型和风格上进行了重新组织。他模仿顾炎武《日知录》的风格写作日记，颠覆了出使日记监管和审查的功能，扩大了其资政功能。薛福成外交写作的内容反映了他的经世思想和谋略。作者指出，薛福成用一种考据的风格将西学中源进一步发扬，并提升了中国传统中非正统、非儒家学说的地位。例如，他以战国时期邹衍的大九州说来附会五大洲（欧、亚、非、美、澳）；以《墨子》阐释物理学知识，以《淮南子》和《吕氏春秋》阐发化学和电学知识，等等。薛福成在社会达尔文主义影响之下，将殖民扩张的历史影响看成一种适者生存的自然结果。他认为较高等的种族与较低等的种族接触会自然导致较低种族消失。正如中国曾有过狄、戎、羌、蛮等族，如今已不知所踪。他通过将中国和欧洲列强并置，完全放弃了对帝国主义和殖民主义的批评。当西学与传统发生矛盾，他便重新诠释文字来调和。他将《左传》中对齐侯的批评"不务德而勤远略"，诠释为"尽管不务德，仍然勤远略"；他也将君子不言利看作是对孔孟的误读,认为如果是为追求公共的利或者令国家强大的利而引进西方的商业制度,无伤于孔孟之道。出于这些思考,薛福成认为清朝也应效仿欧美,向海外扩张。扩张的办法就是用军事力量来武装领事馆使其成为扩张的前哨,因此谋划向东南亚、澳洲和美洲移民并保护当地华人。他们不仅会带来丰厚的侨汇,一旦王朝有难,海外华侨也将会成为可以指望的对象。

薛福成在担任江苏书局编辑和宁绍台道台时就习惯将公牍刊刻出版,他也经常向《申报》投稿。他的外交写作通常先由他的家刻书坊传经楼刻板,再由其他书坊重印,不少文章还见诸报端。作者指出,1890年代他和幕僚的出版活动使外交成为联系晚清民众、清政府与更广大世界的桥梁。他的文章启发了一批以古代典籍合理化体制改革的儒家士大夫,为甲午之后的改革家提供了理论框架。

本书这六位主角逐渐展示了在30年的跨度中,中国的近代外交实践是如何从无到有;外交人员接收到的信息又是怎样通过当事人的思维工具和认知框架,通过社会意识形态约束和王朝的审查,被形塑为近代思潮的一部分。这本书并没有具体或宏大的结论,而是展现了细腻、动态、复杂、具体的历史过程。本书副标题的一个关键词是外交,晚清的外交从派出公使到建立公使馆,再到建立发挥出近代外交职责的机构,发展过程并不是线性的。从人员任用到机构整合,清朝中央政府对公使馆一直缺乏制度支持。偶有成就,和外交官个人的能力及历史际遇有很大关系。本书副标题的另一个关键词是"信息秩序",这一方面指情报传递的顺序,例如曾纪泽奏报外交事务的流程,另一方面,也代表着塑造认知和表达的思维框架。徐中约认为,各国平等交往原则挑战了以中国为天朝上国的朝贡体系,这不仅令异族统治者在汉族臣民面前丧失尊严,也动摇了中国的根本政治和社会制度,即儒家"礼"的观念。① 因此,晚清官员如何向朝廷和同僚描述他们见到的西方文明,不啻柏拉图的洞穴之喻。斌椿政治正确的出使日记,除了是一份合格的思想汇报之外,没有任何信息含量;志刚在见到西方的工厂和机械之时,运用陆王心学的框架,通过设立观念对等物来将西方事物化为中国事物理解。而张德彝尽管能力卓著,外交经验丰富,但始终没有担任高层外交官职位,似乎他的世界主义倾向,是缺乏儒家训练的体现,是对体制的冒犯。郭嵩焘面对英国的文明,怀有太平天国之后传统秩序破坏的深深忧虑,他用儒家之道来理解西方文明的优越,认为三代以后,中国逐渐无道。曾纪泽在外交实践中虽然维护儒家礼仪,但能够将不同文明中的观念变得可以被双方接受,他善用技术解决具体问题,创造便宜行事的空间。最后,薛福成从中国非儒家的先秦经典中寻找西学中源的证据,来合理化向西方学习的做法。类似的思想框架在甲午之后更加流行,启发了康有为托古改制的理论。但是,这些外交写作,并未实现将西学知识和外交信息整合进晚清既有信息秩序中的目标。这六位"旅人"是大变革之中思想发生转变的士人群体的一个缩影。通过阅读他们的外交写作,读者可以身临其境地感受到出使西欧给他们带来的观念冲击和困惑。作者在处理这六位"旅人"的个案之时,都对人物的背景、所受的训练以及当时的社会处境有充分的交代,力图将他们的写作放回历史环境中,令读者对其有同情之理解。

此外,作者也对采用的史料抱有警惕。皇甫博士分析外交写作的编辑、版本、出版与接受情况,因而也涉及阅读史的领域。不过,或许是篇幅限制或史料条件不同,并不是所有外交写作的出版

---

① 徐中约著,屈文生译:《中国进入国际大家庭:1858—1880年间的外交》,商务印书馆2018年版。

史都得到了相同比重篇幅的介绍,这使得读者有时要将外交写作当成外交官抽象的思想观念的完整表达,有时又不免思考它是否是当时出版业型塑的产物。作者也意识到六位"旅人"文本被阅读的条件也不相同,作为和文人社交的文学表演、作为娱乐大众的畅销产品、作为私人日记的延续、作为呈送总理衙门的报告、作为传播有关国外事物信息的方法,等等,展现了外交写作参差多态的性质。皇甫博士对六位外交官的外交实践和思想观念的分析,横跨了外交史、思想史、阅读史等领域,对史料和理论的掌握能力令人钦佩。柯文(Paul A. Cohen)指出,"历史学家与神话制造者的不同之处在于历史学家研究历史的复杂性、细微性和模糊性,而神话制造者往往以片面的观点看待历史,找出一些个别的特性或模式,当作历史的本质"。[①] 皇甫博士的这本专著,恰当地呈现了这种历史的复杂性、细微性和模糊性,值得对近代外交史、思想史、文化史感兴趣的读者阅读。

[①] 柯文(Paul A. Cohen)著,杜继东译:《历史三调:作为事件、经历和神话的义和团》,社会科学文献出版社2014年版。

解码西方以自识
——评皇甫峥峥《远西旅人：晚清外交与信息秩序》

作者简介：郑彬彬，上海大学历史学系副教授

近些年来,随着知识史研究的兴起,不少学者开始从"信息搜集——情报解读——知识生产"的角度,讨论19世纪的帝国扩张与殖民统治。这种新的学术范式为中国近代史,特别是近代外交史、中西文化交流史研究注入了新的活力。只是,现有成果多关注近代以来在华西人的情报工作、汉学知识生产和中国形象构建,对于中西交流互动的另一方——中国对西方的认知及这些认知依托的信息来源、知识谱系、外交影响鲜有系统研究。

2018年,美国学者皇甫峥峥(Jenny Huangfu Day)于剑桥大学出版社出版的专著 *Qing Travelers to the Far West: Diplomacy and the Information Order of Late Imperial China*(《远西旅人:晚清外交与信息秩序》,简称《远西旅人》),则是弥补此学术缺憾的最新力作。皇甫峥峥现为美国斯基德莫尔学院(Skidmore College)历史系副教授,主要从事中国近现代知识史、文化史与外交史方面的研究。她于2012年获加州大学圣地亚哥分校(University of California, San Diego)历史学博士学位,指导教授为美国著名中国史家周锡瑞(Joseph W. Esherick)。《远西旅人》一书应系其博士学位论文改写而来,该书荣获美国图书馆协会2019年度杰出学术出版物奖。

本文将围绕"问题、理论与方法""各章的内容"和"讨论"三个维度,对该书进行扼要评介。

一、问题、理论与方法

近代以来的中英交往史,不仅表现在我们耳熟能详的商贸互动、战争冲突和外交谈判等显性面向,更有双方搜集彼此信息、解读对方情报和生产中西知识的隐性面向。只是与英外交部驻华使领利用条约职权、近代统计学方法、地理学知识、实证性调查报告和汉学研究成果标准化,系统性地搜集、研究、解读中国的商贸与内政情报不同,①清政府对英方的情报搜集工作面临着信息来源有限、信息标准化处理手段缺乏等缺陷。②

这些缺陷导致两个问题:在清地方政府层面,以林则徐为代表的一批地方督抚和有识之士虽尽力搜集列强情报并汇编成册,但受限于信息来源、语言障碍和译者操弄,林则徐等人"虽然睁开了眼,看到的却是笼罩着一层薄雾也有些扭曲变形的世界"。③ 在中央政府层面,遭受外辱的清政府迅速在情咨方面作出反应。1850 年起至宣统逊位,清政府耗时 62 年编纂与"夷务"相关的资料,其中最重要者便是道光、咸丰和同治三朝的《筹办夷务始末》和依据光绪朝《筹办夷务始末》编纂成书的《清季外交史料》。④ 虽

---

① 郑彬彬:《英国驻华使领情报网络与长江流域的对外开放(1843—1870)》,上海交通大学博士学位论文,2020 年。
② 马世嘉著,罗盛吉译:《破解帝国·破解边疆:印度问题与清代中国地缘政治的转型》,台湾商务印书馆 2019 年版。
③ 苏精:《林则徐看见的世界:〈澳门新闻纸〉的原文与译文》,广西师范大学出版社 2017 年,第 50 页。
④ 关于《筹办夷务始末》编纂与流播的讨论,参见张志云、侯彦伯、范毅军《了解中西交往的关键史料——〈筹办夷务始末〉的编纂与流布》,(台北)《古今论衡》第 24 期(2013 年),第 83—114 页。

然蒋廷黻等近代史家对《筹办夷务始末》作出了高度评价,但这套情咨合辑在资料来源上极为有限。例如"内容和篇幅大大扩充"的同治朝《筹办夷务始末》系"历年恭奉上谕、廷寄,以及京、外臣工之奏折,各国往来之照会、书函等件"汇编而来。① 换言之,在"足资考镜"的目标定位下,该套资料仅为清政府办理"夷务"的内部文件汇编,而非自外部渠道获取之"夷情"情报。情报的缺陷限制了清政府对列强的了解,从而对清政府的外交产生不利影响。为此,向欧美列强派驻使节,获取列强一手信息成为总理衙门官员的现实要求。

《远西旅人》一书正是在此史实脉络上,对"清朝使节如何调查欧洲,并为国内政府和受过教育的中国公众创造理解'西方'之框架"进行的研究。(p.1)本书探讨了1866—1894年,清政府派往英国的六位使者如何在不同的时空背景、职务身份和知识结构下描绘西方,生产西方知识及这些知识对晚清乃至民国时期中国变革所产生的影响。

本书的一大特色是在外交史的研究中融汇文化研究与传媒研究的理论与方法。在理论方面,作者在一次讲座中坦言 Harrold Innis, James Carey 和 Stuart Hall 三位传媒学家的理论对《远西旅人》一书有着理论和方法论方面的启发。在笔者看来,Harrold Innis 和 James Carey 关于信息传播的理论具有偏向性,不同的媒介对不同信息的传播效率各有不同等论断,对本书的研究取材产生了影响。详见图1。

据图1,晚清西方使节生产了诗文集、笔记、日记、报告、咨文、信函、奏折和电报等八类记载西方信息的文本。这八类文本在传

---

① 《筹办夷务始末"同治朝"进书表》,中华书局编辑部、李书源整理:《筹办夷务始末(同治朝)》第1册,第1页。

解码西方以自识　　387

```
散布性  公开
              诗文集
                笔记
                日记
                报告
                     咨文
                     信函
                     奏折                电报
传播速度                              传播速度
         散布性 保密
```

图 1　传播西方信息载体/题材与信息秩序之间的关系

资料来源：皇甫铮铮：《驻英使馆与晚清外交转型》，《澎湃新闻·私家历史》，2020 年 11 月 28 日。

播速度和散布性（传播广度）方面依序存在反比例关系，即传播度越广的类别传播速度越慢。作者在研究取材上—别过去研究关注的机密性电报、奏折和信函，而以"散布性"更好的使者诗文集、笔记、日记为本书主要研究对象显示，传播效率似乎是作者选取本书研究基本资料的一大参考。换言之，传播效率越高社会影响力越大似乎是作者筛选基础资料的内在逻辑。

如果说 Harrold Innis 和 James Carey 理论影响了本书研究材料选取的话，Stuart Hall 关于"编码与解码"的理论则影响了《远西旅人》的分析路径。"变化与解码"见图 2。

信息的编码与解码应对信息的生产与接受两端。信息的编码是指，信息的生产者依托自己的知识构架、技术手段等对信息进行意义性的表达与建构。这在本研究中对应于清朝使节利用文集、诗歌对其所观察到一切有意义的西方事物进行表达。信息的解码是指，信息的接收方对信息生产者所编之"码"的解读。信息接收者不同的个性、教育背景、社会地位、政治意识形态等亦会对其"解

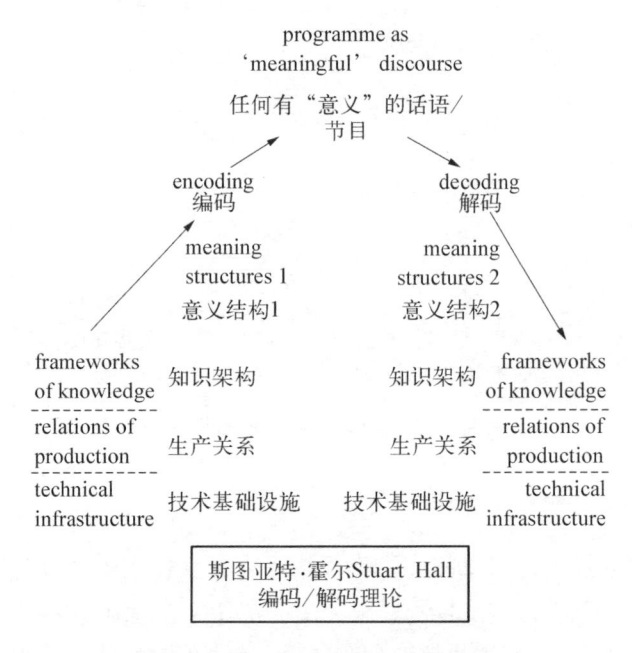

```
        programme as
     'meaningful' discourse
      任何有"意义"的话语/
              节目
       ↗              ↘
    encoding         decoding
     编码              解码
      ↑                 ↓
    meaning          meaning
   structures 1    structures 2
    意义结构1         意义结构2

frameworks   知识架构    知识架构   frameworks
of knowledge                      of knowledge
------------                      ------------
relations of  生产关系    生产关系   relations of
production                        production
------------                      ------------
technical    技术基础设施 技术基础设施 technical
infrastructure                    infrastructure

         斯图亚特·霍尔Stuart Hall
              编码/解码理论
```

图 2　Stuart Hall 的编码/解码理论

码"产生重要影响。这在本研究中的显著对应,是晚清使节的文集、诗集在不同时代国内流播中所产生的不同版本。在"编码与解码"理论的影响下,作者对晚清使节的西方书写进行了"信息生产——信息传送回国——信息接收与国内传播的贯通性解读",勾勒了晚清使节西方书写模式的动态与多元及其影响。

虽然传媒学的相关成果对作者的研究产生了理论和方法论上的影响,但《远西旅人》一书绝非如近年来诸多美国中国史研究般重理论建构,轻史实脉络。《远西旅人》一书中历史学的基本研究方法并未被他学科理论所取代。历史学的研究强调在特定的历史情境和脉络中理解史料、解读史料、激活史料。在《远西旅人》的终章,作者曾有如下表述:

>   一个关于中国如何转译西方的主流叙述,其隐藏的部分远胜其揭示的部分。这不仅是因为经验的高度不稳定性、个性化、易于前后冲突和矛盾……也因为如史华慈提醒的那般,人们对于不断变化的个人、政治和知识环境的反应各不相同。他们对于自己的文本作品定位也各不相同:作为与文人学士社交的文学表现、作为娱乐大众的有价商品、作为个人日记的延续和作为向总理衙门的报告,或者是一种传播外事信息的手段……中国的使节与外交官在各类文学传统中开辟空间,并出于自己的目的利用之、改造之。(p.229)

正是基于对使者日记、文集、诗集等不同本文类型背后生产时空背景的不同、目的用途的相异所造就之个性的把握,作者在《远西旅人》的研究中坚持将"个人故事放置于更大的政治、文化和知识脉络中"来揭示"西方"的复杂性,并在"我们对现实的感知是由沟通实践所形塑的认知下","让文本以新的方式说话"。

在这样的理论与方法下,《远西旅人》一书以八个章节,对晚清不同时代、不同成长背景和不同职业定位的六位使节及其西方书写展开论述。

二、各章内容

除绪论、终章外,本书主体由六个章节构成,分别讨论了斌椿、志刚、张德彝、郭嵩焘、曾纪泽和薛福成六位使节的西方书写、传播及影响。

第一章《旅者》以斌椿的出使日记和诗歌为研究对象。在本章中,作者一方面勾勒了斌椿出使时身份的模糊性——在"私人旅者"和"清朝使者"之间的游移对其西方书写的影响;另一方面从斌椿诗歌体裁、词汇概念背后的中国使臣书写传统入手（如竹枝词背后的使臣书写传统），勾勒了斌椿西方描写背后的知识来源和概念框架。在这样的分析路径下，作者认为斌椿将西方描绘成了一个奇妙、美丽、秩序和美德的王国。这里的统治者则自愿地附属于中国帝国中心之下。斌椿对西方一切先进事物的描述，成为了证明中国文化优越性的证据。

第二章《使者》以志刚的西方书写为研究对象。志刚是满族，在担任"蒲安臣使团"的中方负责人之前为总理衙门总办章京。与过去研究在"传统与近代"的框架下将"蒲安臣使团"视作中国"进步"的迹象不同，作者将志刚置于中国王朝外派使节的脉络下，揭示了志刚背后的历史连续性。对于志刚的西方书写，作者深入发掘了其背后的知识来源——陆王之学。在作者看来，志刚通过在观察到的事实与儒家、道家经典话语之间建立概念上的对等关系，证明了中国现有的对自然世界的知识的基本合理性，这使志刚的描述逐步显现出"西学中源"的味道。此外，作者通过对不同时代志刚著作版本差异的揭示，呈现了满族精英对西方信息的处理方式和矛盾心态。可以说，作者对于志刚案例的剖析不仅呈现了"蒲安臣使团"背后的中国历史传统，也呈现了"满洲性"。

第三章《学员》以出身同文馆学员的张德彝及其西方书写作为研究对象。与斌椿和志刚等出身清政府官僚系统、对于中国传统文化有着深入了解不同，张德彝经历的是中国近代专业性教育。独特的教育经历和张德彝在不同年龄阶段承担的不同职责，使其西方书写呈现别样的风格。作为一个随团出使的年轻人，张德彝是一个猎奇者。他从年轻人爱好的共性开始，观察欧美社会的诸多细节，而非中西政治制度、文明等宏大命题。不仅如此，张德彝还展现出了某种国际性，强调中西之间的共性，体现出对西方的理解与善意。有趣的是，在"对外而自觉为我"的近代，张德彝在面对他者的质疑与挑战中有意无意地开启了"儒家"与"中国"的对等性建构。在这个话语体系中,原本作为天下价值的儒家被披上了中国性的外衣。随着张德彝在中国驻外使馆职位的上升,原本记录了诸多惊奇异事的日记也逐步转变成为中国使馆的信息库,信息效率取代了文学性。自此,作者在张德彝个案中看到了个人知识积累与清朝使馆的机构记忆和文人共性知识的整合。

第四章讨论郭嵩焘生产的西方知识。郭嵩焘是晚清第一任驻英公使,郭嵩焘对欧洲的诸多书写曾被历史家视为晚清时代的先知。然而,当把郭嵩焘的西方书写放置于当下的情境中分析时,郭嵩焘的西方书写却呈现出别样的面貌。作者指出,郭嵩焘终其一生都在思考如何拯救清王朝于倒悬。这样的问题意识将郭嵩焘引向了对晚明王夫之等人思想的研究,也影响了郭嵩焘对欧洲的理解与书写。他将当下的欧洲与中国理想的"三代"放置于同一个概念框架——"王道"下进行比较。在该概念框架下,中国"天命"被扩展到了全球的范围,欧洲19世纪的帝国主义、《国际法》(郭嵩焘对国际法的了解源于经过儒家化翻译的中文版本)、科学发现、议会政治、教育体系均被郭嵩焘视为西方掌握新"王道"的证据。总之,郭嵩焘对西方的内化源自太平天国战争后清王朝的危机,源自他对中国礼仪改革及对中国经典学习的提炼。在这套现实关怀与知识结构下,郭嵩焘视西方为新的王道获得者,而将中国的失败归咎于失去了自己的道统。这样的西方知识传回中国后,引发了轩然大波。郭嵩焘著作被禁,显示出晚清外交使节的信息搜集与国内信息秩序的整合存在问题。

第五章《外交官》关注曾纪泽及其信息工作。作为曾国藩的儿子,曾纪泽的知识构成中既有儒家文化的积淀,也有务实性西学(如外语)的训练。在作者的论述中,曾纪泽担任驻外公使对晚清海外信息秩序的构建具有重要影响。依托电报技术,曾纪泽在外交信息书写、传递、复制与归档等方面均作出了关键性的变革。依托这些变革,中国驻英国使馆逐渐成长为一个信息中心。因此,与既有研究展现的电报使得外交决策更加中央集权化不同,电报技术提升了伦敦公使馆在外交决策中的权重,使其反过来将总理衙门整合进自己的情报网络中。

值得注意的是,与前辈外交官注意向国内输入西方知识不同,曾纪泽在向国内传回各种西方重要情报的同时,还积极利用西方媒体向西方社会输出中国形象。然而,遗憾的是,曾纪泽的这类做法并非出自总理衙门的授意,这折射出纵使成为了中国涉外信息的中心,公使依然难以与国内的信息秩序进行有效的互动。

第六章《战略家》讨论薛福成对晚清涉外信息秩序构建的贡献。如果说曾纪泽将驻英公使馆打造为清政府的驻外信息中心,那么薛福成则在此基础上进一步推动了晚清外交官信息工作的专业化与战略化。这体现在五个方面:首先,薛福成重新定义了外交官的信息书写。作为深受桐城派文风影响的人,薛福成十分强调外交通信中的效率与实用。其次,薛福成第一次根据信息载体受众的不同,对外交通信进行了类别的划分,重组了驻英使馆的信息结构。第三,他在中国传统的非儒家与非主流思想流派中,寻找与西方科学、文化、政治等共同的地方。不仅如此,他甚至通过提出中国千百年来对儒家经典概念(如"利")的误读,试图为振兴工商业提供理论基础。这一努力最后构建了"西学中源"的概念框架,对日后中国的改革和对西方的认知产生了不可忽视的影响。第四,为了应对1890年代的帝国主义扩张,薛福成将社会达尔文主义与其自己的政治思想相杂糅,构建自己的种族理论。依托这套种族理论,薛福成为清王朝谋划了一个向殖民帝国蜕变以求自立于世界的宏大战略。

第五,尝试外交信息与国内信息秩序的良性整合。自斌椿起,经志刚、曾纪泽,外交官员搜集的西方信息与晚清政府信息渠道整合一直存在问题。薛福成依托江南士人,通过自家的出版机构将自己的外交书写向外出版。薛福成著作的出版对晚清外交官著作的出版产生了广泛的影响。他对于中国传统经典概念的再解释,经过这类出版物的推波助澜,催生了中国学界质疑先贤大儒、误读儒家经典的现象。在这个意义上,作者以薛福成出使日记的出版为例,展现了一个出版外交书写的半官方的信息秩序。经过这套秩序,"西学中源"对于19世纪末20世纪初的中国政治思想产生了重要影响。

可见,随着上述六章的次第演进,作者逐步勾勒了由特定时空背景、使节的不同知识构成、不同时代使节不同的职责挑战等变量共同作用的,晚清出使西洋(英国)使节的西方书写及晚清信息秩序。在这样的知识生产和信息秩序中,外交官对西方的肯定性书写,挑战了国内已有认知的概念框架,造成外交事务、外交书写与国内关系的紧张,创造一个新的概念框架势在必行,"西学中源"由此应运而生。"西学中源"暂时缓和了外交官外交书写与外交事务的紧张。在该概念框架下,西方的一切积极面向均可呈现。该理论也将儒家经典整合入了改革的话语中,并为未来十年信息搜集的标准化与体系化开辟了路径。(p. 232)在这个意义上,中国使节的西方书写潜藏着一个比应付外交事务更为重要的目的:认知西方是反思中国问题的渠道,生产西方知识是为复兴中华之荣光服务。

三、讨　　论

综上,皇甫峥峥通过对晚清驻外使节的西方信息采集、概念化加工、信息出版与传播的研究,勾勒了晚清驻外使节在中国西方知识生产上的作用,证明日本并非晚清对西方进行概念化认知的唯一渠道。更为重要的是,作者通过对30年来六位外交使节西方书写的个性化、脉络化和细致化的分析,揭示了晚清中国在面临西方挑战时如何通过分析框架和解释概念的升级与迭代,在力求真实认知西方的同时认知自己。在这个意义上,《远西旅人》一书的探索并未仅局限于晚清的外交与中西文化交流,也触及引发19世纪末20世纪初中国社会巨大变革背后的思想根源。

当然,《远西旅人》一书亦有未尽之处。首先,作者虽细致分析了六位使节的外交书写及其知识来源,但忽略了使馆其他人员,特别是英方雇员、英国线人的相关工作。已故剑桥大学教授巴利(Christopher Bayly)在讨论英国对印度的情报工作与殖民统治的经典著作中指出,社会与国家存在多层次的信息秩序,不同的信息秩序中传播的信息各不相同。政府统治能否成功,很大程度上取决于它对各信息秩序的整合。[1]

在这个意义上,清朝驻英公使的信息搜集,也有进入英国自有信息秩序的必要。曾纪泽在英文报刊发表文章宣传中国便可视为进入该信息秩序的一种方式。可是在清朝公使外语能力和知识结构有限的情况下,外籍雇员的作用至关重要。作者也曾指出这类外籍雇员确对中国使馆工作起到了重要作用。既如此,在西方信息的搜集与解读层面,公使与这类外籍雇员又有着怎样的碰撞与互动?

在此问题的基础上,我们可以进一步在中英两套外交信息秩序互动的背景下讨论中国驻英公使的情报工作。所谓中英两套外交信息秩序,中方以作者研究的中国驻外使馆及使节为主,英方可

---

[1] C. A. Bayly, *Empire and Information: Intelligence Gathering and Social Communication in India, 1780–1870*, Cambridge: Cambridge University Press, 1996.

以英外交部驻华使领情报网络为主。如此提议并非出于对比较史学的盲从,而是作者的分析中已经呈现了英国情报网络对中国使团乃至公使外交书写的影响。例如,充任"蒲安臣使团"左协理的柏卓安(John M. Brown),在进入使团之前担任英驻华公使馆助理汉文秘书。笔者关于英国驻华使领情报工作的研究显示,汉文处是英国驻华公使馆搜集、研究和分析清政府内政情报的负责机关,助理汉文秘书则是相关事务的具体负责人。① 再者,郭嵩焘对于英国殖民主义啼笑皆非的描述,其信息源就来自该使团内的前英国驻华领事官员。这些英方人员虽然在加入中国使团时均辞去英国外交部职务,可他们临行前英国驻华公使均会下达工作指示。因此,如果我们将中国使团/使馆中的英籍人员视作英国外交情报网络对中国外交信息秩序的刺入,那我们或许可在中英外交信息秩序互动的背景下审视清朝使馆的情报工作。

其次,对外交使节信息秩序与清政府外事部门的内部信息秩序互动论述较少。作者对六个外交使节西方书写的传播分析显示,清政府一直存在难以将外交官信息有效整合于清政府信息秩序当中的问题。对此,作者的分析路径是从外交官文集的出版、自我审查与各阶层反响的角度进入。

如果我们以外交事务为线索进入观察,或许会对清政府内部信息秩序与外交信息秩序的整合给出新的解释。毕竟,除了驻外使馆外,总理衙门、北洋大臣、地方督抚均掌握有各自的外事信息渠道。在这三个信息渠道中,他们或有共同渠道——通商口岸的海关税务司与列强领事,或各自搭建的对外情报渠道——如张之洞总督两广时在香港、越南设置的情报线条,②洋务派督抚雇佣的

---

① 郑彬彬:《英国驻华使领情报工作与英帝国远东情报网(1843—1884)》,待刊。
② 陈晓平:《张之洞中法战争时期的情报网》,《澎湃·私家历史》,2020 年 5 月 15 日。

外籍顾问等。这些情报线条所提交的信息显然对总理衙门与相关大臣决策外事有着智识上的影响。既如此,驻外使领的信息秩序与清政府外事部门内部之信息秩序又有何互动,这种互动又对二者的整合有何影响?

携"世界"以归故国
——评皇甫峥峥《远西旅人：晚清外交与信息秩序》

作者简介：郑泽民，山东大学历史学院副研究员

一

1866年4月24日这天，63岁的斌椿自香港出发，历经29天的海上之旅，终于在苏伊士登岸，并于下午登上了开往开罗的火车。这是斌椿人生中的首次火车之旅，车上的一切，无论是运作机理，抑或铺设陈列，均令这位来自遥远东方的老人啧啧称奇，尤其令他难以想象的是那追风逐电般的速度。惊喜之余，他口占七律一首：

宛然筑室在中途，行止随心妙转枢。列子御风形有似，长房缩地事非诬。六轮自具千牛力，百乘何劳八骏驱。若使穆王知此法，定教车辙遍寰区。云驰电掣疾于梭，十日邮程一刹那。回望远峰如退鹢，近看村舍似流波。千重山岭穿腰去，百里川原瞥眼过。共说使星天上至，乘槎真欲泛银河。①

---

① 斌椿：《至埃及国都初乘火轮车》，《海国胜游草》，钟叔河主编：《走向世界丛书》第1册，岳麓书社2008年版，第163页。

透过诗句,可以明显感受到斌椿因旧有的时空想象被打破而产生的惊讶与兴奋。斌椿是满人,曾在山西、江西等地担任过知县,赋闲后担任海关总税务司赫德(Robert Hart)的文案。此时他能够出现在前往埃及的火车上,是由于赫德于是年返英休假,建议清政府允派几名学者与同文馆学生随同赴欧游历,斌椿成功入选其列,并被授予三品官衔,事实上成为这一考察团中地位仅次于赫德的官员。使团虽是临时指派,亦无正式的外交任务,却成功掀开了近代中国人"走向世界"的新篇章。从旅行使团到常驻使馆,"使外"逐渐成为晚清的一项定制,使臣群体也因而留下不知凡几的文字记录,斌椿的这首诗,只是庞杂的晚清使外记述中的九牛一毛。美国纽约州斯基德莫尔学院(Skidmore College)历史系副教授皇甫峥峥(Jenny Huangfu Day)的专书《远西旅人:晚清外交与信息秩序》(*Qing Travelers to the Far West: Diplomacy and the Information Order of Late Imperial China*)便拣选晚清史上较有代表性的六位外交官员为考察对象,通过他们的海外见闻或交涉记录,以管窥自第二次鸦片战争至甲午战争的30年间使臣群体对西方的记录与认知的微妙变化,并进一步求索这一时期海外信息秩序的构建过程。

既往研究于晚清出使问题多有涉猎,但就使臣、使馆留下的大量文字材料而言,相关研究的规模似尚有较大的扩充空间。之所以出现这一局面,或与20世纪初改良派及革命派对清廷的批判不无关系。梁启超在《五十年中国进化概论》一文中有这样一段文字:

> 记得光绪二年有位出使英国大臣郭嵩焘,做了一部游记,里头有一段,大概说:"现在的夷狄,和从前不同,他们也有二千年的文明。"嗳哟,可了不得,这部书传到北京,把满朝士大

夫的公愤都激动出来了,人人唾骂,日日奏参,闹到奉旨毁版才算完事。①

在这段话中,梁启超将出使英国的郭嵩焘与他的批评者置于"进步—排外"的二元对立框架中,由此便顺理成章地使读者产生了这样的认知:正因清廷的专制和对儒家传统的固守,故而阻滞了中西沟通与社会进步。这一认知将"清廷未能及时改革"与"晚清中国的民族危机"二者间构建出一层因果关系,并随即成为一种对晚清外交活动行之有年的解释框架。然而根据皇甫教授的发现,郭嵩焘的游记最初恰是由官方出版,欲借此传播西学,即使在被封禁之后,仍有大量知识精英对该书充满热情。二元对立的解释框架长期流行,在与费正清的"冲击—回应"理论结合之后,似愈有成为"真理"之势,主张19世纪60年代之后中国外交制度的变动是一种模仿欧洲的"现代"举措,是在外国的武力威逼下采取的无奈之举,且与中国的"传统"格格不入。近年来,随着《走向世界丛书》《近代中外交涉史料丛刊》等书系对近代外交官日记及外交档案的整理、披露,为中国视野的"外交主体性"回归起到助推作用,本书亦希望摆脱二元话语以及20世纪80年代兴起的"现代化"范式的桎梏,而倾向于采取比较史学的视角,将近代中国的变迁视为一种动态的、建设性的过程,其中对西方的认识以及与之相关的信息网络构建便是这项长期过程的一个环节。②

本书借助对几位外交官旅外资料的深入解读,试图回答如下几个问题:是什么促成了他们各自的西方认识?又是什么促使或

---

① 梁启超:《五十年中国进化概论》(1923年2月),《少年中国说》,中国言实出版社2017年版,第237页。
② 参见皇甫峥峥著、汪林峰译《远西旅人:晚清外交与信息秩序》,上海人民出版社2024年版,"导论"。

阻碍了他们对文字记录的保存？当这些文本一旦释出，又会产生何种影响？质言之，本书除了关心文本的内容，还格外关注文本生产和流通过程中的实践与假设。晚清外交信息网络中诸多环节的不确定性致使我们很难认为"对西方的接受和赞扬"代表着客观进步，"对西方的批评"意味着"无知守旧"。① 信息往还交错之间，"新"与"旧"恐怕也很难再有历历可辨的壁垒。

二

全书凡六章，前三章强调 19 世纪 60—70 年代之间"游记"(travel literature)式的书写形式在外交官外事文本记录中的突出地位。第一章选择了开篇述及的斌椿作为主人公。斌椿旅欧归国后，将旅途中的见闻日记整理成《乘槎笔记》一书，成为清朝官员根据亲身体验对"西方"的第一次直接描述。在书中，斌椿将西方描绘成一个充满神奇、美丽、秩序和美德的国度，尽管其风土人情与中国颇多歧异，但欧洲人热爱和平、勤劳、文明等品质却具有典型的中国儒家气质。通过对传统使臣记录的模仿，西方国家在斌椿笔下几乎与中国的"朝贡国"地位趋同。然而充满文学性的笔触毕竟难以有效收集外事信息，斌椿的记述难孚李鸿章等人之望。斌椿之后，出使西方的官员不得不面对一个问题：如何使自己帝国特使的身份与清廷不断变化的需求相协调。②

为了解决这一矛盾，后斌椿时代的使团付出了持续的努力。第二章聚焦被后世称为"蒲安臣使团"的出访活动，但关注对象却

---

① 参见皇甫峥峥著、汪林峰译《远西旅人：晚清外交与信息秩序》，第 303 页。
② 同上书，第 39—84 页。

并非被中方任命为"办理中外交涉事务大臣"的美国人蒲安臣（Anson Burlingame），而是以记名海关道头衔随行的满人志刚。书中指出，此次使团出访是为在后续条约修订中不落下风，清廷关于派遣使团与否的争论并非囿于礼制，而是现实政治致使部分人对出使的实际效力存疑。作为一名深受"陆王心学"影响的学者，志刚将其学术体系引向对社会经济有益的一面，试图发掘中西方人性的共通点，及主宰万物的抽象而普遍性的原则。然而由于缺乏制度惯例，志刚及其同僚孙家谷的旅途记录并未被朝廷重视。一部分士人则表现出与朝廷相反的态度，他们通过非官方渠道找到志刚的日记，并在编辑时对其内容进行自我审查：删除了文中对西方的明确赞扬。这表明，对外国有限度的描述与其说是朝廷政策，不如说是士人对儒学和成例的恪守。[1]

第三章以张德彝的职业轨迹为线索，考察了语言训练和出使经历对外交官个人发展及对外信息形态构建的重要影响。1866年，未及弱冠的同文馆毕业生张德彝便随蒲安臣使团出访欧美，之后又多次出使随访海外，从随行翻译逐步成长为独当一面的外交官，丰富的使外经历使他留下了多部以《述奇》为名的旅行日记。随着个人身份的转变，张德彝日记的内容亦从偏好记录外国新奇的日常点滴，转为管理与外交相关的资料、档案。张德彝由于缺乏正统的儒家教育，曾长期难以担任较高的外交职务，而其早年的语言和外交训练又使其使外日记中对欧美国家的赞扬超出一般时人可以接受的程度。唯其如此，其早期记录展现出颇多异于官方态度的国外生活面相。[2]

随着驻外公使馆的建立，清朝涉外知识的产生、传播以及外交

---

[1] 皇甫峥峥：《远西旅人：晚清外交与信息秩序》，第85—121页。
[2] 同上书，第122—164页。

信息秩序的建设进入到一个全新的阶段。作为首任驻英公使,本书第四章的主角郭嵩焘对于清朝筹建驻外使馆无疑功莫大焉。作为一名经世学者,郭嵩焘一度认为比起设立常驻公使,关注民生和资源管理才是更为迫在眉睫的任务。然而马嘉理事件的发生使郭嵩焘不得不接受赴英道歉并常驻彼国的任务。清制规定,驻外使馆与总理衙门属平行机构,使馆的建设和任务在在显示出随意性,公使也具备较高的独立自主性。尽管如此,郭嵩焘的外交团队中仍然充斥着中外各种势力,遂致使馆建立之初便存在不同利益之间的紧张关系。在《使西纪程》一书中,郭嵩焘将西方的统治方式内化为"三代"的理想制度,将帝国主义、国际法、科学发现、基督教和欧洲教育体系等视为西方"有道"的证据,郭氏也因此遭到国内大量士人的抨击。郭氏与国内联络的公使通信由于并无规制可循,且朝廷、总署、使馆三者之间的沟通亦多不畅,常常使国内官场陷入尴尬境地。①

如何在保证国内受众能够接受的基础之上有效传达外交信息,构成了第五、六章的主题。第五章着重介绍了曾国藩之子曾纪泽的外交实践。1878年,曾纪泽出任驻英法大臣,在其任职期间,出使日记这一传统的外事记录逐渐退居二线,取而代之的是新兴的远程通信技术——电报,该技术将总理衙门、南北洋通商大臣、沿海督抚以及驻外使馆有机联系起来。电报技术的利用使曾纪泽主导下的公使馆成为新闻、报告、奏折的总汇之地,既增加了朝廷获取信息的能力,又削弱了中央集权的控制。曾纪泽在办理交涉时,拒绝将国际法作为谈判时的唯一依据,而是主张尊重国情和先例,用巧妙的外交辞令维护清廷的利益。然而讽刺的是,曾纪泽的外交成就在某种程度上得益于使馆与朝廷天各一方,以及国内官

---

① 皇甫峥峥:《远西旅人:晚清外交与信息秩序》,第165—206页。

员对使馆档案内容的不明就里。第六章的论述对象薛福成在桐城派的启发下,将外交文件分为奏折、咨文、书函、批示以及照会等五类,并模仿顾炎武的《日知录》,将传统的出使日记进行了体裁革新。在对西方知识的诠释层面,薛福成广泛利用了"西学中源说",以确保其想法能得到国内知识界的普遍接受。种族学说及殖民扩张理论等西式理念也被薛福成有意识地结合起来,作为"大清帝国"重要的战略方针。薛氏对出版事业的关注也对后来外交知识向非官方领域的渗透打下了坚实基础。[①]

三

约瑟夫·奈(Joseph Nye)认为,随着信息时代的到来,"权力正在从'拥有雄厚的资本'转向'拥有丰富的信息'",[②]实则早在帝制时期,掌握信息对于操控国家政权的关键作用便已坐实。[③] 王朝民情政令的上传下达,便全赖信息系统的运作,其效率直接与政权的政务处理能力接榫。近年来,章清、潘光哲、张仲民等学者对近代西学知识的制造、传播及接受等相关问题的研究有重要推进,也促使学界广泛关注知识、信息传播与中国近代转型的重要议题。本书同样将"信息"作为全书的重中之重,并纳入秩序与制度的视野中加以考察。从几位外交官留下的外事记录中,皇甫教授敏锐地捕捉到他们分别将自己视作旅人、王朝使节、学生、学者、外交官及战略家,不同的身份认知衍生出不同的记录体裁及内容取向,于

---

① 皇甫峥峥:《远西旅人:晚清外交与信息秩序》,第 207—300 页。
② 约瑟夫·奈著,门洪华译:《硬权力与软权力》,北京大学出版社 2005 年版,第 105 页。
③ 参见邓小南《信息渠道的通塞:从宋代"言路"看制度文化》,《中国社会科学》2019 年第 1 期。

是我们看到出使日记等文件从斌椿时代的文学性创作逐渐被曾纪泽时代更为严谨、高效的电报技术所取代,而在薛福成等人的努力下,外交官的交涉知识与西方体验亦逐渐打破官方的藩篱,惠及广大绅商、士人。在与外国政府进行直接的外交往来时,外交官们一般遵循西方成例,而一旦通信对象变为国内,他们便会对文本的修辞多加揣摩,尤其是在涉及西方值得学习的方面时,需要在表达赞同与保持距离间寻得微妙的平衡,书中将此称为"中西之间的可公度性"(Commensurability between China and the West),"西学中源"理论便是建立这一可公度性的重要桥梁。① 皇甫教授还引入了斯图亚特·霍尔(Stuart Hall)的理论,将使臣文本的记录视为"编码"(encoding)的过程,而这些知识或信息在不同的受众中被传播与消费,则是一个"解码"(decoding)的过程,这两个概念的引入称得上别出心裁,且恰如其分。

  本书亦着力于揭示使团派遣及国内外信息交流背后的各类"网络"。皇甫教授准确地将使臣外交记述的国内传播网络分为两途,一为以朝廷与总署为代表的官方网络,一为对外事好奇的通商口岸士人网络以及由此衍生的消费群体。尽管官方出于各种考量常常对使臣提交的文件采取保密措施,通商口岸的士人群体总能够通过非官方渠道获取相关资料并在圈内普及。而当电报这一更高效的传讯方式得以利用后,作为传播网络一环的驻外使馆具备了更为突出的自主性。另一类网络或可称为"总署—同文馆"网络,这与使团的派遣脉脉相关。第二次鸦片战争之后成立的总理各国事务衙门客观上为中国官员与英国人赫德、美国驻华公使蒲安臣(Anson Burlingame)以及英国驻华使馆参赞威妥玛(Thomas Francis Wade)等人的密切交往创造了机会,同时总署辖下的外文

---

① 皇甫峥峥:《远西旅人:晚清外交与信息秩序》,第183—184页。

学校——京师同文馆的开办也使得诸如包尔腾（John Shaw Burdon）、马士（Hosea Ballou Morse）、丁韪良（William Alexander Martin）等外籍教习与官方的联络渐趋密切。不难发现，斌椿、志刚、郭嵩焘的出使在某种程度上离不开赫、蒲、威等人的推动，而历次出使班底中，出身同文馆的人员比例又是相当可观的，这一点在苏精、李文杰等前辈的研究中已有着墨，足见这一网络对于构建海外信息秩序的基石作用。徐国琦先生近年来呼吁对近代中外交流中"共有的历史"的关注，[1]本书对"总署—同文馆"网络的强调同样可以提示我们理性看待近代外国驻华人士在中国外交近代化进程中的位置。

近年来兴起的"从周边看中国"及寻找"遗失在西方的中国史"等研究潮流，对于学界重新认识中国的历史定位、发掘被忽视的外文资料等层面，均有拨云睹日之助。"他者"和"远人"对中国的观感自然重要，而当中国化身"远人"，乘桴海外，其体验与随之而来的西方认识同样值得关切，皇甫教授的这部著作便是基于这一视角的有益探索。更可贵的是，本书并未止步于描述中国旅外官员的异国感知，而是将外交知识的传播、接受及朝野互动置于同等地位加以考析，将外交写作视为一种"交流的过程"，实现了"由内而外再至内"的研究视角。也正因对流动性、异质性及矛盾性的综合考量，使本书得以与传统的"冲击—回应"理论进一步商榷。皇甫教授无意于采用西方与非西方、传统与现代、拒绝与接受等简单的二分法，亦不愿落入侧重价值评判的窠臼，而是力求揭示更为复杂的历史面貌。职是之故，本书展现了诸多耐人寻味的图景，比如以往被目为保守人物的斌椿其实未必抱残

---

[1] 参见徐国琦著、尤卫群译《中国人与美国人：一部共有的历史》，四川人民出版社2019年版。

守缺，他对欧洲的文化、科技有着由衷的赞赏；晚清也并非单方面受惠于日本舶来的近代知识，《乘槎笔记》在明治初期便传入日本，并对其政治改革产生重要刺激；出使人员在收获新知的同时，对欧美社会因工业化带来的社会问题、资源枯竭等也有着深刻的反思；19世纪90年代，薛福成甚至主张将中国改造成"殖民帝国"，等等。

　　本书既是一部外交人物史，也是一部外交制度史。如果说李文杰教授所著《中国近代外交官群体的形成（1861—1911）》一书为我们深入勾勒了晚清外交官人事制度层面的演进，[①]本书则侧重于对晚清外交活动中信息沟通与传播制度的探讨。本书以1866—1894年间先后任职的六位外交官员为中心，利用他们的对外交涉实践串联起晚清对外信息秩序建构过程中的数个阶段，突出了个人在制度变迁中的重要作用；同时擅长分析人物的成长经历、学术背景，以最大限度地理解外交官们的内心世界，厘清其外交体验及书写背后的行思逻辑。人事与制度本是政治史研究的核心要素，可以说本书做到了人与制度的有机结合，近乎"活"的历史，而这亦得益于皇甫教授从比较文学、传播学、思想史、文化史等学科门类中的集思纳新。在制度的考察层面，本书格外关注内政、外交之间的紧密联系。就内政对外交的影响而言，政局的变动、执政者的政策走向自然是题中之义，譬如蒲安臣使团的成立便有清廷将谈判地点转移到国外、避免西方远征中国的考量，曾纪泽的离任亦或与国内"甲申易枢"的变动表里相依。然而笔者以为内政影响外交尚有隐性的一面，外交和"内宣"从来都是难分彼此的，清廷除了希望借助外交实现"和

---

　　①　参见李文杰《中国近代外交官群体的形成（1861—1911）》，生活·读书·新知三联书店2017年版。

戎",同时也要借助外交巩固政权合法性,达到"安内"之效。对于这一层面相,本书在考察外事记录的撰写及编辑时亦有所涉及。王汎森先生在《权力的毛细管作用》一书中曾指出清代文献中存在"自我压抑"的现象,①而在本书中,皇甫教授指出晚清的外交官或国内的编辑者同样会因顾虑国内的接受情况及政治影响,而对外交文献进行"自我审查"。

四

碍于学力,笔者在拜读之余,对书中部分内容观点尚存疑问,借此机会约略陈之,以求教于皇甫教授。

本书对晚清外交信息秩序构建过程的认识可谓独具只眼,对外交官文本记录的体裁变化也多能见微知著。但书中有关外交官群体与利用"西学中源"理论之间的关联探讨,窃以为或有进一步考量之处。书中提出曾纪泽是晚清使臣中最早运用这一学说来促进中西交流的人,而薛福成则在文本中将这一思路做了更为深入的阐发。笔者并不怀疑曾、薛二人在推动"西学中源"与外交文书写作结合方面的巨大作用,但笔者认为这一思路其实是外交官群体普遍认可且于晚清诸阶段一以贯之的。早在斌椿出使时,便常将欧洲君主以古代圣王作比,认为他们已经具备儒家统治者的特质;志刚在考察美国机械设备时,也曾表示一些基本原理是基于中学的延伸;张德彝则认为美国是遵循儒家传统治国的开明国家;郭嵩焘更是盛赞国际法继承了三代时期的优良传统,以上种种论调虽属刻意比附,但无论将其视作一种心理补偿、自我欣赏抑或是修

---

① 王汎森:《权力的毛细管作用:清代的思想、学术与心态》,北京师范大学出版社2015年版,第345页。

辞策略,都很难摆脱"西学中源"的烙印,尽管书中认为志刚强调的是"万物的普遍性",与"西学中源"尚有距离。另外,笔者以为对"西学中源"的定义不宜狭化,对于世界秩序的叙述也应纳入"学"的范畴,即传统的"天下观""宗藩体系"都是"中学"的表现形式。由此观之,使臣们将自己视为出使朝鲜、越南等国的"星使",将欧美列国比作朝贡国的行为便同样是典型的"中学西源"的表述,譬如时人便认为斌椿的记录是对中国"怀柔远人悠久传统的延续"。

　　本书侧重于发掘信息流转在晚清外交制度变迁中的巨大影响,但还应考虑到出使的任务包罗多面,并非只有信息的搜集及文本的制造、传播,御敌于国门之外同样是出使的重要任务。张晓川教授曾将国内交涉中的"摒挡"归纳为四途:总理衙门为内廷之"摒挡",南北洋通商大臣为总署之"摒挡",各省督抚为通商大臣之"摒挡",关道、局所委员为督抚之屏挡,[1]总结颇为精准。笔者循此思路,认为驻外公使或许可作为国内交涉事务的"摒挡"。目前本书立论主要基于使臣们展现给国内的信息与文本,而与外国政府之间的交涉往来,书中并无太多展现,而这些交涉(尤其是驻外使馆建立之后的交涉)文本恐怕在信息秩序的形成中有相当关键的作用。由皇甫教授整理的《晚清驻英使馆照会档案》数年前业已问世,[2]具有巨大史料价值,其中涉及大量具体的外交事件,是否可从个案入手做更为具体的考察? 或可对上述问题有所补遗。与此类似的是,信息的传播与接受同样并非单纯地局限于国内。作为外交使团,除了搜罗信息,还有释放信息的任务,其中很重要的一面便是向列国展现中国的形象,这又是一个怎样的过程?

---

[1] 参见蔡钧撰、张晓川整理《外交辩难》,上海古籍出版社2020年版。
[2] 参见皇甫峥峥整理《晚清驻英使馆照会档案》,上海古籍出版社2020年版。

外交官是如何展示国情与国格,外人又是如何理解与接受？这有待进一步的挖掘。

优秀的著作总能引人举一反三,笔者在阅读本书的过程中颇受启发,以为根据书中内容尚可引申出多个可以另辟章的课题,譬如总理衙门对出使文本、西学著作的选择、刊印是一项怎样的制度？其外交文书档案的保密制度又是如何运作,实效如何？清末出现了许多非常驻的流动使团,譬如载沣使团、载振使团,以及出洋考察政治的五大臣使团,与常驻使馆相比,这些使团与国内之间又形成了怎样的信息秩序？其文本的制造、传播与接受又呈现出怎样的面貌？诸如此类,皆有待于方家考实。

小　　结

过去我们常将林则徐、魏源、徐继畬等人称为第一代"开眼看世界"的士大夫。这一群体先后编撰的《四洲志》《海国图志》《瀛寰志略》等著述无疑对中国人改变传统的"天下"观念起到创榛辟莽之功,然而单纯依靠这类在国内编撰的"世界"知识尚不能有效满足清廷对海外实况的渴求,亦远不能实现对外信息秩序的构建,遑论近代外交的转型。只有当斌椿、志刚、张德彝、郭嵩焘、曾纪泽、薛福成等外交人员远离故土,奔欧赴美,中国对海外的认识才真正由"开眼观世"进入到"躬身入世"的阶段,欧美诸国开始成为可被感知与体验的客体。于世界体系而言,这是中国"进入国际大家庭"的关键一步,而揆诸当时外交官群体的心态,此举不啻携"世界"知识以归故国的重大尝试,"每一位外交官都用自己的方式来组织基于其对社会、政治和知识的关注的世界知识",不同的释义群体,又出于各自的策略和核心假设,使文本的意义从属于自己的视角。本书以翔实的史料与酣畅的笔触,将这一纷繁复杂的过程细细展开,为学界献上了一项颇具分量的成果,也定将为驻外使馆、使臣的后续研究导夫先路。

(本文系在发表于2021年5月17日《澎湃新闻·私家历史》初稿基础上修订而成)

·史料整理·

《亚东时报》所载山根立庵"馆说"

戴海斌　整理

按　语

《亚东时报》是晚清时期日本人在上海创办的一份中文刊物，自光绪二十四年五月初七日（1898年6月25日）创刊，至二十六年三月二十九日（1900年4月28日）停刊，共发行二十一号。其发行之初为日本民间组织乙未会的机关杂志，[①]主要资助人为大东汽船会社创办人白岩龙平，主笔为山根立庵，宗旨在于倡导中日

[①]　乙未同志会骨干成员包括白岩龙平、宗方小太郎、河本矶平、绪方二三、前田彪等人，多出身于荒尾精主持的汉口乐善堂—上海日清贸易研究所系统。（《乙未会员姓名》，近卫笃麿日记刊行会编：《近卫笃麿日记》第2卷，鹿岛研究所出版会1968年版，第136—137页）甲午战时，近百名上海贸易研究所毕业生几乎全部投身战争，或担任军事翻译，或从事秘密情报工作，战后，荒尾精病逝，其门生故吏希望有一个组织可以将他们联系起来，以便战后在华事业的展开，乙未同志会于1895年（乙未年）遂应运而生，1898年，近卫笃麿整合大陆浪人、精神社、贵族军官三方面势力组成同文会，在上海设立分会，其主干即乙未会成员，原作为乙未会机关杂志刊行的《亚东时报》也转化为同文会海外机关报，该报主要资助人为创办大东汽船会社的白岩龙平。参详拙文《山根立庵、乙未会与〈亚东时报〉》，《复旦学报》（社会科学版）2017年第3期。

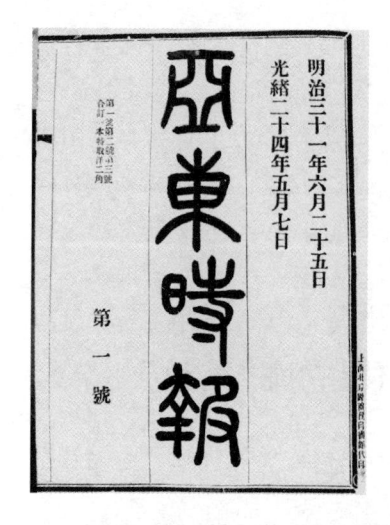

携手,"敦二国之交","通两国心志",树"兴亚之大计",①该报运营后被纳入东亚同文会年度事业预算。它存在时间不长,大约不超过两年,但恰处于戊戌变法至庚子事变发生前这一段清朝政治最为复杂变动的时期,第七号以后唐才常较深介入了编务工作,谭嗣同遗著《仁学》亦曾在报上刊载,故而这份刊物为近代史研究者瞩目,并习惯性地将其归入"维新派报刊"。

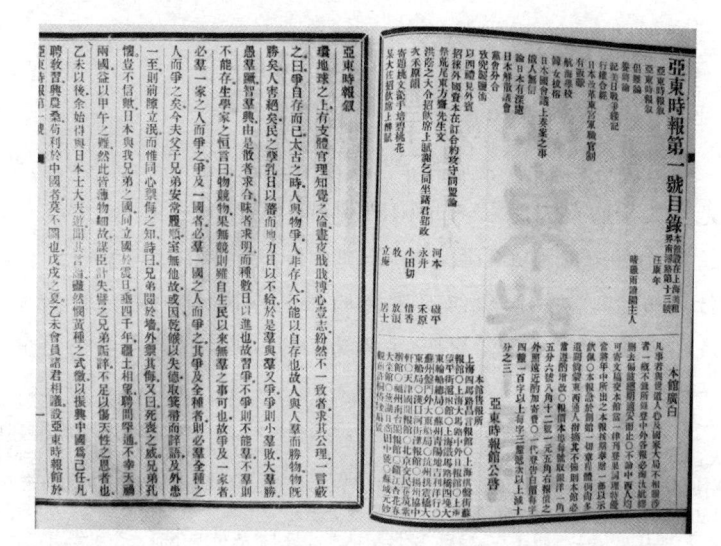

《亚东时报》第一号封面、目录、《亚东时报叙》(1898 年 6 月 25 日)

① 亚东时报同人:《亚东时报叙》,《亚东时报》第一号,明治三十一年六月二十五日,页二。

山根立庵(1861—1911),名虎之助,又名虎臣,字炳侯,号立庵,日本报人、汉学家。1898年应大东汽船会社社长白岩龙平之邀来华,主办上海《亚东时报》,为发刊人兼主笔。他以山根居士、立庵居士、山根虎侯及晴猎雨读园主人、深山虎太郎、芦中人、剑谭钓徒等笔名发表大量诗、文、译作,一时声誉鹊起,为中国文坛所推重,包括章太炎、宋恕、文廷式、汪康年、张元济、黄宗仰等第一流文人士大夫,多赞许其笔力之健、识见之卓。"乌目山僧"(黄宗仰)赠诗有云:"风雷笔舌多开辟(自注:先生见主《亚东时报》笔政),绣虎文心久擅名。"①当时白岩龙平致书东亚同文会会长近卫笃麿说:"《亚东时报》汉文栏向为清人所称,声名最著,主笔者山根立

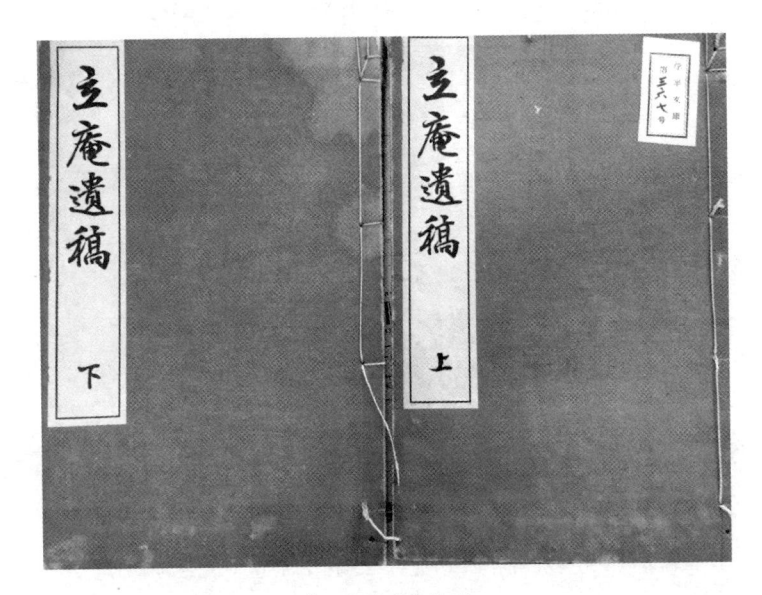

《立庵遗稿》书影

---

　　①　乌目山僧:《日本山根虎臣先生,客冬寻僧于书画会中,笔谈一晤,心眼为开,髭颅支邁,恨无缟带以结元度之好,谨赠二章,抛砖引玉,博一粲也》,《立庵遗稿》上册附录《诸家赠言》。

庵于上海文人亦不做第二人想。"①义和团事变后,历任北京、天津日本驻屯军汉文翻译,并被袁世凯聘任为保定军官学校教习,辛亥革命前因病归国,1911年在故乡山口县荻市去世。身后诗文刊行者有《立庵诗钞》(国文社1912年版)、《立庵遗稿》(东亚实进社1917年版)两种。②

《立庵遗稿》上册四卷为"诗",下册两卷为"文",后者收录山根立庵在华时期所撰社论、赠序、书函,共计22篇。然立庵发表于《亚东时报》的诗、文,收入《立庵遗稿》者存在异文情况,而未收入者也不在少数,可供补佚。(参看下表)

附表:山根立庵在《亚东时报》发表诗文一览表③

刊号	时间	栏目	篇名	署名	《立庵遗稿》
第1号	1898年6月25日		亚东时报叙	亚东时报同人	卷五
第1号	1898年6月25日		倡难论	晴猎雨读园主人	卷五
第1号	1898年6月25日		养将论		卷五
第1号	1898年6月25日		某大佐招饮席上醉赋	立庵居士	

① 《白岩龙平书简》(明治三一年七月二十九日,上海),《近卫笃麿日记》第2卷,第122页。

② 山根立庵生平大要,据东亚同文会编《对支回顾录》(下卷,原书房1968年版,第851—855页)、黑龙会编《东亚先觉志士记传》(下卷,原书房1966年版,第460—461页)所收两种传记。

③ 收入此表的诗赋、文章均系确定为山根立庵所作,尚有一些疑似文章,待考未录。

(续表)

刊　号	时　间	栏目	篇　名	署　名	《立庵遗稿》
第1号	1898年6月25日		哭坪井中将	立庵居士	卷四
第2号	1898年7月25日		奉和空斋伯爵蓝田先生三崎别业唱和诗韵	山根立庵	卷四
第2号	1898年7月25日		用前韵呈[空斋]伯相	山根立庵	卷四
第2号	1898年7月25日		同呈蓝田先生	山根立庵	卷四
第2号	1898年7月25日		同自赠	山根立庵	卷四
第3号	1898年8月25日		草茅危言①	深山虎太郎	卷六
第4号	1898年11月15日		书八月六日硃谕后	深山虎太郎	
第4号	1898年11月15日		扪虱随录	芦中人	
第4号	1898年11月15日		挽六士（七律六首）	深山虎太郎	卷一
第5号	1899年1月31日		扪虱随录	芦中人	

---

① 此文在《立庵遗稿》中一分为三，以《民权（戊戌）》《共治（戊戌）》《君权（戊戌）》独立成篇。

(续表)

刊 号	时 间	栏目	篇 名	署 名	《立庵遗稿》
第5号	1899年1月31日		与康有为书	深山虎太郎	卷六
第6号	1899年5月4日	来稿	论党会①	芦中人	卷五
第6号	1899年5月4日	杂录	书河本默堂肖相后	剑谭钓徒	卷六
第8号	1899年6月3日	馆说	各国政策隐情论略	深山虎太郎	
第9号	1899年7月2日	馆说	书大隈伯与客谈支那时局一节后	晴猎雨读园主人	
第10号	1899年7月2日	诗赋	将游禹域题壁	晴猎雨读园主人	卷四
第10号	1899年7月2日	诗赋	入长崎		卷四
第10号	1899年7月2日	诗赋	长崎客中感怀		卷四
第11号	1899年7月17日	论说	大变小变说②		卷五
第12号	1899年7月17日		无题赋阳州	立庵居士	卷四

① 此文在《立庵遗稿》改名《论立党会(己亥)》,文字有变动。
② 此文收入[日]神田喜一郎编《明治汉诗文集》(《明治文学全集》62),筑摩书房1981年版,第291—294页。

(续表)

刊 号	时 间	栏目	篇 名	署 名	《立庵遗稿》
第12号	1899年8月1日	论说	培根论		卷五
第14号	1899年9月4日	论说	养士论	深山虎太郎	
第16号	1899年9月30日	论说	厦门滋扰案件平议	深山虎太郎	
第16号	1899年9月30日	杂录	送西村生之东京序	山根虎侯	卷六
第16号	1899年9月30日	诗赋	送某之日本	立庵居士	
第17号	1899年11月20日	论说	砭新论		卷五
第18号	1899年12月25日	论说	论外交不可常恃	深山虎太郎	卷五
第18号	1899年12月25日	论说	论南非战乱大有关系于亚洲	深山虎太郎	
第18号	1899年12月25日	诗赋	送白岩子云荒井图南之湘	山根居士	卷一
第18号	1899年12月25日	诗赋	寄图南在湘	山根居士	卷一
第18号	1899年12月25日	诗赋	送原田生之北海道（旧诗）	山根居士	卷
第19号	1900年2月28日	论说	论空言之无补于时局	山根虎侯	卷五

(续表)

刊 号	时 间	栏目	篇 名	署 名	《立庵遗稿》
第19号	1900年2月28日	诗赋	送某[文芸阁学士]之日本	山根立庵	卷一
第20号	1900年3月30日	论说	国家宜钦派头等大臣带随名医赴清国问皇帝疾病议	山根虎侯	
第21号	1900年4月28日	论说	论保救大清国皇帝会	山根虎侯	
第21号	1900年4月28日		赠冈田筥所	山根虎侯	卷四
第21号	1900年4月28日	诗赋	寄黄叶秋村在台督幕府	山根虎侯	卷一
第21号	1900年4月28日	诗赋	送永井禾原归国次其韵	山根虎侯	卷一
第21号	1900年4月28日	诗赋	读史	山根虎侯	卷一

　　山根立庵在《亚东时报》所作"馆说"及诗歌，带有鲜明的政治导向性。该报创刊时定为月刊（自第七号改为半月刊），第2、3号均按时出版，第4号则严重脱期，迟至本年11月15日才面世，明显是因为受到戊戌政变影响。立庵用"深山虎太郎"的化名发表《书八月六日朱谕后》，并写诗哀悼戊戌六君子，成七律六首，总题为《挽六士》，章太炎盛赞为"奇肆崛峰，无大白不能读，无铁板不能歌"。① 此外，《论党会》(第6号)、《各国政策隐情论略》(第8

---

① 《挽六士》,《立庵遗稿》卷一,东亚实进社大正六年(1917)刊行,页十四。

号)、《书大隈伯与客谈支那时局一节后》(第9号)、《大变小变说》(第11号)、《培根论》(第12号)、《养士论》(第14号)、《厦门滋扰案件平议》(第16号)、《砭新论》(第17号)、《论外交不可常恃》(第18号)、《论南非战乱大有关系于亚洲》(第18号)、《论空言之无补于时局》(第19号)、《国家宜钦派头等大臣带随名医赴清国问皇帝疾病议》(第20号)、《论保救大清国皇帝会》(第21号)诸"馆说"文章,皆紧扣时事,乃为有所为而发,与清朝政治外交史脉络紧密交织。

报史研究者一般认为《亚东时报》为日本人创办,在租界发行,故言论偏向大胆,"当时在中国出版发行的中文报刊之中,公开哀悼谭嗣同等戊戌六君子被杀、同情康有为与梁启超逃亡,以及反对慈禧太后重新垂帘听政,只此一家而已"。① 细绎《亚东时报》的言论立场,多东亚同文会内部不同力量牵掣,对待康、梁态度比较复杂,且前后存在差异,所谓"激烈化"恐怕只是一时表象,或外部的一种印象而已。如《亚东时报》第5号(1899年1月31日)刊载"深山虎太郎"《与康有为书》,申论"仆近来致疑足下者有三",对政变后康有为的政治取向与实际作为提出批评。此文数经转载,流传颇广,也为康梁派的对手方所重视,叶德辉将之编入《觉迷要录》,专门指出:"日本深山虎太郎一书,大阪《每日新闻报》一则,尤为深切著明,不留余地,斯诚直道之公矣。彼梁逆狂吠之报,窃名清议,不适足贻外人非笑哉?"②

今整理山根立庵在《亚东时报》所发表"馆说"(含"论说")文

---

① 周佳荣:《近代日人在华报业活动》,岳麓书社2012年版,第44页。
② 叶德辉:《〈觉迷要录〉叙》,吴仰湘点校:《翼教丛编·觉迷要录》,中华书局2023年版,第361页。按自立会一役事败后,叶德辉编述《觉迷要录》,"凡中人外人论二逆(康、梁)罪状者,按各报年月先入入载",其卷三"公论类"刊载"深山虎太郎与康有为书"。

章20篇，以供中国近代史及中日关系史研究者参考。复旦大学历史学系研究生孙嘉奇、李瑞浩楠、胡晓明、刘恒光为本篇文字校勘提供了帮助。

亚东时报叙[①]

东瀛禹域，并列并洲，相距不远，称为同文之邦。李唐之世，玉帛往来，冠盖相望于海上。尔后中绝，不相聘问，几及千年。明治四年，始又立约修交，申明唇齿之谊，互驻其使臣于首府及各口岸，以商办事宜。士民之贸迁游学者亦以千数。海关出入之款，每岁数百万，敦槃之好，殆轶前代。有志之士，以谓西力东渐，危机日迫，两邦苟协力以当欧美诸国，则亚洲时局不复忧无挽回之日。讵料昊天不吊，降祸东方，二国日恶，先有台湾之事，后有琉球之案，事端纷起纠结，遂致甲午大变，兄弟喋血，同气相食，呜呼惨矣！

窃尝试论其所由，二国之为秦越，要皆自尊之一念根抵人心，牢不可破。由是此则易其国小人寡，曰："么么岛夷何为者？"彼则诋其株守旧俗，曰："彼冥顽拘古，无能为役。"交相反目，而不知夫碧眼朱髯之客笑于其后也。偶有一二有心人，大声疾呼，欲纠合同类，树立兴亚大计，以救斯弊，而一齐众楚，不为其国人所孚，亦有词客文士，簪笔往来，缓颊说纵横，概皆空疏，无补于事。故二国有同文之名，而无同文之实；有友于之形，而无友于之忱，纵令无朝鲜之事，又安保无干戈从事哉？是无他，彼我事理之不通，心志之不相融故耳。投明珠于暗中，不识者怒而按剑，况于言语不相通、习俗不相类者乎？

[①] 《亚东时报》第一号，光绪二十四年五月七日（明治三十一年六月二十五日），页一一二，署"亚东时报同人"。收入《立庵遗稿》卷五。

是故欲敦二国之交,莫善于疏通其国民之心志;疏通国民之心志,莫先于知其语言、人情、制度、学术;欲知其语言、人情、制度、学术,尤莫急于设立学堂。然学堂容人自有定限,无从家训而人海,故其功之所及,亦不能无涯。但有新报,可以补其罅漏矣。

禹域自战歇后,惩前毖后,易辙改弦,朝野一以自强为务,风气一变,非复昔日之比。其士大夫方鉴乎引狼入室之失计,欲释怨撒恨于曩之思啖其肉而寝其皮者,引以为与国,是实我曹平生所腐心,而兴亚之大计亦未始不在于此也。故我曹与同志胥谋,卜地海上,创《东亚时报》馆,以通两国心志,至于学堂,有待诸有识。查中国报馆之设,虽已更仆数,然皆以仅用汉文,犹有缺憾,其并用日韩两文,俾二国人均读之,则自本报始。此亦欲敦国交之微意也。虽然,天下大局岂易言哉!我曹学浅卑识,不足以取信内外,唯有一片血性,摅为文章,以告两国士君子耳。两国士君子不以狂妄之言废意,俯采荛言,则不止本馆之幸,抑亦亚洲之庆也。

亚东时报馆同人叙

倡　难　论[①]

自古豪杰之士,唱新说,排积弊,为天下先者。其初咸弗为世所容,弗翅弗为世所容,流离琐尾,坎坷邅迍,困于饥寒,苦于岸狱,甚至身陷大戮。呜呼!彼岂自以危言高论招罪买祸为臧哉?其志在民人家国,以为吾道不行,无以拯彼陷溺之厄,是以勇往直前,死而不悔耳。虽其所行不无矫激之嫌乎,其所向未尝逸于天理之公。俾闻其风者,顽夫廉,懦夫立,推而及之四海,莫弗风靡响应焉。至

----

① 《亚东时报》第一号,光绪二十四年五月七日(明治三十一年六月二十五日),页二—六,署"晴猎雨读园主人"。收入《立庵遗稿》卷五。

于是，向之以为狂愚迂怪、瓣香尸祝之不遑，谓之屈于一时而申于万世矣，不孚于一乡，而信于天下矣。故豪杰之士，不患附和随从之不多，而患志之不坚固；不患道之不速行，而患所以行之之道未尽也。

有若中国孔子，于战国之日，倡仁义之说。仁义之说，泯没不明，忤于时之耳目，故以一身为天下之首，而迫于陈蔡，困于鲁卫，厄于齐宋，终身皇皇，竟穷死道途。以夫子之圣，岂不识迎合苟偷之于处其身为便哉？然而不以彼易此者，以其所忧在于天下万世，而不在贫贱饥寒故也。商鞅之入秦也，以富强之术进，始则帝道，终则霸道，坐顷而言听于君，旬日而谋行于国，彼唯急于树功施业，而非有道义之念、忠爱之情充塞于心肝骨髓者，是以狙诈巧谋，取容于一时，不久破绽百出，身一脱关，车裂从之，而其所为霸道者，曾不转瞬，与嬴家相终始矣。以视夫子之教，遍敷四海，经万世而不泯灭，其相距果何如也。

粤考泰西，斯巴尔达之兴，实基于赉加耳喀士之变法。赉加耳喀士病国衰民弱，欲振作之，制一法，布告国内，而恐民之倦而改之，约曰：不及吾归，勿或渝也。偕其众誓之国外，投海以秘其迹。斯人不识赉氏之死，遵其遗法而不失，国是以强，民是以勇，遂霸于希腊列邦。天主教行于欧洲数百年，迨其末季，有罗马法皇踞教首之位，蛊惑王侯，奴蓄黔首，耶稣之道几致殆熄。有路的儿者，抗首论其弊，阐明新教，与法皇为难，法皇大怒，迫害备至，路氏夷然不以为意，立志弥笃，久之和者渐多，遂启今日新教之基，其功不亦伟哉！卢奭在法国，际会君权熏灼之时代，唱民约宗旨，举世愕然，目以病风丧心，而其自信厚，秉操坚，不为权贵屈，不为利禄移，数十年之久如一日，持其论不少回。奉其宗旨者群起，殪横暴之政府，树民主之规则，微卢氏卒先为之难，不至于此也。美英之藩属也，暴征横求，无所不至，怨嗟之声载于路，有巴德理克显理者，声英君之罪于议院，扬言自主之不可已，他议员视以为乱人匪类，群呼沮之，显理抗言不屈。寻有华盛顿、法兰克林之徒，继武显理，协心并力，起义兵，逐英人，英王赫怒，加以劲旅，巴华法诸人鼓舞国人，与之战，涉于七年之久，艰难匮乏无不备尝，而终始执独立宗旨，坚忍不挠，遂以藩属之国，变为自主之国，独立大义照于宇内矣。其他瓦里列阿之于天静地动说，阁龙之于发见西大陆，任那之于引痘，沙布之于解放昆仑奴，其初皆不见信时人，而世竟不能不用之者。虽依其合于理而适于宜乎，亦未必不由唱之者把持之坚也。

今欧西诸国号为文明，率皆数子之赐也。越及日本，日本之维新，亦由忠愤义慨之士之倡难也。德川氏初年海禁颇严，不许读西册，有志之徒窜名岐黄之流，游长崎，就荷兰人，问百家新说，如高野、渡边诸人为触嫌忌，身殉于业，而汲其流者日盛，政府亦不得已，除挟书之禁。厥后风气大开，高野等提倡之功与有力焉。自封建改（群）〔郡〕县，迄今仅仅三十年耳。而考其本原，实滥觞于百年前矣，其始有二三子，著书论事，抑霸道，扬王道。其徒有若平田笃胤，有若德川光国，有若浅见絅齐、赖山阳，其说渐行于天下。至嘉安间，美国师船入江户，人心激昂，皆以尊攘为言，群起攻德川氏，德川氏以严刑待之，爪蔓株连，所斩刎先后百余人，所迁流不下数百人。而天下志士踊跃赴难，前者殪而后者继进，其徒日滋。以德川氏二百年之积威与八万旗人之兵力，不能如之何。遂以政权版籍返之朝廷，就于臣下之列，维新之业于是乎启端矣。人或以此举归功西乡等，而不知有志之士凤为之唱首，西乡之徒继其武而成其志也。

方今中国名流奋兴，将酌定时宜，仿法泰西、日本，以立自强之基，行其所谓变法者，似矣。余独嘉其举之善，而疑其操守与气魄矣。西人以世界人民区别为进步、保守二人种，已以进步自居，以亚阿濠等有色之民为保守。保守人种也者，墨守其古来政体、制度、风俗、习惯等，久而不进，不能跻于所谓文明之域之谓也。中国蕴底非余所悉也，唯至其崇古薄今，尊内卑外，其性于保守为近。数千年来，因袭固有国俗而不移，今夫一朝欲革新其面目，以效他国，不亦难哉？泰西新理切近易知者，莫如医疗、铁路，采焉用之，无害国体人心，而有厚生利用之功，中国与外洋通商以还五十余年，沿海之民，在上之人，岂不稔知之？而仍溺岐黄之旧习，拘风水之诞说，不能采以通国利、养国脉。于是漕运之利日阻，夭札之害年加，目前切近之事，尚且如斯，安遑论一更祖宗之法哉！况变法一事，不第中国难行之，亦难言之，商鞅蹶于前，王安石倒于后，皆贻害当时，后世惩噎吹食。至于今日，且视为厉戒，一言变法，人皆将掩耳而走矣。或言中国近日报馆振兴，悉以自强为宗旨，崇言宏论，讽议朝政，裁量人物，俾当路隐然有敌国之思，岂不足以鼓动朝野哉？

余以谓报馆者，义声之府也，布衣谏垣也。苟其有人，识高学深，可以风靡一世，模楷天下，如英之太晤士、美之纽约合罗耳德是也，否则藉楮墨为沽名射利之鹄的耳。余来中国，面交报馆知名之士不为不多，大率志趣卑下，溺声色，徒拾西人牙慧，以一日之长夸其国人者，滔滔皆是，安望风靡一世，模楷天下，为变法之唱首也？

余以为变法之举在泰西诸国，皆是庶民发之，唯俄国则自小数贵族子弟出。自下民发者，出于境遇时势之不得已，故其为人众而其力强；自小数贵族子弟发者，多得之见闻学问之功夫，故其人寡而力弱。故于英法意奥诸国，则以匹夫匹妇与政府大臣为难，而强绠不屈，竟能变易旧法，回复民人自由之利权。俄国则不然，其大声疾呼论变法者，非膏粱纨袴之徒，则读书挟学之子，至于余氓，则于时务国政无所省议，是以在上者，反目攘臂，则被一网打尽。今之俄国无复民政党矣。

中国今日之言变法者，颇与前年俄国为相似。惟所异者，俄则时有慷慨激烈之士，探丸挟刃，甘心于其君相，而中国仅托之空言耳。夫治者与被治者，在专制之国，自殊利害，变法革新之举，便于民庶，而不利于官吏，故古今时运转化之际，必莫弗有上下之争焉。被治者捷则法变，治者捷则法不可变，独有日本一国，于万姓腾欢中举行宣示国宪之典，是由其明良相遭，上下一德，与泰西君臣以市人争利为心者异，而犹在早年，不免官民相枘凿也。

今中国政府持专制之权，拥积渐之威，而俾处士儒生横言放论于下，是岂非天下怪事哉？意者以纸上空论，未足动人心，与其斩新奇警之谈说，可以惊耳喜目故也，非乐闻其过，欲用其说也。今言论未足取信于人，报馆之业未失新奇之目，即执笔之人，可以横言放论于下矣，一旦国民稍倾耳，《时务新报》之名，烂熟世之耳目，则曩之助长培养日又不足者，将摘叶斐枝，遂加以斧钺矣。日本前年亦有此事，其初政府劝国中俾偏开设报馆，若其来稿访事、函书递送，悉免寄费，以助不足。期年而报馆叠见层出，犹今日之中国也，不平于当路者皆揭名馆中，诋论时政，掊击官吏，以为快，政府于是大悔，出谗谤律，以待论者，至是慷慨激昂下狱者数十人。又行发刊停止法，各报馆缺本甚巨，而其气焰不衰，至于昨年，遂（撤）〔撤〕此等苛法。论者言日本开设议院，许民参政，有今日之盛，虽由气运俾之然乎，报馆亦不为与无力也，中国报馆果有此气魄与操持乎？

近日某某氏等唱维新之学，设保国会于京师，以讲明其说，从游者数百人，可谓旷前快事也。中国自古以唱新义、树党派为厉禁，某氏等夷然不顾人言，以身为天下之先，几于我所谓豪杰之士。世人往往以其索隐行怪，不近人情，斥以为西教革命徒，此殆不辨菽麦者之言，为某氏付之一笑可也。独余为某氏恐者，不在世俗毁誉褒贬，从游多少去就，而在某氏其人之所操持何如也。今某氏处于机运旋转之际，唱自强维新之宗旨，天子优容之，宰相保护之，门人附和之，其势若随流而下，转阪而走者，故言其欲言，为其欲为，无秋毫挂碍也。一旦当路之臣视以为不利于己，裂眦攘臂有所逞，即恐今之顺流坦路,将变为险滩盘涡、荆天棘地也。事至于此,媕婀长葸、掷平生主张乎,则有清议之严于斧钺者矣;执义不屈,祸福得丧死生穷达以之,则有公论之荣于华衮者矣。是非特某氏等祸福之所分也,亦为屈于一时而不孚于一乡,与申于万世而信于天下之歧也。昔者靖难之兵渡淮,杨士奇、解缙、胡靖、金幼孜、黄淮、胡俨、周是修约同死,而是修独行其志,(此处数字因为报纸损毁无法看清)立之朝,其始如缙,如士奇,慷慨激昂,义表于色,而独是修流涕不言,客气者不可恃者有如此。

余来此国与二三子相见,俱谈天下之务,读其文,闻其说,无一非忠愤义慨之言,而察其生平,卑吝污秽,与市侩牙驵无所异,俾人发一豚且不弃,况于生平之叹?若辈而为变法之唱首,中国之自强犹远矣。呜呼,中国之自强犹远矣!

养　将　论[①]

介立乎众疆环绕之间,国之能持自主之权而不坠者,只以有兵备扶之也。兵备张则国盛,兵备弛则国衰,宗社安危、民人存亡,一系兵备,故不问时之古今,洋之东西,莫弗以兵备为国之命脉焉。夫兵备何也?并材与人而言之:仗械粮秣,城寨船舰,谓之材;将校兵卒,谓之人。之二者,如车之轮,鸟之翼,均为军资质,不容轻重主客于其间,无古今一也。然而,古之战法,轻材而重人,盖由所用刀枪弓弩之类收其效,专存击刺掷射其人,而不在刀枪弓弩;今则客人而主材,盖由于铳炮、战舰、炮台之制日极机巧,虽有贲羿,无以逞其勇与技矣。故泰西人谚曰:今之战,机械之战也。重人

[①]《亚东时报》第一号,光绪二十四年五月七日(明治三十一年六月二十五日),页六至八。收入《立庵遗稿》卷五。

而轻材，固无取焉，而客人而主材，未可谓善学泰西者也。

不然，中国岂有甲午之败哉？中国处于兵器革新之时，依然墨守旧法，不为变更旧式阵法、兵制，屡屡与欧洲为难，前后皆衅，及马尾败后，始能感悟，海陆水师购西器，聘西员，训练亦从西式，不期年而旗色一变，北洋水师、淮勇、练军居然雄视水陆，船舰之坚、炮枪之利与欧洲疆邦相颉颃。当时李中堂之意，以为中国有此雄师厚兵以临日本，其势与以山岳压孤卵无异，遂启端韩事，甘为戎首。讵料南风不竞，陆师败于牙山、于平壤、于虎山、于海城，海军覆于大孤，竟歼于威海，向之恃以为爪牙股肱者，不啻不能折冲御侮，捍卫境土，其坚舰利炮适足以为敌人之用，是中堂失计之大者矣。余闻当时中国兵员所使用枪，皆系毛瑟新式，比诸我村田铳，锐钝之相距远也。其他若战舰、如炮台、如大炮，精巧坚牢，罔弗凌驾日本焉。而不免于割地讲和之辱者，非彼此机器不相若也，以用之无其人也；非用之无其人，以指挥统带之无其人也。以莫邪与儿童，不啻能杀人，而不自伤者希罕。中国之兵，何以异是？夫将校者，军之头脑也；士卒者，军之手足也，未尝有头脑麻木而手足健强者也。中国陆军将校多系武科出身，唯能知谙诵烂熟韬钤，而掷石骑射，或奋迹贩绘，以平草寇功，累进加级，于近世战术蒙然无所识。至其系武备学堂出身者，及水师军官，颇通新式兵法，比前者优万万，然亦未免为庸中之铰铰。要之，中国有机械而无兵矣，有兵而无将矣。譬之有手足而无头脑者，其于有事之日挫折无奏功，何足怪哉！窃以为主材而客人之病焉。曩者上谕设武举专科，废骑射掷石以代打靶，犹胜于已。近者江浙武备学堂拟拔其学生之俊秀者，前往日本留学，亦合于机宜。意者中国稍惩前辙，倒置主客之分，方置重于人者乎，余岂得不为同气额手庆之哉！夫兵制之更革，谈非容易，而以中国积习之久，欲一朝而新其面目，余知其难行，然诿难行而不行，与无兵何择，尚足以为国哉？

余非知兵者也，惟殷忧于东方，请为中国有心者发之。中国既鉴于主材客人之弊，方仿法西洋以养将为急，似矣，唯恐或学其形貌而未得其精神，采其枝叶而忽其根干，采其皮相而忘于其腑髓。何谓军之精神？士气是也。何谓军之根干？军纪是也。何谓军之腑髓？名誉是也。学术技艺不与焉。不爱钱，不惜死，怯于私斗而勇于公战，有士气故也；号令严明，部伍森严，赏罚必信，如天如地，有军纪故也；显其功，悦其心，而士乐其用，有名誉故也。而运之以忠君之情，约之以爱国之情，贯之以奉公之心，将德成矣。而后教之测算理化之学，授之坐作进退之技，训之攻城野战之术，而后将材成矣。夫好民恶死，人之情，而天下之民皆非以奉公为心，忠爱为情也，而使人人踊跃以赴敌，摧头涂脑而不悔者，其故何也？盖以有军纪约之，有士气鼓之，有名誉奖之耳。昔之从军者一捷，大者则王，其次则公侯，下者亦不失重赏。士女金帛，酒肉笙歌，无欲而不可获者，故行险敢勇之徒，好而服其役，侥幸于邀利，是犹易使也。文明国之军异于此，其平时非有士女金帛可以充欲者也，非有酒肉笙歌可以乐口耳者也。囿于规律，拘于品阶，步趋蹩踊之课，劳于夏畦力作，一旦有事，驱之赴水火，其论功行赏，所获多不过每年千金，下者则仅仅一赐数十金耳，如是而三军之士，争致其命而不顾者，以有平日素养也。余尝言养将不在武备学堂，而在二等学堂；不在二等学堂，而在三等学堂。

　　请以日本例之，男儿坠地，六岁而入小学校，八年而竟课，十四岁而入中学，五年而竟课，士官学校则挑毕中学功程者而选焉，故士官学校之本，实在小学校。其在小学校也，教官授以古忠臣义士之事迹，或谈以良将勇卒之传记，有时率之以观军舰兵营，有时凭吊古战场、先贤墓，凡鼓舞人心而资于感兴者无所不用焉。而学语读书之余暇，授体操术，推而跻兵式操法初步，故阖国之民于其幼时，已知武人之为名誉，而上下皆尊敬武员，莫不艳羡焉，是以尚武之风根蒂人心，牢乎不可破。迨入乎中学，则授操法之稍复杂者，或行发火演习，竟功程者以志愿入军营一年服兵事役，竟得陆军少尉衔而归田里，可以见兵事普及学校也。自他有六周间现役兵者，充小学教官服役，在营仅四十二日，能习得操法，待有事之日，以之任国民军士官。以上之法仿于十年前，讫今袭用不改，自今经过三十年则可举日本国而为兵矣。然而兵部衙门犹恐养将之法有遗阙，别置幼年学校，以为入士官学校之门户，幼年学校学业课程与中学及小学之上班略同，而画蛇足，架重屋者，盖有以焉。小学及中学教官皆用常人，而其生徒农工杂处，其所向亦多歧，于锻炼气质、熏陶志操，不为无遗憾焉。于是别置幼年学校，择十五岁以上、十八岁以下少年而志于武科者以入之，而其教官则以武官充之，严设规律，自洒扫应对以至进退，一以军法拘束，与兵员无以异。兵部吏员云：依此法而进于士官学校者，比之在市井竟中学功程者，其操行高卑，气质强弱，迥乎不同矣。夫陆兵者，其于操法可暮月而熟，然而各国征兵法，以三年为现役之期者，以其所求于兵卒者，不止步趋开闭、走马放枪之技也。农商之子初入兵营，屡屡曾无气力，而锻炼熏陶以士气，鼓舞振作以名誉，节制申命以军纪，三年之后志操行动，殆如见别人，而后可以赴水火矣，可以蹈白刃而冒弹丸矣。兵卒既然，况于将校乎！古人曰：三军易获，一将难获，盖非不可获之谓也，不养也，中国何以不养哉！

负　重　论[①]

法人毁四明公所周垣，旅沪甬人奋然咋舌，欲与之争，为法水

[①]《亚东时报》第二号，光绪二十四年六月七日（明治三十一年七月二十五日），页一至二，署"山根立庵"。

手巡捕所击，道毙数十人，遂成大衅。甬人罢市五日，众志匈匈，皆荷担而立，祸在不测，赖大吏来沪，与法领事会商，卑辞讲解，以得无事。

山根子曰：乌虖！死生亦大矣。一夫无辜而陨首，王法不付之不问，况乎所杀伤数十人，膏血狼藉，溢于街衢，此诚天下之大变也。宜极祸乱之所兆，论责任之所系，讲善后之所宜，不宜上下相蒙，以相维持，姑息一时，以重噬脐之悔也。今观海上各报馆所论，皆任意立说，宗旨无定，报馆为众庶木铎，今乃如是，为华民者将于何折衷哉？欧美列国商力皆富厚，足相抵御，然未尝有租界，有之自通商东洋各国始。然则各国家有独立之权，折冲之力，虽内自畿辅，外至蒿莱之野，任异域之商旅寓焉，而不足以犯我，即有奸宄不逞错杂其间，我可以下逐客令矣；有杀人抵法者，我可以按法罚之矣。无他，利权在主而不在客，是以远人皆奉约束而不敢自擅，无待于区区画弹丸黑子之地以自限也。东洋诸国畏外洋人如乳虎，唯恐其爪牙之一张而近吾体，故限之区宇，定之畛域，以为租界，使其商旅寓居于此，有出于此者则百方阻遏，于是有护照之制，有行旅之禁，是名为保国体，而其实损国权也。既以一定之地租与外人，则此地遂为化外之域，而吾之禁令乃不可以行，有奸宄不逞错杂于其间，不得下逐客令，有杀人抵法者，不得按法罚之，是利权在客而不在地主也。然则国之有租界，正犹卧榻之旁，容他人酣睡耳，其为耻也大矣。欧美诸国商旅，居于东洋各口者，皆恣睢跋扈，有秋毫不利于己，则决眦而起，以匹夫与政府为难而不顾，彼唯恃有租界为窟穴、条约为护符耳。固无怪于四明公所之事也，甬人见义园不保，怒气厉云，与之抗争罢市者十余万人，醵金二十万，公愤之盛，未见其比。嗟夫，中国封疆之臣，臧获其颜而仆隶其口，窥洋人颜色以为忧喜者，其不有愧于斯人哉！其不有愧于斯人哉！我惜其所见未大，以全力注一隅，急于塞末流而忽于澄本源耳，夫西人之藐视中国,屈辱华夏,通商以来,更仆难数,请举其近且大者,德人盗据胶洲,进突即墨,毁坏孔庙神像,侵国权,辱圣教,孰若法人率其水手持仗登陆。俄人盘踞旅大,辟铁路于满洲,陪都之重,已在掌握,进而将及京畿,孰若法人拨资购地,毁堕家园。迩者所闻俄垂涎于新疆,法朵颐于广东,蚕食之祸,发不旋踵,使其逞志,其失体岂四明公所之比哉。甬人徒竭力其小者,而于大者若忽忘焉,其所见无乃狭乎。

呜呼!祸机一发,中国为列国所瓜剖,则祖宗陵寝与七十五万英方里之地为腥膻之区,四万万口之民为舆台之役,于此而不能防,何有于蕞尔一冢地哉?故为甬人谋,莫若以其从事于公所之力,以用之邦家,为廿二省先导焉。用力邦家何谓也?曰树公会是已。中国尝有公会矣,公所、公司亦是类也,而所以羁旅栖止贸易盈亏者,特为意之所在,未有为政事得失、生民利病、国威张弛起见也。若特兴一大公会,平居则讲论国事,筹之有素,一旦有事,则驰白当道,尽瘁以赴,彼政府亦人耳,恶有不憬然警寤者乎。然则风声所播,为外人者亦可以无肆其侮矣。甬人已为先导,推而及之二十二行者,皆有公会,互相响应,其势力则可以回狂澜而支崩厦,而无不额手称庆以归功于甬人。曰是兹方贤士大夫之力也,然则声闻著于钟鼎,功业垂于丹青,有余裕矣,一公所之事,何足道哉!

余既以国中有租界为大耻,故公会鹄的亦以撤租界为第一义。夫租界之不撤,其故有二:曰中国政府姑息之政,曰外人贪利之心。政府之避外人也,犹处女之避丈夫,务欲其远,不欲其近,使外人所寓周匝布扈于国中,则其于交涉难矣。故摈而远之,使僻处于租界之一隅,而不知竟举租界为一敌国也。夫国家不与异域通商则已,既订定条约,明通有无矣,则宜开门户,撤篱落,尽取租界之圻堮而决之,使外人从容旅寓,无所往而不如归也。而官吏无深谋远虑,姑息一时,以为偷安之计,此敝不可不革也。曷谓外人贪利之心？外人徜徉于治外法权之政,赏罚处置,就于己国官吏,中国所不得制。苟今日撤租界,则明日奉中国约束,是岂彼族所乐从哉？室有恶宾,必憎其诸人,是由私利之心,先深入于骨髓,此敝亦不可不破也。

夫西人流寓他国者,自外交官吏而外,皆遵奉国之法律,著为同义,载在公法,独其在东洋口岸,皆与此公理左。叩其所自,则藉口于东洋诸国风气未开,法律未善,听讼非其人,槛狱非其法,若俯首下心,以听治于彼,则不为鱼肉几希。是虽出于私便之念,而理亦近之,不可以人废言也。中国故有大清律,然烦碎惨刻,与性法不相容。且至于民律、贸易律等各法,未经钦定,此实为大阙典。况官吏所学非所用,幕友胥吏,舞文弄法,任意罗织,受赋纳贿,不可究诘。若夫槛狱,与铁围剑池无以异,中国人入之,犹惴惴心悸,至无人色,况于民生之厚、民权之重如洋人者乎？

夫租界固为洋人托足之所耳,非为中国设也。而各租界之成都成聚者,大半由中国人焉,是岂氓之蚩蚩,甘去其长上,而就腥膻之邑哉？盖中国虐政驱之也。于己之赤子且不能安集劳来,顾欲使外人遵守其约束,岂不戛戛乎难哉！岂不戛戛乎难哉！日本开口岸初,亦许外人以治外法权,其后敝端百出,与中国等,政府屡以改更条约为言,列国皆藉口法律,无听请者。政府于是发愤变科条,除考掠,改狱制,兴律学,新律一切以泰西为典范,凡十余年而卒业,于是移牒更请改约,列国政府不复以法律不善相拒,竟将不敌体条约,变作敌体条约,租界治外法权、领事审问、海关奸阑,诸期明年七月一律停止。

是则日本往日国权之堕,若鼎之沦于泗,而今始没水而出之也。是虽魏阙之下有其人,亦民间志士发愤献替以致之。何者？治外法权之行,四十余年,西人亡状尤甚,有强奸妇女者,有水手恃醉杀伤人者,有侵警驿者,有枪击无辜者,有略卖老幼者,其他暴横百端,几无人理。国中新报无不日传其陆梁,而警吏不能缉,审官不能讯,国人皆腐心切齿于外人,而隐忍不发,徐为拔本塞源之计,以遂初心。若日本人而常效四明人所为,决眦攘臂,忿然欲与之争,徒启彼族要挟之端,卒之咫尺无补于国,岂能有今日哉!故知恢复国权,难与客气者言,而天下之事有待于真诚忧国之士也。若四明人而有所鉴于前辙,发愤为雄,合其群策尽于国,举与所竭力乡邑者,以致之齐州,其所成就,岂止今日之举哉!山根子曰:说在黄石公之告张之房氏。

草茅危言[①]

民权

民受生于天,天赋之以能力,使之博硕丰大,以遂厥生,于是有民权焉。民权者,君不能夺之臣,父不能夺之子,兄不能夺之弟,夫不能夺之妇,是犹水之于鱼,氧气之于鸟兽,土壤之于草木。故其在一人,保斯权而不失,是为全天;其在国家,重斯权而不侵,是为顺天。勿能保于天则为弃,疾视而侵之于天则为背,全顺者受其福,而背弃者集其殃。何者民与权俱起,其源在乎政府以前,彼宪法云,律令云,特所以维持之,使无失坠。非有宪法律令,而后有民权也。故国人皆曰政府可设,而后政府设;国人皆曰政府可废而后政府废;国人皆曰宪法律令可行,而后宪法律令行;国人皆曰宪法律令可革,而后宪法律令革。国家大事措施得失,阖四境之民平议而行其权,盛矣。唯人心之不同,利害交错,莫能画一,且各有生产作业,不能亲政,为古今通患,于是立资者,以为之主,为之辅相,借

[①] 《亚东时报》第三号"论说"栏,光绪二十四年七月九日(明治三十一年八月二十五日),页五至七,署"深山虎太郎"。收入《立庵遗稿》卷五,一分为三,以《民权(戊戌)》《共治(戊戌)》《君权(戊戌)》独立成篇。

之以柄，以齐整天下，故君相之权固假之万民，非自有权也。柳宗元曰：吏于上者，民之役而非以役民而已。西人之谚曰：官吏者，天下之公仆也，若以民之役役民，以奴仆鞭箠其主人，则不伦孰大于是。

余窃观中国古圣贤创业垂训，具合于泰西民权之宗旨，盖公理无东西而大道无古今。凡有血气，其积思所至均也，尧舜官天下，求贤禅让，何与美利坚合众国公举总统之制类也？汤武顺天应人，以放伐独夫代膺大位，何与欧洲列国之民迫其政府更革政治类也？孔子对哀公曰：百姓足，君谁与不足？孟轲以君为轻，民为重，发明民权，岂有彰明较著于此者哉！意者孔孟之时，距三代不远，尧舜之道，布在方策，令夫一圣一贤，得志于当时，其所成就，盖有难测者矣。惜乎后世昧于圣哲本旨，不能扩充阐明以成太平，至于大道晦冥，冠履倒置，自秦汉以降，沦胥至今，风气之不开，纪纲之不肃，国本之不固，宫闱之不清，民力之不厚，士气之不振，是由上有背天之政府而无顺天之君下，有弃天下人而无敬天之民，今欲举秦汉以来积敝，摧陷而廓清之，以举自强维新之政，则必自恢复民权始。

共治

古今东西，一治一乱，盛衰之变，不能百年。今欧美诸邦日跻富强隆治之域，国运蒸蒸乎不知其艾期，是其故何也？不治民而与民共治也。曷言乎治民也？专制为治，独裁为政之谓也。有贤明之君在上，则国富兵强；有暗愚之君在上，则国贫兵弱。所谓其人存则其政举，其人亡则其政息，盛衰兴亡之几，系在一人。自古贤君少而暗主多，此所以东洋诸国常不振也。曷言乎与民共治之也？公议为治，集思为政，举中国之良选而委以政焉，故虽有幽厉，不能行其暴；虽有管蔡，不能逞其奸。盛衰兴亡与一国人心相表里，此所以泰西诸国近大振也。夫人情靡弗好强而恶弱,爱治而忌乱焉,而东洋诸国之遂不免夫乱与贫者,独有尚古薄今之弊,根底人心,牢乎不拔也。中国儒者开口辄言"许身稷契,致君尧舜",呜呼,周汉以来论治道者畴不以尧舜禹汤为指归哉!而唐虞三代之隆治竟不可得者,非特民心日浇、风气日薄故也,彼唯貌似圣人,而忽圣人本旨,故汲汲然揭三代以为旗帜,而三代之治愈远也。

余尝读史,汉以下历朝帝王不下数百人,而求其聪明睿知为天下真主者,百中仅得一二耳。中材之君则百五六,庸劣之主则百九十矣。故天下百年而无十年之治,天灾人祸,接踵而至,生灵鱼肉,肝脑涂地,宗社亦随而亡。历朝相袭,如环之无端,天下搢绅章甫之士独不能鉴于前辙,沉溺二典,歌颂三代,以待圣人之出,其愚岂止待河清之比哉!若有人于此其力能摆脱三千年宿弊,变专制独裁之治作众思公议之政,中国之天下不足治也。

君权

或难余说曰:民权说颇善,然似不与君权相容,为之何如?曰:君依民为重,民依君为重,上下一德,君臣一体,无相侵之理,是为共治之要道。

今世界诸国重民权者莫英国若焉,国中四民,皆仰英主如父母,君臣之间,无纤芥之嫌。去年政府举女主即位五十年庆节,举国欢腾,皆祈主之万年以至神明,忠爱之忱,沦浃于民心,未闻民权之侵害主权也。世界诸国崇君权者莫突厥若焉,箕敛头会,以贪民利,箝口结舌,以禁谤言,国民视王如仇雠,寇乱数起,上下解体,彼以君权为维持尊严之具,而不知启民心涣散之渐。

今以英国比突厥,其王室之崇卑相距以为何如乎?自古一国之主,亲裁万机,权不旁落,名实两为天子者,唯创业垂统之君为然。至乎中材以下,则皆以政柄委其臣下,有君权之名而无君权之实，况于庸劣之主乎？故权不归宰辅则归外戚，不归外戚则归宦寺，不归宦寺则归藩镇，君唯垂拱拥虚器耳。令宰辅为伊周，外戚为霍光、窦武，宦寺为张承业、张永，藩镇为郭子仪、田弘正，犹有专权之嫌；若令宰辅为莽、操、卓、懿，外戚为贾充、武三思，宦寺为仇士良、魏忠贤，藩镇为李师道、朱全忠，其为祸将不胜言矣。故其末造有绕柱而走者，有饮鸩投缳者，有比山雀者，有以世世不生天家为祷者，以万乘之贵，求为匹夫而不可得也。

英国儒士弥儿曰：独裁国无爱国之人，有一人乃其君是耳。夫独裁专制之君，以天下为家，宜爱其国，既爱其国，宜举其国之贤者委以政事。今顾偏信左右，听于佞倖，以至丧其宗祀者，何也？则明有所不见，而聪有所不闻也。昔唐德宗谓李泌曰：人皆以卢杞为奸，而朕遂不知杞为奸也。德宗非下材之主，犹有此言。难哉，人主知人之智乎。若能以所听于左右者听于国中，以所选于寡者选于众，以所分于宰辅、外戚、宦寺、藩镇者分于亿兆，与之共治天下，何患其不治。夫从众，君德也。虽专制独裁之主，其初非得众心则无以取大位，况于发愤自强与欧美争雄者乎！何以削君权为介介哉！

右为深山君虎太郎来稿，识见高远，议论崇伟，真为有数文字，唯"民权"一章，似专祖述泰西民约论，不与本馆宗旨合。窃恃命意所在，未必然，无乃有所慨时局以出此辞乎。起痼振废，有竢于激剂霸药，千古聩聋之见，非当头棒喝则无从起之，此论亦不可已矣。

书八月六日硃谕后[①]

呜呼！支那时局岂忍言哉！其君不能自主，受制他人，朝令暮

[①]《亚东时报》第四号，明治三十一年十一月十五日，页十三至十八，署"深山虎太郎"。收入《立庵遗稿》卷五。

更，政治之变，不啻奕棋也。试取华历八月六日以前上谕，与同日以降所涣汗者，对比观之，矛盾龃龉，前后若两截矣。匹夫言行相乖，辄乡党朋友皆斥而不齿，况乎朝廷之职，在正人心，在信以率下。今不能自正而欲正天下，不能自信而责信天下，几何免中外之笑也。姑就八月十四日朱谕言之见。

据云，康某首唱邪说，惑世诬民。所谓邪说者，何哉？无乃变法自强之说乎。变法自强之说，中外识者皆以为支那长计，不止康某一人也。皇帝以变法自强厚望之阁臣督抚，阁臣督抚亦以变法自强督责之吏民。前数月来所出政令，皆莫弗以此为归焉。中外响应，朝野翕然，其势有不可遏者，诚以中国窳陋之习，非变法则不可拔。拘迂文弱之敝，非自强则不可振也。虽圣人复出，不易此矣。如夫康某亦从一代人心所趋而进退者，非康能独创新见，为天下之先也。倘曰康言维新自强，故可诛，则阁臣督抚亦言维新自强，假有不言维新自强者，亦未见其能极谏阻止于事前也，故不可不诛之。匪止此也，乃至国中数千万吏民，亦随声附和，故不可不诛之。从是说也，夫危坐九重之上，为天下之倡首者，自置于何地邪？然则以唱邪说之一事，而为康某罪案也，亦难于其为上矣。

又云，乘变法之际，隐行其乱法之私，包藏祸心，潜谋不轨。前日竟敢纠约乱党，谋围颐和园，徙置皇太后及朕躬。吾曹所闻异于是，先是皇帝欲用康言变成法，无奈何皇太后在内阻之，守旧满州大臣亦不便之，宫府比周，将行废立，祸且不测矣。于是乎谓变法之不行，有于太后及荣禄等，不若早为之所，即使康说袁世凯，啖以重爵，欲勒其部下兵，疾驱晋京，逼迁太后于南海，绝其于预国政之路，且直诛荣禄、刚毅等，雷动中外。不幸袁竖变图，旋至荣禄处告变，是以致密谋漏泄，遂成大衅云。按西太后称贤明，女中尧舜，其懿德慈行，宜布在人口，唯恨外人未及闻之耳。左右奉承之臣，皆非其人，丑声外泄，两宫之间，久致睽离。及于变法事起，其隙滋甚，奸臣媒孽，为鬼为蜮，无所不用其极。若束手任其所为，则孝明卢陵之祸，不回踵而至，使武昭仪、胡充华之辙复覆于今日，亦不可知也。即为中国四万万人之上者，在此际宜何如处？为受天子知遇，不次蒙用者，在此际宜何如作？是古来孝子忠臣所以良苦惨憺也。《春秋》之例，文姜当绝不为亲，而哀姜可以贬去其氏。有国家者，以存社稷为心，而无拘拘于小孝，宁负于所生，不负于天下万民焉可也。清帝之不以胁逼为嫌，而康之受密诏而不辞者，其在斯欤，其在斯欤！况乎迁徙之举，本为社稷民人起见，不与前代出于篡夺之私同。迁之于南海，又未至于废绝，其奉养仍旧，其名位仍旧，其巍然为天下文母仍旧，何伤于孝？事不出于此，辄不啻万乘所其鱼肉，驯致坏乱新政，旧敝再燃，其害之所及，不堪设想。即为支那皇帝者，其何以上见列祖于地下，下告万民于天下哉？乃守旧拘迁之士，或犹以不善处人母子间为言，纷纷集矢于康某，其人非必奸，盖皆自以为拥戴君父，阐扬孝治者，其议尤足以眩惑天下，故不得不切直辩之。夫康自画策此事进之，其心事固与董卓、尔朱荣辈相距天渊，不得以悖逆罪之。况于宫车不测，受衣带密诏，专制之国，第知有一君主，不知其他，苟顺君命而不悖焉，而始可免罪戾。纵今迁宫之举，出于乱命，法无问受命者之理。若至善处人母子，则拾遗补阙，左右有其人，非郎署小臣之所任也，又非其所能也，斯是不察焉。以颖考叔之事，责之于康有为，不亦左乎？是不辩政治与伦理之说也。盖奉命则嫌伤天伦，不奉命则君不测矣，国事不可为矣，故宁受伤天伦之谤，而不愿背斯君与国，康之志亦可哀矣。今即举勒迁之计，尽归之康等，并诬以犯乘舆，为情同悖逆，收孥赤族，故不为过。吁！至夫平居尸居高位，阿附宫闱，离间人骨肉，以为固宠保禄之计，构良诬忠，以为卖国背君之图者，如某某，其欲置诸何刑乎？甚矣，曲学阿世之徒之不好济人之美也。

又云，该乱党私立保国会，言保中国，不言保大清。闻康某之设保国会，为保全国地、国民、国教起见，以讲内地变法之宜，外交之故，仰体朝士讲求经济之学，以助有司之治为宗旨，著在其章程，炳炳亮亮，有如睹火矣。彼岂背大清哉？夫所谓国者，非大清乎？大清者，非中国乎？清朝之先，本出满州，与汉族其血脉固不同也。加以暴力取天下，君临中原，其始盖有难相融和者矣。至于世祖，混合南北作一国，则无别种之华夷与寨之内外也，何以满汉为畛域哉？况近泰西列国，寻衅拓疆，其意非豆剖瓜分东亚则不已。四万万之民，均同仇之义，合群策之力以防之，尚且恐不免。若满汉岐为二，阋争竟日，人无定志，在即分崩离（拆）〔析〕之来，将无待于外，何谓保国哉？康某刻念国耻，发愤激励，创保国之会，其不在扶汉抑满也必矣。纵令康中心有内汉外满之意，未明言此，则不以为罪。今政府猜度其意，以为康实有其意，以为狱辞，何足以示中外哉？如谕中所言，真耐喷饭。岂朝廷不以中国自居，则甘屏于诸夏之外，欲再与使鹿使犬之族为伍乎？夫康等素不以满汉为鸿沟，而朝廷以满汉为畛域，一切政治，皆有权衡，今亦揭揭焉。摘抉文中之二三字，以为罗织之地，吹毛求疵，洗垢寻瑕，是讼师狱吏之所愧，而谓堂堂中国政府为之乎？爱新觉罗氏取天下二百余年，未有深仁厚泽入于民，如汉、唐、宋、明者，惨徽为治，克剥为功，与耶律、完颜、奇渥温等，当其始入中国，淫掠焚歼，无所不极其至。如夫杨州之屠，十日间所杀戮，上于八十万人，有史以来未有此惨。至今便读其记者，毛悚心悸，鼻酸眼泪，独赖汉人之性柔顺畏死，竟无蹶张之概，久失复报之念，是以至于发匪之乱，得无事耳。闻发匪之陷城邑，满人无少长皆斩之，盖国初杀戮之怨与累朝克剥之政有所激也。政府犹未知所以惩创，中外文武之官，犹并用满汉，作掣肘之地，（培）〔剖〕克天下民力，奉圈地驻防之满人，名曰一视同仁，其厚彼薄此之迹，昭昭不可见乎？及康党覆，满人强梁益甚，权门要地，尽为其所占，汉人中有声名者，皆为其所鱼肉，假令汉人释怨撒恨于满人,满人犹存种族之念,抱方隅之见,至于太甚,为诛夷之计,即欲与之俱保中国,岂不难哉?诚今之政府而欲永保满族宗社,无善于废种族之别,废种族之别,无先于变法,故变法者,不独为中国万民谋,亦为满人谋也。有人于此,疾病,命在且夕,他人进之药,辄视以为毒己,斥而不御,从而掷之其人。满人之于保国会,何以异于是哉?

又云,康有为学术乖僻,其平日著作,虽无离经畔道、非圣侮法之言,似借此以为一罪案。康之于孔子,尸而祝之,神而明之,其崇奉至矣尽矣,安在于离畔与非侮?其曰离畔非侮者,恐不外于孔子制法称王之条,自通人见之,不直一笑者矣。自古豪杰之士,读书讲经,树立新义,不袭前人藩篱者,何代无之?朱子尝废《孝经》,黜《书》序;王柏颠倒《毛诗》,以己意涂抹增删,未闻以此获罪于当时。若康倡孔子改制称王之说,故其罪抵死,则夫朱熹与王柏亦可杀也,天上岂有此理也哉!世有议论背于圣人,而其人可取者焉。魏之嵇康,尝非尧舜,薄汤武,至于孔颜之教,亦以糟糠瓦砾视之,然而其志忠于为魏,司马氏坐是以诛之。汉之孔融尝言:"父之于子,当有何恩?原其初始,皆为情欲耳。"其言之纰缪无状,虽路人皆知矣。路粹之发觉是言,非必出于诬构也。然而其志忠于为汉,曹氏坐是以诛之。今硃谕以离畔非侮为辞,欲抵康死,是曹操、司马昭之续也。且支那国中,五方之民杂处,有奉佛者,有奉天主者,有奉马哈默德者,此等诸教,皆与儒教左,其相距不啻《公羊》《左氏》《谷梁》之异也。若以离经畔道、非圣侮法为罪,则攻异端者,亦不可不举而诛锄之也。即至胶州教案之后,赐敕额之事,欲以何辞解之?而于一儒士说经义少树异者,明目张胆,小题大做,锻炼以为巨犯,丑诋百方,欲肆诸市朝而甘心,吾不知其作何意也?由是观之,硃谕视以为康罪者,竟不示其事实作何,徒胪列诪张文字,以为构陷之地,其不足为据也,虽五尺童子知之矣。其何以使中外人焕释疑团，而使康某心折也。康之弃君全身，固有于臣节可议者，然未足以此掩政府失体也。独所惜者，杨深秀以下六人，以党于康之故，见斩于市曹，而问罪之所目，徒曰与康有为结党，罔图煽惑，欺蒙狂悖，密保匪人，实属同恶相济，罪大恶极，任意铺张，竟为何意？此六人者，与康有为同功一体之士，首脑已非其罪，安有咎及羽翼股肱之理哉？即不经审讯，直行屠戮，其无状真耐蹶张。若夫谕中所言，旋有人奏，若稽时日，恐有中变，朕熟思审处，该犯等情罪较重，难逃法网，倘语多牵连，恐致株连，是以未俟覆奏，于昨日正法。谬戾无状，殆非王者之言。杨等诚有罪焉，胡不待其狱成而拟之刑，即借口有中变致株连，以为灭口之地，其所以设心，不可瞭瞭而之知乎？吾知六人之徒，眦裂发指，饮恨而入地，天下忠义之士，折齿拊膺而吁天也。闻其行刑之法极惨，刀锈刃钝，数十击而不殊，血肉喷涌，痛楚与凌迟无所择，虽屠户猎夫，视之掩面而走，斩监之官刚毅、崇礼之辈，夷然平视快之。呜呼！以礼义立国者，诚若是乎？宜矣西人之视以为野（变）〔蛮〕政府，而有心之士归之满人残忍之习，出其天性也，人神之所共愤者，将不在杨等，而在满人也。

又云被其诱惑、甘心附和者，党类尚繁，朝廷亦皆察悉，朕心存宽大，业经明降谕旨，概不深究株连。然见于尔来满人所为，其意有难测者也。如黄遵宪，如文廷式，竟与康有为何涉，殊至卿驿之变，尤为惨刻之甚。一事不再理，万国性法皆一也。若张［荫桓］氏可诛，则当于其初正法，即一切听于外使，减死流配新疆，罪已定矣，不可复动也。旋即使人谋之道中，与贼盗杀人者无异，不止失信外国也。吾于是乎即知太后、大臣之意，不独在康与其党，非悉杀一切唱维新自强者则不已。如其后八月二十四日及二十六日上谕，明可见其用心次第矣。

盖报章之益多而害少，何待于言。六月二十二日上谕亦明言昌明大义，抉去壅蔽，不必拘牵忌讳，致多窒碍之意，今犹有息壤在，奈何黑痕未干，斥其人以为斯文败类，由地方官严行捕拿，从重惩治。至于学会，虽未尝有助长保护之事，而会中人皆蒙不次擢用，隐然鼓劝，与馆报等，旋即以结党营私、害世道人心者目之，严行查禁，拿获会中人，分别首从，按律治罪。旬月之间，纶言反复，天下不知所适从。

余窃察太后、大臣所为，不难知命意所在。彼见执维新自强之说者，不啻蛇蝎也，(忠)〔思〕摧其头而处其皮也久矣，但为皇帝锐意新政，操持甚固，包藏其祸心，隐忍不敢发。一旦杀戮六士，殖威于朝，中外股票，避死偷生之不遑，即谋乘是之时，尽剪除维新党诸人，其忍心狠手，至今渐为呈露也。曩之心存宽大，不深究株连之语，辄为一时欺人之术，而于是间，为张罗下网之计，其阴毒深巧可见矣。如末段所言，所有一切自强新政，胥关国计民生，不特已行者亟应实力举行，即未兴办者，亦当次第推广，用以挽回积习，渐臻上理，竟不知何语，掩目捕雀，塞耳盗钟，可发一噱也。

余既言爱新觉罗氏非有德于民，加以历代糜烂其下，天厌之矣，民倦之矣。国势解体，朝不测夕，然而其沦胥至于今日，尚能护持残局者，独赖外国势力之均衡支之耳。若微是力，辄觉罗氏之鬼，既不血食也久矣。满人未谙此理，以谓变法覆国之基矣，株守成法，率由旧章，则天下长久，富贵安乐之计也。此何异于坐积薪上，望火之来哉？有维新党诸人，焦头烂额，欲救之，辄疑以为害己者，直捕而杀之、囚之、谪之。自今而后，国家有事，谁肯为出力哉？支那名为自主之国，而俄踞其北，英盘其中，法据其南，剖分之势已成矣。今亦戮维新党之士，自杀其羽翼，寝弱之渐益兆，外力之来滋速矣。清朝运祚之修，凌驾金元，与宋明比肩，亦为已多，以其尝所受于李自成之山川人民，举赠罗马诺布氏、哈那华氏，亦当甚不顾惜。但四万万之民，自是为奴为隶，以三千年来糜烂之体，永受洋人鞭挞,子子孙孙浩劫无穷已,是为可哀。呜呼!纵彼己氏之子,不自惜,岂不恤彼茕茕者耶?

与康有为书①

月日。某再拜。

康长素先生足下:

仆在海东之日,闻禹域有南海先生者,豪杰之士也,私心向之,及客沪滨,与大同译书局诸君子辱交,益审足下学问渊博,操行坚固,倾慕倍切,以未得识荆为憾。既而闻足下承旨督办官报,来沪有日,屈指待文旌之至。窃冀介大同诸君子进谒左右,不料京师变起,时局反复,足下有日本之行。曩之西望怅怅者,今乃东望惘惘矣。老杜有言"文章有神交有道",月前足下介宫崎某赐手书敝馆主人,拳拳以东亚为念,忧国情殷,忡忡无已,勉诸同人以戮力国事,仆承乏主笔之末,然心与足下有宿契,敢奉一书,自通左右,后来文章道义互相切磋,可乎?但仆资性狷介,疾恶如仇,常与人忤,交友寥寥,湖海间唯有某某二三子,不相疏弃,薄游海外,任意所适,自谓桂姜之质,出于其天,是以不甚悔。今进言足下,未知足下性情何若,加以不文,窃恐言辞冒昧失礼左右,自致罪戾。临颖几踌躇,然念足下为维新之唱,身系东亚安危,必能谦虚下士,容纳直言,若以寻常应酬之辞进于前,恐非敬长者之道,于是乎言焉不隐情,直叙胸中所见以请教,非敢冒渎尊严以沽直名也。庞士元所谓不一叩洪钟伐雷鼓,则不识其音响者,仆之意也,幸勿以唐突见罪。

---

① 《亚东时报》第五号"杂录"栏,明治三十二年一月三十一日,页十二至十四,署"深山虎太郎"。

仆近来致疑足下者有三：

足下值遇圣明，言听计从，不啻拜住于文宗，方正学于建文，以郎署小官左右大政，亘古以来未曾有厥例。仆意足下感激之情，宜何如比也。虽肝脑涂地，未足报其万一也。而一旦事败，辄奔出国境，以为自全计，不复问君安危，视诸拜住殉难、正学死节，宁无惭色耶？为足下回护者，谓谭、杨诸子为其易，而足下为其难，引复生诀别书为据。夫论人不原其心，而据其迹为褒贬，诚非忠厚之至，仆岂不知处于危邦，抱石赴渊之为愚。然则足下之全身于万难间，适足见其智有过人者，固不足为足下病。独闻足下之去国，因有奉衣带密诏，故出疆求救云云。则仆惧未足解天下之惑，仆读密诏，足下所宣哀痛急切，甚矣。足下而有程婴、贯高之劲节也，当单身入阙，谋出君囚，事虽不捷，百代之下，生气凛然，如有杵臼、田叔之苦心也。当急出都门，裹粮结袜之不遑，乃足下迟迟而去，悠悠而行，如曾不知大祸将及其身。闻舟泊烟台，尚登岸买物，当时微某君仗义释难，则足下必不免于虎狼之口矣。若曰大人胸中绰绰有余地，然独不念贵国大皇帝厚望于足下者乎？爱惜身体，善自调护者何在？诚使足下处是际，知危难将近也，必当直赴朝鲜或香港，以免万死，何乃赴上海，自冒不测？夫不乘招商局舟，而为叶斯克号英兵船救去者，天也，非人也。闻叶斯克兵船将弁抵重庆舟，促足下俱去，足下愕然不知所出。西报言，是时足下尚不知网罗之将及。呜呼！果信耶？欲仆无惑于受诏之事，不可得也。近有某某寄书沪上某报云，实无是事。彼固见人坠井而下石者，仆诚不屑引之以作左券。但天下之惑者甚多，虽素倾倒足下者，犹或未涣然于足下。意者烟台买物，乃讹传耶？不直赴外国而赴上海，别有其不得已之故耶？虽然，未审其为讹传与否，未详其不得已之故，则焉能无致疑乎？是仆所以致疑之一也。

足下谓艰难万死，奔走四方，未能输张柬之之孤忠，惟有效申包胥之痛哭，其意似欲依藉他邦之力，以废太后训政之举，心非不苦，而仆恐终于空言。夫春秋之世，商局未开，加以用兵权在君主，君主谓兵可出，则顷刻而事可办，国民莫能阻之，故秦伯得行其义。今欧美诸国，除俄外，其权皆移在下民，况列国通商利害所关，千绪万端，纵使列国君主中或有悯足下孤忠，如秦伯之于包胥者，然国民不肯出兵出饷，君主其奈之何哉？或言和战之权既在下民，若游说党会间，或可遂愿。然中国之事，中国为之分也，如他国越俎谋之，则欲保全他人社稷，而使我国反或濒于不测，今之人不为也。夫一人能出死力，拯他人于难，世固多有之。然未闻有一国同心，为他国而出死力者也。盖内外之辨，不得不然。昔者法国政府尝允法朗格林之请，出兵助北美，使其作自主国。其后希腊之反突厥也，英、法义民虽多投效希军，然其政府则初皆不敢公然助希而讨突。近年波兰志士某者，愤俄人陆梁，吞灭其国，游德、英、法、美诸国，求其助彼恢复，竟无怜其志而允其请者。盖年愈近而干涉他国之举愈少，殆国家情形不得已也。今虽或有干涉他国之事，然大抵为利己国起见，不为利被干涉之国起见也。如北美政府藉口西官虐待古巴岛人，干涉西班牙内事，与之开战，其言甚美，然其图利己国之私心有不可掩者。今足下为贵国君民求救他国，仆恐诸国上下议院中人，灼见干涉贵国内事之无利，必不允足下之请，而兴吊匪复伐之师矣。且仆窃有为贵国危者焉，足下走英、日、美求其援，则彼荣禄、刚毅辈亦必倚俄、法自固，是乃速贵国瓜分之端也。仆以种族为东亚之民，见贵国政变，不胜悲愤，挺身为足下之役固所不辞，然假使我国议允足下之请，出兵与贵国新政府抗论，则仆亦不得不作扣马之谏也。盖一人之情与国家之势必不相合也。若使足下与仆易地而居，度亦如此。今足下乃欲以申包胥自居，冀感动他国之君民，或肯出死力而救其社稷，仆甚惑焉。是仆所以致疑之二也。

足下丑诋太后实甚矣。仆辈国外之民，且不忍读，况贵国之臣子乎？夫太后果有失政污行，如足下言与否，仆未知之，亦不愿知之也，即果有之，似亦非足下所宜言。足下目太后以伪临朝，以吕、武，以逆后，以淫后，凡丑污之称，无不加之。然太后犹依旧为天下文母，未至篡立，与夫吕氏、武氏有间矣。夫训政之举，固非常经，且害国家，然在专利之国，以君主上谕出示，不得不认为正。他国无以问罪之理，无他，出于国家自主之权也。今足下列举其疑似之迹，公告诸世界，以作太后罪案，欲使列国政府问其罪，列国岂肯绝赫赫之交，而允遗臣之请哉？曩者足下在香港作文寄各报馆，丑诋太后，表白其十大罪，又作奉诏求救文，函致列国使臣，发讦椒房阴事，延及太后、皇帝母子之际，若太后、皇帝之猜嫌果如足下言，则足下之文适足以增皇帝之危。昔法国变乱，贵族、僧侣相率走国外，其时国王路易十六世囚居孤城中，亡命贵族辈在外国，传檄恫喝，山岳党人恐祸及，遂弑路易，以绝后患。史家言弑王者乃贵族，非党人。今足下如鸿飞冥冥，弋者不能从，放论纵言，无害于身家，然贵国大皇帝囚在宫中，为守旧党人所挟制，可不为寒心哉！或曰太后幽囚皇帝，阻废善政，可以大逆目之。然窃谓太后之杀六京卿，禁百官士民上书，失政也，非大逆也，未可以是贬其尊位。足下又言，太后为先帝遗妾，于今上无母子之分，仆尤不服。夫正位西宫，垂帘训政，皇帝以天下养，即巍然为天下父母，尚何嫡妾之别哉？虽然足下苟于立朝之日，独持此义而正言之，则义虽未当，而足下之不畏死，固可与龙逢、比干争烈矣。乃仆闻足下昔者在位，每上书言事，亦未尝不循例称皇太后、皇上，一旦去国，乃作恶声，是乐毅之所羞也。敝国维新之前，德川氏横暴滔天，弁髦万乘，鱼肉忠臣，而尊攘党诸人讫于其纪，不失尊礼，以天朝幕府齐称之。近日朝鲜闵妃蛊惑国王，杀害志士不下数百人，朴泳孝等坐之见逐，琐尾流离，十余年未闻其发讦妃阴事以自快也。盖讳国恶，全臣节也。再者,敝国与贵国皇室互相通问,执敌体礼,足下之所知也。若如足下言,则是我国使臣奉谒伪朝也,将置我皇室于何地耶?而足下不以此略加意。此仆所以致疑之三也。

夫古来有关世运之豪杰,其在当时,每与俗忤,动招诽议。仆非不知,但足下所为,似有未尽善者。虽以仆之平生倾倒于足下,犹不能无少疑焉,况他人乎?闻足下近使门人梁卓如刊行《清议报》,逞其危言崇论。夫天下事非口舌之所能为,足下岂不知之哉?假外人为护符,鸣攻得天助之贵人以自快,何补于时局?道路传贵国政府使奸人入敝国,以觇足下,欲得而甘心。盖由足下所宣之求救文,为太后所见,益增其怒。又闻新政府有密查江南、两湖地方,再兴钩党狱之议。纵足下不自重,岂不恤本国维新党人哉?仆欲请教者不止此,姑先举其大端以奉质。伏祈足下怜其迂愚,垂诲为幸。至语多冒犯,他日当肉袒负荆,登门谢罪。某顿首。

论　党　会[①]

今夫欧美诸国之民,发皇踔厉,智巧绝群,自有生民以来,未有今日者也。然不能使其君主、总统为尧、舜、禹、汤,而稷、契、夔、龙其官吏也,然而国富兵强,里闾帖然,浴太平之泽,游乐利之天,殆轶中国唐虞三代之治者,何哉?彼民也,能制控使在位者,不使其至于放僻邪侈之为也。

盖血气之伦,莫不愿所以乐五官,适四体焉。夫君相也者,等是横眉竖眉之族耳,口肥餍甘,耳喜曼声,目好彩色,鼻爱馨香,肤嗜轻暖,凡饮食、车服、器玩之欲,无与常人异者,加以天下之所入

[①] 《亚东时报》第六号"来稿"栏,光绪二十五年三月二十五日(明治三十二年五月四日),页四至七,署"芦中人"。收入《立庵遗稿》卷五,题为《论立党会(己亥)》。

奉一人，以擅其所欲，自非大圣，谁不动其心而徇其欲哉？人未得之，则唯患不得，既得之矣，唯患失之，此人情无足怪者。使之不至于其极，唯有待于他人之控制耳。有人于此合股集本，创设商会，其势固难于人人办事，于是择其一人乃至数人为之总办，为之董事，为之主账，以代当局。其始也，必先设之章程，严其科条，明其权限，以防专恣冒滥。次之，随时（捡）〔检〕其簿册，查其出纳，以杜侵没中饱，而后亏蚀吞折之敝，庶几乎免焉。民之于国家，何以异是？民者，股东也；政府者，商会也。民之合群设政府，犹财主之合股为商会，我不恃他人之不作恶，而恃他人之不能作恶耳。

今商会中之人，自总办以下，专恣横放，规利无义，务饱私橐，其心目中无复股东之存，则其人身败名裂，不齿清流无论也。然防闲纵弛，使彼至此极者，为股东者亦不可谓无其责也。今夫欧美之民，为股东者也，彼视国家犹其产业，喜其利，忧其害，休其治，戚其乱，有一毫不惬之事，有言责者昌言于议院，无官守者崇论于草野，非绳其愆而格其非则不已。是以虽桀骜贪墨之徒在上位，皆敛其羽翼，藏其爪牙，不敢或逞其搏击。亡他，惮于下也。不然，机巧日长如彼族，岂不无桀、纣、幽、厉厕出于其间哉？徒以势禁形格之术，互相纠绳，互相牵制，以有今日之盛，治天下者莫善于此也。今专制之国则不然，家国之存亡，宗社之安危，生民之得失，一系君与相之所为。君相而圣且贤也，生民之福也。若其质稍庸闇，则事之隳坏于冥昧之中者多矣，又况暴君污吏以民为菹醢者乎？夫圣贤者，千百年而一二觏，今以千百年仅有一二者，冀恒遇之。寻常之人，守株待兔，缘木求鱼，得毋类是乎？

或曰：泰西之民皆有权，故能控制君相，不至于放僻邪侈，如我中国，自古为无权之民，乌能以西例责也？曰：否否，子之言似是而非也。权也者，人之生而受之天者也，岂以古今东西而判之？譬之五端在心，五官在身，圣人著书垂教，始立仁、义、礼、智、信之目,然仁、义、礼、智、信,人皆有之,非待书而后成者。圣人象形类物,始有耳、目、鼻、口等字,然耳、目、口、鼻,人皆有之,非待文字而后成者。权亦若是,中国唯无其名耳。汤武顺于天而应于人,此民权之例之大者,姑置弗论。乃如官吏为民雪冤伸屈,本为重其权利起见,若谓民无权,则奴之、隶之、鱼肉之、草菅之,奚不可者?然吾尝闻命于古之圣贤矣。伊尹曰:"一夫不得其所,时予之辜。"箕子曰:"国有大事,谋及庶人。"《孟子》曰:"民为贵。"又曰:"保民而王,莫之能御。"又曰:"乐民之乐者,民亦乐其乐;忧民之忧者,民亦忧其忧。"若是乎古人之重视民权也。夫民之有权,犹鱼之有水,水无鱼则不能保其生,民无权则不能安其处。今中国之人能保其产者,非缘有保业之权乎?能生存继命者,非缘有性命之权乎?但中国人无参政之权,故其权为君权、吏权所侵,不若泰西之人能扩充心力,与国为体,以控制其君相耳。是故中国人谓之权少则可,谓之无权则不可;谓之无权之名则可,谓之无权之实则不可;谓之不能用权则可,谓之本无可用之权则不可。

或曰:中国有民权之说,既闻命矣,其何以推广之,以至比肩于泰西。曰:权与力相待,而后权之实行,若权而不与力相副,则是空名耳,虚器耳。今人莫弗有自保产业之权焉,然突遇匪人携凶械者,其力不相抵,则自保之权亦有时而穷。欧美诸国之民权,能控制其君相者,无他,其力相抵也。昔者英国历代君主皆以侵渔抑压为事,势难向迩,其民悍然不屈,屡次与政府为难,以免于奴隶。驯至今日之制,以国王之尊,不经议院允许,则不得蓄一兵,兴一饷,出一章程,废一法律,是则英民之权重如九鼎泰山矣。何以致之?其力能与权相副也。唯俄国则民无力能抵政府,故不能全其权也。

或曰:权力之说,如先生言固已。然天下之最强者,莫如政府,匹夫匹妇与之争,不亦难乎?曰:政府中人亦人耳,非有两头八臂牛鬼蛇神之足资恫喝也，其去平民咫尺哉？挟天下财赋，拥天下兵甲，故人望而畏之。顾财与兵，非彼自有之，乃涓滴取之于下以自奉也。苟下之人不贡一粟，不出一丁，不输一钱，则彼之技忽穷，欲为一匹夫且不可得矣。顾吾深痌乎民，出死力以供政府，而政府反从而抑勒之，无以异于藉寇兵而赍盗粮也。且夫以一人之力与政府争则不足，合千万人之力与政府争则有余。陈、吴、赤眉、黄巾、黄巢、朱温之徒，不过乱人之雄，无足齿数者耳。然且振臂一呼，风云变色，鼎沸中原，血流川谷。于时朝廷之上，非无甲胄兵仗也，非无老将劲卒也，非防民闲乱之术不密且工也，卒之土崩瓦裂，莫能撄其锋于一时，以其合众力而抗朝廷也。彼乱人且能如是，况出于仁人志士之所为哉！若夫宋大学生以数千人之众留李纲，明末武昌士民以乌合蜂屯之众击税使陈奉，与夫苏州市人愤激坌集，遏缇骑之逮周顺昌，可谓壮哉！无他，善用其众力故也。故不合众力，则千万人为千万人之心，不足保其权；合众力，则千万人为一人，足保其权矣。

或曰：今日之势，合众力之法，何如而可？曰：在设党会。今中国士人，少识时务者，莫不谓维新自强之不可以已，其类何啻千万人，而政府藐视如无一人，悍然行其守旧之政而不惮者，何也？彼唯幸人心四分五裂不一致耳。向使持维新之旨者能一其心志，合其势力，结为一体，则政府亦知所戒慎，不至若是其专恣横暴也。夫政府之行守旧之政，诚有罪焉。然使彼擅其欲为，而略无顾忌者，亦持维新之旨者之过也。

或曰：子合众力之说，辨矣审矣。无如上谕严禁学会，查办治罪，并报馆而锢之，天下之持维新之旨者，箝口齰舌，鼠头獐目，唯及祸之惧。学会且然，况乎党会？何以避祸释难而举其事？曰：天下之事，以为难而不果于施行，则竟无成之日；不以为难而死生以之，则无不可至之理。要之，视其精神气魄何如耳。昔者泰西诸国风气未开，政府逞逆，民权之不绝殆如一缕，然其致有今日者，未尝不由党会诸人倡难之力。英之于圆颅党，法之于日崙时士度党，意太利之于喀尔勃呢士度党，其例之著于史乘者昭昭然也。即以日本之君圣臣贤，风云际会，而其布立宪之政，士论亦以为爱国社、自由党之功力居多。夫不凌风涛之危，则无以得鱼；不经夏畦之劳，则无以得粟。今高谈权利，避危就安，而欲媲美于泰西，则坐而饱膏粱之类也，则是高丽党人之不若矣，可不哀哉！

或曰：中国今日之势，不与往日泰西同，设党会之法，当不得由常轨。余谓其法如欧佛弗朗克曼逊会而可。曩者中国士人于所在设学会，其法非不善，唯惜其虚骄作气，标榜新奇，以为钓名徼誉之地，而不知其骇俗惊世，为世所集矢。且此辈视天下事为易易，谓可缓颊掉舌，倚轼坐席，以定大计。其实会无一毫倡难冒危之概，欲率此以控制政府，行其所谓维新变法者，识者已难之矣。宜乎党禁一出，抱头鼠窜，噤不一声。余窃谓此由常轨之过也。彼不知公然立会集众之事，可行之泰西、日本民智已开之国，而未可行之甫辟蚕丛之禹域也。

夫佛郎克曼逊会者，其会员不可以千万计，蔓衍诛连六大洲，上自公侯，下至负贩之徒，入是会者，心契神悟，奉其宗旨而不渝，不期而为一大党会。其势震动世界，莫不敬畏焉。然天下之人人卒不知其会馆何地，与其办事何人，故有功而不居，有害而不及，政府不能禁之，忌者不能害之，为世界一大党会矣。中国哥老会、天地会稍貌似之，但彼则以煽乱扰民为事，此则以利国安民为主，相距不啻天渊也。若中国有血诚之士，阴纠持维新之旨者，结为一党会，自一乡而一县，自一县而一州，自一州而一省，以及天下，隐忍韬养，积以数年之久，则可以达于数千万人，数千万人能一其心志，所在响应，起唱维新，而政府不用其言者，吾不之信也。乃若其详，余别有成案在。嗟乎！安得与有心之士交膝执臂而一谈之。

书河本默堂肖相后[①]

呜呼！此河本默堂肖相也。君讳矶平，默堂其号，美作国大庭郡河内村人。家世编户，耕作为业。君少好学，欲就师友于通都大邑，闻西薇山督闲谷书院以道德文章重于三备间，赍粮走数十里，抵于其门，求为诸生服都养役，未得请，立门外三日不去，薇山叹其志笃进之。君于是与佣保杂处，鸡鸣而起，拾薪汲水，竟日力作，暇则挟册侍讲帷，至夜分乃就寝，以为常焉。如是者三年，业大进。

岁次庚寅，荒尾精设贸易研究所于清国上海，募海内俊秀入学。君夙殷忧东亚时势，有游禹域之志，于是以薇山为介，入于研究所学华、英语言，三年而毕业。君病时人高谈支那局事，动陷空疏，思躬入内地，察其情形，即自上海溯长江，西抵汉阳鄂渚之间，溯三峡之险入蜀，更南浮海，历观闽粤诸口岸，北游燕齐之墟，登长城，睨塞外，间关数千里，车辙帆影殆将遍震旦焉。其所至潜心考索，举凡山川之流峙、城市之盛衰、钱谷之通塞、风俗之同异，与夫地面之所宜、地中之所藏，皆能详哉言之，后年规画胚胎于此矣。

甲午役兴，见辟于大本营，拜通译官，从第二师团至于威海卫，寻转近卫师团兵站监部附，从军台湾，转运粮秣，全军人马免于乏食，君与有力焉。乙未三月录从军功，赐勋章及年金。是年白岩龙平创大东公司于沪，开办苏杭上海间汽船，我国人于清国内河行船，实始是举。方事之初，内而资斧不足，外而阻挠群起，其难实甚，君助白岩，苦心焦虑，拮据经营，业遂以兴，君之力为多。君在沪，尝设学堂，育子弟。又刊行《亚东时报》，论列时务，启牖清人。

[①]《亚东时报》第六号"杂录"栏，光绪二十五年三月二十五日（明治三十二年五月四日），页十一至十二，署"剑谭钓徒"。收入《立庵遗稿》卷五。

盖其所期远大，固非寻常逐什一者流所能梦见矣。苏杭汽船之业，既稍就绪，乃与白岩谋行察湘鄂河湖，为他日推广地。以戊戌十一月登程，隆冬天寒，加道险艰，同人多忧之，君从容就途，略无难色。呜呼！岂图是行遂为永别耶！

君以明治元年一月十五日生于家，以三十二年一月三十日殁于汉口客邸，年仅三十有二。重厚寡言，持己俭素，重然诺，笃友朋。生平喜姚江之学，以躬行实践为宗旨，为同人所推服。苟天假之年，所造诣必不止此。故其殁也，知与不知，闻之莫不叹惜焉。顷故旧相谋，使写真工摹其遗影若干纸，以分存同人所，表永念也。呜呼！君须眉犹生，而精灵何往？聊叙其迹，告同志尔。乃若其详，则金石之文有待于世之大手笔。呜呼！我同志其勿忘。

各国政策隐情论略[①]

古者泰西诸国，内治外交之权，总诸君主。其君主皆喜事功，构怨兴兵无宁日。一怒之顷，流血千里，厉鬼冤魂，啾啾夜哭，专举天下之膏血与壮丁，殉其所欲而不已。窃观波斯、罗马强盛之时，暴君接踵，往往杀人数十百万不等，未尝不为之流涕太息也。今则异于此，宣战讲和之权，名虽存于君主总统，其实则旁落于臣民。盖筹兵饷，征税赋，非经议院允准，则不能抽一毛，征一粒，而一弹之值以千金数，一舰之费以数千万计，虽有雄材大略之主，不能以空拳赤手奋其功。况乎民智日进，商务日上，民皆乐于享升平之治，不喜甲兵。故哥里美亚一役（在千八百五十四年）后，欧洲无复干戈之虞。所谓壮士挽天河、洗甲兵不用者，似正为今日道者，

---

① 《亚东时报》第八号"馆说"栏，光绪二十五年四月二十五日（明治三十二年六月三日），页一至三，署"深山虎太郎"。

是古今治乱一大关键也。今夫东亚之人常读报章,于列国拓地开境、殖民经商之事,知之熟矣。又寻观东西洋舰队,游弋往来,雷惊电掣,海水横飞,谓其心不测。又游其国,带甲百万,怒目掉臂,机厂林立,军火如山,则谓彼实有席卷宇宙、并吞八荒之意。兵事之起,朝不保夕,东亚之危,不啻垒卵。呜呼!其亦不思之甚也。

余则谛观欧美诸国形势,其拓地开境,皆注意经商,非为耀威武、喜功名起见,固与百年前形势判然有别。凡世界中推扩版图之大者,莫英吉利若焉。英国之拓地,皆肇基于商民之合力,非由政府吞并之谋。东印度公司之于印度,亚非利加公司之于菲洲,其效之大而彰著者,其日夜皇皇,修造战舰,增募兵员,皆滥觞于旅居海外商民暨国中商务公所建议。盖谓不以战舰兵力凌驾列国上,则无从保护产业,维持利权。曩者世爵贝思福之历游东洋,于某处宣言云:"英国内治外交宗旨,一为国中商务公所左右,其实权复出于议院上。"余为该公所委派,前来此间查察商务情形,诸君而有所欲,余请归国之日,告诸公所中人,其建策庶足动当轴者矣。其言虽似侈谈,而亦有可取者。英国内治外交定于议院,议院议论定于商务公所,商务公所之宗旨定于国中商民。英国商民之所主伊何?唯在专卖我所制造商货而已。既冀专卖我货,则不愿他国仿我所为,故垄断私利之术,无所不至。而彼之所惧,尤在进口税,何者?税率愈多,物价愈涨;物价愈涨,销路愈塞,驯致百货呆滞,商务萎微,英国五千万之人无所仰食,是英人之大患也。故其辟地于四方,正坐恐他国据于其地,重征我货以塞其销路,故每先发制人为专利之谋也。今其在中国,尤时时以敞门通商为宗旨,正其治印度、菲洲之故智耳,岂果有爱于中国乎哉?至于德、法二国,其工业未至与英比肩齐行,故用保护宗旨,赶紧推扩商务,以致日有起色,是以效尤英人,出售其有余于外以自殖,其宗旨虽相异,其不主于侵略以害商业,则无以与英异者。美国则向来奉其初代总统华盛顿遗训，国外之事绝不干预。逮孟、骆总统之日，稍变其政略，颇涉邻境国事，而未至于拓地扩境。至于近日，则构衅于西班牙，东取古巴、波土利可，西略飞律宾群岛，使列国刮目而视之，唯彼背弃祖训，遂怀异图也。盖其国二百年来，户口繁殖，工业旺盛，家给人足，其所制造商货，充溢国中，非广求好市面而畅通之，则无以满其所欲矣。此美国之所以有事于外也。

夫四国者，皆以工商立国，其政治皆崇尚自主，以浸淫于太平之化，穷兵黩武，非其素志，不待智者而知之矣。至于俄国，其政尚主专制，国民椎鲁，不知民权为何物，故和战之权定于一人，有难以英、法例者。然俄国近日亦用心商务，蒸蒸日上，其不动言用兵者，亦赖爱惜民物之意。且彼国于北方土地硗确，人民贫窭，其商本一抑于法国，如西伯利亚铁路筹措之款，其例之较著者也。今夫俄国边境有一小衅，不崇朝而股票之值陡然低下，商民大困，是其明证。若果好动干戈，法人不肯假贷，法本一塞，则俄国辙中之鲋耳，何得威振八荒如今日哉？

故今日之势，非特英、法、美、德不好战，即俄亦不欲战也。然则彼四国者赶紧制造兵船，铸作大炮，尽岁入之大半，以供杀人灭国之费者，何哉？余谓是正彼等之所以不欲战也。昔者器械未锐，人用白兵相战，天下争斗无虚日，而其祸亦辄连亘数十年。輓近火药发明，军制日新，与夫快射炮、水雷、带甲舰、潜行雷艇、步虚雷舰之类，创造相继，列国阋争，理宜盛于前时，而数十年来，反无大战事者。盖古时之战，唯日杀数百人，或千人而止。今时之战，则日杀数百万人，未为难事，其惨烈诚不可同日而语。故其败也，一朝墟社亡国，生灵无孑遗；其胜也，亦创巨痛深，疮痍难复。故列国外貌，明目张胆，不让寸步，而其实以干戈为畏途，虽其器械之精与练兵之强，事事求胜前人，而用之之日卒少。嗟乎！古之战也，输赢之分判于战场；今之战也，胜败之机，兆于平日觇国之强弱存亡者，岂待刀折矢竭、鼓死弦绝之期而后定其优劣哉？是以器愈精而争日减，备愈厚而战日希，国策所谓战胜于朝廷者，欧洲今日之局是也。且列国推广兵备，驯致骑虎之势，彼添一舰则此添一舰，甲加一兵则乙加一兵，点行如雨，费款不赀，列国久之亦不堪其弊矣。近日俄主所倡弭兵会者，人或疑其藏有阴谋狡计。夫此等心事，不可欺应门五尺之童，而谓机智百出之欧美人悉受其愚乎？抑吾闻俄主之有此举，实由读波兰人甫里阿克所著《世界太平论》动其心。

注：甫里阿克所著《世界太平论》六卷，以宇内升平为其宗旨，痛论近世列国增加兵备之害，引证宏博，议论切实，仁人之言，蔼然纸上，能使读者感奋兴起。其略云："战争在上古为风气开发之具，其行亦不得已者。今则天涯比邻，四海一家，战争有百害而无一利。"又曰："各国备兵自卫，所以互享其太平也。但其兵过多，非所以保太平。今欧洲列国所备军人，计有一千七百万人，备兵自卫，五六百万人亦足矣，焉用若是之大众为？据近世战法，不能同时而动五十万人以上兵，纵欲动五十万人以上兵，则无容之之舍营，无运之之汽船、火车，平时蓄养此大数兵，有事之日不能用之也。"又曰："增加人生福利，莫教育若焉；戕害人生福利，莫兵备若焉。兵备与教育二者，如水火冰炭不相容。今欧洲列国兵饷共计有十七亿一千万圆，而教育之费不上于一亿七千万圆，其风气日下者，非偶然也。"又曰："兵备为商工蟊贼，欧洲一岁兵饷，上于十七亿圆，如已所言，不啻涸竭民间财源，使壮丁失其业次，惨莫甚于是。今就千八百七十年以来欧美二大洲情形而言，欧洲商工视美国有南风不竞之状，推原其故，美国之盛，由其兵额小而饷轻；欧洲之衰，由其兵多而饷重。意太利之輓近陵夷不振，一基于兵备之厚，其得失之迹，昭然无可疑矣。"又曰："兵备之多，不用之而其敝已有如是，若一旦用之，其害百倍于是。假令欧洲五强国一旦兴兵

甲，干戈相见，则其所费军火粮秣之值，每日不下四千万圆。若兵结不解，战争涉于一年之久，其费可上于百七十四亿七千万圆云云。"

夫欧美诸国以其兵力彼此相抵，不能悍然为戎首，故纵有小弱之邦，犹以势力均衡之理，免于吞噬。又或两国比邻，贸易之盛，彼此相若，不能以我之有余代彼不足，于是绝意邻国，专经营远方，以为推扩商务之地，所谓近交远攻之策似之矣。俄之西伯利亚，英之新金山，五印度，埃及开普，法之越南、阿尔日尔，德之撒木亚，其始所以取之者，虽各不一其道，然其为商务起见者什之八九，通商之事，固可忽乎哉？然彼之取此，亦由其地无定主而生心，即有定主，不能自守，犹空屋虚堂，人迹淆乱，门墙洞开，不施锁钥，入而居之，谁谓不然？故彼益以其所惯用西伯利亚、金山口、五印度等试之中国耳。惟其手段有棘手与不棘手，必细视其国情而知之。英国版图布满环球，其商船纵横五洲，视中国犹其外府，所不足者非土地，故利中国保有土地而洞开门户，为其国一大商店，而不肯出于勒索。俄则占据亚北，其地沍寒荒瘠，不适于农耕，非取不冻口岸以自卫，则不能与英争雄于东方，加其内治外交不谋于众人，决于一人，故其机谋密勿，举事峻速，不类于英国缓慢，所以获虎狼之名也。然实镜其设心之隐，非英有爱于中国而俄独甘于不韪也。况中国读英文者多，读俄文者少。英报久风行各埠，而俄报则无一行者。英人布教内地，项背相望，而俄教则绝迹于中国，故中人多亲英而疏俄，岂知英人所撰述，皆系冒嫉之说，其极力诋排俄人，不存余力，正由其深畏俄人之有为也。故欧谚所谓"罗苏莫比亚"者，怖俄症之谓也。夫英人即不自怖俄人，何苦作此俑而使中国人之益怖俄人乎？可笑孰甚焉！由斯以谈，俄人尚未必专主侵略，况德、法、英、美乎？而中国之不免处处为其要挟者，坐不能自守之病也。昔者亚细亚之隆盛也，秦皇攘匈奴，汉武取大宛、西域，成吉斯汗帖木儿,席卷欧洲,其威烈震动八荒,不过出于穷兵(黷)〔黩〕武,戕贼人民之私,《孟子》所谓"民贼"者也。而当时之人,皆颂其功,扬其烈,勒之金石,被之铙歌,以为盛德大业无伦焉。今欧西之推扩土地,专主爱惜民物,非专竭天下财力以饱一人欲壑者之比。且时势所迫,尤有万不得已之苦衷。若使中国之人易地而居,度亦必出于此矣。乃以其偶出于彼,目为虎狼,为凶贪,为绝无人理,岂持平之论哉?向使亚州而富强如彼,兵备之厚如彼,政治之美如彼,贸易之盛、商务之旺如彼,则彼方抗礼敌体之不遑,何至墟其社,奴其民,青衣其主之相因而至哉?

且夫今之欧美非古之欧美,其教化郁然昌明,尊崇上帝,讲明人伦,其知力德行,非亚、菲两州未开族之所及。试随举其国中之一人而言,则乐善好施,蔼然仁者,以其国之合群而言,则窃人土,夺人国,其行与盗贼无异。西人之言曰文明之族,其人有道,其国家则无道,未为至于文明之至上境者也。然则国于东亚者待其一民以仁人,而待其国以盗贼可也。然而支那习气,视旅居仁人孤寡无援,虐待百方,曾不之恤,而盗贼之至,则(撒)〔撤〕去墙壁,扫道清尘以待之。呜呼难矣哉!支那之国于世界中也。

书大隈伯相与客谈中国时局一节后①

近日日本士人上自大臣宰相,下至一孔之儒,留心时局者,莫不奋颊掉舌,谈支那将来之事焉。诚以支那盛衰关乎东亚气运,有唇亡齿寒之惧也。其所言纷纷多(岐)〔歧〕,固难衷于一是。而总而括之,则大略不出两端:其一言中国竟不免脔割,万无救济之

---

① 《亚东时报》第十号"馆说"栏,光绪二十五年五月二十五日(明治三十二年七月二日),页一至三,署"晴猎雨读园主人"。

理,名曰分割派,伊藤博文氏持其说焉;其一言中国将来必有起色,虽临以列强之威力,不能取之,纵取之矣,不能守之,名曰保全派,大隈重信氏持其说焉。

二氏为东方伟人,其声望相埒,犹一时之瑜亮曹刘,为世所矜式。固与夫白面书生,孜孜求胜口舌间者大异,而其说正相反,吾辈将何折衷哉?今试谛观二氏之说,各有由来,非一日之故也。伊藤氏去年游斯国,适遭八月之变,国事仓皇,朝政反复,新旧交排,满汉相挤。其君子则汲汲于固宠偷禄,邀贿贪赇之计。其小人则营营于保身家、养妻子之术。举国沓泄,朝野相蒙,绝不知外患之迫于肘腋间,而(蘧)〔遽〕然自窘。盖所见所闻,莫非亡国之兆焉。于是叹息于邑,废然返棹,以中国为无救济之理者,此也。彼岂真以分割中国为得计哉?至于大畏氏,足未蹈禹域之地,而性喜结纳,情笃外交,观光之客,履舄错杂。其所接华人皆不外康梁一派之人,直见其悲歌激昂,语言豪迈,为禹域出色人物,遂深信而喜之。至谓其国读书种子大概如斯,并推及其芸芸民族,确有爱种保教、同仇敌忾之心,以为有士若此,有民若此,天下事奚不可为者,其极力主张保全之说,不亦宜乎。

然则伊藤氏之耳目,囿于大官显吏;大隈氏之见闻,限于党人逋客,其说虽不相合,而其为气类之近者所移,无以异焉。夫二人者之揣摩中国情形,其不等于蠡测海、管窥天者几何哉?余谓中国官民悚然于伊藤氏之言,发愤自雄,变法更始,尚可期于振作,若以大隈氏之说为操左券,遂谓彼西人无如我何,而自大如旧,玩愒依然,则大隈氏之所云保全者,适贻以宴安之鸩,而亡中国也,然岂大隈氏之本意哉?

余请指摘其不合鄙见者二三,以质诸支那君子焉。若执是为诋谤先辈之言,则非余所敢出也。大隈氏喻中国于树木,政府如枯叶熟果,民人犹其根干。叶与果,逢风而坠地;其根干则生气常存。

是喻稍为失当矣，岂知中国根干半已蠹朽，以致枝叶萧索，不生果实乎。盖大隈意在鼓舞支那人心，以发其大有为之气，故为是说以歆之然。余谓今日中国之腐败，不独政府然，即其人民无以异也；不独旧党然，即其新党无以异也。盖余之所见，以维新标榜者，澄心察之，除二三子外，其气魄识见不足称；其著于躬行实践者，亦非有殊于沉沦宦海龌龊贪污之辈。嗟乎！使若辈一日而居高位，其不为刚毅、徐桐者几希，新党且然，况于下此者乎。大隈氏又云，支那人爱种之念颇厚，排外之念极殷。英、德人所募之兵，当训练堪用之日，即倒戈叛己之时也，此亦未为确论也。

夫支那各埠，向来雇用华民，何啻千百人。其遇西人则奴颜婢膝，甘为之用；其遇本国人，则诟谇叱咤，殴击蹴踢，凡所以苦之制之者，无所不至。即如四明公所案件，不肖之徒，助桀为逆，略无人理，已系人人所知，其所谓爱种排外者何在？盖有道光、咸丰二役以来，粤民之为英人役者，不下数千人。今且浸淫及于各省，而未有艾焉。然则彼辈所见，惟阿堵物耳，岂真有深念国种之心哉？苟英、德二国而丰其饷银，厚其衣食，则奔走效顺之不暇，何苦背叛以取不测之诛哉。

大隈氏又云，支那自古变乱之际，必出大豪杰，统一华夏，余烈所及，攘斥外族，引周公、秦皇、汉武、元太祖为例，以待验于他日，窃谓此未谙时势之言也。古昔野蛮之族，其兵器之利与船舰之快，迥异今日文明之种。故夫周公之徒，得行其所谓膺惩手段，成吉思汗、帖木儿得横行世界，如入无人之境。今何时哉，虽使陡然变法，薪胆不忘，数十年间犹不能与英、俄争衡，况乎沾沾守旧，岂真能制梃以挞秦楚之坚甲利兵哉。大隈氏又云，西人刻意经营铁路、矿山等利权，无足介意，喻如美利坚之例，国中铁路率用外人资本兴办，未闻美人以此为诟病，且言地上经营之业，不问其铁路与矿务，沾其利益者，唯地主为然，斯固然矣。

余谓火车往来之地，易硗瘠而殷腴，矿山开采之区，辟鸿荒而生聚，此理至常，无容侈述。然其主持之权不在我，则彼方以所获其赢，捆载而去，华民何有焉？纵有所得，不过雇工薪资、搬运脚费，及地主什一之利耳。且夫美国地大物阜，山海遗利，骈罗阗溢，美不胜收，人民乐业，鸡犬不惊，其政府权力又不旁落于外。故外商之入其地者，犹水之就下，汇为巨渊，深弘无量，迥非中国之见迫外国，不得已而付利柄于他人者之比。故一旦有不利于我者，则逐客之令可下，外人之柄可夺。其所用外本，不但无害于国体，并为富强之一大捷径矣。大隈氏未揣之本末，以行于美利坚者行之中国，何异高寸木于岑楼哉？泰西列强之瓜分中国，不于其名而于其实，所谓势力范围者，其术尤巧。盖阳免攘夺之恶名，阴收择肥而噬之实利。虽以俄人之强梁，其满洲、东三省已归掌握，已属列藩，而犹不易其官吏、变其版图者，亦避其名而取其实耳。推之德于山东，法于两广，英于扬子江一带地，轨辙皆同。古来取人国之术，未有若是其猾而便者也。盖彼在内地，既隐然占其地主之权，以督抚之尊，甘仰其鼻息，其势已从而靡矣。而又一面占领要胜，挟制华民，一面开发利源，招纳亡命，固（带）〔蒂〕深根，积之数年至十年，其势不啻西羌鲜卑之于晋，其孰能御之？况乎彼之临华民，保存其风俗，简易其科条，观于从来各埠工部局之政而知之。则凡倒悬于虐政，呻吟于陷溺，呼号宛转，不遑择其人而就者，一遇恩威并行之政，方箪食壶浆以迎西师之不暇，安在其排斥外族倒戈向彼哉？宋余靖言："燕蓟之地，陷入契丹且百年，而民亡南顾心者，以契丹之法简易，盐曲俱贱，科役不烦故也。"顾氏炎武曰："省刑薄敛之效，无所分于中外，宋时且然，况清朝弊政百倍于古者乎。"大隈氏又言："以俄国之强大而欲征服支那，悉入其版图，则必竭百年所储之膏血，歼亿万无辜之壮丁，始足压服其全部之人心。"诚如是也。则支那灭而俄亦随之矣。余谓俄人去虚名，取实利，固不若是其愚，然以俄之势力强中国,就其范围,不为不易,何者？昔满洲种族之入支那,能变其衣冠,为辫发左衽之俗,不过十年之功,其屠戮数十城,树威十八行省,使天下士夫贴尾俯首听于彼,不过八旗数十万人,与吴孔耿尚二三叛臣之力。今俄之兵力数百倍满洲,其军火之利与行军之精,尤非昔日之比,安在不可以满人压汉之术制支那哉？特恐彼有列强之牵制,不愿遽出于此耳。

然则中国竟无保全之策乎？曰：恶乎然。上下一志,变法自强,则有转圜之机。大隈氏亦言支那之大患在国政不能革新之一事,则知彼之意在不变法则不可保全,非谓不变法而能可保全也。其见地与吾曹无大径庭,但渠急于博某某欢心,故以欣喜愿望之语出之耳。中国诸人不通大隈氏之言,虚骄作气,藐视列强,以为秦皇汉武、成吉思汗之出不远,而不求所以自强之道,是则误会伯相之言而负苦心矣,故不可以不辨。

大变小变说[①]

天下之事,有宜小变者,有宜大变者。法度不善,官吏不得其人,宜小变者也。譬之屋漏壁破,而其柱础坚固,栋梁未朽,有人补其罅漏,绸缪其破隙,犹可存其旧观焉。至夫政府大本已经腐败,朝野上下,昏昏酣酣,生气沮丧,病入膏肓,非区区变法易人之所能济矣。有豪杰起,扫荡历代之文物制度、千古之习惯俗尚,不留余迹,与天下更始,以开百世之基,而后国家可保,社稷可存。譬之大宅朽坏,颠倒在即,弥望瓦砾,荆棘丛生,豺狼嗥其中,狐狸窟其宅,非支撑完葺之所能小补,是宜一炬焚之,举瓦砾荆棘、豺狼狐狸,一

[①] 《亚东时报》第十一号"馆说"栏,光绪二十五年六月初十日(明治三十二年七月十七日),页一至二。收入《立庵遗稿》卷五。

律荡除。而后经营新宅，从心结构，始有轮奂之美，翚飞之壮，以惊人耳目，是所谓大变者也。

宜小变而大变，则危乱从之，是曰悖逆。宜大变而小变，糊涂模棱，竟无成功，是曰姑息。姑息与悖逆，均非经纬天下之道，但有眼高一世，心雄万夫，明于大小之分，潜心默虑，计之至熟，而断而行之，则必著成功于一代。即不幸不成，而继起有人，虽死之日，犹生之年。呜呼，是所以为天下之士乎！

征之史鉴，美之自主，华清登、佛朗克林诸人倡之。当时英国朝野视藩属之民不啻草芥土木，欲奴之隶之而甘心。若华、佛诸人，而短于高明之识，拘于宗国之义，泥于同种之目，从其所欲为，则举国生灵永沉沦于羁束之下，呻吟于桎梏之间，岂有今日富强之运哉？彼但笃持民权之义，凛然鼓舞其国民，揭竿大泽，与英之精英血战七年，竟开一代之鸿业。呜呼！华、佛诸人，可谓宜大变而大变者矣。

法国百年前民权之说勃兴，盖由历代国王箕敛头会，暴刑苛政之所激，反乱之形已成矣。然使彼时政府破除情面，（撒）〔撇〕去成心，与斯民共天下，则庶几免于割裂之惨。乃大臣世族，不通于是义，以谓许民参政，为野人横议之渐，平等尊卑，为凌长抗上之端，是风断不可滋长，于是悍然行抑压之政而略无悔色。及民党寖炽，稍生恐惧，又不能慨允其所请，但小改科条，小减科役，以行其暮四朝三之陋计，岂知法民之愚，非狙族之比，竟裂眦奋发，起而与政府为难，国王鹹，后妃缢，公子王孙系累惨害，流血狼藉国中者数年。如法王可谓宜大变而小变者也，其取祸不亦宜乎？

又以是征之日本。德川氏末造，其政府根本已败，东扶西倾，维持无法，一旦遭外国突来勒索开口，犹疾飙罡风卷地而至，虽有智者无能为役矣。乃当时幕府中非无以自强为宗旨者，故建言聘洋员、练陆兵、造军舰、凿船坞、铸大炮、派学生，一切事宜仿行西法，其规画诚美矣。然三百年来人心沉衰，沓泄婀娜，行事无人，其良法美意不独未见成功，且将变为中饱私囊之资，其后萨、长二藩之士，居然以弊杖恶械与之接战，如猛虎驱羊，疾风卷叶，一败涂地，遂不能起，是岂非宜大变而小变者乎？

至于萨、长二藩之士，夙知德川氏之不可扶持，以谓我于义为彼臣下，于情为彼亲戚，加以三百年统宰天下，欲一举殪之，可谓忍矣。然外患日迫，内政未治，若复维持杳泄酣嬉之旧政府，而与彼对抗，国家之事，将伊胡底？以私坏公，莫此为甚，于是忍其不可忍而出讨幕之举，风驰电激，日麾星呀，维新之业，于斯造端矣。若使西乡、木户诸公耳，荧听于公武公体之俗论，目惑乱于机械兵器之末节，保全幕府，则日本之为日本，未可知也。但彼有一铁案，知非殪幕府复王政，维新之实不可举，故忍人之所不能忍而为此举，是所谓宜大变而大变者乎？今之中国志士，能鉴戒此数者，维新之道思过半矣。

培　根　论[①]

泰西列国文物制度，有今日之隆，皆由被治者之力，而治者不与焉。征之史记，法之摆脱专政，树立共和之政；英之拥立维廉，植百代立宪之治；美之自主于新世界，瑞之屹立列强环伺中，不受他人辖制，其效之大而事迹之彰明者，固无待侈述。即至近世萨尔士尼亚，以区区一旅之众统一列国，奄有意大利全土。普鲁士以小弱之国，合并日耳曼，称霸于欧之中央，人或以为由维克士尔、爱玛纽

[①] 《亚东时报》第十二号"论说"栏，光绪二十五年六月二十五日（明治三十二年八月一日），页一至四。收入《立庵遗稿》卷五。

儿、维廉之圣与加卡尔、毕士麦克之贤，旋天转地，开斯丕业，而不知彼二君二相者，不过见民心向背所归而利导之。若当时二国之民不愿联结同种，又不肯为其长上出力，则以二君二相之雄材大略，将无所用之矣。即知泰西之民善用君相，而非君相善役其民也，迹其所由，民间风气夙开，民知夙进。且鉴戒于历代抑压之治，联结为一气，义不受人制，故其力能耸动政府，俾之从我所欲也，故其政有水到渠成之妙，不须勉强刻苦，以拂人之性也。如有塞之者，则众滴为巨浸，决堤溃岸，横溢百里，非得其平则不已，法、美之例可以征矣。至于东洋诸国，其治乱兴败，一系在出治者，仲尼所谓其人存则其政举，其人亡则其政熄者。芸芸之族不能兴焉，无他，以其民知不进、风气未开之故也。

说者言中国政府庸弱无为，内施威压于其民，外甘奴婢于他族。夫政府之庸弱无为，固也。而使庸弱无为之徒侈然在上者，果谁之过也？向使中国政府易其地而在泰西，必不能一日保其位矣。即知政府者为国民形影，一上鉴镜之表，其妍其媸，不差毫发。今中国士民，不自省己之庸弱无为，而顾专咎政府之出治者，岂不大谬乎？

余谓政府枝叶也，人民根干也。根干已失生气，枝叶之枯，固其所耳。主张变法者，不论其本而趋其末，以为一改革制度，模仿泰西，可直凌驾英、法而超越美、德，而不知其同族子姓，方昏瞑于积弊沉痼之中，不知家国存亡为何事，纵令变更法度，一切为所欲为，而越人之章甫，裸国之衣冠，国人不惟不便之，且相率诋诬新政，讴歌旧章，不旬日而仇之者蜂起，况于政府中人视变法如谋反，死心塌地，株守其愚窟乎？

余谓改革中国，首宜改革其人民，是治本之说也。余论中国时务，常以是说进之士夫，则彼士夫者，皆言柄在政府，我辈绝无主持之权，不能如之何。由是举国家一切敝政恶例，蔽罪政府，而己则腼然以志士仁人自居。呜呼！何其责人之周而自责之薄也！夫今之在高位拥厚禄者诚有责焉,然试举新党者以易之,其不异于今日者几何？盖凤有贤智之民,而以贤智之政府治之,自可期于郅隆。至于愚蠢之族,蚩蚩遍地,虽以贤政府为治于上,不能有济,况以愚政府治愚民乎。策中国者,多不通是义,而矜言变法,其乖戾事理固勿怪也。世有急于功名者,不知国家盛衰自然之数,欲奋其私术小智,以危道权术侥幸成天下事。自古败人家国者,未尝不由于若辈,余于是绳其愆而辟其妄焉。

今盱衡支那时局者,约有三端：

其一曰革命派,其言曰政府之病入膏肓,百药无灵,宜决意下刀,宰割其骨肉,刲去其毒根,始可全一生于万死,犹法国民党之于不尔奔王朝,英国圆颅党之于查尔斯一世,直用兵力倒毙其政府,以树变法之奇策也。其说甚壮,使人激昂起舞,扬眉竖发,愿观其究竟,然详谛其说,则亦不免无谋之举。夫不尔奔末造,王室日卑,民权炽盛,革命之机已有所兆。至路易十六世而溃裂成大变,查尔斯不知民心离叛,以独夫与天下为难,其取败衅,固其宜也。总之,其时君弱民强,故革命之举因之而成。今中国政府之衰,未至查尔斯、路易之时,而人民之爱护权利,不如英、法之笃,冀其奋臂裂眥,与之为难,何异以三尺婴儿角力于乌获、孟贲哉？或言中国读书种子无缚鸡之力,其不足发大难固也,唯至于某某会,勇健无前,视死如生,可为天下之倡。噫！此以轻言革命之事,为悖逆天人之举也。何也？彼某某会者,徒以意气相集,非知大义者,若一旦假其力,则其横暴不可制,其害何啻何进召董卓、魏主召尔朱荣？论者或惜康有为召袁世凯,谋漏致败,余谓是不幸中之幸也。若袁果听其请,则汉魏之祸再生今日,永启武臣专横之端,所谓新党者将徒仰鼻息于他人而无所措手也。故袁谋之不成,不啻国家之幸,亦新党之幸也。且夫今日之支那,与昔日之支那异,开关通商,历有年所，外人遍布国内，为负嵎之虎，彼皆利国中无干戈之虞，至政府之为满与汉，则恝焉不关心，犹越秦之肥瘠，若闾阎有事，祸及池鱼，则以其兵自卫，或自外阻止之，甘犯于助桀为虐之大不韪。洪秀全之败，灼然为其例。夫发逆之时，外人之放银内地者尚少，而忍于出此，况今日到处有势力范围乎？余谓满清氏之有今日，深赖外国之力，若无外国人来此国者，则觉罗氏之鬼不血食久矣，彼革命派者能识此理乎？不宁惟是，已曰：革命，是排满朝而立新朝之言也。其新朝者树何人乎？其定夺之者兵力乎，众论乎？苟以兵力相争，则何所不用其极，欲救民倒悬而更驱赴水火，不仁莫大乎是。以众论而定，人心之不同如其面，不知于何折衷，以为布共和之政乎？虽有奉公忘私如华盛登、克兰度者，为之伯里玺天德，当亦无如中国何，无他，其民智未进、风气未开故也。乙未役毕，台湾入于日本，有陈季同者奉巡抚唐景崧为总统，以台湾共和国自命，取笑于世界，亦可以为鉴矣。余谓中国之不振，在其人民而不在政府，故纵更革朝廷，至二朝三朝乃千万朝，而其民人死守旧习，依然故我，则于时局终无所裨益。夫爱新觉罗氏之君临支那已二百余年，虽无深仁厚泽，深入民心，然亦不闻绝大之失政焉，似尚在可以维持之列也。

其二曰外力派。其言云：今政府阘茸，不以民人为念；士夫婾婀，不以社稷为心，上下姑息，遂无转圜之机，以中国之力不能有为也久矣。不如借力外国，干涉支那国事，罢太后垂帘，复皇帝亲政，国事即大有起色。此亦坐重视政府之病而未为确也。何也？中国民瘼不开，虽以皇帝之聪明，正笏殿上，亲临万机，不能如之何。民瘼已开，虽使太后与闻国政，阻挠新政，亦不能如之何也。然则中国之识时务者，宜先问我实力何如，勿问垂帘与亲政可也。且夫借外力办内事，其敝更甚于不变法，列国之于中国，果有实心爱助乎？况各国各异其利害，难于和衷济事，若甲国借力中国办某事，则乙国必阴从而挠之，已有成例。日、英二国固愿中国自强，俄、法则幸其守旧孤弱而无为，假令今者日、英越俎代谋不应垂帘之举，吾知俄、法二国必助太后而抗之也明矣。则是中国显植日英、俄法二党以相挤排，犹朝鲜有日、俄两党纷乱不止，其祸之烈非止垂帘已也。夫床笫之言不出门，兄弟之诟不越墙，夫亲政与垂帘，殆为一家中事，今乃反而讼之他人，夫谁能被发跣足往而劝解之哉？此亦不通之说也。

　　三曰阴谋派。其言曰：政府不可以口舌动，不可以兵力取，又不可假力外国，无已则有一法，厚贿某某等，博其欢心，一面缓钩党之举，一面启变革之渐，是守旧其名而维新其行。孔子主痈疽，伊尹主莘子，虽圣人必出于此，行权合经，夫复何害？虽然，今日中国兴亡，而诚系二三人意，则阴谋派之说亦为可取，虽吮痈舐痔，不失为中国忠臣。如其不然，纵令侥幸施展于一时，未久而反间入之矣。何者？爱巧言者巧言尽而宠衰，爱财货者财货尽而信变也，况有敌党不喜变革者，亦袭用我智，必然之势，则波斯、朝鲜之例昭昭在目前矣，其策之拙不更甚于前二派乎？然如斯之谈，犹止就利害而言，若以情理论之，则献媚行贿，丑之丑者，非有耻之士所屑为。但狎邪之辈，借之以济其私耳。宁有堂堂大国而寄重任于一二狎邪之徒者哉！

　　然则改革人民之道如何而可？曰其道多端，及时教育其一策也。或言今日时局棘亟，宰割之殃在旦夕，非非常之举则无从救之，今先生欲以教育救中国，不几舟中讲大学者乎？且中国辄近用心教育，仿行西法，设立学堂，殊不为少，而其卒也竟无补于时局，教育之不能速救国家也审矣！余云是非教育之罪，教育不得其宜之过也。康有为设学长兴，下帷不过数年，其门下新党之士亦不过数十人，乃今中国算有为之士者先屈指于康门，几使政府有俨然敌国之思，亦教育之效也。今有气节、学识兼通之士，与康氏比肩者，中国之广，其丽何啻十百？姑敛其锋芒，隐居山中，集徒教授，以身率众，培养其坚忍之气，激发其有为之志，藏之数年而出之，如刀刃之发硎，箭之发弦，率若辈数十人，鼓励海内，为革新之先，其义声足耸动天下矣。夫滔滔之水成于涓滴，焰焰之火出于闪闪，自古为变法之唱者，其始不待多人，得天下之士十人则足矣，是所谓改革人民之第一起点也。若夫耳提面命，人说声光格致之学，士诵爱皮西提之音，至于气节道德则措而不讲，而谓教育之能事遂毕于此焉，则非余之所谓教育也。夫中国而有灭亡之机，虽有智者难救之，即革命、外力、阴谋三派，只以速其亡耳。若果无灭亡之机，则徐养其根本元气，以待于异日之用，不亦善乎！

论宜盛翻译翻印西书[①]

支那官吏不通于中外形势，受愚外人，每订定一约，辄将利权交让，积至于毛尽而皮不存，竟无恢复之日。即在条约应有之权，亦复置之不理，使彼族独擅其利，如禁翻印外人所著之书籍，其一也。顷读广学会所出《中东战纪》，弁端有上海道刘某告示云，无论何人，不得翻印，如违禀究。不知该道据何条章，出是告示，以为保外人专利之地乎？

查列国皆有保护著述人，禁其翻印之制，盖为报其劳、赏其功起见，事理明白，无可置疑。然其保护者，唯保护国人，并无保护外人之制，其保护外人则自千八百八十六年瑞士会同始。当时入盟者英、德、意、法等十国耳，近增至二十余国。凡入是约者，不第有保护同盟列国印行权，亦有禁翻译其书之义，中国向来未入是盟，

---

① 《亚东时报》第十三号"论说"栏，光绪二十五年七月初十日（明治三十二年八月十五日），页一至二。

何苦被外人拘束,禁绝其国人翻印哉?或有广学会系有心人所创,其著书立言,有大效于支那,故保护其印权以酬之,不为不可,然此事已许广学会,则他外国人亦有一律均沾之权。若不幸其著书立言,害于世道人心,妨于国体政治,夫孰能禁之?夫与泰西列国相较,在明划权利所在,我有一分之权,必持之不至于旁落,赶行严办而后有缴还一体利权之机。若不然,我有应有之权而置之不理,则持柄授彼,斯不敌体之约,永无改订敌体之日矣。

请以日本为例,日本前值国家多事之日,与列国立约,故其条章概利于彼而不利于我,一与现行中西条约相埒,幸条约中亦有不便于外人者,即如他人之居国内,原干禁例,乃外人视为具文,任意往来,毫无顾忌,自大隈氏入外部,执约綦严,凡非条约所允许者,必一律禁止,雷厉风行,不假一步,外人自是少生悔心,而改订新约之机愈熟矣。日本仿行西法以来,不惟翻译西书者众,即竟将西书而翻印之亦甚多,至于美国伦曼公司所发兑之书,每岁翻印上千数百万本,其价不下数十万。公司以其侵夺利权为病,请公使与日本外部商量,外部官以冷语答之。其言云鄙官游学贵国,病英书价昂,因购求贵国翻印之英书而读之,未闻贵国保护英商而禁我之购翻印之书也。今独责弊国以保护贵国之商,未知何故?公使辞屈,竟置之不问。盖美国不入列国之盟,故不禁其国人翻印他国之书,有时英国所刊之书,不旬日,翻印于美国,以贱价出售,转估英国,英人莫不诟厉愤慨焉。夫区区一条约之严行,乃能拘束外人,为改订一体条约之始基,夫如是,则安可以其事之小与故之细而忽视之哉?

余乃慨然语支那当道曰:中国欲有转机,请自鼓劝翻印外书始,其他条约所不允者,一律不允,不问其情实如何,抗争不挠,而后外交渐有转圜之机矣。夫翻印外书之事,不特属条约应有之权,亦于国民有大利益焉,日本近入印权同盟之列。本年七月以降,英、法、德诸国所印行之书，除其印权期满者之外，一律禁止翻译、翻印，盖非日本人该盟，列国不允其改订新约，故政府不得已而允之也。

然文化未进之国，或翻印他国人所著书，或转译为本国文字，使其国人遍读之，尤为当务之急。一旦入印权盟，则为约束所拘，不得任意译印，不特妨于读书种子，亦为文化一大厄运。故北美政府至今未入是盟者，职此之故，日本现在仿行西法之际，而入是盟，其国人颇不便焉，论者甚至以此为文化退步之渐，可以见翻印一事，似属细微，而干系甚大矣。但日本已有驷不及舌之势，无可如何，至于支那，则无条约约束之虞，是宜倡办印局，盛翻译翻印西书以赍至日本而估之。昔时文化自西徂东，今则支那士人往往游学东洋，有自东徂西之势，若能出于译印西书之举，则其益于日本也多，又启自西徂东之渐矣，何独利市十倍也哉！

余曩以是意告某某等，恐患其事，彼颇有踯躅之色，其意似政府已启禁止之例，垂为典则，不得改废。然我日本明治初年，当局者茫然于外交，亦听外客屡申翻印之禁，逮大隈氏赶行约文，不禁翻印，某公使引成例为言，然我国以出示禁条，明系误谬，不符条约，改之何病为言？而公使亦无词可以枝梧。今支那政府而能明于是意，申明条章，则公使、领事之意，何足介介哉？或云保护印权属文明通义，今夫人竭半生精力，洒一世心血，编为一书，以冀酬其劳，他人遂袭而取之，而盗其利焉，可憎孰甚。子乃怂恿支那人以盗窃之术，无乃不可乎？余曰：西人苟以文明通义临我，则宜改一体条约，不卑不抗，均沾其利而后可。然彼不出于此，而待我以野蛮未开之族，独至于翻印一事，则反尊我为文明之族。呜呼！其尊我耶，抑愚我之甚也！故今之支那人，宜考求实在之利益何如而速行之，至区区无谓之名分，则付之不问可也。

砭　新　论[①]

　　试问支那以新党自命者，公等欲以空言见于世乎？将欲行其所谓维新之道以跻光绪皇帝于彼得、维廉而列支那帝国于俄罗、德意志乎？余读新党诸子之文章，其言非不悲壮，其辞非不高华，一举口辄言爱力，言物竞，言变改脑质，言保种保教。以余观之，不过拾西教士李提摩太、林乐知辈牙慧耳，未见心得之学也。故一筹时局，大势茫如，如瞽者行暗中，其所谓变法论也者，千编一律，雷同剿说，已难以一家言为一世宗尚，何望其立言不朽，垂法万世乎？夫新党诸子之志，必非欲以空言表见，其揭櫫本在经世济时，举吾所蕴蓄而被诸事业也必矣。然伏处草野，手无寸柄，加以荆棘满目，天门万里，其何以旋乾转坤，拨乱反正，新党遭际亦可谓苦且艰矣。

　　余且为诸君苦言：自古非常之功有待于非常之举，而非常之举必成于非常之人。公等之所异于旧党者几何？其性行与举动未见其有径庭也。旧党嗜财货珍玩，则公等亦嗜财货珍玩；旧党好声色狗马，则公等亦好声色狗马；旧党保暖佚居，则公等亦保暖逸居；旧党捐纳得官，则公等亦捐纳得官。其志薄行弱，无以分新旧，所歧独议论耳。何斤斤然树党分派，睢盱是事哉！尝见古来发天下大难、成天下大事者，非特其体力勇悍卓绝常人，亦有坚忍沉毅之力，能凌艰险、处困苦，不为富贵贫贱、穷达得丧、毁誉褒贬、寒热喜忧所动，故能奏殊功，勘大乱也。夫体力勇悍，人人禀之于天，天赋一定，不可变更矣，独至坚忍沉毅之力，则黾勉自将，砥砺刻苦，可

[①] 《亚东时报》第十七号"论说"栏，光绪二十五年十月十八日（明治三十二年十一月二十日），页一至二。收入《立庵遗稿》卷五。

以补天赋所不足。

孟子曰：天欲降大任于是人，必先苦其心志，劳其筋骨，饿其体肤，空乏其身，拂乱其所为。盖夫苍苍者，非能苦、劳、饿、空、拂乱吾人，而苦、劳、饿、空、拂乱适所以玉成之耳。文文山大节震动一世，万古有生气，而其立志始于谢声伎；郑成功拥正朔于半壁之地，与中原抗衡，气吞江淮，而其发愤始于剪爪焚儒冠之时，以二公之忠孝天纵，犹待于砥砺刻苦，况下此者乎？

闻天主教士之宣布教法也，其初寓口岸数年，则舌习华言，口餍华食，体驯华服，乃至起居坐卧，皆濡染华风，以变革故国之成俗，待其成而始入内地，其艰难困乏，诚欧洲之士所难堪也。而若辈处此夷然不以为意，惟拥戴天主、宣布宗旨是务，其执志之笃与奉教之虔，能感发匹夫匹妇，相率趋其门者，非偶然也。新党诸子诚有志于天下国家，则上鉴二公之例，下随西士之迹，有余师矣。不然，丽衣华服，高车大马，佻达洋场歌吹间，举杯睨一世，诟异己者以自快，而冀时局有转圜之机，宁不取笑于中外耶？

论外交不可常恃[①]

曩者英国南菲公司办事惹姆生承其政府密饬，欲略特兰斯拔尔，率部下健儿数百人仓皇逾境，为特人所觉，悉击擒之，片甲匹马无返者。德国皇帝素愤英之拓地菲洲也，既闻报宸电特国总统，贺其战捷。英国上下震怒，咸咎德皇，戒海陆两军，有朝夕用武之势，赖德皇温词自解而两国获免干戈之祸。此前事，人人所知也。及今年英与特滋衅，世人谓德必出而阻之，战祸所被将不测矣。不意

[①]《亚东时报》第十八号"论说"栏，光绪二十五年十一月二十三日（明治三十二年十二月二十五日），页一至三，署"深山虎太郎"。收入《立庵遗稿》卷五。

兵端既启，德皇熟视不为动，且枉驾行英国，以申善邻之谊，与往年若出两辙。德皇之所为昨是而今非耶，将今是而昨非乎？盖英、德皆略地南非，而特兰士拔尔实为两国必争之区，使英奄有其土，则与德相逼处，故幸其败而扬其丑，是所以电贺特国总统而招英人之怒也。虽然，德人经营四方，其略地固不止菲洲而已，局势之广，利害之繁，殆与英等，今举数例：在亚东占领胶州，与威海、旅大相逼；在南洋购加罗稜群岛，与小吕宋相接；其在萨木亚，隐然与英、美三分其地而有其一；在土耳其，弄其君股掌上，承办小亚细亚铁路，以届于波斯湾，与俄人相颉颃。凡此类例，不遑数计，使其株守旧政，徒与英争特兰士拔尔弹丸黑子之地，固非策之上者，况成败之数未可必乎。故宁纵英所为，使英人德我而分之利，且得乘其间隙，以注力于他方。是今者所以不助特而敌英也。

甲午之役，在英特开仗前，英国阴护支那，法、俄、德三国隐然左袒日本。威海卫第一接仗，英舰游弋刘公岛前，伪鸣炮致敬日提督，而阴戒陆上炮台。台兵始不觉日舰来袭，方酣睡垒中。及闻英舰炮火声，乃愕然起战，我舰遂不得越雷池一步而退。日本海军中人谓，微英人警戒清军，威海卫之摧陷，不待丁提督仰鸩时矣。闻俄、法二舰，不第于我无阻也，亦阴通清舰动静，足以无阻也。当时国人无不切齿指发于英，而破颜粲笑于俄、法、德。自时厥后，形势一变，英人敛手观望成败，而俄、法、德阻止我国，竟至三国联盟，勒还辽东之地。英人之所为昨是而今非耶，今是而昨非耶？盖英人之初阴护支那而敌视日本，惧日本之侵掠长江，损其互市口岸，以失贸易之利也。其后日本声明并不妨害长江一带英国利权，战捷之日，与清国改订条约，如开办内地河湖轮航，如（撒）〔撤〕机器进口之禁，如准内地设制造厂，如新开口岸可均沾其惠，则享战捷之利者，非日本而英国矣，安有阻止之理哉？故改其辙而不悔也。俄固不喜日本之展足大陆，然其初以日本为外强中干，竟非支那之敌，故藐焉置之，比其席卷黄海，而始惧日本逞志于中土，势将拒我之南下。于是一则与支那政府密约，暗资其力，一则合从法、德，为威吓之地。及伊藤、李两全权订定和约，毅然出于夺辽之计，其反侧诡变有由然矣。

至于德国，素无恩怨利害于日本。日本陆军之盛，又由德人之教，谊有如师弟。故我师之取平壤也，德国朝歌欢腾，犹己克敌。我国人固不图其与己为难也。然德自克法以来，畏其连俄以图报复，故其外交一以离间俄、法为宗旨，自昆士麦克在相位至今日，袭而不渝。一旦俄、法以亚东之事相合，两国联盟，将自此固，欲离之而无可离也。异日者若更以欧洲之事相合，则我庸得高枕而卧乎？两害相较，必取其轻；两利相较，必取其重。是故助俄而阻日，纵取怨于日本，犹不至失欢于俄，使俄人德法而怨己，此其悍然出于干涉之举而不顾也。凡此皆系外交秘计，不现机微，至于事后而人始恍然其故，在当时则未有不为彼所愚者矣。故英舰之鸣炮示敬，支那人以为实助我；德人之欢腾平壤之捷，我国人之无智者以为彼有爱于我，皆不通于外交之过也。

外交家之言曰："国家无百年之敌，无十年之亲，无他，列国利害之相系，日变而无极也。"吾怪支那讲论时务之士，往往不通此故，见一国所为有利于我，即云彼爱于我也，可引而入室；见一国所为有害于我，即云彼吾仇也，不与共戴天。不以为仇雠，则以为骨肉；不以为腹心，则以为寇贼，不招之，则逐之，而不识我有权衡，可以剂其轻重也。

甲午之役，俄使喀士尼为支那画策尤力，以李鸿章之智，不能料其窃攘旅大、盘踞满洲，一由于喀士尼条约，又有德国前出使北京大臣卡兰土者，在伯灵游说王侯间，扬支而抑日，三国联络之成，其力居多。支那在朝之士以为卡兰土有爱于我，非英使玛克德讷之比，而不知后此占领胶州实成于卡兰土之献策。李伯且然，况下此者乎？是故管外交者，不以列国向背为准，而以我之所恃所备为准，则庶几不为他人所掣曳矣。

论南菲战乱大有关系于亚洲[①]

特兰士拔尔以区区一小邦，与英国有违言，竟至甘为戎首，练兵累月，互有胜负。人或以为特人勇敢善战，巧于狙击，恐英人或蹈前年之辙，为其所败，是不审事势之见也。

曩者英人之覆师，卒以媾和终者，其力非不相抵，当时视特甚轻，其叛服向背不以措意，故偶遭小挫，遂许之自主以结和局，于英国威名，未有毫毛之损。今也不然，南菲一带，形势大变，昔日视以为狮象之窟、鳄鱼之薮者，今则为无限之宝藏，五金采焉，钻石拾焉，其属我与不属我有大关系于全局。故英人毅然奋其武怒，调发劲卒，陆续赴境，胜算在握，固不难传檄克之矣。惟悬军万里，风涛险恶，以火船之迅，动逾匝月。其登陆则山岳重峙，薮泽纵横，林深菁密，难以行兵，是以开仗以来，已阅二月而英军未能奏凯，非战之罪也。

余谓今日之忧不在英国而在东亚，何者？俄、法、德诸国素欲有逞于亚洲也久矣。虑英出而阻之，隐忍数年，未敢猝发，苟有间隙可乘，则风驰电掣，为其所欲为，取其所欲取，易易耳。特固非英之敌，且其国无一师船，故战局限于陆地，列国所畏于英者以其海军之力，今英之海军不动如山，是所以濡忍至今，不欲轻发也。然战争不决，旷日持久，丁壮困于境上，老弱疲于转运，则三国将自此生心。英君臣知其然也，故迅速调发，倾国出师，以为刻日剿灭之

[①] 《亚东时报》第十八号"论说"栏，光绪二十五年十一月二十三日（明治三十二年十二月二十五日），页三至四，署"深山虎太郎"。收入《立庵遗稿》卷五。

计。岂谓区区特部，足以劳方召走卫霍哉？亦惧列国之乘隙耳。而英所尤戒心者，莫若俄人。俄之诡谲无信而巧于外交，人人知之矣。晚近英人亚勒基西斯克老士著有《俄国蚕食亚洲纪事本末》，其引证浩博，议论明晰，尤为难得之书。书中有言，俄人外交宗旨皆出于处心积虑之余，苟有机可乘，行其所欲行，不复问其合于公理与否。彼有所欲于心焉，而为他国所阻，则韬晦默养，不现几微于其外。逮一旦其国有事，不能专力于外，则蹶然而起，有疾雷不及掩耳之状。古来俄人之拓地扩境，多赖于外交方便，不血寸兵者，皆用此策也。其并吞黑龙江一带地，在克利美亚战争之日蚕食固尔札，掩取阿不尼士坦一部。在普法战争之日，故列国之不幸即俄国之幸也。

注：千八百五十六年，俄与英、法、土三国媾和，于巴黎订立条约，约中有俄人不得于黑海置海军之章，盖虑其逼处土耳其也。俄人遵守约章，不敢有违。其后二十四年，法普开战，几至城社为墟，俄人知英不能以独力阻我，即悍然背约，移文列国以无遵守约章之义。英政府使人诘之，俄人笑之以鼻。德相毕士麦克亦不愿失欢俄人，调停两国。然英竟不能禁俄设海军于黑海。

千八百三十四年，英国有事于中部菲洲，提督戈登为野蛮所围，孤立敌中，朝不测夕，国内又有爱尔兰之乱，俄人知英人无能阻止，进兵占领萨拉克巴都姆两部（在阿弗加尼士坦边境）。英政府大骇，谓两地系阿弗加尼士坦保障，俄人取之，势必并吞阿弗加尼士坦，永为印度大患，饬驻俄公使移文俄外部驳诘，俄政府依违答之，竟不返其侵地，以至今日。

千八百七十八年，俄与土耳其媾和，英以其要挟过大，出而阻之。于是列国派员至德京，会商和约，改定原议，是为《伯灵条约》，其第五十八条言将巴都姆为通商埠头，不得专为水军屯泊之处，盖英人扼之也。千八百八十六年，有勃尔喀利亚案件，俄人曰机可乘,即移文列国云,将巴都姆为通商口一条,止言明敝国皇帝所愿,其违约与否,执于宸断,列国无勒敝国就范围之权,颇起土功,为水军屯泊地。

凡此类例,书不胜书,俄人诡谲背信可以见矣。

一旦英败于特,或争战不决,其首为难者必在俄人,虽五尺之童知之矣。试揣摩形势,俄人之南侵有三路:一路曰支那、朝鲜,二路曰波斯阿弗加尼士坦,三路曰巴尔坤半岛(即土耳其及其近邻小邦)。彼虽硕大无朋,力亦有限,不能同时三路并出,故其出必专凑一路,惟机事秘密,无从觉察。据西报所述,其所见有殊。其主张出于第一路者曰:俄人曩与日本妥商韩事,颇有退让,近则政策颇革前辙,其意似再欲染指朝鲜者,即如勒索马山浦地。假如促其赐暇使臣迅赴韩京,皆为有事于亚东之前兆。其主张出于第二路者曰:俄之有意于印度,非一日之故。英亦知俄包藏祸心,故极力保护波斯、阿不加尼士坦以为印度藩屏,俄人而欲取印度,必先取阿不加尼亚士坦。故俄人日夜窥波阿(《亚东时报》第二号《记英俄争中部亚细亚始末》参考),思断英左右臂,其处心积虑,固非对支那、朝鲜之比。苟有机可乘,彼不肯开衅于东亚而举事于中亚矣。据日前路透电报,法国舰队舳舻相衔,急抵勒汉度,似与俄有密契云云。其主张出于第三路者曰:俄国近与塞尔比亚有隙。曩塞国政府定弑逆犯人之罪,刑其数人于市,其中有俄党数名。驻塞俄使请政府宥其罪,政府不听,立时处决,俄使愤然挥袂归国。自时厥后,俄人有灭此朝食之意,独惮英人,未敢遽逞。若出于搏噬之举,其首被兵者,必在塞尔比亚,延及土耳其矣。

以上三说未知孰当,而要之出于第二、第三两路,亚洲之幸也。然挽近时局,一方有事,则他方互相掣动,如投一小石于静水,一波生万波,如常山蛇击首尾动,击尾首动,地虽远隔,终不免于连及。国于亚东者,宜明视审听,察两国之胜败,以施备御,无视为对岸火灾斯可也。

论空言之无补于时局[1]

天下有必然之害，有偶然之害。必然之害，喻如饮砒霜，服乌头者必毙。偶然之害，喻如饮水食蔬，摄养如故，而不免于病。必然之害，虽五尺之童，知其为害，相戒不近。至于偶然之害，虽圣人难于逆睹，殆无策可御也。专制与立宪，迭有得失，然而论政体者皆与立宪，而不与专制，万口一喙，为不磨铁案者，乃由一有必然之害而一不过有偶然之害，其例较著，不龟著而明矣。

今夫风震水火，害之太甚者也。善营造家屋者，先预相地之卑隆高下，择久霖河涨之际水不能浸者而为其基地，继之掘地数丈，密植杭木，以土覆之，更用重石打锤之，以防陷洼之虞。其柱梁用铁，其壁用石或砖，以绝燃烧之虑。董督工人，精密不懈，以塞窳脆冒滥之敝。故其所造之屋，坚如磐石，风不得摇，震不得摧，水不得浸，火不得烧。不善于营造者则不然，不相地之卑隆高下，忽漫定基，不坚其地盘，布置柱础，其柱梁用木材，其茸用茅茨，使贱工办其役。一旦风伯作虐，祝融逞威，水鬼跳梁，不瞬息而荡然归乌有矣。其故何哉？一不恃灾害之不来而恃防灾害之备，一则独恃灾害之不至耳。今之支那政府其犹垂崩之老屋乎，栋梁坏焉，狐兔栖

---

[1] 《亚东时报》第十九号"馆说"栏，光绪二十六年正月三十日（明治三十三年二月二十八日），页一至三，署"山根虎侯"。收入《立庵遗稿》卷五，附录贞白居士评："指陈专制之弊，针针见血，文章亦波澜壮阔，譬喻显切，有宋苏氏、明魏氏风味，拜服拜服！胡铨，宋代大贤，未可轻贬，同时有刺秦桧之施全，不成而死，或能奋文，或能奋武，各有所能，不可无施全，亦不可无胡铨也。若无胡铨，则桧之罪恶未必昭于天下，得其一疏，举国传诵，激发施全一流人出来，亦未必非胡先生之功也。但支那宋明士大夫专讲气节，不求实事，其弊乃至真气节渐流为伪气节，而国随以亡。贱子每与朋辈力争，宜留心于实事，不宜专讲气节。如某等皆不以鄙论为然，徒手求祸，良可嗟也。贞白居士拜读妄评。"

焉,其土崩瓦解,朝不能夕。而四万万之众,犹且嬉笑酣歌于其下,而冀千秋万岁,永无风震火水之灾,岂不异乎?

余谓持守旧之说者病既入膏肓,难以大变小变之说(《亚东时报》第十五号参考)进之。但南方维新之士,必明于大小之分,处之自有道矣。支那时局庶其几乎,而顾见近日之事,余颇惑焉。夫弑逆也,废立也,宫闱之专权也,强臣之跋扈也,皆专制政治必然之害,非偶然之害。此但见秦汉以下二十一代史乘而可知,不必远引西洋以为证。故余见去年政变,以为当然,初不以为异,况乎此次立储之事,征诸前后情形,自然之数,更无足异者。独怪其事之迟至今日耳。主持维新者,处此之际,宜韬晦存养,讲拔本塞源之策,不宜附声随影,以口实博虚名之地也。何曰拔本塞源?在颠覆专制政治。如何而能颠覆专制政治?曰自振民力、合民心始。古来改造专制之际,除我一日本之外,未曾治者为之主持,皆待被治者勒索而行,何者?富贵权势,人之所欲,凡有血气者几见乐与之他人者哉?使在上者分其权于下者,下之力能足制其死命故耳。若下之力不足制上,无从勒之俾从我所欲。故一国之能立宪与否,国民之强弱系焉。今乃欲依藉在上者之惠宠,希其割利权之爱以与我,难矣哉!维新之事见于事实也。

论者或以皇帝躬遘不测,维新之机自是熄。呜呼,何不思之甚也!夫光绪皇帝虽名君临四百州,而其实仅拥虚器耳。太后牵制之于内,大臣沮止之于外,势禁形格,虽有志于自强,万万难于施行,昭昭然矣。且夫国之变法自强,其成其败,在民力之强弱与民心之离合,君主不过审其所向而转移耳。若以此次之变为维新之机熄,假令太后不临朝,荣刚不专权,而皇帝崩于衽席之上,得其死处,亦不得不以为维新之机熄。夫如是也,则支那维新一系其君主死生,而民不能与。夫君主也者,非不死之仙,孰保其无千秋万岁龙髯落地之事哉?而渠辈举误国之罪,悉归之某某等,而己以忠臣烈士自居。呜呼！何其不思之甚也。且电求总署代奏亲政，尤为无谓。试问维新诸贤，果以总署中人为何如人乎？其人而忠于君国也，自必出而争之，无须电求。其人而阘茸尵骸，忧谗惧祸，汲汲乎保身家之不遑也，虽有千百奏稿，必将阻而不进，电求何益？是何异向盗贼恳求慈惠乎？

或言电禀联络多名，亦足张大旗帜，以夺奸人之胆，窃亦未敢谓然。夫今之北京政府诚恇懦矣，然积威之所在，天下奉其约束，故虽以封疆大吏、百战宿将拥十万兵马者，一纸之下，解印去位，不敢稍有违言。盖其势力固未可侮，况布衣之士，手无尺寸之兵，身无缚鸡之力，徒纠集乌合之众，联名投禀，虽甚无能之政府，岂不知其为黔驴之技，不几几乎鬼面吓人乎？

或曰日本、泰西有联名电禀之例，每能感孚政府中人，改悛前辙，仿之何妨？是说也，尤非知己知彼者所出诸口者也。夫日本、泰西，民有权力，故其所请政府不得不从。近时支那各埠英人联名电禀本国，以求树势力范围于支那，英国政策为之一变。旅沪日本商民投词议院，以请经营各埠租界，政府直如其请。盖立宪之政体，与专制之政体绝异。苟居政府，敢违舆情，则民望渐去，驯至不能居其位。故联名电禀能足耸动在上者也。今试问支那新党，其力能足勒政府以从我请乎？其力不足俾渠就范围，而出于哀求之举，不但无补于事局，反害于其身矣。宜矣电文未届燕京，而海上早传查办联名之人之说也。夫维新诸贤，皆系壮烈之士，踏水火，入鼎镬，固其分内之事，当不自惜，然均是冒险也。与其在千里之外，徒获罪于笔墨，孰若挺身入虎穴，溅颈血于北阙之下，其事虽不成乎，然而义声震动天地，庶使顽懦奋发，将有闻风而崛起为雄者。诚若是也，诸贤虽死，犹生之日矣。余尝谓宋胡铨，明知高宗必不能用其言而上封事，近乎沽名钓誉者，渠既愤秦桧、王伦、孙近为社稷大害，谋刺杀之可也。何乃徒弄笔墨而施全之不如乎？呜呼！

今日时局视宋时何若,诸贤必能辨之矣。

国家宜钦派头等大臣带随名医赴清国问皇帝疾病议[1]

支那自前年皇太后再垂帘视朝以来,物情汹然,朝野相疑。及近日有立大阿哥之举,上下动摇倍甚。如上海之地,电线四达,不瞬息而与京都声息相通,其间密迩,不第比邻也。而一日中讹传数出,市虎郢燕,动辄骇人听闻焉。上海且然,况乎内地城邑,声息不通,流言相承,口耳迭属,讹中之讹,伪中之伪,其传无稽之谈,蛊惑民心者,盖非偶然也。执笔人尝谓今日时局与昔日殊,外之有列国政府之环视,内之有驻扎使臣之旁观,虽有悖逆不臣之辈,处心积虑,布置周密,而犹惮于下手。挽近专制国殆绝弑逆之案者,职是之由。况皇太后一派与皇帝迭抱衅隙,本出乎外间臆断,无有左证可凭乎? 宜夫宫车晏驾之说,叠见层出,而皇帝依然享宝祚无恙,我不知支那诸人何以造作不祥之言,忍于自欺以欺人也。

然流言之起,本有所由而兆。今有一闻焉,闻者初则笑置不问,次则半信半疑,终则至信有其事,投梭下机而走者,不第一再而止,是何故也? 或者辄言,是康梁一派之所使,然信浮言者不独止左袒康梁一派者,即至安本分之绅民,亦不免为其所动。不独安本分之绅民为然,即至旅居泰西人,亦或不以为子虚之谈。天下之人如是其众也,岂悉为康梁一派所愚,屡中其蛊惑哉? 是京师事态实有可疑,而宫中形势实有可惑者也。何谓可疑? 皇帝与皇太后母子之间,似不相协,一也。皇帝与大臣似不相安,二也。端王居心

---

[1] 《亚东时报》第二十号"论说"栏,光绪二十六年二月三十日(明治三十三年三月三十日),页一至三,署"山根虎侯"。

似叵测，三也。何谓可惑？皇帝疾病之所由未明是也。此等数端凑合，天下已以为大疑案、大问题。流言投之，则任意揣摩，疑心生鬼，发而作无稽之说，不崇朝而遍天下，何足怪哉。而政府中人不知所以潜销疑惑之源，而徒归罪康梁一派与报馆，以为自解之地，于是悬赏拿捕之谕迭下，贻笑于世界；禁止阅报之榜叠出，得谤于天下，岂不几几掩耳盗铃者乎？是以中外之疑愈加疑，惑益生惑。

执笔人曰：光绪皇帝安危系于支那存亡，支那存亡关于东亚盛衰。国于东亚者，不可不为保全皇帝之谋也。支那不自恤，我越俎代谋，亦为公理所不禁。何者？保全皇帝，非特为支那，亦所以为我也。然支那虽弱且削，亦一自主国也，他国不得干涉国事，况于其家事乎？固难以太后、皇帝、亲王、大臣母子君臣间事进言，但至皇帝疾病，问之不为无其道，即在择一国家重臣勋望才智兼备者任头等全权大臣，带随国中著名医师前往燕京，奉问皇帝之安否。从来国家钦派公使驻扎北京，代有其人，然以其班不超所谓二等大臣，以其人物不过第二流。公法之例，二等大臣代表外部大臣，故无任意进谒之权，其于外交局事，不能无隔膜之患，加以其人未于重于樽俎间，故其入觐龙光，一年或一次，或二次，唯备仪文，不第古人一起一拜，何望乎进见左右，披沥心肝，献替可否哉？亦限于班等，格于成例之故也。今如用老成之臣如伊藤侯、大隈伯者，为头等大臣，驻在都城，其才干威望能使列国使臣推服，亦足使支那政府知所敬惮矣，何者？头等大臣代表君主，有任意进见之权，其驻扎国君相不得推托辞拒也。纵支那皇帝左右有顽固不灵之辈，欲为之壅蔽，我可引公法之例折之。若渠以疾为辞，可俾随带医员，入问其状，不难见其情伪矣。

且天下之疑皇帝之疾之所由者多矣，概而言之，厥有数端：曰皇帝疾病不堪主持大政乎？曰皇帝疾病为何症？曰从来所御之医药得其宜乎？其疾病不堪主持大政，其症为不治之症，其医药得宜，则垂帘之举亦不得已，皇太后心事可以明白于天下而入告祖宗矣。苟不然，其疾病犹堪主持大政，其症为可治之症，其药医不得宜，则所谓训政政府者为篡夺之朝，彼保皇会一派乃有辞于世界，而在朝诸大臣无所逃责于天地间也。乃知是一举克可解无数大葛藤而散中外大疑惑矣。

或曰以支那之地大物博，人材如林，御医之选，岂无其人？顾延外医以诊皇帝之病，贻笑于中外，政府中人必不顾是举，是固陋顽冥之说，固不足置诸齿颊间。假令是言有理，支皇之迄于今日，荏苒弥留，不得亲政，适足以证良医之无人。且任用客卿，自古有之，现税务则委赫德，船政则委杜威，举一国利权之要且大者而归之外人之手，不以为耻，何独于御医惜一席为？观之泰西之例，往年德皇菲利特理非第四世患咽喉病，皇后延英医马垦士视之。马垦士方脉颇不与德医合，皇殂后竟剖其尸而验之，而始审德医之言，皆中肯綮。盖英国医学在欧洲居第二流，难望德人项背，故德人诟病马垦士，而未闻以其为英人之故为言。即知择医唯其方技巧拙是视，无以国之内外分畛域也。曩者法国公使带其医官入宫，奉访支皇之病，将其所视、笔记寄某某西报亦可以证支那政府非一概拒辞外医者。执笔人独惜其所带之医师非上选，而其笔录未足解天下之惑耳。世界列国中医学之盛，首屈指于德、奥两国，如法、英、美诸国，迥在其后，我日本政治、学术仿行欧洲，皆臻上理，而其尤昌且明者为医学焉，即如霉菌学，如军阵卫生学，视之德、奥两国，有不多让者，近上海、海参崴西人遭瘈狗之害者，陆续赴日本求治，如营口驻扎各国领事妥商聘请日医以治鼠疫，其事虽细，亦足见日本医学进步之一斑也。今略举医师之良者：内科有青山胤通、佐佐木政吉之徒，外科有佐藤进、桥本纲常之徒，霉菌学有北里柴三郎、冈田国太郎之徒，眼科有河本重次郎、保利真直之徒，法医学有片山国嘉，牙科有高山纪齐，脑脊髓科有三浦谨之助，其他名家国手与欧美大家齐驱并驾者不堪指屈。就中如佐藤进,往年在马关疗李中堂伤痍,奏效卓然,邀其钦赏,获中国宝星之赐,事犹在人耳目。今就此等辈简选数人以随太使之列,入访支皇疾病,如法医之例,积日疑案崇朝而解,内可以弭群疑之浮言,外可以塞康梁一派之口也。或者又言,中国风气未开,以维新自命者且以洋方为畏途,相戒不近西医,不服西药,况乎皇帝左右皆系守旧之辈,以参术为天下第一良药,以《内经》《金匮》为世界无双方书,而其视他国医如刺客奸人,其方剂如鸩毒,纵我出于善邻盛举,不以我为谅,阴阻之术无所不至,以洋方之精,将无从于解顽党之症结。

执笔人曰:皇帝之服药与不服药,自有天命在,我亦不能如之何。然我以礼奉候其安,政府万无推托拒诊之理;如其有之,则引法医之例以论,渠将无辞以拒之。而犹顽然不应,则其不臣之迹,昭著天下,禹域忠义之士,鸣其罪而致讨,亦在所不妨,若是即为渠自取殃之道,虽至愚不出于此,况于太后之圣与大臣之贤哉?

论保救大清皇帝会[①]

第一章

顷一友在北美者寄函本馆云:康门某某等于加拿大设有保救大清皇帝会,持簿劝讲于旅寓支那人间,入其会者颇众,捐款之额既上于数万,独惜其心虽为君国,而其迹则涉于招摇,士君子所不取焉,馆中诸君以为何若云云。并送该会会例一张,执笔人受而阅之,读过三四,颇与某友同所见。窃谓康门之士明于大义而聪于利害,足为支那第一流,想必不为若是类于儿戏之事。或者海外马扁

[①] 《亚东时报》第二十一号"论说"栏,光绪二十六年三月二十九日(明治三十三年四月二十八日),页一至八,署"山根虎侯"。

之徒,藉名于保皇以为射利之地,而与康派无与焉欤。然其会例,出于该派中人,余窃恐天下疑惑萃于康门一派,延至及其首领心术何如,故记所见,以为康门诸君告焉。非敢作绳墨之论,以挫英雄志士之气也。

第二章

推原保救大清皇帝会之意在以变法为宗旨,见会例第二条"变法非仁圣如皇上不可"之语而知之,无疑可容,果而则变法为主而皇帝为客,变法为鱼而皇帝为筌。所谓忠君者何在?若光绪皇帝而不愿变法,或一旦悔变法之举,则似不在保救之限。余闻忠者忠于其君位之谓,非徒忠于其人之谓;忠于其皇家之谓,非徒忠于一代之君之谓,不可以其君之智愚贤不肖为去就之分,况于变法与不变法乎?苟不然,君顺我意则忠之,不顺我意则不忠之,是民主共和之说,非立君国人所宜师尚也。康门一派之士而祖述民主共和则已,苟以勤王为宗旨,何不推扩其拳拳于光绪皇帝者及之爱新觉罗氏,而始为勤王名实兼备也。今则不然,康门之士于皇帝则扬之九天之上而不以为高,于太后则贬之九地之下而不以为卑,譬之有刎颈之友,与其母俱居者,其母不善于我,我则诟骂百端,不以为足,欲得友逐而下堂而后甘心,可乎?若是虽寻常市井之子,将有不安于其心者,况于仁孝如光绪皇帝乎?议者以康君有为在去年变法之际,不善处母子间为惜,不为无以也。康君既一误矣,岂可再之哉?夫康门所谓勤王者,其意唯忠于光绪皇帝一人,不及其皇室,其忠于皇帝也。因可辅之行新政,然则一旦有失,天崩地坼之变,则四海之内无可勤之王。呜呼!是岂真勤王哉?东汉之灭,虽以桓、灵之昏暴,人心犹不能忘于汉室,其民犹有勤王之心也。西晋之亡,虽以惠帝之暗,贾后之逆,人心犹不能忘于司马氏,其民犹有勤王之心也。诸葛亮、王导之以身许驰骋,策兴复者,亦出于勤王之自然,非徒感激三顾草庐,跣足执手而始效其死力也。若谓不然,是二人者以君臣遭际为市道者,其距荆轲殉车马女色,聂政得区区千金而许遗体无几何也。不知救保大清皇帝会中人欲为王导、诸葛亮乎?将欲荆轲、聂政乎?

第三章

君臣之干系出于天良之自然,犹父子之际,无秋毫利害之念、得丧之情存于其间,而始见真忠臣。今夫人之见君父之急,趋而救之,不复遑顾陷水火、踏白刃者,渠岂计较利害得丧而始然哉!若不然,以勤劳为邀赏冀禄之地,是驵侩居奇之术,余所谓以君臣际为市道者,何取于是焉?余尝读骆宾王《讨武氏檄》,至其末段,以爵赏刑罚为劝说,心窃陋焉。去年又承人示康工部《奉诏讨贼檄》,其开宗演说,颇觉词严义正,固有足以折服人心者。讵结末有"圣主重兴,共兹大业,尔公尔侯,自有前例"之语,仿尤骆亟,欲以利害得丧动人,遂无以餍忠义之士之心。然骆亟康主政,犹惟汎言之耳,未至明悬赏格以为他日报酬之地。其明悬赏格以为他日报酬之地,始自保救大清皇帝会。其陋视前二者,殆倍甚矣。其挂号列籍不出于天良之自然,而发于利害得丧之计较。总理则言,我为总理,他日可享世爵;董事则言,我为董事,他日可得铁路采矿之利,兼给股票,其他输财出力者半皆若是。欲求所谓忠义豪侠,以忠君、爱国、救种之心为心者,于会中恐不可多得也。且夫爵禄者,国家名器;铁路、矿山者,国家利权,不可轻许人,则割之与仅捐二三千金者,滥莫大于此。他日侥幸有皇帝亲政之日,彼海外挂号列籍者蜂拥而至,请如其约,以支那之大,不堪应其求,其弊更甚于沙上偶语拔剑斫柱者。况乎铁路之要枢,矿山之肥处,概既归洋人,其未经开办者系残膏剩馥,殆无利可分乎。或言该会诸领袖,非不知此易睹之理,但假此以为筹集款项之方便耳。盖康门诸人一寒如洗，点金无术，非此不足以济大事，故忍出于一时权宜之策，子勿苛论。呜呼！方便乎？权宜乎？非执笔人所知。而未有古来倡难之士，用如此方法克办大事者。余恐天下真忠义之士属望于康门者，一见此举，直视以为招摇一流，不屑肯就之，不知该会领袖欲与何人共事乎？

第四章

执笔人未知所谓保救皇帝者何意，以私意度之，恐不外于使其亲政，如去年八月以前。今假定保救大清皇帝会宗旨在于此而论之。夫欲俾皇帝亲政，今日之势，措实力而亡他术，岂口舌虚声之所能济哉？闻去年康氏之欲大变法也，先使人说袁世凯，欲借其兵力而从事。当是之时，皇帝在位，康氏言听计从，而犹不得不用兵力以行其志，况在今日皇帝幽闭，太后当政，守旧顽固之辈罗列朝廷上，死心塌地，守其旧政？以夫边境大吏主持维新，而拥水陆大兵者而且不出声。在今日之势，复辟反正之举，为万分难行之事，必须新党实力有能排旧党之力，而始为可奏其效。今见该会欲为举动，唯曰上书耳，曰电奏耳，曰各埠签名公请归政耳。假令此事在于内地，犹不足动训政政府，况金山、檀香、横滨、星坡皆在海洋万里之外，有长鞭不及马腹之势。渠既犯天下之大不韪，甘为万国诟厉，其一电一奏视如充耳，何所畏哉？惜以梁君卓如之多智，犹不悟此，以去年政变际皇帝免于废立，归功于刘岘帅以近日大阿哥册立后皇帝免于难，为由经珊山一派之力（与李中堂书可以见矣）。嗟乎！电奏而有若是之伟效也。筹有电费，即可以办天下大事，为电局工师，即可以为旷世忠义之士也。且章程中又有但请归政，并无得罪之语，不知何谓？古来倡难之士与权奸为难，踏水火，冒白刃，固其分内之事，如斯而庶足忠义，万世流芳。若幸其无得罪而出于电奏，虽匹夫匹妇失色蜂虿者，犹克为之，何待于所谓忠义豪侠之士哉！然该会中人若谓本会别有深谋远虑在，未可明言，如会例所言，电奏签名不过其前茅，则非执笔人所知也。

第五章

天下有可以先声而后实者，立宪之国是也。有必须后声而先实者，专制之国是也。余见保皇会其心非不苦，其计非不巧，而视其所为，往往类儿戏，是不明于声实、先后之分之故也。西人于其国政有不可者，辄联名电奏，辄克动当道者，从我所请。盖泰西民权甚盛，舆论为政，众人所归向，政府不得不曲从。故虽先声而后实，无妨于事。至于专制之国则不然，积威之所约，权在政府，不在人民，固难以下动上矣。而民权之弱，支那为尤甚。自古未有以文章口舌之力变革其弊法者，况于今之满洲政府乎？今欲用先声之术动之，一如泰西之例，是犹就狱卒乞怜，向盗贼求惠，抑亦太不自量矣。余谓虚愒之策不但不利于康门一派，亦不保无延累皇帝并及无辜之人。自古悖逆之徒，其初亦多怯懦为性，而其卒每敢果于大恶者，非自甘为天下大僇也。盖由有外来之势驱之，故不得已而行大逆也。余去年与康有为书，引法国路易王以为戒，亦不外于是意。当路易王幽囚法京，法国贵族逃在外者效秦廷之哭，感动列国君主，发大兵压法境，而贵族诸人亦环甲执兵，入于其列，枕戈待旦，暴露旷野，出入矢石间，虽不克保救其君于幽辱，而却陷大僇，而其心事犹有可谅者。至于保救大法皇帝会中人，则置身于海外安全之地，放言高论，日以保救为辞，曾无甚举动。夫其实力固不足慑政府，而其虚声则使旧党切齿睢目，彼以其不逞于康门一派者逞之于皇帝。呜呼！岌岌乎殆哉！一旦有不可讳，则保救会中人何以见天下义士，而何以解于皇帝乎？

夫支那古来朝臣相倾覆，名士互屠戮，莫不以朋党为辞。近观清国政府中人所为，见可登庸之材而其人与我不相合，辄扬言于市曰：渠康党也，不可用。未见可斥之罪而其人有私嫌，辄宣于朝曰：渠康党也，斥勿假。近日六翰林之黜，皆假辞康党，以为逞私怨之地。若使保救皇帝会日盛，则其所干系必多，偶有与当道不相合者，辄假案于该会，以起大狱，瓜蔓株连，波及天下，其被祸者将不可胜计。虽然，使若此会能举保救皇帝之实，则千百人之死固不足惜，而彼逢赤族之祸、蔓抄之惨者亦于地下有所自慰。若使该会徒以虚声自尚，无甚举动，己则在海外而身免于刑戮，波累父兄，嫁罪友朋，其何所取于该会哉？余之谓虚愒之策不第不利于康门者为此也。康门诸君苟能于古今东西史乘倡难之士之事迹，与执笔人所述相发明，必有豁然大悟而不禁猛然蹶起者矣。

附录保救大清皇帝会例

一、此会钦奉光绪二十四年七月二十九日皇上交军机杨锐带出康工部密诏：朕惟非变法不能救中国，而太后不以为然。今朕位不保，可与同志妥速密筹，设法相救，今同志专以救皇上，以变法救中国、救黄种为主。

一、遵奉圣诏。凡我四万万同胞有忠君救种之心者，皆为会中同志。

一、此会为保救大清皇帝会，即保种会、保国会，亦为保工商会之事，皆同一贯，以保国保种非变法不可，变法非仁圣如皇上不可，此会最名正言顺。

一、各地各埠皆公举值理，持簿劝讲，以任此事，值理人数以多为贵，盖亡国亡种人人有份，无可推辞也，凡值理皆得为本埠会中议员。

一、每埠于值理中公举忠义殷实数人为董事，专任一埠会事，凡收支(损)〔捐〕款、通信各埠办事皆主之。有事与各值理公议，即为议长。并帮同总理办事，即为总埠议员协理。

· 会议综述 ·

"钩沉与拓展：近代中外交涉史料丛刊" 学术工作坊纪要

王艺朝（复旦大学历史学系博士研究生）

陈寅恪约在1940年代曾言："中国之内政与社会受外力影响之巨，近百年来尤为显著。"近代中外交往频繁，留下了大量的史料，这对于我们研究中外交流史、外交史和中外互识等问题提供了

宝贵的材料。"近代中外交涉史料丛刊"是由复旦大学中外现代化进程研究中心主编，整理近代中外交涉交往材料而成的史料汇编丛书，整理团队的成员多为高校内活跃在学界第一线的年轻学者，整理工作特色为整理与研究相结合，丛书各种均附有问题意识明确、论述严谨的学术性导言，便利于读者阅读与理解。"丛刊"第一辑共十种已于2020年由上海古籍出版社出版，得到学界和读书界的欢迎和好评。该"丛刊"的整理刊行，拟为一持续的事业，后续工作也正在持续推进之中。

2021年11月6日，由复旦大学中外现代化进程研究中心与复旦大学历史学系联合举办的"钩沉与拓展：近代中外交涉史料丛刊"工作坊线上、线下同步召开。三十余位学者及上海古籍出版社、澎湃新闻编辑出席会议。

会议首先由复旦大学中外现代化进程研究中心主任、复旦大学历史学系章清教授致辞。章清教授首先感谢了与会专家学者的到来及上海古籍出版社对第一辑"近代中外交涉史料丛刊"的支

持,希望借助本次工作坊持续推进近代交涉史料的整理与研究,也希望专家学者与编辑通过工作坊实现更好的沟通。

一、书信、报刊及图像史料的利用

会议第一场由复旦大学历史学系戴海斌教授主持。四位学者围绕书信、报刊与图像史料进行报告。

马忠文(中国社会科学院近代史研究所研究员)以《台北近史所藏辛亥前后梁启超函札考释》为题,介绍并考释台北"中研院"近史所藏康有为存札。这批书信可能是近史所从康有为之子康同籛处获得,现已整理并发表于2021年7月出版的《近代史资料》中。存札中有梁启超亲笔书信18封,从中可见梁启超对甲午前后朝局的观察和评价;梁启超未随伍廷芳出使缘于他担心受后者挟制且不愿放弃《时务报》事业;康党刺杀刘士骥案,梁启超事后知情并帮助同门窝藏案犯;梁启超对载沣摄政后的国政非常失望,但对自己治理国家的能力极为自信。从中亦可见康梁师生间坦诚情谊。通过考释,这批函札可澄清历史疑点,丰富我们对康梁政治活动的认识。

姜鸣(复旦大学中外现代化进程研究中心特约研究员)强调了近代史料中"一对一"往来书信集的整理工作。近年来,尺牍整理、出版成为史料发掘的一个重要领域,其中"一对一"的往来书信可能是最有趣、最有价值的部分,它给了我们一个长时段观察、研究的窗口,非常宝贵,如史学界常用的《中国海关密档》及近年整理出版的《李鸿章张佩纶往来信札》《陈宝琛张佩纶往来信札》《张佩纶家藏信札》等都是此类。"一对一"书信集的价值体现在对通信作者人际关系及他们对政治、外交、军事、经济和社会文化的全方位了解。通过有应有答的"一对一"信件,研究者可以完成对某一事件的连续追踪,避免阅读单向信件的缺憾,从而更深刻地把握历史真相;还能找到当年的现场感,触摸历史温度,理解人物冲突,使作品能够代入写作者和历史时代相互沟通的情绪,也能把读者真正代入到历史冲突的现场。在书信整理中应当高度关注"一对一"信件的顺序复原,这样可以大大提升史料价值。

蒋海波(神户孙文纪念馆主任研究员)的报告以神户《东亚报》为研究对象。《东亚报》是日本最早的中文杂志。维新运动期间,康氏弟子和族人与广东商人、热心中国变革事业的日本士人一起创办了《东亚报》暨神户东亚书局,办报者包括万木草堂大弟子韩文举、族弟韩昙首等中国人及桥本海关等日本中国通。该报的刊载范围几乎涵盖了所有的"新学",集中在宗教、政治、法律、商务与"艺学"五方面,最大特色是登载了众多的学术译文。主要栏目有论说栏、宗教栏、法律栏与新书译录栏等。该报因戊戌政变停刊,在短暂的半年时间里,翻译、刊载了为数众多的日文著述。不

仅数量庞大,而且涉及面非常广泛,关于社会学、美国宪法的翻译和介绍都是开拓性的。它部分地实现了康有为维新派希望通过翻译日文著作,为变法维新运动提供"信息""学问"和"思想"资源。

徐家宁(中国美术学院视觉中国协同创新中心)以《档案文献的整理对清末人物照辨识的重要性:以那桐照片为例》为题报告。徐老师指出图像也是一种文献,每幅图像上都写满了信息,图像可以使历史研究中的人物或场景更加立体,可以补白文字描述中超越了人们想象的部分(比如鲁迅笔下的"血馒头",有相关照片留存)。识读图像时,时间、地点与相中人最重要,但仅通过图片中的信息识读不够严谨,需文献档案旁证。

如下图左二和左四两人难辨识,但通过《那桐日记》可找到线索。由《那桐日记》可知,四人从左到右分别是王文韶、铭安、孙家鼐和豫师。

再如下图这幅在网上流传很广的照片,一般被标注为"皇族内阁合影",但已有研究者指出此说不确。现据《那桐日记》等史料推断照片摄于1905年2月1日,系各部院堂官贺新年而摄。

日记、信函、公文、报纸，特别是涉及中外交流内容的档案文献整理，对识读历史人物的图像非常有帮助，而这样的识读反过来也会促进和丰富历史研究。

二、近代交涉史料的收集与价值

工作坊第二场由湖南大学岳麓书院的张晓川副教授主持。工作坊的第二个主题是近代交涉史料的收集与价值。五位研究者分别以顾维钧档案、英国藏威海卫租借地资料、近代中国武器进口相关史料、清政府与国际组织交涉档案、北洋政府条约研究会档案为研究对象进行报告。

侯中军（中国社会科学院近代史研究所研究员）介绍了顾维钧档案的史料价值。顾维钧深度参与了整个民国外交史及国民党败退以后的对外交涉史，不同时期的顾档史料有不同特点。袁世凯逝世后的北洋时期，职业外交官能够决定国家外交政策。南京国民政府后，外交官是外交政策的执行者，但他们对外交决策也产生影响。

北洋时期的巴黎和会是顾维钧的高光时刻,但此期顾档较少。顾档的核心史料是"九一八事变"以后。要整理顾档"九一八事变"中的交涉史料,必须结合近史所及二档馆档案。此期顾档的价值在于顾维钧与国联的交涉内容,收入了很多未录入《外交档案》的个人见解。"七七事变"以后,顾档最重要的价值在于有助于研究战时中法关系(因顾维钧时任驻法大使)。一线外交人员对国民政府外交政策的推动的线索也可通过顾档展现。此期顾档内容不限于外交,对经济、社会事件也有涉及。二战后中国如何参与联合国筹备,顾档中也有详细史料。顾档最主要的部分是国民党败退台湾以后,这些档案对我们了解台湾在整个冷战格局中的地位、角色与影响很有价值。

刘本森(山东师范大学历史文化学院教授)的报告介绍了英国藏威海卫租借地资料分布、国内的编译、出版与利用情况及进一步整理设想。英国租借威海卫后形成了大量档案,租借地归还中国后英国将这些档案运走,现藏英国国家档案馆。这批档案既能反映中英交涉,又能反映英国殖民者的治理思想与具体做法,同时也是中国走向近代社会的一个缩影。

英国国家档案馆中最重要、数量最多的是殖民部档的威海卫部专档,外交部档案与陆军部档案也有相关文件。除英国国家档案馆外,苏格兰国家档案馆、剑桥大学与伦敦大学也藏有威海卫档案。国内关于英租威海卫的资料编译和整理出版情况并不乐观,出版资料较少。有待整理的威海卫租借地资料有日本《威海卫占领军纪事本末》、《威海卫政府公报》及较为分散的威海卫史料,需分专题搜集与汇编。

费志杰(上海建桥学院副教授)的报告以《近代中国武器进口相关史料研究与利用》为题,研究对象主要涉及武器弹药成品与生产武器弹药所需的设备和原料。近代军品进口贸易规模庞大、时段较长,牵涉国家众多,涉及器料繁杂,与晚清军政关系、中外关系等有着密不可分的联系,值得深入研究。但相关史料却比较零散,需要下大功夫去收集与利用。目前相关研究集中在清政府与列强对中国军品贸易的态度、晚清对军品贸易的管理、列强对华洋军品贸易的夺控、武器与设备物料的外购问题等方面。这些成果以个案研究居多,系统性研究不足。相关史料因涉及时间跨度大且军品贸易往往在官方记录中语焉不详,因此为了更充分地对近代华洋军品贸易进行分析,需用多方面的文献资料,包括官方档案、大型史料集、近人专书等。

刘洋(清华大学人文学院博士研究生)介绍了他目前整理的史料《清政府与国际组织交涉档案选编》。晚清时期,因"社会"力量相对缺乏,清政府是中国与国际组织交涉的主体。《选编》选取清政府与当时颇具代表性的六大万国公会——万国监狱大会、万国海关税则公会、万国铁路公会、万国行船公会、万国邮政公会、万国电信联盟交涉往来的外交档案进行整理,共收录档案530件,约21万字。档案选编具有外交史、政治史、思想史等方面研究价值。

吴文浩(武汉大学历史学院博士后)以《北洋政府条约研究会述论》为题进行报告。条约研究会档案现存台北"国史馆",共14卷,约18万字,内容包括成立大会、历次会议记录、研究会的经费、人员任用等方面。条约研究会于1926年北洋政府推行修约外交时由顾维钧成立,囊括了北京政府的外交精英。此期外交决策权由条约研究会掌握,研究会是近代中国最后一个由外交官主导的享有外交决策权的机构。

尽管学界对修约已有较充分研究,但从治外法权角度展开的研究并不多。既往研究认为治外法权无法废除是因为中国司法存在的各种问题,但问题症结实在于中国开放内地与列强废除在华治外法权是一体两面的关系。研究会对开放内地有诸多探讨,反映出中国对是否开放内地有诸多顾虑。在他们看来,废除治外法权是虚名且废除治外法权需司法改革会承担经济上的损失,也会对国家领土安全有影响,因此他们更愿意关注对关税自主权的收回。通过对治外法权的探讨可看出这批史料对研究北洋末期的修约决策及相关人物的外交思想均有重要价值。

三、外交程式、外交机构与外交文书

工作坊第三场由复旦大学历史学系曹南屏副教授主持,主题是"外交程式、外交机构与外交文书"。四位研究者皆从外交程式或外交机构角度出发,考察近代中外交涉中中方、英方、日方档案文书的产生与编纂诸问题。

张晓川(湖南大学岳麓书院副教授)以《总署大臣与驻京外国使节的会面与交流》为题进行报告。研究依托的史料是《晚清外交会晤并外务密启档案汇编》中的总理衙门各股问答节略簿。报告介绍了问答节略的基本情况、基本样态与史料价值。问答节略是公务性记录,因中外交往中出现的新情况而产生,涉及光绪部分年份的美国股、法国股与英国股。形成过程大致是:首

先由章京在中外双方会晤时记录，会晤后由堂官书"阅定"并交供事誊抄，誊抄毕交军机处、总署各堂官阅看。问答节略具有重要史料价值，可反映总署大臣的性格和大臣间的恩怨、作为重大交涉事件的补充、反映日常交涉与"中等"交涉事件、体现日常政治与临时性交涉，等等。

  王艺朝（复旦大学历史学系博士研究生）以《晚清外交会晤并外务密启档案汇编》中的密启档为研究对象，考辨了自总署发出的密函自缮写至归档的过程、密函在文书流转中的位置与作用及1874年台湾事件中公函泄密与保密问题。报告指出通过对照同一密函的发函与花押时间，可判断此函件的主责总署大臣，进而推断总署发函仅需主责大臣花押后即可发与各省将军督抚或驻华公

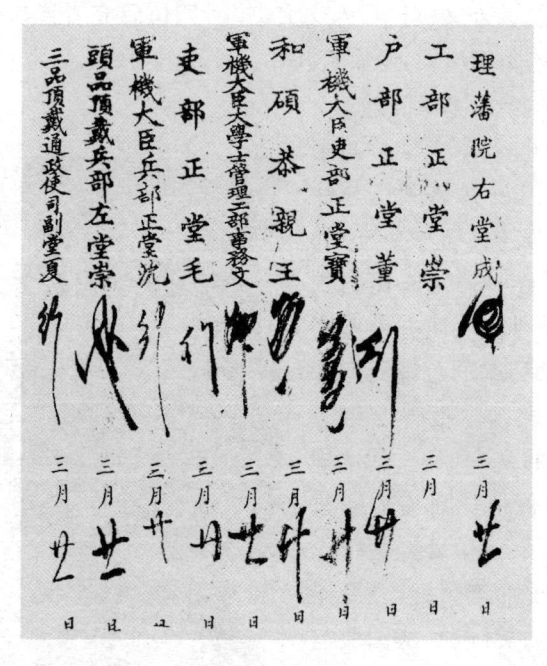

总署大臣花押

使。密函应保密需要,最初作为清代奏折制度在晚清的延伸而产生。1870年代密函运用范围扩大,致函国内官员与各国公使时皆可使用。1874年台湾事件中,清政府内部公文泄漏。清廷申饬下,总署增加了密函的使用。《密启档》中所有函件不存于其他各类文书档案,具有重要史料价值,可与督抚文集、外方档案等文献结合,加深对台湾事件、中俄伊犁交涉的研究。

郑彬彬(上海大学历史系博士后)以《英外交部对华档案的书写、流转与体系演变(1843—1870)》为题报告。英外交部(FO)对华档案具有重要学术价值,但体系复杂且产生了纷繁的衍生品。迄今相关研究皆忽视了这部分档案生产的整体性、脉络性和不同类别档案之内在联系,本报告旨在系统展现该档案的内在逻辑与体系演变。

随着英对华机构的设立,一整套公函书写与传递机制产生,外交部政治处、驻华公使馆与各口领事馆是英对华外交机构,也是档案产生的主体部门。FO公函的书写遵循一函一事等原则,体现了宏观信息与微观信息的互补。

FO 17是外交部政治处中国档案,档案归档的逻辑核心是服务决策。完整的伦敦与驻华外交代表的通信由"往来外交代表函"与"事件类专辑"共同构成。FO 228是英国驻京公使馆档案,档案在一个自然年内,在各通信主体下按信件收发时间结集成册,因基本保留了收发信件的原始状态而具有"档案源库"的性质。同一份文件在FO 17与FO 228分属正本与稿本,两者共同构成相对完整的FO档案。此外,在FO 682等处还有大量汉文档案。这些档案因相关的制度架构而具有跨越时空、体系互补、内部互联、公函可溯的"帝国档案"性质,成为英国认知中国、决策对华事务的信息基础。

薛轶群(中国社会科学院近代史研究所助理研究员)介绍了

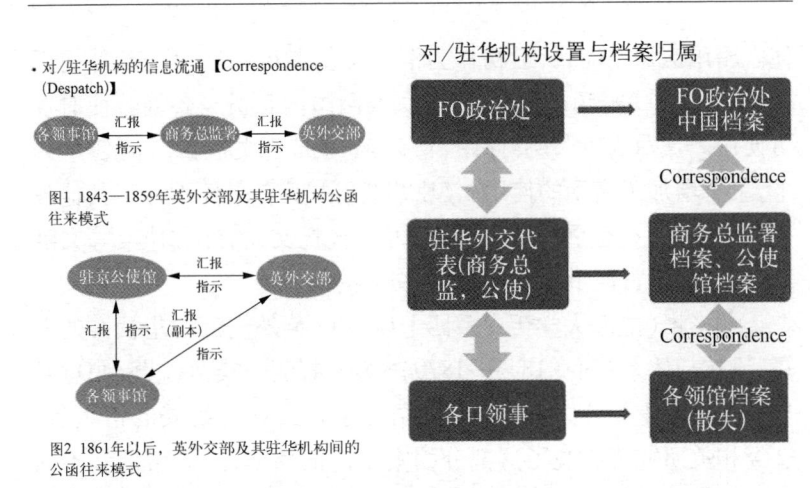

- 对/驻华机构的信息流通【Correspondence (Despatch)】

对/驻华机构设置与档案归属

图1 1843—1859年英外交部及其驻华机构公函往来模式

图2 1861年以后,英外交部及其驻华机构间的公函往来模式

《日本外交文书》的编纂与出版情况。该文书目前已出版221册,涉及明治期(1963年出版完毕)、大正期(1987年出版完毕)、昭和战前期(2015年出版完毕)、昭和战后期四个时段,其中214册的电子版可在外务省主页上直接下载与阅览。一战后在欧美各国大规模编纂出版本国外交史料的影响及日本国内外交官与学者的呼吁下,日本外务省为启发民众对外认知,开始了特定外交案件出版的试点工作,1928年正式开始设置文书编纂计划,1936年第一卷出版。1948年编纂的负责部门由外务省调查课转向文书课,且确立了以资当局反省、普及外交知识与有助交涉时援引先例的方针。此后文书编纂体制愈发完备,在编年体基础上,还有别册、特集等形式。时至今日,该文书仍在持续出版。但外交文书的编纂也存在昭和时期外交文书的重要史料大量缺失,昭和战后期的档案量庞大,如何进行判断、甄别、编纂、刊行等问题。如今外交档案公开方式多样化,如在亚洲历史资料中心网站可阅读原始档案,《日本外交文书》如何与原档结合也给学者提出了更高要求。

四、近代人物与"近代交涉史料"

工作坊第四场由复旦大学历史学系孙青副教授主持,主题是近代人物与"近代交涉史料"。四位学者分别以袁宝龄、章宗祥、刘式训、裘毓麐及其留存的史料为研究对象,探究近代中外交涉与交往诸问题。

孙海鹏(大连图书馆馆员)以袁宝龄致丁汝昌的《致北洋水师统领》《致丁禹廷军门》两封函札为核心,考察了袁宝龄在朝鲜"甲申政变"中的作用。经考订,两函作于光绪十年十二月间,其中"清帅"指吴大澂。结合其他史料可知李鸿章对袁宝龄高度信任,令其作为旅顺营务处工程局总办参与军机要务。袁宝龄协调驻朝庆军的指挥调度并协调北洋船只,对保障清廷顺利解决"甲申政变"起到关键作用。袁宝龄对丁汝昌的态度也从最初的憎恶厌烦转为怜悯担忧。函札体现出袁宝龄考量周全、深谋远虑的办事风格。

韩策(北京大学历史学系助理教授)以《章宗祥及其〈日本游学指南〉》为题报告。章宗祥这一人物重要但研究少。《日本游学指南》由当时的留学生领袖章氏撰写,流传广泛,但至今无整理本,有整理之必要。《指南》现可见四个版本,皆出版于1901—1902年。《指南》的撰写源于友人怂恿,有着劝学生留学及卖书赚钱的考虑。书未出版时已有广告宣传,出版后由开明书店老板王维泰推销。短期内在多地出版,风靡一时。《日本游学指南》除绪论与结论外凡四章,介绍游学之目的、年限、经费与方法。书中对赴日学习速成科提出建议;认为应在国内读普通学,游学时学专门和大学;鼓吹和辩护赴日游学行为。

李峻杰(四川师范大学历史文化与旅游学院讲师)选取近代

职业外交官刘式训为考察对象,关注职业外交官群体的崛起、人才培养选拔机制等问题。刘式训的人生履历可分为五个阶段,分别是:从广方言馆的法文翻译生至总署八品翻译官(1879—1893);作为翻译生、翻译官随公使出使欧洲(1894—1898);由专使二等翻译官升任驻外公使(1901—1905);驻外公使阶段(1905—1911);民国初年三次出任外交次长,并作为首任公使出使巴西和秘鲁。通过对刘式训生平经历的考证,作者认为刘式训是近代中国第二代外交官,第一代靠语言技术成长起来的职业外交官,并代表了第二代沿海实用技术型知识分子。

裘陈江(华东师范大学历史学系讲师)以《裘毓麐及其〈游美闻见录〉》为题报告。考证裘毓麐生平后,报告重点介绍裘毓麐撰述的史料。裘氏在京师分科大学毕业后,赴美入加州大学学习政治经济学,1916 年学成回国。1915 年 2 月 22 日至 12 月 4 日期间巴拿马万国博览会举办,裘毓麐任中国驻美赛会监督处事务员,留下的见闻记录便是《游美闻见录》。该史料有三个版本,分别发表在《时报》《大公报》与《中华实业杂志》上,介绍美国风土人情与博览会,对中西社会与文化各有批判。同期他也在期刊上发表了总计 15 万字以上的文章,介绍博览会中国参会情况及外国经济和科技发展状况。这些均为研究近代博览会和民国初年中外经济交往等领域的重要史料。

五、"近代交涉史料"与个案研究

第五场由中国社会科学院近代史研究所的薛轶群助理研究员主持,四位研究者皆关注近代中外交涉与交流中的个案问题。

谭皓(天津大学教育学院副教授)以《新中国留华教育之始——清华大学东欧交换生中国语文专修班研究》为题报告。报告的研究对象是清华大学东欧交换生中国语文专修班。通过该研究可了解新中国建立伊始中外教育交流的基本样貌,也可为理解后世中国留华教育的发展提供历史解释。1950年,中国与东欧五国在一系列接洽后就互换留学生事宜达成协议。清华大学在教育部的安排下承担了东欧交换生的语言训练工作。11月,33名东欧学生抵达北京,新中国留华教育的大幕由此拉开。专修班随后制定了管理办法与教学计划并编写教材,实施教学。学生学习汉语有一定基础后,开始学习历史与政治课程。课余,留学生进行政治学习、文娱活动与暑期旅行。经过这段学习,留学生与中国教师建立了深厚友谊。他们学成回国后,大多从事与中国学有关的工作,为中外交流的深入做出了重要贡献。

吉辰[中山大学历史学系(珠海)助理教授]以《中日史料中的日俄战争时期东北"马贼"》为题报告。日俄战争中,日俄两军皆广泛利用中国马贼作为己方武力,对此期马贼的研究具有军事史、社会史、政治史与外交史意义。该研究利用了中方、日方的档案史料与日方的私家记载。相比之下,俄方率先利用马贼,日方对马贼利用较晚但规模较大,主要命马贼从事谍报与破袭等活动,其中"满洲义军"是日军利用的较大规模的马贼团伙。马贼对战区及中立区的中国居民造成严重伤害,且屡屡引发清政府与日俄两国的交涉。清政府与日俄交涉无果,日俄两国反而一再指责清政府偏袒对方。日俄战后,清政府收编了部分日军马贼。

王刚(西南大学历史文化学院副教授)报告的标题为《从〈支那年鉴〉看东亚同文会的调查和编纂》。报告指出,目前对东亚同文会编纂活动的研究很少,但编纂活动却是同文会的重要活动之一。《支那年鉴》共七本,出版于不同时期,可作为研究同文会编纂活动的重要史料。调查编纂部是东亚同文会总部的主体部门,成立于1901年,人员编制不多、经费很少但产出很高,出现这种现象的原因,在于编纂部的灵魂人物根岸佶在调查与编纂活动的枢纽作用。除编书外,调查编纂部还编辑机关报并得到财团的支持。同文会的编纂活动主导调查活动,交通与贸易方面的材料最多,皆服务于日本的对华方针。

郑泽民(山东大学历史文化学院博士后)以《从外交情报看日本政府对晚清政局的观察及因应:以庚子"西狩"为中心》为题报告。《日本外交文书》中有《北清事变》别册专录庚子事变,其中大部分内容未被译介到国内。《北清事变》对庚子"西狩"及此间中国政局、政要有不少记录,可深化我们对庚子"西狩"的认识,并管窥日本的信息网络及对华观念。将《北清事变》与中方材料齐观,可知日本对"西狩"各阶段有较多关注,对西狩期间的政治动向有所把握,尤其对端王等排外官员关注颇多。报告也关注到"西狩"情报背后的信息网络及"西狩"情报的史料价值。最后郑泽民指出除外务省外,日本国立公文书馆、防卫省等机构尚有部分庚子事变及"西狩"的史料,有待进一步挖掘。

圆 桌 讨 论

姜鸣:近代交涉史料要出的东西不少,对国外外交档案的翻译是其中的重要方面,尤其是对重要时段史料的外文翻译工作非常必要。若将英国外交文件翻译几卷出来,对学术界有好处。日本、法国外交档案也很有价值,如中法战争中的法方电报非常宝贵,但我们的叙事仍是在原先的叙事系统里,若将法方的文件和中方的电报放在一起重新做,肯定能在学术上向前走一大步。或是重新影印重要的中外交涉文献,给专业学者提供方便也很有价值。

马忠文:青年学者一定要把资料的整理与研究结合起来,虽然资料整理在现在的学术评价体系不受待见,但培养一个成熟的学者，或从学术发展的本身而言，非常建议青年学者要花精力做这样的史料整理，这对未来的学术研究有很多助力。另外，《交涉史料丛刊》这套书尽量要做比较精致、比较小的主题。官方文书体量太大，选择一部分做会更有意义，大规模的外交史料由官方或国家社科基金做。

侯中军：有一批同仁在集中对外交史料进行收集与整理，一个学科要获得推进，一定要有这样的基础性工作，这一点对我鼓励很大。另外，外交史同仁在关注哪些资料、有哪些进展，这些提示我们在未来几年哪些方向会有突破。我也有两个建议，其一，如果可能，能否请相关领域学者集中对英语与日语之外的小语种史料进行翻译与整理，如俄文、法文与德文。我们史学出身的学者对这方面史料的处理能力有所不足，如法国外交部也出版有专门的外交档案，中文学界对这套重要史料的利用很不充分。第二是，能否集中于重大案例、重要节点与题材的精细史料的整理与出版，这对学界将有帮助。

薛轶群：战前与战后，日本外交文书的编纂方针不同：战前文书全藏在外务省书库里，为了阐明日本立场，发出日本声音；战后，这方面的考虑较少。档案的编纂是比较费力的工作，外务省各课在编纂外交文书时的重点也会不同。我们在利用档案时要注意档案的形成过程与及其所具有的特性，尤其是已刊档案选用的标准是什么很重要。日本人在对日本外交文书出版的介绍中，对这些档案的选择标准也都不太知道。因此原档对照外交文书的研究是值得探究的问题，这对研究日本外交文书的形成过程很有意义。这样的工作会有新收获，但需要很多时间，也需要更多学者的关注。

蒋海波：再过三周，我的单位孙文纪念馆将举行辛亥革命研讨会，纪念馆既是博物馆，也是一个小小的研究机构，每年会举办学术会议,也会出版纪念文集,欢迎大家关注。康有为、梁启超的不少活动都有华侨参与,华侨为他们的生活提供了很大的保障。但康、梁在自己的著述中很少说这些日常生活。神户在中国近代史上就像舞台的后台一样,如孙中山、盛宣怀等在神户都有自己住宅,一旦国内风声不好就往神户跑,梳理与研究神户与近代中国的关联也是我的心愿。

李峻杰:我讲一些疑惑和问题,即我整理的刘式训史料因属稿本,为最大程度保留史料价值,能否直接影印?若体例与丛刊不符,能否中文全部点校,法文请相关人士扫描录入?

谭皓:我希望挖掘一些日方史料,如很多私人文献不见于档案,这些材料能丰富我们对历史的认识。另外在篇幅上有困惑,我们出的丛刊每本字数要多少,若一个人物的史料不够,是否要补充其他人物史料?

刘洋:我从马老师的发言中收获很大。历史学研究的基础是史料,整理的过程也是史学基本功的训练过程,在这基础上分析和利用史料做研究,可循序渐进地推进自己的学术进步。

胡文波(上海古籍出版社):上海古籍出版社对近代文献史料的出版很重视,影印文献不少,如《清代诗文集汇编》等。第一辑出版的十种文献获得了很大成功,也有很多操作上的经验,第二辑可以继承之:整理凡例要一以贯之,前言的撰写需比较精深,突出丛刊的研究性。

乔颖丛(上海古籍出版社):整理史料的选品与版权问题值得关注:今日报告的学者拟整理的史料版权没有什么问题,但需注明文献的版本,如韩老师整理的《游学指南》三个版本的关系是什么,底本的选择有什么考虑,这些问题需注意。本辑史料的整理方式与上一辑相同:简体横排,点校整理,重要的可以补充校勘记。若有注释,可以再讨论其专门的整理方式。整理时为表示史料的不同字体而选取不同字体表现时也需与编辑沟通。上海古籍出版社拟推出本社出版史料的电子版数据库。

张晓川：史料整理时要多沟通。丛书推出很不容易，策划历经十年。大家一起整理史料一方面人多力量大，另一方面也会有好建议。宣传方面也需加大力度。每位整理者都是研究者，因此每一册都要坚持研究取向，要呈现出来有研究性的前言，争取做到出版后研究者利用我们的史料时，都要在脚注里用到我们整理者的前言。另外，在分析史料做研究时很多都需要去"拼接"，各个学者整理的中外交涉史料互相之间有联系，很多史料是可以拼起来的，互相可以多交流。

徐家宁：在识读照片的过程中，档案文献非常重要。如第一辑的驻德档案钞，我此前一直没找到的好版本，恰好第一辑就整理出来了。若第二辑的整理有何需要帮助的地方，我也将尽力而为。

费志杰：我在整理档案时确实感觉虽然在自己的题目上研究了很久，但若自己的工作和相关学者的研究能联系在一起的话，能少走很多弯路，希望大家多交流。

裘陈江：期待指示更清楚一些，很多工作手头上做了一半，不知下边如何继续。我整理工作做得多，但研究工作稍显不足，整理工作与研究工作应相得益彰。

张仲民：出版交涉史料是晓川老师最初发起的，海斌老师这次任执行主编。做这个事情确实有点吃力不讨好，大家愿意一起做这个事确实很难得。

郑彬彬：档案编辑以重大事件与人物为中心，但我在读FO时采取的方式是排除一切先行预设，将自己设身处地放到当时人的决策位置上，我的感触是，外交官的生活并不是以重要交涉为唯一的环绕。我的想法是能否以一定年代为断限，尽量将史料以原始的状态放出来，会不会有不太一样的效果。另一个想法是，去年皇甫老师将驻英使馆的档案整理出来了，今年张老师与王博士也在整理总理衙门档案，其实在 FO 682 里原封原样的中英文档案、正件与附件都有非常完整的保留，完全的中文格式，其中的信息对《筹办夷务始末》、对《李鸿章全集》等都有很大补充，这一套材料能否做出来？至少对中英交涉问题的研究能有所推进。

"出使专对：近代中外关系与交涉文书"
学术工作坊纪要

郑西迅、邹子澄、陈文睿、董洪杉、王守顶、王艺朝、牛澎涛
（复旦大学历史学系研究生）

海通以来，西方各国与中国交往日益密切，以其雄厚国力为支持，在华权势不断加强，逐渐成为一股难以忽视的力量。西方势力在华兴起，极大重塑了中国的国家面貌，尤其是与此直接关联的对外交往形态：交涉场景、语言、礼节、文书等制度性或非制度性内容都经历深刻改造。尽管学界在近代外交史研究方面积累丰厚，但仍有推进空间，外交文书即是值得着力的一个重要方面。在明确不同类型外交文书基本形态的基础上，结合文本、制度、语境，对文书本身及其所涉外交活动进行更精细的处理，从而推进近代外交史乃至广义的近代史研究，还有许多工作可做。

有鉴于此，复旦大学历史学系、中外现代化进程研究中心于2024年6月22日举办主题为"出使专对：近代中外关系与交涉文书"的学术工作坊，旨在从多种角度探讨近现代中外关系的制度、文书、人物、实践等议题，特别是对中外关系研究史料、方法和理论有所省察和检讨，开辟中国近代史研究新路，来自全国各高校、科研机构的20余位学者参与其中。

复旦大学历史学系戴海斌教授主持工作坊开幕式，历史学系副主任张仲民教授致辞。

张仲民表示，此次会议阵容鼎盛，有尊敬的前辈学者坐镇，更有活跃在研究第一线的青年学者参加，其中还包括一些优秀的博士生，这给中国近代外交史研究注入了新的活力；相信这些论文经过讨论、修改、发表，会进一步深化、拓展近代外交史研究的内容与路径，期待与会学者的精彩报告。

具体的学术研讨分五场依次举行，主题上各有侧重。上午第一场为外交文书专题，由复旦大学金光耀教授主持。

武汉大学李少军的论文《涉及民国前期欧美在华势力的部分日籍之我见》围绕这一时段日本有关欧美在华势力的资料文书激增的原因、文书内涵展开论述，并提出德国在一战后如何迅速恢复在华市场、"九一八"至"七七事变"时期日本在长江流域的经贸情况这两个重要问题。山东大学张晓宇在评议中进一步指出可供思考的问题：一是日本的这些研究在什么情况下、何时、以何种方式影响了日本近代对华和对欧美的政策；二是日本的研究对象，即欧美国家的机构和人员，乃至于舆论，如何看待日本人对他们的研究；三是这些典籍对今天的学术研究能够提供哪些新视角，尤其是能够改写我们哪些已被固化的历史认知。

西南大学郭黎鹏的论文题目为《论清朝对外条约的形成——以清朝君臣的认知变化为线索》,他指出,康熙年间的《尼布楚条约》向来被视为清政府应用西方国际法而议订的近代范式条约,而在清朝君臣看来,这实际上是中国结盟宣誓惯例的运用。此后清朝约章又相继出现两方面变化,其一是效力来源和缔约方,在雍正、乾隆年间的对俄交往中,互换约章文本取代了宣誓,清朝君臣因而视之为议订章程,并和向准噶尔部发布的敕谕、与浩罕国达成盟约相区分;其二是约章的批准,此前的两国机构盖印在鸦片战争期间发展为君主盖印,同时期耆英等人以条约命名中英约章,这就使对外条约成为国家间的政治协议。清朝约章形态的变迁折射出主权范围的确立过程,并体现着清前期中外交往的复杂性以及与晚清的联系。上海大学侯庆斌认为,条约转型是非常复杂的问题,一篇论文未必能完全解决,而且,文章中虽有很细致的考证,但是在一些关键环节上还需要进一步解释,如重视盟誓和重视文本之间的逻辑关系。同时,侯庆斌指出,从文章分析中可以看到清帝国的边境、边界意识,但是否就此能推导出向主权国家的转型,还要论证。

上海大学侯庆斌的论文为《〈中法简明条约〉的文本之争与中法交涉》。1884年5月11日签订的《中法简明条约》第二款规定清军"即行"撤出北圻,第五款规定"三月后"两国会商正式和约。6月23日法军接防谅山时被清军击退,史称"北黎事件"。此事暴露了中法约文的差别,即法文版第五款将正式会谈时间写作"三月内",进而引出第二款和第五款的执行顺序之争。揆诸史料,"三月后"本系中方提出,译作法文时误作"三月内"。条约以法文版为准,造成中文版第五款的"误译"。此外,该条约是和平初约,第二款属于停战条件,应于订立正式和约前执行。清政府不了解何为和平初约,加之中文版第五款另存歧义,导致清政府坚持先订约后撤兵，法方因此质疑中方的和谈诚意和履约意愿。双方拒绝让步，战事重启，中法战争进入第二阶段。湖南大学张晓川特别肯定了文章对条约文本细节差异的深挖，同时指出，中法之间的认知歧异是否与福禄诺存在关系，与法国当时的国内环境是否有关等问题可以再思考。此外，张晓川还提醒，总署与中枢不能等而视之。

天津大学谭皓的论文题目是《在历史的三岔河口：〈近代日本与中朝建交实录：使臣石幡贞笔记〉整理札记》，他以来华汉学家石幡贞所绘天津三岔河口的地图为引，由近及远，铺陈出石幡贞本人人生道路、汉学处境、东亚关系面临的诸种"三岔河口"。武汉大学李少军认为，文章具有史料、史事两方面的价值，同时提醒文章枝节太多，将诸多问题杂糅在一篇论文里，不易深入。李少军还指出，文章在讨论"同文同种"时，应注意"同文同种"话语的语境和发语者的目的。

山东师范大学刘本森的论文《来华西人对威海卫战役的观察和参与》聚焦于威海卫战役中不同身份的来华西人，包括驻华公使、外交官、传教士、西方平民、战地记者等，整理其在威海卫战役期间的见闻与参与，分析其参与产生的影响。天津大学谭皓认为文章提供了以往关注不足的第三方视角，很有意义，但也存在一些问题：一是范围可以更加聚焦；二是日方对西人是否区别对待，文中并未突出；三是文末提出西人参加战斗，可能带来其形象转变，但没过几年在山东就爆发了义和团运动，如何解释这一矛盾。对第三点，刘本森回应称，具体来说义和团兴起在鲁西南，胶东地区没有义和团。胶东人对西方人、传教士较认可，在义和团运动时期，胶东反而成为这些洋人避难的地区。

上午第二场为外交体制专题，由武汉大学李少军主持。

山东大学郑泽民的论文《职官与层级：试论晚清上海交涉体制的嬗变》，从职官与层级的视角，梳理了上海交涉体制70余年的更易过程,由此讨论地方外交的"摒挡"理路、上海外交与晚清政局的唇齿相依、交涉体制的作用限度诸问题。武汉大学李佳奇认为,文章为地方交涉研究提供了重要参考。同时,他也从翻译研究的角度提供一些建议:第一,可以补充外文史料、视角,如可以明确上海道需要与在沪的哪些领事、部门打交道,有哪些外文史料可以参考;第二,对交涉人员做更具体的考察,如宫慕久精通洋务具体到什么程度,如果他不懂外语,就要考虑翻译人员及其训练背景。

武汉大学李佳奇的论文题为《名不正?——从中外交涉文书再观晚清驻外副使的设置与翻译》。他指出,清廷于19世纪70年代仿照欧洲外交制度派遣驻外公使,此举是中国打破朝贡体系、向近代外交转型的重要一步。由于未重视"副使"一词在交涉文书中的多义性,清廷派遣驻外副使之举长期被简单视作朝贡旧例的盲目延续。通过辨析中外交涉文书中"副使"的不同含义,探究总理衙门派遣副使的知识与实践依据,有助于揭示与反思翻译问题在外交转型过程中的影响。北京师范大学刘芳认为这篇文章优点突出,敏锐地发现了一个易被忽视的重要制度问题,论证细致。同时她也指出,本文核心观点是副使设置背后存在的西学认知,但是西学认知的来源可能比文章当中揭示的更为复杂。文章主要论述清廷对英国的认知,但当时清廷还和其他的国家交往,这些国家也有不同的正副使设置的名称和内涵,同样值得纳入实践来源的考虑。此外,"vice"的意义是"暂代理",强调分驻职能,如果只认为李鸿章的知识来源于英国,就无法说明李氏为何能理解向美、日等国派遣副使分驻。最后,她建议文章可以从翻译史和政治史、制度史互动的角度,进一步考虑歧义是否影响到正、副使之争等问题;在结构上,可以沿事件发展角度展开,以便清晰叙述。

上海大学郑彬彬以《英外交部驻华使领馆的构建与英帝国远

东知识的承继(1843—1884)》为题,检讨中英关系史存在误读、忽略英方自身语境的问题,论述晚清时期英国外交部驻华体制构建的学术定位、历史性质和脉络。他指出,百年来中英外交史存在三个问题:一是忽视驻华使馆、领馆的体制性构成,二是研究倾向上过度突出相关机构的外交职能,三是以国别框架切割历史,忽略英国驻华体制背后是跨国问题。因此,他在英帝国制度史(外交部驻华体制是英帝国政府体制的在华体现)与中英关系史(阶段性条约与条约体制搭建)的双重思路下论述英驻华外交体制的演变。同时,他还考察了英外交部驻华体制与英帝国东亚知识的承继问题。中山大学李子归评议称,文章主要围绕英国的机构设置、知识与权力关系两方面展开,中国的经验与特性也值得注意。

北京师范大学刘芳的报告《基于美领馆藏中美交涉文书的晚清地方外交体系考辨》详细介绍了美国驻华领事馆文书资料的情况和价值,她认为,这批档案可以呈现地方外交的复杂体系、制度运转的实际面貌、不同地区的差异图景。从地方外交的实践出发,可以发现晚清地方交涉机构的"有限宽泛"特征,即领事存在同一切清朝地方官员交涉的可能性,但现实中外国领事也并非随心所欲,且更倾向于通过惯有的交涉渠道传递消息。从外交模式来看,地方外交主要存在"广州模式"(督抚为核心)和"上海模式"(道台为核心),其他口岸则以两种模式为基准增损调适。整体而言,这部分史料能够提供与以往相异的地方外交场景,很值得重视。山东大学郑泽民认为本文很具启发性。一般来说,在处理具体的中外交涉事件时,利用国外资料、从对手方的角度考察比较常见,但是涉及本国的制度层面,我们就很少想到用系统的外国档案进行研究,这一路径非常重要,尤其是在本国系统资料缺失的情况下。同时,郑泽民指出几个问题:第一,文中提到领事官直接和督抚联系、1880年中外交往礼仪等问题,在《天津条约》就有相应规定;第二,本文可以采用阶段性分期,尽管美国使领馆可能没有制度上的变化,但需要考虑中方交涉制度的层级变化;第三,天津有津海关道、天津道两个官职,由两人担任,这和上海道、苏松太道由一人担任不同。上海、广州两模式以关道折冲为标准确为的见,但关道和督抚相对位置也值得重视。最后,他向报告人提出若干问题:中美双方对何为交涉有无标准?私人信函的交涉往来算不算交涉?中国的官员是被动接受文书还是会主动交涉?美国领事交涉是否存在规范?

上海交通大学刘豪的报告题目为《英国海军"中国舰队"档案的书写、流转与演变(1856—1914)》。刘豪指出,"中国舰队"档案是近代英国海军在远东战略部署与军事扩张的产物,构成英海军部认知远东军事和政治事务的基础。因19世纪海军部改革频繁,舰队档案进入决策系统后,归档于秘书处、海军情报处和水文处等部门,形成舰队档案不同的流动趋向,同时也反映出海军部内部对决策权力和情报信息的控制与协调。19世纪末,英国海权逐渐受到挑战,相继在海军部和"中国舰队"设立专门情报机构,成为日后海军参谋部制定东亚军事战略的重要情报来源。英国海军部决策机制的更迭以及情报化转向,要求将舰队档案置于英海军部整体归档体系中,方能有效复原英国海军对东亚事务的决策逻辑,呈现东亚国际关系史研究中的军方视角。上海大学郑彬彬认为本文的研究意义值得肯定,同时提出一些建议:文章还需要进一步挖掘、对话英文世界的著作,也需要补充其他材料(如英国议会档案)以丰富第三部分专业化改革的问题,还要考虑秩序构建和知识再造的问题。此外,文章应该进一步阐述军事部门行动的特殊性与档案留存之间的关联。

讨论环节,南开大学李永胜逐一点评五篇论文,并分享美国国家档案馆公布的情况:目前美国国家档案馆的网站上还未公布美国领事馆档案(RG84),但是台湾领事馆和南京领事馆的档案已在台湾出版,可以直接利用出版物;国务院档(RG59)也新增许多档案,值得进一步探索。湖南大学张晓川就刘芳报告提出两个看法:一是总署每天也处理大量的日常交涉,非常繁琐,这些在总署史料中有反映;二是关于"上海体制"和"广州体制"之别,他认为更为明快的原因在于广州直通督抚署,而上海交涉需要前往南京。此外,李鸿章治下的天津又是一个模式,需要考虑天津距离北京很近,很多时候会由外国公使直接出面办理外交。

  回应环节,针对"私人信函算不算交涉"的问题,刘芳称美国使领馆文书制度有明确规范,只要是在领事办公室写作出来的文书就需要保留,而且很多私人往来并不是因为个人身份,而是因为职位,故这部分文书可以看作交涉的一部分。

  下午第一场为对外交涉案件专题,由中山大学吴义雄主持。

  中山大学李子归的论文题目为《"固陵"号轮船入川计划与重庆开埠新探》。1888年英商为主张《烟台条约》中"行轮"即"通商"的权益,订造"固陵"号轮船,试图上溯川江,迫使重庆开埠。川江船帮和地方政府激烈抵抗轮船,清政府却有意促成开埠。实际上,轮船本身不具备上溯川江的性能。因此,重庆是在英国官商勾结隐瞒讹诈,以及清政府的积极推动之下立约开放的。文章指出,"固陵"号入川计划始末和重庆开埠的交涉过程,以个案形式展现了晚清条约口岸增设过程中,中外、央地、官商之间的复杂关系,反映了通商口岸对清代财税和地方社会的影响,有助于思考中国独特的近代化过程。复旦大学周雨斐认为文章或可在几个方面进行补充:其一,在讨论轮船性能时,或者添加技术层面的分析;其二,英国公使并未及时向外交部汇报轮船缺陷的情报,背后原因还需考虑;其三,清政府获取轮船性能情报的来源及对决策的影响是否可以展开;其四,文章谈到川、鄂地区的抵制行动,两个地区地理区位有别,是否需要分梳其抵制的侧重点。

湖南大学熊星懿的《光绪六年"柏耐抢尼案"的审理与交涉》一文,利用《美国驻宁波领事报告(1853—1896)》、《美国对外关系文件集》、总理衙门美股问答簿、中美往来照会、温州地方官员致总理衙门公函等多方史料,在还原光绪六年美国人柏耐抢夺尼姑案交涉及审理全貌的基础上,展现美国驻华使领、温州地方官、总理衙门关于此案件的多重交锋。文章将外交史与法律史相结合,对美国治外法权的地方实践进行讨论。上海财经大学黄飞评议认为,文章对案件的梳理十分细致,将中美在司法和外交层面的双向互动展现得十分生动,但对中方内部的互动梳理不足,提示可以从社会舆论的角度对文章进行丰富。同时,黄飞指出文章在公农历日期转换方面存在的问题。

山东大学张晓宇的论文题为《"洋反教"——领事裁判法律体系下的理性主义反教宣传案与大讨论》。他利用《北华捷报》中详细的司法审判记录,还原1911年英国人贾克生因将马克沁的理性主义反教文章翻译成中文发表,而受到英国驻华最高领事法庭审判的史事。同时还梳理了马克沁和理性主义大讨论的关系;庄士敦《基督教在华传教事业评议》一书对来华传教士的批判内容、影响及如何遭到传教士界的驳斥等问题。文章认为,庚子之后,理性主义徐徐东传,成为日后非基督教运动的重要理论武器,中国基督教史的研究不仅要关注传教士和中国基督徒,也要关注在华西人及欧美公众。湖南大学熊星懿评议认为,该文内容丰富,逻辑清晰,特别是对《基督教在华传教事业评议》一书进行了非常详细的文本分析,但该部分篇幅过大,致使文章结构失衡。同时她指出,英国舆论界对理性主义认知的差异、李鸿章对基督教看法的变化、中国反教运动主体转变的背景都可以再细化。

福建商学院黄婷婷《日本对台湾南部少数民族地区的侵略行

径研究——1874年日本侵台事件前后的历史考察》一文,利用《同治甲戌日兵侵台始末》、《甲戌公牍钞存》、福建师范大学建设中的《日本馆藏福建历史档案资料》、日本亚洲历史资料中心资料等史料,对日军在台湾南部少数民族地区活动情况进行细致考察。文章通过对中日文献进行比较或对照,认为1874年日本侵台事件前后,日军以台湾南部少数民族地区为对象,采取了派遣间谍、雇佣美国人拉拢、军事武装干涉、尝试"同化"教育、展开专署调查等持续刺探、全面渗透的侵略扩张,企图逐步蚕食吞并台湾,并开启了近代日本大陆政策的先声。虽然日军在台湾南部少数民族地区的活动与占领只持续了7个月左右,但是其行动几乎涵盖了情报、军事、殖民、文化、经济、物产调查等层面,显示出日本进行缜密细致行动、逐步蚕食吞并台湾的野心。天津大学谭皓认为,文章可以再补充日本派遣间谍的背景,在日本人如何利用条约规定中的不可控因素进行军事侦察方面也可以加强。同时,谭皓提醒"台湾南部少数民族地区"一词的适用范围及时段。

上海社科院刘晶的论文题目为《1816年英国对黄海海域的探察、命名及其地图表现》。文章以19世纪上半叶欧洲人在黄海沿岸探察过程中的地名命名和相关地图表现为主要切入点,对18世纪末以后西方如何借由地名命名推进对黄海海域的认知,这种认知如何与不同知识体系产生联系,以及这些地名的绘制、确认和更新体现出怎样的空间差异和认知变化等问题进行分析。由此窥见现代西方势力如何在传教士知识、实践知识和本土知识的互动更迭中推进对一个"新"的地理空间的认知。上海海关学院江家欣认为该文视角新颖,建议可以从中国、朝鲜等其他视角出发,利用更多材料对黄海海域的知识交换、构建过程进行完善。

下午第二、三场均为外交人物史事专题。第二场由南开大学李永胜主持。

上海财经大学黄飞的论文《晚清中日建交动因新探——基于李鸿章对外关系构想的考察》从李鸿章的外交构想角度,重审其为何推动清政府接受日本的通商立约请求。他认为,依据李鸿章的对外关系构想,对外国的经济诉求应采取羁縻之策,而日本的通商诉求正适用此策。同时,李鸿章将对日关系的处理服务于对西洋国家关系的处理,避免日本被西洋国家拉拢、挑拨以对付中国。基于此,防止日本为实现通商立约的目的将西洋国家拉入其中,致使中国和西洋国家有生衅风险,成为他支持日本诉求的另一重原因。山东师范大学刘本森评议提出三点问题:其一,文章处理时段大致为1862—1871年,期间李鸿章对日认知是否有变化;其二,认为李鸿章重在避免日本成为西方棋子而攻击中国,这与前辈学者所论将日本结为外援的观点,在逻辑上还需要分梳;其三,文章第三部分讨论中日谈判交锋过程,不属于建交动因,文章题目可以再斟酌。

中山大学(珠海)吉辰的论文《甲午战后张之洞的对日交涉网络(1895—1907)》梳理出张之洞对日交涉的三种主要渠道,即海关道,洋务局、洋务幕僚与留学生监督,驻日公使,并具体说明了三种渠道的职责轻重、交涉特征,以及相关交涉人物的基本情况。南开大学李永胜评议认为晚清地方外交是很有意味的历史现象,文章选题、视角都很重要。可以补充的张之洞对日交涉路径是通过日本驻上海总领事和上海道。例如康有为被日本政府驱逐一事,是张之洞联系上海道,上海道联系日本驻上海总领事,总领事再向日本政府汇报。

复旦大学牛澎涛的报告以《西征借款之另面——光绪初年许厚如冒借日款考》为题。光绪二年,因所部饷匮,帮办新疆军务大臣金顺曾委托道员许厚如,要求会商胡雪岩后,附借银两于在沪洋商。然而许厚如假借金顺及西征军之名,在未会商胡雪岩并告知金顺办理结果的情况下,贸然联系在沪日商,制造借款乌龙,震惊朝野。在此期间,总署等有司后知后觉,清廷外交陷入被动。清廷令两江总督沈葆桢查案,确认许厚如违规操作。由于日方借款以出具货物为主,且有诸多弊端,清廷终以赔付日方2.5万两违约金作罢。作为西征期间由国债倒退为地方私债的非常事件,许厚如冒借洋款案破坏了晚清外债的良性运转,暴露出早期外债事权不一的问题,这构成西征借款的另一面相。山东大学张晓宇的评议肯定了文章对大量中日文档案史料的利用,以及将事件纳入近代国债概念体系中发掘意义。同时他指出:第一,可以引用一些法律概念如"无权代理(表见代理)"来解释许厚如的行为;第二,考察此案本末外,更应该注意胡雪岩、许厚如所代表的背后政治势力之间的博弈;第三,文章认为晚清政府昧于世界大势,这可从清廷决定赔付违约金背后是否有深层考量作商榷。若从相反角度立论,文章或许更有新意。

湖南大学张晓川的报告题目为《光绪初年枢译情形与甲申易枢》。他指出,光绪初年没有政局尤其是中枢意义上的南北之争。李鸿藻和王文韶关系不错,本无攻去王文韶之意,更非南北对立派系首领。入总署之后,王文韶兢兢业业,为沈桂芬分担不少。当时的总署统领洋务事业,洋务又分为自强洋务和交涉洋务,其中交涉又分日常交涉和大案交涉。包括王文韶在内的总署大臣的时间和精力基本上都消耗在日常交涉上,大案交涉只能磕磕绊绊,勉强办妥,自强则完全无暇顾及,而不自强又只能每次面临大案都被军事威胁。因为这个原因,沈、王被冠以"敷衍""应付"。同时,光绪五、六年,由于洋务知识的积累和伊犁、琉球等案的刺激,张佩纶、张之洞、陈宝琛、吴大澂、黄体芳等人从传统议题的一般清议中脱胎换骨,成为光绪初年独特的"清流派"。他们上以李鸿藻为人事上的奥援,又以条陈上疏促进自强事业。张佩纶认为一支强大的舰队虽然未必能做到制胜，但起码可以不败，御敌于国门之外，再缓图其他，因此将海军视为当日最重要之务。他寄希望于李鸿章，尽管李鸿章实际上和清流派在大多数外事甚至人事上的意见都不一致。正因为张佩纶重视自强洋务，尤重海军，陷于日常交涉泥潭的王文韶根本无暇或没有意愿推进此事，两者之间的矛盾不可避免，张等人必要攻去王文韶，罪名为"敷衍""应付之法"；另一方面，光绪初年，恭王年岁增大逐渐消极，枢垣常受到弹劾且有处分。王文韶在八年因云南报销案，被清流派攻去，反而致使枢译更加显得缺人。八至九年，恭王结石尿血还瞎吃药，几乎不测，长期不入对，病好后也无甚斗志，宝鋆请假亦多。军机处靠李鸿藻和翁同龢撑着，总署经常只有排序品级最低的陈兰彬、周家楣和吴廷芬。在中法越南争端愈加紧急的情况下，枢译却呈现出这般景象。慈禧在光绪初年对于军机处已心生不满，伊犁案时启用惇、醇王和翁、潘，即是先兆。甲申易枢其实更多是枢译不力、战事不利而水到渠成的事情，不能过分夸大盛昱一折的戏剧性效果以及慈禧专权和恭醇矛盾的权谋猜测。中山大学（珠海）吉辰评议十分肯定这一题目的难度与价值，他同时指出：第一，以往学者仅有林文仁特别强调光绪初年的"南北政争"，其他研究者如马忠文、韩策等，并未过分解读，故"光绪朝南北政争扩大化"是否为主流观点，有待商榷，因此，将"光绪初年南北政争"这一议题作为靶子意义可能不大；第二，清流派的洋务认知，与这一群体以更高标准要求管理洋务的总署，其中逻辑需要更细致地阐明；第三，按照行文逻辑，似乎甲申易枢没必要罢免全部军机，且从后设的视角看，后来上任的军机大臣如张之万、额勒和布等人亦难以胜任，故文章仍需要去回应这一问题。

之后，报告人针对评议做出回应。黄飞认为，李鸿章的实际对日交涉情况，其实是他早年构想的延续，仍在文章标题脉络之内。

吉辰针对评议人谈到的日方与张之洞的对接问题，认为需要再作研究，或可从三方面展开：外务省系统、军方系统以及民间，由于主题、篇幅所限，需要另文讨论。牛澎涛感谢并认可评议人提出的诸多建议，并表示将会从西征借款这个切口，进一步考察当时西征军内部许厚如、胡雪岩所代表的背后政治势力的博弈；此外，也会进一步发掘英方档案，观察英方对此事的因应。张晓川表示，他突出林文仁在学术史中的位置，主要是想从"知识考古"的角度梳理出南北政争这一看法的形成过程；针对甲申易枢，军机大臣全部被免的问题，他认为，这一现象恰恰说明这并非慈禧的权谋之术。如果是政治斗争，只需要单独罢免某位枢臣，而全部撤换恰恰反映出无差别性。

第三场由华东师范大学李文杰主持。

南开大学李永胜的论文《"包胥之痛哭徒然"：康有为请求美国政府保救光绪皇帝活动》系统考辨了戊戌以后康有为寻求美国政府保救光绪帝的活动。在戊戌政变至庚子事变期间，康有为本来主要以向英、日求救为主，仅两度以群发求救信函的形式向美国政府求救。庚子以后，美国则成了康有为寻求保皇的主要求助对象。然而美国政府对其求救始终不予理睬。中山大学吉辰的评议认为这篇文章充分展示出康有为对政治与国际关系比较幼稚的认识，不过有两个问题还会让读者想要进一步了解：一是为何一向比较倚重日本的康有为最后会放弃向日本求助而转向美国？二是除康有为以外其他的保皇会成员在这一过程中是何种态度？同时吉辰还提示在近卫笃麿日记与"大隈文书"中可能尚有一些相关史料可进一步利用。

复旦大学周雨斐的论文《词客与僚佐：晚清驻日随员孙点的仕宦轨迹及外交酬应探微》通过对孙点日记与诗文稿本的研究，还原了孙点由谋求使团差使到最终投海自尽的仕宦经历，展现了湘淮系官僚子弟身份对其仕途的影响、驻日使馆日常工作与生活的样态、中朝宗藩关系松动以及身殁后请恤一事的运作等问题。西南大学郭黎鹏评议指出这篇文章聚焦于使馆中一个小人物的经历，是一次眼光向下的尝试，因为小人物往往有可能发挥很重要的作用。在东亚文化圈的交往中，孙点这样的传统文人恰好能充分发挥诗酒唱酬的交际功能。郭黎鹏认为文章可进一步就孙点得到使团差使过程中黎庶昌方面的考虑与孙点自杀的动机再作探析，同时亦提出孙点追悼会之盛大有可能只是中日两国间一种礼节性的表示。此外，亦不妨就孙点作为使团随员的经历是特例还是常态作进一步阐释。

上海海关学院江家欣的论文《〈阿礼国协定〉前后在华英商与"中国问题"的制造及其影响》探讨了导致《阿礼国协定》被否定的过程中在华英商群体的影响。她认为在华英商群体通过在报刊媒体剪裁甚至是歪曲清政府的各项主张和活动，炮制"中国问题"，以此作为他们联合英国国内商人及组织制造舆情的工具。最终，在华英商成功扭转了英国国内商人和政客对中国问题的认识，成功干预了中英关系乃至整个条约体系的走向。上海交通大学刘豪评议指出文章采用了很独特的英商视角，为理解这一时期许多重大事件提供了一条新颖的线索。不过标题中"中国问题"这一表述或需加以说明；摘要中的人物主体略多，或可更为聚焦；同时，英商内部可能存在的派别与矛盾也需注意。

复旦大学邹子澄的论文《"必欲洋炮、洋舰始足制西洋"？越南传说与魏源眼中的鸦片战争失败》探讨了从清中期以来逐渐流行的越南打败欧洲人的传说，以及鸦片战争时期这一传说对林则徐、魏源等官绅的影响。他指出魏源不惜以篡改史源文本的方式来鼓吹这一传说的真实性，并以此论证中国本可以越南人打败英国侵略的办法赢得鸦片战争。然而从叶锺进开始流传的越南传说,本就是子虚乌有的事件。上海社会科学院刘晶评议认为这篇文章展示了东亚知识交流路径的多元性,尤其是展示了中国对域外的认知所产生的影响。不过文章中把越南传说视作魏源对鸦片战争失败看法的唯一来源,可能有些夸大;同时文章的学术对话过于强调推翻式的论证,就很可能忽视了这个问题在东亚知识交流史上所具有的更重要的意义。

最后的圆桌讨论环节由复旦大学戴海斌主持。发言学者就会议论文情况、近代外交史研究趋向等问题进行了深入交流。中山大学吴义雄认为,会议呈现出一种新气象,这是中外关系史领域正在"升级换代"的一个缩影。无论是材料发掘、问题思考,还是史事表述呈现,提交的论文都让人感到惊喜。但是,在此基础上,能否真正创出新局,仍然值得期待。在以往的中西交流史中,涉及"西"的部分,我们在很大程度上不太了解,很少有人对其进行深入、精细的观察和研究。一百多年前,马士(H. B. Morse)写《中华帝国对外关系史》,那是一本外国人写的中外关系史,但我们今天仍要参考。那么,经过努力,有没有可能我们今天写出一本类似的书,让多年以后的外国学者也要参考,也不得不读。这不见得十分奢侈,因为年轻一代已表现出能够让我们有此希望的迹象和势头。如果真有这一天,我们的学术才可以说真正达到令人感到满意、理想的境界。这比自我标榜的头衔、成就、荣誉重要得多。

武汉大学李少军表示,这次会议论文的层次高、质量好,谈论的问题新颖、前沿,如关于外国商会、领事的研究,在方法、视角上都让人耳目一新。可以期待,再过20年,一定会有出自在座青年学者之手的重要研究论著,也能够在国际学术界,占据我们应有的一席之地。

南开大学李永胜提示,近年来的近代外交史研究略显颓势,但目前就有扭转的契机,美国、英国的国家档案馆在近年上线大量电子档案,且开放程度很高。这为研究提供了一大批重要材料,对整个学科起到非常大的促进作用,希望大家能够留心、重视。

华东师范大学李文杰认为,相较于主要围绕近代主权国家之间的谈判、缔约、战争等行为展开的狭义外交史研究,中国近代外交史研究包含着比较多的特定主题,如口岸开放、教案、涉外司法、政府借款、华工华侨、海关等内容,长期以来都放置在帝国主义侵华史或近代史的大框架下研究。这次提交的论文特点明显,体现很多下沉。首先是史料上,近20年进展明显,英、美、日等国的档案,以及台湾地区收藏的档案,以往不太容易取得,现在都方便看到。其次是研究对象的下沉,如有学者考察在华英商的问题,还有学者通过研究许厚如、孙点等小人物来揭示更大的历史变化。第三是主题下沉,有论文就是从文化史、知识史的视角来看魏源对鸦片战争的认识。这些都是反映出来的长足进步。但是,进步之外,仍然存在论著很多但实际进展不多的情况,而且从业人员在不停萎缩,这些都带来危机感。怎样去聚合一些能够引起社会反响的议题,在方法论上有所创新,这些应该是在精细研究之余,需要思考的问题。

湖南大学张晓川介绍说,由于主客观因素,最近他主要关心地方、日常的交涉,这不如大案交涉那样夺人眼球,但从中反映出很多以往难以把握的东西。比如,原先十分模糊的总理衙门大臣的形象,由此可以逐渐清晰。张晓川还特别说明与上海古籍出版社合作的"近代中外交涉史料丛刊"的编辑出版情况,诚挚欢迎有更多学者带着合适的文稿前来"啸聚",共同做好这一事业。

上海大学郑彬彬主要从事近代英国对华外交的研究,他表示,不管是中英外交史还是英国对华外交史研究,作为客体的一方都是非常模糊的。要想研究更为精细,需要对客体一方的内政、外交体制有更加深入的把握,同时也必须对主体的相应体系足够了解。相较于在中国近代政治史研究上积累丰厚的前辈学者,自己的功

底仍有不足，挑战很大。希望通过努力，能够对中外双方的情况有均衡的把握，同时期待与研究英国史、美国史的同行进行交流。

　　复旦大学周健的发言围绕制度和文书展开。他认为，外交史研究似乎天然以事件为聚焦，强调偶然的、特殊的、与重要人物相关的因素，但这次很多论文，以及涵盖交涉文书的工作坊主题，都注意到其中制度化、体系性的一面，或者说再往后推到原理、机制的层面，这可能涉及更加根本的问题。从交涉文书的角度入手，尝试更加制度化的讨论，是很重要的研究方向。以往，只要做政治、制度史相关的研究，都会涉及文书，一般只是把它当作史料来用，比较注意内部记载。但另一方面，可能需要注意，文书的格套是非常多的，讲话都有固定的口型，如何从非常固定的套路里去真正读出有价值的内容，是始终需要推进的方面。此外，文书本身也是研究对象，将其归位，放到整个外交制度的运作之中，是非常有价值、有难度的尝试。文书流转，必然牵涉到相应的机构、人物，对事件史研究当然会有启发，可以带出开阔的问题。因此，从制度、文书的角度讨论中外关系史，是很有价值的推进，十分期待与会学者的后续研究。

图书在版编目(CIP)数据

出使专对：近代中外关系与交涉文书 / 复旦大学历史学系，复旦大学中外现代化进程研究中心编. -- 上海：上海古籍出版社，2025.5.
(近代中国研究集刊).
ISBN 978-7-5732-1652-6
Ⅰ.D829
中国国家版本馆 CIP 数据核字第 2025UK9604 号

近代中国研究集刊(13)

出使专对：近代中外关系与交涉文书

复旦大学历史学系
复旦大学中外现代化进程研究中心 编

上海古籍出版社出版发行

(上海市闵行区号景路 159 弄 1-5 号 A 座 5F　邮政编码 201101)

(1) 网址：www.guji.com.cn
(2) E-mail：guji1@guji.com.cn
(3) 易文网网址：www.ewen.co

常熟市文化印刷有限公司印刷

开本 635×965　1/16　印张 34.25　插页 5　字数 415,000
2025 年 5 月第 1 版　2025 年 5 月第 1 次印刷
ISBN 978-7-5732-1652-6
K·3881　定价：138.00 元

如有质量问题，请与承印公司联系